파이토치 트랜스포머를 활용한

자연어 처리와
컴퓨터비전 심층학습

실전 프로젝트와 최신 알고리즘을 통한 딥러닝 모델 개발

파이토치 트랜스포머를 활용한

자연어 처리와
컴퓨터비전 심층학습

실전 프로젝트와 최신 알고리즘을 통한 딥러닝 모델 개발

지은이 윤대희, 김동화, 송종민, 진현두

펴낸이 박찬규 교정 최용 디자인 북누리 표지디자인 Arowa & Arowana

펴낸곳 위키북스 전화 031-955-3658, 3659 팩스 031-955-3660

주소 경기도 파주시 문발로 115 세종출판벤처타운 311호

가격 48,000 페이지 804 책규격 188 x 240mm

초판 발행 2023년 10월 18일

ISBN 979-11-5839-440-0 (93000)

등록번호 제406-2006-000036호 등록일자 2006년 05월 19일

홈페이지 wikibook.co.kr 전자우편 wikibook@wikibook.co.kr

파이토치 트랜스포머를 활용한

자연어 처리와
컴퓨터비전 심층학습

실전 프로젝트와 최신 알고리즘을 통한 딥러닝 모델 개발

윤대희, 김동화, 송종민, 진현두 지음

위키북스

현대 사회는 정보의 급속한 증가와 전파로 인해 정보를 처리하기 어려운 상황에 직면하고 있습니다. 이런 상황에서 시각적 특징과 언어적 특징을 이해하는 능력은 매우 중요합니다. 컴퓨터비전과 언어 모델링은 이를 위한 핵심 역할을 수행합니다. 이 책은 파이토치를 기반으로 한 컴퓨터비전과 언어 모델링의 핵심 개념과 실무 능력을 제공합니다.

컴퓨터비전은 컴퓨터가 시각적 정보를 처리하고 해석하는 능력을 제공하는 분야입니다. 주변의 이미지와 비디오 데이터에서 패턴을 탐지하고 객체를 인식하는 데 활용되며, 얼굴 인식, 자율주행 차량, 의료 영상분석 등 다양한 응용 분야에서 중요한 역할을 수행합니다. 이러한 컴퓨터비전 기술은 보안, 교통, 의료와 같은 다양한 산업에서 혁신과 효율성을 촉진하고 있습니다.

언어 모델링은 자연어 처리의 핵심 부분으로, 컴퓨터가 인간의 언어를 이해하고 생성하는 능력을 제공합니다. 최근 언어 모델은 대량의 텍스트 데이터를 학습하여 문장 구조, 단어 간의 관계, 의미 등을 이해하고 표현할 수 있습니다. 이를 바탕으로 기계 번역, 자동 요약, 질의응답 시스템과 같은 다양한 언어 기반 인공지능 응용 프로그램이 발전하고 있습니다. 언어 모델링은 커뮤니케이션, 정보 검색, 교육 등 다양한 분야에서 혁신적인 변화를 가져오고 있으며, 인간과 기계 간의 언어적 상호작용을 향상시키는 역할을 수행합니다.

파이토치는 최근 몇 년 동안 딥러닝과 인공지능 연구자들 사이에서 가장 인기 있는 프레임워크 중 하나로 성장해 왔습니다. 이 강력한 도구는 컴퓨터비전과 언어 모델링 분야에서 다양한 신경망 모델을 구축하고 훈련하는 데 사용됩니다. 파이토치는 직관적인 인터페이스와 뛰어난 유연성을 제공하여 연구 및 개발 과정을 간소화하며, 모델 개발을 더욱 효율적으로 수행할 수 있게 도와줍니다. 이러한 특징 덕분에 파이토치는 머신러닝과 딥러닝 커뮤니티에서 널리 사용되고 있습니다.

이 책은 컴퓨터비전과 언어 모델링 분야의 핵심 개념과 실무에 중점을 둡니다. 트랜스포머(Transformer)를 비롯한 최신 기술을 상세하게 다루며, 이를 실제 문제에 적용하는 방법을 알려줍니다. 전통적인 모델부터 최신 모델까지 각 모델의 발전 과정을 이해하고, 각 알고리즘의 장단점과 적용 가능한 상황을 파악하게 도와줍니다. 각 모델의 구현뿐만 아니라 데이터 전처리, 모델 학습, 결과 평가와 같은 실제 코드를 이용한 실습을 통해 실무에서 즉시 활용할 수 있게 해줍니다. 더불어 데이터 로딩, 모델 구성, 학습 및 평가 프로세스, 모델 저장 및 배포 등 실전에서 빈번하게 사용되는 기능을 포괄적으로 다루어, 실무에 대한 종합적인 이해를 제공합니다.

이 책은 4부로 구성되어 있습니다. 1부에서는 실습을 통해 파이토치를 활용하여 인공지능과 머신러닝을 이해합니다. 2부에서는 자연어 처리에 필요한 토큰화와 임베딩을 상세하게 다루며, 트랜스포머 기반의 언어 모델링을 수행합니다. 3부에서는 컴퓨터비전 분야의 이미지 분류와 객체 탐지에 대한 내용을 다루며, 딥러닝 모델의 내부 작동 원리를 검증하고 시각화를 진행합니다. 마지막 4부에서는 실습한 모델을 서빙하고 배포하는 과정을 이해하고 데모를 구성해 봅니다.

파이토치를 활용한 컴퓨터비전과 언어 모델링에 대한 폭넓은 이해와 실무 능력을 갖추고자 하는 모든 분에게 이 책을 추천합니다.

소성운 _ 카카오스타일 데이터플랫폼 그룹 리더

파이토치는 머신러닝 개발의 시작 단계에서 가장 기본적이면서도 매우 강력한 라이브러리입니다. 머신러닝 개발의 핵심 과정인 데이터 준비, 데이터 처리, 모델 개발, 모델 학습 및 최적화, 모델 평가, 그리고 모델 배포를 파이토치에서 제공하는 도구와 라이브러리를 활용하여 직관적이고 간편하게 수행할 수 있습니다. 이러한 이유로 카카오스타일에서도 업무에 적극적으로 파이토치를 활용하고 있습니다.

이 책에서는 머신러닝의 기본 개념부터 실무에 즉시 적용할 수 있는 내용까지 다루며, 쉽게 이해할 수 있도록 설명하고 파이토치를 사용한 실습 코드를 제공합니다. 특히 이미지 처리 및 자연어 처리와 같은 중요한 분야에서 핵심이 되는 모델의 개념과 구조를 책의 한 단락씩 따라가다 보면 논문을 읽은 것처럼 핵심 내용을 이해할 수 있게 됩니다.

초보자에게는 뛰어난 머신러닝 입문서, 중급자에게는 기본 개념을 체계적으로 강화하여 머신러닝을 활용한 문제 해결 방법을 신속하게 이해하고 경험할 기회를 제공합니다. 특히, 저자들은 컴퓨터비전 분야와 자연어 처리 분야에서 다양한 경험을 쌓은 베테랑 개발자로서, 저자들의 풍부한 경험과 노하우를 책에서 확인할 수 있습니다.

전다정 _ 카카오스타일 추천개인화 팀 리더

파이토치의 핵심 개념을 깊이 있게 다루며, 딥러닝 모델을 만들고 최적화하는 데 필요한 모든 정보를 아우르고 있습니다. 이 책은 파이토치의 핵심 개념을 소개하는 데 그치지 않고, 수학적인 내용도 다루어 파이토치의 원리를 깊게 이해할 수 있게 돕습니다.

또한, 실습 중심으로 구성되어 있어 코드 예제와 다양한 실전 프로젝트를 제공하여 독자에게 파이토치의 실제 적용 방법을 직접 체험할 기회를 제공합니다. 이를 통해 이론과 실무를 효과적으로 연결하여 실력을 향상시킬 수 있습니다.

무엇보다도 이 책은 초보자부터 중급자, 심지어 전문가까지 다양한 수준의 독자를 대상으로 하고 있어 머신러닝과 데이터 과학 분야에서 파이토치를 활용하고자 하는 사람들에게 유용한 자료입니다. 더불어 정보를 체계적으로 정리하여 필요할 때마다 참고할 수 있게 구성되어 있어 파이토치를 사용하여 업무 역량을 향상시키고자 하는 분들에게 강력히 권장 드립니다. 이 책을 통해 파이토치에 대한 폭넓은 이해와 능력 향상을 기대할 수 있습니다.

최지호 _ 한국전자기술연구원 선임 연구원

이 책은 머신러닝과 딥러닝의 기본 개념을 이해하기 쉽게 설명하고, 실제 코딩 실습을 통해 개념을 명확히 전달합니다. 저자는 복잡한 주제를 간결하게 풀어내며, 다양한 예제를 통해 실제 응용 가능한 기술을 소개합니다.

특히 자연어 처리와 컴퓨터비전 분야에 중점을 두고 구체적인 내용을 다루며, 다양한 예시를 통해 이해를 돕습니다. 또한, 실제 서비스를 위한 모델 배포에 대한 내용도 다루어 이 책 한 권으로 머신러닝과 딥러닝의 핵심 내용을 폭넓게 이해할 수 있게 도와줍니다.

머신러닝과 딥러닝을 처음 접하는 독자에게 이 책은 최고의 선택이라 할 수 있습니다. 그러므로 머신러닝/딥러닝을 처음 접하는 분들에게 강력히 추천합니다.

신재우 _ 인터파크트리플 매니저

이 책은 이론적인 내용을 수식과 함께 명확하게 전달하고 그림을 활용하여 복잡한 개념을 시각적으로 이해할 수 있게 구성되어 있습니다. 개인적으로 시각적인 자료 없이 내용만 들었을 때 개념이 확실하게 잡히지 않았던 적이 많은데, 이러한 독자들을 고려하여 이론을 설명할 때 그림 자료로 복잡한 개념을 직관적으로 이해하게 돕고 있습니다. 또한, 실습을 통해 독자들이 기초를 확실하게 이해하고 실무에 적용할 수 있게 돕습니다. 특히, 모델을 구현하기 위해 필요한 파이토치 기본 함수들을 다양한 실습과 함께 상세히 다루어 실무에서 꼭 필요한 기술을 효과적으로 습득할 수 있습니다.

입문자들은 이론을 배우더라도 실제 현업에서는 어떻게 적용하는지, 그리고 왜 그러한 과정을 수행해야 하는지 잘 모를 수 있습니다. 이 책은 저자의 실무 경험을 토대로 모델 개발, 검증, 경량화, 서비스 배포까지의 전 과정을 체계적으로 다루고 있기에 입문자라면 이 책을 통해 실무가 어떻게 돌아가는지를 파악할 수 있습니다. 더불어, 각 과정이 왜 중요한지에 대해서도 충분히 설명하고 있습니다. 실무에서는 모델을 개발하는 것도 중요하지만, 모델을 운영하고 유지보수하는 것이 핵심입니다.

이 책은 파이토치 프레임워크를 활용하여 자연어 처리와 컴퓨터비전 분야에 대한 핵심적인 내용을 잘 정리한 책입니다. 머신러닝과 딥러닝을 처음 배우는 입문자와 이론적인 부분을 보강하고자 하는 실무자분들 모두에게 강력히 추천합니다.

2부

자연어 처리

3부

컴퓨터 비전

4부

서비스
모델링

부록

## 1부

파이토치
시작하기

01

인공지능과
방법론

인공지능이란?

인공지능(Artificial Intelligence, AI)은 패턴 인식, 학습, 의사결정과 같이 일반적으로 인간 지능이 필요한 작업을 컴퓨터 시스템이 수행하는 기술을 의미한다. 지각 능력을 인공적으로 구현해 인간의 지능과 연결된 인지 문제를 해결하려는 컴퓨터 과학 분야 중 하나다. 다시 말해 기존에 인간만이 실현할 수 있다고 생각한 역할을 컴퓨터가 수행할 수 있도록 구현하여 인위적으로 만든 지능을 뜻한다.

인공지능은 주어진 시스템에서 입력을 조절해 출력을 원하는 대로 조절하는 제어기로부터 측정 가능한 경험적(heuristic) 속성을 학습해 스스로 판단하는 기능까지의 전반을 의미한다. 인공지능은 인간과 비슷한 행동이나 합리적 행동을 통해 특정 문제를 해결하는 데 중점을 둔다.

인공지능 시스템은 주어진 데이터를 학습하고 시간이 지남에 따라 성능을 향상시킬 수 있는 머신러닝 알고리즘과 전문 지식이 필요한 작업을 수행하기 위해 설계된 시스템으로 구성된다.

인공지능을 크게 두 가지로 **강인공지능**(Strong Artificial Intelligence)과 **약인공지능**(Weak Artificial Intelligence)으로 나눌 수 있다.

강인공지능은 스스로 학습과 인식 등이 가능하며, 지능 또는 지성의 수준이 인간과 근사한 수준까지 이른 경우를 가리킨다. 인간이 할 수 있는 모든 지적 작업을 수행하도록 설계된 인공지능이다. 주로 SF 영화 등에 등장하는 휴머노이드나 안드로이드를 생각하면 된다.

약인공지능은 인간이 해결할 수 있으나, 기존의 컴퓨터로 처리하기 힘든 작업을 처리하기 위한 일련의 알고리즘을 의미한다. 현재 많은 곳에서 활용되는 AI 서비스가 이에 해당한다. 약인공지능은 다양한 유형이 존재한다. 대표적으로 **규칙 기반 AI(Rule-based AI)**, **머신러닝(Machine Learning)**, **딥러닝(Deep Learning)**이 있다.

규칙 기반 AI는 미리 결정된 일련의 규칙 또는 알고리즘에 따라 문제를 해결하거나 작업을 수행한다. 구체적이고 잘 정의된 작업에는 효과적일 수 있지만, 새로운 상황에 적응하거나 이미 수행한 작업에서는 배우지 못할 수 있다.

머신러닝은 데이터를 이용해 모델을 학습하고, 이를 통해 예측이나 분류를 수행한다. 데이터의 양과 질이 결과에 큰 영향을 미친다. 주요 활용 분야로는 이미지 및 음성 인식, 자연어 처리, 과거 데이터를 기반으로 한 결과 예측이 있다.

딥러닝은 정보를 처리하고 전송하는 방식을 시뮬레이션하도록 설계된 알고리즘인 인공 신경망을 사용한다. 머신러닝의 한 유형이며, 대규모 데이터를 학습함으로써 성능을 향상시킬 수 있다. 주요 활용 분야로는 이미지 및 음성 인식, 자연어 처리, 자율적 의사결정 등이 있다.

인공지능(AI)은 사회의 여러 측면을 변화시킬 수 있는 잠재력을 가지고 있으며, 이미 의료, 금융, 운송, 고객 서비스 등 다양한 분야에 적용되고 있다. 이러한 인공지능이 어떻게 발전해왔는지 알아보자.

인공지능 역사

근래 들어 인공지능이라는 단어는 우리에게 친숙한 용어가 됐다. 이미 일상생활 속에서 다양한 인공지능 서비스를 활용하고 있기 때문이다. 일상생활 속에서 접하는 인공지능 서비스에는 챗봇, 인공지능 스피커, 자율주행을 비롯해 스팸 차단, 광고 및 콘텐츠 개인화까지 다양하다.

이러한 기술을 근래 들어 많이 접하고 최근 기술 발전의 가속화로 이슈가 되면서 인공지능의 연구 개발이 2000년대에 시작됐을 거라고 생각하는 사람도 많다. 하지만 인공지능은 1940년대부터 인공두뇌에 대한 논의로부터 시작됐다. 당시 AI 연구자들은 학습, 문제 해결, 의사결정과 같이 일반적으로 인간 지능이 필요한 작업을 수행할 수 있는 지능형 기계를 만드는 아이디어를 탐구하기 시작했다.

최초의 인공지능은 1950년대 앨런 튜링(Alan Mathison Turing)이 만든 체스 프로그램이다. 이 프로그램을 통해 컴퓨터가 논리적 추론과 의사결정 능력이 필요한 복잡한 작업을 수행할 수 있다는 가능성을 보여줬다. **상징적 인공지능(Symbolic AI)**으로 알려진 이 접근 방식은 지식을 기호와 규칙으로 표현하고 논리적 추론을 사용하여 문제를 해결했다.

1960년대의 AI 연구자들은 특정 분야에서 인간 전문가의 의사결정 능력을 모방하도록 설계된 컴퓨터 프로그램인 전문가 시스템 개발에 집중하기 시작했다. 이러한 시스템은 의료 상태를 진단하거나 제품을 제조하는 등 가장 비용 효율적인 방법을 식별할 수 있었다.

1980년대와 1990년대의 AI 연구는 컴퓨터가 명시적으로 프로그래밍하지 않고도 학습하고 성능을 향상시킬 수 있는 머신러닝 알고리즘 개발에 중점을 두었다. **연결주의 AI(Connectionist AI)** 또는 **신경망(Neural Networks)**으로 알려진 새로운 접근 방식이 이 시기에 등장했다. 이 접근법은 인간 뇌의 구조와 기능에서 영감을 얻었으며, 알고리즘과 수학적 모델을 사용하여 뇌의 뉴런이 정보를 처리하고 전송하는 방식을 구현했다.

1990년대 후반과 2000년대에 들어 인공지능 분야는 머신러닝의 발전으로 인해 급속한 발전을 이뤄냈다. 이로 인해 인공지능 개인 비서, 음성 인식 시스템, 이미지 및 비디오 분석을 포함하여 우리 삶의 많은 영역에 인공지능이 보급됐다. AI 분야는 여전히 빠르게 발전하고 있으며 연구원들은 다양한 문제를 해결하기 위해 AI를 적용하는 새로운 방법을 지속적으로 모색하고 있다.

인공지능은 다른 연구 분야에 비해 비교적 오랜 역사를 갖고 있지는 않지만, 빠르게 성장하고 있다. 인공지능의 역사를 다음에 요약했다.

1943년

컴퓨터 신경과학 분야의 논리학자 월터 피츠(Walter Pitts)와 신경학자 워런 스터지스 매컬러(Warren Sturgis McCulloch)는 「신경 작용에 내재한 개념에 대한 논리적 해석학(A Logical Calculus of Ideas Immanent in Nervous Activity)」 논문을 통해 인간 두뇌의 뉴런 작용이 0과 1의 정보 전달로 이뤄지는 개념적 논리 회로 모델을 제안했다. 이 논리 회로 모델을 그물망(Net) 형태로 연결하면 두뇌에서 동작하는 간단한 뉴런 활동을 흉내 낼 수 있음을 증명했다.

1950년

앨런 튜링은 「계산 기계와 지능(Computing Machinery and Intelligence)」 논문을 통해 '기계가 생각할 수 있는가?'에 대한 물음을 고찰했다. 튜링은 기계의 지능을 판단하는 튜링 테스트(Turing Test)를 제안했다. 이 테스트는 질의응답에서 기계와 인간을 구분하기 어렵다면 기계는 생각할 수 있어 지능적이라고 주장했다.

1956년

미국 다트머스 대학교에서 열린 다트머스 콘퍼런스에서 존 매카시(John McCarthy)가 인공지능(AI)이라는 용어를 처음 사용했다. AI 콘퍼런스에 모인 과학자들은 앨런 튜링의 '생각하는 기계'를 구체화하고 논리와 형식을 갖춘 시스템으로 이행하는 방안을 논의했다.

1958년

프랑크 로젠블라트(Frank Rosenblatt)는 인간의 신경 세포를 모방해 인공 신경인 퍼셉트론(Perceptron)을 제시했다.

1969년

마빈 민스키(Marvin Lee Minsky)와 시모어 페퍼트(Seymour Papert)에 의해 퍼셉트론의 선형 분리 방식 한계를 수학적으로 증명했다.

1974년

퍼셉트론이 복잡한 문제를 해결하지 못해 인공지능은 비판의 대상이 됐다. 대규모 투자와 연구가 중단되고 첫 번째 인공지능 암흑기를 맞았다.

1986년

제프리 힌턴(Geoffrey Everest Hinton)이 다층 퍼셉트론(Multi-Layer Perceptrons, MLP)과 역전파 알고리즘(Backpropagation Algorithm)을 증명하고 단층 퍼셉트론이 가진 문제를 해결했다.

1991년

복잡한 패턴을 처리하기 위해 신경망에 많은 데이터와 은닉층을 적용할 때 발생하는 기울기 소실(Vanishing Gradient)과 과대적합(Overfitting) 문제로 두 번째 암흑기를 맞았다.

1994년

최초의 웹 검색 엔진인 웹크롤러(WebCrawler)의 등장으로 방대한 데이터를 수집할 수 있게 됐다. 빅데이터를 통해 인공지능이 스스로 학습하는 형태로 발전했다.

1997년

IBM에서 개발한 체스 인공지능 프로그램인 딥 블루(Deep Blue)가 러시아의 세계 체스 챔피언 가리 키모비치 카스파로프(Garry Kimovich Kasparov)에 승리한다.

2006년

제프리 힌턴은 「A fast learning algorithm for deep belief nets」 논문을 통해 제한된 볼츠만 머신(Restricted Boltzmann Machine, RBM)으로 신경망의 학습을 돕는 방법을 제안했다. 'Deep'이라는 용어가 처음으로 사용되어 딥러닝(Deep Learning)이 등장했다.

2012년

구글(Google)과 앤드루 응(Andrew Ng)이 심층 신경망(Deep Neural Network, DNN)을 구현해 동영상에서 고양이 인식에 성공하고 알렉스넷(AlexNet)의 이미지넷(ImageNet) 우승으로 이미지 처리 분야에서 딥러닝 기법이 크게 주목받았다.

2016년

딥마인드(DeepMind)의 알파고(AlphaGo)가 이세돌 9단과의 바둑 대결에서 승리한다.

2017년

구글에서 발표한 「Attention Is All You Need」 논문을 통해 트랜스포머(Transformer) 모델이 등장했다. 트랜스포머 모델은 대규모 데이터 세트를 레이블링 없이 학습하여 성능을 향상시키는 방법을 제공하며, 병렬 처리에 적합하여 실행 속도도 빨라졌다.

2021년

OpenAI에서 텍스트나 이미지를 입력하면 그림을 생성해 주는 DALL · E를 출시했다.

2023년

OpenAI에서 튜링 테스트를 통과한 GPT-4를 출시했다.

인공지능 활용 분야

인터넷이 발달하고 기술이 발전함에 따라 다양한 정보를 쉽게 공유할 수 있고 공유되는 데이터의 양이 급속도로 증가했다. 이러한 방대한 데이터 속에서 유용한 정보를 식별하고 추출해 효율적으로 접근할 수 있게 인공지능이 사용된다.

쉽게 처리할 수 있는 일부터 의료, 법률, 제조에 관한 전문가들만 처리할 수 있는 일까지 자동화해 업무를 처리하거나 업무 보조 용도로 사용한다. 인공지능이 사용되고 있거나 사용될 가능성이 있는 분야는 다음과 같다.

의료

의료 데이터를 분석하고 진단, 치료 계획 및 약물 개발을 지원하는 데 사용한다.

전자 건강 기록 및 영상 연구와 같은 대량의 의료 데이터를 분석하여 진단하고 치료와 질병 예방에 유용할 수 있는 패턴과 추세를 식별하는 데 사용한다.

환자 건강을 모니터링하고 전염병을 예측해 공중보건을 개선하는 데 활용한다.

개인화된 치료 계획을 개발하고 환자 건강을 모니터링하며 약물 발견 및 개발과 같은 작업을 지원하는 데 사용한다.

교통

자율주행 및 드론과 같은 시스템 구축에 사용한다.

교통 경로를 최적화하고 교통 혼잡을 줄이는 데 사용한다.

배달 또는 배송 경로와 일정을 최적화하는 등의 운송 네트워크 구축에 사용한다.

교통안전을 개선하고 사고로 인한 교통 혼잡을 줄이며 효율성을 높이는 데 사용한다.

금융

금융 데이터를 분석하고 신용 평가 또는 주가 예측과 같은 의사결정을 지원하는 데 사용한다.

금융 사기 행위를 감지하고 금융 거래의 효율성을 향상시키는 데 사용한다.

시장 동향 및 고객 행동과 같은 재무 데이터를 분석하고 예측해 의사결정을 지원하는 데 사용한다.

제조

생산 및 제조 공정을 최적화하고 폐기물을 줄여 제조 효율성을 높인다.

새로운 제품을 개발하고 기존 제품의 품질을 개선한다.

장비 상태를 모니터링해 유지 관리를 효율화하고 장비 교체가 필요한 시기를 예측한다.

교육

개인화된 학습 프로그램을 개발하고, 학생과 교사에게 피드백을 제공한다.

채점 및 학습 코스 관리와 같은 작업을 지원한다.

학생에게 중요한 핵심 내용을 요약해 전달한다.

농업 및 에너지

작물 수확량을 최적화하고 날씨 패턴을 예측하며 관개 시스템을 모니터링 및 유지 관리한다.

에너지 생산 및 소비를 최적화하고 장비 고장을 예측한다.

에너지 분배 시스템의 효율성을 개선한다.

전자상거래

고객 경험 및 권장 사항을 개인화한다.

가격 및 재고 관리를 최적화하고, 공급망 관리의 효율성을 개선한다.

고객의 리뷰나 소셜 미디어 댓글을 분석해 사용자가 원하고 생각하는 것을 파악한다.

머신러닝 시스템

머신러닝(기계 학습, Machine Learning)이란 인공지능에 포함되는 영역 중 하나로, 데이터 기반으로 컴퓨터를 프로그래밍하는 연구 분야다. 전통적 프로그래밍은 명시적인 프로그래밍을 통해 시스템을 구축했지만, 머신러닝은 데이터를 기반으로 학습해 문제를 해결하고 시스템의 성능을 개선하는 데 중점을 둔다. 즉, 기존 프로그래밍은 규칙과 데이터를 기반으로 결괏값을 예측했지만, 머신러닝은 데이터와 결괏값으로 규칙을 찾아낸다.

머신러닝을 활용하면 데이터를 분석해 일정한 규칙이나 패턴을 찾아 예측 알고리즘을 생성할 수 있다. 이 예측 알고리즘을 **모델(Model)**이라 하며, 모델에 새로운 데이터가 입력됐을 때 모델의 예측값으로 결과를 추론할 수 있다.

데이터를 기반으로 알고리즘을 구성하므로, 통계적인 접근 방법을 사용한다고 볼 수 있다. 즉, 데이터를 유의미한 정보로 가공해 전달하는 것이다. 사전에 수집된 데이터를 통해 기계가 학습한 후 가장 유사한 데이터 등을 분석해 사용자에게 전달한다. 머신러닝은 데이터에서 규칙이나 패턴을 찾아내고 정보로 전환해 어려운 문제를 해결하는 데 활용된다.

다시 말해 전통적인 프로그래밍은 미리 정의된 특정 작업을 수행하기 위해 코드를 작성하는 프로세스이며, 프로그래머가 제공하는 일련의 지침에 의존한다. 인공지능은 알고리즘과 모델을 사용하여 명시적으로 프로그래밍되지 않은 작업을 수행하며 시간이 지남에 따라 개선되도록 설계됐다.

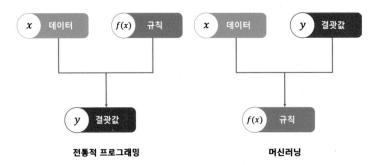

그림 1.1 머신러닝의 작동 방식

머신러닝이 인공지능에 포함된다면, **딥러닝(Deep Learning)**과 **신경망(Neural Networks)**은 머신러닝에 포함된다. 딥러닝은 머신러닝의 하위 집합이며, 신경망은 딥러닝의 하위 집합이다. 먼저 신경망부터 알아보자.

인공지능에서 사용되는 신경망은 **인공 신경망**(Artificial Neural Network, ANN)을 의미하며, 인간의 뇌에 있는 **신경 세포**(뉴런, Neuron)의 네트워크에서 영감을 얻은 통계학적 학습 알고리즘이다.

인공 신경망은 신경 세포가 신호를 전달하는 구조와 유사한 방식으로 구현한 알고리즘이다. 생물학적 신경 세포는 단순하게 다른 신경 세포에게 신호를 받아 또 다른 신경 세포에 전달한다. 수십억 개 이상의 신경 세포가 네트워크를 이룸으로써 신호의 흐름으로 복잡하고 다양한 활동을 할 수 있다.

인공 신경망은 서로 연결된 **노드**(Node)의 집합으로 구성돼 있으며 여러 **계층**(레이어, Layer)으로 이뤄져 있다. 인공 신경망은 사람의 뇌와 유사한 방식으로 패턴을 분석하거나 학습 방식을 개선한다.

딥러닝은 여러 신경망 계층과 대량의 데이터를 활용해 학습을 진행한다. 딥러닝에서 사용되는 계층은 크게 **입력층**(Input Layer), **은닉층**(Hidden Layer), **출력층**(Output Layer)이며, 여러 개의 복잡한 은닉층을 활용해 구현되므로 '딥(깊은, Deep)'이라는 용어를 사용한다.

딥러닝은 입력층에서 학습하고자 하는 데이터를 전달받고, 여러 개의 은닉층을 지나 출력층에서 결과를 반환한다. 예를 들어 고양이의 이미지에서 품종을 구분하는 딥러닝을 구축한다면 입력층에서 고양이 이미지를 입력받는다. 여러 은닉층을 지나면서 고양이를 인식하고 최종적으로 고양이의 품종을 구분한다. 마지막 출력층에서 고양이의 최종 품종을 반환한다.

딥러닝은 인공 신경망에 학습 알고리즘과 데이터를 지속해서 제공함으로써, 학습 능력과 사고 능력을 지속적으로 개선한다.

그림 1.2 인공지능 관계도

머신러닝은 학습에 사용되는 알고리즘 기법으로 그 유형을 나눌 수 있다. 이러한 기법들은 시스템의 목적, 현재 상황, 데이터의 특징과 특성, 결과물 등에 따라 지도 학습, 비지도 학습, 준지도 학습, 강화 학습 중 하나 이상의 방법을 적용한다. 이제 각 기법에 관해 알아보자.

지도 학습

지도 학습(Supervised Learning)이란 **훈련 데이터**(Training data)와 **레이블**(Label)의 관계를 알고리즘으로 학습시키는 방법이다. 지도 학습에 사용되는 훈련 데이터는 **입력 데이터**(Input data)와 **출력 데이터**(Output data)로 구성된다. 입력 데이터는 알고리즘이 풀고자 하는 문제로 볼 수 있으며, 출력 데이터는 문제에 대한 정답으로 볼 수 있다.

일반적으로 입력 데이터의 속성은 벡터 형태로 구성돼 있으며, 해당 벡터들이 어떤 의미를 내포하고 있는지 **레이블링**(Labeling)되어 있다. 레이블링된 데이터를 스칼라 형태로 변환해 벡터와 스칼라 간의 관계를 분석하고 새로운 문제가 입력됐을 때 정답을 유추하는 함수를 찾는다.

지도 학습은 훈련 데이터에 정답이 포함돼 있기 때문에 높은 정확도와 안정적인 학습을 기대할 수 있다. 하지만 모든 훈련 데이터에 레이블이 포함돼야 하며 레이블링이 오염됐을 경우, 높은 정확도를 기대하기가 어렵다. 지도 학습에는 크게 **회귀 분석**(Regression)과 **분류**(Classification)가 있다.

회귀 분석

회귀 분석(Regression)은 둘 이상의 변수 간의 관계를 파악함으로써 **독립 변수**(Independent Variable)[1]인 X로부터 연속형 **종속 변수**(Dependent Variable)[2]인 Y에 대한 모형의 적합도를 측정하는 통계적 분석 방법이다. 회귀 분석은 크게 **선형 회귀**(Linear Regression)와 **비선형 회귀**(Non-Linear Regression)로 나눌 수 있다.

선형이란 함수가 직선의 특징을 갖고 있음을 뜻하며, **중첩의 원리**(Superposition Principle)가 적용되는 것을 의미한다. 대표적으로 로버스트 회귀(Robust Regression)와 라쏘(Lasso Regression) 회귀가 있다.

---

1   의도적으로 변화시키는 변수를 의미하며, 예측 변수(Predictor Variable) 또는 원인 변수, 설명 변수(Explanatory Variable)라고도 부른다.
2   확인하고자 하는 변수를 의미하며, 결과 변수(Outcome Variable) 또는 반응 변수, 목적 변수(Response Variable)라고도 부른다.

비선형은 선형과는 다르게 방정식이 한 가지 형태로 제한되지 않고 여러 가지 형태인 곡선으로 도출된다. 다시 말해, 비선형은 함수의 수식을 예측하기가 어렵다. 그러므로 비선형 회귀 분석을 진행한다면 **다층 퍼셉트론(Multi-Layer Perceptron, MLP)**을 활용한다.

비선형 회귀는 신경망을 사용해 분석하므로 선형 회귀에 대해 먼저 알아본다. 선형 회귀는 **단변량(Univariate)**과 **다변량(Multivariate)**으로 나눌 수 있다. 단변량은 종속 변수가 하나일 때를 의미하며, 다변량은 종속 변수가 두 개 이상일 때를 의미한다.

단변량은 종속 변수가 하나만 존재하므로, 독립 변수가 하나 이상의 값을 사용할 수 있다. 여기서 독립 변수의 개수에 따라 다시 나눌 수 있는데, 독립 변수가 하나라면 **단순(Simple)**이 되며, 두 개 이상이 되면 **다중(Multiple)**이 된다. 이를 다시 정리하자면, 다음과 같이 설명할 수 있다.

하나의 종속 변수와 하나의 독립 변수 사이의 관계를 분석하는 경우에는 **단순 선형 회귀 분석(Simple Linear Regression Analysis)**이라 하며, 하나의 종속 변수와 여러 개의 독립 변수 사이의 관계를 분석한다면 **다중 선형 회귀 분석(Multiple Linear Regression Analysis)**이라 한다.

단순 선형 회귀 분석을 수식으로 나타내면 $Y=Wx+b$의 형태가 되며, 다중 선형 회귀 분석을 수식으로 나타내면 $Y=W_1x_1+W_2x_2+\cdots+b$의 형태가 된다. 수식에 사용된 변수들은 다음과 같은 의미를 지닌다.

- Y: 결과로, 종속 변수를 의미
- X: 결과에 영향을 미치는 요소로, 독립 변수를 의미
- W: 독립 변수에 영향을 미치는 **가중치(Weight)**를 의미
- b: 외부에서 영향을 미치는 값으로 **편향성(Bias)**을 의미

예를 들어 나의 출근 시간을 예측하는 모델을 만든다고 가정한다면 Y는 출근 시간, X는 출근 시간에 영향을 주는 요소, W는 출근 시간에 영향을 주는 요소의 가중치를 의미한다. 출근 시간에 영향을 주는 요소를 일어난 시간, 아침 식사 시간, 아침 출근 준비로 가정한다면 각각 X_1, X_2, X_3로 볼 수 있다.

단순 선형 회귀 분석으로 출근 시간을 예측할 때 X는 일어난 시간이며, W는 해당 독립 변수의 영향력이 된다. 다시 수식으로 표현한다면 **출근 시간 = 영향력 × 일어난 시간 + 편향성**으로 정의할 수 있다.

다중 선형 회귀 분석으로 출근 시간을 예측한다면 **출근 시간 = 영향력1 × 일어난 시간 + 영향력2 × 아침 식사 시간 + 영향력3 × 아침 출근 준비 시간 + 편향성**이 된다. 여기서 일어난 시간, 아침 식사 시간, 아침 출근 준비 시간은 **특징(피처, Feature)**이 되며 출근 시간은 **목표(Target)**가 된다.

분류

분류(Classification)는 훈련 데이터에서 지정된 레이블과의 관계를 분석해 새로운 데이터의 레이블을 스스로 판별하는 방법이다. 즉, 새로운 데이터를 대상으로 할당돼야 하는 **카테고리(category)** 또는 **범주(class)**를 스스로 판단한다.

새로운 데이터를 대상으로 참인지 거짓인지 분류할 수 있다면 **이진 분류(Binary Classification)**이고, 세 개 이상의 카테고리로 나눠 분류할 수 있다면 **다중 분류(Multiclass Classification)**다.

예를 들어, 시험 성적으로 합격 여부를 판단한다면 합격(참)과 불합격(거짓)으로 구분할 수 있으므로 이진 분류가 된다. 다중 분류는 동물 이미지를 입력했을 때 개, 고양이, 새 등으로 분류하는 것을 의미한다. 이진 분류의 대표적인 알고리즘으로는 로지스틱 회귀(Logistic Regression)가 있다.

분류에도 회귀가 사용될 수 있는데, 로지스틱 회귀는 이산형 종속변수를 예측하는 데 **로짓 변환(Logit Transformation)**을 사용해 편향성(bias)이 없는 타당한 계수를 추정할 수 있다. 시험 성적을 그래프화하여 합격 여부를 참과 거짓으로 나타낸다면 극단적인 그래프가 그려질 수 있다. 이 그래프에서 특정 점수를 대입하면 합격 여부를 간단하게 확인할 수 있다.

다중 분류의 대표적인 알고리즘은 소프트맥스 회귀(Softmax Regression)다. 이진 분류에서 참과 거짓으로 분류할 때 참일 경우 1, 거짓일 경우 0으로 분류한다. 즉, 나온 결괏값을 모두 합하면 1이 된다. 이와 같이 다중 분류도 합이 1이 되는 확률 분포를 구성할 수 있다.

소프트맥스 회귀는 가중치를 정규화해 나온 결괏값을 모두 더할 때 1이 되게끔 구성하는 것을 의미한다. A, B, C를 분류하는 알고리즘을 만들었을 때 출력값의 형태는 A는 0.1, B는 0.1, C는 0.8로 반환된다. 이는 A일 확률 10%, B일 확률 10%, C일 확률 80%를 의미한다. 그러므로 가장 높은 확률인 C를 선택하게 된다. 이러한 확률 분포를 통해 다중 분류를 진행한다.

비지도 학습

비지도 학습(Unsupervised Learning)이란 지도 학습 방식과는 다르게 훈련 데이터에 레이블을 포함시키지 않고 알고리즘이 스스로 독립 변수 간의 관계를 학습하는 방법이다. 레이블이 존재하지 않기 때문에 특정한 규칙을 지정하여 패턴이나 상관관계를 찾는 모델을 생성한다.

지도 학습에서 훈련 데이터와 레이블이 각각 x와 y의 역할을 했다면 비지도 학습은 데이터로만 결과를 유추한다. 즉, 일련의 규칙인 $f(x)$를 통해 x에 대한 숨겨진 패턴이나 상관관계를 찾는 것을 목표로 한다. 레이블(정답 데이터) 없이 입력 데이터를 대상으로 수행하므로 목푯값이 존재하지 않아 지도 학습과 다르게 사전 학습을 필요로 하지 않는다.

데이터의 근본적인 구조를 발견하거나 직관적으로 처리하기 어려운 작업을 수행할 수 있지만, 레이블이 존재하지 않기 때문에 결과에 대한 성능평가가 어렵다. 비지도 학습에는 크게 군집화(Clustering), 이상치 탐지(Outlier Detection, Anomaly Detection), 차원 축소(Dimensionality Reduction) 등이 있다.

군집화

군집화(Clustering)란 입력 데이터를 기준으로 비슷한 데이터끼리 몇 개의 **군집(Cluster)**으로 나누는 알고리즘이다. 입력 데이터의 특징을 고려해 데이터를 분류하는데, 같은 군집으로 분류된 데이터끼리는 서로 비슷한 성질(위치, 평균, 편차 등)을 갖는다. 그러므로 서로 다른 그룹으로 분류된 데이터는 서로 다른 성질을 갖는다. 다음 그림 1.3은 입력 데이터에 **K-평균 군집화(K-Means Clustering)**를 수행한 결과를 보여준다.

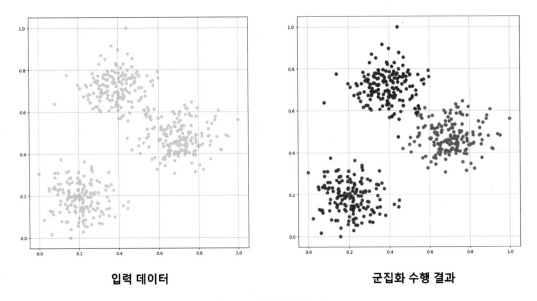

입력 데이터   **군집화 수행 결과**

그림 1.3 K-평균 군집화 수행 결과

그림 1.3의 왼쪽 이미지는 입력 데이터이며, 오른쪽 이미지는 사전 학습 없이 일련의 규칙인 K-평균 군집화를 통해 분류된 결과다. 수행 결과에서 알 수 있듯이, 비슷한 성질(거리 분포)끼리 세 종류의 군집으로 분류를 수행했다. 군집화를 수행하는 방식은 목적에 따라 크게 달라질 수 있으므로 보편적인 정의가 존재하지 않는다.

예를 들어 K-평균 군집화는 임의의 **중심점(Centroid)**을 기준으로 최소 거리에 기반한 군집화를 진행한다. 각 데이터는 가장 가까운 중심에 군집을 이루며 같은 중심에 할당된 데이터는 하나의 군집군으로 형성된다. 여기서 K는 군집의 개수를 의미하며, K가 3일 때는 3개의 군집군을 형성한다. 데이터들의 군집 중심에서 가장 가까운 군집으로 뭉쳐진다.

K-평균 군집화는 중심의 초깃값이 무작위로 정해지며, K의 개수만큼 군집을 이룬다. 중심점과 군집 개수로 나누기 때문에 군집의 크기, 밀도, 형태가 특이하거나 서로 다를 경우 좋지 않은 결과가 나타날 수 있다.

다른 군집화 방법인 **밀도 기반 군집화(Density-based spatial clustering of applications with noise, DBSCAN)**로 군집화를 수행하면 K-평균 군집화 방식과는 다른 군집화 결과를 확인할 수 있다. 밀도 기반 군집화는 특정 공간 내에 데이터가 많이 몰려 있는 부분을 대상으로 군집화하는 알고리즘이다.

임의의 **P 점(Sample)**을 기준으로 **특정 거리(Epsilon)** 내에 점이 **M(Min samples)**개 이상 있다면 하나의 군집으로 간주한다. 이 지역(특정 거리 안쪽)을 ε-**이웃(Epsilon-neighborhood)**이라 부른다. ε-이웃 안에 샘플이 M개 이상이라면 **핵심 샘플(Core sample)** 또는 **핵심 지점(Core point)**이라 부르며, 핵심 샘플을 찾는 과정을 반복한다. 핵심 샘플이 아닌 영역은 이상치로 간주한다.

밀도 기반 군집화는 특정 거리와 최소 샘플 개수로 군집화를 이루므로 사전에 군집 개수를 설정하지 않아도 된다. 또한 밀도를 기준으로 군집화하므로 복잡한 분포의 데이터를 분석할 수 있으며, 어떤 군집에도 속하지 않는 이상치를 구분할 수 있다. 다음 그림 1.4는 밀도 기반 군집화를 수행하는 방법을 보여준다.

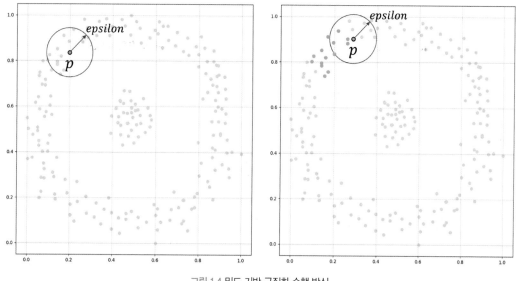

그림 1.4 밀도 기반 군집화 수행 방식

밀도 기반 군집화 수행 방식을 보면 파란색 점 P를 기준으로 설정한 거리 내의 점의 개수를 파악한다. 붉은색 원 안의 점의 개수가 일정 개수 이상이면 P를 핵심 샘플로 설정하고 원 안의 점들을 군집화한다. 이후 다음 점으로 이동하여 원 안의 점의 개수를 파악하고 점의 개수가 일정 수 이상이면 핵심 샘플과 같은 군집으로 군집화한다.

이와 같이 K-평균 군집화와 밀도 기반 군집화 방식에 대해 간단히 알아봤다. 동일한 데이터에 각 알고리즘을 적용하면 그림 1.5와 같이 군집을 이루는 것을 확인할 수 있다.

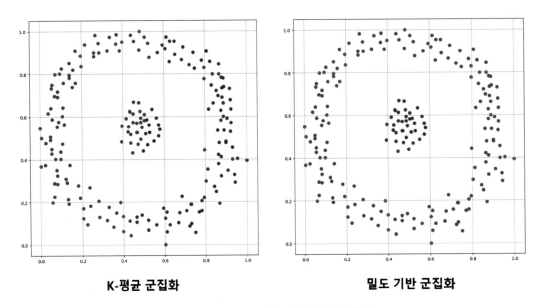

K-평균 군집화   **밀도 기반 군집화**

그림 1.5 K-평균 군집화와 밀도 기반 군집화 수행 결과

군집화 알고리즘마다 군집화하는 방식이 다르므로 데이터의 특징과 수행할 알고리즘 또는 원하는 결과물에 따라 가장 효율적인 군집화 알고리즘을 선택해야 한다.

군집화 알고리즘은 K-평균 군집화, 밀도 기반 군집화 이외에도 병합 군집화(Agglomerative Clustering), 평균 이동 군집화(Mean-Shift Clustering), 계층적 군집화(Hierarchical Clustering), 스펙트럼 군집화(Spectral Clustering) 등이 있다.

이상치 탐지

이상치 탐지(Outlier Detection, Anomaly Detection)는 밀도가 높은 데이터 분포에서 멀리 떨어져 있는 샘플을 찾는 것이다. 훈련 데이터나 입력 데이터에 비정상적인 값을 갖는 데이터가 있다면 이를 이상 데이터라 부른다. 정제되지 않은 빅데이터는 정상적이지 않은 데이터가 포함되어 있을 확률이 매우 높다. 이러한 데이터를 이상 데이터로 간주한다.

이상 데이터가 많이 분포하면 학습 모델이나 알고리즘의 정확도와 신뢰도가 낮아진다. 이상치 탐지는 결함이 있는 데이터나 제품을 찾거나 **시계열 데이터(Time Series data)**[3]에서 일반적인 패턴에서 벗어난 패턴 등을 찾는다.

---

3 일정 시간 간격으로 배치된 데이터

이상치 탐지는 크게 **이상치(Outlier)**와 **이상(Anomaly)** 탐지가 있다. 이상치 탐지는 **횡단면 데이터 (Cross-sectional data)**[4]에서 비정상적인 데이터를 찾는 것을 의미한다. 이상 탐지는 시계열 데이터에서 비정상적인 데이터를 찾는 것을 의미한다. 밀도가 높은 지역의 데이터는 **정상치(Inlier)**로 부르며 밀도가 낮은 지역의 데이터는 이상치로 부른다. 다음 그림 1.6은 정상치 데이터와 이상치 데이터를 분류한 결과를 보여준다.

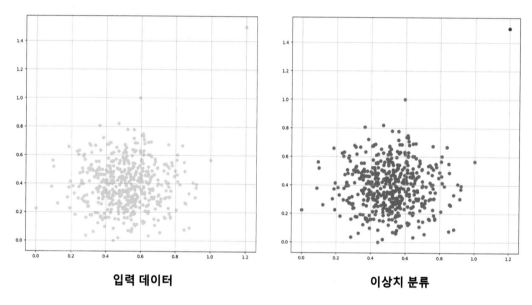

입력 데이터　　　　　　　　　**이상치 분류**

그림 1.6 이상치 데이터 분류

그림 1.6의 왼쪽 이미지는 입력 데이터이며, 오른쪽 이미지는 이상치를 분류한 결과다. 오른쪽 이미지의 오른쪽 상단에 있는 붉은색 점이 이상치다. 이상치는 밀도가 높은 군집에 포함되지 않고 고립되어 있다.

이런 이상치는 특정 알고리즘을 수행하기 전에 제거하거나 별도의 분류를 진행해야 한다. 이상치를 제거하지 않고 군집화 등을 진행하면 의도하지 않은 결과가 나타날 수 있다. 이상치 탐지 알고리즘으로는 고립 포레스트(Isolation Forest), LOF(Local Outlier Factors), One-class SVM 등이 있다.

차원 축소

차원 축소(Dimensionality Reduction)란 고차원 데이터의 차원을 축소해 저차원의 새로운 데이터로 변환하는 것을 의미한다. 여러 특징과 변수 간에 존재하는 상관관계를 이용해 주요 구성요소에 대한

4 　동일한 시간, 동일 기간에 여러 변수에 대하여 수집된 데이터

분석을 진행한다. 데이터에 특징이 매우 많으면 학습 모델을 구성하는 데 오랜 시간이 소요되며 정확도와 신뢰도를 보장할 수 없다.

고차원 데이터의 특징 간 상관관계가 높다면, 하나의 특징만 사용하거나 여러 특징을 조합하여 하나의 특징으로 변경할 수 있다. 3차원의 데이터를 2차원으로 축소한다고 가정하면 연산량 감소, 노이즈 및 이상치 제거, 시각화 등에 이점을 볼 수 있다. 차원 축소에는 크게 특징 선택과 특징 추출이 있다.

특징 선택(Feature Selection)은 모델의 성능 향상에 유용한 특징 변수들을 선택하고 불필요한 변수들을 제거하는 것을 의미한다. 예를 들어 점수(Score)와 등급(Rank)에 관한 특징이 있다면 등급은 점수에 종속적인 데이터일 가능성이 높다. 그렇다면 둘 중 하나의 특징을 제거하여 차원을 축소할 수 있다.

특징 추출(Feature Extraction)은 여러 특징을 하나로 압축해 새로운 특징을 만들어 내는 것을 의미한다. 예를 들어 여러 점수를 일련의 알고리즘에 적용해 A, B, C 등급 분류 방식과 같이 새로운 특징을 만들어 낼 수 있다.

차원 축소 알고리즘은 주성분 분석(Principal Component Analysis, PCA), 특잇값 분해(Singular Value Decomposition, SVD), 음수 미포함 행렬 분해(Non-negative Matrix Factorization, NMF) 등이 있다.

준지도 학습

준지도 학습(Semi-supervised Learning)은 레이블을 사용하는 지도 학습과 레이블을 사용하지 않는 비지도 학습의 중간에 있는 학습 방법이다. 레이블이 포함된 데이터와 포함되지 않은 데이터를 함께 학습에 활용한다. 준지도 학습은 주로 많은 데이터를 보유하고 있으나 레이블이 할당된 데이터가 적을 때 사용한다.

지도 학습의 주요 문제점은 모든 훈련 데이터에 레이블이 포함돼야 하므로 데이터를 구축하는 데 많은 시간이 소요된다는 점이다. 준지도 학습은 학습 과정에서 많은 레이블을 요구하지 않으므로 소량의 레이블로도 성능 높은 모델을 구축할 수 있다. 준지도 학습은 명확하게 레이블을 나눌 수 있는 시스템을 구축할 때 적용할 수 있으며, 다음과 같은 세 가지 기준을 가정해 진행한다.

1. **평활도(Smoothness) 가정**: 특징이 비슷한 데이터는 동일한 레이블을 가질 가능성이 높다.

2. **저밀도(Low-density) 가정**: 데이터의 확률 밀도가 높은 곳에는 **결정 경계(Decision boundary)**[5]가 생기지 않는다.

3. **다양체(Manifold) 가정**: 고차원 공간의 데이터 특징을 잘 표현하는 저차원 공간이 존재한다.

평활도 가정은 지도 학습의 레이블을 일부 활용해 학습을 진행하므로 레이블이 존재하는 데이터와 유사한 값을 가진다면 동일한 레이블일 가능성이 높다는 가정이다. 가령 데이터가 [3, 3, 4]에 레이블 값이 0이었다면 레이블이 없는 [3.1, 3, 4.1]과 같은 데이터는 레이블이 0일 가능성이 높다는 의미가 된다.

저밀도 가정은 현재 시스템 구축에 사용되는 데이터가 이산형(Discrete)[6] 군집을 형성할 가능성이 높다는 가정이다. 데이터가 군집을 형성한다면 데이터의 밀도가 높을 수밖에 없으며, 데이터의 밀도가 높은 곳에서는 군집을 분리할 수 없다. 그림 1.7과 같이 데이터의 밀도가 높지 않은 곳에서 결정 경계가 생기게 된다. 결정 경계는 긴 파선으로 표현했다.

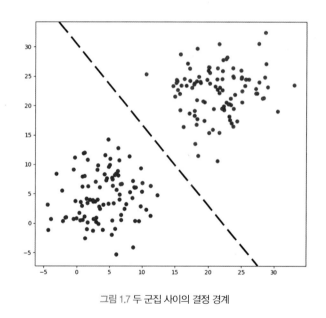

그림 1.7 두 군집 사이의 결정 경계

다양체 가정은 차수가 높은 데이터의 차수를 낮게 표현했을 때 더 쉽게 이해할 수 있는 **부분 공간 (Subspace)**이 존재한다는 가정이다. 복잡한 특징을 가지고 있는 데이터라도 **초평면(Hyperplane)**에 투영하거나 정사한다면 더 구분하기 쉬운 **특성(characteristic)**으로 변환된다는 의미를 갖는다.

---

5 군집을 구분할 수 있는 경계선 또는 경계면
6 하나씩 셀 수 있는 형태

다음 그림 1.8은 3차원 롤 케이크(Swiss roll) 형태의 데이터를 2차원 공간으로 정사한 결과를 보여준다. 그림 1.8과 같이 2차원 공간으로 정사하면 더 쉬운 특성을 갖는 형태로 변경된다.

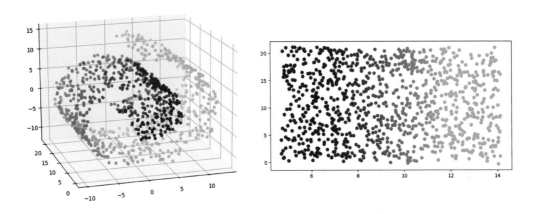

그림 1.8 3차원 공간 데이터를 2차원 공간으로 정사

준지도 학습은 위와 같은 가정을 통해 진행되므로 군집화가 필요한 시스템이나 오토 인코더(Auto Encoder), 생성적 적대 신경망(Generative Adversarial Networks, GAN)과 같은 **생성 모델 (Generative Model)**[7] 등에 활용된다.

강화 학습

강화 학습(Reinforcement Learning)은 행동주의(Behaviorism) 심리학 이론을 토대로 구현한 알고리즘이다. 행동주의는 모든 동물은 학습 능력을 갖추고 있으므로 어떤 행동을 수행했을 때 **보상 (Reinforcement)**[8]이 있다면 보상받았던 행동의 발생 빈도가 높아진다는 이론이다.

이러한 이론을 토대로 보상을 최적화하기 위한 강화 학습이 생겨났다. 강화 학습은 크게 **환경 (Environment)**, **에이전트(Agent)**, **상태(State)**, **행동(Action)**, **보상(Reward)**, **정책(Policy)**으로 구성돼 있다.

환경이란 학습을 진행하는 공간 또는 배경을 의미한다. 예를 들어 바둑에서의 환경은 바둑판이며 게임에서의 환경은 게임 속 세상을 의미한다.

---

7   학습 데이터의 분포와 유사한 데이터를 생성하는 모델
8   생물이 어떤 자극에 반응해 미래의 행동을 바꾸는 것

에이전트는 환경과 상호작용하는 프로그램을 의미한다. 즉, 플레이어(Player)나 관측자(Observer)를 지칭한다.

상태는 환경에서 에이전트의 상황을 의미한다. 예를 들어 바둑판 환경이라면 상태는 바둑판에 놓은 돌의 상태가 되며 게임 환경이라면 게임 실행 과정에서 나오는 영상의 프레임이 상태가 된다.

행동은 주어진 환경의 상태에서 에이전트가 취하는 행동을 의미한다. 돌을 놓거나 움직이는 등의 모든 행위를 지칭한다.

보상은 현재 환경의 상태에서 에이전트가 어떠한 행동을 취했을 때 제공되는 것을 의미한다. 제공되는 보상은 양(Positive)의 보상, 음(Negative)의 보상 등이 있다.

양의 보상이 주어진다면 그 환경의 상태에서 에이전트가 해당 행동을 더 많이 취할 가능성이 높아진다. 반대로 음의 보상이 주어진다면 해당 행동의 발생 빈도가 낮아진다.

마지막으로 정책은 에이전트가 보상을 최대화하기 위해 행동하는 알고리즘을 의미한다. 즉, 에이전트는 반복되는 학습을 통해 보상을 최대화하는 행동을 취하게 된다.

마르코프 결정 과정

마르코프 결정 과정(Markov Decision Process, MDP)은 이산 시간 확률 제어 과정(Discrete time stochastic control process)으로 시간에 따른 시스템의 상태 변화를 의미한다. 다시 말해 순차적으로 행동을 결정해야 하는 문제를 풀기 위해 의사결정 과정을 모델링하는 것이다. 다음 그림 1.9는 강화 학습의 수행 방식을 간략히 보여준다.

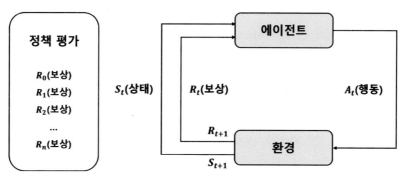

그림 1.9 강화 학습 수행 방식

그림 1.9는 마르코프 결정 과정에서 행동이라는 요소가 추가된 형태다. 그림에서 알 수 있듯이 에이전트는 S_t 상태에서 A_t의 행동을 수행한다.

그러면 환경은 다음번 상태 S_{t+1}과 다음번 보상 R_{t+1}을 에이전트에 전달한다. 강화 학습에서 중요한 가정 중 하나는 환경이 마르코프 결정 과정의 **마르코프 속성(Markov property)**을 가진다는 것이다.

마르코프 속성은 과거 상태($S_1, S_2, S_3, \cdots S_{t-1}$)와 현재 상태($S_t$)가 주어졌을 때, 미래 상태($S_{t+1}$)는 오직 현재 상태에 의해 결정된다는 것을 의미한다.

다시 말해 과거 상태와는 별개로 현재 상태에 의해서만 결정된다는 의미다. 지속적으로 상태가 변화하는데, 어떤 상태에서 다음 상태로 변화하는 것을 **전이(Transition)**라고 한다.

결국 t 시점의 상태 S_t에서 행동(A_t)을 할 때 수행하는 다음 상태의 S_{t+1}을 결정하게 된다. 이를 **상태 전이 (State Transition)**라 하며 상태 전이에서 받는 보상은 $R(S_{t+1})$로 표현할 수 있다.

가치 함수

가치 함수(Value Function)란 어떤 상태 S_t에서 정책에 따라 행동할 때 얻게 되는 **기대 보상 (Expected Reward)**을 의미한다. 상태와 행동에 따라 최종적으로 어떤 보상을 제공해 줄지에 대한 예측 함수다.

상태–행동 가치 함수(State-Action Value Function)도 있는데, 이는 어떤 상태 S_t에서 행동한 다음, 정책에 따라 행동할 때 얻게 되는 기대 보상을 의미한다. 이 가치 함수에 따라 학습이 진행된다. 최적의 가치 함수를 구현하면 효율적인 정책을 구성할 수 있다.

가치 함수는 벨만 최적 방정식(Bellman Optimality Equation)을 적용하며 동적계획법(Dynamic Programming), 몬테카를로 방법(Monte Carlo Method), 모수적 함수(Parameterized function) 등을 사용할 수 있다.

결국 강화 학습은 에이전트의 **시행착오(Trial and error)**를 통해 보상을 최대로 할 수 있는 정책을 찾는 방법으로 학습이 진행된다. 강화 학습은 크게 모델 기반 강화 학습(Model-based Reinforcement Learning)과 모델이 없는 강화 학습(Model-free Reinforcement Learning)이 있다.

모델 기반 & 모델 프리

모델 기반(Model-based)의 강화 학습과 모델 없는(Model-free) 강화 학습의 이름에서 알 수 있듯이, 모델의 사용 여부에 따라 나뉜다. 강화 학습에서의 모델은 데이터와 결괏값에 대한 규칙($f(x)$)이 아닌, 환경에 대한 가정을 모델로 간주한다. 즉, 에이전트가 환경의 모델에 상태 전이와 보상을 예측한다.

모델 기반의 강화 학습에서는 에이전트가 어떤 행동을 할 때 이미 환경이 어떻게 바뀔지 알 수 있다. 그러므로 에이전트가 행동하기 전에 환경의 변화를 예상하여 최적의 행동을 실행할 수 있다.

모델 기반의 강화 학습은 적은 양의 데이터로도 효율적인 학습을 할 수 있지만, 모델이 정확한 환경을 구현하지 않는다면 올바른 학습을 진행할 수 없다. 모델을 사용하지 않는 강화 학습은 모델 기반의 강화 학습과 정반대의 장단점을 갖는다. 즉, 모델을 구현하기 어려운 상황에도 사용할 수 있다는 장점이 있다.

머신러닝 아키텍처

머신러닝 아키텍처(Machine Learning Architecture)란 머신러닝 시스템의 목적을 달성하기 위한 시스템 간 상호작용, 시스템 디자인, 알고리즘에 대한 제약 및 설계를 의미한다. 머신러닝 아키텍처의 목적은 머신러닝 시스템을 활용해 우수한 제품(Product)을 제공하는 것이다.

머신러닝 시스템은 학습 데이터 구축부터 모델 배포에 이르기까지 여러 단계가 긴밀하게 연결돼 있다. 우수한 제품을 제공하기 위해서는 머신러닝 아키텍처의 각 단계가 최상의 결과와 유의미한 가치를 제공해야 한다. 이를 위해 **프로세스(Process)**[9] 및 **절차(Procedure)**[10]를 수립하고 지속적으로 개선해야 한다.

프로세스에서 발생하는 문제를 최소화하기 위해 프로세스별로 **의존 관계(Dependency)**를 확인하고 비정상적인 상태를 감지해 **멱등성(Idempotent)**[11]을 유지해야 한다. 또한 취약점을 확인하고 문제를 조기에 발견해 해결해야 한다. 그러므로 프로세스마다 목적, 결과, 행동 및 성공 기준을 결정한다.

다시 말해 머신러닝 **파이프라인(Pipeline)**의 중심은 제품이어야 하며 머신러닝 시스템이 개선 및 변경되더라도 안정적인 기능을 제공해야 한다. 이러한 시스템을 설계한다면 자동화된 파이프라인을 구축할 수 있으며, 주요 구성 요소인 머신러닝 모델이 높은 성능의 시스템으로 유지될 수 있다.

---

9 입력을 출력으로 변환하기 위한 상호작용
10 프로세스를 수행하기 위한 방식
11 연산을 여러 번 적용하더라도 결과가 달라지지 않는 성질

자동화된 워크플로는 견고한 엔지니어링 원칙이 수반되기 때문에 상세한 프로세스와 절차를 수립해야 한다. 문제 해결을 위해 재현이 가능하고 실행 가능한 구성요소로 프로세스를 분할한다면 **지속적인 통합**(Continuous Integration, CI)[12]과 **지속적인 서비스 제공(Continuous Delivery, CD)[13]**을 가능케 한다. 제품을 구현하고 머신러닝 학습 작업을 자동화하기 위해 워크플로를 다단계 프로세스로 분할한다.

머신러닝 파이프라인의 프로세스는 크게 데이터 준비, 모델링, 모델 평가, 배포로 구성돼 있다. 머신러닝 파이프라인을 이해하기 위해 진행되는 단계를 순차적으로 살펴본다. 그림 1.10은 머신러닝 시스템의 워크플로를 보여준다.

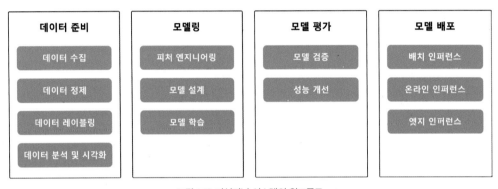

그림 1.10 머신러닝 시스템의 워크플로

데이터 준비

머신러닝 파이프라인에 있어서 가장 중요한 프로세스는 **데이터 준비(Data Preparation)** 단계다. 데이터 준비 단계는 데이터를 수집하고 수집된 **원시 데이터(Raw data)**를 학습에 적합하게 준비하는 단계다.

일반적으로 데이터 과학자들이 머신러닝 시스템을 구축할 때 알고리즘을 연구하고 개발하는 데 가장 많은 시간을 소요할 것으로 생각한다.

하지만 2016 CrowdFlower 설문 조사에 따르면 데이터 과학자들은 데이터세트를 생성하고 데이터를 정제하는 데 전체 작업 시간의 약 80%를 소요한다. 이 과정에 드는 시간을 최적화하기 위해 많은 신경을 써야 한다. 데이터 준비 프로세스는 데이터 수집, 데이터 정제, 데이터 레이블링, 분석 및 시각화 단계로 나뉜다.

---

12 빌드 및 테스트를 자동화하는 과정으로 여러 명이 동시에 개발을 진행하더라도 지속적으로 통합하면서 관리할 수 있음을 의미
13 항상 신뢰 가능한 수준에서 배포될 수 있도록 관리하는 개념으로 지속적인 배포를 의미

데이터 수집

데이터 수집(Data Collection)은 머신러닝 시스템에 필요한 데이터를 모으는 프로세스다. 데이터는 텍스트, 음성, 이미지, 동영상을 비롯해 시계열, 테이블, 지리 정보 등 다양하게 존재한다. 현재 구축하려는 모델링에 필요한 데이터 형식을 정의하고 데이터를 수집한다.

데이터는 데이터베이스 관리 시스템, 내부 시스템 로그, 데이터 웨어하우스 및 공공 데이터 등 다양하게 산재돼 있다. 구축하려는 시스템에 적합한 데이터가 없다면 현실 세계에서 데이터를 추출해 생성하기도 한다. 데이터 형식과 데이터 수집처를 결정했다면 다음과 같은 사항을 고려한 후, 최대한 많은 데이터를 확보해 **데이터 레이크(Data Lake)**[14]를 구축한다.

- 데이터의 사용 가능성
- 개인 정보 포함 여부
- 데이터 수집 비용

데이터 정제

데이터 수집 프로세스를 통해 확보된 데이터는 일관되지 않고 규칙적이지 않을 가능성이 매우 높다. **데이터 정제(Data Cleansing)** 프로세스는 데이터의 품질을 보장하기 위해 오류를 수정하고 누락된 데이터를 채우며 불필요한 데이터를 제거한다.

정리된 데이터는 **일관성(Consistency)**과 **무결성(Integrity)**이 유지돼야 한다. 일관성과 무결성을 위해 데이터 형식, 데이터 저장 규칙, 측정 단위 등을 설정하고 제한할 수 있다. 위와 같이 정제된 데이터는 데이터베이스나 **데이터 웨어하우스(Data Warehouse)**[15]를 구축해 관리한다.

- 대표적인 데이터베이스: RDBMS(PostgreSQL, Oracle 등), NoSQL(Redis, MongoDB 등)
- 대표적인 데이터 웨어하우스: Hadoop, Hive, Redshift, BigQuery

---

14 대규모 원시 데이터세트를 저장하는 데이터 저장소 유형
15 머신러닝, 데이터 분석 및 의사결정에 도움을 주기 위한 데이터 중앙 저장소 유형

데이터 레이블링

데이터 레이블링(Data Labeling)은 정제된 원시 데이터를 식별하고 데이터 가공 도구를 활용해 하나 이상의 정보를 **태깅(Tagging)**하는 과정이다. 예를 들어 이미지에 특정 객체의 존재 여부나 텍스트의 속성별 분류가 있다. 이렇게 태깅된 정보를 통해 머신러닝 모델을 학습할 수 있다.

레이블링이 되어 있지 않거나 잘못된 정보가 태깅되어 있으면 머신러닝 모델의 성능을 저하하는 주요한 원인이 된다.

분석 및 시각화

데이터 수집부터 데이터 레이블링까지 완료됐다면 **탐색적 데이터 분석(Exploratory Data Analysis, EDA)**을 진행한다. 탐색적 데이터 분석이란 존 와일더 투키(John Wilder Tukey)가 고안한 방법으로, 데이터세트를 분석해 주요한 특성을 탐색하는 접근법이다.

이 과정을 통해 레이블링된 데이터 특성 및 분포 등을 분석한다. 데이터 준비는 지속적으로 진행되는 프로세스이므로 학습 데이터의 불균형이나 **데이터 드리프트(Data Drift)**[16]가 발생할 수 있다.

예를 들어 개와 고양이를 분류하는 시스템을 구축하려고 동물 이미지를 수집한 다음 레이블링을 진행했다고 가정하자. 이 프로세스에서 개의 이미지가 대부분을 차지한다면 머신러닝 모델을 학습했을 때 좋은 성능을 기대하기 어려울 것이다.

레이블링 과정에서 개가 아닌 늑대 사진이 섞여 있다는 것을 발견하면 데이터의 신뢰도가 낮아진다. 이러한 문제점을 미연에 방지하기 위해 데이터 분석 및 시각화를 진행한다. 선그래프, 막대그래프, 히스토그램, 산점도 등을 활용해 시각화를 진행하며 이상치 식별, 상관관계 및 편향 분석, 가설 수립 및 변경, 데이터 패턴 등을 확인할 수 있다.

모델링

모델링(Modeling)이란 다양한 알고리즘 기법을 적용해 특정 유형의 패턴을 인식하도록 학습된 시스템을 구축하는 것을 의미한다. 데이터세트와 가설을 통해 새로운 데이터에서 특징이나 패턴을 추론하고 해당 데이터에 대한 예측을 수행한다. 궁극적으로는 주어진 데이터에서 머신러닝 모델이 사람을 대신해서

---

16 입력 데이터가 변경돼 모델 정확도가 저하되는 현상

의사결정을 내릴 수 있는 시스템을 구축한다. 모델링 프로세스는 피처 엔지니어링, 모델 설계, 모델 학습 단계로 나뉜다.

피처 엔지니어링

피처 엔지니어링(Feature Engineering)이란 데이터세트에서 머신러닝 모델 학습에 포함될 변수나 특징을 추출하고 변환하는 작업이다. 데이터 준비를 통해 데이터를 정제했지만, 머신러닝 학습에 활용하기에 적합한 상태는 아니다.

예를 들어 레이블링 과정에서 동물 이미지를 보고 개와 고양이라고 값을 할당했더라도 실제 학습에서는 숫자형 데이터로 변환해 사용한다. 피처 엔지니어링 프로세스는 현재 구축하려는 머신러닝 시스템에 적합하고 학습하기 쉬운 형태로 데이터를 변환하는 과정을 의미한다. 피처 엔지니어링의 대표적인 방법은 크게 다음과 같다.

- **특징 선택(Feature Selection)**: 학습에 활용할 데이터만 선별하는 과정
- **특징 샘플링(Feature Sampling)**: 선별된 데이터의 분포를 균등 분포로 추출하거나 **계층적 샘플링(Stratified Sampling)** 등으로 추출하는 과정
- **특징 변환(Feature Transformation)**: 샘플링된 데이터를 숫자형 데이터로 변환하는 과정
- **특징 추출(Feature Extraction, Feature Projection)**: 특징을 더 작은 차원으로 축소하면서 원래 데이터의 속성을 유지하도록 변환하는 과정
- **특징 구성(Feature Construction)**: 기존 특징을 활용해 새로운 특징을 생성하는 과정

위와 같은 방법을 활용해 현재 구축하려는 머신러닝 시스템에 적합하고 학습하기 쉬운 형태로 데이터를 변환하는 과정을 의미한다. 피처 엔지니어링을 통해 생성된 데이터는 재가공된 데이터세트가 되며, 해당 데이터세트를 학습 데이터, 검증 데이터, 시험 데이터로 나눠 활용한다.

모델 설계

모델 설계(Model Design)는 현재 구축하려는 시스템에 적합한 알고리즘이나 모델을 설계하고 구현하는 단계다. 피처 엔지니어링을 통해 생성된 데이터 중 어떠한 필드를 입력값과 출력값으로 활용할지 선택하며, 어떠한 인공 신경망의 구조(CNN, RNN, ANN 등)를 시스템에 활용할지 설정한다.

시스템의 목적이나 제약사항에 따라 인공 신경망의 구조를 변경 없이 그대로 사용하거나 기본 구조를 변경해 설계한다. 구조 설계가 완료됐다면 **비용 함수(Cost Function)**를 비롯해 **하이퍼파라미터 (Hyperparameter)**[17] 등을 정의하고 모델 학습을 진행한다.

모델 학습

모델 학습(Model Training)은 최적의 모델을 선정하고 학습을 통해 최적화된 **모델 매개변수(Model Parameter)**를 찾아내는 과정이다. 피처 엔지니어링을 통해 입력된 데이터는 인공 신경망을 지나가면서 값이 변경된다. 이 값을 예측값이라 하며, 피처 엔지니어링 과정에서 생성된 출력값과 동일하거나 유사한 값이 될 수 있게 모델의 매개변수가 갱신된다.

즉, 모델 학습은 예측 변수를 활용해 목적 변수에 도달할 수 있는 적합한 수치형 모델 매개변수를 찾는 과정이다. 최적화된 모델 매개변수를 찾기 위해 모델 학습을 진행하며, 짧게는 1~2분, 길게는 2~3주까지 학습을 진행한다.

모델 평가

모델 평가(Model Evaluation)는 머신러닝 아키텍처에 있어서 가장 중요한 프로세스다. 모델 평가를 통해 머신러닝 모델의 성능을 점검할 수 있다. 모델 평가 방법은 알고리즘의 특성이나 비즈니스 목적에 따라 다양하게 존재하며, 평가를 통해 나온 지표로 머신러닝 시스템의 신뢰성을 확인할 수 있다. 유의미한 성능이 나올 때까지 앞선 데이터 준비와 모델링 프로세스를 여러 번 반복 수행한다. 모델 평가는 모델 검증과 성능 개선으로 나눌 수 있다.

모델 검증

모델 검증(Model Validation)은 모델을 학습시킨 이후 모델의 성능을 확인하고 서비스 목적에 부합하는지 판단하는 프로세스다. 이 과정에서 모델의 안정성 및 신뢰성을 확인하고 다양한 평가 방식을 적용해 모델의 적합성을 판단한다.

모델 성능을 점검하는 것뿐만 아니라 예기치 못한 오류를 확인하는 과정도 포함돼 있다. 모델 검증 방법으로는 크게 온라인 검증 방법과 오프라인 검증 방법이 있다.

---

17   모델이 학습하기 전에 영향을 미치는 값이다. 모델 학습 흐름을 제어할 수 있게 하는 매개 변수를 의미하며, 초매개변수라고 부르기도 한다.

온라인 검증 방법은 프로덕션 환경에서 **A/B 테스트**[18]를 진행하는 것이다. 이 방법은 서비스 환경에 배포되고 머신러닝 파이프라인이 1회 이상 진행됐을 때 검증할 수 있다. 일부 시스템에서는 정량적인 평가 방법이 어려울 수 있다. 이런 경우 사용자의 트래픽, 클릭률, 유저 반응 등을 통해 모델을 검증할 수 있다.

오프라인 검증 방법은 피처 엔지니어링 단계에서 나눈 검증 데이터로 평가를 진행한다. 검증 데이터는 모델 학습에 사용되지 않은 데이터로 검증 데이터의 예측값을 실젯값과 비교해 모델의 성능을 확인한다. 평가 기준에 따라 머신러닝 모델을 객관적으로 평가하고 모델의 품질을 확인할 수 있다.

이러한 검증 방식으로 모델의 성능 향상이나 안정화를 위해 추가로 진행해야 하는 일을 결정하거나 모델 배포 및 서비스화에 대한 의사결정을 한다.

성능 개선

머신러닝 모델은 지속적인 **성능 개선(Performance Improvement)**이 필요하다. 첫 번째 학습에서는 성능이 높은 모델을 얻지 못할 수 있으며, 더 나은 예측을 위해 성능을 개선해야 할 수도 있다. 성능 개선 방법은 크게 **데이터 중심(Data-Centric)** 개선과 **모델 중심(Model-Centric)** 개선이 있다.

데이터 중심 개선 방법은 학습에 사용되는 데이터의 수나 특징의 수를 늘려 학습 데이터를 개선한다. **기준 모델(Baseline Model)**[19]이 어느 정도의 성능을 보여준다면 데이터나 특징의 증가를 통해 확실하게 성능을 증가시킬 수 있다.

모델 중심 개선 방법은 인공 신경망의 구조를 변경하거나 모델 매개변수를 확장해 더 고도화된 예측을 할 수 있게 모델을 변경하는 과정이다. 예측에 사용된 알고리즘을 변경해 성능을 끌어올리는 과정으로 볼 수 있다.

또한 **하이퍼파라미터 최적화(Hyperparameter Tuning)**를 통해 성능을 개선할 수 있다. 하이퍼파라미터 최적화 과정은 모델 학습에 사용된 하이퍼파라미터인 학습 횟수나 초깃값 설정을 의미한다.

위와 같은 방법을 활용해 모델의 성능을 지속해서 개선한다.

---

18 두 가지 시스템을 비교해 사용자가 더 높은 관심을 보이는 버전이나 성능이 더 좋은 버전을 확인하는 종합 대조 실험을 의미한다.
19 간단하고 직관적이면서 최소한의 성능을 나타낼 수 있는 모델로 모델 성능의 기준이 된다.

모델 배포

모델 배포(Model Deployment)는 머신러닝 시스템을 서비스화하거나 상용화하는 단계로 **모델 서빙 (Model Serving)** 과정을 의미한다. 모델 서빙이란 머신러닝 모델의 예측값을 사용자에 제공하는 것을 의미한다.

예측값을 제공하는 방법으로 내부 서비스망에 배포하는 방법, AWS, Azure 등과 같은 클라우드 환경으로 배포하는 방법, 로봇, 컴퓨터, 휴대전화와 같은 디바이스에 배포하는 방법 등이 존재한다. 이러한 방법을 각 배치 인퍼런스, 온라인 인퍼런스, 에지 인퍼런스라고 한다.

배치 인퍼런스

배치 인퍼런스(Batch Inference)란 입력 데이터를 배치(batch)로 묶어 한 번에 추론(inference)하는 방법을 의미한다. 특정 주기마다 여러 데이터를 한 번에 묶어 처리하므로 대규모 요청사항을 수월하게 처리할 수 있다.

일정 주기마다 처리된 결과는 보통 데이터베이스에 적재해 사용자에게 제공된다. 사용자에게 직접 제공되지 않기 때문에 시스템이나 인프라 구조가 덜 복잡하지만, 다음 주기가 도래하기 전까지 신규 데이터를 처리할 수 없어 실시간으로 예측값이 제공되지는 않는다.

온라인 인퍼런스

온라인 인퍼런스(Online Inference)란 클라우드 환경이나 내부 서버 망에서 RESTful API 기반으로 요청이 올 때마다 즉시 예측값을 제공하는 방법이다. 요청하는 즉시 수신한 데이터를 추론해 예측값을 제공하므로 실시간 인퍼런스라고도 불린다.

실시간성으로 인해 일정 시간 이하의 **응답 시간(Response Time)**을 보장해야 하며, 순간적으로 얼마나 많은 유저에게 제공해야 할지 알 수 없으므로 **프로비저닝(Provisioning)**[20]까지 신경 써야 한다. 또한 유저에게 즉각 제공되기 때문에 모니터링 시스템을 구축하고 서비스 장애에 대해 즉각 대응해야 한다.

---

20   시스템 자원을 즉시 사용할 수 있는 상태로 준비해 두는 것을 의미한다.

에지 인퍼런스

에지 인퍼런스(Edge Inference)란 내부 환경이 아닌 하드웨어에 직접 배포돼 추론하는 방법을 의미한다. 배치 인퍼런스나 온라인 인퍼런스와 달리 인프라를 크게 요구하지는 않지만, 디바이스의 종류나 버전에 따라 서비스가 지원되지 않거나 일부 기능이 제공되지 않을 수 있으므로 더 복잡한 버전 관리 방법이 요구된다.

디바이스가 서로 상이하므로 동일한 기능이라도 동일한 모델에 동일한 데이터가 입력돼도 예측값이 다를 수 있다. 이로 인해 모델의 성능을 객관적으로 평가하기가 어렵다. 이 외에도 하드웨어에 직접 배포되기 때문에 모델 업데이트에 실패했을 때를 대비한 복원 및 백업 시스템 구축이 돼야 하고 정교한 모니터링 시스템이 요구된다.

MLOps

MLOps(Machine Learning Operations)란 머신러닝 모델을 소프트웨어 **개발 수명 주기(Software Development Life Cycle, SDLC)**에 통합하는 방법을 의미한다. MLOps는 개발자(Developer)와 운영자(Operator)가 협업해 애플리케이션의 개발 주기를 단축하고 소프트웨어의 릴리스 속도와 안정성을 높이기 위한 **DevOps(Development Operations)**에서 유래됐다.

그러므로 MLOps는 머신러닝 모델을 구축하고 학습시키는 **데이터 과학자(Data Scientists)**[21]와 머신러닝 모델을 프로덕션 시스템에 통합하고 운영 및 배포 자동화를 적용하는 **데이터 엔지니어(Data Engineer)**[22] 간의 협업을 포함한다.

MLOps는 프로덕션 환경에서 머신러닝 모델을 더 쉽게 배포하고 시스템 상태를 모니터링하며 효율적으로 유지 관리하는 것을 목표로 한다. 넓게는 데이터 준비 과정에서부터 모델 배포까지의 머신러닝 파이프라인을 자동화하고 모델 성능을 모니터링하는 것까지 포함한다. MLOps의 주요 목적은 다음과 같다.

- **지속적인 통합(Continuous Integration, CI)**: 머신러닝 모델의 코드 변경 사항을 빌드하고 테스트하는 프로세스를 자동화한다.
- **지속적인 서비스 제공(Continuous Delivery, CD)**: 모델의 변경 사항을 프로덕션 환경에 배포하는 프로세스를 자동화한다.

---

21   과학적 방법, 프로세스, 알고리즘, 시스템을 사용하여 정형 및 비정형 데이터를 분석하고 모델링하는 전문가를 의미한다.
22   데이터 인프라 및 파이프라인 설계, 구축, 유지 관리하는 전문가를 의미한다.

- **프로그래밍형 인프라**(Infrastructure as Code, IaC): 머신러닝 모델의 인프라 구성을 코드로 관리해 자동으로 구축, 관리, 프로비저닝한다.

- **지속적인 모니터링**(Continuous Monitoring): 프로덕션 환경에서 발생할 수 있는 문제와 배포된 머신러닝 모델의 성능을 모니터링한다.

- **데이터 관리**(Data Management): 머신러닝 모델을 학습하는 데 사용되는 데이터를 관리하고 테스트 데이터세트에 대한 모델의 성능을 검증한다.

MLOps는 앞서 배웠던 머신러닝 아키텍처의 전반적인 통합을 의미한다. 데이터 과학자와 데이터 엔지니어 두 그룹 간의 협업을 통해 더 효율적이고 효과적인 모델 개발 및 배포로 이어질 수 있다.

머신러닝 모델을 개발함에 있어 더 빠르게 모델을 개발할 수 있으며 프로세스를 간소화해 서비스 또는 기능 배포에 걸리는 시간을 단축할 수 있다. 또한 머신러닝 모델 확장에 있어서도 유동적으로 대응할 수 있다. 다음 그림 1.11은 MLOps 아키텍처를 보여준다.

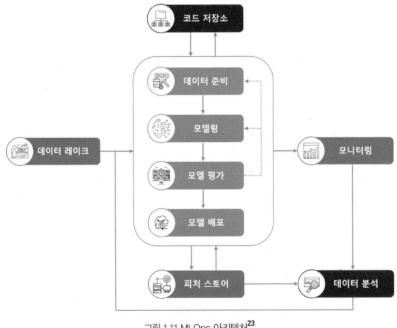

그림 1.11 MLOps 아키텍처[23]

---

23 아이콘 출처: flaticon.com

MLOps 아키텍처는 머신러닝 아키텍처를 포함한 운영 및 배포 자동화를 포함한다. 데이터 레이크에 적재된 원시 데이터세트를 활용해 모델을 구축하며 배포된 모델의 성능과 상태를 지속적으로 모니터링하고 필요에 따라 업데이트한다.

실제 프로덕션 환경이나 서비스에 반영된 모델은 모델 평가 결과와 상이할 수 있으며, 데이터 분석을 통해 유저의 반응을 확인하고 추가적인 모델 학습이나 개선이 이뤄질 수 있다. 또한 온라인 인퍼런스 환경으로 배포했다면 시스템 장애가 발생할 수 있으므로 서비스 장애에 대해 즉각적으로 대응할 수 있는 환경을 갖춰야 한다.

머신러닝 모델에 사용된 특성이나 속성 또는 결괏값은 새로운 모델을 구축할 때 내부 조직에서 활용할 수 있다. 이러한 정보를 관리하는 저장소를 **피처 스토어(Feature Store)**라 한다. 피처 스토어는 머신러닝 모델에서 사용된 데이터의 특성이나 속성을 저장, 관리 및 제공하는 데 사용되는 중앙 집중식 저장소다. 피처 스토어 데이터 또한 데이터 분석을 통해 새로운 모델 아키텍처를 구성할 수 있으며, 모델의 일관성과 정확도를 개선하고 기록을 추적할 수 있다.

MLOps를 적용하면 다양한 이점을 얻을 수 있지만, MLOps를 적용하려면 조직의 규모가 비교적 커야 하며 머신러닝 시스템을 활발하게 사용하고 있어야 한다. MLOps를 구현하려면 인프라 및 자동화 구축에 상당한 투자가 필요하며, 데이터 과학자와 데이터 엔지니어 간의 협업을 필요로 한다. 이 둘의 기술 격차가 있는 경우 MLOps를 적용하기 어려울 수 있다. 또한 MLOps 방식이 아닌 머신러닝 시스템을 운영 및 배포하고 있다면 시스템의 전반적인 구조 변경 및 리소스를 투자해야 하므로 조직의 구조와 목적을 고려해 적용하는 것이 좋다.

02

파이토치
설치

파이토치란?

파이토치(PyTorch)는 딥러닝 및 인공지능 애플리케이션에 널리 사용되는 파이썬용 오픈 소스 머신러닝 라이브러리다. 토치(Torch)를 기반으로 메타(Meta, 구 Facebook)의 FAIR(Facebook AI Research)에서 개발했으며, 유연하고 효율적이며 사용하기 쉽게 설계됐다.

파이토치의 주요 기능 중 하나는 동적 계산 그래프로, 사용자가 즉시 모델을 구축하고 수정할 수 있어 연구 및 개발에 아주 적합하다. 또한 파이토치는 GPU 가속을 강력하게 지원하므로 그래픽 카드의 병렬 처리 능력을 활용하여 더 빠르게 계산을 수행할 수 있다.

파이토치의 주요 이점은 딥러닝 모델을 정의하고 학습하기 위한 간단하고 직관적인 인터페이스를 제공한다는 점이다. 또한 GPU 가속 지원, 동적 계산 그래프, 넘파이(NumPy)와 같은 다른 라이브러리와 쉽게 통합할 수 있다.

자연어 처리, 컴퓨터비전 및 추천 시스템을 비롯한 다양한 애플리케이션에서 널리 사용된다. 또한 새로운 아이디어와 접근 방식을 개발하고 테스트하기 위한 유연한 플랫폼을 제공한다.

이 외에도 파이썬에 친화적인 라이브러리로 간결하고 구현이 빠르며, 텐서플로(TensorFlow)보다 사용자가 익히기에 훨씬 더 쉽다. 학습 및 추론 속도가 빠르고 **동적 계산 그래프 생성(Define-by-Run)** 방식을 기반으로 실시간 결괏값을 시각화할 수 있다.

파이토치는 딥러닝 모델 구축 및 학습, 데이터 로드 및 사전 처리, 모델 평가와 같은 작업을 위한 다양한 도구와 라이브러리를 제공한다. 또한 사용자 지정 모델을 구축하기 위한 시작점으로 사용할 수 있는 사전 훈련된 모델 및 데이터세트의 풍부한 집합이 포함돼 있다.

파이토치는 딥러닝을 사용한 AI 서비스 개발 외에 인공지능 및 머신러닝 분야의 연구 개발에도 널리 사용된다. 파이토치는 개발자 및 연구원을 위한 커뮤니티를 지원하며 시스템을 지속해서 업데이트하고 있다.

클라우드 플랫폼(Amazon Web Services, Google Cloud Platform 등)에서도 파이토치를 손쉽게 적용할 수 있다. 전반적으로 파이토치는 딥러닝 모델을 개발하고 학습하기 위한 강력하고 인기 있는 도구이며 인공지능 및 머신러닝 분야에서 널리 사용된다.

파이토치 특징

파이토치는 강력하고 인기 있는 머신러닝 라이브러리로, 딥러닝 모델을 개발하고 학습하는 데 필요한 다양한 기능을 갖추고 있다. 전반적으로 파이토치는 딥러닝 모델을 개발하고 학습하기 위한 강력하고 널리 사용되는 도구이며, 다양한 애플리케이션에 적합한 많은 기능을 갖추고 있다. 파이토치의 주요 기능은 다음과 같다.

동적 계산 그래프

파이토치를 사용하면 사용자가 동적 계산 그래프를 정의할 수 있으므로, 프레임워크가 실행 중이더라도 그래프 구조를 자유롭게 변경할 수 있다. 이를 통해 복잡한 아키텍처 모델을 구현하기가 더 쉬워지고 모델 설계에 더 큰 유연성이 존재한다.

GPU 가속

파이토치는 GPU 가속을 지원한다. 즉, GPU의 처리 능력을 사용해 딥러닝 모델의 훈련 속도를 높일 수 있다. 대규모 모델을 학습하는 데 걸리는 시간을 크게 줄일 수 있으며, 더 큰 데이터세트에서 모델을 학습할 수 있다.

사용하기 쉬움

파이토치는 사용자가 딥러닝 모델을 쉽게 정의하고 학습할 수 있는 간단하고 직관적인 인터페이스를 제공한다. **즉시 실행 모드(eager-mode)**[1]를 지원하므로 계산 그래프를 빌드하지 않고 코드를 실행할 수 있다. 이로 인해 디버깅이 쉽고 직관적이며, 더 유연한 코드 작성이 가능하다.

---

1 계산 그래프를 빌드하지 않고 즉시 실행되는 방식

또한 데이터 로드 및 전처리, 모델 학습 및 평가, 모델 배포와 같은 일반적인 머신러닝 작업을 쉽게 활용할 수 있게 도와주는 사전에 구축된 여러 기능과 모듈이 있다.

우수한 성능

파이토치는 딥러닝 작업에 우수한 성능을 제공하도록 설계됐으며 자연어 처리, 컴퓨터비전 및 음성 인식을 포함한 광범위한 애플리케이션에 쉽게 적용할 수 있다.

활발한 커뮤니티

파이토치는 라이브러리에 기여하고 사용자를 지원하는 대규모 개발자 및 연구원 활성 커뮤니티가 존재한다. 또한 새로운 기능이 정기적으로 추가되면서 지속해서 업데이트 및 개선되고 있다.

파이토치는 강력하고 인기 있는 머신러닝 라이브러리지만, 다른 소프트웨어와 마찬가지로 몇 가지 제한 사항과 잠재적인 단점도 있다. 파이토치의 주요 단점은 다음과 같다.

제한된 프로덕션 지원

파이토치는 주로 연구 개발에 중점을 두고 있으며 프로덕션 환경에서 모델을 배포하는 데 필요한 기능과 도구가 없을 수도 있다.

제한된 문서

파이토치는 광범위한 문서가 있지만, 다른 머신러닝 라이브러리만큼 포괄적이지 않으며 딥러닝을 처음 접하는 사람들에게는 친화적이지 않다.

호환성

파이토치는 모든 하드웨어 및 소프트웨어 환경과 호환되지 않으며 실행하기 위해 특정 하드웨어나 소프트웨어 구성이 필요하다.

제한된 통합

파이토치는 다른 머신러닝 라이브러리와 잘 통합되지 않아 특정 시스템에서 사용하기 어렵다.

전반적으로 파이토치는 강력하고 인기 있는 머신러닝 라이브러리지만, 제한이 없는 것은 아니다. 그러므로 모든 시스템에서 최선의 선택이 아닐 수 있다. 따라서 파이토치가 작업에 적합한 도구인지 결정하기 전에 프로젝트의 특정 요구 사항과 제약 조건을 신중하게 고려하는 것이 중요하다.

파이토치 설치

파이토치는 GPU 가속을 지원하는 머신러닝 라이브러리다. 파이토치를 사용하는 경우 GPU가 필수적인 요소는 아니지만, 대규모 데이터세트에서 CPU로 심층 신경망을 학습하는 경우 며칠 또는 몇 주가 걸릴 수 있다.

반면에 GPU를 사용해 학습을 가속화한다면 모델을 훈련하는 데 필요한 시간을 크게 줄일 수 있다. 따라서 특별한 경우가 아니라면 GPU 가속이 가능한 환경에서 파이토치를 사용하는 것을 권장한다.

파이토치는 운영 체제나 적용되는 시스템에 따라 환경 설정, 설치 방법, 버전 등이 상이하다. GPU 장치 유무에 따라서도 설치 과정이 다르며 일부 환경에서는 CPU 장치도 영향을 받는다. 대표적으로 맥(macOS) 환경에서 GPU 가속을 적용하려면 Apple M1/M2 칩이 탑재된 기기에서만 사용 가능하다. 또한 CPU 장치(AMD64, ARM)에 따라 다를 수 있다.

이번 장에서는 파이토치를 사용하기 위해 CPU 환경에 설치하는 방법과 GPU 환경에서 설치하는 방법에 대해 소개한다. 각자 현재 사용하는 환경에 맞는 설치 방법을 따라 하면 된다. CPU 설치 방법으로 진행한 경우 GPU 가속이 가능한 환경이어도 GPU 가속이 적용되지 않으므로 중복해 설치하지 않도록 주의한다.

파이토치를 설치하려면 파이토치 웹 사이트의 지침을 따르는 것이 가장 좋다. 이 책은 일반적인 설치 방법만 소개한다. 이 책에서 소개하지 않은 설치 방법은 https://pytorch.org/get-started/locally/를 참고한다.[2]

파이토치를 사용하기 위해서는 파이썬이 필요하다. 파이썬은 파이썬 공식 홈페이지[3]에서 IDLE를 설치한다. 텍스트 편집기(Text Editor)[4] 또는 통합 개발 환경(Integrated Development Environment, IDE)[5]을 사용하는 경우 파이썬 확장 플러그인이나 파이썬 패키지를 설치해 환경을 구성한다.

파이토치는 다양한 모듈을 제공하며, 대표적으로 **자동 미분 시스템에 구축된 심층 신경망 라이브러리 (pytorch), 영상 처리를 위한 이미지 변환 라이브러리(torchvision), 오디오 및 신호 처리를 위한 라이브러리(torchaudio)**가 있다. 이 라이브러리를 설치하고 적용하는 방법에 대해 알아본다.

---

2 종속성(dependencies) 오류가 발생한다면 https://pytorch.org/get-started/previous-versions/를 참고한다.
3 https://www.python.org/downloads/
4 서브라임 텍스트(Sublime Text), 비주얼 스튜디오 코드(Visual Studio Code), 아톰(Atom) 등이 있다.
5 파이참(PyCharm), 이클립스(Eclipse), 주피터(Jupyter) 등이 있다.

파이토치 CPU 설치

일반적으로 파이토치는 CPU 환경에서 사용하지 않는다. 주로 간단한 실험을 진행하거나 GPU 가속을 적용하기 어려운 환경에서 사용된다. CPU에서 파이토치를 설치한다면 패키지 매니저(Python Package Index, PyPI)를 활용한다. 가상 환경을 구축하는 경우 아나콘다(Anaconda) 또는 미니콘다(Miniconda)를 통해 설치하는 것을 권장한다.

패키지 매니저를 이용한 설치

파이토치는 pip를 이용해 간단하게 설치할 수 있다. pip는 파이썬으로 작성된 패키지를 설치하는 데 사용되며, 명령줄 인터페이스만으로도 손쉽게 패키지를 설치할 수 있다. 명령줄에서 다음 구문을 사용해 파이토치를 설치한다.

파이토치 CPU 설치 (윈도우, 맥, 리눅스)

```
pip install torch torchvision torchaudio
```

파이토치 CPU 설치 (리눅스)

```
pip install torch torchvision torchaudio --index-url https://download.pytorch.org/whl/cpu
```

위와 같은 방법으로 CPU를 사용하는 파이토치를 설치할 수 있다. 리눅스에서 pip 패키지가 인식되지 않는 경우 파이토치 CPU 설치(리눅스) 방법으로 CPU 버전 파이토치를 설치할 수 있다.

아나콘다를 이용한 설치

아나콘다를 사용하는 경우 윈도우와 리눅스 환경에서는 동일한 방법으로 설치할 수 있다. 맥 환경에서는 최근까지 GPU 환경을 지원하지 않아서 cpuonly 명령어가 존재하지 않는다.

파이토치 CPU 설치(윈도우, 리눅스)

```
conda install pytorch torchvision torchaudio cpuonly -c pytorch
```

파이토치 CPU 설치(맥)

```
conda install pytorch torchvision torchaudio -c pytorch
```

파이토치를 설치했다면 예제 2.1과 같이 파이토치의 설치된 버전을 확인할 수 있다.

예제 2.1 파이토치 버전 확인

```
import torch

print(torch.__version__)
```

출력 결과

```
2.0.1
```

파이토치 GPU 설치

파이토치는 운영 체제나 사용 환경에 따라 설치 방법이 다르다. GPU 장치에 따라 GPU 가속이 지원되지 않을 수 있으며 GPU 가속을 적용하는 방법이 달라진다. 이번 절에서는 GPU 가속을 위해 운영체제별 파이토치 설치 방법과 GPU 가속 적용 방법을 알아본다.

윈도우 / 리눅스

윈도우와 리눅스 환경에서 GPU 가속을 사용하려면 **CUDA(Compute Unified Device Architecture)**가 필요하다. CUDA란 NVIDIA에서 제공하는 소프트웨어로 GPGPU(General-Purpose computing on Graphics Processing Units)[6] 기술을 지원하는 프로그램이다.

CPU보다 계산 속도가 훨씬 더 빠르므로 이미지 처리, 음성 인식, 머신러닝 등과 같은 컴퓨팅 작업에서 사용된다. CUDA는 NVIDIA 그래픽 카드만 지원하며, GPU Compute Capability[7] 3.5 이상의 GPU를 사용하고 있어야 한다. CUDA를 지원하는 그래픽 카드의 사양은 다음 경로에서 확인할 수 있다.

- GPU Compute Capability: https://developer.nvidia.com/cuda-gpus

CUDA 환경을 구성할 수 있는 시스템이라면 현재 사용하고 있는 GPU의 드라이버를 최신 버전으로 업데이트한다. NVIDIA 그래픽 카드 드라이버는 다음 경로에서 업데이트할 수 있다.

---

6 CPU에서 처리하던 연산을 GPU에서 병렬 처리로 연산 속도를 향상시키는 기술을 의미한다.
7 NVIDIA GPU에서 수행할 수 있는 계산 능력의 버전을 나타내는 지표

- NVIDIA Driver Downloads: https://www.nvidia.com/Download/index.aspx

GPU Compute Capability를 확인하고 드라이버를 최신 버전으로 업데이트했다면, **CUDA Toolkit**을 설치한다. CUDA Toolkit은 GPU 가속화 애플리케이션 개발에 필요한 라이브러리를 제공한다. GPU 가속화 라이브러리, 디버깅 및 최적화 툴, 컴파일러 등을 제공한다.

CUDA Toolkit을 설치하기 전에, 파이토치 GPU에서 지원하는 CUDA Toolkit 버전을 확인해야 한다. https://pytorch.org/get-started/locally/에 접속해 파이토치 버전에 따른 CUDA 버전을 확인한다. 그림 2.1과 같이 표시되는 것을 확인할 수 있다.

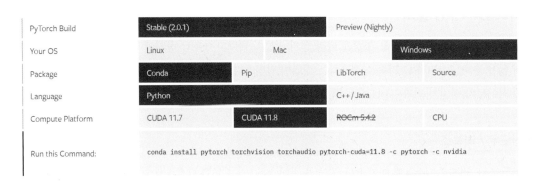

그림 2.1 CUDA 버전 확인

현재 파이토치 2.0.1 GPU에서 지원하는 CUDA Toolkit은 CUDA 11.7과 CUDA 11.8이다. 다음 경로에 접속해 CUDA Toolkit 11.7.x 또는 CUDA Toolkit 11.8.x를 설치한다.

- CUDA Toolkit: https://developer.nvidia.com/cuda-toolkit-archive

CUDA Toolkit까지 설치가 완료됐다면 NVIDIA CUDA **심층 신경망 라이브러리(cuDNN)**[8]를 설치한다. CUDA 버전과 호환되는 압축 파일을 다운로드해 NVIDIA GPU Computing Toolkit이 설치된 경로로 파일을 덮어씌운다. cuDNN 라이브러리는 다음 경로에서 다운로드할 수 있다.[9]

- cuDNN: https://developer.nvidia.com/rdp/cudnn-archive

---

8 심층 신경망을 위한 GPU 가속 프리미티브(GPU-accelerated library of primitives) 라이브러리
9 cuDNN 라이브러리는 NVIDIA 회원가입을 해야 한다.

파일을 모두 덮어씌웠다면 환경 변수에 경로(Path)를 등록한다. 환경 변수 등록은 다음 커맨드 명령어를 실행해 수행한다.

윈도우 명령 프롬프트

```
setx path "%PATH%;C:\Program Files\NVIDIA GPU Computing Toolkit\CUDA\v11.8\bin"
setx path "%PATH%;C:\Program Files\NVIDIA GPU Computing Toolkit\CUDA\v11.8\extras\CUPTI\libx64"
setx path "%PATH%;C:\Program Files\NVIDIA GPU Computing Toolkit\CUDA\v11.8\include"
```

C:\Program Files 경로에 11.8 버전으로 설치했다면 위와 같이 경로를 등록한다. 명령 프롬프트 창에 path를 입력해 경로가 정상적으로 등록됐는지 확인한다. 경로가 정상적으로 등록됐다면, path 명령어로 출력되는 결괏값에서 CUDA 경로를 확인할 수 있다.

리눅스 터미널

```
chmod 755 cudnn-linux-x86_64-8.6.0.163_cuda11-archive.tar.xz
tar -zxvf cudnn-linux-x86_64-8.6.0.163_cuda11-archive.tar.xz
sudo cp cuda/lib64/* /usr/local/cuda/lib64/
sudo cp cuda/include/* /usr/local/cuda/include/
sudo chmod a+r /usr/local/cuda/include/cudnn.h
sudo chmod a+r /usr/local/cuda/lib64/libcudnn*
cat /usr/local/cuda/include/cudnn_version.h | grep CUDNN_MAJOR -A 2
```

현재 리눅스 터미널 예시는 cudnn-linux-x86_64-8.6.0.163_cuda11-archive.tar.xz 파일에 대한 예시이므로 파일명은 다를 수 있다. 파일을 압축 해제하기 전 파일 권한이 없을 수 있으므로 chmod 755 명령어로 파일 권한을 부여한다.

tar -zxvf 명령어로 tar.gz 파일의 압축을 해제하고 CUDA가 설치된 경로로 복사한다. 동일하게 권한 부여가 되지 않을 수 있으므로 앞에서와 동일한 방식으로 권한을 부여한다. 파일 복사 및 권한 부여를 완료했다면 cat 명령어를 통해 cuDNN 버전을 확인할 수 있다.[10]

CUDA와 cuDNN까지 설치가 완료됐다면 패키지 매니저 또는 아나콘다를 이용해 GPU를 사용하는 파이토치를 설치한다. 현재 설치하려는 환경에 따라 하나의 명령어만 실행한다.

---

10 데비안의 소프트웨어 패키지 형식의 파일을 설치해야 한다면, dpkg -i 패키지.deb로 cuDNN을 설치할 수 있다.

패키지 매니저를 이용한 설치: 파이토치 GPU CUDA 11.8

```
pip install torch torchvision torchaudio --index-url
https://download.pytorch.org/whl/cu118
```

아나콘다를 이용한 설치: 파이토치 GPU CUDA 11.8

```
conda install pytorch torchvision torchaudio pytorch-cuda=11.8 -c pytorch -c nvidia
```

파이토치를 설치했다면 예세 2.2와 같이 파이토치의 설치된 버전과 GPU 가속을 확인한다.

예제 2.2 파이토치 GPU 가속 확인

```
import torch

print(torch.__version__)
print(torch.cuda.is_available())
```

출력 결과

```
2.0.1
True
```

리눅스(ROCm)

파이토치 1.8 버전부터 리눅스에서 AMD GPU로 GPU 가속이 적용된 파이토치를 사용할 수 있다. GPU 컴퓨팅을 위한 오픈 소스 소프트웨어인 ROCm[11]으로 설치할 수 있다. ROCm이란 GPGPU 소프트웨어로, NVIDIA의 CUDA에 대응된다.

파이토치 GPU 빌드의 범위는 리눅스에서 ROCm을 지원하는 AMD GPU에 제한된다. 현재 파이토치 ROCm은 5.2 버전을 지원하므로 다음과 같은 경로에서 ROCm 5.2를 지원하는 그래픽 카드를 확인하고 설치할 수 있다.

패키지 매니저를 이용한 설치: 파이토치 GPU ROCm5.2

```
pip install torch torchvision torchaudio --index-url
https://download.pytorch.org/whl/rocm5.4.2
```

---

11 https://github.com/RadeonOpenCompute/ROCm

현재 아나콘다에서는 ROCm 패키지를 제공하지 않으므로 패키지 매니저를 통해 설치한다. 파이토치를 설치했다면 앞선 예제 2.2와 같이 파이토치 버전을 확인한다.

맥

파이토치 1.12 버전부터 애플 실리콘(Apple Silicon M1/M2)이 탑재된 맥에서 GPU 가속을 적용할 수 있다. 맥 환경에서 GPU 가속은 맥 OS 12.3 버전 이상부터 적용되므로 **[Apple 메뉴] → [이 Mac에 관하여]**를 선택해 맥OS 버전을 확인한다.

아나콘다를 사용해 파이토치를 설치하는 경우 ARM 64bit가 지원되는 아나콘다를 설치한다. M1/M2 전용 아나콘다를 설치하지 않는다면 GPU 가속이 적용되지 않으므로 설치에 주의한다.[12]

애플 실리콘이 탑재된 맥에서는 CUDA 가속이 아닌 **MPS(Metal Performance Shaders)**를 통한 GPU 가속을 적용한다. MPS는 머신러닝, 컴퓨터비전 등을 위한 컴퓨팅 그래프의 구축, 컴파일 및 실행 을 지원한다. 다음은 패키지 매니저 또는 아나콘다를 사용한 설치 방법을 보여준다.

패키지 매니저를 이용한 설치

```
pip install torch torchvision torchaudio
```

아나콘다를 이용한 설치

```
conda install pytorch torchvision torchaudio -c pytorch
```

맥에서는 파이토치 CPU를 설치하는 방법과 동일하다. 단, MPS를 통한 GPU 가속을 적용할 수 있는 경우 GPU 가속을 활용할 수 있다. 다음 예제 2.3은 맥에서 하드웨어 가속을 확인하는 방법을 보여준다.

예제 2.3 MPS 가속 확인

```
import torch

print(torch.__version__)
print(torch.backends.mps.is_built())
print(torch.backends.mps.is_available())
```

---

12   https://www.anaconda.com/products/distribution에서 64–Bit M1/M2 아나콘다를 내려받아 설치할 수 있다.

출력 결과

```
2.0.1
True
True
```

MPS를 사용해 GPU 가속을 적용할 수 있는 경우 `torch.backends.mps.is_built()`와 `torch.backends.mps.is_available()` 모두 참값을 반환해야 한다. 하나라도 False를 반환하는 경우 MPS 환경에 부적합하거나 설치가 제대로 진행되지 않았을 수 있으므로 설치 과정을 확인한다.

Google Colaboratory

Google Colaboratory는 클라우드 환경에서 실행되는 주피터 노트북을 제공하는 무료 클라우드 서비스다. 강력한 컴퓨팅 리소스를 제공하며 대화형 환경에서 프로토타입 코드를 작성하고 실험할 수 있다.

또한 노트북을 다른 사람과 쉽게 공유하고 실시간으로 코드를 공동 작업할 수 있어 프로그래밍 학습 및 교육을 위해 사용할 수도 있다. Google Colaboratory를 사용하려면 구글 계정이 필요하며 브라우저에서 노트북을 열어야 한다.[13]

브라우저 환경에서 Google Colaboratory 노트북을 생성했다면, 상단 메뉴바에서 **[런타임] → [런타임 유형 변경]**을 선택한다. 노트 설정 팝업창이 생성된다면 하드웨어 가속기를 GPU로 설정한다. GPU 설정이 완료됐다면 예제 2.4와 같이 파이토치 설치 버전과 GPU 가속을 확인할 수 있다.

예제 2.4 파이토치 GPU 가속 확인

```
import torch

print(torch.__version__)
print(torch.cuda.is_available())
```

출력 결과

```
2.0.1+cu118
True
```

---

13 https://colab.research.google.com/

텐서

텐서(Tensor)란 넘파이 라이브러리의 ndarray 클래스와 유사한 구조로 **배열(Array)**이나 **행렬 (Matrix)**과 유사한 자료 구조(자료형)다. 파이토치에서는 텐서를 사용하여 모델의 입출력뿐만 아니라 모델의 매개변수를 부호화(Encode)하고 GPU를 활용해 연산을 가속화할 수 있다.

넘파이와 파이토치의 공통점은 수학 계산, 선형 대수 연산을 비롯해 전치(Transposing), 인덱싱 (Indexing), 슬라이싱(Slicing), 임의 샘플링(Random Sampling) 등 다양한 텐서 연산을 진행할 수 있다.

넘파이와 파이토치의 차이점은 CPU에서 사용하는 텐서와 GPU에서 사용하는 텐서의 선언 방식에 있다. 파이토치는 **GPU 가속(GPU Acceleration)**을 적용할 수 있으므로 CPU 텐서와 GPU 텐서로 나뉘지고, 각각의 텐서를 상호 변환하거나 GPU 사용 여부를 설정한다.

텐서는 앞선 설명과 같이 넘파이의 ndarray와 비슷한 방식으로 구현할 수 있다. 어떤 차원(Rank)으로 구성되느냐에 따라 텐서의 형태를 이해할 수 있다. 다음 그림 3.1은 N차원 텐서를 시각화한 그림이다.

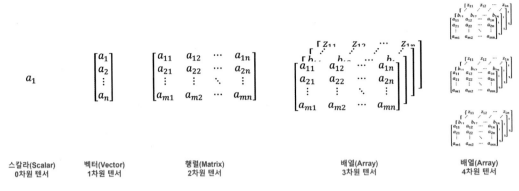

그림 3.1 N차원 텐서 시각화

스칼라(Scalar)는 크기만 있는 물리량이지만, 0차원 텐서라고도 부른다. 모든 값의 기본 형태로 볼 수 있으며 차원은 없다.

벡터(Vector)는 [1, 2, 3]과 같은 형태로, 파이썬에서 많이 사용하는 1차원 리스트와 비슷하다. 스칼라 값들을 하나로 묶은 형태로 간주할 수 있으며 (N,)의 차원[1]을 갖는다.

행렬(Matrix)은 [[1, 2, 3], [4, 5, 6]]과 같은 형태로 회색조(Grayscale) 이미지를 표현하거나 좌표계 (Coordinate System)로도 활용될 수 있다. 벡터값들을 하나로 묶은 형태로 간주할 수 있으며 (N, M) 으로 표현한다.

배열(Array)은 3차원 이상의 배열을 모두 지칭하며, 각각의 차원을 구별하기 위해 N 차원 배열 또는 N 차원 텐서로 표현한다. 배열의 경우 이미지를 표현하기에 가장 적합한 형태를 띤다. 즉, 행렬을 세 개 생성해 겹쳐 놓은 구조로 볼 수 있다.

이 행렬의 의미는 각각 R, G, B로 표현할 수 있다. 행렬값을 하나로 묶은 형태로 간주할 수 있으며, (N, M, K)로 표현한다. 이미지의 경우 (C, H, W)로 표현하며, C는 채널, H는 이미지의 높이, W는 이미지의 너비가 된다.

4차원 배열은 3차원 배열들을 하나로 묶은 형태이므로 이미지 여러 개의 묶음으로 볼 수 있다. 파이토치를 통해 이미지 데이터를 학습시킬 때 주로 4차원 배열 구조의 형태로 가장 많이 사용한다. 이미지의 경우 (N, C, H, W)로 표현한다. N의 경우 이미지의 개수를 의미한다.

---

1   행렬과 구분하기 위해 (N, 1)이 아닌, (N,)으로 표현한다.

텐서 생성

파이토치의 텐서는 토치나 넘파이의 배열과 거의 동일한 방식으로 생성하고 동작한다. 텐서 생성 방법은 torch.tensor() 또는 torch.Tensor()로 생성할 수 있다. 소문자인 torch.tensor()는 **입력된 데이터를 복사해 텐서로 변환**하는 함수다. 즉, 데이터를 복사하기 때문에 값이 무조건 존재해야 하며 입력된 데이터의 형식에 가장 적합한 텐서 자료형으로 변환한다.

대문자인 torch.Tensor()는 **텐서의 기본형으로 텐서 인스턴스를 생성하는 클래스**다. 인스턴스를 생성하기 때문에 값을 입력하지 않는 경우 비어 있는 텐서를 생성한다. 가능한 자료형이 명확하게 표현되는 클래스 형태의 torch.Tensor()를 사용하는 것을 권장한다.

Torch.tensor()는 비어 있는 구조로 생성되지 않고 자동으로 자료형을 할당하기 때문에 의도하지 않은 자료형으로 변경될 수 있으므로 사용에 주의한다. 다음 예제 3.1은 파이토치에서 텐서를 생성하는 방식을 보여준다.

예제 3.1 텐서 생성

```
import torch


print(torch.tensor([1, 2, 3]))
print(torch.Tensor([[1, 2, 3], [4, 5, 6]]))
print(torch.LongTensor([1, 2, 3]))
print(torch.FloatTensor([1, 2, 3]))
```

출력 결과

```
tensor([1, 2, 3])
tensor([[1., 2., 3.],
        [4., 5., 6.]])
tensor([1, 2, 3])
tensor([1., 2., 3.])
```

예제와 출력 결과에서 알 수 있듯이 기존 넘파이에서 배열을 생성하는 방식과 동일하다. 첫 번째로 torch.tensor()는 자동으로 자료형을 할당하므로 입력된 데이터 형식을 참조해 Int 형식으로 할당됐다.

두 번째 torch.Tensor()는 입력된 데이터 형식이 Int형이지만 출력 결과에서 알 수 있듯이 Float 형식으로 생성됐는데, 이는 기본 유형이 Float이므로 정수형을 할당하더라도 소수점 형태로 변환된 것이다.

마지막으로 torch.LongTensor()와 torch.FloatTensor()는 torch.Tensor 클래스를 상속받은 데이터 형식으로 데이터 형식이 미리 선언된 클래스다. 이외에도 Int, Double, Boolean 형식 등이 있으며, IntTensor, LongTensor, FloatTensor가 가장 많이 활용된다.

텐서 속성

다음으로 텐서의 속성(Attribute)을 알아본다. 텐서의 속성은 크게 **형태(shape)**, **자료형(dtype)**, **장치(device)**가 존재한다. 형태와 자료형은 넘파이 배열에서 사용하는 형태와 유사하다. 형태는 텐서의 차원을 의미하며, 자료형은 텐서에 할당된 데이터 형식을 의미한다. 넘파이 배열에서 사용하지 않는 속성인 장치는 텐서의 GPU 가속 여부를 의미한다.

파이토치는 GPU 가속을 적용해 연산할 수 있으므로 GPU 설정을 할당할 수 있다. 텐서 연산을 진행할 때 위 세 가지 속성 중 하나라도 맞지 않으면 작동하지 않으므로 이 점에 유의한다. 다음 예제 3.2는 텐서의 속성을 확인하는 방법을 보여준다.

예제 3.2 텐서 속성

```
import torch

tensor = torch.rand(1, 2)
print(tensor)
print(tensor.shape)
print(tensor.dtype)
print(tensor.device)
```

출력 결과

```
tensor([[0.8522, 0.3964]])
torch.Size([1, 2])
torch.float32
cpu
```

torch.rand()는 0과 1 사이의 무작위 숫자를 균등 분포로 생성하는 함수다.[2] 매개변수로 사용한 1, 2는 생성하려는 텐서의 형태를 의미한다. 텐서 생성 범위에서 알 수 있듯이 torch.rand()는 Float32의 형식을 가지며, GPU 가속 여부를 설정하지 않았기 때문에 CPU 장치를 사용해 연산한다.

---

2 [0,1)로 0 이상 1 미만의 범위를 갖는다.

차원 변환

다음으로 텐서의 차원 변환에 대해 알아본다. 차원 변환은 가장 많이 사용되는 메서드 중 하나로 머신러닝 연산 과정이나 입출력 변환 등에 많이 활용된다. 예제 3.3은 텐서의 차원 변환 방법을 보여준다.

예제 3.3 텐서 차원 변환

```
import torch

tensor = torch.rand(1, 2)
print(tensor)
print(tensor.shape)


tensor = tensor.reshape(2, 1)
print(tensor)
print(tensor.shape)
```

출력 결과

```
tensor([[0.6499, 0.3419]])
torch.Size([1, 2])
tensor([[0.6499],
        [0.3419]])
torch.Size([2, 1])
```

텐서의 차원 변환은 reshape 메서드를 활용하여 할 수 있다. 넘파이에서 배열의 차원 변환 방법과 동일한 방식으로 변환할 수 있다.

자료형 설정

다음으로 자료형 설정을 알아본다. 텐서에 있어서 자료형은 가장 중요한 요소다. 텐서의 자료형 설정도 기존 넘파이의 자료형 설정 방식과 동일하나 선언 방식에 있어서 차이점이 존재한다. 예제 3.4는 텐서의 자료형 설정 방법을 보여준다.

예제 3.4 텐서 자료형 설정

```
import torch

tensor = torch.rand((3, 3), dtype=torch.float)
print(tensor)
```

출력 결과

```
tensor([[0.6837, 0.7457, 0.9212],
        [0.3221, 0.9590, 0.1553],
        [0.7908, 0.4360, 0.7417]])
```

텐서의 자료형 설정에 입력되는 인수는 torch.* 형태로 할당한다. 자료형 설정에 torch.float이 아닌 float을 할당해도 오류 없이 작동하지만, 자료형 관점에서 두 데이터는 다른 자료형을 갖는다. torch.float은 32비트 부동 소수점 형식을 갖지만, float은 64비트 부동 소수점을 갖는다.

float으로 할당한다면 torch.float보다 더 큰 범위의 숫자를 저장한다. 이로 인해 더 많은 메모리를 필요로 하게 되고 일부 학습 과정에서 더 많은 자원을 필요로 하게 된다. 텐서를 선언할 때는 가능한 한 torch.* 형태로 정확한 자료형을 할당한다.

장치 설정

다음으로 텐서의 장치 설정에 대해 알아본다. 텐서의 장치 설정은 GPU 학습에서 가장 중요한 설정이다. 장치 설정을 정확하게 할당하지 않으면 **실행 오류(Runtime Error)**가 발생하거나 CPU 연산이 되어 학습하는 데 오랜 시간이 소요된다. 그러므로 모델 학습을 하기 전에 장치 설정을 확인한다. 다음 예제 3.5는 텐서의 GPU 장치 설정 방법을 보여준다.

예제 3.5 텐서 GPU 장치 설정

```python
import torch


device = "cuda" if torch.cuda.is_available() else "cpu"
cpu = torch.FloatTensor([1, 2, 3])
gpu = torch.cuda.FloatTensor([1, 2, 3])
tensor = torch.rand((1, 1), device=device)
print(device)
print(cpu)
print(gpu)
print(tensor)
```

출력 결과

```
cuda
tensor([1., 2., 3.])
```

```
tensor([1., 2., 3.], device='cuda:0')
tensor([[0.1998]], device='cuda:0')
```

텐서의 장치 설정은 device 매개변수에 장치 속성을 할당해 설정할 수 있다. torch.cuda.is_available 함수로 CUDA 사용 여부를 확인할 수 있으므로, 장치 속성 변수를 선언해 현재 소스 코드에 활용되는 장치를 통일시킬 수 있다.

애플 실리콘이 탑재된 맥에서는 CUDA 가속이 아닌 MPS를 통한 GPU 가속을 적용한다. 앞선 예제 2.3 MPS 가속 확인과 같이 MPS를 사용해 GPU 가속을 적용할 수 있는 경우, device 변수의 삼항 연산자를 device = "mps" if torch.backends.mps.is_available() and torch.backends.mps.is_built() else "cpu"로 적용해 소스 코드에 활용되는 장치를 통일시킬 수 있다.

Tensor 클래스의 경우 device 매개변수가 존재하지만, CUDA용 클래스가 별도로 존재하므로 torch.cuda.Tensor 클래스를 사용한다.[3] 특정 데이터에서 복사해 텐서를 적용하는 경우 device 매개변수에 장치값을 할당한다. device 속성에는 cpu, cuda, mps 이외에도 mkldnn, opengl, opencl, ideep, hip, msnpu, xla 등이 있다.

장치 변환

다음으로는 장치 변환에 대해 알아본다. CPU 장치를 사용하는 텐서와 GPU 장치를 사용하는 텐서는 상호 간 연산이 불가능하다. 하지만 CPU 장치를 사용하는 텐서와 넘파이 배열 간 연산은 가능하며, GPU 장치를 사용하는 텐서와 넘파이 배열 간 연산은 불가능하다.

반대로 넘파이 배열 데이터를 학습에 활용하려면 GPU 장치로 변환해야 하므로 상호 변환에 대해 알아본다. 다음 예제 3.6은 텐서의 장치 변환 방법을 보여준다.

예제 3.6 텐서 장치 변환

```
import torch

cpu = torch.FloatTensor([1, 2, 3])
gpu = cpu.cuda()
gpu2cpu = gpu.cpu()
```

---

3 애플 실리콘이 탑재된 맥에서는 MPS로 가속하므로 torch.cuda.Tensor 클래스가 지원되지 않는다. MPS로 가속하는 경우, device 속성에 mps를 할당한다.

```
cpu2gpu = cpu.to("cuda")
print(cpu)
print(gpu)
print(gpu2cpu)
print(cpu2gpu)
```

출력 결과

```
tensor([1., 2., 3.])
tensor([1., 2., 3.], device='cuda:0')
tensor([1., 2., 3.])
tensor([1., 2., 3.], device='cuda:0')
```

장치(device) 간 상호 변환은 cuda와 cpu 메서드를 통해 할 수 있다. cuda 메서드는 CPU 장치로 선언된 값을 GPU로 변환한다. cpu 메서드는 GPU 장치로 선언된 값을 CPU로 변환한다. cuda와 cpu 메서드 이외에도 to 메서드로 장치를 간단하게 변환할 수 있다. to 메서드는 파이토치에서 지원하는 모든 장치 간의 텐서 변환을 수행한다.

가령 애플 실리콘이 탑재된 맥에서는 cuda 메서드가 지원되지 않으므로 to 메서드를 활용해 MPS 장치로 변환할 수 있다. to 메서드에서 지원되는 장치는 앞선 예제 3.5 '텐서 GPU 장치 설정'에서 언급한 device 속성값과 동일하다.

넘파이 배열의 텐서 변환

다음으로 넘파이 데이터를 텐서로 변환하는 방법에 대해 알아본다. 대부분 행렬 연산 라이브러리는 넘파이 배열을 사용한다. 넘파이나 다른 라이브러리의 데이터를 파이토치에 활용하려면 텐서 형식으로 변환해야 한다. 예제 3.7은 넘파이 배열을 텐서로 변환하는 방식을 보여준다.

예제 3.7 넘파이 배열의 텐서 변환

```
import torch
import numpy as np

ndarray = np.array([1, 2, 3], dtype=np.uint8)
print(torch.tensor(ndarray))
print(torch.Tensor(ndarray))
print(torch.from_numpy(ndarray))
```

출력 결과

```
tensor([1, 2, 3], dtype=torch.uint8)
tensor([1., 2., 3.])
tensor([1, 2, 3], dtype=torch.uint8)
```

넘파이 배열을 텐서로 변환하는 방법은 크게 세 가지가 있다. 앞서 설명했던 torch.tensor와 torch.Tensor에 넘파이 배열을 그대로 입력하는 방법과 from_numpy 메서드를 통해 변환하는 방법이다. 텐서는 넘파이와 매우 친화적인 구조를 가지므로 넘파이 데이터를 별다른 변환 없이 적용할 수 있다.

텐서의 넘파이 배열 변환

마지막으로 알아볼 내용은 텐서를 넘파이 배열로 변환하는 방법이다. 이 방법은 추론된 결과를 후처리하거나 결괏값을 활용할 때 주로 사용된다. 다음 예제 3.8은 텐서를 넘파이 배열로 변환하는 방식을 보여준다.[4]

예제 3.8 텐서의 넘파이 배열 변환

```
import torch


tensor = torch.cuda.FloatTensor([1, 2, 3])
ndarray = tensor.detach().cpu().numpy()
print(ndarray)
print(type(ndarray))
```

출력 결과

```
[1. 2. 3.]
<class 'numpy.ndarray'>
```

텐서를 넘파이 배열로 변환하는 방법은 numpy 메서드를 통하는 것이다. 단, 텐서는 기존 데이터 형식과 다르게 학습을 위한 데이터 형식으로 모든 연산을 추적해 기록한다. 이 기록을 통해 **역전파(Backpropagation)** 등과 같은 연산이 진행돼 모델 학습이 이뤄진다. 다시 말해 텐서의 데이터가 어떻게 변경되고 관리됐는지 기록된다.

---

4 OpenCV, Pillow 등은 넘파이 배열 형식을 활용한다.

그러므로 텐서를 넘파이 배열로 변환할 때는 **detach** 메서드를 적용한다. **detach** 메서드는 현재 연산 그래프(Graph)에서 분리된 새로운 텐서를 반환한다. 새로운 텐서로 생성한 다음에 넘파이 배열로 변환한다. GPU 장치라면 CPU 장치로 변환한 다음에 넘파이 배열로 변환해야 한다.

지금까지 텐서에 대해 알아봤다. 텐서는 넘파이 배열과 유사하지만, 모델 학습에 특화된 데이터이므로 정확한 데이터 형식을 취해 활용해야 한다. 동일한 학습 방법이라도 텐서의 형식이 잘못됐다면 학습이 이뤄지지 않을 수 있으므로 주의해 사용한다. 표 3.1은 파이토치에서 사용되는 텐서 유형을 정리했다.

표 3.1 텐서 유형

데이터 형식	의미	자료형	CPU 텐서	GPU 텐서
Byte	부호 없는 8비트 정수	torch.uint8	torch.ByteTensor	torch.cuda.ByteTensor
Short	부호 있는 16비트 정수	torch.short	torch.ShortTensor	torch.cuda.ShortTensor
Int	부호 있는 32비트 정수	torch.int	torch.IntTensor	torch.cuda.IntTensor
Long	부호 있는 64비트 정수	torch.long	torch.LongTensor	torch.cuda.LongTensor
Binary16	16비트 부동 소수점	torch.half	torch.HalfTensor	torch.cuda.HalfTensor
Brain Floating Point	16비트 부동 소수점	torch.bfloat16	torch.Bfloat16Tensor	torch.cuda.Bfloat16Tensor
Float	32비트 부동 소수점	torch.float	torch.FloatTensor	torch.cuda.FloatTensor
Double	64비트 부동 소수점	torch.double	torch.DoubleTensor	torch.cuda.DoubleTensor
Boolean	논리 형식	torch.bool	torch.BoolTensor	torch.cuda.BoolTensor
Int8	부호 있는 8비트 정수	torch.int8	torch.CharTensor	torch.CharTensor
Int16	부호 있는 16비트 정수	torch.int16	torch.ShortTensor	torch.cuda.ShortTensor
Int32	부호 있는 32비트 정수	torch.int32	torch.IntTensor	torch.cuda.IntTensor
Int64	부호 있는 64비트 정수	torch.int64	torch.LongTensor	torch.cuda.LongTensor
Float16	16비트 부동 소수점	torch.float16	torch.HalfTensor	torch.cuda.HalfTensor
Float32	32비트 부동 소수점	torch.float32	torch.FloatTensor	torch.cuda.FloatTens
Float64	64비트 부동 소수점	torch.float64	torch.DoubleTensor	torch.cuda.DoubleTensor
Complex32	32비트 복소수	torch.complex32		
Complex64	64비트 복소수	torch.complex64		
Complex128	128비트 복소수	torch.complex128		
Complex128	128비트 복소수	torch.cdouble		

데이터 형식	의미	자료형	CPU 텐서	GPU 텐서
Quantized Int	양자화된 부호가 있는 4비트 정수	torch.quint4x2	torch.ByteTensor	
Quantized Int	양자화된 부호가 없는 8비트 정수	torch.quint8	torch.ByteTensor	
Quantized Int	양자화된 부호가 있는 8비트 정수	torch.qint8	torch.CharTensor	
Quantized Int	양자화된 부호가 있는 32비트 정수	torch.qfint32	torch.IntTensor	

가설

가설(Hypothesis)이란 어떤 사실을 설명하거나 증명하기 위한 가정으로 두 개 이상의 변수의 관계를 검증 가능한 형태로 기술하여 변수 간의 관계를 예측하는 것을 의미한다. 가설은 어떠한 현상에 대해 이론적인 근거를 토대로 통계적 모형을 구축하며, 데이터를 수집해 해당 현상에 대한 데이터의 정확한 특성을 식별해 검증한다. 가설은 크게 **연구가설(Research Hypothesis)**과 **귀무가설(Null Hypothesis)**, **대립가설(Alternative Hypothesis)**로 나눌 수 있다.

연구가설은 연구자가 검증하려는 가설로 귀무가설을 부정하는 것으로 설정한 가설을 증명하려는 가설이다.

귀무가설은 통계학에서 처음부터 버릴 것을 예상하는 가설이다. 변수 간 차이나 관계가 없음을 통계학적 증거를 통해 증명하려는 가설이다.

대립가설은 귀무가설과 반대되는 가설로, 귀무가설이 거짓이라면 대안으로 참이 되는 가설이다. 즉, 대립가설은 연구가설과 동일하다고 볼 수 있다. 이를 통해 **통계적 가설 검정(Statistical Hypothesis Test)**을 진행할 수 있다.

예를 들어 나의 출근 시간이 평균적으로 오전 9시라는 가설을 정한다면 귀무가설과 대립가설은 다음과 같이 표현할 수 있다.

- 귀무가설: $\mu=9$

- 대립가설 (1): $\mu \neq 9$

- 대립가설 (2): $\mu<9$

- 대립가설 (3): $\mu>9$

머신러닝에서의 가설

머신러닝에서의 가설은 통계적 가설 검정이 되며, 데이터와 변수 간의 관계가 있는지 확률론적으로 설명하게 된다. 즉, 머신러닝에서의 가설은 독립 변수(X)와 종속 변수(Y)를 가장 잘 매핑시킬 수 있는 기능을 학습하기 위해 사용한다. 그러므로 **독립 변수와 종속 변수 간의 관계를 가장 잘 근사 (Approximation)시키기 위해 사용된다.**

가설은 **단일 가설(Single Hypothesis)**과 **가설 집합(Hypothesis Set)**으로 표현할 수 있는데, 단일 가설은 입력을 출력에 매핑하고 평가하고 예측하는 데 사용할 수 있는 단일 시스템을 의미하며, 가설 집합은 출력에 입력을 매핑하기 위한 **가설 공간(Hypothesis Space)**으로, 모든 가설을 의미한다. 단일 가설은 h로 표현하고 가설 집합은 H로 표현한다. 다음 표 3.2와 그림 3.2는 각각 임의의 독립 변수(X) 와 종속 변수(Y)의 값과 그 값을 시각화한 그래프다.

표 3.2 임의의 데이터

X	Y
1	0.94
2	1.98
3	2.88
4	3.92
5	3.96
6	4.55
7	5.64
8	6.30
9	7.44
10	9.1
...	...

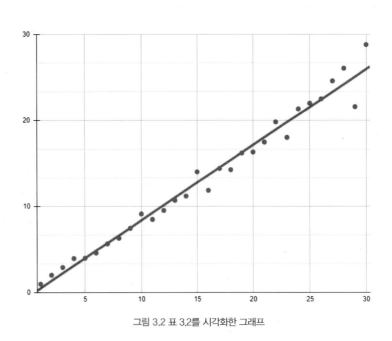

그림 3.2 표 3.2를 시각화한 그래프

독립 변수(X)와 종속 변수(Y)의 관계가 표 3.2와 같다면 주어진 데이터(X, Y)를 기반으로 가설을 세울 수 있다. 그림 3.2의 파란색 점은 표 3.2의 임의의 데이터를 나타내며, 붉은색 선은 가설을 의미한다.

이 붉은색 선은 선형 회귀를 통해 계산된 값이며, 수식으로 나타내면 $y=ax+b$로 표현할 수 있다. a는 기울기, b는 절편으로 표현하지만, 머신러닝에서는 $y=ax+b$가 아닌 $H(x)=Wx+b$로 표현한다. 해당 수식에서 사용된 $H(x)$, W, b는 각각 가설, 가중치(Weight), 편향(Bias)을 의미한다.

가설은 회귀 분석과 같은 알고리즘을 통해 최적의 가중치와 편향을 찾는 과정을 진행하게 된다. 학습이 진행될 때마다 기울기와 편향이 지속해서 바뀌게 된다.

마지막으로 학습이 된 결과를 **모델(Model)**이라 부르며, 이 모델을 통해 새로운 입력에 대한 결괏값을 **예측(Prediction)**한다. 다시 말해, 추세선(Trend Line)과 같은 단순한 방식도 통계적 머신러닝 방법이라 볼 수 있다.

통계적 가설 검정 사례

대표적인 통계적 가설 검정은 **t-검정(t-test)**이 있으며, **쌍체 t-검정(paired t-test)**과 **비쌍체 t-검정(unpaired t-test)**의 두 가지 범주로 더 세분화할 수 있다. 쌍체 t-검정은 동일한 항목 또는 그룹을 두 번 테스트할 때 사용하며, 비쌍체 t-검정은 **등분산성(homoskedasticity)**을 만족하는 두 개의 독립적인 그룹 간의 평균을 비교하는 데 사용된다.

예를 들어, 쌍체 t-검정은 동일 집단에 대한 약물 치료 전후 효과 검정, 동일 집단에 대한 학습 방법 전후 효과 검정에 활용할 수 있다. 반면에 비쌍체 t-검정을 활용하는 예로는 제약 연구에서 서로 다른 두 개의 독립적인 집단(실험군, 대조군) 간에 유의미한 차이가 있는지 조사하거나, 서울과 인천의 무작위로 선택된 참가자 1,000명의 평균 통근 거리를 조사하는 것 등이 있다.

비쌍체 t-검정의 가설은 쌍체 t-검정의 가설과 동일하며 두 가지 가설은 다음과 같다.

- 귀무가설(H_0): 두 모집단의 평균 사이에 유의한 차이가 없다.
- 대립가설(H_1): 두 모집단의 평균 사이에 유의한 차이가 있다.

하지만 **머신러닝의 통계적 가설을 적용한다면 비쌍체 t-검정을 사용해야 한다.** 앞서 소개한 독립 변수(X)와 종속 변수(Y) 사이에 유의미한 차이가 있는지 검정하는데, 이때 변수들의 샘플 데이터는 **독립항등분포(independent and identically distributed)**를 따른다. 따라서 머신러닝의 통계적 가설은 독립적인 그룹 간의 평균을 비교하는 비쌍체 t-검정에 적합하다는 것을 알 수 있다.

예제 3.9는 사람의 키(cm)가 성별과 관련 있는지 비쌍체 t-검정을 수행한 사례를 보여주며, 가설은 다음과 같다.

- 귀무가설: $\mu_{man} = \mu_{woman}$

- 대립가설: $\mu_{man} \neq \mu_{woman}$

예제 3.9 성별에 따른 키 차이 검정

```python
import numpy as np
import pandas as pd
import seaborn as sns
from scipy import stats
from matplotlib import pyplot as plt


man_height = stats.norm.rvs(loc=170, scale=10, size=500, random_state=1)
woman_height = stats.norm.rvs(loc=150, scale=10, size=500, random_state=1)


X = np.concatenate([man_height, woman_height])
Y = ["man"] * len(man_height) + ["woman"] * len(woman_height)


df = pd.DataFrame(list(zip(X, Y)), columns=["X", "Y"])
fig = sns.displot(data=df, x="X", hue="Y", kind="kde")
fig.set_axis_labels("cm", "count")
plt.show()
```

출력 결과

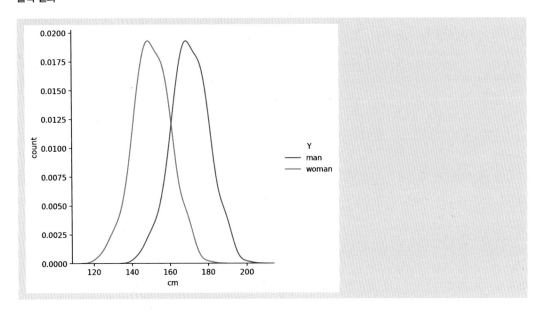

stats.norm.rvs는 **특정 평균(loc)**과 **표준편차(scale)**를 따르는 분포에서 데이터를 샘플링하는 함수로, 남녀 각각 총 500개의 데이터를 샘플링했다. 시각적으로 출력된 결과를 보면 남성(man)의 평균 키가 여성(woman)의 평균 키보다 높다는 것을 확인할 수 있다. 그렇다면 통계적으로 키(Y)가 성별 차이(X)에 유의한 요소인지 **비쌍체 t-검정**으로 확인해 본다. 다음 예제 3.10은 비쌍체 t-검정에 대한 예시를 보여준다.

예제 3.10 비쌍체 t-검정

```
statistic, pvalue = stats.ttest_ind(man_height, woman_height, equal_var=True)

print("statistic:", statistic)
print("pvalue :", pvalue)
print("*:", pvalue < 0.05)
print("**:", pvalue < 0.001)
```

출력 결과

```
statistic: 31.96162891312776
pvalue : 6.2285854381989205e-155
*: True
**: True
```

성별 차이에 대한 유의미성을 판단하기 위해 **통계량(statistic)** 또는 **유의 확률(pvalue)**을 확인하게 된다. 통계량이 크고 유의 확률이 작다면 귀무가설이 참일 확률이 낮다고 할 수 있다. 즉, '남녀 키의 평균이 서로 같다'의 확률이 낮다고 할 수 있다.

일반적으로 유의 확률이 0.05보다 작으면 * 표기로 유의하다고 간주할 수 있으며, 유의 확률이 0.001보다 작으면 ** 표기로 더 많이 유의하다고 판단할 수 있다. 출력 결과의 유의 확률이 매우 작기 때문에 사람의 키(X)가 성별을 구분하는 데 매우 유의미한 변수라는 것을 확인할 수 있다.

손실 함수

손실 함수(Loss Function)는 단일 샘플의 실젯값과 예측값의 차이가 발생했을 때 오차가 얼마인지 계산하는 함수를 의미한다. 인공 신경망은 **실젯값과 예측값을 통해 계산된 오찻값을 최소화해 정확도를 높이는 방법으로 학습이 진행된다**. 그래서 각 데이터의 오차를 계산하는데, 이때 손실 함수를 사용한다. 손실 함수는 **목적 함수(Objective Function), 비용 함수(Cost Function)**라고 부르기도 한다.

목적 함수는 함숫값의 결과를 최댓값 또는 최솟값으로 최적화하는 함수이며, 비용 함수는 전체 데이터에 대한 오차를 계산하는 함수다. 즉, **손실 함수** ⊂ **비용 함수** ⊂ **목적 함수**의 포함 관계를 갖는다고 볼 수 있다. 이와 같은 함수는 모두 오차를 최소화하기 위해 사용되므로 동일한 목적을 갖기는 하지만, 각각의 의미를 정확히 구분해 사용하는 것이 좋다.

이번 절에서는 오차와 손실 함수를 표현하는 방법에 대해 알아본다. 다음 표 3.3과 그림 3.3은 앞선 표 3.2에서 설명한 데이터로 선형 회귀 그래프에 대한 예측값과 실젯값의 오차를 표현했다. 그림 3.3에서 오차는 녹색 화살표로 표현했다.

표 3.3 데이터 X, Y에 대한 예측값과 오차

X	Y(실젯값)	예측값	오차
1	0,94	0,443	0,497
2	1,98	1,322	0,658
3	2,88	2,201	0,679
4	3,92	3,080	0,840
5	3,96	3,959	0,001
6	4,55	4,838	−0,288
7	5,64	5,717	−0,077
8	6,30	6,596	−0,296
9	7,44	7,475	−0,035
10	9,1	8,354	0,746
...	...	...	...

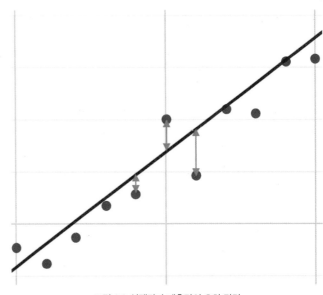

그림 3.3 실젯값과 예측값의 오차 간격

표 3.3에서 사용한 가설 $H(x)=Wx+b$의 가중치는 0.879이며, 편향은 −0.436이다. 이 수식을 다시 표현하면 $H(x)=0.879x−0.436$이 된다. 모집단(Population)에서 X의 값을 해당 수식에 넣어 풀이하면 예측값이 되며, 오차는 (실젯값 − 예측값)이 된다.[5]

오차를 통해 예측값이 얼마나 실젯값을 잘 표현하는지 알 수 있다. 하지만 이러한 방법은 각각의 데이터에 대한 오차를 확인할 수 있는 방법이므로 가설이 얼마나 실젯값을 정확하게 표현하는지는 알 수 없다. 그러므로 평균 제곱 오차와 같은 방법을 활용해 생성된 가설이 실젯값을 얼마나 정확하게 표현하는지 계산해 본다.

5　표본집단(Sample)에서 실젯값 − 예측값에 대한 수치를 계산했다면 오차(Error)가 아닌 **잔차(Residual)**라고 부른다.

제곱 오차

앞선 수식에서 사용된 **평균 제곱 오차**(Mean Squared Error, MSE) 방법은 **제곱 오차**(Squared Error, SE)와 **오차 제곱합**(Sum of Squared for Error, SSE)을 활용한다. 먼저 제곱 오차는 실젯값에서 예측값을 뺀 값의 제곱을 의미한다. 다음 수식 3.1은 제곱 오차 계산 방식을 보여준다.

수식 3.1 제곱 오차

$$SE = (Y_i - \hat{Y}_i)^2$$

제곱 오차에서는 실젯값과 예측값을 감산한 값에 제곱을 취하는데, 만약 제곱을 취하지 않는다면 오차가 양의 방향인지 음의 방향인지를 알 수 있다. 하지만 오차에서는 오차의 방향보다는 오차의 크기가 중요한 요소이므로 제곱을 취한다.

제곱이 아닌 절댓값을 취해 오차의 크기를 확인할 수도 있지만, 이 방법을 사용하지는 않는다. 제곱 대신에 절댓값을 취하지 않는 이유로는 제곱을 적용하면 오차가 작은 값보다 오차가 큰 값을 더 두드러지게 확대시키기 때문에 오차의 간극을 빠르게 확인할 수 있다. 즉, 제곱을 취하기 때문에 오차가 커질수록 데이터마다 오차의 크기를 빠르게 확인할 수 있다.

오차 제곱합

오차 제곱합(Sum of Squared for Error, SSE)은 제곱 오차를 모두 더한 값을 의미한다. 제곱 오차는 각 데이터의 오차를 의미하므로 가설 또는 모델 자체가 얼마나 정확히 예측하는지는 알 수 없다. 그러므로 모든 제곱 오차를 더해 하나의 값으로 만들어 가설이나 모델을 평가할 수 있다. 다음 수식 3.2는 오차 제곱합 계산 방식을 보여준다.

수식 3.2 오차 제곱합

$$SSE = \sum_{i=1}^{n} (Y_i - \hat{Y}_i)^2$$

오차 제곱합에서 오찻값들을 제곱하지 않고 모두 더하면 문제가 발생한다. 오찻값이 (−1, 1, −1, 1)과 같은 형태라면 모든 합계가 0이 되어 오차가 없는 것처럼 보이기 때문이다. 이러한 현상을 방지하기 위해 모든 값을 제곱한 값에 대한 평균으로 오차를 계산한다.

평균 제곱 오차

평균 제곱 오차(Mean Squared Error, MSE) 방법은 단순하게 오차 제곱합에서 평균을 취하는 방법이다. 오차 제곱합과 평균 제곱 오차는 의미로는 큰 차이가 없지만, 데이터가 많아질수록 오차 제곱합도 동일하게 커진다. 평균값을 사용하지 않는 경우 오차가 많은 것인지 데이터가 많은 것인지 구분하기가 어려워지므로 모든 데이터의 개수만큼 나누어 평균을 계산한다. 평균 제곱 오차 방법을 수식으로 표현하고 표 3.3의 값을 적용하면 수식 3.3과 같다.

수식 3.3 평균 제곱 오차

$$
\begin{aligned}
MSE &= \frac{1}{n}\sum_{i=1}^{n}(Y_i - \hat{Y}_i)^2 \\
&= \frac{1}{30}\{(0.94 - 0.443)^2 + (1.98 - 1.322)^2 + (2.88 - 2.201)^2 + \cdots\} \\
&= \frac{1}{30}(0.497^2 + 0.658^2 + 0.679^2 + \cdots)
\end{aligned}
$$

평균 제곱 오차는 가설의 품질을 측정할 수 있으며, 오차가 0에 가까워질수록 높은 품질을 갖게 된다. 주로 회귀 분석에서 많이 사용되는 손실 함수이며, **최대 신호 대 잡음비**(Peak Signal-to-noise ratio, PSNR)를 계산할 때도 사용된다.

또한, 이 값에 루트(Root)를 씌우는 경우에는 **평균 제곱근 오차**(Root Mean Squared Error, RMSE)가 된다. 루트를 통해 평균 제곱 오차에서 발생한 왜곡을 감소시키면 정밀도(Precision)를 표현하기에 적합한 형태가 된다. 다만, 오차에 제곱을 적용해 오차량이 큰 값을 크게 부풀렸기 때문에 왜곡이 발생할 수 있다.

교차 엔트로피

앞서 소개된 제곱 오차, 오차 제곱합, 그리고 평균 제곱 오차는 연속형 변수에 사용되는 손실 함수다. 반면, 이산형 변수는 **교차 엔트로피**(Cross-Entropy)가 손실 함수로 사용된다. 예를 들어 고양이, 개 등을 분류하는 문제에 사용된다. 교차 엔트로피는 실젯값의 확률분포와 예측값의 확률분포 차이를 계산한다. 실제 확률분포를 y, 예측된 확률분포를 $\hat{y}$이라고 하면 교차 엔트로피의 수식은 수식 3.4와 같다.

수식 3.4 교차 엔트로피

$$
CE(y, \hat{y}) = -\sum_j y_j \log \hat{y}_j
$$

그림 3.4는 고양이, 호랑이, 개를 분류하는 목적으로 교차 엔트로피의 손실값을 계산하는 예시다. 고양이 이미지가 모델에 입력됐을 때 (고양이, 호랑이, 개)에 대해 각각 예측 확률 (0.6, 0.3, 0.1)이 생성되고, 실젯값이 고양이 (1, 0, 0)인 경우를 보여주는 사례다. 이 내용을 수식 3.4에 대입해 보면 다음과 같다.

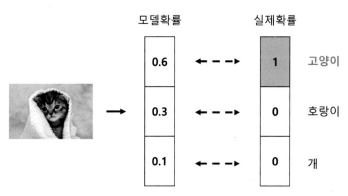

그림 3.4 교차 엔트로피 계산 예시

수식 3.5 교차 엔트로피 손실

$$
\begin{aligned}
CE(y, \hat{y}) &= -\sum_j y_j \log \hat{y}_j \\
&= -(1 \log 0.6 + 0 \log 0.3 + 0 \log 0.1) \\
&= -\log 0.6 \\
&= 0.5108
\end{aligned}
$$

결과적으로 고양이의 예측확률과 실제확률 부분만 연산되는 것을 확인할 수 있다. 고양이 예측확률이 0.99라면 교차 엔트로피는 0.01($-\log 0.99$)로 손실값이 매우 낮고, 0.001이면 6.9($-\log 0.001$)로 손실값이 매우 높은 것을 확인할 수 있다.[6]

최적화

최적화(Optimization)란 목적 함수의 결괏값을 최적화하는 변수를 찾는 알고리즘을 의미한다. 앞선 손실 함수에서 인공 신경망은 오찻값을 최소화하여 학습 데이터에 대한 가설의 정확도를 높이는 방법으로 학습이 진행되는 것을 알아봤다. 머신러닝은 손실 함수를 활용해 최적의 해법이나 변수를 찾는 것이 목표다.

---

6 수식의 $\log$는 자연 로그(Natural logarithm, e)를 의미한다.

즉, 손실 함수의 값이 최소가 되는 변수를 찾는다면 새로운 데이터에 대해 더 정교한 예측을 할 수 있다. 최적화 알고리즘은 실젯값과 예측값의 차이를 계산해 오차를 최소로 줄일 수 있는 가중치와 편향을 계산한다.

여기서 최적의 가중치와 편향을 갖는 가설은 오찻값이 0에 가까운 함수가 된다. 이는 가중치와 오차에 대한 도함수의 변화량이 0에 가깝다는 의미다. 다시 말해 가중치와 오차에 대한 그래프의 **극값 (Extreme Value)**이 가설을 가장 잘 표현하는 가중치와 오차가 된다.

최적화 방법에 대해 알아보자. 표 3.4는 앞선 손실 함수에서 사용한 임의의 데이터다.

표 3.4 데이터 X, Y에 대한 예측값과 오차

X	Y(실젯값)	예측값	오차
1	0.94	0.443	0.497
2	1.98	1.322	0.658
3	2.88	2.201	0.679
4	3.92	3.080	0.840
5	3.96	3.959	0.001
6	4.55	4.838	−0.288
7	5.64	5.717	−0.077
8	6.30	6.596	−0.296
9	7.44	7.475	−0.035
10	9.1	8.354	0.746
...	...	...	...

- $H(x) = 0.879x - 0.436$

위 데이터는 선형 회귀를 통해 최적의 가중치(0.879)와 편향(−0.436) 값을 계산해 나온 예측값이다. 가중치와 오차, 또는 편향과 오차 그래프의 기울기는 0에 가까운 값이 되어 극값에 위치한다. 해당 가중치와 편향 값으로 계산한 오차는 가장 작은 값을 가지게 된다.

그렇다면 가중치와 편향의 값이 0.879와 −0.436에서 멀어질수록 오차가 커지게 된다. 몇 개의 가중치에 따른 오차의 값을 2차원 그래프로 표현한다면 그림 3.5와 같을 것이다.

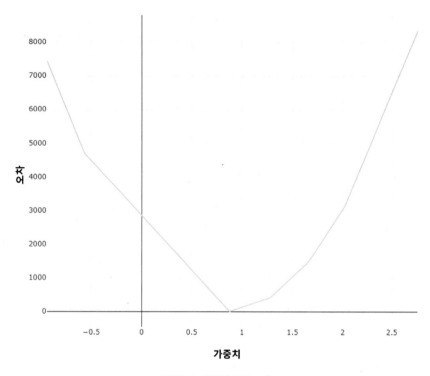

그림 3.5 가중치와 오차 그래프

그래프에서 확인할 수 있듯이 최적의 가중치에서는 오차가 가장 작으며, 최적의 가중치에서 멀어질수록 오차가 커지는 것을 확인할 수 있다. 이를 수학적으로 바라보면, 가중치와 오차의 그래프에서 **기울기(Gradient)**가 0에 가까워질 때 최적의 가중치를 갖는 것을 알 수 있다. 위 그래프를 $y=x^2$으로 근사한 다음, 특정 지점에서 어떠한 기울기를 갖는지 확인해 본다. 그림 3.6은 가중치와 오차 그래프를 근사한 것이다.

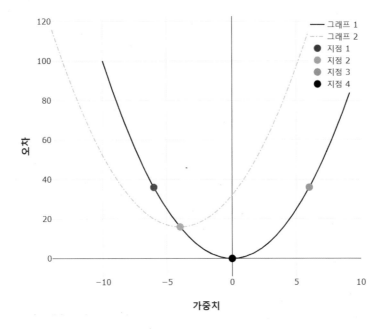

그림 3.6 가중치와 오차 근사 그래프

그림 3.6과 같이 기울기가 0이 되는 지점 4를 찾기 위해 여러 번의 연산을 진행한다. 첫 번째 연산에서 지점 2의 위치에 있었다고 가정할 때, 지점 2 하나로는 어떤 형태의 그래프를 가지는지 알 수 없다. 따라서 지점 2가 최적의 값인지, 최적의 값에서 멀리 있는지 알 수 없다.

가중치와 오차 그래프가 그래프 1의 형태를 가질 수도 있고, 그래프 2의 형태를 가질 수도 있다. 그러므로 초기 지점인 지점 2에서 값을 조금씩 변경해 가면서 기울기가 0인 지점을 향해 이동해야 한다.

그래프 2가 실제 그래프 형태라면 지점 2는 왼쪽으로 이동해야 하고, 그래프 1이 실제 그래프 형태라면 오른쪽으로 이동해야 한다. 오른쪽으로 지나치게 이동하면 지점 3까지 이동할 수도 있다.

현재 지점 2에서 양의 방향으로 이동해야 하는지, 음의 방향으로 이동해야 하는지, 그리고 얼마나 이동해야 하는지 알 수 없기 때문에 최적화 방법을 사용한다. 이제 최적화 알고리즘 중 하나인 경사 하강법에 대해 알아본다.

경사 하강법

경사 하강법(Gradient Descent)이란 함수의 기울기가 낮은 곳으로 계속 이동시켜 극값에 도달할 때까지 반복하는 알고리즘이다.[7] 그림 3.5와 그림 3.6에서 알 수 있듯이 함수의 기울기가 가장 낮은 곳에 도달한다면 최적의 해를 갖게 된다. 경사 하강법을 활용해 가중치를 갱신하는 방법을 알아본다. 다음 수식 3.6은 경사 하강법을 적용하는 방법이다.

수식 3.6 경사 하강법

$$W_0 = \text{Initial Value}$$
$$W_{i+1} = W_i - \alpha \triangledown f(W_i)$$

경사 하강법을 포함한 최적화 함수들은 초깃값(W_0)을 설정해 다음 가중치(W_1, W_2, …)를 찾는다. 수식 3.6의 $\triangledown f(W_i)$는 앞서 설명한 기울기를 의미한다. 새로운 가중치는 기울기의 부호(양수, 음수)와 관계없이 기울기가 0인 방향으로 학습이 진행된다.

이러한 방식으로 기울기가 0을 갖게 되는 가중치를 찾을 때까지 반복하게 된다. 그러므로 어느 지점에서 시작하더라도 극값을 찾을 수 있게 연산이 진행된다. 이 공식에서 α를 곱해 가중치 결과를 조정하는데, 이 값은 기울기가 한 번에 이동하는 **간격(Step Size)**을 조정한다. 이제 W_i에서 가중치를 갱신해 W_{i+1}을 계산해 본다.

가중치 갱신 방법

가설은 $\hat{Y}_i = W_i \times x + b_i$로 하고, 손실 함수는 평균 제곱 오차를 적용해 풀이해 보자. 가설과 손실 함수를 정리하면 수식 3.7과 같다.

수식 3.7 가설과 손실 함수

$$\hat{Y}_i = W_i \times x + b_i$$
$$MSE(W, b) = \frac{1}{n} \sum_{i=1}^{n} (Y_i - \hat{Y}_i)^2$$

---

[7] 기울기가 높은 곳으로 이동시키는 것은 **경사 상승법(Gradient Ascent)**이라 한다.

수식 3.6 경사 하강법에 수식 3.7 가설과 손실 함수를 적용해 가중치를 갱신한다. 가중치를 갱신할 예정이므로 가중치의 기울기를 확인하기 위해 W에 대해 편미분을 진행한다. 다음 수식 3.8은 가중치 갱신 방법을 보여준다.[8]

수식 3.8 가중치 갱신 방법

$$
\begin{aligned}
W_{i+1} &= W_i - \alpha \frac{\partial}{\partial W} MSE(W, b) \\
&= W_i - \alpha \frac{\partial}{\partial W} \frac{1}{n} \sum_{i=1}^{n} (Y_i - \hat{Y}_i)^2 \\
&= W_i - \alpha \frac{\partial}{\partial W} \sum_{i=1}^{n} \left[\frac{1}{n} \{ Y_i - (W_i \times x + b_i) \}^2 \right] \\
&= W_i - \alpha \times \frac{2}{n} \sum_{i=1}^{n} \left[Y_i - (W_i \times x + b_i) \times (-x) \right] \\
&= W_i - \alpha \times \frac{2}{n} \sum_{i=1}^{n} (Y_i - \hat{Y}_i) \times (-x) \\
&= W_i - \alpha \times \frac{2}{n} \sum_{i=1}^{n} (\hat{Y}_i - Y_i) \times x \\
&= W_i - \alpha \times 2E\left[(\hat{Y}_i - Y_i) \times x \right]
\end{aligned}
$$

수식 3.9 가중치 갱신 방법 일반형

$$
W_{i+1} = W_i - \alpha \times E\left[(\hat{Y}_i - Y_i) \times x \right]
$$

경사 하강법을 적용한 새로운 가중치 수식은 $W_{i+1} = W_i - \alpha \times E[(\hat{Y}_i - Y_i) \times x]$의 형태로 정리된다. 임의의 값으로 설정한 초기 가중치 W_0를 위 수식에 입력하면 W_1을 구할 수 있고 이 과정을 반복하면 최적의 가중치를 찾을 수 있다. 평균을 계산할 때 2의 값은 갱신 과정에서 큰 영향을 미치지 않기 때문에 생략하기도 한다.

학습률

가중치를 갱신할 때 α를 곱해 가중치 결과를 조정하는 것을 확인했다. 머신러닝에서는 α 값을 **학습률(Learning Rate)**이라고 한다. 초깃값(W_0)을 임의의 값으로 설정해 주듯이 이 학습률(α)도 임의의 값으로 설정한다.

---

8 편향을 갱신한다면 b에 대해 편미분을 진행한다.

학습률에 따라 다음 가중치($W_1, W_2, \cdots$)의 변화량이 결정되며, 이에 따라 최적의 해를 찾기 위한 반복 횟수가 결정된다. 만약 적절하지 않은 학습률을 선택하면 너무 많은 반복이 필요하거나, 아무리 많은 반복을 시도해도 최적의 해를 찾기 어려울 수 있다. 다음 그림 3.7부터 그림 3.10은 학습률을 각기 다르게 설정했을 때 최적의 값을 찾아가는 방향을 보여준다.

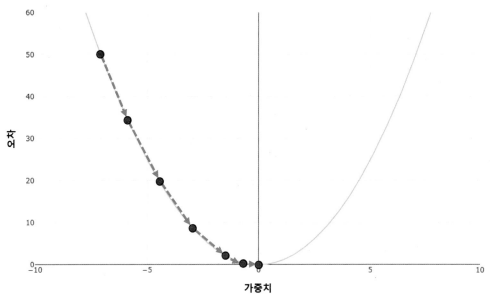

그림 3.7 학습률이 적절할 때

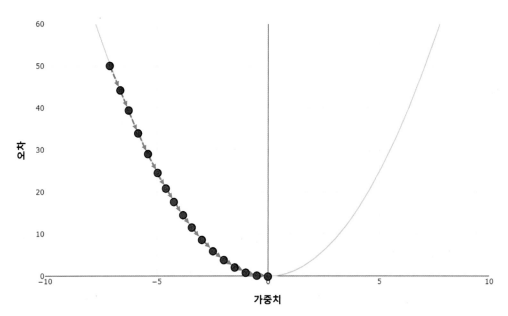

그림 3.8 학습률이 낮을 때

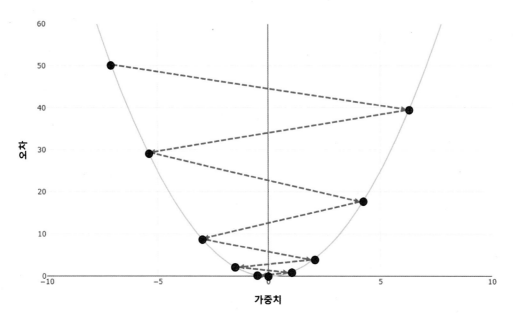

그림 3.9 학습률이 높을 때

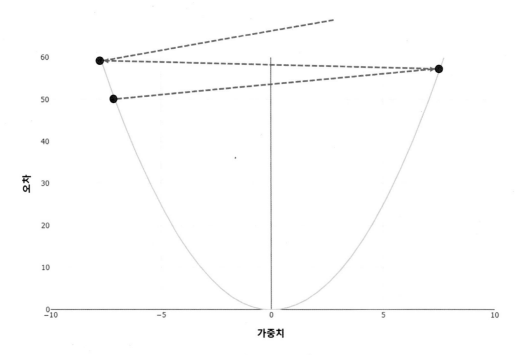

그림 3.10 학습률이 너무 높을 때

최적화 문제

학습률 그림에서 확인할 수 있듯이 초깃값 또는 학습률을 너무 낮거나 높게 잡으면 **최적의 가중치를 찾는 데 오랜 시간이 걸리거나, 그래프가 발산하여 아예 값을 찾지 못할 수 있다.** 오랜 시간이 소요되더라도 그림 3.8과 같이 학습률을 가장 낮게 잡고 많은 연산을 하면 최적의 가중치를 찾을 수 있는 것처럼 보인다. 하지만 학습률이 너무 낮아도 최적의 가중치를 찾지 못할 수 있다. 예를 들어 가중치와 오차가 그림 3.11과 같은 그래프의 형태를 보이면 최적화된 값을 찾을 수 없다.

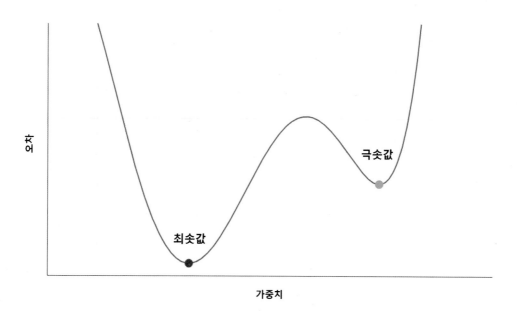

그림 3.11 최솟값과 극솟값

기울기가 0이 되는 지점인 극값은 **최댓값**(Global Maximum), **최솟값**(Global Minimum), **극댓값**(Local Maximum), **극솟값**(Local Minimum)으로 구분할 수 있다. 초기 가중치나 학습률을 설정할 때 시작점이 적절하지 않거나 학습률이 너무 낮으면 최솟값이 아닌, 극솟값에서 가중치가 결정될 수 있다.

즉, 학습률을 너무 낮게 잡으면 극소 지점을 넘지 못해 지역적 최솟값으로 가중치가 결정된다. 또한 **안장점**(Saddle Point)이 존재하는 함수에서도 적절한 가중치를 찾을 수 없다. 그림 3.12는 안장점이 존재하는 그래프를 보여준다.

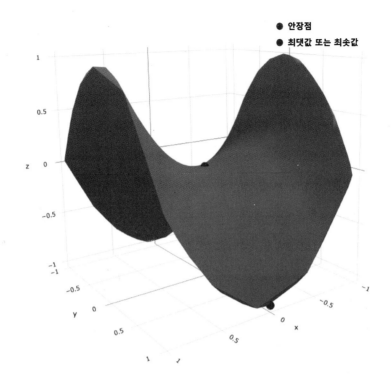

안장점
최댓값 또는 최솟값

그림 3.12 안장점이 존재하는 그래프

안장점은 그림 3.12처럼 말의 안장처럼 생긴 그래프를 의미하며, 특정 방향(아래에서 위로, 위에서 아래로 등)에서 바라볼 경우 최댓값(또는 극댓값)이 되지만, 다른 방향에서 보면 최솟값(또는 극솟값)이 되는 지점을 의미한다. 위와 같은 그래프에서도 최적의 값을 찾지 못할 수 있다.

최적화 알고리즘은 경사 하강법처럼 목적 함수가 최적의 값을 찾아갈 수 있도록 최적화되게끔 하는 알고리즘이다. 어떤 최적화 알고리즘을 사용하느냐에 따라 모델의 정확도가 달라진다.

학습에 사용하는 데이터의 형태나 가설, 손실 함수 등에 따라 적합한 최적화 알고리즘을 사용해야 하며 앞서 설명한 극소 문제와 안장점 문제 등에 강건한 기법도 존재한다. 최적화 알고리즘은 경사 하강법 이외에도 모멘텀(Momentum), Adagrad(Adaptive Gradient), Adam(Adaptive Moment Estimation) 등이 있다.

단순 선형 회귀: 넘파이

지금까지 가설, 손실 함수, 최적화를 통해 머신러닝에 필요한 기본 기법을 알아봤다. 이번에는 넘파이를 활용해 지도 학습 중 하나인 단순 선형 회귀를 구현해 본다. 예제 3.11은 손실 함수에서 사용한 임의의 데이터다.

예제 3.11 데이터 선언(넘파이)

```python
import numpy as np

x = np.array(
    [[1], [2], [3], [4], [5], [6], [7], [8], [9], [10],
    [11], [12], [13], [14], [15], [16], [17], [18], [19], [20],
    [21], [22], [23], [24], [25], [26], [27], [28], [29], [30]]
)
y = np.array(
    [[0.94], [1.98], [2.88], [3.92], [3.96], [4.55], [5.64], [6.3], [7.44], [9.1],
    [8.46], [9.5], [10.67], [11.16], [14], [11.83], [14.4], [14.25], [16.2], [16.32],
    [17.46], [19.8], [18], [21.34], [22], [22.5], [24.57], [26.04], [21.6], [28.8]]
)
```

x, y 변수는 앞선 내용에서 설명할 때 사용한 30개의 데이터세트다. 배열의 형태는 (30, 1)의 벡터 구조로 생성했다. 예제는 단변량, 다변량에 관계없이 적용할 수 있게 구현할 예정이다. 그러므로 단변량 형태인 (30,)과 다변량 형태인 (30, 2)에도 적용이 가능하다.

데이터 선언이 완료됐다면 하이퍼파라미터로 사용되는 가중치, 편향, 학습률에 대한 초깃값을 선언한다. 다음 예제 3.12는 하이퍼파라미터 초기화를 보여준다.

예제 3.12 하이퍼파라미터 초기화(넘파이)

```python
weight = 0.0
bias = 0.0
learning_rate = 0.005
```

weight는 가중치, bias는 편향, learning_rate는 학습률을 의미한다. 각각 앞선 경사 하강법의 수식에서 다뤘던 W_0, b, α에 해당한다. 이 값에 따라 최적화된 값을 빠르게 찾거나 못 찾을 수 있다.

이는 29쪽에서 설명한 하이퍼파라미터와 같이 모델이 학습하기 전에 영향을 미치는 값을 의미한다. 하이퍼파라미터 초기화가 완료됐다면 학습 반복 횟수를 설정한다. 다음 예제 3.13은 에폭 설정을 보여준다.

예제 3.13 에폭 설정

```
for epoch in range(10000):
    ...
```

에폭(Epoch)은 인공 신경망에서 순전파(Forward Propagation)와 역전파(Back Propagation) 과정 등의 모델 연산을 전체 데이터세트가 1회 통과하는 것을 의미한다. 각 에폭은 모델이 데이터를 학습하고 가중치를 갱신하는 단계를 나타내며, 여러 에폭을 반복해 모델을 학습시킨다.

순전파란 입력 데이터를 기반으로 신경망을 따라 입력층부터 출력층까지 차례대로 변수를 계산하고 추론한 결과를 의미하며, 역전파란 예측값과 실젯값의 오차가 최소화되도록 모델 가중치를 수정하는 것을 의미한다. 순전파와 역전파에 대한 자세한 내용은 3.9 '순전파와 역전파' 절에서 다루겠다.

그러므로 한 번의 에폭은 전체 데이트세트에 대해 순전파/역전파 과정을 수행하여 한 번의 학습이 진행된 것을 의미한다. 예제에서는 10,000회의 에폭이 설정됐으며, 이는 전체 데이터세트를 10,000회 학습하는 것을 의미한다.

이 에폭값이 너무 적을 경우 학습이 제대로 되지 않는 **과소적합(Underfitting)**이 발생하며, 에폭이 너무 많을 경우 **과대적합(Overfitting)**이 발생할 수 있다. 과소적합과 과대적합에 대한 자세한 내용은 4.1 '과대적합과 과소적합' 절에서 다루겠다. 다음 예제 3.14는 가설과 손실 함수 선언을 보여준다.

예제 3.14 가설과 손실 함수 선언

```
y_hat = weight * x + bias
cost = ((y - y_hat) ** 2).mean()
```

수식 3.7 가설과 손실 함수의 수식을 선언하면 예제 3.14와 같이 표현할 수 있다. 손실 함수의 $\frac{1}{n}\sum_{i=1}^{n}$은 평균과 동일한 의미를 갖기 때문에 넘파이의 mean 함수를 통해 산술 평균을 계산할 수 있다.

예제에서는 x와 y 변수 쌍으로 이루어진 행 데이터를 나눠서 계산하지 않고 전체 데이터를 한 번에 연산한다. 이는 **배치(Batch)**를 적용한 방법으로 볼 수 있다. 배치란 가설이나 모델의 가중치를 갱신할 때 사용하는 데이터의 크기를 의미한다.

가령 30개의 데이터를 10,000회 학습시킨다면 총 300,000회의 반복이 발생한다. 이러한 반복을 줄이기 위해 30개의 데이터를 하나로 묶어 10,000회의 반복으로 감소시킬 수 있다.

반대로 학습 데이터가 너무 크면 CPU나 GPU에서 한 번에 연산하기 어렵기 때문에 일부 데이터를 나눠서 반복 학습한다. 예제의 **배치 크기(Batch Size)**는 30이 된다.

가설과 손실 함수를 선언했다면 경사 하강법을 가중치와 편향에 적용한다. 다음 예제 3.15는 가중치와 편향 갱신 방법을 보여준다.

예제 3.15 가중치와 편향 갱신(넘파이)

```
weight = weight - learning_rate * ((y_hat - y) * x).mean()
bias = bias - learning_rate * (y_hat - y).mean()
```

예제 3.15의 경사 하강법 설정 방식은 수식 3.9 가중치 갱신 방법 일반형을 가중치와 편향에 각각 적용한 예시다. 수식 3.9 가중치 갱신 방법에서 가중치를 갱신하기 위해 가중치로 편미분을 진행했다. 그러므로 편미분 결과는 $(\hat{y} - y) \times x$가 된다. 편향으로 편미분한다면 $(\hat{y} - y)$이므로 코드는 (y_hat - y)가 된다.

선언을 모두 완료하고 나면 학습에 필요한 주요 구성 요소는 모두 갖춰진 셈이다. 학습이 정상적으로 진행되는지 확인하기 위해 1,000회 에폭마다 가중치, 편향, 오차를 출력한다. 다음 예제 3.16은 학습 진행 상황 출력 방식을 보여준다.

예제 3.16 학습 기록 출력

```
if (epoch + 1) % 1000 == 0:
    print(f"Epoch : {epoch+1:4d}, Weight : {weight:.3f}, Bias : {bias:.3f}, Cost : {cost:.3f}")
```

10,000번을 학습하기 때문에 모든 학습 결과를 출력한다면 결과를 비교하기가 힘들다. 그러므로 1,000번의 학습마다 결과를 출력해 본다. 출력되는 결과를 통해 학습이 진행될 때마다 가중치와 편향이 조정되고 오차의 변화량을 확인할 수 있다. 예제 3.17은 이 절(단순 선형 회귀: 넘파이)에서 다룬 예제의 전체 코드와 학습 결과를 보여준다.

예제 3.17 단순 선형 회귀(넘파이)

```
import numpy as np
```

```
x = np.array(
    [[1], [2], [3], [4], [5], [6], [7], [8], [9], [10],
    [11], [12], [13], [14], [15], [16], [17], [18], [19], [20],
    [21], [22], [23], [24], [25], [26], [27], [28], [29], [30]]
)
y = np.array(
    [[0.94], [1.98], [2.88], [3.92], [3.96], [4.55], [5.64], [6.3], [7.44], [9.1],
    [8.46], [9.5], [10.67], [11.16], [14], [11.83], [14.4], [14.25], [16.2], [16.32],
    [17.46], [19.8], [18], [21.34], [22], [22.5], [24.57], [26.04], [21.6], [28.8]]
)

weight = 0.0
bias = 0.0
learning_rate = 0.005

for epoch in range(10000):
    y_hat = weight * x + bias
    cost = ((y - y_hat) ** 2).mean()

    weight = weight - learning_rate * ((y_hat - y) * x).mean()
    bias = bias - learning_rate * (y_hat - y).mean()

    if (epoch + 1) % 1000 == 0:
        print(f"Epoch : {epoch+1:4d}, Weight : {weight:.3f}, Bias : {bias:.3f}, Cost : {cost:.3f}")
```

출력 결과

```
Epoch : 1000, Weight : 0.872, Bias : -0.290, Cost : 1.377
Epoch : 2000, Weight : 0.877, Bias : -0.391, Cost : 1.373
Epoch : 3000, Weight : 0.878, Bias : -0.422, Cost : 1.372
Epoch : 4000, Weight : 0.879, Bias : -0.432, Cost : 1.372
Epoch : 5000, Weight : 0.879, Bias : -0.435, Cost : 1.372
Epoch : 6000, Weight : 0.879, Bias : -0.436, Cost : 1.372
Epoch : 7000, Weight : 0.879, Bias : -0.436, Cost : 1.372
Epoch : 8000, Weight : 0.879, Bias : -0.436, Cost : 1.372
Epoch : 9000, Weight : 0.879, Bias : -0.436, Cost : 1.372
Epoch : 10000, Weight : 0.879, Bias : -0.436, Cost : 1.372
```

처음에 설정한 초기 가중치, 편향, 학습률에서 약 6,000회가량 학습했을 때 더 이상 오차가 감소하지 않는다. 더 많은 학습을 진행하더라도 결과는 크게 달라지지 않을 수 있으며, 하이퍼파라미터 값이 적절하지 않다면 더 많은 학습을 필요로 하거나 학습되지 않을 수 있다. 반대로 하이퍼파라미터 값이 적절하다면 더 적은 학습 횟수로도 더 좋은 결과를 얻어낼 수 있다.

초깃값에 따른 학습 결과

이번에는 초깃값을 weight = 0.0, bias = 0.0, learning_rate = 0.005가 아닌 다른 값으로 할당했을 때 어떻게 학습되는지 확인해 보자. 가중치와 편향은 유지하고, learning_rate = 0.001로 설정한 결과를 확인해 본다. 다음 결과는 learning_rate = 0.001일 때의 학습 기록이다.

learning_rate = 0.001

```
Epoch :    1, Weight : 0.270, Bias : 0.013, Cost : 233.140
Epoch :    2, Weight : 0.455, Bias : 0.022, Cost : 109.857
Epoch :    3, Weight : 0.582, Bias : 0.028, Cost : 52.167
Epoch :    4, Weight : 0.668, Bias : 0.032, Cost : 25.171
Epoch :    5, Weight : 0.727, Bias : 0.035, Cost : 12.538
Epoch :    6, Weight : 0.768, Bias : 0.037, Cost : 6.626
Epoch :    7, Weight : 0.795, Bias : 0.038, Cost : 3.859
Epoch :    8, Weight : 0.814, Bias : 0.039, Cost : 2.565
Epoch :    9, Weight : 0.827, Bias : 0.040, Cost : 1.959
Epoch :   10, Weight : 0.836, Bias : 0.040, Cost : 1.676
```

learning_rate = 0.001일 때는 learning_rate = 0.005일 때보다 오차가 더 천천히 감소하는 것을 확인할 수 있다. 이 결과는 그림 3.8 학습률이 낮을 때의 그래프와 동일하다. 다음으로 learning_rate를 0.006으로 설정한 기록을 보자.

learning_rate = 0.006

```
Epoch :    1, Weight : 1.621, Bias : 0.079, Cost : 233.140
Epoch :    2, Weight : 0.169, Bias : 0.007, Cost : 187.274
Epoch :    3, Weight : 1.470, Bias : 0.070, Cost : 150.487
Epoch :    4, Weight : 0.305, Bias : 0.012, Cost : 120.981
Epoch :    5, Weight : 1.348, Bias : 0.063, Cost : 97.316
Epoch :    6, Weight : 0.414, Bias : 0.016, Cost : 78.335
Epoch :    7, Weight : 1.251, Bias : 0.057, Cost : 63.112
```

```
Epoch :    8, Weight : 0.502, Bias : 0.019, Cost : 50.901
Epoch :    9, Weight : 1.173, Bias : 0.052, Cost : 41.108
Epoch :   10, Weight : 0.572, Bias : 0.021, Cost : 33.253
```

learning_rate = 0.006일 때는 오차가 감소하기는 하지만, 가중치나 편향이 지그재그 형태로 움직이는 것을 확인할 수 있다. 이 결과는 그림 3.9 학습률이 높을 때의 그래프로 볼 수 있다. 다음으로 learning_rate를 0.007로 설정한 기록을 보자.

learning_rate = 0.007

```
Epoch :    1, Weight : 1.892, Bias : 0.092, Cost : 233.140
Epoch :    2, Weight : -0.400, Bias : -0.021, Cost : 341.523
Epoch :    3, Weight : 2.376, Bias : 0.115, Cost : 500.602
Epoch :    4, Weight : -0.987, Bias : -0.052, Cost : 734.091
Epoch :    5, Weight : 3.088, Bias : 0.148, Cost : 1076.794
Epoch :    6, Weight : -1.849, Bias : -0.096, Cost : 1579.796
Epoch :    7, Weight : 4.132, Bias : 0.198, Cost : 2318.076
Epoch :    8, Weight : -3.114, Bias : -0.160, Cost : 3401.685
Epoch :    9, Weight : 5.665, Bias : 0.272, Cost : 4992.152
Epoch :   10, Weight : -4.971, Bias : -0.253, Cost : 7326.558
```

learning_rate = 0.007에서는 오차가 점점 증가하고 가중치와 편향이 적절한 값에서 점점 멀어진다. 이 결과는 그림 3.10 학습률이 너무 높을 때의 그래프로 볼 수 있다. 마지막으로 가중치와 편향의 초깃값이 매우 클 때의 결과를 보자.

weight = 100000.0, bias = 100000.0, learning_rate = 0.005

```
Epoch :    1, Weight : -65331.982, Bias : 91750.066, Cost : 3471609980966.473
Epoch :    2, Weight : 30511.054, Bias : 96354.610, Cost : 1167846104927.318
Epoch :    3, Weight : -25035.413, Bias : 93508.296, Cost : 393797829516.361
Epoch :    4, Weight : 7170.684, Bias : 94981.065, Cost : 133720896289.252
Epoch :    5, Weight : -11488.800, Bias : 93950.498, Cost : 46333937931.186
Epoch :    6, Weight : -664.178, Bias : 94371.193, Cost : 16969339320.910
Epoch :    7, Weight : -6929.960, Bias : 93950.877, Cost : 7099764303.827
Epoch :    8, Weight : -3289.340, Bias : 94018.261, Cost : 3780358039.956
Epoch :    9, Weight : -5390.953, Bias : 93803.159, Cost : 2661760204.138
Epoch :   10, Weight : -4164.103, Bias : 93752.008, Cost : 2282622976.588
```

비교적 적절한 학습률인 learning_rate = 0.005일 때 초깃값으로 매우 큰 값을 주는 경우, 오차가 감소하기는 하지만 매우 많은 학습을 요구한다.

출력 결과에서 알 수 있듯이 초깃값의 설정은 학습에 큰 영향을 끼친다. 적절하지 않은 초깃값을 할당했을 때 하이퍼파라미터 튜닝을 진행하며, 하이퍼파라미터 튜닝을 통해 원활한 학습을 진행할 수 있다.

단순 선형 회귀: 파이토치

이번에는 넘파이로 단순 선형 회귀 모델을 구현하는 것이 아니라, 파이토치 기능으로 단순 선형 회귀를 구현해 본다. 예제 3.18은 파이토치를 사용하기 위한 선언을 보여준다.

예제 3.18 프레임워크 선언

```python
import torch
from torch import optim
```

파이토치를 사용하기 위해 torch와 torch.optim을 포함시킨다. torch.optim은 최적화 함수가 포함돼 있는 모듈이다. optim 모듈을 통해 다양한 최적화 함수를 간단하게 사용할 수 있다. 프레임워크를 선언했다면 학습에 사용할 데이터를 선언한다. 예제 3.19는 파이토치에서 데이터 선언 방법을 보여준다.

예제 3.19 데이터 선언(파이토치)

```python
x = torch.FloatTensor([
    [1], [2], [3], [4], [5], [6], [7], [8], [9], [10],
    [11], [12], [13], [14], [15], [16], [17], [18], [19], [20],
    [21], [22], [23], [24], [25], [26], [27], [28], [29], [30]
])
y = torch.FloatTensor([
    [0.94], [1.98], [2.88], [3.92], [3.96], [4.55], [5.64], [6.3], [7.44], [9.1],
    [8.46], [9.5], [10.67], [11.16], [14], [11.83], [14.4], [14.25], [16.2], [16.32],
    [17.46], [19.8], [18], [21.34], [22], [22.5], [24.57], [26.04], [21.6], [28.8]
])
```

앞선 예제 3.11 데이터 선언(넘파이)과 동일한 구조의 데이터를 사용한다. 단, ndarray 형식이 아닌 FloatTensor 형식으로 값을 할당한다. 학습 데이터를 선언했다면 하이퍼파라미터를 초기화한다. 예제 3.20은 파이토치에서 하이퍼파라미터 초기화 방법을 보여준다.

예제 3.20 하이퍼파라미터 초기화(파이토치)

```
weight = torch.zeros(1, requires_grad=True)
bias = torch.zeros(1, requires_grad=True)
learning_rate = 0.001
```

torch.zeros 메서드로 0의 값을 갖는 텐서를 생성한다. 텐서의 크기는 1로 설정하는데 이 값은 현재 (1,)이나 (1, 1)로 설정해도 동일한 결과를 반환한다.

torch.zeros 메서드에서 사용한 requires_grad 매개변수는 참값으로 설정한다. requires_grad는 모든 텐서에 대한 연산을 추적하며 역전파 메서드를 호출해 기울기를 계산하고 저장한다. 이 기능은 파이토치에서 지원하는 **자동 미분(Autograd)**[9] 기능의 사용 여부라고 볼 수 있다. 이 기능을 설정하면 간편하게 학습을 진행할 수 있다.

하이퍼파라미터 설정이 완료됐다면 최적화를 설정한다. 예제 3.21은 파이토치에서 최적화 설정 방법을 보여준다.

예제 3.21 최적화 선언

```
optimizer = optim.SGD([weight, bias], lr=learning_rate)
```

앞선 넘파이 방식에서는 학습 반복 구문 안에 최적화 코드를 구현했지만, 파이토치는 학습 반복 구문 밖에 최적화 방식을 설정한다. 이번 예제의 최적화 함수는 확률적 경사 하강법(optim.SGD)을 적용한다.

확률적 경사 하강법(Stochastic Gradient Descent, SGD)이란 모든 데이터에 대해 연산을 진행하지 않고, 일부 데이터만 계산하여 빠르게 최적화된 값을 찾는 방식이다. 즉, **미니 배치(Mini-Batch)**[10]의 형태로 전체 데이터를 N 등분하여 학습을 진행한다. 다음은 확률적 경사 하강법 클래스의 기본형을 보여준다.

확률적 경사 하강법

```
optimizer = torch.optim.SGD(
    params,
    lr,
    **kwargs
)
```

---

9   신경망 학습을 위해 매개변수에 대한 미분값을 자동으로 계산해 주는 기능
10   학습 데이터 전체를 계산하지 않고 배치 방식으로 데이터를 나눠 학습하는 구조

확률적 경사 하강법 클래스는 최적화하려는 **변수(params)**와 **학습률(lr)**로 최적화를 적용한다. 최적화하려는 변수는 역전파 과정을 통해 기울기(변화도)를 갱신하려는 텐서 변수를 입력하고, 학습률은 0보다 큰 값을 할당한다.[11]

확률적 경사 하강법의 매개변수에 최적화하려는 변수([weight, bias])와 학습률(learning_rate)을 입력한다. 이를 통해 weight와 bias가 최적화된다. 최적화 선언이 끝났다면 넘파이 방식과 유사한 구조로 코드를 진행한다. 다음 예제 3.22는 에폭, 가설, 손실 함수 선언 방법을 보여준다.

예제 3.22 에폭, 가설, 손실 함수 선언

```
for epoch in range(10000):
    hypothesis = x * weight + bias
    cost = torch.mean((hypothesis - y) ** 2)
```

에폭은 동일하게 10,000회로 설정하고 가설(hypothesis)과 오차(cost)를 정의한다. 가설은 넘파이 코드에서 사용한 y_hat과 동일한 구조이며, 오차도 넘파이 코드에서 사용한 cost와 동일한 구조다. 학습에 필요한 기본 구조가 갖춰졌으므로 가중치와 편향을 갱신한다. 예제 3.23은 파이토치에서 가중치와 편향을 갱신하는 방법을 보여준다.

예제 3.23 가중치와 편향 갱신(파이토치)

```
optimizer.zero_grad()
cost.backward()
optimizer.step()
```

optimizer.zero_grad 메서드로 optimizer 변수에 포함시킨 매개변수들의 기울기를 0으로 초기화한다. 텐서의 기울기는 grad 속성에 누적해서 더해지기 때문에 0으로 초기화해야 한다. 구체적인 코드로 설명하자면, 기울기가 weight = x의 형태가 아닌, weight += x의 구조로 저장되기 때문에 기울기를 0으로 초기화해 중복 연산을 방지하는 것이다.

다음으로 cost.backward 메서드를 통해 역전파를 수행한다. 이 연산을 통해 optimizer 변수에 포함시킨 매개변수들의 기울기가 새로 계산된다.

---

11 키워드 매개변수(kwargs)에는 모멘텀(momentum)이나 가중치 감쇠(weight_decay) 등을 추가로 적용할 수 있다.

이 과정에서 가중치와 편향에 대한 기울기가 계산된다. 이 결과를 최적화 함수에 반영해야 하므로 optimizer.step 메서드를 수행한다. 여기서 학습률(lr)의 값을 반영한 확률적 경사 하강법 연산이 적용된다.

지금까지의 과정이 파이토치에서 학습을 진행할 때 적용하는 하나의 사이클이다. 이제 예제 3.16 학습 기록 출력 코드를 활용해 에폭마다 가중치, 편향, 오차를 확인해 본다. 예제 3.24는 이 단원에서 소개한 단순 선형 회귀: 파이토치 예제의 전체 코드와 학습 결과를 보여준다.

예제 3.24 단순 선형 회귀(파이토치)

```python
import torch
from torch import optim

x = torch.FloatTensor([
    [1], [2], [3], [4], [5], [6], [7], [8], [9], [10],
    [11], [12], [13], [14], [15], [16], [17], [18], [19], [20],
    [21], [22], [23], [24], [25], [26], [27], [28], [29], [30]
])
y = torch.FloatTensor([
    [0.94], [1.98], [2.88], [3.92], [3.96], [4.55], [5.64], [6.3], [7.44], [9.1],
    [8.46], [9.5], [10.67], [11.16], [14], [11.83], [14.4], [14.25], [16.2], [16.32],
    [17.46], [19.8], [18], [21.34], [22], [22.5], [24.57], [26.04], [21.6], [28.8]
])

weight = torch.zeros(1, requires_grad=True)
bias = torch.zeros(1, requires_grad=True)
learning_rate = 0.001

optimizer = optim.SGD([weight, bias], lr=learning_rate)

for epoch in range(10000):
    hypothesis = weight * x + bias
    cost = torch.mean((hypothesis - y) ** 2)

    optimizer.zero_grad()
    cost.backward()
    optimizer.step()
```

```
    if (epoch + 1) % 1000 == 0:
        print(f"Epoch : {epoch+1:4d}, Weight : {weight.item():.3f}, Bias : {bias.item():.3f}, Cost :
{cost:.3f}")
```

출력 결과

```
Epoch : 1000, Weight : 0.864, Bias : -0.138, Cost : 1.393
Epoch : 2000, Weight : 0.870, Bias : -0.251, Cost : 1.380
Epoch : 3000, Weight : 0.873, Bias : -0.321, Cost : 1.375
Epoch : 4000, Weight : 0.875, Bias : -0.364, Cost : 1.373
Epoch : 5000, Weight : 0.877, Bias : -0.391, Cost : 1.373
Epoch : 6000, Weight : 0.878, Bias : -0.408, Cost : 1.372
Epoch : 7000, Weight : 0.878, Bias : -0.419, Cost : 1.372
Epoch : 8000, Weight : 0.878, Bias : -0.425, Cost : 1.372
Epoch : 9000, Weight : 0.879, Bias : -0.429, Cost : 1.372
Epoch : 10000, Weight : 0.879, Bias : -0.432, Cost : 1.372
```

출력 결과에서 가중치와 편향이 넘파이 방식과 동일하게 수렴되는 것을 확인할 수 있다. 학습률은 0.001
로 기존 경사 하강법보다 낮은 학습률을 선택했지만, 확률적 경사 하강법을 활용해 더 빠른 속도로 최적
의 가중치와 편향을 찾았다.

zero_grad(), cost.backward(), optimizer.step() 알아보기

zero_grad(), cost.backward(), optimizer.step()은 직접 가중치에 대한 기울기와 값을 확인해 보면
쉽게 이해할 수 있다. 학습 구문에 다음과 같은 구문을 추가하고 결과를 확인해 본다. 예제 3.25는 2회
에폭 시 발생하는 가중치 갱신 결과를 보여준다.

예제 3.25 zero_grad(), cost.backward(), optimizer.step()

```
print(f"Epoch : {epoch+1:4d}")
print(f"Step [1] : Gradient : {weight.grad}, Weight : {weight.item():.5f}")

optimizer.zero_grad()
print(f"Step [2] : Gradient : {weight.grad}, Weight : {weight.item():.5f}")

cost.backward()
print(f"Step [3] : Gradient : {weight.grad}, Weight : {weight.item():.5f}")
```

```
optimizer.step()
print(f"Step [4] : Gradient : {weight.grad}, Weight : {weight.item():.5f}")
```

출력 결과

```
Epoch : 1
Step [1] : Gradient : None, Weight : 0.00000
Step [2] : Gradient : None, Weight : 0.00000
Step [3] : Gradient : tensor([-540.4854]), Weight : 0.00000
Step [4] : Gradient : tensor([-540.4854]), Weight : 0.54049
Epoch : 2
Step [1] : Gradient : tensor([-540.4854]), Weight : 0.54049
Step [2] : Gradient : tensor([0.]), Weight : 0.54049
Step [3] : Gradient : tensor([-198.9818]), Weight : 0.54049
Step [4] : Gradient : tensor([-198.9818]), Weight : 0.73947
...
```

첫 번째 에폭(epoch=1)은 계산된 기울기가 없기 때문에 optimizer.zero_grad()까지는 초깃값과 동일한 형태를 출력한다. 하지만 cost.backward()를 통해 역전파를 수행하면 기울기(-540.4854)가 생성된다.

역전파를 통해 기울기는 계산했지만, weight 변수에는 값이 반영되지 않은 것을 알 수 있다. 그러므로 optimizer.step()을 통해 확률적 경사 하강법을 수행한 결과를 weight 변수에 반영한다.

두 번째 에폭(epoch=2)은 새로 계산한 기울기 값이 있으므로 첫 번째 에폭에서 나온 결과로 학습을 수행한다. 동일하게 optimizer.zero_grad()로 기울기를 0으로 초기화한다. optimizer.zero_grad()로 기울기를 초기화하지 않으면 (-540.4854)+(-198.9818) 연산으로 진행되고, -739.4672의 기울기로 인해 연산이 틀어진다.

예제에서 확인할 수 있듯이 특별한 경우가 아니라면, zero_grad(), cost.backward(), optimizer.step()의 순서로 값을 할당한다.

신경망 패키지

이번에는 신경망(Neural Networks) 패키지를 활용해 모델을 구성해 보자. 신경망 패키지는 torch.nn에 포함돼 있으며 from torch import nn의 형태로 선언한다. 신경망 패키지는 네트워크(Net)를 정의하거나 자동 미분, 계층 등을 정의할 수 있는 모듈이 포함돼 있다.

즉, 신경망을 생성하고 학습시키는 과정을 빠르고 간편하게 구현할 수 있는 기능이 제공된다. 앞선 예제 3.20 하이퍼파라미터 초기화(파이토치)는 torch.zeros로 모델을 구성했는데, 이번에는 선형 변환 클래스를 활용해 모델을 구현해본다. 이제 선형 변환 클래스를 알아본다.

선형 변환 클래스

```
layer = torch.nn.Linear(
    in_features,
    out_features,
    bias=True,
    device=None,
    dtype=None
)
```

선형 변환 클래스는 $y = Wx + b$ 형태의 선형 변환(Linear Transformation)을 입력 데이터에 적용한다. 입력 데이터 차원 크기(in_features)와 출력 데이터 차원 크기(out_features)를 설정해 인스턴스를 생성하는데 생성된 인스턴스는 입력 데이터 차원 크기와 동일한 텐서만 입력으로 받을 수 있다. 입력된 텐서는 순방향 연산을 진행해 출력 데이터 차원 크기의 차원으로 반환된다.

편향 설정(bias)은 계층에 편향 값 포함 여부를 설정한다. 편향 설정을 거짓 값으로 할당하면 해당 인스턴스에는 편향이 포함되지 않는다. 자료형(dtype)과 장치(device)는 텐서에서 설명한 매개변수와 동일한 의미를 갖는다. 예제 3.26은 신경망 패키지를 활용한 모델 선언 방법이다.

예제 3.26 모델 선언

```
# weight = torch.zeros(1, requires_grad=True)
# bias = torch.zeros(1, requires_grad=True)
model = nn.Linear(1, 1, bias=True)
criterion = torch.nn.MSELoss()
learning_rate = 0.001
```

주석으로 처리된 weight와 bias는 예제 3.20 하이퍼파라미터 초기화(파이토치)에서 선언한 변수다. 이 두 변수를 선형 변환 클래스로 대체해 모델로 구성할 수 있다. 입출력 데이터 차원 크기 매개변수가 weight 변수를 대체하며, bias 매개변수가 bias 변수를 대체한다.

그러므로 model 변수에 데이터를 입력하면 선형 변환이 적용된다. 선형 변환도 간단한 코드로 사용할 수 있으며, 동일하게 손실 함수도 간단한 방식으로 구현할 수 있다. 다음으로, 평균 제곱 오차 클래스를 설명한다.

평균 제곱 오차 클래스

```
criterion = torch.nn.MSELoss()
```

평균 제곱 오차 클래스는 $\frac{1}{n}\sum_{i=1}^{n}(Y_i - \hat{Y_i})^2$ 형태의 평균 제곱 오차를 계산한다. 평균 제곱 오차 수식은 결괏값을 조절하는 제어 변수가 존재하지 않기 때문에 매개변수를 입력받지 않는다.

평균 제곱 오차 클래스도 선형 변환 클래스와 마찬가지로 순방향 연산을 통해 평균 제곱 오차를 계산한다. 수식에서 확인할 수 있듯이 Y_i와 $\hat{Y_i}$를 받아 결괏값을 반환한다.

이제 모델과 오차 클래스를 선언했으므로 순방향 연산을 적용해 보자. 예제 3.27은 생성된 인스턴스에 데이터를 입력하는 방법을 보여준다.

예제 3.27 순방향 연산

```
for epoch in range(10000):
    output = model(x)
    cost = criterion(output, y)
```

예제 3.27은 예제 3.22 에폭, 가설, 손실 함수 선언을 대체하는 코드다. model 인스턴스에 입력 데이터 x를 전달하면 $y = Wx + b$를 연산해 출력 데이터 차원 크기와 동일한 output이 반환된다. 이 값은 $\hat{Y_i}$를 의미한다. criterion 인스턴스는 입력(input)과 목표(target)를 전달받아 순방향 연산을 진행한다.

입력은 output 변수를 할당하고, 목표에는 y 변수를 할당한다. 각각의 변수는 평균 제곱 오차 함수에서 $\hat{Y_i}$과 Y_i를 의미한다. 코드에 수식을 포함하지 않아도 사전에 정의된 클래스를 활용해 간단히 모델을 구축할 수 있다. 다음 예제 3.28은 예제 3.24 단순 선형 회귀(파이토치)에서 신경망 패키지를 적용한 전체 코드를 보여준다.

예제 3.28 신경망 패키지 적용

```
import torch
from torch import nn
from torch import optim
```

```
x = torch.FloatTensor([
    [1], [2], [3], [4], [5], [6], [7], [8], [9], [10],
    [11], [12], [13], [14], [15], [16], [17], [18], [19], [20],
    [21], [22], [23], [24], [25], [26], [27], [28], [29], [30]
])
y = torch.FloatTensor([
    [0.94], [1.98], [2.88], [3.92], [3.96], [4.55], [5.64], [6.3], [7.44], [9.1],
    [8.46], [9.5], [10.67], [11.16], [14], [11.83], [14.4], [14.25], [16.2], [16.32],
    [17.46], [19.8], [18], [21.34], [22], [22.5], [24.57], [26.04], [21.6], [28.8]
])

model = nn.Linear(1, 1)
criterion = nn.MSELoss()
optimizer = optim.SGD(model.parameters(), lr=0.001)

for epoch in range(10000):
    output = model(x)
    cost = criterion(output, y)

    optimizer.zero_grad()
    cost.backward()
    optimizer.step()

    if (epoch + 1) % 1000 == 0:
        print(f"Epoch : {epoch+1:4d}, Model : {list(model.parameters())}, Cost : {cost:.3f}")
```

출력 결과

```
Epoch : 1000, Model : [Parameter containing:
tensor([[0.8721]], requires_grad=True), Parameter containing:
tensor([-0.2968], requires_grad=True)], Cost : 1.377
Epoch : 2000, Model : [Parameter containing:
tensor([[0.8746]], requires_grad=True), Parameter containing:
tensor([-0.3493], requires_grad=True)], Cost : 1.374
Epoch : 3000, Model : [Parameter containing:
tensor([[0.8762]], requires_grad=True), Parameter containing:
tensor([-0.3820], requires_grad=True)], Cost : 1.373
Epoch : 4000, Model : [Parameter containing:
```

```
tensor([[0.8772]], requires_grad=True), Parameter containing:
Epoch : 5000, Model : [Parameter containing:
tensor([[0.8779]], requires_grad=True), Parameter containing:
tensor([-0.4151], requires_grad=True)], Cost : 1.372
Epoch : 6000, Model : [Parameter containing:
tensor([[0.8783]], requires_grad=True), Parameter containing:
tensor([-0.4229], requires_grad=True)], Cost : 1.372
Epoch : 7000, Model : [Parameter containing:
tensor([[0.8785]], requires_grad=True), Parameter containing:
tensor([-0.4279], requires_grad=True)], Cost : 1.372
Epoch : 8000, Model : [Parameter containing:
tensor([[0.8787]], requires_grad=True), Parameter containing:
tensor([-0.4309], requires_grad=True)], Cost : 1.372
Epoch : 9000, Model : [Parameter containing:
tensor([[0.8787]], requires_grad=True), Parameter containing:
tensor([-0.4328], requires_grad=True)], Cost : 1.372
Epoch : 10000, Model : [Parameter containing:
tensor([[0.8788]], requires_grad=True), Parameter containing:
tensor([-0.4340], requires_grad=True)], Cost : 1.372
```

신경망 패키지를 적용해 모델을 구성했다. 더 이상 weight와 bias 변수를 사용하지 않으므로 학습 결과 출력 시 모델 매개변수(model.parameters())를 출력한다. 모델 매개변수로 현재 model 변수에서 계산 중인 가중치와 편향을 확인할 수 있다. 앞으로의 모델은 신경망 패키지를 활용해 구현한다.

데이터세트와 데이터로더

데이터세트는 데이터의 집합을 의미하며, 입력값(X)과 결괏값(Y)에 대한 정보를 제공하거나 일련의 데이터 묶음을 제공한다. 데이터세트의 구조는 일반적으로 데이터베이스(Database)의 테이블(Table)과 같은 형태로 구성돼 있다.

데이터세트의 한 패턴을 테이블의 행(Row)으로 간주한다면, 이 행에서 데이터를 불러와 학습을 진행한다. 다음 표 3.5와 표 3.6과 같은 테이블이 하나의 데이터세트가 된다.

표 3.5 입력값과 결괏값을 제공하는 데이터세트

	path	class
1	2f35ab7d-6d28-4f7f-adf1-51cb065aaf38.jpg	dog
2	4f515235-eb81-4a0a-b65e-ff24fe2de3f3.jpg	cat
3	c93f02c1-a015-4120-9857-40b8811d27ca.jpg	dog
4	d4dadc3d-054d-48e1-b709-5486c9b84b3a.jpg	human

표 3.6 일련의 데이터 묶음을 제공하는 데이터세트

	location	date	variant	num_sequences	perc_sequences	num_sequences_total
1	Angola	2020-12-21	B.1.160	0	0	93
2	Angola	2020-12-21	B.1.620	2	0	93
3	Angola	2020-12-21	B.1.258	0	1	93
4	Angola	2020-12-21	B.1.221	0	0	93

표에서 확인할 수 있듯이 제공되는 데이터의 구조나 패턴은 매우 다양하다. 학습해야 하는 데이터가 파일 경로로 제공되거나 데이터를 활용하기 위해서 전처리 단계가 필요한 경우도 있다. 또한 다양한 데이터가 포함된 데이터세트에서는 특정한 필드의 값을 사용하거나 사용하지 않을 수 있다.

이처럼 데이터를 변형하고 매핑하는 코드를 학습 과정에 직접 반영하면 **모듈화**(Modularization), **재사용성**(Reusable), **가독성**(Readability) 등을 떨어뜨리는 주요 원인이 된다. 이러한 현상을 방지하고 코드를 구조적으로 설계할 수 있도록 데이터세트와 데이터로더를 사용한다.

데이터세트

데이터세트(Dataset)는 학습에 필요한 데이터 샘플을 정제하고 정답을 저장하는 기능을 제공한다. 데이터세트는 앞선 선형 변환 함수나 오차 함수처럼 클래스 형태로 제공되며, **초기화 메서드(__init__)**, **호출 메서드(__getitem__)**, **길이 반환 메서드(__len__)**를 재정의하여 활용한다. 데이터세트 클래스의 기본형은 다음과 같다.

데이터세트 클래스 기본형

```python
class Dataset:

    def __init__(self, data, *arg, **kwargs):
        self.data = data

    def __getitem__(self, index):
        return tuple(data[index] for data in data.tensors)

    def __len__(self):
        return self.data[0].size(0)
```

초기화 메서드(__init__)는 입력된 데이터의 전처리 과정을 수행하는 메서드다. 새로운 인스턴스가 생성될 때 학습에 사용될 데이터를 선언하고, 학습에 필요한 형태로 변형하는 과정을 진행한다. 예를 들어, 입력된 데이터가 파일 경로의 형태로 제공되면 초기화 메서드에서 파일을 불러와 활용 가능한 형태로 변형하는 과정을 진행한다.

호출 메서드(__getitem__)는 학습을 진행할 때 사용되는 하나의 행을 불러오는 과정으로 볼 수 있다. 입력된 색인(index)에 해당하는 데이터 샘플을 불러오고 반환한다. 초기화 메서드에서 변형되거나 개선된 데이터를 가져오며, 데이터 샘플과 정답을 반환한다.

길이 반환 메서드(__len__)는 학습에 사용된 전체 데이터세트의 개수를 반환한다. 이 메서드를 통해 몇 개의 데이터로 학습이 진행되는지 확인할 수 있다.

모델 학습을 위해 임의의 데이터세트를 구성할 때 파이토치에서 지원하는 데이터세트 클래스를 상속받아 사용한다. 새로 정의한 데이터세트 클래스는 현재 시스템에 적합한 구조로 데이터를 전처리해 사용한다.

데이터로더

데이터로더(DataLoader)는 데이터세트에 저장된 데이터를 어떠한 방식으로 불러와 활용할지 정의한다. 학습을 조금 더 원활하게 진행할 수 있도록 **배치 크기(batch_size)**, **데이터 순서 변경(shuffle)**, **데이터 로드 프로세스 수(num_workers)** 등의 기능을 제공한다.

배치 크기는 학습에 사용되는 데이터의 개수가 매우 많아 한 번의 에폭에서 모든 데이터를 메모리에 올릴 수 없을 때 데이터를 나누는 역할을 한다. 전체 데이터세트에서 배치 크기만큼 데이터 샘플을 나누고, 모든 배치를 대상으로 학습을 완료하면 한 번의 에폭이 완료되는 구조로 볼 수 있다.

1,000개의 데이터 샘플이 데이터세트의 전체 길이일 때 배치 크기를 100으로 할당한다면 10번의 배치가 완료될 때 1번의 에폭이 진행됐다고 볼 수 있다.

데이터 순서 변경은 모델이 데이터 간의 관계가 아닌, 데이터의 순서로 학습되는 것을 방지하고자 수행하는 기능이다. 데이터 샘플과 정답의 매핑 관계는 변경되지 않으며, 행의 순서를 변경하는 개념이다.

데이터 로드 프로세스 수는 데이터를 불러올 때 사용할 프로세스의 개수를 의미한다. 학습을 제외한 코드에서는 데이터를 불러오는 데 시간이 가장 오래 소요된다. 이를 최소화하고자 데이터 로드에 필요한 프로세스의 수를 늘릴 수 있다.

파이토치는 데이터세트와 데이터로더를 통해 학습에 필요한 데이터 구조를 생성한다. 일반적으로 데이터세트를 재정의해 가장 많이 사용하며, 데이터로더에서는 주로 배치 크기를 조절해 가며 현재 학습 환경에 맞는 구조로 할당한다.

다중 선형 회귀

이번에는 데이터세트와 데이터로더를 활용해 지도 학습 중 하나인 다중 선형 회귀를 구현해 보자. 다중 선형 회귀에서 사용할 데이터는 표 3.7과 같다.

표 3.7 다중 선형 회귀 데이터

x1	x2	y1	y2
1	2	0.1	1.5
2	3	1.0	2.8
3	4	1.9	4.1
4	5	2.8	5.4
5	6	3.7	6.7
6	7	4.6	8.0

독립 변수는 x1, x2를 의미하며, 종속 변수는 y1, y2를 의미한다. 이를 수식으로 표현하면 다음과 같다. 수식 3.10은 다중 선형 회귀의 기본형을 보여주며, 수식 3.11은 현재 데이터에 y1과 y2를 계산하기 위해 사용된 각 가중치와 편향을 보여준다.

수식 3.10 다중 선형 회귀

$$y_1 = w_1x_1 + w_2x_2 + b_1$$
$$y_2 = w_3x_1 + w_4x_2 + b_2$$

수식 3.11 다중 선형 회귀의 가중치와 편향

$$y_1 = 1.7x_1 - 0.8x_2 + 0$$
$$y_2 = 1.1x_1 + 0.2x_2 + 0$$

모델 매개변수(model.parameters)는 수식 3.11과 같은 결과가 나와야 하므로 반환돼야 하는 값은 수식 3.12와 같다.

수식 3.12 모델 매개변수의 형태

$$Weight = \begin{bmatrix} w_1 & w_2 \\ w_3 & w_4 \end{bmatrix} = \begin{bmatrix} 1.7 & -0.8 \\ 1.1 & 0.2 \end{bmatrix}$$

$$Bias = \begin{bmatrix} b_1 \\ b_2 \end{bmatrix} = \begin{bmatrix} 0 \\ 0 \end{bmatrix}$$

이번 예제에서는 데이터세트와 데이터로더를 적용해 보고 사전에 정의한 가중치와 편향 값이 학습 결과와 동일한지 확인한다. 예제에서 활용하려는 데이터세트와 데이터로더는 `torch.utils.data` 모듈에 포함돼 있다. 예제 3.29는 데이터세트와 데이터로더를 포함시키고 다중 선형 회귀에서 활용할 데이터 선언을 보여준다.

예제 3.29 기본 구조 선언

```
import torch
from torch import nn
from torch import optim
from torch.utils.data import TensorDataset, DataLoader
```

```
train_x = torch.FloatTensor([
    [1, 2], [2, 3], [3, 4], [4, 5], [5, 6], [6, 7]
])
train_y = torch.FloatTensor([
    [0.1, 1.5], [1, 2.8], [1.9, 4.1], [2.8, 5.4], [3.7, 6.7], [4.6, 8]
])
```

데이터세트와 데이터로더를 사용하기 위해 TensorDataset와 DataLoader를 포함시킨다. **텐서 데이터세트(TensorDataset)**는 **기본 데이터세트(Dataset)** 클래스를 상속받아 재정의된 클래스다. 예제에서는 데이터세트를 재정의하지 않고 제공되는 텐서 데이터세트를 사용한다.

기본 구조를 모두 선언했다면 학습 데이터를 선언한다. 다변량 다중 선형 회귀를 계산하기 위해 독립 변수와 종속 변수의 차원을 (n, 2)의 형태로 입력한다. 독립 변수에 (x_1, x_2)의 값을 순차적으로 입력하며, 종속 변수에 (y_1, y_2)의 값을 순차적으로 입력한다.

이 데이터를 데이터세트, 데이터로더에 적용해 보자. 예제 3.30은 데이터세트와 데이터로더를 적용하는 방법을 보여준다.

예제 3.30 데이터세트와 데이터로더

```
train_dataset = TensorDataset(train_x, train_y)
train_dataloader = DataLoader(train_dataset, batch_size=2, shuffle=True, drop_last=True)
```

텐서 데이터세트를 활용해 훈련용 데이터세트를 생성한다. 텐서 데이터세트는 초기화 값을 *args 형태로 입력받기 때문에 여러 개의 데이터를 입력받을 수 있다. train_dataset 인스턴스가 생성되면 데이터로더로 훈련용 데이터세트를 불러온다.

데이터로더에 사용되는 **배치 크기(batch_size)**를 2로 선언하여 한 번의 배치마다 두 개의 데이터 샘플과 정답을 가져오게 한다. **데이터 순서 변경(shuffle)**을 참값으로 적용해 불러오는 데이터의 순서를 무작위로 변경한다. 마지막으로 **배치 제거(drop_last)**는 배치 크기에 맞지 않는 배치를 제거한다.

예를 들어, 전체 데이터세트의 크기가 5일 때, 배치 크기가 2라면 마지막 배치의 크기는 1이 된다. 이는 크기가 1인 마지막 배치를 학습에 포함시키지 않는다는 뜻이다. 다시 말해, 배치 제거는 불완전한 배치를 사용할지, 사용하지 않을지를 설정하는 하이퍼파라미터다.[12]

---

12 배치 크기가 1인 배치를 **불완전한 배치(Incomplete Batch)**라고 한다.

데이터로더까지 선언이 완료됐다면 모델, 오차 함수, 최적화를 선언한다. 다음 예제 3.31은 다중 선형 회귀의 모델, 오차 함수, 최적화 함수의 선언 방법을 보여준다.

예제 3.31 모델, 오차 함수, 최적화 함수 선언

```
model = nn.Linear(2, 2, bias=True)
criterion = nn.MSELoss()
optimizer = optim.SGD(model.parameters(), lr=0.001)
```

다중 선형 회귀도 선형 변환 클래스를 사용한다. 학습 데이터로 사용한 train_x와 train_y가 모두 (n, 2)의 크기를 가지므로 선형 변환 클래스의 입력 데이터 차원 크기와 출력 데이터 차원 크기는 2가 된다. 오차 함수와 최적화 함수는 단순 선형 회귀에서 사용한 구조와 동일한 형태를 갖는다.

모델의 기본 구조를 모두 선언했다면 데이터로더에서 학습 데이터를 불러와 모델에 입력해 본다. 다음 예제 3.32는 데이터로더 사용법을 보여준다.

예제 3.32 데이터로더 적용

```
for epoch in range(20000):
    cost = 0.0

    for batch in train_dataloader:
        x, y = batch
        output = model(x)

        loss = criterion(output, y)

        optimizer.zero_grad()
        loss.backward()
        optimizer.step()

        cost += loss

    cost = cost / len(train_dataloader)

    if (epoch + 1) % 1000 == 0:
        print(f"Epoch : {epoch+1:4d}, Model : {list(model.parameters())}, Cost : {cost:.3f}")
```

에폭마다 오차를 다시 계산하기 위해 에폭이 시작할 때 cost를 0으로 초기화한다. 지금까지는 전체 데이터세트에서 데이터를 불러와 학습을 진행했지만, 지금부터는 배치 크기로 데이터를 학습하기 때문에 오차가 아닌 **손실(loss)**을 계산한다. **훈련용 데이터로더(train_dataloader)**를 반복하여 **배치(batch)**를 반환한다. batch 변수에는 텐서 데이터세트에 입력한 순서로 데이터가 반환된다. 즉, batch 변수에는 **입력값(x)**과 **결괏값(y)**이 포함돼 있다.

손실(loss) 값을 계산하고, 배치마다 **오차(cost)**에 **손실(loss)** 값을 누적해서 더한다. 오차의 평균값을 계산하기 위해 훈련용 데이터로더(train_dataloader)의 길이만큼 나눈다. 데이터로더를 활용하면 자연스럽게 배치 구조로 코드가 변경된다. 이 경우 학습에 사용되는 데이터의 구조나 형태가 변경되더라도, 실제 학습에 사용되는 코드는 변경되지 않아서 각 모듈에 집중할 수 있다.

지금까지 데이터세트와 데이터로더를 활용해 코드를 구성했다. 이제 결과를 확인해 보자. 다음 예제 3.33은 다중 선형 회귀 전체 코드를 보여준다.

예제 3.33 다중 선형 회귀

```python
import torch
from torch import nn
from torch import optim
from torch.utils.data import TensorDataset, DataLoader

train_x = torch.FloatTensor([
    [1, 2], [2, 3], [3, 4], [4, 5], [5, 6], [6, 7]
])
train_y = torch.FloatTensor([
    [0.1, 1.5], [1, 2.8], [1.9, 4.1], [2.8, 5.4], [3.7, 6.7], [4.6, 8]
])

train_dataset = TensorDataset(train_x, train_y)
train_dataloader = DataLoader(train_dataset, batch_size=2, shuffle=True, drop_last=True)

model = nn.Linear(2, 2, bias=True)
criterion = nn.MSELoss()
optimizer = optim.SGD(model.parameters(), lr=0.001)

for epoch in range(20000):
    cost = 0.0
```

```
for batch in train_dataloader:
    x, y = batch
    output = model(x)

    loss = criterion(output, y)

    optimizer.zero_grad()
    loss.backward()
    optimizer.step()

    cost += loss

cost = cost / len(train_dataloader)

if (epoch + 1) % 1000 == 0:
    print(f"Epoch : {epoch+1:4d}, Model : {list(model.parameters())}, Cost : {cost:.3f}")
```

출력 결과

```
Epoch : 1000, Model : [Parameter containing:
tensor([[0.5695, 0.1465],
        [0.8522, 0.3354]], requires_grad=True), Parameter containing:
tensor([-0.1738, 0.3367], requires_grad=True)], Cost : 0.079

# 중략

Epoch : 10000, Model : [Parameter containing:
tensor([[ 0.8990, -0.0235],
        [ 1.0535, 0.2315]], requires_grad=True), Parameter containing:
tensor([-0.6733, 0.0315], requires_grad=True)], Cost : 0.001
```

10,000번의 학습을 진행했을 때의 가중치와 편향에 대한 결과를 정리하면 수식 3.13과 같이 표현할 수 있다.

수식 3.13 10,000회 학습 결과

$$Weight = \begin{bmatrix} w_1 & w_2 \\ w_3 & w_4 \end{bmatrix} = \begin{bmatrix} 0.8990 & -0.0235 \\ 1.0535 & 0.2315 \end{bmatrix}$$

$$Bias = \begin{bmatrix} b_1 \\ b_2 \end{bmatrix} = \begin{bmatrix} -0.6733 \\ 0.0315 \end{bmatrix}$$

이 $Weight$, $Bias$ 값으로 예측값을 계산해 실젯값과 비교하면 표 3.8과 같다. 비교를 위해 $\hat{y_i}$ 값은 반올림 처리했다.

표 3.8 예측값과 실젯값

x_1	x_2	y_1	y_2	$\hat{y_1}$	$\hat{y_2}$
1	2	0.1	1.5	0.2	1.5
2	3	1.0	2.8	1.1	2.8
3	4	1.9	4.1	1.9	4.1
4	5	2.8	5.4	2.8	5.4
5	6	3.7	6.7	3.7	6.7
6	7	4.6	8.0	4.6	8.0

예제 3.33의 출력 결과를 보면 오차는 0.001로 학습이 적절히 진행된 것을 확인할 수 있다. y1과 y2를 계산하기 위해 적용한 실젯값과 예측값이 동일하거나 유사한 값으로 반환됐다. 새로운 값(x1=16, x2=17 등)을 입력해도 실젯값과 큰 차이를 보이지 않는 것을 알 수 있다.

위와 같이 모델 학습은 오차를 줄이는 방향으로 학습이 진행되므로 예상되는 가중치와 편향은 전혀 다른 값으로 생성될 수 있지만, 결괏값은 최대한 유사하게 반영된다. 이번에는 model 변수의 bias를 거짓으로 설정하고 출력 결과를 확인해 본다.

예제 3.34 편향 제거

```
model = nn.Linear(2, 2, bias=False)
```

출력 결과

```
...
```

```
Epoch : 10000, Model : [Parameter containing:
tensor([[ 1.1172, -0.3289],
        [ 0.8934, 0.3670]], requires_grad=True)], Cost : 0.024

...

Epoch : 50000, Model : [Parameter containing:
tensor([[ 1.6671, -0.7734],
        [ 1.0802, 0.2160]], requires_grad=True)], Cost : 0.000
```

예제 3.34에서는 선형 변환 함수에서 편향 유무를 거짓 값으로 적용했을 때의 결과를 확인해 본다. 10,000번, 50,000번을 학습했을 때의 결과는 모두 오차가 낮은 것을 확인할 수 있다. 간단한 선형 회귀에서도 실젯값을 표현하는 예측값은 무수히 많을 수 있다. 역시 더 복잡한 수식에서도 더 많은 값이 존재할 수 있다.

실제 환경에서 적용되는 데이터(학습에 사용하지 않은 데이터)를 통해 지속적으로 검증하고, 최적의 매개변수를 찾는 방법으로 모델을 구성해야 한다. 이러한 이유로 데이터의 구조나 형태는 지속해서 변경될 수 있다. 그러므로 데이터세트와 데이터로더를 활용해 코드 품질을 높이고 반복 및 변경되는 작업에 대해 더 효율적으로 대처해야 한다.

모델/데이터세트 분리

파이토치의 **모델(Model)**은 인공 신경망 모듈을 활용해 구현된다. 모델은 데이터에 대한 연산을 수행하는 계층을 정의하고, 순방향 연산을 수행한다. 클래스 구조를 활용해 복잡한 구조의 인공 신경망을 모듈화해 빠르게 구축하고 관리하기 쉬운 상태로 만든다.

모델 구현은 신경망 패키지의 모듈(Module) 클래스를 활용한다. 새로운 모델 클래스를 생성하려면 모듈 클래스를 상속받아 임의의 서브 클래스(Sub Class)를 생성한다. 이 클래스는 다른 모듈 클래스를 포함할 수 있으며 **트리 구조(Tree Structure)**로 중첩할 수 있다. 이번 절에서는 모델 코드를 구성하는 방법에 대해 알아본다.

모듈 클래스

모듈 클래스는 초기화 메서드(__init__)와 순방향 메서드(forward)를 재정의하여 활용한다. 초기화 메서드에서는 신경망에 사용될 계층을 초기화하고, 순방향 메서드에서는 모델이 어떤 구조를 갖게 될지를 정의한다. 모듈 클래스를 통해 모델을 정의해 모델 객체를 호출하는 순간 순방향 메서드가 실행된다. 순방향 메서드가 실행되면 정의한 순서대로 학습을 진행한다. 다음은 모듈 클래스의 기본형을 보여준다.

모듈 클래스 기본형

```
class Model(nn.Module):
    def __init__(self):
        super().__init__()
        self.conv1 = nn.Conv2d(1, 20, 5)
        self.conv2 = nn.Conv2d(20, 20, 5)

    def forward(self, x):
        x = F.relu(self.conv1(x))
        x = F.relu(self.conv2(x))
        return x
```

초기화 메서드(__init__)는 신경망에 사용될 계층을 정의하기 전에 super 함수로 모듈 클래스의 속성을 초기화한다. super 함수로 부모 클래스를 초기화하면 서브 클래스인 모델에서 부모 클래스의 속성을 사용할 수 있다. 모델 클래스 초기화 이후, 학습에 사용되는 계층을 초기화 메서드에 선언한다. self.conv1이나 self.conv2와 같은 인스턴스가 모델의 매개변수가 된다.

순방향 메서드(forward)는 초기화 메서드에서 선언한 모델 매개변수를 활용해 신경망 구조를 설계한다. 모델이 데이터(x)를 입력받아 학습을 진행하는 일련의 과정을 정의하는 영역이다. 모듈 클래스는 호출 가능한 형식(Callable Type)으로 모델의 인스턴스를 호출하는 순간 호출 메서드(__call__)가 순방향 메서드를 실행한다. 그러므로 모델 객체를 호출하는 순간 순방향 메서드가 실행돼 정의한 순서대로 학습이 진행된다.

초기화 메서드에서 super 함수로 부모 클래스를 초기화했으므로 역방향(backward) 연산은 정의하지 않아도 된다. 파이토치의 자동 미분 기능인 Autograd에서 모델의 매개변수를 역으로 전파해 자동으로 기울기 또는 변화도를 계산해 준다. 그러므로 별도의 메서드로 역전파 기능을 구성하지 않아도 된다.

이번 절에서는 사용자 정의 데이터세트, 사용자 정의 모델, GPU 연산을 적용해 비선형 회귀에 대한 모델 예측을 진행한다.

비선형 회귀

이 책에서 제공하는 non_linear.csv 파일을 사용해 비선형 회귀를 구현해 보자. non_linear.csv 파일의 데이터는 표 3.9와 같은 형태로 제공된다.

표 3.9 non_linear.csv

x	y
−10.0	327.79
−9.9	321.39
−9.8	314.48
−9.7	308.51
−9.6	302.86
−9.5	296.41
−9.4	290.48
−9.3	284.7
...	...

x 데이터와 y 데이터는 $y=3.1x^2-1.7x+\text{random}(0.01,0.99)$의 관계를 갖는다. 이 데이터를 활용해 비선형 회귀를 모듈 클래스를 적용해 모델로 구현한다. 다음 예제 3.35는 비선형 회귀 구현을 위한 라이브러리 및 프레임워크 초기화를 보여준다.

예제 3.35 라이브러리 및 프레임워크 초기화

```python
import torch
import pandas as pd
from torch import nn
from torch import optim
from torch.utils.data import Dataset, DataLoader
```

파이토치를 사용하기 위해 torch와 관련 모듈을 포함한다. 판다스 라이브러리는 non_linear.csv를 읽기 위해 사용한다. 이 예제 이후부터는 라이브러리나 프레임워크 초기화에 관한 내용은 생략하겠다. 비선형 회귀 구현에 필요한 모듈을 모두 포함시켰다면 사용자 정의 데이터세트(CustomDataset)를 정의한다. 다음 예제 3.36은 사용자 정의 데이터세트 선언 방법을 보여준다.

예제 3.36 사용자 정의 데이터세트

```python
class CustomDataset(Dataset):
    def __init__(self, file_path):
        df = pd.read_csv(file_path)
        self.x = df.iloc[:, 0].values
        self.y = df.iloc[:, 1].values
        self.length = len(df)

    def __getitem__(self, index):
        x = torch.FloatTensor([self.x[index] ** 2, self.x[index]])
        y = torch.FloatTensor([self.y[index]])
        return x, y

    def __len__(self):
        return self.length
```

데이터세트 클래스를 상속받아 사용자 정의 데이터세트(CustomDataset)를 정의한다. 초기화 메서드에서 CSV 파일의 경로를 입력받을 수 있게 file_path를 정의한다. 판다스 라이브러리의 CSV 읽기 함수(read_csv)로 CSV 파일을 불러온다. CSV 파일을 불러왔다면 self.x와 self.y에 각각 x 값과 y 값을 할당한다. 마지막으로 데이터의 전체 길이를 self.length에 저장한다.

호출 메서드(__getitem__)에서 x 값과 y 값을 반환한다. 결괏값은 이차 방정식($y=W_1x^2+W_2x+b$) 형태이므로 반환되는 x 값은 $[x^2, x]$의 구조로 반환하고 y 값은 [y] 구조로 반환한다.

길이 반환 메서드(__len__)로 초기화 메서드에서 선언한 self.length를 반환해 현재 데이터의 길이를 제공한다.

사용자 정의 데이터세트 구성을 완료했다면 사용자 정의 모델을 선언한다. 다음 예제 3.37은 사용자 정의 모델을 선언하는 방법을 보여준다.

예제 3.37 사용자 정의 모델

```python
class CustomModel(nn.Module):
    def __init__(self):
        super().__init__()
        self.layer = nn.Linear(2, 1)
```

```
    def forward(self, x):
        x = self.layer(x)
        return x
```

모듈 클래스를 상속받아 사용자 정의 모델을 정의한다. 앞선 설명처럼 super 함수를 통해 모듈 클래스의 속성을 초기화하고 모델에서 사용할 계층을 정의한다. **선형 변환 함수(nn.Linear)**의 **입력 데이터 차원 크기(in_features)**는 이차 다항식이므로 2를 입력하고, **출력 데이터 차원 크기(out_features)**는 1을 입력한다.

모델 매개변수 선언을 모두 완료했다면 순방향 메서드에서 학습 과정을 정의한다. 현재 모델 계층이 하나뿐이므로 self.layer 변수에 입력 데이터 x를 전달하고 결괏값을 반환한다.

사용자 정의 클래스를 모두 선언했으므로 인스턴스를 생성한다. 다음 예제 3.38은 사용자 정의 데이터세트와 데이터로더의 활용법을 보여준다.

예제 3.38 사용자 정의 데이터세트와 데이터로더

```
train_dataset = CustomDataset("../datasets/non_linear.csv")
train_dataloader = DataLoader(train_dataset, batch_size=128, shuffle=True, drop_last=True)
```

train_dataset 변수에 CustomDataset 인스턴스를 생성한다. CustomDataset 클래스의 인수에 CSV 파일 경로를 입력한다. 이후 train_dataloader 변수에 데이터로더 인스턴스를 생성한다. **배치 크기(batch_size)**는 128, **데이터 순서 변경(shuffle)**과 **마지막 배치 제거(drop_last)**를 참 값으로 할당한다.

데이터세트와 데이터로더 인스턴스를 생성했다면 예제 3.39와 같이 모델, 오차 함수, 최적화 함수를 선언하고 GPU 연산을 적용한다.

예제 3.39 GPU 연산 적용

```
device = "cuda" if torch.cuda.is_available() else "cpu"
model = CustomModel().to(device)
criterion = nn.MSELoss().to(device)
optimizer = optim.SGD(model.parameters(), lr=0.0001)
```

device 변수는 '장치 설정'(50쪽)에서 다뤘던 함수를 활용한 삼항 연산자다. GPU 환경이 지원되지 않는 경우, CPU 환경에서 실행된다. 장치 속성을 설정했다면 모델과 오차 함수에 GPU 연산을 적용한다. Model 변수에 사용자 정의 모델을 정의하고 criterion 변수에 평균 제곱 오차를 할당한다. CustomModel 과 MSELoss 클래스에 to 메서드로 장치를 설정한다. to 메서드를 이용해 해당 클래스가 어떤 장치를 사용해 연산을 진행할지 설정할 수 있다.

장치 설정까지 모두 완료됐다면 최적화 함수의 최적화하려는 변수(params)에 모델 매개변수(model. parameters)를 할당해 모델에 사용된 매개변수를 최적화한다. GPU 연산이 적용됐다면 학습 코드를 구현한다. 예제 3.40은 학습 진행 방법을 보여준다.

예제 3.40 학습 진행

```python
for epoch in range(10000):
    cost = 0.0

    for x, y in train_dataloader:
        x = x.to(device)
        y = y.to(device)

        output = model(x)
        loss = criterion(output, y)

        optimizer.zero_grad()
        loss.backward()
        optimizer.step()

        cost += loss

    cost = cost / len(train_dataloader)

    if (epoch + 1) % 1000 == 0:
        print(f"Epoch : {epoch+1:4d}, Model : {list(model.parameters())}, Cost : {cost:.3f}")
```

앞선 다중 선형 회귀 학습 방법과 동일한 구조다. 차이점은 GPU 연산을 적용하므로 학습에 사용되는 x 와 y 변수에 to 메서드를 적용한다는 점이다. 지금까지 구현한 코드를 실행하면 다음과 같은 결과가 출력된다.

출력 결과

```
Epoch : 1000, Model : [Parameter containing:
tensor([[ 3.1034, -1.7008]], device='cuda:0', requires_grad=True), Parameter containing:
tensor([0.2861], device='cuda:0', requires_grad=True)], Cost : 0.095

# 중략

Epoch : 10000, Model : [Parameter containing:
tensor([[ 3.1015, -1.7032]], device='cuda:0', requires_grad=True), Parameter containing:
tensor([0.4008], device='cuda:0', requires_grad=True)], Cost : 0.078
```

총 10,000번의 학습을 진행했을 때 가중치는 각각 3.1015, -1.7032로 계산되며, 편향은 0.4008의 값을 반환하는 것을 확인할 수 있다. 데이터세트는 $y=3.1x^2-1.7x+\mathrm{random}(0.01, 0.99)$로 구성돼 있으므로 학습이 원활하게 진행된 것을 확인할 수 있다.

모델 평가

모델의 가중치와 편향을 확인해 이론적으로 학습이 잘 진행된 것은 알 수 있다. 이번에는 학습에 사용하지 않은 임의의 데이터를 모델에 입력해 결과를 확인해 보자. 다음 예제 3.41은 모델을 평가하는 방법을 보여준다.

예제 3.41 모델 평가

```python
with torch.no_grad():
    model.eval()
    inputs = torch.FloatTensor(
        [
            [1 ** 2, 1],
            [5 ** 2, 5],
            [11 ** 2, 11]
        ]
    ).to(device)
    outputs = model(inputs)
    print(outputs)
```

현재 테스트 데이터세트를 구성하지 않았으므로 임의의 값을 입력하여 결과를 확인한다. 임의의 값은 각 1, 5, 11 값을 사용한다. 테스트 데이터세트나 임의의 값으로 모델을 확인하거나 평가할 때는 torch.no_grad 클래스를 활용한다.

no_grad 클래스는 기울기 계산을 비활성화하는 클래스다. 자동 미분 기능을 사용하지 않도록 설정해 메모리 사용량을 줄여 추론에 적합한 상태로 변경한다.

추론에 적합한 상태로 변경했다면 모델을 평가 모드로 변경한다. 모델 평가 모드는 eval 메서드로 변경할 수 있다. 모델을 평가 모드로 변경하지 않으면 일관성 없는 추론 결과를 반환하므로 평가 시 항상 선언하도록 주의한다.[13]

평가 모드까지 설정이 완료됐다면 추론에 사용할 테스트 데이터(inputs)를 정의한다. 테스트 데이터는 모델에서 요구하는 입력 차원과 동일한 구조를 가져야 한다. 다시 말해 훈련 데이터와 동일한 형태를 가져야 한다. 평가 모드에서 코드를 실행하면 다음과 같은 결과가 출력된다.

출력 결과

```
tensor([[  1.7992],
        [ 69.4222],
        [356.9461]], device='cuda:0')
```

출력 결과가 실젯값과 유사하게 나오는 것을 확인할 수 있다. 평가 모드를 진행한 다음 다시 학습을 진행하려는 경우 학습 모드로 변경해야 한다. 학습 모드는 train 메서드로 변경할 수 있다. 학습 중간에 모델 평가를 진행하고 다시 학습하는 경우 train 메서드를 호출해야 한다. 다음 예제 3.42는 모델 저장 방법을 보여준다.

예제 3.42 모델 저장

```
torch.save(
    model,
    "../models/model.pt"
)


torch.save(
```

---

13 특정 계층에서는 평가 모드와 학습 모드의 알고리즘이 다를 수 있다.

```
        model.state_dict(),
        "../models/model_state_dict.pt"
    )
```

모델 평가 단계에서 모델이 테스트 데이터에 대해 좋은 성능을 보인 경우, 해당 모델을 나중에 다시 활용할 수 있다. 모델 파일을 저장하면 이후에도 동일한 모델을 다시 불러와 추가적인 평가나 추론에 활용할수 있다. 또한, 모델 파일을 저장하면 특정 시점의 모델 상태를 보존할 수 있다. 모델 저장 함수에 대한자세한 설명은 3.7 '모델 저장 및 불러오기'에서 자세히 다룬다. 다음의 예제 3.43은 비선형 회귀에 사용한 전체 코드를 보여준다.

예제 3.43 비선형 회귀에 대한 전체 코드

```python
import torch
import pandas as pd
from torch import nn
from torch import optim
from torch.utils.data import Dataset, DataLoader


class CustomDataset(Dataset):
    def __init__(self, file_path):
        df = pd.read_csv(file_path)
        self.x = df.iloc[:, 0].values
        self.y = df.iloc[:, 1].values
        self.length = len(df)

    def __getitem__(self, index):
        x = torch.FloatTensor([self.x[index] ** 2, self.x[index]])
        y = torch.FloatTensor([self.y[index]])
        return x, y

    def __len__(self):
        return self.length


class CustomModel(nn.Module):
    def __init__(self):
        super().__init__()
        self.layer = nn.Linear(2, 1)
```

```python
    def forward(self, x):
        x = self.layer(x)
        return x


train_dataset = CustomDataset("../datasets/non_linear.csv")
train_dataloader = DataLoader(train_dataset, batch_size=128, shuffle=True, drop_last=True)


device = "cuda" if torch.cuda.is_available() else "cpu"
model = CustomModel().to(device)
criterion = nn.MSELoss().to(device)
optimizer = optim.SGD(model.parameters(), lr=0.0001)


for epoch in range(10000):
    cost = 0.0

    for x, y in train_dataloader:
        x = x.to(device)
        y = y.to(device)

        output = model(x)
        loss = criterion(output, y)

        optimizer.zero_grad()
        loss.backward()
        optimizer.step()

        cost += loss

    cost = cost / len(train_dataloader)

    if (epoch + 1) % 1000 == 0:
        print(f"Epoch : {epoch+1:4d}, Model : {list(model.parameters())}, Cost : {cost:.3f}")


with torch.no_grad():
    model.eval()
    inputs = torch.FloatTensor(
        [
            [1 ** 2, 1],
```

```
            [5 ** 2, 5],
            [11 ** 2, 11]
        ]
    ).to(device)
    outputs = model(inputs)
    print(outputs)


torch.save(
    model,
    "../models/model.pt"
)


torch.save(
    model.state_dict(),
    "../models/model_state_dict.pt"
)
```

데이터세트 분리

앞선 예제 3.41 모델 평가에서는 임의의 데이터를 입력해 모델 평가 결과를 확인했다. 모델을 평가할 때 앞선 예제와 같은 방법을 사용한다면 일일이 평가 데이터를 구축해 입력해야 한다.

텍스트나 이미지를 분석하는 모델을 평가한다면 평가하려는 데이터를 다시 불러와 학습 데이터 구조와 동일한 형태로 변환해야 한다.

또한 충분한 평가를 위해 많은 데이터를 불러와 검증해야 하는데, 모델 평가 코드에서 불필요한 코드가 추가된다. 이러한 현상을 방지하고 효율적으로 평가할 수 있게 데이터세트를 분리해 사용해야 한다.

머신러닝에서 사용되는 **전체 데이터세트(Original Dataset)**는 두 가지 또는 세 가지로 나눌 수 있다. 전체 데이터세트는 **훈련용 데이터(Training Data)**, **테스트 데이터(Testing Data)**로 분류되고, 더 세분화하면 **검증용 데이터(Validation Data)**까지 분리해 활용한다. 그림 3.13은 전체 데이터세트의 분리 형태를 보여준다.

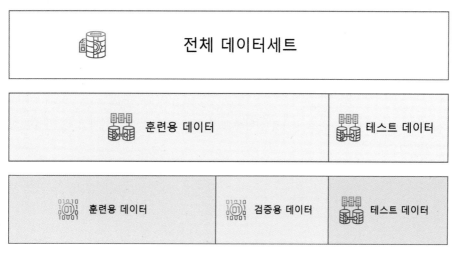

그림 3.13 전체 데이터세트 구조

훈련용 데이터는 모델을 학습하는 데 사용되는 데이터세트다. 지금까지 전체 데이터세트를 그대로 사용해 학습시키고 임의의 값을 입력하여 검증하거나 테스트를 진행했다. 하지만 이러한 방법은 모델을 평가하는 데 적합한 방법이 아니며, 모델 학습에 사용되지 않은 새로운 데이터에 대해 평가해야 한다. 따라서 데이터세트를 분리하여 다음과 같이 검증과 테스트를 진행한다.

검증용 데이터는 학습이 완료된 모델을 검증(Validation)하기 위해 사용되는 데이터세트다. 주로 구조가 다른 모델의 성능 비교를 위해 사용되는 데이터세트를 의미한다. 모델은 계층이 다르거나 에폭, 학습률과 같은 하이퍼파라미터에 따라 학습 결과가 달라진다. 이러한 계층이나 하이퍼파라미터 차이 등으로 인한 성능 비교를 위해 전체 데이터세트를 분리한다.

테스트 데이터는 검증용 데이터를 통해 결정된 성능이 가장 우수한 모델을 최종 테스트하기 위한 목적으로 사용되는 데이터세트다. 앞선 검증용 데이터에 의해 선택된 모델은 검증용 데이터에 과대적합된 모델이거나 검증용 데이터가 해당 모델에 적합한 형태의 데이터만 모여 있을 수 있다. 그러므로 기존 과정에서 평가해 보지 않은 새로운 데이터인 테스트 데이터로 최종 모델의 성능을 평가한다.

예를 들어 수험생이 수능 점수를 향상시키기 위해서 문제집을 푼다고 가정해 보자. 여기서 문제집은 훈련용 데이터, 문제집의 답안지는 검증용 데이터, 반복되는 공부 끝에 수능 당일 치르는 시험지는 테스트 데이터로 비유할 수 있다.

즉, 훈련용 데이터는 모델 학습을 위한 데이터 집합, 검증용 데이터는 모델 선정을 위한 데이터 집합, 테스트 데이터는 최종 모델의 성능을 평가하기 위한 데이터 집합으로 볼 수 있다. 전체 데이터세트에서 각각의 데이터 집합으로 분리하는 비율은 일반적으로 검증 데이터의 수와 테스트 데이터의 수를 6:2:2 또는 8:1:1의 동일한 비율로 설정하여 검증과 테스트의 환경을 비슷하게 구성한다.

이제 데이터세트를 분리해 학습하고 평가를 진행해 보자. 다음 예제 3.44는 예제 3.43 비선형 회귀의 일부분을 변경한 코드다.

예제 3.44 데이터세트 분리

```python
import torch
import pandas as pd
from torch import nn
from torch import optim
from torch.utils.data import Dataset, DataLoader, random_split

# 중략

dataset = CustomDataset("../datasets/non_linear.csv")
dataset_size = len(dataset)
train_size = int(dataset_size * 0.8)
validation_size = int(dataset_size * 0.1)
test_size = dataset_size - train_size - validation_size

train_dataset, validation_dataset, test_dataset = random_split(dataset, [train_size, validation_size, test_size])
print(f"Training Data Size : {len(train_dataset)}")
print(f"Validation Data Size : {len(validation_dataset)}")
print(f"Testing Data Size : {len(test_dataset)}")

train_dataloader = DataLoader(train_dataset, batch_size=16, shuffle=True, drop_last=True)
validation_dataloader = DataLoader(validation_dataset, batch_size=4, shuffle=True, drop_last=True)
test_dataloader = DataLoader(test_dataset, batch_size=4, shuffle=True, drop_last=True)

# 중략

with torch.no_grad():
    model.eval()
```

```
for x, y in validation_dataloader:
    x = x.to(device)
    y = y.to(device)

    outputs = model(x)
    print(f"X : {x}")
    print(f"Y : {y}")
    print(f"Outputs : {outputs}")
    print("--------------------")
```

데이터세트를 분리하기 위해 torch.utils.data 모듈에서 **무작위 분리(random_split)** 함수를 포함시킨다. 그럼, 무작위 분리 함수에 대해 알아보자.

무작위 분리 함수

```
subset = torch.utils.data.random_split(
    dataset,
    lengths,
    generator
)
```

무작위 분리 함수는 **분리 길이(lengths)**만큼 **데이터세트(dataset)**의 **서브셋(subset)**을 생성한다. 분리 길이는 정수형 시퀀스(리스트)를 입력하는데, 각 데이터를 정확히 몇 개씩 나눌지를 의미한다. 예를 들어 분할 길이 매개변수에 [300, 100, 50]을 입력하면 서브셋은 총 3개가 생성되고 순서대로 300개, 100개, 50개의 데이터를 가지는 데이터세트가 생성된다.

여기서 주의사항은 입력한 데이터세트의 개수와 분리 길이의 총합이 같아야 한다는 것이다. 데이터세트의 길이가 1,000이었다면 분리 길이의 시퀀스의 총합 또한 1,000이 돼야 한다.

마지막으로 **생성자(generator)**는 서브셋에 포함될 무작위 데이터들의 난수 생성 시드를 의미한다. 이 시드값에 따라 포함되는 데이터의 배치가 달라진다. 랜덤 시드는 torch.manual_seed(int) 함수를 사용해 무작위성을 결정할 수 있다. 다음 예제 3.45는 데이터세트 분리 방법을 보여준다.

예제 3.45 데이터세트 분리 방법

```
dataset = CustomDataset("../datasets/non_linear.csv")
dataset_size = len(dataset)
```

```
train_size = int(dataset_size * 0.8)
validation_size = int(dataset_size * 0.1)
test_size = dataset_size - train_size - validation_size

train_dataset, validation_dataset, test_dataset = random_split(dataset, [train_size, validation_size,
test_size])
print(f"Training Data Size : {len(train_dataset)}")
print(f"Validation Data Size : {len(validation_dataset)}")
print(f"Testing Data Size : {len(test_dataset)}")

train_dataloader = DataLoader(train_dataset, batch_size=16, shuffle=True, drop_last=True)
validation_dataset = DataLoader(train_dataset, batch_size=4, shuffle=True, drop_last=True)
test_dataset = DataLoader(train_dataset, batch_size=4, shuffle=True, drop_last=True)
```

전체 데이터세트(dataset)에서 훈련용 데이터, 검증용 데이터, 테스트 데이터를 8:1:1 비율로 분리해 본다. 각각 분리한 데이터세트의 합은 전체 데이터세트의 크기와 동일해야 하므로 정수형(int)으로 변환 하여 계산한다.

훈련용 데이터 크기(train_size)는 약 80% 비율, 검증용 데이터 크기(validation_size)는 약 10% 비율, 테스트 데이터 크기(test_size)는 나머지 크기(약 10%)로 할당한다. 데이터세트 분리 함수는 정확한 데이터의 길이를 입력해야 하므로 전체 데이터세트의 길이를 활용해 나눠 적용한다.

데이터세트를 모두 나눴다면 시퀀스 길이만큼 데이터세트 인스턴스가 생성된다. 각각의 데이터세트 인스턴스에도 데이터로더를 적용한다. 데이터세트는 모두 길이가 다를 수 있으므로, 데이터로더의 설정도 서로 다른 값을 할당해 활용할 수 있다. 훈련용 데이터로 학습을 완료했다면 검증용 데이터로 모델의 성능을 확인해 본다. 다음 예제 3.46은 검증용 데이터세트로 모델을 평가하는 것이다.

예제 3.46 검증용 데이터세트를 통한 평가

```
with torch.no_grad():
    model.eval()
    for x, y in validation_dataloader:
        x = x.to(device)
        y = y.to(device)

        outputs = model(x)
        print(f"X : {x}")
```

```
        print(f"Y : {y}")
        print(f"Outputs : {outputs}")
        print("--------------------")
```

출력 결과

```
Training Data Size : 160
Validation Data Size : 20
Testing Data Size : 20
X : tensor([[70.5600, 8.4000],
         [ 4.8400, -2.2000],
         [64.0000, 8.0000],
         [53.2900, 7.3000]], device='cuda:0')
Y : tensor([[204.4700],
         [ 19.0800],
         [184.8700],
         [152.8700]], device='cuda:0')
Outputs : tensor([[204.9823],
         [ 19.2306],
         [185.3219],
         [153.3037]], device='cuda:0')

...
```

모델 검증 과정에서는 검증용 데이터(validation_dataloader)를 활용해 모델의 성능을 확인한다. 검증용 데이터는 학습에 사용되지 않은 데이터를 말하며, 이 데이터세트에서 우수한 성능을 내는 모델을 선택한다. 이러한 검증 반복 이후 모델이 결정되면 최종 평가를 위해 테스트 데이터(test_dataloader)로 마지막 성능 검증을 진행한다.

모델 저장 및 불러오기

모델 학습은 오랜 시간이 소요되는 작업이므로 학습 결과를 저장하고 불러와 활용할 수 있어야 한다. 파이토치의 모델은 **직렬화(Serialize)**와 **역직렬화(Deserialize)**를 통해 객체를 저장하고 불러올 수 있다.

모델을 저장하려면 파이썬의 **피클(Pickle)**을 활용해 파이썬 객체 구조를 **바이너리 프로토콜(Binary Protocols)**로 직렬화한다. 모델에 사용된 텐서나 매개변수를 저장한다.

모델을 불러오려면 저장된 객체 파일을 역직렬화해 현재 프로세스의 메모리에 업로드한다. 이를 통해 모델을 통해 계산된 텐서나 매개변수를 불러올 수 있다.

주로 모델 학습이 모두 완료된 이후에 모델을 저장하거나, 특정 에폭이 끝날 때마다 저장한다. 모델 파일 확장자는 주로 **.pt**나 **.pth**로 저장한다.

모델 전체 저장/불러오기

모델 전체를 저장하는 경우에는 학습에 사용된 모델 클래스의 구조와 학습 상태 등을 모두 저장한다. 모델의 계층 구조, 모델 매개변수 등이 모두 기록된 상태로 저장하기 때문에 모델 파일로도 동일한 구조를 구현할 수 있다. 다음은 모델 저장 함수를 보여준다.

모델 저장 함수

```
torch.save(
    model,
    path
)
```

모델 저장 함수는 학습 결과를 저장하려는 **모델 인스턴스(model)**와 학습 결과 **파일이 생성될 경로(path)**를 설정해 학습된 모델을 저장할 수 있다. 모델 전체를 저장하므로 모델의 크기에 따라 작게는 몇 메가바이트에서 크게는 기가바이트까지 용량을 필요로 할 수 있다.

그러므로 로컬 디스크에 저장한다면 저장 공간을 미리 확보해야 한다. 모델을 저장했다면 저장한 모델을 불러오는 방법에 대해 알아본다. 다음은 모델 불러오기 함수를 보여준다.

모델 불러오기 함수

```
model = torch.load(
    path,
    map_location
)
```

모델 불러오기 함수는 **모델이 저장된 경로(path)**를 불러와 모델의 매개변수와 메타데이터를 적용해 인스턴스를 생성한다. map_location 매개변수는 모델을 불러올 때 적용하려는 장치 상태를 의미한다.

모델 학습 상태가 GPU인지 CPU인지 확인하지 않고 모델을 활용할 수 있게 map_location 매개변수로 장치를 설정한다. 다음 예제 3.47은 예제 3.43 비선형 회귀 모델을 저장했을 때 불러오는 방법을 보여 준다.

예제 3.47 모델 불러오기

```python
import torch
from torch import nn


class CustomModel(nn.Module):
    def __init__(self):
        super().__init__()
        self.layer = nn.Linear(2, 1)

    def forward(self, x):
        x = self.layer(x)
        return x


device = "cuda" if torch.cuda.is_available() else "cpu"
model = torch.load("../models/model.pt", map_location=device)
print(model)


with torch.no_grad():
    model.eval()
    inputs = torch.FloatTensor(
        [
            [1 ** 2, 1],
            [5 ** 2, 5],
            [11 ** 2, 11]
        ]
    ).to(device)
    outputs = model(inputs)
    print(outputs)
```

출력 결과

```
CustomModel(
  (layer): Linear(in_features=2, out_features=1, bias=True)
)
```

```
tensor([[ 1.4342],
        [ 69.2052],
        [357.3152]])
```

모델을 불러오는 경우에도 동일한 형태의 클래스가 선언돼 있어야 한다. 예제와 같이 CustomModel 클래스가 동일한 구조로 선언되었다면 동일하게 추론을 진행할 수 있다.

CustomModel 클래스를 선언하지 않으면 AttributeError 오류가 발생해 모델을 불러올 수 없다. 다음 오류 메시지는 CustomModel 클래스를 선언하지 않았을 때 출력되는 메시지다.

출력 결과

```
예외가 발생했습니다. AttributeError (note: full exception trace is shown but execution is paused at: )
Can't get attribute 'CustomModel' on <module '__main__' from 'source code path'>
```

오류 메시지에서 CustomModel이 소스 코드 경로에 존재하지 않는다는 메시지를 확인할 수 있다. 그러므로 CustomModel 클래스를 선언해 문제를 해결한다.

모델 전체 파일은 가지고 있으나 모델 구조를 알 수 없는 경우에는 모델 구조를 출력해 확인할 수 있다. 다음 예제 3.48은 모델 구조를 확인하는 방법을 보여준다.

예제 3.48 모델 구조 확인

```python
import torch
from torch import nn


class CustomModel(nn.Module):
    pass


device = "cuda" if torch.cuda.is_available() else "cpu"
model = torch.load("../models/model.pt", map_location=device)
print(model)
```

출력 결과

```
CustomModel(
  (layer): Linear(in_features=2, out_features=1, bias=True)
)
```

예제와 같은 방법으로 모델의 구조를 확인할 수 있으므로 CustomModel 클래스에 동일한 형태로 모델 매개변수를 구현한다. 모델 구현 시 주의 사항은 변수의 명칭(layer)까지 동일한 형태로 구현해야 한다는 점이다.

모델 상태 저장/불러오기

이번에는 모델 전체를 저장하고 불러오는 방법이 아닌, 모델 상태 값만 저장해 불러오는 방법에 대해 설명한다. 모델 전체를 저장하면 모델의 모든 정보를 저장하므로 모델 상태만 저장하는 것보다 더 많은 저장 공간이 필요하다. 그러므로 모델의 매개변수만 저장하여 활용하는 방법을 알아본다. 다음 예제 3.49는 모델 상태 저장 방법을 보여준다.

예제 3.49 모델 상태 저장

```
torch.save(
    model.state_dict(),
    "../models/model_state_dict.pt"
)
```

모델 상태도 모델 저장 함수를 활용해 저장할 수 있다. 차이점은 model 변수가 아닌 state_dict 메서드로 모델 상태를 저장할 수 있다는 것이다. **모델 상태(torch.state_dict)**는 모델에서 학습이 가능한 매개변수를 **순서가 있는 딕셔너리(OrderedDict)** 형식으로 반환한다. 현재 저장하려는 모델 상태는 다음과 같은 형태로 반환된다.

출력 결과

```
OrderedDict(
    [
        (
            'layer.weight', tensor([[ 3.1076, -1.7026]], device='cuda:0')
        ),
        (
            'layer.bias', tensor([0.0293], device='cuda:0')
        )
    ]
)
```

"../models/model_state_dict.pt"에는 학습된 CustomModel 객체의 가중치(weight)와 편향(bias)이 저장돼 있다. 즉, 추론에 필요한 데이터만 가져와 저장하는 방식으로 이해할 수 있다. 모델 상태를 저장했다면 모델 상태를 불러온다. 다음 예제 3.50은 모델 상태를 불러오는 방법을 보여준다.

예제 3.50 모델 상태 불러오기

```python
import torch
from torch import nn


class CustomModel(nn.Module):
    def __init__(self):
        super().__init__()
        self.layer = nn.Linear(2, 1)

    def forward(self, x):
        x = self.layer(x)
        return x


device = "cuda" if torch.cuda.is_available() else "cpu"
model = CustomModel().to(device)

model_state_dict = torch.load("../models/model_state_dict.pt", map_location=device)
model.load_state_dict(model_state_dict)

with torch.no_grad():
    model.eval()
    inputs = torch.FloatTensor(
        [
            [1 ** 2, 1],
            [5 ** 2, 5],
            [11 ** 2, 11]
        ]
    ).to(device)
    outputs = model(inputs)
```

모델의 상태만 저장했으므로 CustomModel에 학습 결과를 반영한다. 모델 상태만 불러오면 모델 구조를 알 수 없으므로 CustomModel 클래스가 동일하게 구현돼 있어야 한다. 모델 상태 파일인 model_state_ dict.pt도 torch.load 함수를 통해 불러온다. 단, 모델의 가중치와 편향을 모델에 적용해야 하므로 model 인스턴스의 load_state_dict 메서드로 모델 상태를 반영한다.

체크포인트 저장/불러오기

체크포인트(Checkpoint)는 학습 과정의 특정 지점마다 저장하는 것을 의미한다. 데이터의 개수가 많고 깊은 구조의 모델을 학습하면 오랜 시간이 소요된다. 이러한 구조에서는 학습 시 예기치 못하게 오류가 발생하거나 시스템 리소스 과부하 등으로 학습이 정상적으로 마무리되지 않을 수 있다.

그러므로 학습 과정에서 한 번에 전체 에폭을 반복하기 어렵거나 모종의 이유로 학습이 중단될 수 있다. 이러한 현상을 방지하기 위해 일정 에폭마다 학습된 결과를 저장해 나중에 이어서 학습하게 할 수 있다. 다음 예제 3.51은 예제 3.43 '비선형 회귀'의 코드를 기본으로 하여 체크포인트를 저장하는 방법을 보여준다.

예제 3.51 체크포인트 저장

```python
import torch
import pandas as pd
from torch import nn
from torch import optim
from torch.utils.data import Dataset, DataLoader


# 중략


checkpoint = 1
for epoch in range(10000):
# 중략

    cost = cost / len(train_dataloader)

    if (epoch + 1) % 1000 == 0:
        torch.save(
            {
                "model": "CustomModel",
                "epoch": epoch,
                "model_state_dict": model.state_dict(),
                "optimizer_state_dict": optimizer.state_dict(),
```

```
                "cost": cost,
                "description": f"CustomModel 체크포인트-{checkpoint}",
            },
            f"../models/checkpoint-{checkpoint}.pt",
        )
        checkpoint += 1
```

체크포인트도 모델 저장 함수(torch.save)를 활용해 여러 상태를 저장할 수 있다. 단, 다양한 정보를 저장하기 위해 딕셔너리 형식으로 값을 할당한다. 학습을 이어서 진행하기 위한 목적이므로 에폭(epoch), 모델 상태(model.state_dict), 최적화 상태(optimizer.state_dict) 등은 필수로 포함돼야 한다.

정수형, 실수형, 문자열 등도 함께 저장할 수 있으므로 부수적인 정보와 함께 포함시킬 수 있다. 체크포인트를 저장했다면 이번에는 체크포인트를 불러온다. 다음 예제 3.52는 예제 3.43 '비선형 회귀' 코드를 기본으로 하여 체크포인트를 불러오는 방법을 보여준다.

예제 3.52 체크포인트 불러오기

```python
import torch
import pandas as pd
from torch import nn
from torch import optim
from torch.utils.data import Dataset, DataLoader


# 중략


checkpoint = torch.load("../models/checkpoint-6.pt")
model.load_state_dict(checkpoint["model_state_dict"])
optimizer.load_state_dict(checkpoint["optimizer_state_dict"])
checkpoint_epoch = checkpoint["epoch"]
checkpoint_description = checkpoint["description"]
print(checkpoint_description)

for epoch in range(checkpoint_epoch + 1, 10000):
    cost = 0.0

    for x, y in train_dataloader:
        x = x.to(device)
        y = y.to(device)
```

```
output = model(x)
loss = criterion(output, y)

optimizer.zero_grad()
loss.backward()
optimizer.step()

cost += loss
if (epoch + 1) % 1000 == 0:
    print(f"Epoch : {epoch+1:4d}, Model : {list(model.parameters())}, Cost : {cost:.3f}")
```

출력 결과

```
CustomModel 체크포인트-6
Epoch : 7000, Model : [Parameter containing:
tensor([[ 3.1012, -1.7030]], device='cuda:0', requires_grad=True), Parameter containing:
tensor([0.4412], device='cuda:0', requires_grad=True)], Cost : 0.081
Epoch : 8000, Model : [Parameter containing:
tensor([[ 3.1007, -1.7031]], device='cuda:0', requires_grad=True), Parameter containing:
tensor([0.4457], device='cuda:0', requires_grad=True)], Cost : 0.080
Epoch : 9000, Model : [Parameter containing:
tensor([[ 3.1006, -1.7032]], device='cuda:0', requires_grad=True), Parameter containing:
tensor([0.4499], device='cuda:0', requires_grad=True)], Cost : 0.072
Epoch : 10000, Model : [Parameter containing:
tensor([[ 3.1007, -1.7033]], device='cuda:0', requires_grad=True), Parameter containing:
tensor([0.4538], device='cuda:0', requires_grad=True)], Cost : 0.070
```

이어서 학습을 진행하기 위해 모델과 최적화 함수에 각각 load_state_dict 메서드로 저장된 값을 불러온다. 학습을 이어서 진행할 수 있도록 에폭도 반복문 시작 값에 적용한다. 출력 결과에서 확인할 수 있듯이 가중치와 편향이 **체크포인트-6** 상태에서 이어져 진행된 것을 확인할 수 있다.

지금까지 모델을 저장하고 불러오는 방법에 대해 알아봤다. 모델 저장 및 불러오기는 사전에 학습된 모델을 사용하거나 공유하는 데 활용할 수 있다. 또한 체크포인트마다 모델 상태를 저장해 가장 최적화된 모델 상태로 추론을 진행할 수 있다. 모델을 학습할 때는 모델을 특정 에폭마다 저장해 관리할 수 있게 코드를 구성한다.

활성화 함수

활성화 함수(Activation Function)란 인공 신경망에서 사용되는 은닉층을 활성화하기 위한 함수다. 여기서 활성화란 인공 신경망의 뉴런의 출력값을 선형에서 비선형으로 변환하는 것이다. 즉, 활성화 함수는 네트워크가 데이터의 복잡한 패턴을 기반으로 학습하고 결정을 내릴 수 있게 제어한다.[14]

활성화 함수는 가중치와 편향으로 이루어진 노드를 선형에서 비선형으로 갱신하는 역할을 한다. 직관적으로 네트워크에 포함된 노드는 출력값에 동일한 영향을 미치지 않는다. 즉, 노드마다 전달돼야 하는 정보량이 다르다.

예를 들어 나의 출근 시간을 예측하기 위한 모델을 구현한다고 가정하자. 입력값이 일어난 시간(x_1)과 기상 상태(x_2)라면, 기상 상태(x_2) 값보다는 일어난 시간(x_1)이 더 영향력이 크다는 것을 직관적으로 알 수 있다. 그러므로 연산 과정에서 일어난 시간(x_1)은 더 많이 **활성화(Activate)**돼야 하며, 기상 상태(x_2)는 비교적 **비활성화(Deactivate)**돼야 한다.

활성화 함수는 비선형 구조를 가져 역전파 과정에서 미분값을 통해 학습이 진행될 수 있게 한다. 활성화 함수가 선형 구조라면, 미분 과정에서 항상 상수가 나오므로 학습을 진행하기가 어렵다. 다시 말해 활성화 함수는 입력을 **정규화(Normalization)**하는 과정으로 볼 수 있다.

이번 절에서는 활성화 함수를 활용해 이진 분류 모델 예측을 진행한다.

이진 분류

이진 분류란 규칙에 따라 입력된 값을 두 그룹으로 분류하는 작업을 의미한다. 다시 말해, 참(True) 또는 거짓(False)의 형태나 A 그룹 또는 B 그룹으로 데이터를 나누는 것이다. 분류 결과가 맞는다면 1(True, A 그룹에 포함)을 반환하며, 아니라면 0(False, A 그룹에 포함되지 않음)을 반환한다. 참 또는 거짓으로 결과를 분류하기 때문에 논리 회귀(로지스틱 회귀, Logistic Regression) 또는 논리 분류(Logistic Classification)라고도 부른다. 이진 분류를 그래프로 표현한다면 그림 3.14와 같은 형태가 된다.

---

14 뉴런(Neuron)은 신경계의 기본 단위인 생물학적 세포이며 노드(Node)는 인공 신경망과 같은 그래프 기반 데이터 구조에서 처리 요소를 나타내는 데 사용되는 수학적 단위다. 앞으로 신경망의 인공 뉴런(Artificial Neuron)은 노드로 표현하겠다.

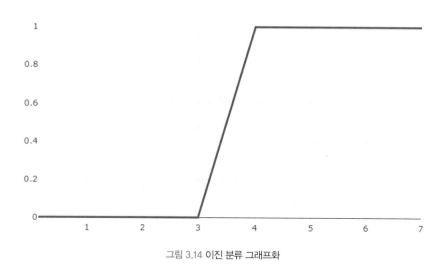

그림 3.14 이진 분류 그래프화

그림 3.14의 그래프에서 구분하려는 값을 X, 분류된 결과를 Y라고 표현하면 3 이하의 값은 거짓(False, 0)이 되며, 4 이상의 값은 참(True, 1)이 되는 형태다. 입력 데이터가 정수(int) 형태로 입력된다면 간단하게 구분할 수 있지만, 3.4나 3.7 등 모호한 위치에 있다면 특정 그룹으로 나누기에 모호한 값이 된다. 하지만 X가 3.4일 때 Y의 값은 0.4가 되며, X가 3.7일 때 Y의 값은 0.7을 갖게 되는 것을 알 수 있다.

관측치는 0~1 범위로 예측된 점수를 반환하며, 데이터를 0 또는 1로 분류하기 위해 임곗값을 0.5로 설정한다. 그러므로 Y가 0.5보다 작은 값은 거짓이 되며, 0.5보다 큰 값은 참이 된다. 하지만 데이터는 위와 같이 Y 값이 0~1의 범위를 갖지 않을 수 있다. 그러므로 0~1의 범위를 갖게 하기 위해 시그모이드 함수(Sigmoid Function)와 같은 활성화 함수를 적용한다.

시그모이드 함수

먼저 활성화 함수는 입력 데이터의 값을 정해진 수식에 따라 변환하는 식(Equation)을 의미한다. 활성화 함수는 비선형으로 이뤄져 있어, 활성화 함수를 적용하면 입력값에 대한 출력값이 비선형으로 변환된다.

시그모이드 함수(Sigmoid Function)는 S자형 곡선 모양으로, 반환값은 0~1 또는 −1~1의 범위를 갖는다. 시그모이드 함수는 수식 3.14와 같이 표현한다.

수식 3.14 시그모이드 함수

$$Sigmoid(x) = \frac{1}{1+e^{-x}}$$

시그모이드 함수의 x의 계수에 따라 S자형 곡선이 완만한 경사를 갖게 될지, 급격한 경사를 갖게 될지 설정할 수 있다. 다음 그림 3.15는 x의 계수에 따른 시그모이드 함수의 변화를 보여준다.

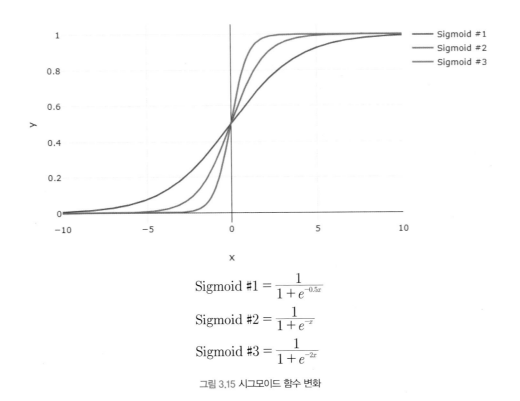

$$Sigmoid \ \#1 = \frac{1}{1+e^{-0.5x}}$$

$$Sigmoid \ \#2 = \frac{1}{1+e^{-x}}$$

$$Sigmoid \ \#3 = \frac{1}{1+e^{-2x}}$$

그림 3.15 시그모이드 함수 변화

시그모이드 함수의 계수가 0에 가까워질수록 완만한 경사를 갖게 되며, 0에서 멀어질수록 급격한 경사를 갖게 된다. 시그모이드 함수는 주로 로지스틱 회귀에 사용된다. 로지스틱 회귀는 독립 변수(X)의 선형 결합을 활용하여 결과를 예측한다. 종속 변수(Y)를 범주형 데이터를 대상으로 계산하기 때문에 해당 데이터의 결과가 특정 분류로 나뉘게 된다. 즉, 로지스틱 회귀는 분류에서도 사용될 수 있다.

그러므로 시그모이드 함수를 통해 나온 출력값이 0.5보다 낮으면 거짓(False)으로 분류하며, 0.5보다 크면 참(True)으로 분류한다. 시그모이드 함수는 유연한 미분값을 가지므로, 입력에 따라 값이 급격하게 변하지 않는다는 장점이 있다. 또한, 출력값의 범위가 0~1 사이로 제한됨으로써 정규화 중 **기울기 폭주(Exploding Gradient)**[15] 문제가 발생하지 않고 미분 식이 단순한 형태를 지닌다.

시그모이드 함수는 기울기 폭주를 방지하는 대신 **기울기 소실(Vanishing Gradient)**[16] 문제를 일으킨다. 신경망은 기울기를 이용해 최적화된 값을 찾아가는데, 계층이 많아지면 점점 값이 0에 수렴되는 문제가 발생해 성능이 떨어진다.

그 외에도 Y 값의 중심이 0이 아니므로 입력 데이터가 항상 양수인 경우라면, 기울기는 모두 양수 또는 음수가 되어 기울기가 지그재그 형태로 변동하는 문제점이 발생해 학습 효율성을 감소시킬 수 있다.

이진 교차 엔트로피

이진 분류에 사용하는 시그모이드 함수의 예측값은 0~1의 범위를 가지며, 실젯값도 0~1의 범위를 갖는다. 앞선 예제에서는 비용 함수를 평균 제곱 오차로 정의해 오차를 계산했다.

평균 제곱 오차 함수를 이진 분류에 사용하면 좋은 결과를 얻기 어렵다. 임의의 예측값과 실젯값을 평균 제곱 오차 함수에 적용해 풀이하면 다음 수식 3.15와 같이 결과가 나타난다.

수식 3.15 이진 교차 엔트로피 풀이 결과

$$MSE = (\hat{Y}_i - Y_i)^2$$
$$MSE = (0.999999999999 - 1)^2 \simeq 0$$
$$MSE = (0.000000000001 - 0)^2 \simeq 0$$
$$MSE = (0.000000000001 - 1)^2 \simeq 1$$

수식에서 확인할 수 있듯이 평균 제곱 오차는 예측값과 실젯값의 값의 차이가 작으면 계산되는 오차 또한 크기가 작아져 학습을 원활하게 진행하기 어렵다.

이러한 경우를 방지하고자, **이진 교차 엔트로피(Binary Cross Entropy, BCE)**를 오차 함수로 사용한다.[17] 다음 그림 3.16과 수식 3.16은 이진 교차 엔트로피를 설명한다.

---

15 역전파 과정 중 기울기가 지수적으로 커져 가중치가 불안정하게 갱신되는 현상을 의미한다.
16 역전파 과정 중 기울기가 지수적으로 작아져 신경망의 하위 층으로 전달되는 정보가 희석되는 현상을 의미한다.
17 입력 데이터의 분포가 가우시안 분포(Gaussian distribution)의 형태를 따른다면 평균 제곱 오차를 사용하고, 베르누이 분포(Bernoulli distribution)의 형태를 따른다면 교차 엔트로피를 사용한다.

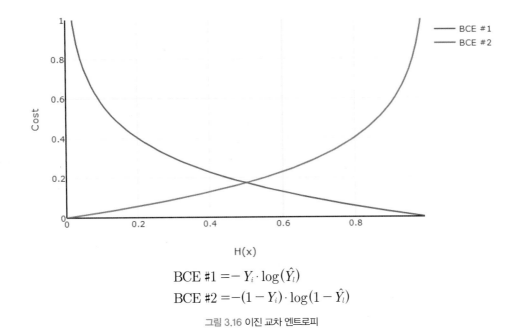

$$\text{BCE \#1} = -Y_i \cdot \log(\hat{Y_l})$$
$$\text{BCE \#2} = -(1 - Y_i) \cdot \log(1 - \hat{Y_l})$$

그림 3.16 이진 교차 엔트로피

수식 3.16 이진 교차 엔트로피

$$\text{BCE} = \text{BCE \#1} + \text{BCE \#2}$$
$$= -\left(Y_i \cdot \log(\hat{Y_l}) + (1 - Y_i) \cdot \log(1 - \hat{Y_l})\right)$$

이진 교차 엔트로피는 로그 함수를 활용해 오차 함수를 구현한다. 두 가지 로그 함수를 교차해 오차를 계산한다. BCE #1 수식은 실젯값($Y_i=1$)이 1일 때 적용하는 수식이며, BCE #2 수식은 실젯값($Y_i=0$)이 0일 때 적용하는 수식이다.

이진 교차 엔트로피에 실젯값이 1, 예측값이 1일 때의 결과와 실젯값이 1, 예측값이 0일 때의 결과를 확인해 보면 수식 3.17과 같이 표현된다.[18]

---

18 예측값은 1과 0이 불가능하므로 0.999999999999와 0.000000000001로 표현해 풀이한다.

수식 3.17 이진 교차 엔트로피 적용 결과

$$
\begin{aligned}
\mathrm{BCE}_{Y_i=1,\hat{Y}_i\simeq 1} &= \big(Y_i \cdot \log(\hat{Y}_l) + (1 - Y_i) \cdot \log(1 - \hat{Y}_l)\big) \\
&= -\big(1 \cdot \log(0.9999999999) + (1 - 1) \cdot \log(1 - 0.9999999999)\big) \\
&\simeq 0
\end{aligned}
$$

$$
\begin{aligned}
\mathrm{BCE}_{Y_i=1,\hat{Y}_i\simeq 1} &= \big(Y_i \cdot \log(\hat{Y}_l) + (1 - Y_i) \cdot \log(1 - \hat{Y}_l)\big) \\
&= -\big(1 \cdot \log(0.0000000001) + (1 - 1) \cdot \log(1 - 0.0000000001)\big) \\
&\simeq 12
\end{aligned}
$$

기존의 평균 제곱 오차 함수는 명확하게 불일치하는 경우에도 높은 손실 값을 반환하지 않았다. 하지만 로그 함수는 로그의 진수가 0에 가까워질수록 무한대로 발산하는 특성이 있다. 그러므로 로그 함수의 경우 불일치하는 비중이 높을수록 높은 손실(Loss) 값을 반환하게 된다.

로그 함수의 경우 한쪽으로는 무한대로 이동하며 다른 한쪽으로는 0에 가까워지기 때문에 기울기가 0이 되는 지점을 찾기 위해 두 가지 로그 함수를 하나로 합쳐 사용한다.

그림 3.16에서 확인할 수 있듯이, BCE #1과 BCE #2를 하나의 수식으로 합친다면, 기울기가 0이 되는 지점을 찾을 수 있게 된다. 최종으로 반환되는 이진 교차 엔트로피 함수는 오차를 계산하기 위해 각 손실 값의 평균을 반환한다. 수식 3.18은 이진 교차 엔트로피 함수의 기본형을 보여준다.

수식 3.18 이진 교차 엔트로피 함수 기본형

$$
BCE = -\frac{1}{n}\sum_{i=1}^{n}\big(Y_i \cdot \log(\hat{Y}_l) + (1 - Y_i) \cdot \log(1 - \hat{Y}_l)\big)
$$

이진 분류: 파이토치

이 책에서 제공하는 binary.csv 파일을 사용해 비선형 회귀를 구현해 보자. binary.csv 파일의 데이터는 표 3.10과 같은 형태로 제공된다.

표 3.10 binary.csv

x	y	z	pass
86	22	1	False
81	75	91	True

x	y	z	pass
54	85	78	True
5	58	4	False
53	93	100	True
73	95	70	True
23	73	88	False
74	46	28	False
...	...	...	...

x, y, z와 pass의 관계는 x, y, z가 모두 40 이상이며, 평균이 60 이상일 때 True를 반환한다. 이 데이터를 활용해 이진 분류를 구현해 보자. 코드는 예제 3.43 비선형 회귀 코드와 유사하므로 여기서는 변경점에 대해서만 설명한다. 다음 예제 3.53은 사용자 정의 데이터세트 선언 방법을 보여준다.

예제 3.53 사용자 정의 데이터세트

```python
class CustomDataset(Dataset):
    def __init__(self, file_path):
        df = pd.read_csv(file_path)
        self.x1 = df.iloc[:, 0].values
        self.x2 = df.iloc[:, 1].values
        self.x3 = df.iloc[:, 2].values
        self.y = df.iloc[:, 3].values
        self.length = len(df)

    def __getitem__(self, index):
        x = torch.FloatTensor([self.x1[index], self.x2[index], self.x3[index]])
        y = torch.FloatTensor([self.y[index]])
        return x, y

    def __len__(self):
        return self.length
```

Dataset 클래스를 상속받아 CustomDataset를 정의한다. 초기화 메서드에서 CSV 파일의 경로를 입력받을 수 있게 file_path를 정의한다. self.x1, self.x2, self.x3에 x, y, z 값을 할당하며, self.y에 pass 값을 할당한다.

호출 메서드에서 x는 입력값(x1, x2, x3)을 할당하고, y는 실젯값(y)을 반환한다. CustomDataset를 구현했다면 모델을 정의한다. 다음 예제 3.54는 사용자 정의 모델 선언 방법을 보여준다.

예제 3.54 사용자 정의 모델

```
class CustomModel(nn.Module):
    def __init__(self):
        super().__init__()
        self.layer = nn.Sequential(
          nn.Linear(3, 1),
          nn.Sigmoid()
        )

    def forward(self, x):
        x = self.layer(x)
        return x
```

Module 클래스를 상속받아 사용자 정의 모델을 정의한다. super 함수를 통해 Module 클래스의 속성을 초기화하고 사용할 계층을 정의한다. 이번에는 **시퀀셜(Sequential)**을 활용해 여러 계층을 하나로 묶는다. 묶어진 계층은 순차적으로 실행되며, 가독성을 높일 수 있다.

선형 변환 함수의 입력 데이터 차원 크기(in_features)는 3을 입력하고, 출력 데이터 차원 크기(out_features)는 1을 입력한다. 또한, 시그모이드 함수를 적용할 예정이므로 시그모이드 함수(nn.Sigmoid)를 선형 변환 함수(nn.Linear) 뒤에 연결한다.

모델을 구현했다면 이진 교차 엔트로피 오차 함수를 적용한다. 다음 예제 3.55는 이진 교차 엔트로피 오차 함수의 선언 방법을 보여준다.

예제 3.55 이진 교차 엔트로피

```
criterion = nn.BCELoss().to(device)
```

이진 교차 엔트로피 클래스(nn.BCELoss)로 criterion 인스턴스를 생성한다. 이진 교차 엔트로피 클래스는 비용 함수로 criterion 인스턴스에서 순전파를 통해 나온 출력값과 실젯값을 비교하여 오차를 계산한다. 기존 평균 제곱 오차 클래스(nn.MSELoss) 클래스와 동일한 방식으로 적용한다. 다음 예제 3.56은 이진 분류의 전체 코드를 보여준다.

예제 3.56 이진 분류

```python
import torch
import pandas as pd
from torch import nn
from torch import optim
from torch.utils.data import Dataset, DataLoader, random_split


class CustomDataset(Dataset):
    def __init__(self, file_path):
        df = pd.read_csv(file_path)
        self.x1 = df.iloc[:, 0].values
        self.x2 = df.iloc[:, 1].values
        self.x3 = df.iloc[:, 2].values
        self.y = df.iloc[:, 3].values
        self.length = len(df)

    def __getitem__(self, index):
        x = torch.FloatTensor([self.x1[index], self.x2[index], self.x3[index]])
        y = torch.FloatTensor([int(self.y[index])])
        return x, y

    def __len__(self):
        return self.length


class CustomModel(nn.Module):
    def __init__(self):
        super().__init__()
        self.layer = nn.Sequential(
          nn.Linear(3, 1),
          nn.Sigmoid()
        )

    def forward(self, x):
        x = self.layer(x)
        return x


dataset = CustomDataset("../datasets/binary.csv")
dataset_size = len(dataset)
```

```
train_size = int(dataset_size * 0.8)
validation_size = int(dataset_size * 0.1)
test_size = dataset_size - train_size - validation_size

train_dataset, validation_dataset, test_dataset = random_split(
    dataset, [train_size, validation_size, test_size], torch.manual_seed(4)
)
train_dataloader = DataLoader(train_dataset, batch_size=64, shuffle=True, drop_last=True)
validation_dataloader = DataLoader(
    validation_dataset, batch_size=4, shuffle=True, drop_last=True
)
test_dataloader = DataLoader(test_dataset, batch_size=4, shuffle=True, drop_last=True)

device = "cuda" if torch.cuda.is_available() else "cpu"
model = CustomModel().to(device)
criterion = nn.BCELoss().to(device)
optimizer = optim.SGD(model.parameters(), lr=0.0001)

for epoch in range(10000):
    cost = 0.0

    for x, y in train_dataloader:
        x = x.to(device)
        y = y.to(device)

        output = model(x)
        loss = criterion(output, y)

        optimizer.zero_grad()
        loss.backward()
        optimizer.step()

        cost += loss

    cost = cost / len(train_dataloader)

    if (epoch + 1) % 1000 == 0:
        print(f"Epoch : {epoch+1:4d}, Model : {list(model.parameters())}, Cost : {cost:.3f}")
```

```
with torch.no_grad():
    model.eval()
    for x, y in validation_dataloader:
        x = x.to(device)
        y = y.to(device)

        outputs = model(x)

        print(outputs)
        print(outputs >= torch.FloatTensor([0.5]).to(device))
        print("--------------------")
```

출력 결과

```
Epoch : 1000, Model : [Parameter containing:
tensor([[ 0.0028, -0.0006,  0.0036]], device='cuda:0', requires_grad=True), Parameter containing:
tensor([0.0949], device='cuda:0', requires_grad=True)], Cost : 0.680

# 중략

Epoch : 10000, Model : [Parameter containing:
tensor([[0.0093, 0.0068, 0.0082]], device='cuda:0', requires_grad=True), Parameter containing:
tensor([-1.1043], device='cuda:0', requires_grad=True)], Cost : 0.562

# 중략

tensor([[89., 92., 75.],
        [75., 64., 50.],
        [38., 58., 63.],
        [23., 15., 32.]], device='cuda:0')
tensor([[0.7232],
        [0.6073],
        [0.5394],
        [0.3713]], device='cuda:0')
tensor([[True],
        [True],
        [True],
        [False]], device='cuda:0')
--------------------
```

표 3.11 출력 결과 정리

입력값	평균	최솟값	실젯값	예측값(1)	예측값(2)
[89, 92, 75]	85.33	75	True	0.7232	True
[75, 64, 50]	63.00	50	True	0.6073	True
[38, 58, 63]	53.00	38	False	0.5394	True
[23, 15, 32]	23.33	15	False	0.3713	False

출력 결과의 일부를 표 3.11로 정리했다. 먼저 첫 번째 데이터는 명확하게 참(True)으로 판단할 수 있는 데이터 구조를 갖기 때문에 예측값이 0.7232로 높게 계산됐다. 마지막 데이터는 거짓(False)으로 판단하기 쉬운 데이터 구조를 갖기 때문에 예측값이 0.3713으로 낮게 계산됐다.

판단하기 어려운 세 번째 데이터는 참으로 판단됐지만, 0.5에 근사한 예측값을 갖는 0.5394로 계산됐다. 결과를 이분화하기 때문에 참 또는 거짓으로 나눌 수 있지만, 0.5에 가까워질수록 결과가 정확하지 않다.

모델이 어떤 목적을 갖느냐에 따라 임곗값을 0.5가 아닌 다른 값으로 설정해 분류를 진행할 수 있다. 모델의 목적에 맞게 정확성을 판단하고 결과를 활용한다.

비선형 활성화 함수

비선형 활성화 함수(Non-linear Activations Function)는 네트워크에 비선형성을 적용하기 위해 인공 신경망에서 사용되는 함수다. 비선형 활성화 함수는 입력이 단순한 선형 조합이 아닌 형태로 출력을 생성하는 함수를 의미한다.

즉, 선형적인 $ax + b$의 형식으로 사용하지 않는다. 왜냐하면 많은 실제 세계의 입출력 관계가 대부분 비선형적인 구조를 갖고 있기 때문이다. 예를 들어 사람의 나이와 키 사이의 관계는 선형 관계가 아니며, 선형 활성화 함수를 사용하는 신경망은 이 관계를 정확하게 표현할 수 없다. 그러므로 비선형 활성화 함수를 사용해 입출력 간의 관계를 학습하고 더 정확한 예측을 할 수 있다. 이를 통해 네트워크가 학습 데이터의 복잡한 패턴과 관계를 학습할 수 있게 지원한다.

계단 함수

계단 함수(Step Function)는 이진 활성화 함수(Binary Activation Function)라고도 하며, 퍼셉트론(Perceptron)에서 최초로 사용한 활성화 함수다. 계단 함수의 입력값의 합이 임곗값을 넘으면 0을 출력하고, 넘지 못하면 1을 출력한다.

딥러닝 모델에서는 사용되지 않는 함수로 임곗값에서 **불연속점(Point of discontinuity)**을 가지므로 미분이 불가능해 학습을 진행할 수 없다. 또한, 역전파 과정에서 데이터가 극단적으로 변경되기 때문에 적합하지 않다.

수식 3.19 계단 함수

$$Step(x) = \begin{cases} 1 & if: & x \geq 0 \\ 0 & else: & otherwise \end{cases}$$

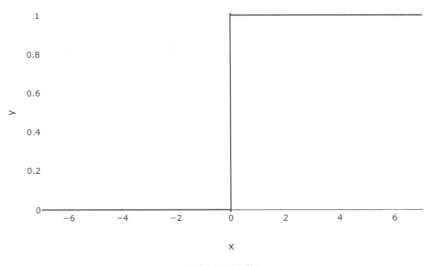

그림 3.17 계단 함수

임곗값 함수

임곗값 함수(Threshold Function)는 임곗값(threshold)보다 크면 입력값(x)을 그대로 전달하고, 임곗값보다 작으면 특정 값(value)으로 변경한다. 선형 함수와 계단 함수의 조합으로 볼 수 있다.

임곗값 함수는 출력이 0 또는 1인 이진 분류 작업을 위해 신경망에서 자주 사용되는 효과적인 활성화 함수다. 하지만 입력에 대한 함수의 기울기를 계산할 수 없으므로 네트워크를 최적화하기 어려워 사용되지 않는 함수다. 앞선 함수들의 문제점을 그대로 가지고 있어, 특별한 경우가 아니라면 사용하지 않는다.

수식 3.20 임곗값 함수

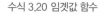

$$Threshold(x) = \begin{cases} x & if: \quad x > threshold \\ value \;\; else: & otherwise \end{cases}$$

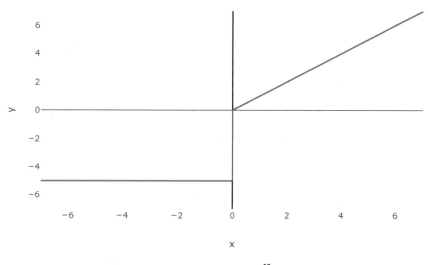

그림 3.18 임곗값 함수[19]

시그모이드 함수

시그모이드 함수(Sigmoid Function)는 모든 입력값을 0과 1 사이의 값으로 매핑한다. 이진 분류 신경망의 출력 계층에서 활성화 함수로 사용된다. 시그모이드 함수는 단순한 형태의 미분 식을 가지며, 입력값에 따라 출력값이 급격하게 변하지 않는다. 출력값이 0~1의 범위를 가지므로 기울기 폭주 현상을 방지할 수 있지만, 출력값이 0~1의 범위를 가지는 만큼 매우 큰 입력값이 입력돼도 최대 1의 값을 갖게 되어 기울기 소실이 발생한다.

---

19 그래프의 임곗값(threshold)은 0이며, 특정 값(value)은 –5다.

출력값의 중심이 0이 아니므로 입력 데이터가 항상 양수인 경우라면, 기울기는 모두 양수 또는 음수가 되어 기울기가 지그재그 형태로 변동하는 문제점이 발생해 학습 효율성을 감소시킨다. 인공 신경망은 기울기를 이용해 최적화된 값을 찾아가는데, 계층이 많아지면 점점 값이 0에 수렴하는 문제가 발생해 성능이 떨어진다. 이러한 이유로 시그모이드 함수는 은닉층에서는 활성화 함수로 사용하지 않으며, 주로 출력층에서만 사용한다.

수식 3.21 시그모이드 함수

$$Sigmoid(x) = \sigma(x)\frac{1}{1+e^{-x}}$$

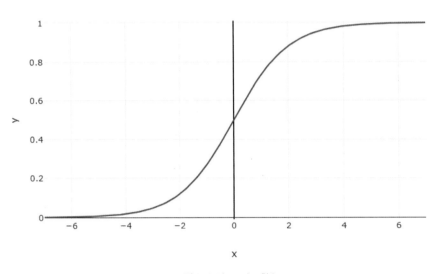

그림 3.19 시그모이드 함수

하이퍼볼릭 탄젠트 함수

하이퍼볼릭 탄젠트 함수(Hyperbolic Tangent Function)는 시그모이드 함수와 유사한 형태를 지니지만, 출력값의 중심이 0이다. 또한, 출력값이 −1~1의 범위를 가지므로 시그모이드 함수에서 발생하지 않는 음수 값을 반환할 수 있다.

출력값의 범위가 더 넓고 다양한 형태로 활성화할 수 있으므로 기울기 소실이 비교적 덜 발생한다. 하지만 하이퍼볼릭 탄젠트 함수도 시그모이드 함수와 마찬가지로 입력값(x)이 4보다 큰 경우 출력값이 1에 수렴하므로 동일하게 기울기 소실이 발생한다.

수식 3.22 하이퍼볼릭 탄젠트 함수

$$Tanh(x) = \frac{e^x - e^{-x}}{e^x + e^{-x}}$$

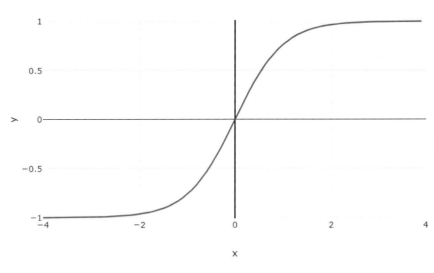

그림 3.20 하이퍼볼릭 탄젠트 함수

ReLU 함수

ReLU 함수(Rectified Linear Unit Function)는 0보다 작거나 같으면 0을 반환하며, 0보다 크면 선형 함수에 값을 대입하는 구조를 갖는다. 시그모이드 함수나 하이퍼볼릭 탄젠트 함수는 출력값이 제한되어 기울기 소실이 발생하지만, ReLU 함수는 선형 함수에 대입하므로 입력값이 양수라면 출력값이 제한되지 않아 기울기 소실이 발생하지 않는다.

수식 또한 매우 간단해 순전파나 역전파 과정의 연산이 매우 빠르다. 하지만 입력값이 음수인 경우 항상 0을 반환하므로 가중치나 편향이 갱신(Update)되지 않을 수 있다. 가중치의 합이 음수가 되면, 해당 노드는 더 이상 값을 갱신하지 않아 **죽은 뉴런**(Dead Neuron, Dying ReLU)이 된다. 딥러닝 네트워크에서 널리 사용되는 효과적인 활성화 함수다.

수식 3.23 ReLU 함수

$$ReLU(x) = \begin{cases} x & if: \quad x > 0 \\ 0 & else: \quad otherwise \end{cases}$$

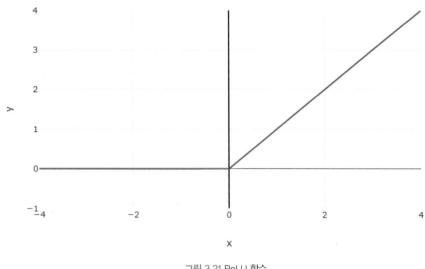

그림 3.21 ReLU 함수

LeakyReLU 함수

LeakyReLU 함수(Leaky Rectified Linear Unit Function)는 음수 기울기(negative slope)를 제어하여, 죽은 뉴런 현상을 방지하기 위해 사용한다. 양수인 경우 ReLU 함수와 동일하지만, 음수인 경우 작은 값이라도 출력시켜 기울기를 갱신하게 한다. 작은 값을 출력시키면 더 넓은 범위의 패턴을 학습할 수 있어 네트워크의 성능을 향상시키는 데 도움이 될 수 있다.

수식 3.24 LeakyReLU 함수

$$LeakyReLU(x) = \begin{cases} x & if: \quad x > 0 \\ negative_slope \times x & else: \; otherwise \end{cases}$$

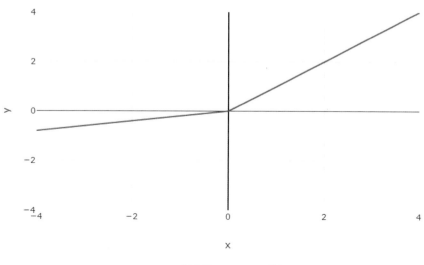

그림 3.22 LeakyReLU 함수

PReLU 함수

PReLU 함수(Parametric Rectified Linear Unit Function)는 LeakyReLU 함수와 형태가 동일하지만, 음수 기울기(negative slope) 값을 고정값이 아닌, 학습을 통해 갱신되는 값으로 간주한다. 즉, PReLU 함수의 음수 기울기(negative slope, a)는 지속해서 값이 변경된다. 값이 지속해서 갱신되는 매개변수이므로, 학습 데이터세트에 영향을 받는다.

수식 3.25 PReLU 함수

$$PReLU(x) = \begin{cases} x & if: & x > 0 \\ a \times x & else: & otherwise \end{cases}$$

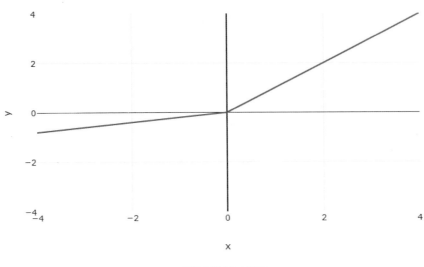

그림 3.23 PReLU 함수

ELU 함수

ELU 함수(Exponential Linear Unit Function)는 지수 함수를 사용하여 부드러운 곡선의 형태를 갖는다. 기존 ReLU 함수와 ReLU 변형 함수는 0에서 끊어지는데, ELU 함수는 음의 기울기에서 비선형 구조를 갖는다. 그러므로 입력값이 0인 경우에도 출력값이 급변하지 않아, 경사 하강법의 수렴 속도가 비교적 빠르다.

더 복잡한 연산을 진행하게 되므로 학습 속도는 더 느려진다.[20] 하지만 ELU 함수는 데이터의 복잡한 패턴과 관계를 학습하는 네트워크의 능력을 향상시키는 데 도움이 될 수 있다.

수식 3.26 ELU 함수

$$ELU(x) = \begin{cases} x & if: \quad x > 0 \\ negative\_slope \times (e^x - 1) & else: \; otherwise \end{cases}$$

---

20 수렴 속도는 몇 번의 학습으로 최적화된 값을 찾는가를 의미한다면, 학습 속도는 학습이 완료되기까지의 전체 속도를 의미한다.

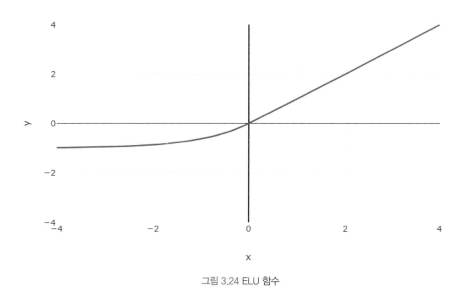

그림 3.24 ELU 함수

소프트맥스 함수

소프트맥스 함수(Softmax Function)는 차원 벡터에서 특정 출력값이 k 번째 클래스에 속할 확률을 계산한다. 클래스에 속할 확률을 계산하는 활성화 함수이므로, 은닉층에서 사용하지 않고 출력층에서 사용된다. 즉, 네트워크의 출력을 가능한 클래스에 대한 확률 분포로 매핑한다. 이 외에도 소프트민 함수(Softmin Function), 로그 소프트맥스 함수(Log Softmax Function) 등이 있다.

수식 3.27 소프트맥스 함수

$$p_k = \frac{e^{z_k}}{\sum_{i=1}^{n} e^{z_i}}$$

순전파와 역전파

순전파(Forward Propagation)란 **순방향 전달(Forward Pass)**이라고도 하며 입력이 주어지면 신경망의 출력을 계산하는 프로세스다. 입력 데이터를 기반으로 신경망을 따라 입력층부터 출력층까지 차례대로 변수를 계산하고 추론한 결과를 전달한다.

네트워크에 입력값(x)을 전달해 순전파 연산을 진행한다. 이 과정에서 계층마다 가중치와 편향으로 계산된 값이 활성화 함수에 전달된다. 활성화 함수에서 출력값($\hat{y}$)이 계산되고 이 값을 손실 함수에 실젯값(y)과 함께 연산해 오차를 계산한다. 순전파 프로세스는 수식 3.28과 같이 표현할 수 있다.

수식 3.28 순전파 프로세스

$$\hat{y} = activation(weight \times x + bias)$$

역전파(Back Propagation)는 순전파 방향과 반대로 연산이 진행된다. 학습 과정에서 네트워크의 가중치와 편향은 예측된 출력값과 실제 출력값 사이의 오류를 최소화하기 위해 조정된다. 그러므로 순전파 과정을 통해 나온 오차를 활용해 각 계층의 가중치와 편향을 최적화한다.

역전파 과정에서는 각각의 가중치와 편향을 최적화하기 위해 연쇄 법칙을 활용한다. 새로 계산된 가중치는 최적화 알고리즘을 통해 실젯값과 예측값의 차이를 계산해 오차를 최소로 줄일 수 있는 가중치와 편향을 계산한다.

순전파와 역전파는 네트워크가 입력값을 기반으로 예측을 수행할 수 있게 한다. 학습을 반복할수록 모델의 성능을 향상시킬 수 있으므로 신경망 학습에서 중요한 프로세스 중 하나다. 이번 절에서는 순전파와 역전파를 풀어보고 모델에서 가중치와 편향이 어떻게 갱신되는지 알아본다. 다음 예제 3.57은 이번 절에서 풀이하려는 수식을 코드 구조로 보여준다.

예제 3.57 모델 구조와 초깃값

```
class CustomModel(nn.Module):
    def __init__(self):
        super().__init__()

        self.layer1 = nn.Sequential(
            nn.Linear(2, 2),
            nn.Sigmoid()
        )
        self.layer2 = nn.Sequential(
            nn.Linear(2, 1),
            nn.Sigmoid()
        )

        self.layer1[0].weight.data = torch.nn.Parameter(
```

```
        torch.Tensor([[0.4352, 0.3545],
                      [0.1951, 0.4835]])
    )

    self.layer1[0].bias.data = torch.nn.Parameter(
        torch.Tensor([-0.1419,  0.0439])
    )

    self.layer2[0].weight.data = torch.nn.Parameter(
        torch.Tensor([[-0.1725,  0.1129]])
    )

    self.layer2[0].bias.data = torch.nn.Parameter(
        torch.Tensor([-0.3043])
    )

device = "cuda" if torch.cuda.is_available() else "cpu"
model = CustomModel().to(device)
criterion = nn.BCELoss().to(device)
optimizer = optim.SGD(model.parameters(), lr=1)
```

순전파와 역전파를 계산하는 모델은 두 개의 계층으로 이뤄져 있으며, 가중치와 편향은 임의의 값으로 초기화했다. 손실 함수는 이진 교차 엔트로피이며, 최적화 함수는 확률적 경사 하강법으로 풀이한다. 학습률은 1로 설정해 갱신되는 가중치와 편향을 확인하기 쉽게 할당했다. 다음 그림 3.25는 예제 3.57을 다이어그램으로 시각화한 것이다.

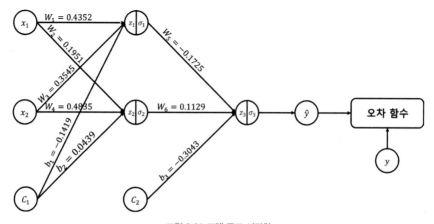

그림 3.25 모델 구조 시각화

입력값(x_1, x_2)과 실젯값(y)에 각각 [1, 1]과 [0]이 입력됐다고 가정한다. 상수(C)는 수식에서 생략하고 소수점 4자리까지만 표시하겠다. 먼저 순전파 방향으로 계산해 보자.

순전파 계산

첫 번째 계층의 **가중합(Weighted Sum)**을 계산한다. 계산하려는 값은 z_1, z_2가 된다. z는 가중합으로 입력값(x)과 가중치(W)의 곱을 모두 더한 값에 편향(b)을 더한 값을 의미한다. 이를 수식으로 표현하면 수식 3.29와 같다.

수식 3.29 첫 번째 계층의 가중합

$$z_1 \quad W_1 x_1 + W_2 x_2 + b_1$$
$$= 0.4352 \times 1 + 0.3545 \times 1 - 0.1419$$
$$= 0.6478$$

$$z_2 \quad W_3 x_1 + W_4 x_2 + b_2$$
$$= 0.1951 \times 1 + 0.4835 \times 1 - 0.0439$$
$$= 0.7225$$

가중합을 계산했다면 이 가중합에 활성화 함수를 적용한다. 현재 모델에서는 시그모이드 함수가 적용됐다. 그러므로 다음 수식 3.30과 같이 가중합을 활성화할 수 있다.

수식 3.30 첫 번째 계층의 가중합 활성화

$$\sigma_1 = \frac{1}{1 + e^{z_1}}$$
$$= \frac{1}{1 + e^{-0.6478}}$$
$$= 0.6565$$

$$\sigma_2 = \frac{1}{1 + e^{z_2}}$$
$$= \frac{1}{1 + e^{-0.7225}}$$
$$= 0.6732$$

σ를 계산했다면, 이 값을 입력값으로 사용해 동일한 방식으로 두 번째 계층의 가중합에 시그모이드 함수가 적용된 값을 계산한다. 다음 수식 3.31은 두 번째 계층의 가중합과 가중합 활성화를 보여준다.

수식 3.31 두 번째 계층의 가중합과 가중합 활성화

$$z_3 = W_5\sigma_1 + W_6\sigma_2 + b_3$$
$$= -0.1725 \times 0.6565 + 0.1129 \times 0.6731 - 0.3043$$
$$= -0.3415$$

$$\sigma_3 = \frac{1}{1+e^{-z_3}}$$
$$= \frac{1}{1+e^{0.3415}}$$
$$= 0.4154$$

지금까지 진행했던 코드로 설명한다면 output = model(x)가 순전파 과정이다. σ_3가 output 변수에 할당된다. 최종으로 계산된 σ_3의 값이 예측값($\hat{y}$)이 된다. 이제 실젯값과 예측값을 알고 있으므로 오차를 계산한다.

오차 계산

손실 함수는 이진 교차 엔트로피를 사용했으므로 실젯값(y=0)과 예측값($\hat{y}$=0.4154)으로 오차를 계산한다. 다음 수식 3.32는 이진 교차 엔트로피 풀이를 보여준다.

수식 3.32 이진 교차 엔트로피 풀이

$$\mathcal{L} = -(y\log(\hat{y}) + (1-y)\log(1-\hat{y}))$$
$$= -(0\log(0.4154) + (1-0)\log(1-0.4154))$$
$$= -\log 0.5846 = 0.5368$$

이 수식을 파이토치 코드로 대응한다면 loss = criterion(output, y)가 오차 계산 과정이다. $\mathcal{L}$ 값이 loss 변수가 되며, 0.5368 값으로 저장된다. 오차까지 계산했으므로 역전파 과정을 진행한다.

역전파 계산

역전파 과정에서는 계층의 역순으로 가중치와 편향을 갱신한다. 즉, W_5, W_6, b_3를 갱신한 다음에 W_1, W_2, W_3, W_4, b_1, b_2가 갱신된다. 모델의 학습은 오차가 작아지는 방향으로 갱신돼야 하기 때문에 미분값이 0에 가까워져야 한다.

그러므로 갱신된 가중치와 편향의 기울기는 오차가 0이 되는 방향으로 진행한다. 갱신된 가중치나 편향은 위에서 계산된 기울기를 감산해 변화가 없을 때까지 반복한다. 이를 수식으로 표현하면 다음과 같이 작성할 수 있다.

수식 3.33 가중치 갱신

$$W_n(t+1) = W_n(t) - \alpha \frac{\partial \mathcal{L}}{\partial W_n(t)}$$

수식의 t는 가중치 갱신 횟수를 의미하며, α는 학습률을 의미한다. 이 수식을 활용해 지속해서 가중치를 갱신하면 $\frac{\partial \mathcal{L}}{\partial W_n(t)}$은 점점 0에 가까워진다. 이는 오차가 0에 가까워지도록 가중치를 갱신하는 방법이다. 결국 $W_n(t+1) \simeq W_n(t)$가 되어 학습이 완료된다.

즉, 순전파를 통해 오차를 계산하고 역전파 과정을 통해 오찻값이 0이 될 수 있게 가중치를 갱신한다. 이러한 일련의 과정을 계속 반복해 학습을 진행한다. 먼저, W_5의 가중치를 갱신해 본다.

수식 3.34 첫 번째 가중치 갱신

$$W_5(2) = W_5(1) - \alpha \frac{\partial \mathcal{L}}{\partial W_5(1)}$$
$$= -0.1725 - \frac{\partial \mathcal{L}}{\partial W_5(1)}$$

$W_5(2)$를 계산하기 위해서는 오차를 가중치로 편미분한 값을 계산해야 한다. 연쇄 법칙을 적용해 미분을 진행한다. 쉬운 풀이를 위해 $W_5(1)$은 편의상 W_5로 표기하겠다.

수식 3.35 연쇄 법칙

$$\frac{\partial \mathcal{L}}{\partial W_5} = \frac{\partial \mathcal{L}}{\partial \sigma_3} \times \frac{\partial \sigma_3}{\partial z_3} \times \frac{\partial z_3}{\partial W_5}$$

$\frac{\partial \mathcal{L}}{\partial W_5}$에 연쇄 법칙을 적용하면 세 개의 항이 생성된다. 세 개의 항에는 $\mathcal{L}$, σ_3, z_3, W_5가 존재한다. 이 값들은 순전파 풀이를 통해 식과 값을 알고 있으므로 편미분을 진행할 수 있다. 수식 3.36은 수식 3.35의 항을 편미분한 결과를 보여준다.

수식 3.36 편미분[21]

$$\frac{\partial \mathcal{L}}{\partial \sigma_3} = -\frac{\partial}{\partial \sigma_3}\big(y\log(\hat{y}) + (1-y)\log(1-\hat{y})\big)$$
$$= -\frac{\partial}{\partial \sigma 3}\big(y\log(\sigma 3) + (1-y)\log(1-\sigma 3)\big)$$
$$= -\left(\frac{y}{\sigma_3} - \frac{1-y}{1-\sigma_3}\right)$$
$$= \frac{\sigma_3 - y}{\sigma_3(1-\sigma_3)}$$
$$= \frac{\sigma_3}{\sigma_3(1-\sigma_3)}$$
$$= \frac{0.4154}{0.4154(1-0.4154)}$$
$$= 1.7106$$

$$\frac{\partial \sigma_3}{\partial z_3} = -\frac{\partial}{\partial z_3}\left(\frac{1}{1+e^{-z_3}}\right)$$
$$= \frac{e^{-z_3}}{(1-e^{-z_3})^2}$$
$$= \frac{1}{1+e^{-z_3}} \times \left(1 - \frac{1}{1+e^{-z_3}}\right)$$
$$= \sigma_3 \times (1-\sigma_3)$$
$$= 0.2428$$

$$\frac{\partial z_3}{\partial W_5} = -\frac{\partial}{\partial W_5}(W_5\sigma_1 + W_6\sigma_2 + b_3)$$
$$= \sigma_1$$
$$= 0.6565$$

$$\frac{\partial \mathcal{L}}{\partial W_5} = \frac{\partial \mathcal{L}}{\partial \sigma_3} \times \frac{\partial \sigma_3}{\partial z_3} \times \frac{\partial z_3}{\partial W_5}$$
$$= 1.7106 \times 0.2428 \times 0.6565$$
$$= 0.2727$$

$$W_5(2) = W_5(1) - \alpha\frac{\partial \mathcal{L}}{\partial W_5(1)}$$
$$= -0.1725 - \frac{\partial \mathcal{L}}{\partial W_5(1)}$$
$$= -0.1725 - \frac{\partial \mathcal{L}}{\partial W_5}$$
$$= -0.1725 - 0.2727$$
$$= -0.4452$$

---

21 시그모이드의 미분 결과(도함수)는 $sigmoid(x)(1-sigmoid(x))$가 된다.

수식 3.36과 같은 과정을 통해 W_5의 가중치를 갱신한다. 동일한 방식으로 W_6와 b_3를 갱신할 수 있다. 다음 수식 3.37은 $W_6(2)$와 $b_3(2)$의 결괏값을 보여준다.

수식 3.37 $W_6(2)$와 $b_3(2)$ 풀이

$$
\begin{aligned}
W_6(2) &= W_6(1) - \alpha \frac{\partial \mathcal{L}}{\partial W_6(1)} \\
&= W_6(1) - \frac{\partial \mathcal{L}}{\partial \sigma_3} \times \frac{\partial \sigma_3}{\partial z_3} \times \frac{\partial z_3}{\partial W_6} \\
&= 0.1129 - 1.7106 \times 0.2428 \times 0.6732 \\
&= -0.1667
\end{aligned}
$$

$$
\begin{aligned}
b_3(2) &= b_3(1) - \alpha \frac{\partial \mathcal{L}}{\partial b_3(1)} \\
&= b_3(1) - \frac{\partial \mathcal{L}}{\partial \sigma_3} \times \frac{\partial \sigma_3}{\partial z_3} \times \frac{\partial z_3}{\partial b_3} \\
&= 0.3043 - 1.7106 \times 0.2428 \times 0.0000 \\
&= -0.7196
\end{aligned}
$$

이로써 W_5, W_6, b_3의 가중치와 편향을 갱신했다. 다음은 첫 번째 계층을 갱신한다. 첫 번째 계층은 W_1, W_2, W_3, b_1, b_2이며 동일한 방식으로 갱신한다. 다음 수식 3.38은 W_1의 갱신 결과를 보여준다.

수식 3.38 W_1 갱신

$$
\begin{aligned}
W_1(2) &= W_1(1) - \alpha \frac{\partial \mathcal{L}}{\partial W_1(1)} \\
&= W_1(1) - \frac{\partial \mathcal{L}}{\partial \sigma_1} \times \frac{\partial \sigma_1}{\partial z_1} \times \frac{\partial z_1}{\partial W_1} \\
&= 0.4352 - \frac{\partial \mathcal{L}}{\partial W_1(1)} \times 0.2255 \times 1.0000
\end{aligned}
$$

수식 3.38과 같이 동일한 방식으로 W_1을 갱신하려고 하면, $\frac{\partial \mathcal{L}}{\partial W_1(1)}$을 편미분하는 과정에서 복잡한 수식으로 변경될 수 있다. 그러므로 이 부분에 한 번 더 연쇄 법칙을 적용해 풀이한다. 다음 수식 3.39는 오차 함수의 편미분 결과를 보여준다.

수식 3.39 오차 함수 편미분

$$\frac{\partial \mathcal{L}}{\partial W_1(1)} = \frac{\partial \mathcal{L}}{\partial \sigma_3} \times \frac{\partial \sigma_3}{\partial z_3} \times \frac{\partial z_3}{\partial \sigma_1}$$
$$= 1.7106 \times 0.2428 \times W_5$$
$$= -0.0717$$

오차 함수에도 연쇄 법칙을 적용하면 복잡한 연산을 진행하지 않고 결괏값을 확인할 수 있다. 이 값을 활용해 $W_1(2)$의 결괏값을 확인해 본다. 다음 수식 3.40은 $W_1(2)$의 갱신 결과를 보여준다.

수식 3.40 $W_1(2)$ 갱신

$$W_1(2) = 0.4352 - \frac{\partial \mathcal{L}}{\partial W_1(1)} \times 0.2428 \times 1.0000$$
$$= 0.4352 + 0.0717 \times 0.2255 \times 1.0000$$
$$= 0.4514$$

$W_1(2)$는 0.4352에서 0.4514로 갱신된 것을 확인할 수 있다. 남은 첫 번째 계층의 가중치와 편향도 동일한 방식으로 갱신한다. 다음 수식 3.41은 W_2, W_3, W_4, b_1, b_2의 갱신 결과를 보여준다.

수식 3.41 첫 번째 계층 갱신 결과

$$W_6(2) = W_2(1) - \alpha \frac{\partial \mathcal{L}}{\partial W_2(1)}$$
$$= W_2(1) - \frac{\partial \mathcal{L}}{\partial \sigma_2} \times \frac{\partial \sigma_2}{\partial z_2} \times \frac{\partial z_2}{\partial W_2}$$
$$= 0.1848$$

$$W_3(2) = W_3(1) - \alpha \frac{\partial \mathcal{L}}{\partial W_3(1)}$$
$$= W_3(1) - \frac{\partial \mathcal{L}}{\partial \sigma_1} \times \frac{\partial \sigma_1}{\partial z_1} \times \frac{\partial z_1}{\partial W_3}$$
$$= 0.3707$$

$$W_4(2) = W_4(1) - \alpha \frac{\partial \mathcal{L}}{\partial W_4(1)}$$
$$= W_4(1) - \frac{\partial \mathcal{L}}{\partial \sigma_2} \times \frac{\partial \sigma_2}{\partial z_2} \times \frac{\partial z_2}{\partial W_4}$$
$$= 0.4732$$

$$b_1(2) = b_1(1) - \alpha \frac{\partial \mathcal{L}}{\partial b_4(1)}$$

$$= b_1(1) - \frac{\partial \mathcal{L}}{\partial \sigma_1} \times \frac{\partial \sigma_1}{\partial z_1} \times \frac{\partial z_1}{\partial b_1}$$

$$= -0.1257$$

$$b_2(2) = b_2(1) - \alpha \frac{\partial \mathcal{L}}{\partial b_2(1)}$$

$$= b_2(1) - \frac{\partial \mathcal{L}}{\partial \sigma_2} \times \frac{\partial \sigma_2}{\partial z_2} \times \frac{\partial z_2}{\partial b_2}$$

$$= 0.0336$$

모든 가중치와 편향을 갱신하면 학습이 1회 진행된 것으로 볼 수 있다. 갱신된 가중치와 편향으로 다음 번 학습을 진행한다. 학습이 진행될수록 오차가 점차 감소하게 된다. 현재 풀이에서는 배치 크기를 1로 가정하고 풀이했다. 만약 배치 크기가 1보다 크다면 행렬 계산으로 풀이가 진행된다.

갱신 결과 비교

머신러닝은 위와 같은 풀이를 반복해 최적의 가중치와 편향을 찾아간다. 특정한 횟수에 도달할 때까지 연산을 진행하거나 오찻값이 일정 이하로 떨어지게 되면 학습을 종료한다. 이제 갱신한 결과를 비교해 본다. 다음 수식 3.42는 계층별 갱신값을 보여준다.

수식 3.42 계층별 가중치와 편향

Layer#1

$W_1(1) = 0.4352$	$W_1(2) = 0.4514$
$W_2(1) = 0.1951$	$W_2(2) = 0.1848$
$W_3(1) = 0.3545$	$W_3(2) = 0.3707$
$W_4(1) = 0.4835$	$W_4(2) = 0.4732$
$b_1(1) = -0.1419$	$b_1(2) = -0.1257$
$b_2(1) = 0.0439$	$b_2(2) = 0.0336$

Layer#2

$W_5(1) = -0.1725$	$W_5(2) = -0.4452$
$W_6(1) = 0.1129$	$W_6(2) = -0.1667$
$b_3(1) = -0.3043$	$b_3(2) = -0.7196$

결과에서 확인할 수 있듯이 점점 값이 개선되는 것을 알 수 있다. 계층 구조가 동일하더라도 오차 함수나 활성화 함수가 다르다면 다른 결과를 얻을 수 있다. 이제 계층별 값의 변화를 살펴본다.

예제에서는 학습률을 비교적 큰 1로 주었음에도 불구하고, Layer#1의 변화량은 Layer#2와 비교했을 때 크지 않은 것을 알 수 있다. 현재 모델에서 사용한 활성화 함수는 시그모이드를 적용했다. 시그모이드는 출력값의 범위를 0~1 사이로 제한하기 때문에 역전파 과정에서 0에 가까운 기울기가 곱해지게 된다.

그러므로 역전파 과정에서 입력층의 방향으로 값을 전달하는 과정에서 0으로 수렴하는 문제가 발생해 성능이 떨어진다. 출력층에 가까운 Layer#2는 변화량이 커지고, 입력층에 가까운 Layer#1은 변화량이 미미해진다. 이러한 이유로 깊은 모델의 은닉층에서는 시그모이드를 활성화 함수로 사용하지 않는다.

퍼셉트론

퍼셉트론(Perceptron)이란 인공 신경망의 한 종류로서, 1950년대에 코넬 항공 연구소(Cornell Aeronautical Lab)의 프랭크 로젠블라트(Frank Rosenblatt)에 의해 고안된 알고리즘이다. 출력이 0 또는 1인 작업을 의미하는 이진 분류 작업에 사용되는 간단한 모델이다. 퍼셉트론은 **신경 세포 (Neuron)**가 신호를 전달하는 구조와 유사한 방식으로 구현됐다.

생물학적 신경망에서는 가지돌기(Dendrite)가 외부의 신경 자극을 받아 신경세포체(Soma)에서 가중 압력을 받아 신호를 전달한다. 전달되는 신호는 축삭(Axon)을 통해 다른 신경 세포로 최종 신호를 전달 한다. 신경 세포에서 다른 신경 세포로 신호를 전달할 때 시냅스(Synapse)라는 연결 부위를 통해 신호를 전달한다. 이때 전달되는 신호를 어느 정도의 세기로 전달할지 결정하게 된다.

퍼셉트론은 이와 유사한 형태로 구성되어 있다. 가지돌기는 입력값(x)을 전달받는 역할을 한다. 신경세 포체는 입력값(x)을 토대로 특정 연산을 진행했을 때 **임곗값(Threshold)**보다 크면 전달하고, 작으면 전달하지 않는다. 시냅스는 여러 퍼셉트론을 연결한 형태가 된다.

퍼셉트론은 TLU(Threshold Logic Unit) 형태를 기반으로 하며, 계단 함수를 적용해 결과를 반환한다. 즉, 퍼셉트론은 입력값(x)과 노드의 가중치를 곱한 값을 모두 더했을 때 임곗값보다 크면 1을 출력하고, 작으면 0을 출력한다. 그러므로 여러 입력값($x_1, x_2, x_3 \cdots x_n$)을 입력했을 때, 0이나 1 또는 -1에서 1 사이의 값을 출력하는 모델을 의미한다. 다음 그림 3.26은 생물학적 뉴런의 구조를 보여준다.

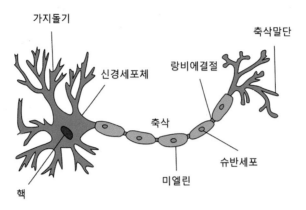

그림 3.26 생물학적 뉴런의 구조

단층 퍼셉트론

단층 퍼셉트론(Single Layer Perceptron)은 하나의 계층을 갖는 모델을 의미한다. 입력을 통해 데이터가 전달되고 입력값(x)은 각각의 가중치와 함께 노드에 전달된다. 전달된 입력값(x)과 가중치를 곱한 값이 활성화 함수에 전달된다.

활성화 함수에서 출력값($\hat{y}$)이 계산되고 이 값을 손실 함수에 실젯값(y)과 함께 연산해 가중치를 변경한다. 단층 퍼셉트론은 앞선 강좌에서 다룬 모델 구조와 동일한 형태가 된다. 그림 3.27은 지금까지의 모델 구조를 시각화한 것이다.

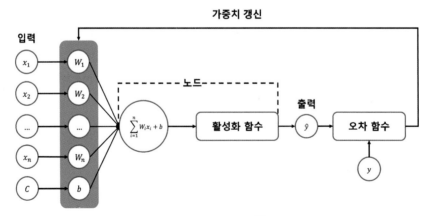

그림 3.27 단층 퍼셉트론[22]

---

22 입력값 C는 1로, b는 W_0로 간주할 수 있다.

단층 퍼셉트론 한계

단층 퍼셉트론은 AND, OR, NAND 게이트와 같은 구조를 갖는 모델은 쉽게 구현할 수 있다. 예를 들어 OR 게이트를 그래프로 표현한다면 그림 3.28과 같이 그릴 수 있다.

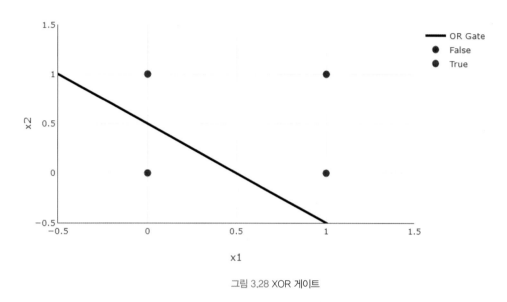

그림 3.28 XOR 게이트

하나의 기울기로 값을 나누고, 그 기울기보다 위에 있거나 아래에 있다면 참 또는 거짓 값을 갖게 할 수 있다. 하지만 XOR 게이트처럼 하나의 기울기로 표현하기 어려운 구조에서는 단층 퍼셉트론을 적용하기가 어렵다.

그림 3.28의 데이터에서 XOR을 표현하려면 [(0, 0)] / [(0, 1), (1, 0)] / [(1, 1)]의 구조로 삼등분해야 한다. [(0, 0), (1, 1)] / [(0, 1), (1, 0)]의 구조로 이등분하려 한다면 직선이 아닌 곡선의 형태가 되어 학습이 어려워질 뿐만 아니라 과대적합 문제도 발생한다.

이러한 문제를 해결하기 위해 다층 퍼셉트론을 활용한다.

다층 퍼셉트론

다층 퍼셉트론(Multi-Layer Perceptron, MLP)은 단층 퍼셉트론을 여러 개 쌓아 은닉층을 생성한다. 즉, 다층 퍼셉트론은 은닉층이 한 개 이상인 퍼셉트론 구조를 의미한다. 은닉층을 2개 이상 연결한다면 **심층 신경망(Deep Neural Network, DNN)**이라 부른다. 은닉층이 늘어날수록 더 복잡한 구조의 문제를 해결할 수 있다.

앞선 3.9 '순전파/역전파' 절의 계층 구조가 다층 퍼셉트론을 의미한다. 결국 다층 퍼셉트론은 역전파 과정을 통해 모든 노드의 가중치와 편향을 수정해 오차가 작아지는 방향으로 학습이 진행된다. 학습 방법을 다시 정리하면 다음과 같다.

1. 입력층부터 출력층까지 순전파를 진행

2. 출력값(예측값)과 실젯값으로 오차 계산

3. 오차를 퍼셉트론의 역방향으로 보내면서 입력된 노드의 기여도 측정
   A. 손실 함수를 편미분해 기울기 계산
   B. 연쇄 법칙(Chain Rule)을 통해 기울기를 계산

4. 입력층에 도달할 때까지 노드의 기여도 측정

5. 모든 가중치에 최적화 알고리즘 수행

앞선 내용을 정리하면, 은닉층의 수가 늘어날수록 더 복잡한 문제를 해결할 수 있다는 사실을 알게 된다. 해결 가능한 문제를 시각화해 확인해 보면 그림 3.29와 같다.

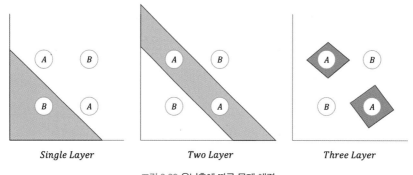

그림 3.29 은닉층에 따른 문제 해결

그림 3.29에서 알 수 있듯이 계층이 세 개 이상이라면 비교적 더 정확한 값을 찾을 수 있다. 하지만 계층이 늘어날수록 갱신해야 하는 가중치나 편향이 늘어난다. 최적의 가중치와 편향을 찾기 위해 많은 학습 데이터와 연산량을 필요로 하게 된다.

모델 구현에 있어 더 많은 양의 데이터를 수집해야 하며, 더 많은 학습 시간을 필요로 한다. 또한 추론까지 걸리는 시간 및 비용이 증가한다. 그러므로 데이터와 모델의 정확도, 시간 및 비용을 고려해 적절한 모델을 설계해야 한다.

퍼셉트론 모델 실습

이 책에서 제공하는 perceptron.csv 파일을 사용해 퍼셉트론을 구현해 본다. perceptron.csv 파일의 데이터는 표 3.12와 같은 형태로 제공된다.

표 3.12 perceptron.csv

x1	x2	y
True	True	False
True	False	True
True	False	True
False	True	True
False	False	False
...	...	...

x1, x2는 입력값을 의미하며, y는 XOR 게이트를 통과했을 때의 결과를 의미한다. 이 데이터를 활용해 단층 퍼셉트론과 다층 퍼셉트론 구조의 인공 신경망 모델을 구현해 본다.[23] 다음 예제 3.58은 단층 퍼셉트론 구조를 보여준다.

예제 3.58 단층 퍼셉트론 구조

```
import torch
import pandas as pd
from torch import nn
from torch import optim
from torch.utils.data import Dataset, DataLoader


class CustomDataset(Dataset):
    def __init__(self, file_path):
        df = pd.read_csv(file_path)
        self.x1 = df.iloc[:, 0].values
        self.x2 = df.iloc[:, 1].values
        self.y = df.iloc[:, 2].values
        self.length = len(df)
```

---

23 활성화 함수가 계단 함수라면 퍼셉트론이라 부르며, 계단 함수가 아니면 인공 신경망으로 부른다. 현재 예제는 활성화 함수에 시그모이드를 적용했으므로 인공 신경망이다.

```python
    def __getitem__(self, index):
        x = torch.FloatTensor([self.x1[index], self.x2[index]])
        y = torch.FloatTensor([self.y[index]])
        return x, y

    def __len__(self):
        return self.length

class CustomModel(nn.Module):
    def __init__(self):
        super().__init__()

        self.layer = nn.Sequential(
            nn.Linear(2, 1),
            nn.Sigmoid()
        )

    def forward(self, x):
        x = self.layer(x)
        return x

train_dataset = CustomDataset("../datasets/perceptron.csv")
train_dataloader = DataLoader(train_dataset, batch_size=64, shuffle=True, drop_last=True)

device = "cuda" if torch.cuda.is_available() else "cpu"
model = CustomModel().to(device)
criterion = nn.BCELoss().to(device)
optimizer = optim.SGD(model.parameters(), lr=0.01)

for epoch in range(10000):
    cost = 0.0

    for x, y in train_dataloader:
        x = x.to(device)
        y = y.to(device)

        output = model(x)
```

```
        loss = criterion(output, y)

        optimizer.zero_grad()
        loss.backward()
        optimizer.step()

        cost += loss

    cost = cost / len(train_dataloader)

    if (epoch + 1) % 1000 == 0:
        print(f"Epoch : {epoch+1:4d}, Cost : {cost:.3f}")

with torch.no_grad():
    model.eval()
    inputs = torch.FloatTensor([
        [0, 0],
        [0, 1],
        [1, 0],
        [1, 1]
    ]).to(device)
    outputs = model(inputs)

    print("---------")
    print(outputs)
    print(outputs <= 0.5)
```

출력 결과

```
Epoch : 1000, Cost : 0.692
Epoch : 2000, Cost : 0.692
Epoch : 3000, Cost : 0.692
Epoch : 4000, Cost : 0.693
Epoch : 5000, Cost : 0.692
Epoch : 6000, Cost : 0.692
Epoch : 7000, Cost : 0.692
Epoch : 8000, Cost : 0.692
Epoch : 9000, Cost : 0.692
Epoch : 10000, Cost : 0.692
```

```
---------
tensor([[0.4675],
        [0.4996],
        [0.5041],
        [0.5362]], device='cuda:0')
tensor([[ True],
        [ True],
        [False],
        [False]], device='cuda:0')
```

단층 퍼셉트론 구조로 XOR 문제를 해결하려고 한다면, 비용이 더 이상 감소되지 않는 것을 확인할 수 있다. 이는 하나의 계층으로는 XOR 게이트 문제를 해결할 수 없어 발생하는 문제다.

모델에 값을 입력했을 때도 출력값이 0.5 내외로 출력돼 학습이 정상적으로 진행되지 않은 것을 확인할 수 있다. 그러므로 모델에 계층을 하나 더 추가해 다층 퍼셉트론 구조로 변경한다. 다음 예제 3.59는 모델의 변경 사항을 보여준다.

예제 3.59 다층 퍼셉트론 구조

```python
class CustomModel(nn.Module):
    def __init__(self):
        super().__init__()

        self.layer1 = nn.Sequential(
            nn.Linear(2, 2),
            nn.Sigmoid()
        )
        self.layer2 = nn.Sequential(
            nn.Linear(2, 1),
            nn.Sigmoid()
        )

    def forward(self, x):
        x = self.layer1(x)
        x = self.layer2(x)
        return x
```

출력 결과

```
Epoch : 1000, Cost : 0.693
Epoch : 2000, Cost : 0.691
Epoch : 3000, Cost : 0.631
Epoch : 4000, Cost : 0.433
Epoch : 5000, Cost : 0.108
Epoch : 6000, Cost : 0.045
Epoch : 7000, Cost : 0.027
Epoch : 8000, Cost : 0.019
Epoch : 9000, Cost : 0.015
Epoch : 10000, Cost : 0.012
---------
tensor([[0.0134],
        [0.9890],
        [0.9890],
        [0.0130]], device='cuda:0')
tensor([[ True],
        [False],
        [False],
        [ True]], device='cuda:0')
```

예제 3.59에서는 XOR 문제를 해결하기 위해 계층을 하나 더 추가해 모델을 학습했다. 예제 3.58과 달리, 학습이 진행될수록 비용이 감소하는 것을 확인할 수 있다. 또한, 모델에 값을 입력했을 때 출력값이 XOR 게이트의 출력값과 동일하다는 것도 확인할 수 있다.

퍼셉트론은 많은 머신러닝 애플리케이션에서 사용된다. 특히 이진 분류 작업에서 여전히 사용되는 간단하고 효율적인 모델이다. 하지만 데이터의 복잡한 패턴을 학습할 수 없으며, 선형으로 분리되지 않는 데이터를 분류할 수 없는 등 몇 가지 제한 사항이 있다. 이러한 제한으로 인해 보다 복잡한 작업에 더 적합한 고급 신경망 모델이 개발됐다.

파이토치
심화

과대적합과 과소적합

과대적합(Overfitting)과 **과소적합(Underfitting)**은 머신러닝 모델에서 자주 발생하는 일반적인 문제다. 과대적합이란 모델이 훈련 데이터에서는 우수하게 예측하지만, 새로운 데이터에서는 제대로 예측하지 못해 오차가 크게 발생하는 것을 의미한다. 즉, 모델이 훈련 데이터에만 적합하게 학습되어 새로운 데이터에 대해서는 성능이 저하되는 경우를 일컫는다.

과소적합이란 과대적합의 문제점처럼 입력된 데이터를 잘 예측할 수 없는 상태를 의미한다. 하지만 과대적합과는 다르게 훈련 데이터에서도 성능이 좋지 않고 새로운 데이터에서도 성능이 좋지 않다. 과대적합과 과소적합은 다음과 같은 공통점이 있다.

성능 저하

과대적합과 과소적합은 기본적으로 모델의 성능을 저하시킨다. 과대적합은 훈련 데이터에서는 잘 수행되는 것처럼 보이더라도 새로운 데이터에서는 제대로 값을 예측하지 못한다. 마찬가지로 과소적합은 새로운 데이터에 대해 예측을 수행할 수 없으며, 전반적으로 모델의 성능이 좋지 못할 때 발생한다.

모델 선택 실패

과대적합과 과소적합은 모델을 변경해 문제를 완화할 수 있다. 과대적합의 경우 모델의 구조가 너무 복잡해 훈련 데이터에만 의존하게 되어 성능이 저하된다. 반대로 과소적합의 경우 모델의 구조가 너무 단순해 데이터의 특징을 제대로 학습하지 못한 경우로 볼 수 있다. 그러므로 모델을 변경하거나 모델 구조를 개선해야 한다.

편향–분산 트레이드오프

모델이 훈련 데이터와 새로운 데이터에 대해서도 우수한 성능을 보이려면 낮은 편향과 낮은 분산을 가져야 한다. 분산이 높으면 추정치(Estimate)에 대한 변동 폭이 커지며, 데이터가 갖고 있는 노이즈까지 학습 과정에 포함돼 과대적합 문제를 발생시킨다.

편향이 높으면 추정치가 항상 일정한 값을 갖게 될 확률이 높아져 데이터의 특징을 제대로 학습하지 못해 과소적합 문제를 발생시킨다. 편향과 분산은 서로 반비례하여 분산을 감소시키면 편향이 증가하고, 분산을 증가시키면 편향이 감소한다. 편향과 분산의 관계는 그림 4.1과 같다.

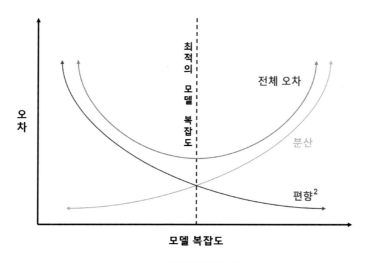

그림 4.1 편향과 분산의 관계

모델의 성능을 높이기 위해 편향과 분산을 절충해 높은 성능을 끌어내야 한다. 모델이 복잡해질수록 분산은 커지고 편향은 작아진다. 반대로 모델이 단순해질수록 분산은 작아지고 편향은 커진다. 오류를 최소화하기 위해 분산과 편향의 균형을 맞춰야 한다.

지금까지 과대적합과 과소적합이 갖는 공통된 문제에 대해 알아봤다. 이제 과대적합과 과소적합의 문제를 자세하게 알아보자.

과대적합과 과소적합 문제 해결

과대적합은 모델의 **일반화(Gcneralization)** 능력을 저하해 문제가 발생하고 과소적합은 모델이 데이터의 특징을 제대로 학습할 수 없을 때 발생한다. 그러므로 두 문제 모두 모델에 새로운 데이터를 예측했을 때 우수한 결과를 얻을 수 없다. 과대적합과 과소적합을 피하기 위해서는 다음과 같은 방법을 적용할 수 있다.

데이터 수집

과대적합과 과소적합 모두 모델이 훈련 데이터를 제대로 학습하지 못하는 경우다. 과대적합은 훈련 데이터를 너무 적합하게 학습해 문제가 발생하고 과소적합은 훈련 데이터를 제대로 학습하지 못해 발생한다. 모델이 훈련 데이터에서 노이즈를 학습하지 않으면서 일반적인 규칙을 찾을 수 있게 학습 데이터의 수를 늘린다.

피처 엔지니어링

신규 데이터 수집이 어려운 경우라면 기존 훈련 데이터에서 변수나 특징을 추출하거나 피처를 더 작은 차원으로 축소한다. 모델이 더 학습하기 쉬운 형태로 데이터를 변환하면 노이즈에 더 강건한 모델을 구축할 수 있다.

모델 변경

과대적합이나 과소적합이 발생하는 주요한 이유는 훈련 데이터세트에 비해 너무 강력한 모델을 사용하거나 너무 간단한 모델을 사용하기 때문이다.

과대적합은 학습 데이터에 비해 강력한 모델을 사용하는 경우에 발생한다. 강력한 모델의 경우 깊은(Deep) 구조의 모델일 가능성이 높다. 모델의 매개변수가 많기 때문에 적은 양의 데이터로 학습한다면 효과적으로 모델을 학습할 수 없다. 이 경우 모델의 계층을 축소하거나 더 간단한 모델로 변경해야 한다.

과소적합은 학습 데이터에 비해 간단한 모델을 사용할 때 발생한다. 모델의 구조가 간단하면 데이터의 특징을 제대로 학습할 수 없다. 이 경우 모델의 계층을 확장하거나 더 복잡한 모델로 변경해야 한다.

조기 중단

모델 학습 시 검증 데이터세트로 성능을 지속적으로 평가해 모델의 성능이 저하되기 전에 모델 학습을 조기 중단(Early Stopping)하는 방법이다. 즉, 과대적합이 발생하기 전에 모델 학습을 중단하는 방법이다.

배치 정규화

모델에 배치 정규화(Batch Normalization)를 적용해 모델 성능과 모델 안정성을 향상시킨다. 모델의 계층마다 평균과 분산을 조정해 내부 공변량 변화를 줄여 과대적합을 방지한다. 자세한 내용은 4.2 '배치 정규화' 절에서 확인한다.

가중치 초기화

가중치 초기화(Weight Initialization)는 모델의 매개변수를 최적화하기 전에 가중치 초깃값을 설정하는 프로세스를 의미한다. 학습 시 기울기가 매우 작아지거나 커지는 문제가 발생할 수 있다. 이러한 문제는 학습을 어렵게 만들거나 불가능하게 만든다. 그러므로 적절한 초기 가중치를 설정해 과대적합을 방지할 수 있다. 자세한 내용은 4.3 '가중치 초기화' 절에서 확인한다.

정칙화

모델에 정칙화(Regularization)를 적용해 목적 함수에 페널티를 부여하는 방법이다. 모델을 일부 제한해 과대적합을 방지할 수 있다. 정칙화에는 학습 조기 중단, L1 정칙화, L2 정칙화, 드롭아웃, 가중치 감쇠 등이 있다. 자세한 내용은 4.4 '정칙화' 절에서 확인한다.

지금까지 과대적합과 과소적합에 대한 원인과 해결 방법에 대해 알아봤다. 모델의 성능과 안정성을 높이려면 앞서 배운 해결 방안을 적절히 활용해야 한다. 하나의 해결 방법으로는 과대적합이나 과소적합 문제를 완전히 해결할 수는 없다.

배치 정규화, 정칙화, 가중치 초기화 방법 등은 인공 신경망의 성능과 안정성을 개선하는 데 유용한 기술이며, 많은 머신러닝 모델에서 널리 사용된다. 그러므로 모델의 구조를 설계하고 학습할 때 위와 같은 기술이 충분히 적용됐는지 고려한다.

배치 정규화

배치 정규화(Batch Normalization)란 **내부 공변량 변화(Internal Covariate Shift)**를 줄여 과대적합을 방지하는 기술이다. 일반적으로 인공 신경망을 학습할 때 입력값을 배치 단위로 나눠 학습을 진행한다. 배치 단위로 나눠 학습하는 경우 상위 계층의 매개변수가 갱신될 때마다 현재 계층에 전달되는 데이터의 분포도 변경된다.

각 계층은 배치 단위의 데이터로 인해 계속 변화되는 입력 분포를 학습해야 하기 때문에 인공 신경망의 성능과 안정성이 낮아져 학습 속도가 느려진다. 이렇게 내부 공변량 변화란 계층마다 입력 분포가 변경되는 현상을 의미한다.

내부 공변량 변화가 발생하는 경우 은닉층에서 다음 은닉층으로 전달될 때 입력값이 균일해지지 않아 가중치가 제대로 갱신되지 않을 수 있다. 이로 인해 학습이 불안정해지고 느려져 가중치가 일정한 값으로 수렴하기 어려워진다.

또한 초기 가중치 값에 민감해져 일반화하기가 어려워져 더 많은 학습 데이터를 요구하게 된다. 이러한 문제를 해결하기 위해 각 계층에 배치 정규화를 적용한다.

배치 정규화는 미니 배치의 입력을 정규화하는 방식으로 동작한다. 예를 들어 미니 배치에 전달되는 입력값이 [100, 1, 1]이거나 [1, 0.01, 0.01]이라면 두 배열의 값 모두 [1.4142, −0.7071, −0.7071]로 정규화한다.

배치 정규화를 적용하면 각 계층에 대한 입력이 일반화되고 독립적으로 정규화가 수행되므로 더 빠르게 값을 수렴할 수 있다. 입력이 정규화되므로 초기 가중치에 대한 영향을 줄일 수 있다.

정규화 종류

배치 정규화는 이미지 분류 모델에서 배치 정규화 적용 시 14배 더 적은 학습으로도 동일한 정확도를 달성할 수 있으며 더 높은 학습률을 적용해 학습 시간을 최소화할 수 있다. 배치 정규화 이외에도 **계층 정규화(Layer Normalization)**[1], **인스턴스 정규화(Instance Normalization)**[2], **그룹 정규화(Group Normalization)**[3]가 있다. 그림 4.2는 각각의 정규화 방식을 보여준다.

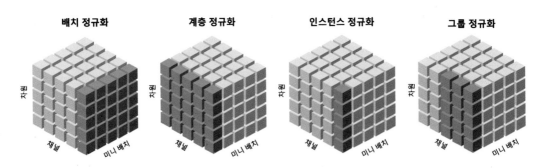

그림 4.2 정규화 방식 시각화

---

1 https://arxiv.org/abs/1607.06450
2 https://arxiv.org/abs/1607.08022
3 https://arxiv.org/abs/1803.08494

그림 4.2는 특징 맵(Feature Map)을 3D로 시각화 했을 때 정규화가 수행되는 방식을 보여준다. 해당 블록을 이미지 데이터나 텍스트 데이터라고 가정한다면 차원(Dimensions)은 이미지 데이터의 크기 (너비, 높이)나 어휘 사전의 크기가 된다. 채널(Channels)의 경우 이미지 데이터의 채널이나 시간 간격 (Timestep)으로 볼 수 있다. 데이터 종류에 따라 축의 의미가 달라질 수 있으나, 정규화 처리 방식은 동일하다.

앞서 설명한 배치 정규화는 미니 배치에서 계산된 평균 및 분산을 기반으로 계층의 입력을 정규화한다. 계층 정규화의 경우 이미지 데이터 전체를 대상으로 정규화를 수행하지 않고 각각의 이미지 데이터에 채널별로 정규화를 수행한다. 배치 정규화는 컴퓨터비전과 관련된 모델 중 합성곱 신경망(CNN)이나 다층 퍼셉트론(MLP)과 같은 **순방향 신경망(Feedforward Neural Network)**[4]에서 주로 사용된다.

계층 정규화의 경우 미니 배치의 샘플 전체를 계산하는 방법이 아닌, 채널 축으로 계산되기 때문에 미니 배치 샘플 간의 의존관계가 없다. 그러므로 샘플이 서로 다른 길이를 가지더라도 정규화를 수행할 수 있다. 계층 정규화는 신경망 모델 중 자연어 처리에서 주로 사용되며 순환 신경망(RNN)이나 트랜스포머 기반 모델에서 주로 사용된다.

인스턴스 정규화는 채널과 샘플을 기준으로 정규화를 수행한다. 정규화가 각 샘플에 대해 개별적으로 수행되므로 입력이 다른 분포를 갖는 작업에 적합하다. 그러므로 인스턴스 정규화는 생성적 적대 신경망(GAN)이나 이미지의 스타일을 변환하는 스타일 변환(Style Transfer) 모델에서 주로 사용된다.

마지막으로 그룹 정규화는 채널을 N개의 그룹으로 나누고 각 그룹 내에서 정규화를 수행한다. 그룹을 하나로 설정하면 인스턴스 정규화와 동일하며, 그룹의 개수를 채널의 개수와 동일하게 설정하면 계층 정규화와 동일한 기능을 한다. 그룹 정규화는 배치 크기가 작거나 채널 수가 매우 많은 경우에 주로 사용된다. 합성곱 신경망(CNN)의 배치 크기가 작으면 배치 정규화가 배치의 평균과 분산이 데이터세트를 대표한다고 보기 어렵기 때문에 배치 정규화의 대안으로 사용된다.

배치 정규화 풀이

배치 정규화는 미니 배치의 평균과 분산을 계산해 정규화를 수행한다. 이번에는 배치 정규화가 어떻게 수행되는지 알아본다. 다음 수식 4.1은 배치 정규화 수식을 보여준다.

---

[4] 입력층에서 출력층까지 한 방향으로 구성된 신경망이다. 출력층에서 네트워크의 예측이 결정된다.

수식 4.1 배치 정규화

$$y_i = \frac{x_i - E[X]}{\sqrt{Var[X] + \varepsilon}} * \gamma + \beta$$

x_i는 입력값을 의미하며, y_i는 배치 정규화가 적용된 결괏값이다. $E[X]$는 산술 평균(Arithmetic Mean)을 의미하며, $Var[X]$는 분산(Variance)을 의미한다. X는 전체 모집단을 의미하며, 미니 배치의 은닉층 출력값이다. ε은 분모가 0이 되는 현상을 방지하는 작은 상수다. 기본값은 10^{-5}(0.00001)이다.

γ와 β는 학습 가능한 매개변수로서, 활성화 함수에서 발생하는 음수의 영역을 처리할 수 있게 값을 조절하는 스케일(Scale) 값과 시프트(Shift) 값이다. 주로 γ의 초깃값은 1, β의 초깃값은 0으로 할당한다. 이제 예제 4.1과 같은 텐서에서 배치 정규화를 적용해 본다.

예제 4.1 텐서 초깃값

```
x = torch.FloatTensor(
    [
        [-0.6577, -0.5797, 0.6360],
        [0.7392, 0.2145, 1.523],
        [0.2432, 0.5662, 0.322]
    ]
)
```

예제 4.1의 FloatTensor를 수식으로 표현하면 수식 4.2와 같다. 이 값에 배치 정규화를 적용해 본다.

수식 4.2 텐서 초깃값

$$X_1 = [-0.6577, 0.7392, 0.2432]$$
$$X_2 = [-0.5797, 0.2145, 0.5662]$$
$$X_3 = [0.636, 1.523, 0.322]$$

먼저 X_1의 x_1, x_2, x_3 값에 배치 정규화를 적용해 본다. 배치 정규화를 계산하려면 산술 평균과 분산을 계산해야 한다. 다음 수식 4.3은 $E[X]$와 $Var[X]$의 계산 결과를 보여준다.

수식 4.3 산술 평균과 분산

$$E[X] = \frac{-0.6577 + 0.7392 + 0.2432}{3}$$
$$\simeq 0.1082$$

$$Var[X] = \frac{(E[X]+0.6577)^2 + (E[X]+0.7392)^2 + (E[X]+0.2432)^2}{3}$$
$$= \frac{(0.1082+0.6577)^2 + (0.1082-0.7392)^2 + (0.1082-0.2432)^2}{3}$$
$$\simeq 0.3343$$

평균과 분산에 대한 계산을 완료했다면, 배치 정규화 수식을 적용해 새로운 값을 할당한다. 먼저 x_1 값에 대한 배치 정규화를 수행한다.

수식 4.4 x_1 배치 정규화

$$y_1 = \frac{x_i - E[X]}{\sqrt{Var[X] + \varepsilon}} * \gamma + \beta$$
$$= \frac{-0.6577 - 0.1082}{\sqrt{0.3343 + \varepsilon}} * \gamma +$$
$$= \frac{-0.6577 - 0.1082}{\sqrt{0.3343 + 0.00001}} * 1 + 0$$
$$= -1.3246$$

수식 4.4와 동일한 방법으로 x_2, x_3에 배치 정규화를 수행한다. X_1에 대한 배치 정규화를 완료했다면 Y_1을 계산할 수 있다. 다음 수식 4.5는 Y_1을 계산한 결과를 보여준다.[5]

수식 4.5 배치 정규화 결과

$$Y_1 = [-1.3246, 1.0912, 0.2334]$$

Y_1에 대해 다시 평균과 분산을 계산한다면 평균은 0.0, 분산은 1.0으로 정규화된다. X_2, X_3 값도 동일하게 배치 정규화를 수행하면 수식 4.6과 같이 나타난다.

---

5 α와 β는 역전파 과정에서 값이 갱신된다.

수식 4.6 배치 정규화 최종 결과

$$Y_1 = \left[-1.3246, 1.0912, 0.2334 \right]$$
$$Y_2 = \left[-1.3492, 0.3077, 1.0415 \right]$$
$$Y_3 = \left[-0.3756, 1.3685, -0.9930 \right]$$

배치 정규화를 수행하면 수식 4.6과 같이 표현된다. 이세 예제 4.1의 FloatTensor 값으로 배치 정규화를 수행해 본다. 다음 예제 4.2는 배치 정규화 수행 방법을 보여준다.

예제 4.2 배치 정규화 수행

```
import torch
from torch import nn

x = torch.FloatTensor(
    [
        [-0.6577, -0.5797, 0.6360],
        [0.7392, 0.2145, 1.523],
        [0.2432, 0.5662, 0.322]
    ]
)


print(nn.BatchNorm1d(3)(x))
```

출력 결과

```
tensor([[-1.3246, -1.3492, -0.3756],
        [ 1.0912,  0.3077,  1.3685],
        [ 0.2334,  1.0415, -0.9930]], grad_fn=<NativeBatchNormBackward0>)
```

출력 결과에서 확인할 수 있듯이, 수식 4.6 배치 정규화의 최종 결과와 동일한 값을 반환한다. 배치 정규화는 간단하게 배치 정규화 클래스를 통해 수행할 수 있다. 이제 배치 정규화 클래스를 알아본다.

배치 정규화 클래스

```
m = torch.nn.BatchNorm1d(
    num_features,
    eps=1e-05
)
```

1차원 배치 정규화 클래스는 특징 개수(num_features)를 입력받아 배치 정규화를 수행한다. 특징 개수는 텐서의 특징 개수를 의미하므로 입력 데이터의 채널 수가 된다. eps는 분모가 0이 되는 현상을 방지하는 작은 상수다. 일반적으로 정규화는 모델 학습 중에만 적용된다.[6]

현재 1차원 배치 정규화에 대해 설명했다. 채널이 포함된 입력 데이터를 정규화한다면 BatchNorm2d 클래스를 사용한다. 이 외에도 LayerNorm 클래스나 InstanceNorm1d 클래스 등이 있다. 이번 장에서 설명한 정규화 클래스를 표 4.1에 정리했다.

표 4.1 정규화 클래스

정규화 종류	클래스	의미
배치 정규화	torch.nn.BatchNorm1d(num_features)	2D/3D 입력 데이터에 배치 정규화 수행
배치 정규화	torch.nn.BatchNorm2d(num_features)	4D 입력 데이터에 배치 정규화 수행
배치 정규화	torch.nn.BatchNorm3d(num_features)	5D 입력 데이터에 배치 정규화 수행
계층 정규화	torch.nn.LayerNorm(normalized_shape)	정규화하려는 차원 크기로 계층 정규화 수행
인스턴스 정규화	torch.nn.InstanceNorm1d(num_features)	2D/3D 입력 데이터에 인스턴스 정규화 수행
인스턴스 정규화	torch.nn.InstanceNorm2d(num_features)	4D 입력 데이터에 인스턴스 정규화 수행
인스턴스 정규화	torch.nn.InstanceNorm3d(num_features)	5D 입력 데이터에 인스턴스 정규화 수행

---

6 추론 시 모델에서 학습한 평균과 분산을 사용하는 경우에는 **추론 시간 배치 정규화**(Inference Time Batch Normalization)라고 한다.

정규화 종류	클래스	의미

그룹 정규화	torch.nn.GroupNorm(
	    num_groups,
	    num_channels
	)
		그룹과 채널을 나눠 정규화 수행

가중치 초기화

가중치 초기화(Weight Initialization)란 모델의 초기 가중치 값을 설정하는 것을 말한다. 3장의 최적화에서 초기 가중치에 따라 모델을 최적화하는 데 많은 어려움을 겪는 것을 확인했다.

모델 매개변수에 적절한 초깃값을 설정한다면 기울기 폭주나 기울기 소실 문제를 완화할 수 있다. 또한 모델의 수렴 속도를 향상시켜 전반적인 학습 프로세스를 개선할 수 있다. 이번 절에서는 가중치 초기화 방법에 대해 알아본다.

상수 초기화

가중치를 초기화하는 매우 간단한 방법은 상숫값으로 초기화하는 것이다. 상수 초기화는 초기 가중치 값을 모두 같은 값으로 초기화한다.

예를 들어 0이나 0.1과 같이 매우 작은 양의 상숫값으로 모든 가중치를 동일하게 할당한다. 대표적으로 0, 1, 특정 값(Constant), 단위행렬(Unit Matrix), 디랙 델타 함수(Dirac Delta Function)[7] 값 등이 있다.

수식 4.7 상수 초기화

$$W = a$$

상수 초기화는 구현이 간단하고 계산 비용이 거의 들지 않지만, 일반적으로 사용되지 않는 초기화 방법이다. 모든 가중치 초깃값을 같은 값으로 초기화하면 배열 구조의 가중치에서는 문제가 발생한다.

---

7   임펄스 함수(Impulse Function)라고도 하며, 0에서만 1의 값을 가지고 그 외의 시간에서는 0의 값을 가진다. 함수보다는 분포에 가깝다.

이러한 문제는 **대칭 파괴(Breaking Symmetry)**[8] 현상으로 인해 모델을 학습하기 어렵거나 학습이 불가능하게 만든다. 그러므로 모든 노드가 동일한 출력을 생성하여 모델이 학습되지 않는다.

예를 들어 가중치 값을 모두 0으로 할당하면 역전파 과정에서 모든 가중치가 동일한 값으로 갱신된다. 이 경우 역전파를 통해 가중치가 제대로 갱신되지 않으므로 학습이 정상적으로 진행되지 않는다.

상수 초기화는 스칼라값을 입력으로 받는 매우 작은 모델이나 퍼셉트론 등에 적용하거나 편향을 초기화하는 경우 0이나 0.01 등의 형태로 초기화하는 데 사용된다.

무작위 초기화

무작위 값으로 초기화하는 방법은 초기 가중치의 값을 무작위 값이나 특정 분포 형태로 초기화하는 것을 말한다. 예를 들어 정규 분포의 형태로 가중치의 값을 초기화한다.

대표적으로 무작위(Random), 균등 분포(Uniform Distribution), 정규 분포(Normal Distribution), 잘린 정규 분포(Truncated Normal Distribution), 희소 정규 분포 초기화(Sparse Normal Distribution Initialization) 등이 있다.

수식 4.8 잘린 정규 분포 초기화

$$W = \mathcal{N}(mean, std^2)[a, b]$$

수식 4.9 희소 정규 분포 초기화

$$W = \mathcal{N}(0, 0.01)$$

무작위 초기화는 노드의 가중치와 편향을 무작위로 할당해 네트워크가 학습할 수 있게 하여 대칭 파괴 문제를 방지할 수 있다. 무작위 초기화는 간단하고 많이 사용되는 초기화 방법이다.

무작위 초기화는 계층이 적거나 하나만 있는 경우에는 보편적으로 적용할 수 있지만, 계층이 많아지고 깊어질수록 활성화 값이 양 끝단에 치우치게 되어 기울기 소실 현상이 발생한다. 결과적으로 상수 초기화와 동일한 문제가 발생할 수 있다.

---

8   신경망의 초기 가중치가 동일한 상숫값으로 설정되어 네트워크의 모든 노드가 동일한 출력을 생성해 네트워크가 어려워지는 현상을 의미한다.

제이비어 & 글로럿 초기화

제이비어 초기화(Xavier Initialization)는 **글로럿 초기화(Glorot Initialization)**라고도 하며, 균등 분포나 정규 분포를 사용해 가중치를 초기화하는 방법이다. 제이비어 글로럿(Xavier Glorot)과 요슈아 벤지오(Yoshua Bengio)가 2010년에 제안한 방법으로 각 노드의 출력 분산이 입력 분산과 동일하도록 가중치를 초기화하는 방법이다.

수식 4.10 제이비어 초기화 (균등 분포)

$$W = \mathcal{U}(-a, a)$$
$$a = gain \times \sqrt{\frac{6}{fan_{in} + fan_{out}}}$$

수식 4.11 제이비어 초기화 (정규 분포)

$$W = \mathcal{N}(0, std^2)$$
$$std = gain \times \sqrt{\frac{2}{fan_{in} + fan_{out}}}$$

제이비어 초기화와 확률 분포 초기화 방법의 주요한 차이점은 동일한 표준 편차를 사용하지 않고 은닉층의 노드 수에 따라 다른 표준 편차를 할당한다는 점이다.

평균이 0인 정규 분포와 현재 계층의 입력 및 출력 노드 수를 기반으로 계산되는 표준 편차로 가중치를 초기화하여 수행된다. 즉, 이전 계층의 노드 수(fan_{in})와 다음 계층의 노드 수(fan_{out})에 따라 표준 편차가 계산된다.

제이비어 초기화는 입력 데이터의 분산이 출력 데이터에서 유지되도록 가중치를 초기화하므로 시그모이드나 하이퍼볼릭 탄젠트를 활성화 함수로 사용하는 네트워크에서 효과적이다.

카이밍 & 허 초기화

카이밍 초기화(Kaiming Initialization)는 **허 초기화(He Initialization)**라고도 하며, 제이비어 초기화 방법과 마찬가지로 균등 분포나 정규 분포를 사용해 가중치를 초기화하는 방법이다. 카이밍 허(Kaiming He)가 2015년에 제안한 방법으로, 순방향 신경망 네트워크에서 가중치를 초기화할 때 효과적이다.

수식 4.12 카이밍 초기화 (균등 분포)

$$W = \mathcal{U}(-a, a)$$
$$a = gain \times \sqrt{\frac{3}{fan_{in}}}$$

수식 4.13 카이밍 초기화 (정규 분포)

$$W = \mathcal{N}(0, std^2)$$
$$std = \frac{gain}{\sqrt{fan_{in}}}$$

카이밍 초기화 방법도 제이비어 초기화 방법처럼 각 노드의 출력 분산이 입력 분산과 동일하도록 가중치를 초기화한다. 하지만 수식에서 확인할 수 있듯이 현재 계층의 입력 뉴런 수를 기반으로만 가중치를 초기화한다.

카이밍 초기화 방법은 제이비어 초기화에서 발생한 문제점을 보완한 방법이다. 각 노드의 출력 분산이 입력 분산과 동일하게 만들어 ReLU 함수의 죽은 뉴런 문제를 최소화할 수 있다. 그러므로 ReLU를 활성화 함수로 사용하는 네트워크에서 효과적이다.

직교 초기화

직교 초기화(Orthogonal Initialization)는 특잇값 분해(Singular Value Decomposition, SVD)를 활용해 자기 자신을 제외한 나머지 모든 열, 행 벡터들과 직교이면서 동시에 단위 벡터인 행렬을 만드는 방법이다. 장단기 메모리(Long Short-Term Memory, LSTM)[9] 및 게이트 순환 유닛(Gated Recurrent Units, GRU)[10]과 같은 순환 신경망(RNN)에서 주로 사용된다.

직교 행렬(Orthogonal Matrix)의 고윳값의 절댓값은 1이기 때문에 행렬 곱을 여러 번 수행하더라도 기울기 폭주나 기울기 소실이 발생하지 않는다. 그러므로 가중치 행렬의 고윳값이 1에 가까워지도록 해 RNN에서 기울기가 사라지는 문제를 방지하는 데 사용된다. 직교 초기화는 모델이 특정 초기화 값에 지나치게 민감해지므로 순방향 신경망에서는 사용하지 않는다.

---

9 기존 순환 신경망(RNN)의 문제인 기울기 소실 문제를 방지하도록 개발된 모델이다. 자세한 내용은 6.5 '순환 신경망' 절에서 다룬다.

10 2014년 조경현 교수가 제안한 RNN 모델로, 초기화 게이트(Reset Gate)와 업데이트 게이트(Update Gate) 등을 도입해 LSTM보다 더 간단하고 효율적인 모델이다.

가중치 초기화 실습

가중치 초기화는 일반적으로 모델 클래스를 구축하고 모델 매개변수의 초깃값을 설정할 때 주로 사용된다. 이번 실습에서는 가중치 초기화 시 가장 많이 사용하는 방식으로 구현해 본다. 다음 예제 4.3은 임의의 모델 클래스를 선언한 코드와 가중치 초기화 적용 방식을 보여준다.

예제 4.3 가중치 초기화 함수 (1)

```python
from torch import nn


class Net(nn.Module):
    def __init__(self):
        super().__init__()
        self.layer = nn.Sequential(
            nn.Linear(1, 2),
            nn.Sigmoid()
        )
        self.fc = nn.Linear(2, 1)
        self._init_weights()

    def _init_weights(self):
        nn.init.xavier_uniform_(self.layer[0].weight)
        self.layer[0].bias.data.fill_(0.01)

        nn.init.xavier_uniform_(self.fc.weight)
        self.fc.bias.data.fill_(0.01)


model = Net()
```

가중치 초기화는 _init_weights 메서드에서 모델 매개변수의 초깃값을 설정한다. _init_weights 메서드는 사용자 정의 메서드로, 메서드 이름 앞에 하나의 밑줄(_)을 붙여 **프로텍티드 메서드(Protected Method)**[11]로 사용한다. 가중치 초기화 메서드를 정의했다면, 가중치 초기화가 필요한 모듈, 클래스, 함수 등을 초기화한다.

---

11   클래스 또는 해당 하위 클래스 외부에서 사용돼서는 안 된다는 것을 나타내는 컨벤션(Convention)으로 강제성은 없다.

이번 예제에서는 가중치는 제이비어 초기화를 적용하고 편향은 상수 초기화를 적용해 본다. 제이비어 초기화 함수는 nn.init.xavier_uniform_으로 값을 초기화할 수 있으며, 편향은 간단하게 fill_ 메서드로 값을 채울 수 있다.

가중치 초기화를 적용하려는 self.layer 변수는 시퀀셜 클래스를 활용해 선형 변환 함수와 시그모이드 함수를 하나로 묶었다. 선형 변환 함수의 가중치와 편향을 초기화하려고 한다면 첫 번째(index=0) 값을 불러와 적용한다. self.fc 변수는 선형 변환 함수에 시퀀셜 클래스를 적용하지 않았으므로 원소 호출 없이 가중치와 편향을 초기화한다.

가중치 초기화 설정을 모두 완료했다면 초기화 메서드에서 호출한다. 일반적으로 가중치 초기화 메서드는 모델의 계층이 정의된 직후 호출한다.

예제 4.3과 같이 모델이 작고 변동성이 거의 없는 경우에는 간단하게 가중치를 초기화할 수 있지만, 모델이 커지고 구조가 복잡해지면 모델의 코드도 매우 복잡해진다. 이러한 문제점을 방지하기 위해 가중치 초기화 메서드를 모듈화해 적용한다. 다음 예제 4.4는 가중치 초기화 함수를 모듈화해 적용하는 방법을 보여준다.

예제 4.4 가중치 초기화 함수 (2)

```python
from torch import nn


class Net(nn.Module):
    def __init__(self):
        super().__init__()
        self.layer = nn.Sequential(
            nn.Linear(1, 2),
            nn.Sigmoid()
        )
        self.fc = nn.Linear(2, 1)
        self.apply(self._init_weights)

    def _init_weights(self, module):
        if isinstance(module, nn.Linear):
            nn.init.xavier_uniform_(module.weight)
            nn.init.constant_(module.bias, 0.01)
        print(f"Apply : {module}")
```

```
model = Net()
```

출력 결과

```
Apply : Linear(in_features=1, out_features=2, bias=True)
Apply : Sigmoid()
Apply : Sequential(
  (0): Linear(in_features=1, out_features=2, bias=True)
  (1): Sigmoid()
)
Apply : Linear(in_features=2, out_features=1, bias=True)
Apply : Net(
  (layer): Sequential(
    (0): Linear(in_features=1, out_features=2, bias=True)
    (1): Sigmoid()
  )
  (fc): Linear(in_features=2, out_features=1, bias=True)
)
```

가중치 초기화 메서드를 범용적으로 변경하려면 적용 함수(torch.apply)를 사용한다. 적용 함수는 텐서의 각 요소에 임의의 함수를 적용하고 결과와 함께 새 텐서를 반환한다. 이러한 역할을 통해 적용 함수에 가중치 초기화 메서드를 전달해 초깃값을 설정할 수 있다.

먼저 가중치 초기화 메서드에 module 매개변수를 추가한다. module 매개변수는 초기화 메서드에서 선언한 모델의 매개변수를 의미한다. 적용 함수에서 모델의 매개변수가 전달된다.

모델의 매개변수를 객체 식별 함수(isinstance)로 선형 변환 함수인지 확인한다. 만약 선형 변환 함수라면 가중치와 편향을 초기화한다. 이번 예제에서는 nn.init.constant_ 함수로 상수를 초기화했다.

출력 결과에서 확인할 수 있듯이 하위 모듈에 재귀적으로 적용되어 self.layer 변수의 선형 변환 함수, 시그모이드 함수가 적용된 후에 시퀀셜을 호출한다. 모든 계층을 호출했다면 최종으로 네트워크까지 호출하고 종료한다.

가중치 초기화 방법은 앞선 예제 방식 이외에 **self.modules**[12] 메서드로도 모듈을 호출해 코드를 구성할 수도 있다. 가중치 초기화 메서드는 파이토치의 내장 함수가 아니므로 필수적인 요소는 아니지만, 코드의 가독성과 생산성을 위해 사용하기를 권장한다.

다음 표 4.2는 이번 장에서 설명한 가중치 초기화 함수를 정리한 것이다.

표 4.2 가중치 초기화 함수

가중치 초기화 종류	클래스	의미

상수 초기화	torch.nn.init.constant_(
	    tensor,
	    val
	)
		tensor를 val로 초기화

스칼라(1) 초기화	torch.nn.init.ones_(tensor)	tensor를 1로 초기화
스칼라(0) 초기화	torch.nn.init.zeros_(tensor)	tensor를 0으로 초기화
스칼라(eye) 초기화	torch.nn.init.eye_(tensor)	대각선을 1로 채우고 다른 곳은 0으로 초기화 (2차원 텐서만 가능)
디랙 델타 함수 초기화	torch.nn.init.dirac_(tensor)	tensor를 디랙 델타 함수로 초기화 (3, 4, 5차원 텐서만 가능)

균등 분포 초기화	torch.nn.init.uniform_(
	    tensor,
	    a=0.0,
	    b=1.0
	)
		tensor를 $\mathcal{U}(a, b)$로 초기화

---

12 네트워크의 모든 모듈을 반복자로 반환하는 메서드

가중치 초기화 종류	클래스	의미
정규 분포 초기화	```torch.nn.init.normal_(tensor, mean=0.0, std=1.0)```	tensor를 $\mathcal{N}(mean, std^2)$으로 초기화
잘린 정규 분포 초기화	```torch.nn.init.trunc_normal_(tensor, mean=0.0, std=1.0, a=-2.0, b=2.0)```	tensor를 $\mathcal{N}(mean, std^2)[a, b]$로 초기화
희소 정규 분포 초기화	```torch.nn.init.sparse_(tensor, sparsity)```	tensor를 sparsity 비율만큼 $\mathcal{N}(0, 0.01)$로 초기화
제이비어 초기화 (균등 분포)	```torch.nn.init.xavier_uniform_(tensor, gain=1.0)```	tensor를 제이비어 균등 분포로 초기화
제이비어 초기화 (정규 분포)	```torch.nn.init.xavier_normal_(tensor, gain=1.0)```	tensor를 제이비어 정규 분포로 초기화
카이밍 초기화 (균등 분포)	```torch.nn.init.kaiming_uniform_(tensor, a=0)```	tensor를 카이밍 균등 분포로 초기화
카이밍 초기화 (정규 분포)	```torch.nn.init.kaiming_normal_(tensor, a=0)```	tensor를 카이밍 정규 분포로 초기화
직교 초기화	```torch.nn.init.orthogonal_(tensor, gain=1)```	tensor를 직교 행렬로 초기화 (gain은 배율 계수를 의미)

정칙화

정칙화(Regularization)[13]란 모델 학습 시 발생하는 과대적합 문제를 방지하기 위해 사용되는 기술로, 모델이 **암기**(Memorization)가 아니라 **일반화**(Generalization)할 수 있도록 손실 함수에 **규제**(Penalty)를 가하는 방식이다.

암기란 모델이 데이터의 특성이나 패턴을 학습하는 것이 아니라 훈련 데이터의 노이즈를 학습했을 때 발생한다. 모델이 훈련 데이터에서는 잘 수행되지만, 새로운 데이터에서는 제대로 수행되지 못하는 경우를 의미한다. 즉, 모델이 데이터의 일반적인 패턴을 학습한 것이 아니라 학습 데이터의 노이즈나 특정 패턴을 학습한 것이다.

일반화란 모델이 새로운 데이터에서도 정확한 예측을 할 수 있음을 의미한다. 특정 데이터가 갖고 있는 노이즈를 학습하는 것이 아니라 데이터의 일반적이 패턴을 학습했을 때 일반화된 모델이라 부른다. 일반화된 모델은 학습에 사용한 데이터와 약간 다르더라도 정확한 예측을 할 수 있다.

정칙화는 이러한 노이즈에 강건하고 일반화된 모델을 구축하기 위해 사용하는 방법이다. 모델이 특정 피처나 특정 패턴에 너무 많은 비중을 할당하지 않도록 손실 함수에 규제를 가해 모델의 **일반화 성능**(Generalization Performance)[14]을 향상시킨다.

정칙화를 적용하면 학습 데이터들이 갖고 있는 작은 차이점에 대해 덜 민감해져 모델의 분산 값이 낮아진다. 그러므로 정칙화는 모델이 데이터를 학습할 때 의존하는 특징의 수를 줄임으로써 모델의 추론 능력을 개선한다.

---

13 정칙화는 정규화라고도 부르지만 **정규화**(Normalization)와 구분하기 위해 정칙화로 표현한다.
14 모델이 학습할 때 경험하지 못했던 상황에 대한 성능을 의미한다.

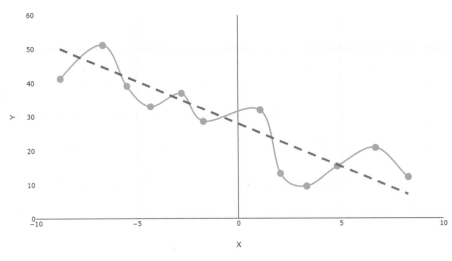

그림 4.3 가중치 규제를 통한 일반화

정칙화는 모델이 비교적 복잡하고 학습에 사용되는 데이터의 수가 적을 때 활용한다. 모델이 단순하다면 모델 매개변수의 수가 적어 정칙화가 필요하지 않다. 또한 데이터의 수가 많거나 데이터가 잘 정제되어 있어 노이즈가 거의 없는 경우에는 사용하지 않는다.

정칙화는 노이즈에 강건하게 만들어 일반화하는 데 사용하므로 이미 정규화되어 있는 경우에는 사용하지 않아도 된다. 정칙화의 종류에는 L1 정칙화, L2 정칙화, 가중치 감쇠, 드롭아웃 등이 있다.

L1 정칙화

L1 정칙화(L1 Regularization)는 **라쏘 정칙화(Lasso Regularization)**라고도 하며, **L1 노름(L1 Norm)**[15] 방식을 사용해 규제하는 방법이다. L1 노름은 벡터 또는 행렬값의 절댓값 합계를 계산한다. 이러한 방식을 차용해 L1 정칙화는 손실 함수에 가중치 절댓값의 합을 추가해 과대적합을 방지한다.

모델 학습은 비용이 0이 되는 방향으로 진행된다. 손실 함수에 값을 추가한다면 오차는 더 커질 수밖에 없다. 그러므로 모델은 추가된 값까지 최소화할 수 있는 방향으로 학습이 진행된다.

L1 정칙화는 손실 함수에 가중치 절댓값의 합으로 규제를 가하므로 모델은 가중치 절댓값의 합도 최소가 되는 방향으로 학습이 진행한다. 모델 학습 시 값이 크지 않은 가중치들은 0으로 수렴하게 되어 예측에 필요한 특징의 수가 줄어든다.

---

15 맨해튼 노름(Manhattan Norm) 또는 택시 노름(Taxicab Norm)이라고도 부르며 $\|*\|_1$로 표현한다.

불필요한 가중치가 0이 되므로 L1 정칙화를 적용한 모델은 특징 선택(Feature Selection) 효과를 얻을 수 있다. L1 정칙화를 수식으로 표현한다면 수식 4.14와 같다.

수식 4.14 L1 정칙화

$$L_1 = \lambda * \sum_{i=0}^{n} |w_i|$$

L1 정칙화 수식에 사용되는 λ는 규제 강도로, 너무 많거나 적은 규제를 가하지 않게 조절하는 하이퍼파라미터다. 규제 강도는 0보다 큰 값으로 설정한다. 규제 강도가 0에 가까워질수록 모델은 더 많은 특징을 사용하기 때문에 과대적합에 민감해진다. 반대로 규제 강도를 너무 높이면 대부분의 가중치가 0에 수렴되기 때문에 과소적합 문제에 노출될 수 있다.

L1 정칙화는 모델의 가중치를 정확히 0으로 만드는 경우가 있으므로 희소한 모델이 될 수 있다. 불필요한 특징을 처리하지 않으므로 모델의 성능이 올라갈 수도 있지만, 예측에 사용되는 특징의 수가 줄어들게 되므로 정보의 손실로 이어질 수 있다.

L1 정칙화를 적용하는 경우 입력 데이터에 더 민감해지며, 항상 최적의 규제를 가하지 않으므로 사용에 주의한다. 다음 예제 4.5는 L1 정칙화 적용 방법을 보여준다.

예제 4.5 L1 정칙화 적용 방식

```
for x, y in train_dataloader:
    x = x.to(device)
    y = y.to(device)

    output = model(x)

    _lambda = 0.5
    l1_loss = sum(p.abs().sum() for p in model.parameters())

    loss = criterion(output, y) + _lambda * l1_loss
```

예제에서 확인할 수 있듯이 L1 정칙화는 모델의 가중치 절댓값의 합을 사용한다. 소스 코드에서 정칙화는 매우 간단하게 적용할 수 있지만, 모델의 가중치를 모두 계산해 모델을 갱신해야 하므로 **계산 복잡도**

(Computational Complexity)를 높이게 된다. 또한 L1 정칙화는 미분할 수 없으므로 역전파를 계산하는 데 더 많은 리소스를 소모한다. 또한 하이퍼파라미터인 _lambda의 값이 적절하지 않으면 가중치 값들이 너무 작아져 모델을 해석하기 더 어렵게 만들 수 있으므로 여러 번 반복해 최적의 _lambda 값을 찾아야 한다.

L1 정칙화는 주로 선형 모델에 적용한다. 선형 회귀 모델에 L1 정칙화를 적용하는 것을 **라쏘 회귀**(Least Absolute Shrinkage and Selection Operator Regression)라 한다.

L2 정칙화

L2 정칙화(L2 Regularization)는 **릿지 정칙화**(Ridge Regularization)라고도 하며 **L2 노름**(L2 Norm)[16] 방식을 사용해 규제하는 방법이다. L2 노름은 벡터 또는 행렬 값의 크기를 계산한다. 이러한 방식을 차용해 L2 정칙화는 손실 함수에 가중치 제곱의 합을 추가해 과대적합을 방지하도록 규제한다.

L2 정칙화도 L1 정칙화와 동일한 방식으로 모델에 규제를 가한다. 다만 L2 정칙화는 하나의 특징이 너무 중요한 요소가 되지 않도록 규제를 가하는 것에 의미를 둔다.

L2 정칙화는 L1 정칙화에 비해 가중치 값들이 비교적 균일하게 분포되며, 가중치를 0으로 만들지 않고 0에 가깝게 만든다. 모델 학습 시 오차를 최소화하면서 가중치를 작게 유지하고 골고루 분포되게끔 하므로 모델의 복잡도가 일부 조정된다. L2 정칙화를 수식으로 표현하면 수식 4.15와 같다.

수식 4.15 L2 정칙화

$$L_2 = \lambda * \sum_{i=0}^{n} |w_i^2|$$

앞서 다룬 L1 정칙화와 L2 정칙화에 평균 제곱 오차를 적용했을 때 $y = w \times x$의 결과를 알아보자. 다음 그림 4.4는 가중치가 0.5가 실젯값일 때 평균 제곱 오차와 L1 정칙화, L2 정칙화의 관계를 보여준다. 규제 강도는 0.5를 적용했다.

---

16 유클리드 노름(Euclidean Norm)이라고 부르며 $\| * \|_2$로 표현한다.

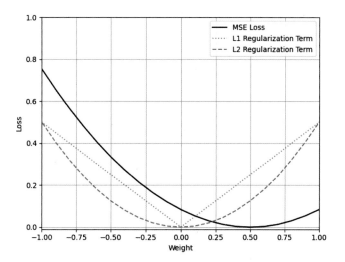

그림 4.4 평균 제곱 오차, L1 정칙화, L2 정칙화

모델은 $y=0.5x$이므로 평균 제곱 오차의 손실이 가장 낮은 가중치 값은 0.5가 된다. L1 정칙화는 가중치 절댓값으로 계산되므로 가중치가 0에 가까워질수록 선형적인 구조를 가지며, L2 정칙화는 가중치 제곱으로 계산되므로 비선형적인 구조를 갖는다.

정칙화를 적용하는 방법은 손실 함수에 규제 값을 더해주는 방법으로 적용되므로 평균 제곱 오차 값에 정칙화 값을 더한다. 다음 그림 4.5는 가중치별로 정칙화를 적용한 손실 값을 보여준다.

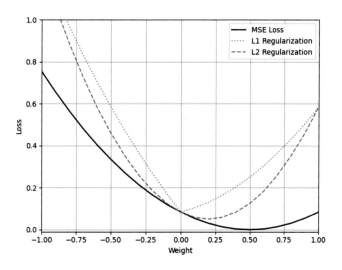

그림 4.5 정칙화 적용

그림에서 확인할 수 있듯이 L1 정규화는 선형적인 특성을 가지므로 가중치가 0이 아닌 곳에서는 모든 값에 고정적인 값을 추가한다. 하지만 L2 정규화는 비선형적인 특성을 가지므로 가중치가 0에 가까워질수록 규젯값이 줄어든다.

이러한 방법으로 모델이 과대적합되지 않게 방지하며, 더 일반화된 모델을 구축할 수 있다. 다음 예제 4.6은 L2 정칙화를 적용하는 방법을 보여준다.

예제 4.6 L2 정칙화 적용 방식

```
for x, y in train_dataloader:
    x = x.to(device)
    y = y.to(device)

    output = model(x)

    _lambda = 0.5
    l2_loss = sum(p.pow(2.0).sum() for p in model.parameters())

    loss = criterion(output, y) + _lambda * l2_loss
```

L2 정칙화도 L1 정칙화를 적용하는 방법처럼 간단하게 사용할 수 있다. L2 정칙화 역시 L1 정칙화에서 발생하는 계산 복잡도 문제가 발생한다. L2 정칙화는 모델 매개변수의 제곱 값을 계산하고 저장해야 하므로 L1 정칙화처럼 많은 리소스를 소모하게 된다. 역시 하이퍼파라미터인 _lambda도 여러 번 반복해 최적의 _lambda 값을 찾아야 한다.

과대적합을 효과적으로 방지하기 위해서는 조기 중지 또는 드롭아웃과 같은 기술과 함께 사용한다. L2 정칙화는 주로 심층 신경망 모델에서 사용하며, 선형 회귀 모델에서 L2 정칙화를 적용하는 경우를 **릿지 회귀**(Ridge Regression)라고 한다.

지금까지 L1 정칙화와 L2 정칙화에 대해 알아봤다. 다음 표 4.3에 관련 내용을 정리했다.

표 4.3 L1 정칙화와 L2 정칙화 비교

	L1 정칙화	L2 정칙화
계산 방식	가중치 절댓값의 합	가중치 제곱의 합
모델링	희소함(Sparse Solution)	희소하지 않음(Non-sparse Solution)

	L1 정칙화	L2 정칙화
특징 선택	있음	없음
이상치	강함	약함
가중치	0이 될 수 있음	0에 가깝게 됨
학습	비교적 복잡한 데이터 패턴을 학습할 수 없음	비교적 복잡한 데이터 패턴을 학습할 수 있음

가중치 감쇠

가중치 감쇠(Weight Decay)는 앞선 정칙화 방법과 마찬가지로 모델이 더 작은 가중치를 갖도록 손실 함수에 규제를 가하는 방법이다. 일반적으로 가중치 감쇠가 L2 정칙화와 동의어로 사용되지만, 가중치 감쇠는 손실 함수에 규제 항을 추가하는 기술 자체를 의미한다.

하지만 파이토치나 텐서플로와 같은 딥러닝 라이브러리에서는 이 용어가 최적화 함수에 적용하는 L2 정규화 의미로 사용된다. 파이토치의 가중치 감쇠는 L2 정규화와 동일하며 최적화 함수에서 `weight_decay` 하이퍼파라미터를 설정해 구현할 수 있다.

예제 4.7 가중치 감쇠 적용 방식

```
optimizer = torch.optim.SGD(model.parameters(), lr=0.01, weight_decay=0.01)
```

앞선 3.4 '최적화' 절에서 다룬 키워드 매개변수(kwargs)에 포함되는 가중치 감쇠(`weight_decay`) 매개변수로 L2 정칙화를 적용할 수 있다. L2 정칙화를 간단하게 적용하는 방법이므로 L2 정칙화가 갖고 있는 장점과 단점을 그대로 포함한다.

그러므로 가중치 감쇠 하이퍼파라미터를 조정해 사용하고, 조기 중지 또는 드롭아웃과 같은 기술과 함께 사용한다.

모멘텀

모멘텀(Momentum)은 경사 하강법 알고리즘의 변형 중 하나로, 이전에 이동했던 방향과 기울기의 크기를 고려하여 가중치를 갱신한다. 이를 위해 지수 가중 이동평균을 사용하며, 이전 기울기 값의 일부를 현재 기울기 값에 추가해 가중치를 갱신한다.

이전 기울기 값에 의해 설정된 방향으로 더 빠르게 이동하므로, 일종의 관성(Momentum) 효과를 얻을 수 있다. 모멘텀을 수식으로 표현하면 수식 4.16과 같다.

수식 4.16 모멘텀

$$v_i = \gamma v_{i-1} + \alpha \triangledown f(W_i)$$
$$W_{i+1} = W_i - v_i$$

v_i는 i번째 모멘텀 값으로, 이동 벡터를 의미한다. v_i는 이전 모멘텀 값 v_{i-1}에 모멘텀 계수 γ를 곱한 값과 경사 하강법의 갱신 값의 합으로 계산된다. γ는 하이퍼파라미터로, 모멘텀 계수를 의미한다.[17]

수식 4.16에서 v_i는 가중치 갱신을 위한 방향과 크기를 결정하는 데 사용되며, 이전 기울기 값이 크면 모멘텀 계수에 의해 현재 기울기 값에 반영되므로 더 빠르게 수렴할 수 있다.

모멘텀 계수는 0.0~1.0 사이의 값으로 설정할 수 있으며 일반적으로 0.9와 같은 값을 사용한다. 모멘텀 계수를 0으로 설정한다면 $v_i = \alpha \triangledown f(W_i)$가 되어 경사 하강법 수식과 동일해진다.

파이토치의 모멘텀은 가중치 감쇠 적용 방법처럼 최적화 함수의 `momentum` 하이퍼파라미터를 설정해 구현할 수 있다.

엘라스틱 넷

엘라스틱 넷(Elastic-Net)은 L1 정칙화와 L2 정칙화를 결합해 사용하는 방식이다. L1 정칙화는 모델이 희박한 가중치를 갖게 규제하는 반면, L2 정칙화는 큰 가중치를 갖지 않게 규제한다. 이 두 정칙화 방식을 결합함으로써 희소성과 작은 가중치의 균형을 맞춘다.

두 정칙화 방식의 선형 조합으로 사용하며 혼합 비율을 설정해 가중치를 규제한다. 혼합 비율은 α로 어떤 정칙화를 더 많이 반영할지 설정하게 된다. 혼합 비율은 0에서 1 사이의 값을 사용한다. 엘라스틱 넷을 수식으로 표현하면 수식 4.17과 같다.

수식 4.17 엘라스틱 넷

$$Elastic - Net = \alpha \times L_1 + (1 - \alpha) \times L_2$$

---

17   경사 하강법 수식은 3.4 '최적화' 절의 수식 3.6을 참고한다.

수식에서 확인할 수 있듯이 혼합 비율을 1로 사용하면 L1 정칙화가 되며, 0으로 사용하면 L2 정칙화가 된다. 따라서 엘라스틱 넷은 L1, L2 정칙화보다 트레이드오프 문제를 더 유연하게 대처할 수 있다. 엘라스틱 넷은 특징의 수가 샘플의 수보다 더 많을 때 유의미한 결과를 가져온다. 이로 인해 상관관계가 있는 특징을 더 잘 처리할 수 있다.

두 정칙화를 결합해 사용함으로써 각 정칙화가 가진 장점을 최대한 활용할 수 있지만, 균형적인 규제를 가하기 위해 새로운 하이퍼파라미터인 혼합 비율도 조정해야 하므로 더 많은 튜닝이 필요하게 된다. 또한 두 정칙화 모두 계산 복잡도 문제를 갖고 있으므로 더 많은 리소스를 소모한다.

드롭아웃

드롭아웃(Dropout)은 정칙화 기법 중 하나로, 모델의 훈련 과정에서 일부 노드를 일정 비율로 제거하거나 0으로 설정해 과대적합을 방지하는 간단하고 효율적인 방법이다. 2012년 제프리 힌턴(Geoffrey Everest Hinton)의 「Improving neural networks by preventing co-adaptation of feature detectors」[18] 논문을 통해 과대적합을 방지하는 방법으로 소개됐다.

과대적합을 발생시키는 이유 중 하나는 모델 학습 시 발생하는 노드 간 **동조화(Co-adaptation)** 현상이다. 동조화 현상이란 모델 학습 중 특정 노드의 가중치나 편향이 큰 값을 갖게 되면 다른 노드가 큰 값을 갖는 노드에 의존하는 것을 말한다.

이러한 현상은 특정 노드에 의존성이 생겨 학습 속도가 느려지고 새로운 데이터를 예측하지 못해 성능을 저하시킬 수 있다. 그러므로 학습 과정에서 일부 노드를 제거해 노드 간 의존성을 억제해야 한다. 모델의 노드 삭제를 시각적으로 표현하면 그림 4.6과 같다.

---

18 https://arxiv.org/abs/1207.0580

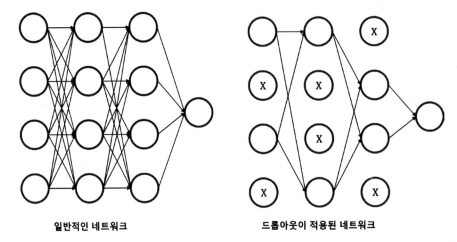

일반적인 네트워크　　　　　**드롭아웃이 적용된 네트워크**

그림 4.6 드롭아웃 시각화

그림 4.6과 같이 일부 노드를 제거해 학습을 진행하므로 동조화 현상을 방지할 수 있다. 모델이 일부 노드를 제거해 학습하므로 **투표(Voting)** 효과를 얻을 수 있어 **모델 평균화(Model Averaging)**[19]가 된다.

하지만 모델 평균화 효과를 얻기 위해 다른 드롭아웃 마스크를 사용해 모델을 여러 번 훈련해야 하므로 훈련 시간이 늘어난다. 모든 노드를 사용해 학습하지 않으므로 데이터세트가 많지 않다면 효과를 얻기 힘들며, 충분한 데이터세트와 학습이 없다면 모든 노드가 균일하게 학습될 수 없으므로 성능이 저하될 수 있다.

그러므로 드롭아웃을 적용할 때는 충분한 데이터세트와 비교적 깊은 모델에 적용한다. 다음 예제 4.8은 드롭아웃을 적용하는 방법을 보여준다.

예제 4.8 드롭아웃 적용 방식

```python
from torch import nn


class Net(nn.Module):
    def __init__(self):
        super().__init__()
        self.layer1 = nn.Linear(10, 10)
        self.dropout = nn.Dropout(p=0.5)
```

19　여러 모델의 예측을 결합해 모델의 성능을 향상시키는 데 사용되는 기술

```
        self.layer2 = nn.Linear(10, 10)

    def forward(self, x):
        x = self.layer1(x)
        x = self.dropout(x)
        x = self.layer2(x)
        return x
```

드롭아웃은 신경망 패키지에 있는 `Dropout` 클래스로 쉽게 구현할 수 있다. p는 **베르누이 분포 (Bernoulli Distribution)**의 모수를 의미하며, 이 분포로 각 노드의 제거 여부를 확률적으로 선택한다. 이 과정은 순방향 메서드에서 드롭아웃을 적용할 계층 노드에 적용된다.

드롭아웃은 일반적으로 배치 정규화와 동시에 사용하지 않으므로 다른 기법을 동시에 적용할 때 주의해서 적용한다. 드롭아웃과 배치 정규화는 서로의 정칙화 효과를 방해할 수 있다. 배치 정규화의 경우 내부 공변량 변화를 줄여 과대적합을 방지하는데, 드롭아웃은 일부 노드를 제거한다.

두 가지 방법을 동시에 사용하면 모델은 순방향 과정에서 다른 활성화 분포를 사용하게 된다. 이로 인해 훈련 과정에서 성능이 저하되거나 불안정해진다.

그러므로 드롭아웃과 배치 정규화를 사용하는 경우에는 드롭아웃, 배치 정규화 순으로 적용한다. 또한 드롭아웃은 배치 정규화와 마찬가지로 모델이 학습할 때만 적용되며 추론하는 과정에서는 일부 노드를 삭제하지 않고 모든 노드를 사용해 예측한다.

드롭아웃은 극단적인 비율로 모델에 적용하지 않는다면 일반적으로 성능 향상의 이점을 얻을 수 있다. 비교적 많은 특징을 사용해 학습하는 이미지 인식이나 음성 인식 모델에서 성능이 향상되는 결과를 보였다.

그레이디언트 클리핑

그레이디언트 클리핑(Gradient Clipping)은 모델을 학습할 때 기울기가 너무 커지는 현상을 방지하는 데 사용되는 기술이다. 과대적합 모델은 특정 노드의 가중치가 너무 크다는 특징을 갖는다. 높은 가중치는 높은 분산 값을 갖게 하여 모델의 성능이 저하될 수 있다.

이러한 현상을 방지하기 위해 가중치 최댓값을 규제해 최대 임곗값을 초과하지 않도록 기울기를 잘라(Clipping) 설정한 임곗값으로 변경한다. 그레이디언트 클리핑을 수식으로 표현하면 수식 4.18과 같다.

수식 4.18 그레이디언트 클리핑

$$w = r \frac{w}{\|w\|} \quad if : \|w\| > r$$

그레이디언트 클리핑은 가중치 노름이 최대 임곗값 r보다 높은 경우에 수행된다. 최대 임곗값을 넘는 경우 기울기 벡터의 방향을 유지하면서 기울기를 잘라 규제할 수 있다. 일반적으로 그레이디언트 클리핑은 L2 노름을 사용해 최대 기울기를 규제한다.

최대 임곗값 r은 하이퍼파라미터로 사용자가 최대 임곗값을 설정해야 한다. 최대 임곗값은 0.1이나 1과 같이 작은 크기의 임곗값을 적용하며 학습률을 조절하는 것과 비슷한 효과를 얻을 수 있다.

그레이디언트 클리핑은 순환 신경망(RNN)이나 LSTM 모델을 학습하는 데 주로 사용된다. 두 모델은 기울기 폭주에 취약한데, 그레이디언트 클리핑은 최댓값을 억제하므로 많이 활용된다.

그레이디언트 클리핑은 가중치 값에 대한 엄격한 제약 조건을 요구하는 상황이거나 모델이 큰 기울기에 민감한 상황에서 유용하게 활용할 수 있다. 다음은 그레이디언트 클리핑 함수를 설명한다.

그레이디언트 클리핑 함수

```python
grad_norm = torch.nn.utils.clip_grad_norm_(
    parameters,
    max_norm,
    norm_type=2.0
)
```

그레이디언트 클리핑 함수는 유틸리티 함수로서 기울기를 정규화하려는 **매개변수(parameters)**를 전달하며 **최대 노름(max_norm)**을 초과하는 경우 기울기를 잘라낸다. **노름 유형(norm_type)**은 클리핑을 계산할 노름 유형을 설정한다. 무한대 노름을 적용한다면 float('inf')로 설정할 수 있다.

그레이디언트 클리핑 함수는 매개변수 기울기의 **전체 노름 단일 벡터(grad_norm)**를 반환하며, 정규화된 기울기는 반환하지 않고 매개변수를 직접 수정한다.

예제 4.9는 그레이디언트 클리핑을 적용하는 방법을 보여준다.

예제 4.9 그레이디언트 클리핑 적용 방식

```
for x, y in train_dataloader:
    x = x.to(device)
    y = y.to(device)

    output = model(x)
    loss = criterion(output, y)

    optimizer.zero_grad()
    loss.backward()

    torch.nn.utils.clip_grad_norm_(model.parameters(), 0.1)

    optimizer.step()
```

그레이디언트 클리핑 함수는 역전파(loss.backward)를 수행한 이후와 최적화 함수(optimizer.step)를 반영하기 전에 호출한다. 그레이디언트 클리핑 함수는 모델의 매개변수와 임곗값을 인수로 사용하고 임곗값을 초과하는 경우 기울기를 임곗값으로 자르기 때문에 해당 구문 사이에 사용한다.

모델 매개변수의 최댓값을 규제하려고 하므로 매개변수는 model.parameters()를 입력하고 최대 노름은 0.1이나 1과 같은 작은 값을 할당했다.

그레이디언트 클리핑은 기울기 최댓값을 규제해 비교적 큰 학습률을 사용할 수 있게 해주지만, 최대 임곗값이 높으면 모델의 표현력이 떨어지며, 낮은 경우 오히려 학습이 불안정해질 수 있다. 최대 임곗값은 하이퍼파라미터이므로 값을 설정할 때 여러 번 실험을 통해 경험적으로 신중히 선택해야 한다.

데이터 증강 및 변환

데이터 증강(Data Augmentation)이란 데이터가 가진 고유한 특징을 유지한 채 변형하거나 노이즈를 추가해 데이터세트의 크기를 인위적으로 늘리는 방법이다. 모델은 학습 데이터가 가진 특징의 패턴을 학습해 새로운 데이터를 분석한다.

강건한 모델을 구축하기 위한 가장 중요한 요소는 학습 데이터의 수와 품질이다. 하지만 데이터 수집은 다양한 이유로 인해 어려운 상황에 직면할 수 있다. 그러므로 기존 학습 데이터를 재가공해 원래 데이터와 유사하지만 새로운 데이터를 생성할 수 있다.

데이터 증강은 모델의 과대적합을 줄이고 일반화 능력을 향상시킬 수 있다. 일반적으로 데이터 수집은 법적 문제, 데이터 품질, 데이터 신뢰도 등에 문제가 있다. 데이터세트를 인위적으로 확장한다면 기존 데이터 품질을 유지한 채 특징을 살려 모델 학습에 사용할 수 있다.

데이터세트를 인위적으로 늘린다면 기존 데이터의 형질이 유지되므로 모델의 분산과 편향을 줄일 수 있다. 또한 데이터 수집 시 잘못된 정보가 들어오는 문제가 발생되지 않는다. 또한 특정 클래스의 데이터 수가 적은 경우 데이터 증강을 통해 데이터 불균형을 완화할 수 있다.

데이터 증강은 모델의 일반화 능력과 클래스 간 불균형을 완화할 수 있지만, 기존 데이터를 변형하거나 노이즈를 추가하므로 너무 많은 변형이나 노이즈를 추가한다면 기존 데이터가 가진 특징이 파괴될 수 있다. 이로 인해 데이터의 일관성이 사라질 수 있다. 또한 데이터 증강도 특정 알고리즘을 적용해 생성하므로 데이터 수집보다 더 많은 비용이 들 수 있다.

텍스트 데이터

텍스트 데이터 증강은 문서 분류 및 요약, 문장 번역과 같은 자연어 처리 모델을 구성할 때 데이터세트의 크기를 쉽게 늘리기 위해 사용된다. 텍스트 데이터 증강 방법은 크게 삽입, 삭제, 교체, 대체, 생성, 반의어, 맞춤법 교정, 역번역 등이 있다.

이 책에서는 **자연어 처리 데이터 증강(NLPAUG) 라이브러리**[20]를 활용해 텍스트 데이터를 증강한다. 자연어 처리 데이터 증강 라이브러리는 간단한 코드 구성으로 데이터 증강을 적용할 수 있으며, 문자, 단어, 문장에 대한 삽입, 삭제, 대체, 교체, 분할, 정렬, 자르기 기능을 제공한다. 또한 텍스트 데이터 이외에도 음성 데이터 증강도 지원한다.

자연어 처리 데이터 증강 라이브러리는 다음과 같이 설치할 수 있다.

자연어 처리 데이터 증강 라이브러리 설치

```
pip install numpy requests nlpaug transformers sacremoses nltk
```

자연어 처리 데이터 증강 라이브러리는 넘파이와 requests 라이브러리에 대해 종속적이다. 파이토치를 설치하는 과정에서 두 라이브러리는 자동으로 설치된다. 트랜스포머스(transformers) 라이브러리는 사전에 학습된 모델을 쉽게 다운로드하고 활용할 수 있는 API를 제공한다. 해당 라이브러리는 부록 '허깅

---

20 https://github.com/makcedward/nlpaug

페이스'에서 자세히 다루겠다. sacremoses와 NLTK 라이브러리는 텍스트를 토큰화하고 정규화하는 라이브러리다. 토큰화에 대한 내용은 5장에서 자세히 다룬다.

삽입 및 삭제

삽입은 의미 없는 문자나 단어, 또는 문장 의미에 영향을 끼치지 않는 수식어 등을 추가하는 방법이다. 임의의 단어나 문자를 기존 텍스트에 덧붙여 사용한다. 삭제는 삽입과 반대로 임의의 단어나 문자를 삭제해 데이터의 특징을 유지하는 방법이다.

삽입과 삭제는 문장의 의미는 유지한 채 시퀀스를 변경하므로 간단하고 강력한 증강 기법이지만, 너무 적은 양을 삽입하거나 삭제한다면 오히려 과대적합 문제를 발생시킬 수 있고 너무 많은 양을 삽입하거나 삭제한다면 데이터 품질 저하로 이어질 수 있다.

다음 예제 4.10은 ContextualWordEmbsAug 클래스를 사용해 단어를 삽입하는 방법을 보여준다.

예제 4.10 단어 삽입

```python
import nlpaug.augmenter.word as naw

texts = [
    "Those who can imagine anything, can create the impossible.",
    "We can only see a short distance ahead, but we can see plenty there that needs to be done.",
    "If a machine is expected to be infallible, it cannot also be intelligent.",
]

aug = naw.ContextualWordEmbsAug(model_path="bert-base-uncased", action="insert")
augmented_texts = aug.augment(texts)

for text, augmented in zip(texts, augmented_texts):
    print(f"src : {text}")
    print(f"dst : {augmented}")
    print("------------------")
```

출력 결과

```
src : Those who can imagine anything, can create the impossible.
dst : those scientists who can simply imagine seemingly anything, can create precisely the
impossible.
```

```
------------------
src : We can only see a short distance ahead, but we can see plenty there that needs to be done.
dst : we probably can still only see a short distance ahead, but we can nonetheless see about plenty
from there that just needs to be properly done.
------------------
src : If a machine is expected to be infallible, it cannot also be intelligent.
dst : if a logic machine is expected either to necessarily be infallible, subsequently it cannot also
be highly intelligent.
------------------
```

ContextualWordEmbsAug 클래스는 BERT 모델을 활용해 단어를 삽입하는 기능을 제공한다. 현재 문장 상황에 맞는 단어를 찾아 문장에 삽입해 반환한다. 모델 경로(model_path)는 bert-base-uncased나 distilbert-base-uncased를 인수로 활용해 적용하며 허깅 페이스에서 모델을 자동으로 다운로드해 불러온다.

동작(action)은 모델이 수행할 기능을 선택한다. 문장을 삽입하는 경우에는 insert를 적용한다. 해당 클래스는 단어를 대체(substitute)하는 기능도 제공한다.

aug 클래스를 선언했다면 augment 메서드를 통해 기존 데이터를 증강할 수 있다. 입력 데이터는 문자열로 입력하더라도 리스트 구조로 반환된다. 또한 출력 결과에서 확인할 수 있듯이 기존 문장의 의미를 크게 바꾸지 않은 채 데이터가 증강된 것을 확인할 수 있다.

다음 예제 4.11은 RandomCharAug 클래스를 사용해 문자를 삭제하는 방법을 보여준다.

예제 4.11 문자 삭제

```python
import nlpaug.augmenter.char as nac

texts = [
    "Those who can imagine anything, can create the impossible.",
    "We can only see a short distance ahead, but we can see plenty there that needs to be done.",
    "If a machine is expected to be infallible, it cannot also be intelligent.",
]

aug = nac.RandomCharAug(action="delete")
augmented_texts = aug.augment(texts)
```

```
for text, augmented in zip(texts, augmented_texts):
    print(f"src : {text}")
    print(f"dst : {augmented}")
    print("------------------")
```

출력 결과

```
src : Those who can imagine anything, can create the impossible.
dst : hos who can mgie anything, can rate the mossibl.
------------------
src : We can only see a short distance ahead, but we can see plenty there that needs to be done.
dst : We can oy see a short iance aad, but we can see pety hee that nds to be dn.
------------------
src : If a machine is expected to be infallible, it cannot also be intelligent.
dst : If a hine is xpeed to be infallible, it cnnt al be nelignt.
------------------
```

RandomCharAug 클래스를 통해 무작위로 문자를 삭제할 수 있다. 해당 클래스는 삽입(insert), 대체 (substitute), 교체(swap), 삭제(delete) 기능을 제공한다. 출력 결과에서 확인할 수 있듯이 문장 내 단어들이 무작위로 삭제된 것을 확인할 수 있다.

교체 및 대체

교체는 단어나 문자의 위치를 교환하는 방법이다. '문제점을 찾지 말고 해결책을 찾으라'라는 문장에서 교체를 적용한다면 '해결책을 찾으라 문제점을 찾지 말고'로 변경될 수 있다.

하지만 단어를 교체할 때 '해결책을 찾지 말고 문제점을 찾으라'로 교체된다면 본래의 의미나 맥락을 보존하지 못하게 된다. 교체는 무의미하거나 의미상 잘못된 문장을 생성할 수 있으므로 데이터의 특성에 따라 주의해 사용해야 한다.

대체는 단어나 문자를 임의의 단어나 문자로 바꾸거나 동의어로 변경하는 방법을 의미한다. '사과'라는 단어를 '바나나'와 같이 유사한 단어로 변경하거나 '해'를 '태양'으로 바꿔 뜻이 같은 말로 바꾸는 작업이다. 단어나 문장을 대체하면 다른 증강 방법보다 비교적 데이터의 정합성(Consistency)이 어긋나지 않아 효율적으로 데이터를 증강할 수 있다.

그러나 교체와 마찬가지로 '사과는 빨갛다'라는 문장이 '바나나는 빨갛다'와 같이 의미가 달라지거나 '해는 동쪽에서 뜬다'가 '태양는 동쪽에서 뜬다'와 같이 조사(Postposition)가 어색해질 수도 있다.

다음 예제 4.12는 RandomWordAug 클래스를 사용해 단어를 대체하는 방법을 보여준다.

예제 4.12 단어 교체

```python
import nlpaug.augmenter.word as naw

texts = [
    "Those who can imagine anything, can create the impossible.",
    "We can only see a short distance ahead, but we can see plenty there that needs to be done.",
    "If a machine is expected to be infallible, it cannot also be intelligent.",
]

aug = naw.RandomWordAug(action="swap")
augmented_texts = aug.augment(texts)

for text, augmented in zip(texts, augmented_texts):
    print(f"src : {text}")
    print(f"dst : {augmented}")
    print("------------------")
```

출력 결과

```
src : Those who can imagine anything, can create the impossible.
dst : Those who can imagine can anything create, the. impossible
------------------
src : We can only see a short distance ahead, but we can see plenty there that needs to be done.
dst : We see can only a short distance but ahead, can we see plenty that there needs to done be.
------------------
src : If a machine is expected to be infallible, it cannot also be intelligent.
dst : A if is machine to expected be infallible, cannot also it be intelligent.
------------------
```

RandomWordAug 클래스를 통해 무작위로 단어를 교체할 수 있다. 해당 클래스는 삽입(insert), 대체(substitute), 교체(swap), 삭제(delete) 기능을 제공하며, 자르기(crop) 기능도 지원한다. 자르기란 연속된 단어 집합을 한 번에 삭제하는 기능을 의미한다.

출력 결과에서 확인할 수 있듯이 문장 내 단어들이 무작위로 교체된 것을 확인할 수 있다. 무작위 교체의 경우 문맥을 파악하지 않고 교체하여 출력 결과의 the.와 같이 교체될 수 있으므로 사용에 주의한다.

다음 예제 4.13은 SynonymAug 클래스를 사용해 단어를 대체하는 방법을 보여준다.

예제 4.13 단어 대체 (1)

```python
import nlpaug.augmenter.word as naw

texts = [
    "Those who can imagine anything, can create the impossible.",
    "We can only see a short distance ahead, but we can see plenty there that needs to be done.",
    "If a machine is expected to be infallible, it cannot also be intelligent.",
]

aug = naw.SynonymAug(aug_src="wordnet")
augmented_texts = aug.augment(texts)

for text, augmented in zip(texts, augmented_texts):
    print(f"src : {text}")
    print(f"dst : {augmented}")
    print("------------------")
```

출력 결과

```
src : Those who can imagine anything, can create the impossible.
dst : Those world health organization can reckon anything, can create the unimaginable.
------------------
src : We can only see a short distance ahead, but we can see plenty there that needs to be done.
dst : We derriere only see a short distance ahead, but we can ascertain enough there that call for
to be practise.
------------------
src : If a machine is expected to be infallible, it cannot also be intelligent.
dst : If a motorcar equal expected to be infallible, information technology cannot also be
intelligent.
------------------
```

예제 4.13에서 SynonymAug 클래스는 워드넷(WordNet) 데이터베이스나 의역 데이터베이스(The Paraphrase Database, PPDB)를 활용해 단어를 대체해 데이터를 증강한다. wordnet 또는 ppdb를 인수로 활용해 문장의 의미를 변경할 수 있다.

해당 기능은 문맥을 파악해 동의어로 변경하는 것이 아니라 데이터베이스 내 유의어나 동의어로 변경하므로 본래의 문맥과 전혀 다른 문장이 생성될 수 있어 사용에 주의한다. 모델을 활용해 대체하는 경우 ContextualWordEmbsAug 클래스를 사용한다.

다음 예제 4.14는 ReservedAug 클래스를 사용해 단어를 대체하는 방법을 보여준다.

예제 4.14 단어 대체 (2)

```python
import nlpaug.augmenter.word as naw

texts = [
    "Those who can imagine anything, can create the impossible.",
    "We can only see a short distance ahead, but we can see plenty there that needs to be done.",
    "If a machine is expected to be infallible, it cannot also be intelligent.",
]
reserved_tokens = [
    ["can", "can't", "cannot", "could"],
]

reserved_aug = naw.ReservedAug(reserved_tokens=reserved_tokens)
augmented_texts = reserved_aug.augment(texts)

for text, augmented in zip(texts, augmented_texts):
    print(f"src : {text}")
    print(f"dst : {augmented}")
    print("------------------")
```

출력 결과

```
src : Those who can imagine anything, can create the impossible.
dst : Those who can't imagine anything, could create the impossible.
------------------
src : We can only see a short distance ahead, but we can see plenty there that needs to be done.
dst : We can't only see a short distance ahead, but we can't see plenty there that needs to be done.
------------------
src : If a machine is expected to be infallible, it cannot also be intelligent.
dst : If a machine is expected to be infallible, it can't also be intelligent.
------------------
```

ReservedAug 클래스는 입력 데이터에 포함된 단어를 특정한 단어로 대체하는 기능을 제공한다. 가능한 모든 조합을 생성하거나 특정 글자나 문자를 reserved_tokens에서 선언한 데이터로 변경한다.

출력 결과에서 확인할 수 있듯이 texts 데이터에 포함된 can이나 cannot이 reserved_tokens에 존재하는 값으로 변경된 것을 확인할 수 있다.

역번역

역번역(Back-translation)이란 입력 텍스트를 특정 언어로 번역한 다음 다시 본래의 언어로 번역하는 방법을 의미한다. 예를 들어 영어를 한국어로 번역한 다음 번역된 텍스트를 다시 영어로 번역하는 과정을 의미한다. 본래의 언어로 번역하는 과정에서 원래 텍스트와 유사한 텍스트가 생성되므로 **패러프레이징(Paraphrasing)**[21] 효과를 얻을 수 있다.

역번역은 번역 모델의 성능에 크게 좌우된다. 번역이 정확하지 않거나 입력된 텍스트가 너무 복잡하고 어려운 구조를 갖고 있다면 성능이 크게 떨어지는 문제가 있다. 역번역은 기계 번역의 품질을 평가하는 데 사용되기도 한다.

다음 예제 4.15는 BackTranslationAug 클래스를 사용해 역번역 적용 방법을 보여준다.

예제 4.15 역번역

```python
import nlpaug.augmenter.word as naw

texts = [
    "Those who can imagine anything, can create the impossible.",
    "We can only see a short distance ahead, but we can see plenty there that needs to be done.",
    "If a machine is expected to be infallible, it cannot also be intelligent.",
]

back_translation = naw.BackTranslationAug(
    from_model_name="facebook/wmt19-en-de",
    to_model_name="facebook/wmt19-de-en"
)
augmented_texts = back_translation.augment(texts)
```

---

21 앞에서 사용한 단어 중 뜻이 같거나 유사한 어휘를 사용해 문장을 바꿔 표현하는 것

```
for text, augmented in zip(texts, augmented_texts):
    print(f"src : {text}")
    print(f"dst : {augmented}")
    print("------------------")
```

출력 결과

```
src : Those who can imagine anything, can create the impossible.
dst : Anyone who can imagine anything can achieve the impossible.
------------------
src : We can only see a short distance ahead, but we can see plenty there that needs to be done.
dst : We can only look a little ahead, but we can see a lot there that needs to be done.
------------------
src : If a machine is expected to be infallible, it cannot also be intelligent.
dst : If a machine is expected to be infallible, it cannot be intelligent.
------------------
```

BackTranslationAug 클래스는 입력 모델(from_model_name)과 출력 모델(to_model_name)을 설정해 역 번역을 수행할 수 있다. 입력 모델은 영어를 독일어로 변경하며, 출력 모델은 독일어를 영어로 변경한다.

출력 결과에서 원문과 번역본의 의미가 크게 달라지지 않는 것을 확인할 수 있다. 역번역은 번역 모델의 성능에 따라 결과가 크게 달라질 수 있으며 두 개의 모델을 활용해 데이터를 증강하므로 데이터 증강 방법 중 가장 많은 리소스를 소모한다.

다음 표 4.4는 자연어 처리 데이터 증강 라이브러리의 주요한 기능을 정리한 것이다.

표 4.4 텍스트 데이터 증강 클래스

방법	클래스	지원 기능
오타 오류 증강	nac.KeyboardAug()	대체(substitute)
무작위 문자 증강	nac.RandomCharAug(action)	삽입(insert) 대체(substitute) 교체(swap) 삭제(delete)

무작위 단어 증강	naw.RandomWordAug(action)	대체(substitute) 교체(swap) 삭제(delete) 자르기(crop)
동의어 증강	nac.RandomCharAug(action)	워드넷(wordnet) 의역 데이터베이스(ppdb)
예약어 증강	naw.SynonymAug(aug_src)	대체(substitute)
철자 오류 증강	naw.ReservedAug(reserved_tokens)	대체(substitute)
상황별 단어 임베딩 증강	naw.SpellingAug()	삽입(insert) 대체(substitute)

역번역 증강	naw.BackTranslationAug(
	    from_model_name,
	    to_model_name
	)
		역번역

문장 요약 증강[22]	nas.AbstSummAug(model_path="t5-base")	텍스트 요약

이미지 데이터

이미지 데이터 증강은 객체 검출 및 인식, 이미지 분류와 같은 이미지 처리 모델을 구성할 때 데이터세트의 크기를 쉽게 늘리기 위해 사용된다. 이미지 데이터 증강 방법은 크게 회전, 대칭, 이동, 크기 조정 등이 있다.

이 책에서는 토치비전(torchvision) 라이브러리와 **이미지 증강(imgaug)** 라이브러리[23]를 활용해 이미지 데이터를 증강한다.

---

22 문장(sentence) 증강 방법은 import nlpaug.augmenter.sentence as nas로 모듈을 포함시킬 수 있다.
23 https://github.com/aleju/imgaug

토치비전 라이브러리는 이미지 데이터를 증강하고 변형하기 위한 기본적인 메서드를 제공한다. 이미지 증강 라이브러리는 토치비전 라이브러리에서 제공하지 않는 증강 방법을 제공한다.

이미지 증강 라이브러리는 다음과 같이 설치할 수 있다.

이미지 증강 라이브러리 설치

```
pip install imgaug
```

변환 적용 방법

이미지 데이터 증강 방법은 토치비전 라이브러리의 변환(transforms) 모듈을 통해 수행할 수 있다. 변환 모듈에 이미지 변환에 관련된 기능이 포함돼 있으며, 여러 모델 매개변수를 묶어주는 시퀀셜(Sequential)과 같은 역할을 하는 통합(Compose) 클래스를 함께 사용해 증강을 적용한다. 다음 예제 4.16은 통합 클래스 사용 방법을 보여준다.

예제 4.16 통합 클래스 및 변환 적용 방식

```python
from PIL import Image
from torchvision import transforms

transform = transforms.Compose(
    [
        transforms.Resize(size=(512, 512)),
        transforms.ToTensor()
    ]
)

image = Image.open("../datasets/images/cat.jpg")
transformed_image = transform(image)

print(transformed_image.shape)
```

출력 결과

```
torch.Size([3, 512, 512])
```

예제 4.16은 이미지 데이터를 512×512 크기로 변환하고 파이토치에서 사용하는 텐서 타입으로 변환하는 과정을 수행했다. 이미지 증강은 어떠한 순서로 진행하는가에 따라 픽셀 데이터의 변환 폭과 결과물이 크게 달라질 수 있다.

예를 들어 이미지를 잘라낸 다음 512×512 크기로 변환했을 때와 512×512 크기로 변환한 다음 잘라냈을 때 두 결과물은 크게 달라진다. 또한 여러 번에 나눠 이미지 증강을 적용하면 코드가 복잡해진다. 이러한 문제를 방지하고자 통합 클래스를 사용해 증강 방법을 정렬하고 하나로 묶어 **데이터 핸들링 (Data Handling)**을 수행할 수 있다.

텐서화 클래스(transforms.ToTensor)는 PIL.Image 형식을 Tensor 형식으로 변환한다. 텐서화 클래스는 [0~255] 범위의 픽셀값을 [0.0~1.0] 사이의 값으로 **최대 최소 정규화(Min-max Normalization)**를 수행한다. 또한 입력 데이터의 [높이, 너비, 채널] 형태를 [채널, 높이, 너비] 형태로 변환한다.

대부분의 이미지 증강 클래스는 PIL.Image 형식을 대상으로 변환한다. 파이토치에서는 Tensor 형식을 사용하므로 PIL.Image 형식을 증강 자체에서 변환해 활용한다.[24]

만약 데이터세트에 일괄 적용한다면 torchvision.datasets.ImageFolder와 같은 이미지 데이터세트 클래스의 transform 매개변수에 입력해 활용할 수 있다.

회전 및 대칭

학습 데이터 구성 시 모든 방향으로 회전되거나 대칭된 이미지를 수집하기는 어려울 수 있다. 그러므로 학습 이미지를 회전하거나 대칭한다면 변형된 이미지가 들어오더라도 더 강건한 모델을 구축할 수 있으며 일반화된 성능을 끌어낼 수 있다.

하지만 이미지 증강은 이미지를 변형하기 때문에 과도하게 증강하면 본래의 특징이 소실될 수 있으며, 실제 데이터에 존재하지 않는 데이터가 생성될 수 있다. 예를 들어 표지판을 인식하는 모델의 경우 대칭하거나 과도하게 회전하면 의미가 달라지거나 존재하지 않는 표지판이 될 수 있다.

다음 예제 4.17은 토치비전 라이브러리를 사용해 회전 및 대칭을 적용하는 방법을 보여준다.

---

24 PIL.Image 형식이라면 transformed_image.show()를 통해 이미지를 확인할 수 있다.

예제 4.17 회전 및 대칭

```
transform = transforms.Compose(
    [
        transforms.RandomRotation(degrees=30, expand=False, center=None),
        transforms.RandomHorizontalFlip(p=0.5),
        transforms.RandomVerticalFlip(p=0.5)
    ]
)
```

출력 결과

예제 4.17은 이미지를 −30~30° 사이로 회전시키면서 수평 대칭과 수직 대칭을 50% 확률로 적용하는 예제다. 무작위 회전 클래스(RandomRotation)는 입력된 각도(degrees)를 음수부터 양수 사이의 각도로 변환한다. 임의의 범위를 설정하려면 [-30, 90]과 같이 시퀀스 형태로 입력한다.

이미지를 회전하는 과정에서 여백이 생성될 수 있는데, 확장(expand)을 참값으로 할당한다면 여백이 생성되지 않는다. 중심점은 시퀀스 형태로 전달하며 입력하지 않으면 왼쪽 상단을 기준으로 회전한다.

무작위 대칭 클래스(RandomHorizontalFlip, RandomVerticalFlip)는 수행 확률(p)을 활용해 대칭 여부를 설정한다. 0.5의 경우 50% 확률로 대칭을 수행한다. 0.0으로 확률을 입력한다면 0%가 되어 대칭하지 않는다.

자르기 및 패딩

객체 인식과 같은 모델을 구성한다고 가정했을 때 학습 데이터의 크기가 일정하지 않거나 주요한 객체가 일부 영역에만 작게 존재할 수도 있다. 이러한 경우 객체가 존재하는 위치로 이미지를 잘라 불필요한 특징을 감소시키거나 패딩을 주어 이미지 크기를 동일한 크기로 맞출 수 있다.

하지만 이미지를 과도하게 잘라 검출하려는 객체가 포함되지 않거나 너무 많은 패딩을 주어 특징의 영향이 감소할 수도 있으므로 주의해 사용해야 한다.

다음 예제 4.18은 토치 비전 라이브러리를 사용해 자르기 및 패딩 적용 방법을 보여준다.

예제 4.18 자르기 및 패딩

```
transform = transforms.Compose(
    [
        transforms.RandomCrop(size=(512, 512)),
        transforms.Pad(padding=50, fill=(127, 127, 255), padding_mode="constant")
    ]
)
```

출력 결과

무작위 자르기 클래스(RandomCrop)도 무작위 회전 클래스처럼 정수나 시퀀스 형태로 값을 입력할 수 있다. 정수로 입력한다면 이미지의 높이와 너비가 동일한 정사각형 이미지로 잘리며, 시퀀스로 입력하는 경우 (높이, 너비) 순서로 이미지를 자른다.

패딩 클래스(Pad)는 이미지 테두리에 특정한 방식이나 고정값으로 이미지를 확장하는 기능을 제공한다. 예제 4.18은 이미지를 512×512 크기로 자른 다음 50의 패딩을 주었다. 패딩은 모든 방향으로 적용되므로 612×612 크기의 이미지로 반환된다.

패딩 방식(padding_mode)은 상수(constant)로 입력해 RGB(127, 127, 255)로 테두리가 생성된다. 패딩 방식을 반사(reflect)나 대칭(symmetric)으로 준다면 입력한 RGB는 무시되며 이미지의 픽셀값을 반사하거나 대칭해 생성한다.

무작위 자르기 클래스에도 패딩을 줄 수 있는데, 패딩 클래스의 패딩 방법이 아니라 자를 때 발생하는 여백 공간 할당 방법을 설정한다. 이미지를 테두리 근처에서 자르면 존재하지 않는 영역이 생성되는데, 이 빈 공간의 값을 어떻게 채울지 설정한다.

크기 조정

수집된 이미지 데이터는 모두 동일한 크기의 이미지로 수집되거나 편집하기가 어렵다. 이미지 처리 모델 학습을 원활하게 진행하기 위해서는 학습 데이터에 사용되는 이미지의 크기가 모두 일정해야 한다. 하지만 데이터 자체를 수정하면 향후 모델이 입력받는 이미지 크기가 달라졌을 때 데이터 관리에 어려움이 생긴다. 이러한 문제를 방지하기 위해 증강 클래스에서 이미지 크기를 변환한다.

다음 예제 4.19는 토치비전 라이브러리를 사용해 크기를 조정하는 방법을 보여준다.

예제 4.19 크기 조정

```
transform = transforms.Compose(
    [
        transforms.Resize(size=(512, 512))
    ]
)
```

출력 결과

크기 조정(Resize) 클래스도 크기(size) 매개변수를 정수 또는 시퀀스로 입력받는다. 정수로 크기를 입력받는 경우 높이나 너비 중 크기가 더 작은 값에 비율을 맞춰 크기가 수정된다. 예를 들어 원본 이미지 크기가 $(500, 400)$일 때, `transforms.Resize(size=300)`으로 변환하면 $(300 \times 500 \div 400, 300) = (375, 300)$으로 크기가 수정된다.

크기 조정 클래스의 경우 특별한 경우가 아니라면 시퀀스 형태로 입력해 명시적으로 크기를 설정한다. 보편적으로 크기 조정 클래스는 정사각형으로 데이터를 정규화한다.

변형

이미지를 변형하는 경우 **기하학적 변환(Geometric Transform)**을 통해 이미지를 변경한다. 기하학적 변환이란 인위적으로 확대, 축소, 위치 변경, 회전, 왜곡하는 등 이미지의 형태를 변환하는 것을 의미한다. 기하학적 변환은 크게 아핀 변환(Affine Transformation)과 원근 변환(Perspective Transformation)이 있다.

아핀 변환은 2×3 행렬을 사용하며 행렬 곱셈에 벡터 합을 활용해 표현할 수 있는 변환을 의미하며, 원근 변환은 3×3 행렬을 사용하며, 호모그래피(Homography)로 모델링할 수 있는 변환을 의미한다.

다음 예제 4.20은 토치비전 라이브러리를 사용해 아핀 변환을 적용하는 방법을 보여준다.

예제 4.20 아핀 변환

```
transform = transforms.Compose(
    [
        transforms.RandomAffine(
            degrees=15, translate=(0.2, 0.2),
            scale=(0.8, 1.2), shear=15
        )
    ]
)
```

출력 결과

아핀 변환은 각도(degrees), 이동(translate), 척도(scale), 전단(shear)을 입력해 이미지를 변형한다. 회전이나 이동 이외에도 중심점(원점)에서 임의로 설정된 점을 향하는 벡터를 선형 변환하므로 출력 결과와 같이 이미지가 눕혀지거나 비틀어진 결과물을 얻을 수 있다.

이미지의 축을 비트는 것처럼 변환되므로 특징들을 유지하지만, 이미지 픽셀들이 큰 폭으로 변환되므로 가장 많은 변형이 일어난다.

색상 변환

이미지 데이터의 특징은 픽셀값의 분포나 패턴에 크게 좌우된다. 앞선 변형들은 이러한 분포나 패턴을 비틀어 보간해 데이터를 증강한다고 볼 수 있다. 하지만 색상의 채도(Saturation), 명도(Brightness),

대비(Contrast) 등은 크게 변경되지 않는다. 주로 색상의 위치나 패턴이 변경될 뿐 주 색상 값은 유지된다.

모델이 이미지를 분석할 때 특정 색상에 편향되지 않도록 픽셀값을 변환하거나 정규화하면 모델을 더 일반화해 분석 성능을 향상시키고 학습 시간을 단축시킬 수 있다.

다음 예제 4.21은 토치비전 라이브러리를 사용해 색상 변환 및 정규화를 적용하는 방식을 보여준다.

예제 4.21 색상 변환 및 정규화

```python
transform = transforms.Compose(
    [
        transforms.ColorJitter(
            brightness=0.3, contrast=0.3,
            saturation=0.3, hue=0.3
        ),
        transforms.ToTensor(),
        transforms.Normalize(
            mean = [0.485, 0.456, 0.406],
            std = [0.229, 0.224, 0.225]
        ),
        transforms.ToPILImage()
    ]
)
```

출력 결과

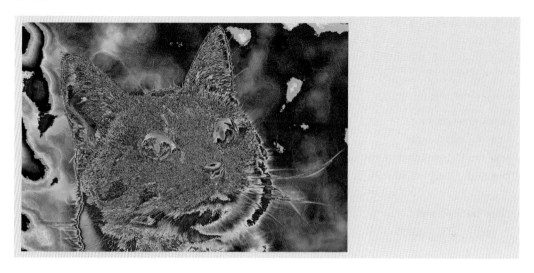

색상 변환 클래스(ColorJitter)는 이미지의 밝기(brightness), 대비(contrast), 채도(saturation), 색상(hue)을 변환한다. 이미지는 거리나 조명 등에 의해 색상(Color)이 크게 달라질 수 있다.

색상 변환 클래스를 통해 여러 색상으로 변형해 간접적으로 데이터세트의 일반화 효과를 얻을 수 있다. 또한 객체 검출이나 인식 과정에서 색상이 중요하지 않고 형태(Shape)가 더 중요한 경우 형태를 유지하면서 색상 톤을 낮출 수 있다.

정규화 클래스(Normalize)는 픽셀의 평균과 표준편차를 활용해 정규화한다. 색상 변환 클래스처럼 픽셀의 특징을 유지한 채 변환하는 것이 아닌 데이터를 정규화해 모델 성능을 높이는 데 중점을 둔다.

정규화 클래스는 PIL.Image 형식이 아닌 Tensor 형식을 입력으로 받는다. 정규화 방식은 (input[channel] - mean[channel]) / std[channel]로 진행된다. 예제에서는 이미지로 출력값을 확인하기 위해 텐서 변환 클래스를 적용했다. 본래의 픽셀값을 확인하고자 한다면 수식을 반대로 적용하는 **역정규화(Denormalization)**를 수행한다.

노이즈

이미지 처리 모델은 주로 합성곱 연산을 통해 학습을 진행한다. 예를 들어 이미지 내 3×3픽셀 영역을 합성곱 연산하면 1×1 크기의 특징이 계산될 수 있다. 즉, 픽셀값에 따라 특징을 추출하는 매개변수가 크게 달라질 수 있다.

노이즈 추가도 특정 픽셀값에 편향되지 않도록 임의의 노이즈를 추가해 모델의 일반화 능력을 높이는 데 사용된다. 또한 학습에 직접 포함되지 않더라도 테스트 데이터에 노이즈를 추가해 일반화 능력이나 **강건성(Robustness)**을 평가하는 데 사용된다.

다음 예제 4.22는 이미지 증강 라이브러리를 사용해 노이즈를 추가하는 방법을 보여준다.

예제 4.22 노이즈 추가

```python
import numpy as np
from PIL import Image
from torchvision import transforms
from imgaug import augmenters as iaa


class IaaTransforms:
    def __init__(self):
```

```
        self.seq = iaa.Sequential([
            iaa.SaltAndPepper(p=(0.03, 0.07)),
            iaa.Rain(speed=(0.3, 0.7))
        ])

    def __call__(self, images):
        images = np.array(images)
        augmented = self.seq.augment_image(images)
        return Image.fromarray(augmented)


transform = transforms.Compose([
    IaaTransforms()
])
```

출력 결과

예제 4.22는 이미지 증강 라이브러리에서 지원하는 **점잡음(Salt and pepper noise)**과 빗방울 레이어를 적용한 것이다. 이미지 증강 라이브러리의 증강 클래스는 넘파이의 ndarray 클래스를 입력값과 출력값으로 사용한다. 토치비전은 PIL.Image 형식이나 Tensor 형식으로 증강을 적용하므로 IaaTransforms 클래스를 선언해 적용한다.

IaaTransforms 클래스의 초기화 메서드(__init__)에서 증강 방법을 설정한다. imgaug.augmenters 모듈에서 이미지 증강 클래스를 사용할 수 있다.

사용하려는 클래스의 정의가 완료됐다면 호출 메서드(__call__)에서 PIL 이미지를 ndarray 형식으로 변환하고 augment_image 메서드로 증강을 적용한다. 증강이 적용됐다면 ndarray 클래스를 다시 PIL. Image 형식으로 변환해 반환한다.

위와 같은 형태로 구성한다면 기존 구성과 동일한 형태로 증강 방법을 적용할 수 있다. 이미지 증강 라이브러리에서 지원하는 증강 클래스는 이미지 증강 라이브러리 깃허브를 참고한다.

컷아웃 및 무작위 지우기

컷아웃(Cutout)[25]과 **무작위 지우기(Random Erasing)**[26]는 거의 동일한 시점에 제안된 증강 및 정칙화 방법이다. 컷아웃은 이미지에서 임의의 사각형 영역을 삭제하고 0의 픽셀값으로 채우는 방법이며, 무작위 지우기는 임의의 사각형 영역을 삭제하고 무작위 픽셀값으로 채우는 방법이다.

컷아웃은 동영상에서 **폐색 영역(Occlusion)**[27]에 대해 모델이 더 강건하게 해주며, 무작위 지우기는 일부 영역이 누락되거나 잘렸을 때 더 강건한 모델을 만들 수 있게 한다. 두 가지 방법 모두 이미지의 객체가 일부 누락되더라도 모델을 견고하게 만드는 증강 방법이다.

다음 예제 4.23은 토치비전 라이브러리를 사용해 무작위 지우기 방법을 보여준다.

예제 4.23 무작위 지우기

```
transform = transforms.Compose([
    transforms.ToTensor(),
    transforms.RandomErasing(p=1.0, value=0),
    transforms.RandomErasing(p=1.0, value="random"),
    transforms.ToPILImage()
])
```

25 https://arxiv.org/abs/1708.04896
26 https://arxiv.org/abs/1708.04552
27 특정 프레임에는 존재하지만 다른 프레임에는 존재하지 않는 영역

출력 결과

컷아웃과 무작위 지우기 방법 둘 다 무작위 지우기 클래스(RandomErasing)를 통해 적용할 수 있다. 무작위 지우기 클래스의 값(value)을 0으로 할당하면 컷아웃 방법이 되며, random으로 입력하면 무작위 지우기 방법이 된다.

단, 무작위 지우기 클래스는 Tensor 형식만 지원되므로 해당 클래스를 호출하기 전에 텐서 변환 클래스를 호출해 Tensor 형식으로 변환해야 한다. 마지막으로 PIL 변환으로 시각화하여 출력 결과를 확인할 수 있다.

혼합 및 컷믹스

혼합(Mixup)[28]은 두 개 이상의 이미지를 혼합(Blending)해 새로운 이미지를 생성하는 방법이다. 픽셀 값을 선형으로 결합해 새 이미지를 생성한다.

생성된 이미지는 두 개의 이미지가 겹쳐 흐릿한 형상을 지니게 된다. 혼합 방식으로 이미지 데이터를 증강해 학습하면 레이블링이 다르게 태깅돼 있어도 더 낮은 오류를 보이며, 이미지를 혼합했기 때문에 **다중 레이블(Multi-label)[29]** 문제에 대해서도 더 견고한 모델을 구성할 수 있다.

---

28 https://arxiv.org/abs/1710.09412
29 하나의 객체가 두 개 이상의 클래스에 포함되는 것

컷믹스(CutMix)[30]는 네이버 클로바에서 발표한 이미지 증강 방법으로 이미지 패치(patch) 영역에 다른 이미지를 덮어씌우는 방법이다. 이미지 영역을 잘라내고 붙여넣기(Cut and paste) 하는 방법으로 볼 수 있다.

컷믹스는 패치 위에 새로운 패치를 덮어씌워 비교적 자연스러운 이미지를 구성한다. 모델이 이미지의 특정 영역을 기억해 인식하는 문제를 완화하며, 이미지 전체를 보고 판단할 수 있게 일반화한다. 혼합과 컷믹스를 시각화하면 그림 4.7과 같다.

그림 4.7 혼합과 컷믹스

혼합과 컷믹스 둘 다 두 개 이상의 이미지를 활용해 이미지를 증강하는 방법이다. 주요한 차이점으로 혼합은 이미지 크기만 맞다면 쉽게 혼합할 수 있지만, 컷믹스는 패치 영역의 크기와 비율을 고려해 덮어씌워야 한다. 다음 예제 4.24는 혼합 구현 방식을 보여준다.

예제 4.24 혼합

```python
import numpy as np
from PIL import Image
from torchvision import transforms

class Mixup:
    def __init__(self, target, scale, alpha=0.5, beta=0.5):
        self.target = target
        self.scale = scale
```

---

30 https://arxiv.org/abs/1905.04899

```
            self.alpha = alpha
            self.beta = beta

    def __call__(self, image):
        image = np.array(image)
        target = self.target.resize(self.scale)
        target = np.array(target)
        mix_image = image * self.alpha + target * self.beta
        return Image.fromarray(mix_image.astype(np.uint8))


transform = transforms.Compose(
    [
        transforms.Resize((512, 512)),
        Mixup(
            target=Image.open("../datasets/images/dog.jpg"),
            scale=(512, 512),
            alpha=0.5,
            beta=0.5
        )
    ]
)
```

출력 결과

Mixup 클래스도 앞선 IaaTransforms 클래스와 같은 방법으로 구현해 증강을 적용할 수 있다. target은 혼합하려는 이미지를 입력하고 scale을 통해 이미지 크기를 조절한다. alpha와 beta는 각 이미지의 혼합 비율을 설정한다. 호출 메서드에서 간단한 넘파이 연산으로 두 이미지를 혼합할 수 있다.

텍스트 및 이미지 증강 방법은 모든 데이터에 적용하는 것이 아닌, 일부 데이터에만 적용해 증강한다. 만약 이미지 혼합과 같이 모든 이미지에 두 이미지를 섞는다면 오히려 일반화 성능이 떨어지고 실제 데이터와 거리가 먼 데이터 구조를 갖게 되어 부적절한 모델이 구성된다.

또한 색상 변환이나 정규화 같이 픽셀 데이터의 형태를 완전히 바꾸는 경우 모델 추론 과정에서도 동일한 증강 방법이나 정규화 방법을 적용해야 모델이 데이터를 분석해 값을 인식할 수 있다.

데이터 증강은 모델 학습에 있어서 보편적으로 사용되는 방법이며, 부족한 데이터를 확보하고 모델의 일반화 성능을 최대로 끌어올릴 수 있다.

다음 표 4.5는 토치비전 변환 모듈의 주요한 증강 방법을 정리한 것이다.

표 4.5 토치비전 이미지 데이터 증강 클래스[31]

방법	클래스	의미
통합	transforms.Compose()	증강 방법을 하나로 묶음
텐서 변환 (1)	transforms.ToTensor()	PIL 이미지 또는 ndarray 배열을 Tensor로 변환 ▪ 형태: (H x W x C) → (C x H x W) ▪ 범위: [0, 255] → [0.0, 1.0]
텐서 변환 (2)	transforms.PILToTensor()	PIL 이미지 또는 ndarray 배열을 Tensor로 변환 ▪ 형태: (H x W x C) → (C x H x W) ▪ 범위: 변환 없음
PIL 변환	transforms.ToPILImage(mode=str or number type)	Tensor를 PIL 이미지 또는 ndarray 배열로 변환 ▪ 형태: (C x H x W) → (H x W x C) ▪ 모드(mode): 4채널(RGBA), 3채널(RGB), 2채널(LA), 1채널(int, float, short)
이미지 형식 변환	transformsConvertImageDtype(dtype=torch.dtype)	텐서 이미지의 형식을 특정 dtype으로 변환

---

31 보간 클래스는 torchvision.transforms.InterpolationMode에 포함돼 있다.

방법	클래스	의미
회전	transforms.RandomRotation(　　degrees=number or sequence, 　　interpolation=InterpolationMode, 　　expand=bool, 　　center=sequence, 　　fill=number or sequence)	▪ 각도(degrees): 특정 각도로 회전 ▪ 보간(interpolation): 이미지 보간 방법을 설정 ▪ 확장(expand): 빈 공간 확장 여부 ▪ 중심점(center): 이미지 회전 중심점 설정 ▪ 채우기(fill): 빈 공간의 픽셀값
수평 대칭	transforms.RandomHorizontalFlip(　　p=float)	▪ 수행 확률(p): 확률에 따라 대칭 수행 　• 0.0 = 대칭하지 않음 　• 1.0 = 항상 대칭
수직 대칭	transforms.RandomVerticalFlip(　　p=float)	▪ 수행 확률(p): 확률에 따라 대칭 수행 　• 0.0 = 대칭하지 않음 　• 1.0 = 항상 대칭
무작위 자르기	transforms.RandomCrop(　　size=number or sequence, 　　padding=int or sequence, 　　pad_if_needed=bool, 　　fill=number or tuple, 　　padding_mode=str)	▪ 크기(size): 특정 크기로 자르기 (출력 크기) ▪ 패딩(padding): 여백 공간 ▪ 가능한 패딩(pad_if_needed): 이미지 크기가 자르려는 크기보다 작은 경우 자동 패딩 ▪ 채우기(fill): 패딩 색상 ▪ 패딩 방식(padding_mode): 패딩 방식 설정 　• 상수(constant), 테두리(edge), 반사(reflect), 대칭(symmetric)
무작위 자르기 및 크기 변환	transforms.RandomResizedCrop(　　size=number or sequence, 　　scale=tuple of float, 　　ratio=tuple of float, 　　interpolation=InterpolationMode)	▪ 크기(size): 특정 크기로 자르기(출력 크기) ▪ 척도(scale): 이미지 크기의 상한 및 하한 ▪ 비율(ratio): 이미지 종횡비의 상한 및 하한 ▪ 보간(interpolation): 픽셀 보간 방법 　• 이웃(NEAREST), 이중 선형(BILINEAR), 바이큐빅(BICUBIC), 박스(BOX), 해밍(HAMMING), 란초스(LANCZOS)
중앙 자르기	transforms.CenterCrop(　　size=number or sequence)	▪ 크기(size): 특정 크기로 자르기(출력 크기)

방법	클래스	의미

패딩	transforms.Pad(
	    padding=number or sequence,
	    fill=number or tuple,
	    padding_mode=str
	)
		▪ 패딩(padding): 여백 공간
		▪ 채우기(fill): 패딩 색상
		▪ 패딩 방식(padding_mode): 패딩 방식 설정
		  • 상수(constant), 테두리(edge), 반사(reflect), 대칭(symmetric)

크기 조정	transforms.Resize(
	    size=int or sequence,
	    interpolation=InterpolationMode,
	    max_size=int,
	    antialias=bool
	)
		▪ 크기(size): 특정 크기로 조정 (출력 크기)
		▪ 보간(interpolation): 픽셀 보간 방법
		  • 이웃(NEAREST), 이중선형(BILINEAR), 바이큐빅(BICUBIC), 박스(BOX), 해밍(HAMMING), 란초스(LANCZOS)
		▪ 최댓값(max_size): 크기를 정수로 입력하는 경우 최대 크기
		▪ 안티에일리어싱(antialias): 계단 현상 최소화 여부

아핀 변환	transforms.RandomAffine(
	    degrees=number or sequence,
	    translate=tuple,
	    scale=tuple,
	    shear=number or sequence,
	    interpolation=InterpolationMode,
	    fill=number or sequence,
	    center=sequence
	)
		▪ 각도(degrees): 특정 각도로 회전
		▪ 이동(translate): 수평 및 수직 이동
		  • translate = (a, b)
		  • 수평 이동: 너비 × a ⟨ dx ⟨ 너비 × a
		  • 수직 이동: 높이 × b ⟨ dy ⟨ 높이 × b
		▪ 척도(scale): 이미지 크기의 상한 및 하한
		▪ 전단(shear): 전단 적용
		  • X 축: −shear, shear 또는 shear[0], shear[1]
		  • Y 축: −shear, shear 또는 shear[2], shear[3]
		▪ 보간(interpolation): 픽셀 보간 방법
		  • 이웃(NEAREST), 이중선형(BILINEAR), 바이큐빅(BICUBIC), 박스(BOX), 해밍(HAMMING), 란초스(LANCZOS)
		▪ 채우기(fill): 여백 색상
		▪ 중심점(center): 아핀 변환의 원점

원근 변환	transforms.RandomPerspective(
	    distortion_scale=float,
	    p=float,
	    interpolation=InterpolationMode,
	    fill=number or sequence
	)
		▪ 왜곡 척도(distortion_scale): 원근 변환 왜곡 척도
		▪ 수행 확률(p): 원근 변환 수행 확률
		▪ 보간(interpolation): 픽셀 보간 방법
		  • 이웃(NEAREST), 이중선형(BILINEAR), 바이큐빅(BICUBIC), 박스(BOX), 해밍(HAMMING), 란초스(LANCZOS)
		▪ 채우기(fill): 여백 색상

방법	클래스	의미

색상 변환	transforms.ColorJitter(
	    brightness=float or tuple of float,
	    contrast=float or tuple of float,
	    saturation=float or tuple of float,
	    hue=float or tuple of float
	)
		▪ 밝기(brightness): 밝기 변환 범위 (min, max)
		▪ 대비(contrast): 대비 변환 범위 (min, max)
		▪ 채도(saturation): 채도 변환 범위 (min, max)
		▪ 색상(hue): 색상 변환 범위 (min, max)

정규화	transforms.Normalize(
	    mean=sequence,
	    std=sequence
	)
		▪ 평균(mean): 각 채널에 적용하려는 평균
		▪ 표준편차(std): 각 채널에 적용하려는 표준편차

무작위 지우기	transforms.RandomErasing(
	    p=float,
	    scale=tuple of float,
	    ratio=tuple of float,
	    value=int or str
	)
		▪ 수행 확률(p): 지우기 수행 확률
		▪ 척도(scale): 지우려는 영역의 범위
		▪ 비율(ratio): 지워진 영역의 종횡비
		▪ 값(value): 지워진 영역의 값
		  • random으로 입력 시 컷아웃

사용자 정의 함수	transforms.Lambda(function)	▪ 함수(function): 사용자 정의 람다 함수

사전 학습된 모델

사전 학습된 모델(Pre-trained Model)이란 대규모 데이터세트로 학습된 딥러닝 모델로 이미 학습이 완료된 모델을 의미한다. 사전 학습된 모델 자체를 현재 시스템에 적용하거나 사전 학습된 **임베딩 (Embeddings)**[32] 벡터를 활용해 모델을 구성할 수 있다.

사전 학습된 모델을 활용한다면 처음부터 모델을 구성하고 학습하는 것이 아닌 이미 학습된 모델의 일부를 활용하거나 추가 학습을 통해 모델의 성능을 끌어낼 수 있다. 예를 들어 늑대와 사자를 구별하는 모델을 구축한다고 가정한다면 처음부터 모델을 학습하지 않고 개와 고양이를 구별하는 사전 학습된 모델을 활용해 모델을 구축할 수 있다.

---

32 입력 데이터를 연속적이고 조밀한 벡터로 매핑하는 것을 의미한다. 예를 들어 cat이라는 단어를 [0.124, −1.393, ⋯ 0.7021] 과 같이 매핑할 수 있다.

이미 개와 고양이를 구별하는 모델은 동물의 형태를 구분하고 각 개체가 가진 특징을 구분하는 계층에 대한 학습이 완료됐다. 이러한 사전 학습된 모델을 사용한다면 각 개체가 가진 특징을 구분하는 계층의 가중치만 수정해 늑대와 사자를 구분할 수 있게 된다.

사전 학습된 모델은 이미 다양한 작업에서 성능을 검증한 모델이므로 사전 학습된 모델을 사용하면 안정되고 우수한 성능을 기대할 수 있다. 또한 대규모 데이터세트에서 데이터의 특징을 학습했으므로 유사한 작업에 대해서도 우수한 성능을 기대할 수 있다.

처음부터 모델을 훈련하지 않으므로 학습에 필요한 시간이 대폭 감소해 모델 개발 프로세스를 가속화하고 모델의 성능을 향상시킬 수 있다.

사전 학습된 모델은 **전이 학습(Transfer Learning)**과 같은 작업뿐만 아니라 **백본 네트워크 (Backbone Networks)**로 사용되며, 대규모 데이터에서 학습한 지식을 활용하여 소량의 데이터로도 우수한 성능을 달성할 수 있다.

백본

백본(Backbone)이란 입력 데이터에서 특징을 추출해 최종 분류기에 전달하는 딥러닝 모델이나 딥러닝 모델의 일부를 의미한다. 이러한 개념은 오래전부터 다양한 딥러닝 아키텍처에서 적용했지만, 직접적인 개념이나 용어는 2010년대 초반부터 활발히 사용되기 시작했다.

백본에 대한 개념은 합성곱 신경망 모델인 VGG(Very Deep Convolutional Networks for Large-Scale Image Recognition), ResNet(Deep Residual Learning for Image Recognition), Mask R-CNN 논문 등에서 직간접적으로 언급된다.[33]

논문에서 합성곱 계층이 입력 이미지를 고차원 특징 벡터로 변환해 이미지 분류 작업을 돕는 특징 추출기의 역할로 사용할 수 있다는 점에서 백본이라는 용어가 등장한다.

백본 네트워크는 입력 데이터에서 특징을 추출하므로 노이즈와 불필요한 특성을 제거하고 가장 중요한 특징을 추출할 수 있다. 이렇게 추출된 특징을 활용해 새로운 모델이나 기능의 입력으로 사용한다. 합성곱 신경망에서 백본의 활용 예시는 다음과 같다.

---

33 자세한 내용은 3부 '컴퓨터비전'에서 다루겠다.

이미지에서 객체를 검출하는 합성곱 신경망은 초기 계층(하위 계층)에서 점이나 선과 같은 저수준의 특징을 학습하고 중간 계층에서 객체나 형태를 학습한다. 최종 계층(상위 계층)에서는 이전 계층의 특징을 기반으로 객체를 이해하고 검출한다.

객체 검출 모델이 아닌 포즈 추정(Pose Estimation) 모델이나 이미지 분할(Image Segmentation)[34] 모델로 확장하려고 한다면, 모델을 처음부터 구성하는 것이 아니라 객체를 검출하는 합성곱 신경망의 특징값을 가져와 최종 계층을 바꿔 기존 모델과 다른 모델을 구성할 수 있다.

모델을 구성할 때 백본을 활용한다고 해서 모델의 성능이 급격하게 좋아지지는 않는다. 백본도 딥러닝 모델이므로 수행하려는 작업에 따른 장단점이 존재한다. 그러므로 해결하려는 작업에 적합한 백본을 선택해야 한다.

백본으로 사용하는 딥러닝 모델에는 많은 수의 매개변수가 존재하며 학습 데이터에 따라 쉽게 과대적합될 수 있다. 과대적합을 방지하기 위해 정규화 또는 정칙화와 같은 기술을 적용하는 것을 권장한다.

사전 학습된 백본은 미세 조정이나 전이 학습을 적용해 과대적합을 피해야 한다. 현재 작업에 적합한 백본을 찾기 위해 다양한 백본을 적용해 가며 성능을 모니터링한다.

자연어 처리와 컴퓨터비전 작업에서 백본이 되는 모델은 BERT, GPT, VGG-16, ResNet과 같이 **초대규모 딥러닝 모델(Hyper-scale deep learning models)**을 사용한다.

전이 학습

전이 학습(Transfer Learning)이란 어떤 작업을 수행하기 위해 이미 사전 학습된 모델을 재사용해 새로운 작업이나 관련 **도메인(Domain)**[35]의 성능을 향상시킬 수 있는 기술을 의미한다. 전이 학습은 특정 영역의 대규모 데이터세트에서 사전 학습된 모델을 다른 영역의 작은 데이터세트로 미세 조정해 활용한다. 앞서 개와 고양이를 검출하는 모델의 일부를 가져와 늑대와 사자를 검출하는 모델로 구성하는 방법을 예시로 들 수 있다. 기존 머신러닝 모델이 학습했던 개, 고양이의 특징과 유사한 동물 특징 영역(눈, 코, 입)을 학습하여 **소스 도메인(Soruce Domain)**[36]에서 학습한 지식을 활용해 **타깃 도메인(Target Domain)**[37]에서 모델의 성능을 향상시키는 것이다.

---

34 이미지를 의미 있는 부분으로 분할하는 과정

35 모델이 작동하도록 설계된 데이터의 특정 영역을 의미한다. 개나 고양이 이미지나 특정 언어의 텍스트처럼 일부 공통 특성을 공유하는 범주를 의미한다.

36 원천 영역이라고도 하며, 사전 학습된 모델이 학습에 사용한 도메인을 의미한다.

37 목적 영역이라고도 하며, 전이 학습에 사용할 도메인을 의미한다.

다시 말해 전이 학습이란 사전 학습된 모델을 활용해 현재 시스템에 맞는 새로운 모델로 학습하는 과정으로 볼 수 있다. 전이 학습을 통해 모델을 구축하면 소스 도메인에서 학습한 지식을 재사용함으로써 전이 학습된 모델이 더 적은 데이터와 학습 시간으로 더 높은 성능을 낼 수 있다.

또한 전이 학습은 대규모 데이터세트에서 사전 학습된 모델을 활용하므로 과대적합 문제를 최소화할 수 있다. 다음 그림 4.8은 전이 학습의 구조를 보여준다.

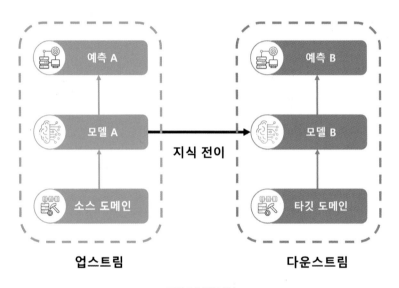

그림 4.8 전이 학습

전이 학습은 사전 학습된 모델과 미세 조정된 모델의 관계를 설명하기 위해 **업스트림(Upstream)**과 **다운스트림(Downstream)** 영역으로 구별된다. 전이 학습을 수행하기 위해 사전 학습된 모델을 업스트림 모델이라고 하며, 미세 조정된 모델은 다운스트림 모델이라고 한다.

업스트림 모델은 대규모 특정 도메인의 데이터세트에서 학습한 모델이며 해당 도메인에 대한 특징과 특성이 학습돼야 한다. 전이 학습 파이프라인 중 시작 부분에 위치한다.

다운스트림 모델은 업스트림 모델에서 학습한 지식을 활용해 작은 규모의 타깃 도메인 데이터세트에서 학습한 모델이다. 전이 학습 파이프라인 중 마지막 부분에 위치한다.

다운스트림 모델은 사전 학습된 모델의 계층을 하나 이상 사용하며 타깃 도메인에 적응하기 위해 소규모 데이터세트에서 미세 조정된다.

전이 학습에는 귀납적 전이 학습, 변환적 전이 학습, 비지도 전이 학습 등이 있다.

귀납적 전이 학습

귀납적 전이 학습(Inductive Transfer Learning)은 기존에 학습한 모델의 지식을 활용하여 새로운 작업을 수행하기 위한 방법 중 하나다. 이전 작업에서 학습한 지식을 새로운 작업에 활용함으로써 모델의 일반화 능력을 향상시킬 수 있다. 이러한 전이 학습은 기존 모델의 학습된 지식을 새로운 작업으로 이전함으로써 작업 효율성을 높이고 성능을 향상시킬 수 있다.

귀납적 전이 학습은 **자기주도적 학습**(Self-taught Learning)[38]과 **다중 작업 학습**(Multi-task Learning)[39]으로 나뉜다.

먼저 자기주도적 학습이란 비지도 전이 학습(Unsupervised Transfer Learning)의 유형 중 하나로, 소스 도메인의 데이터세트에서 데이터의 양은 많으나 레이블링된 데이터의 수가 매우 적거나 없을 때 사용하는 방법이다.

레이블이 지정되지 않은 대규모 데이터세트에서 특징을 추출하는 오토 인코더와 같은 모델을 학습시킨 다음, 저차원 공간에서 레이블링된 데이터로 미세 조정하는 방법을 의미한다. 레이블이 지정된 데이터를 수집하는 데 리소스 소모가 큰 경우 유용하게 사용할 수 있다.

다중 작업 학습은 레이블이 지정된 소스 도메인과 타깃 도메인 데이터를 기반으로 모델에 여러 작업을 동시에 가르치는 방법을 의미한다. 다중 작업 학습의 모델 구조는 **공유 계층**(Shared Layers)과 **작업별 계층**(Task Specific Layer)으로 나뉜다.

공유 계층에서는 소스 도메인과 타깃 도메인의 데이터세트에서 모델을 사전 학습한 다음 단일 작업을 위해 작업별 계층마다 타깃 도메인 데이터세트로 미세 조정하는 방법으로 모델을 구성한다. 소스 도메인과 타깃 도메인 데이터를 하나의 데이터세트로 구축하는 방법이 아니라, 작업마다 서로 다른 학습 데이터세트를 사용하여 모델을 미세 조정한다.

공유 계층에서 서로 다른 작업의 특징을 맞추기 위해 동시에 학습되므로 하나의 작업에 과대적합 되지 않아 일반화된 모델을 얻을 수 있다. 또한 서로의 작업이 동일한 도메인을 사용하므로 성능 향상에 기여할 수 있다는 장점이 있다.

---

38 https://ai.stanford.edu/~hllee/icml07-selftaughtlearning.pdf
39 https://arxiv.org/abs/1707.08114

변환적 전이 학습

변환적 전이 학습(Transductive Transfer Learning)은 소스 도메인과 타깃 도메인이 유사하지만 완전히 동일하지 않은 경우를 의미한다. 변환적 전이 학습에 사용되는 소스 도메인은 레이블이 존재하며, 타깃 도메인에는 레이블이 존재하지 않은 경우에 사용된다. 레이블이 지정된 소스 도메인으로 사전 학습된 모델을 구축하며, 레이블이 지정되지 않은 타깃 도메인으로 모델을 미세 조정해 특정 작업에 대한 성능을 향상시킨다. 변환적 전이 학습은 **도메인 적응(Domain Adaptation)**과 **표본 선택 편향/공변량 이동(Sample Selection Bias/Covariance Shift)**으로 나뉜다.

도메인 적응이란 소스 도메인과 타깃 도메인의 **특징 분포(Feature Distributions)**를 전이시키는 방법이다. 소스 도메인과 타깃 도메인은 유사하지만 다르므로 두 도메인의 특징 공간과 분포는 서로 다르다. 서로 다른 도메인들의 특징 분포를 고려해 학습하므로 도메인 변화(Domain Shift)를 확인해 전이하게 된다. 도메인 적응은 타깃 도메인에서 모델의 성능을 향상시키는 것이 목적이므로 소스 도메인이 조정될 수 있다.

표본 선택 편향/공변량 이동이란 소스 도메인과 타깃 도메인의 분산과 편향이 크게 다를 때 표본을 선택해 편향이나 공변량을 이동시키는 방법을 의미한다. 소스 도메인과 타깃 도메인은 완전히 동일하지 않기 때문에 모델이 학습 데이터에서 좋은 성능을 보였더라도 테스트 데이터에서 성능이 좋지 않을 수 있다. 그러므로 무작위/비무작위 샘플링 방법이나 도메인 적응을 통해 해당 학습치만 전이시키는 방법이다.

비지도 전이 학습

비지도 전이 학습(Unsupervised Transfer Learning)은 소스 도메인과 타깃 도메인 모두 레이블이 지정된 데이터가 없는 전이 학습 방법이다. 이러한 방법은 소스 도메인에서 타깃 도메인의 성능을 개선하는 데 사용할 수 있는 특징 표현을 학습한다.

레이블이 없는 전체 데이터로 학습해 데이터가 가진 특징과 특성을 구분할 수 있게 사전 학습된 모델을 구축하고 소규모의 레이블이 지정된 데이터를 활용해 미세 조정한다. 즉, 소스 도메인 데이터에서 감독되지 않은 모델을 교육해 일련의 기능 표현을 학습한 다음, 타깃 도메인에 대한 감독된 모델을 초기화하는 방법이다.

비지도 전이 학습은 레이블의 영향을 받지 않고 데이터가 가진 특징을 학습했으므로 미세 조정 시 더 효과적으로 타깃 도메인에 대해 예측을 수행할 수 있다. 비지도 전이 학습의 대표적인 방법으로는 생성적 적대 신경망(Generative Adversarial Networks, GAN)과 군집화(Clustering)가 있다.

전이 학습은 사전 학습된 모델의 지식을 활용해 새로운 도메인에 대한 예측을 진행할 수 있으므로 작은 데이터세트를 가지고도 우수한 결과를 얻을 수 있다. 모델을 재사용하므로 새로운 모델을 구축하는 데 소요되는 시간과 리소스 소모를 최소화할 수 있다. 더 높은 학습률을 할당하더라도 유사한 작업에 대해 학습됐기 때문에 더 빠르게 학습되고 타깃 도메인에 대한 더 높은 정확도를 제공한다.

전이 학습은 자연어 처리 및 컴퓨터비전 등 다양한 분야에서 사용되며 소스 도메인의 데이터를 활용해 타깃 도메인에 대한 모델의 성능을 개선하고 데이터 부족 문제를 극복할 수 있다. 자연어 처리 분야에서 사용되는 사전 학습된 모델은 Word2Vec, fastText, BERT 등이 있으며, 컴퓨터비전 분야에서 사용되는 사전 학습된 모델은 ResNet-50, VGG-16 등이 있다.

제로-샷 전이 학습

제로-샷 전이 학습(Zero-shot Transfer Learning)은 사전 학습된 모델을 이용해 다른 도메인에서도 적용할 수 있는 전이 학습 기법 중 하나다. 이를 통해 새로운 도메인에서 일반화된 성능을 가질 수 있다.

예를 들어 이미지 분류 문제에서는 ('독수리', '새'), ('참새', '새'), ('오리', '새') 등의 데이터 쌍으로 모델을 학습시킨 후, '부엉이'와 같은 새로운 이미지를 분류할 때도 모델이 일반화된 성능을 발휘할 수 있다. 이는 '새'라는 범주와 관련된 이미지인 '부엉이'를 인식하고 분류할 수 있기 때문이다.

자연어 처리 모델에서도 사전 학습된 모델에 새로운 도메인에서 문장을 입력하면 이전에 학습된 단어와 문맥 정보를 비교하여 일반화된 성능을 가질 수 있다.

예를 들어, '개', '고양이'와 같은 단어를 포함하는 문장이 있을 때, 이전에 학습되지 않은 단어인 '호랑이'가 포함된 문장도 모델이 인식하고 이 문장이 '동물'과 관련되어 있다는 결론을 내릴 수 있다.

제로-샷 전이 학습은 새로운 도메인에서 학습할 데이터가 부족한 경우에 유용하게 사용할 수 있다. 또한, 다양한 도메인 간의 지식을 전이할 수 있기 때문에 일반화된 성능을 높일 수 있다는 장점이 있다.

원-샷 전이 학습(One-shot Transfer Learning)

원-샷 전이 학습(One-shot Transfer Learning)은 제로-샷 학습과 유사하지만, 한 번에 하나의 샘플만 사용해 모델을 학습하는 방법이다. 따라서 매우 적은 양의 데이터를 이용하여 분류 문제를 해결할 수 있다. 원-샷 전이 학습 모델은 서포트 셋(Support Set)과 쿼리 셋(Query Set)을 가정한다.

서포트 셋은 학습에 사용될 클래스의 대표 샘플을 의미하며, 각 클래스당 하나 이상의 대표 샘플로 이뤄진다.

쿼리 셋은 새로운 클래스를 분류하기 위한 입력 데이터를 의미하며, 분류 대상 데이터로, 서포트 셋에서 수집한 샘플과는 다른 샘플이어야 한다.

마지막으로, 서포트 셋에 있는 대표 샘플과 쿼리 셋 간의 거리를 측정하여 쿼리 셋과 가장 가까운 서포트 셋의 대표 샘플의 클래스로 분류한다. 이때 거리 측정 방법으로는 유클리드 거리, 코사인 유사도 등이 사용된다.

예를 들어 개와 고양이 분류 문제를 원-샷 전이 학습으로 해결하고자 할 때, 개 클래스와 고양이 클래스 각각 대표 샘플을 수집하여 서포트 셋을 생성한다.

이때 각 클래스의 대표 샘플은 개 사진과 고양이 사진 중 하나로 선택된다. 이후 분류 대상인 새로운 개 사진을 쿼리 셋으로 생성하고, 서포트 셋에 있는 대표 샘플과 쿼리 셋 간의 거리를 측정한다. 결과적으로 서포트 셋의 가장 가까운 대표 샘플을 가진 클래스로 분류하게 된다.

다음 표 4.6은 레이블링과 도메인에 따른 전이 학습 방법을 정리한 것이다.

표 4.6 레이블링과 도메인에 따른 전이 학습

유형	세부 유형	소스 도메인	타깃 도메인
귀납적 전이 학습	자기주도적 학습	레이블링 없음	레이블링 있음
귀납적 전이 학습	다중 작업 학습	레이블링 있음	레이블링 있음
변환적 전이 학습	–	레이블링 있음	레이블링 없음
비지도 전이 학습	–	레이블링 없음	레이블링 없음
제로-샷 전이 학습	–	레이블링 있음	레이블링 없음
원-샷 전이 학습	–	레이블링 있음	레이블링 없음

특징 추출 및 미세 조정

특징 추출(Feature Extraction) 및 **미세 조정(Fine-tuning)**은 전이 학습에 사용되는 일반적인 기술을 의미한다. 두 가지 방법 모두 대규모 데이터세트로 사전 학습된 모델을 작은 데이터세트로 추가 학습해 가중치나 편향을 수정한다. 이러한 방식으로 재학습된 모델은 대규모 데이터세트에서 배운 지식을 적용해 새로운 데이터세트에 맞는 지식을 제공할 수 있다.

특징 추출은 타깃 도메인이 소스 도메인과 유사하고 타깃 도메인의 데이터세트가 적을 때 사용된다. 소스 도메인과 타깃 도메인이 매우 유사하면 타깃 도메인으로 모델을 학습해도 소스 도메인의 가중치나 편향도 유사하다.

그러므로 특징 추출 계층은 **동결(Freeze)**해 학습하지 않고 기존에 학습된 모델의 가중치를 사용한다. 예측 모델마다 요구하는 출력 노드의 수가 다르므로 모델의 분류기(Classifier)만 재구성해 학습한다.

미세 조정은 특징 추출 계층을 일부만 동결하거나 동결하지 않고 타깃 도메인에 대한 학습을 진행한다. 앞선 예시에서 사용된 개와 고양이를 분류하는 합성곱 모델을 예로 든다면 다음과 같다.

첫 번째로 개와 고양이를 분류하는 모델을 활용해 식물을 분류하는 모델을 구축한다고 가정하면 소스 도메인과 타깃 도메인 간 유사성이 매우 낮다고 볼 수 있다. 하지만 특징 추출을 위한 모델의 구조는 유효하기 때문에 모든 계층을 동결하지 않고 전체 데이터세트로 학습을 진행한다. 하지만 이 방법은 데이터세트가 충분히 많을 때 시도할 수 있다.

두 번째 방법도 식물을 분류하는 모델인데, 데이터세트의 크기가 작다고 가정해 보자. 타깃 도메인에 대한 데이터세트가 작다면 전체 계층을 학습할 수 없다. 그러므로 일부 계층만 동결해 학습을 진행한다. 도메인 간 유사성이 매우 낮지만, 하위 계층에서 저수준의 특징을 학습할 때 동일한 특징으로 학습될 가능성이 높으므로 초기 계층만 동결해 학습을 진행한다.

세 번째는 소스 도메인과 타깃 도메인이 유사하지만, 충분한 데이터세트를 확보하지 못했을 때다. 도메인 간 유사성이 높으면 특징 추출 방법으로 모델을 학습할 수 있다. 하지만 도메인 유사성만 높을 뿐 데이터세트가 충분히 많지 않기 때문에 상위 계층으로 가면서 특징이 점점 달라진다. 그러므로 하위 계층을 동결하고 일부 상위 계층을 학습하는 방법으로 모델을 구축한다. 앞선 예시에서 개와 고양이를 분류하는 모델을 늑대와 사자로 구별하는 모델로 변경하는 방법도 미세 조정의 예시로 볼 수 있다.

다음 그림 4.9는 앞서 설명한 미세 조정 전략을 정리한 것이다.

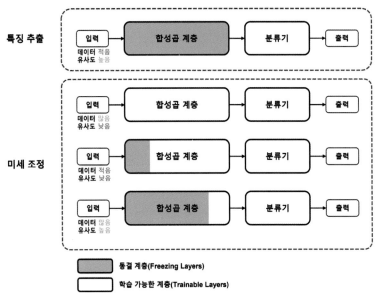

그림 4.9 미세 조정 전략

다시 정리하면, 데이터의 개수와 유사성에 따라 미세 조정 전략이 달라진다. 특징 추출은 데이터가 적고 유사도가 높기 때문에 데이터의 합성곱 계층은 학습하지 않는다. 데이터가 적은데 유사도가 높으므로 적은 데이터를 최대한 활용하기 위해 분류기만 학습한다.

데이터가 많고 유사도가 낮은 경우 데이터가 가진 특징이 다르기 때문에 분류기를 포함한 모델 매개변수를 다시 학습해야 한다.

데이터도 적고 유사도도 낮다면 전체 합성곱 계층을 학습하기 어려워 타깃 도메인에 대한 성능이 떨어진다. 이때는 최대한 성능을 끌어올리기 위해 초기 계층의 저수준 특징 추출 기능을 동결하고 나머지 계층과 분류기를 학습한다.

마지막으로 데이터도 많고 유사도도 높다면 분류기에 가장 큰 영향을 미치는 상위 계층과 분류기를 학습한다. 소스 도메인과 타깃 도메인이 서로 유사하다고 해도 완전히 동일한 도메인은 아니기 때문에 상위 계층의 특징은 다를 수밖에 없다. 이때는 모델의 성능을 최대한 끌어내기 위해 상위 계층을 학습 범위에 포함시킨다.

지금까지 전이 학습과 미세 조정 방법을 알아봤다. 전이 학습과 미세 조정은 사전 학습된 모델을 활용해 새로운 시스템을 구축하는 데 가장 많이 사용되는 방법이다. 비교적 높은 정확도의 모델을 적은 리소스를 사용해 시스템을 구축할 수 있으므로 간단하지만 강력한 방법이다.

## 2부

자연어
처리

토큰화

자연어(National Language)는 자연 언어라고도 부르며, 인공적으로 만들어진 프로그래밍 언어와 다르게 사람들이 쓰는 언어 활동을 위해 자연히 만들어진 언어를 의미한다. **자연어 처리(Natural Language Processing, NLP)**는 컴퓨터가 인간의 언어를 이해하고 해석 및 생성하기 위한 기술을 의미한다.

자연어 처리는 인공지능의 하위 분야 중 하나로 컴퓨터가 인간과 유사한 방식으로 인간의 언어를 이해하고 처리하는 것이 주요 목표 중 하나다. 인간 언어의 구조, 의미, 맥락을 분석하고 이해할 수 있는 알고리즘과 모델을 개발한다. 이러한 모델을 개발하기 위해서는 다음과 같은 문제가 해결돼야 한다.

- 모호성(Ambiguity): 인간의 언어는 단어와 구가 사용되는 맥락에 따라 여러 의미를 갖게 되어 모호한 경우가 많다. 알고리즘은 이러한 다양한 의미를 이해하고 명확하게 구분할 수 있어야 한다.

- 가변성(Variability): 인간의 언어는 다양한 사투리(Dialects), 강세(Accent), 신조어(Coined word), 작문 스타일로 인해 매우 가변적이다. 알고리즘은 이러한 가변성을 처리할 수 있어야 하며 사용 중인 언어를 이해할 수 있어야 한다.

- 구조(Structure): 인간의 언어는 문장이나 구의 의미를 이해할 때 구문(Syntactic)을 파악하여 의미(Semantic)를 해석한다. 알고리즘은 문장의 구조와 문법적 요소를 이해하여 의미를 추론하거나 분석할 수 있어야 한다.

위와 같은 문제를 이해하고 구분할 수 있는 모델을 만들려면 우선 **말뭉치(Corpus)**를 일정한 단위인 **토큰(Token)**으로 나눠야 한다. 말뭉치란 자연어 모델을 훈련하고 평가하는 데 사용되는 대규모의 자연어를 뜻한다.

말뭉치는 뉴스 기사, 사용자 리뷰, 저널이나 칼럼 등에서 목적에 따라 구축되는 텍스트 데이터를 의미한다. 말뭉치는 일련의 단어의 가능성을 예측하는 알고리즘인 언어 모델을 구축하고 평가하는 데 자주 사용된다.

토큰은 개별 단어나 문장 부호와 같은 텍스트를 의미하며 말뭉치보다 더 작은 단위다. 토큰은 텍스트의 개별 단어, 구두점 또는 기타 의미 단위일 수 있다. 토큰으로 나누는 목적은 컴퓨터가 자연어를 이해할 수 있게 나누는 과정이다. 이러한 과정을 **토큰화**(Tokenization)라고 한다.

토큰화는 컴퓨터가 텍스트를 보다 효율적으로 분석하고 처리할 수 있도록 하는 중요한 단계다. 많은 자연어 처리 과정에서 중요한 단계다. 토큰화를 위해 **토크나이저**(Tokenizer)를 사용한다. 토크나이저란 텍스트 문자열을 토큰으로 나누는 알고리즘 또는 소프트웨어를 의미한다.

이 알고리즘은 텍스트에서 발생하는 다양한 단어와 구문을 식별하고 분석할 수 있게 하므로 언어 모델링 또는 기계 번역과 같은 다양한 자연어 처리 작업에서 사용된다. 토크나이저를 사용해 문장을 토큰화한다면 다음과 같이 표현할 수 있다.

- 입력: '형태소 분석기를 이용해 간단하게 토큰화할 수 있다.'
- 결과: ['형태소', '분석기', '를', '이용', '하', '어', '간단', '하', '게', '토큰', '화', '하', 'ㄹ', '수', '있', '다', '.']

일반적으로 토큰을 나누는 기준은 구축하려는 시스템이나 주어진 상황에 따라 다르다. 심지어 어떻게 토큰을 나누었느냐에 따라 시스템의 성능이나 처리 결과가 크게 달라지기도 한다. 토크나이저를 구축하는 방법은 다음과 같다.

- 공백 분할: 텍스트를 공백 단위로 분리해 개별 단어로 토큰화한다.
- 정규표현식 적용: 정규 표현식으로 특정 패턴을 식별해 텍스트를 분할한다.
- 어휘 사전(Vocabulary) 적용: 사전에 정의된 단어 집합을 토큰으로 사용한다.
- 머신러닝 활용: 데이터세트를 기반으로 토큰화하는 방법을 학습한 머신러닝을 적용한다.

이 방법 중 **어휘 사전**(Vocabulary, Vocab)은 사전에 정의된 단어를 활용해 토크나이저를 구축하는 방법이다. 직접 어휘 사전을 구축하기 때문에 없는 단어나 토큰이 존재할 수 있다. 이러한 토큰을 **OOV**(Out of Vocab)라고 한다. 어휘 사전 방법은 OOV 문제를 고려해 토큰화하는 것이 중요하다.

큰 어휘 사전을 구축하면 학습 비용의 증대는 물론이고, 자칫 **차원의 저주(Curse of Dimensionality)**[1]에 빠질 수 있다. 다시 말해 모든 토큰이나 단어를 벡터화하면 어휘 사전에 등장하는 토큰 개수만큼의 차원이 필요하고, 벡터값이 거의 모두 0의 값을 가지는 **희소(sparse)** 데이터로 표현된다. 또한 희소 데이터의 표현 방법은 어휘 사전에 등장하는 출현 빈도만 고려하기 때문에 문장에서 발생한 토큰들의 순서 관계를 잘 표현하지 못한다.

단어 및 글자 토큰화

토큰화는 자연어 처리에서 매우 중요한 전처리 과정으로, 텍스트 데이터를 구조적으로 분해하여 개별 토큰으로 나누는 작업을 의미한다. 이러한 토큰화 과정은 정확한 분석을 위해 필수이며, 단어나 문장의 빈도수, 출현 패턴 등을 파악할 수 있다.

또한 작은 단위로 분해된 텍스트 데이터는 컴퓨터가 이해하고 처리하기가 용이해 기계 번역, 문서 분류, 감성 분석 등 다양한 자연어 처리 작업에 활용할 수 있다.

입력된 텍스트 데이터를 단어(Word)나 글자(Character) 단위로 나누는 기법으로는 단어 토큰화와 글자 토큰화가 있다. 이러한 기법을 통해 각각의 토큰은 의미를 갖는 최소 단위로 분해된다.

최근 더 정교한 토큰화 기법이 연구되고 있지만, 여전히 단어 토큰화나 글자 토큰화처럼 간단하고 명료한 아이디어가 강력한 토큰화 기법으로 사용되고 있다. 이번 장에서는 단어와 글자 단위로 토큰화하는 방법을 자세히 알아본다. 이를 통해 자연어 처리 모델을 개선하고 더욱 정확한 분석 결과를 얻을 수 있다.

단어 토큰화

단어 토큰화(Word Tokenization)는 자연어 처리 분야에서 핵심적인 전처리 작업 중 하나로 텍스트 데이터를 의미 있는 단위인 단어로 분리하는 작업이다.

이미 우리는 특정한 단위인 띄어쓰기나 문장 부호를 활용해 문장을 이해한다. 모든 언어가 띄어쓰기나 특정한 문장 부호를 활용하는 것은 아니지만, 대부분의 언어는 띄어쓰기를 이용해 문장을 의미 있는 단위로 나눠 표현한다.

---

1   학습 데이터의 차원이 증가할수록 학습에 필요한 데이터가 증가하거나 모델의 성능이 저하되는 현상

그러므로 단어 토큰화는 띄어쓰기, 문장 부호, 대소문자 등의 특정 구분자를 활용해 토큰화가 수행된다. 단어 토큰화는 품사 태깅, 개체명 인식, 기계 번역 등의 작업에서 널리 사용되며 가장 일반적인 토큰화 방법이다.

이제 텍스트 데이터가 어떻게 토큰화되는지 알아보자. 다음 예제 5.1은 텍스트 데이터를 사용해 단어 토큰화 방법을 보여준다.

예제 5.1 단어 토큰화

```
review = "현실과 구분 불가능한 cg. 시각적 즐거움은 최고! 더불어 ost는 더더욱 최고!!"
tokenized = review.split()
print(tokenized)
```

출력 결과

```
['현실과', '구분', '불가능한', 'cg.', '시각적', '즐거움은', '최고!', '더불어', 'ost는', '더더욱',
'최고!!']
```

문자열 데이터 형태는 split 메서드를 이용하여 쉽게 토큰화할 수 있다. split 메서드는 주어진 구분자를 통해 문자열을 리스트 데이터로 나눠준다. 구분자를 입력하지 않으면 **공백**(Whitespace)을 기준으로 나눈다.

이제 토큰으로 나뉜 리뷰를 살펴보자. 토큰들을 보면 의미 단위로 잘 나뉜 것처럼 보이지만, '최고!'와 '최고!!'를 비교해 보면 느낌표 하나의 차이로 다른 의미 단위로 나뉜다. 'cg.'도 마찬가지다. 말뭉치 내에 마침표가 없는 다른 'cg'라는 토큰이 있다면, 이 두 토큰은 서로 다른 토큰으로 나뉜다.

'cg.'와 'cg'가 비슷한 의미가 있는 것을 알고 있지만, 단어 토큰화를 통해 만들어진 단어 사전에서는 이 두 토큰은 다른 토큰이다. 즉, 'cg'라는 토큰이 단어 사전 내에 있더라도, 'cg.', 'cg는', 'cg도' 등은 OOV가 된다. 이처럼 단어 토큰화는 한국어 접사, 문장 부호, 오타 혹은 띄어쓰기 오류 등에 취약하다.

글자 토큰화

글자 토큰화(Character Tokenization)는 띄어쓰기뿐만 아니라 글자 단위로 문장을 나누는 방식으로, 비교적 작은 단어 사전을 구축할 수 있다는 장점이 있다. 작은 단어 사전을 사용하면 학습 시 컴퓨터 자원을 아낄 수 있으며, 전체 말뭉치를 학습할 때 각 단어를 더 자주 학습할 수 있다는 장점이 있다.

글자 토큰화는 언어 모델링과 같은 시퀀스 예측 작업에서 활용된다. 예를 들어 다음 문자를 예측하는 언어 모델링에서 글자 토큰화는 유용한 방식이다. 이제 실제 텍스트 데이터가 어떻게 글자 단위로 토큰화되는지 살펴보자. 다음 예제 5.2는 텍스트 데이터를 사용하여 글자 토큰화 방식을 보여준다.

예제 5.2 글자 토큰화

```
review = "현실과 구분 불가능한 cg. 시각적 즐거움은 최고! 더불어 ost는 더더욱 최고!!"
tokenized = list(review)
print(tokenized)
```

출력 결과

```
['현', '실', '과', ' ', '구', '분', ' ', '불', '가', '능', '한', ' ', 'c', 'g', '.', ' ', '시',
 '각', '적', ' ', '즐', '거', '음', '은', ' ', '최', '고', '!', ' ', '더', '불', '어', ' ', 'o', 's',
 't', '는', ' ', '더', '더', '욱', ' ', '최', '고', '!', '!']
```

글자 토큰화는 리스트 형태로 변환하면 쉽게 수행할 수 있다. 단어 토큰화와는 다르게 공백도 토큰으로 나뉜 것을 볼 수 있다. 영어의 경우 글자 토큰화를 진행하면 각 알파벳으로 나뉜다. 하지만 한글의 경우 하나의 글자는 여러 자음과 모음의 조합으로 이루어져 있다.

그러므로 자소(字素)[2] 단위로 나눠서 자소 단위 토큰화를 수행한다. 이 책에서는 **자모(jamo)**[3] 라이브러리를 활용하겠다. 자모 라이브러리는 한글 문자 및 자모 작업을 위한 한글 음절 분해 및 합성 라이브러리다. 이 라이브러리를 이용해 텍스트를 자소 단위로 분해해 토큰화를 수행한다. 다음은 자모 라이브러리에서 사용하는 자모 변환 함수와 한글 호환성 자모 변환 함수다.

자모 변환 함수

```
retval = jamo.h2j(
    hangul_string
)
```

자모 변환 함수는 입력된 한글 문자열을 유니코드 U+1100~U+11FE 사이의 조합형 한글 자모로 변환하는 함수다. 컴퓨터가 한글을 인코딩하는 방식은 크게 조합형과 완성형으로 나눌 수 있다.

---

2   언어의 문자 체계에서 의미상 구별할 수 있는 가장 작은 단위. 영어에서는 a, b, c, 한글에서는 ㄱ, ㄴ, ㅏ, ㅑ 등이 해당된다.
3   자모 라이브러리는 pip install jamo로 설치할 수 있다.

조합형은 글자를 자모 단위로 나눠 인코딩한 뒤 이를 조합해 한글을 표현한다. 완성형은 조합된 글자 자체에 값을 부여해 인코딩하는 방식이다. 그러므로 h2j 함수는 완성형으로 입력된 한글을 조합형 한글로 변환한다.

한글 호환성 자모 변환 함수

```
retval = jamo.j2hcj(
    jamo
)
```

j2hcj 함수는 조합형 한글 문자열을 자소 단위로 나눠 반환하는 함수다. 조합형 한글로 입력된 문자열은 초성, 중성, 종성으로 나뉜다. 이 함수를 통해 완성형 한글을 쉽게 자소 단위로 나눌 수 있다. 다음 예제 5.3은 자소 단위로 분해하여 토큰화를 수행한 예다.

예제 5.3 자소 단위 토큰화

```
from jamo import h2j, j2hcj

review = "현실과 구분 불가능한 cg. 시각적 즐거움은 최고! 더불어 ost는 더더욱 최고!!"
decomposed = j2hcj(h2j(review))
tokenized = list(decomposed)
print(tokenized)
```

출력 결과

```
['ㅎ', 'ㅕ', 'ㄴ', 'ㅅ', 'ㅣ', 'ㄹ', 'ㄱ', 'ㅘ', ' ', 'ㄱ', 'ㅜ', 'ㅂ', 'ㅜ', 'ㄴ', ' ', 'ㅂ', 'ㅜ',
'ㄹ', 'ㄱ', 'ㅏ', 'ㄴ', 'ㅡ', 'ㅇ', 'ㅎ', 'ㅏ', 'ㄴ', ' ', 'c', 'g', '.', ' ', 'ㅅ', 'ㅣ', 'ㄱ',
'ㅏ', 'ㄱ', 'ㅈ', 'ㅓ', 'ㄱ', ' ', 'ㅈ', 'ㅡ', 'ㄹ', 'ㄱ', 'ㅓ', 'ㅇ', 'ㅡ', 'ㅁ', 'ㅇ', 'ㅡ', 'ㄴ',
' ', 'ㅊ', 'ㅚ', 'ㄱ', 'ㅗ', '!', ' ', 'ㄷ', 'ㅓ', 'ㅂ', 'ㅜ', 'ㄹ', 'ㅇ', 'ㅓ', ' ', 'o', 's',
't', 'ㄴ', 'ㅡ', 'ㄴ', ' ', 'ㄷ', 'ㅓ', 'ㄷ', 'ㅓ', 'ㅇ', 'ㅜ', 'ㄱ', 'ㅊ', 'ㅚ', 'ㄱ', 'ㅗ',
'!', '!']
```

자모 변환 함수와 한글 호환성 자모 변환 함수를 활용해 자소 단위로 분리했다. 이렇게 글자 단위로 토큰화하면 단어 단위로 토큰화하는 것에 비해 비교적 적은 크기의 단어 사전을 구축할 수 있다.

앞서 단어 토큰화의 단점이었던 'cg도', 'cg는', 'cg.' 등에서 '도', '는', '.'과 같은 접사와 문장 부호의 의미를 학습할 수 있다. 또, 작은 크기의 단어 사전으로도 OOV를 획기적으로 줄일 수 있다.

하지만 개별 토큰은 아무런 의미가 없으므로 자연어 모델이 각 토큰의 의미를 조합해 결과를 도출해야 한다. 토큰 조합 방식을 사용해 문장 생성이나 **개체명 인식(Name Entity Recognition)**[4] 등을 구현할 경우, 다의어나 동음이의어가 많은 도메인에서 구별하는 것이 어려울 수 있다. 또한, 모델 입력 **시퀀스 (sequence)**[5]의 길이가 길어질수록 연산량이 증가한다는 단점이 있다.

앞선 리뷰 예시를 살펴본다면 단어 토큰화의 경우 입력 시퀀스의 길이는 13이 된다. 글자 토큰화의 입력 시퀀스 길이는 53까지 늘어나며, 자소 단위 토큰화의 경우 입력 시퀀스 길이가 101까지 늘어난다.

형태소 토큰화

형태소 토큰화(Morpheme Tokenization)란 텍스트를 형태소 단위로 나누는 토큰화 방법으로 언어의 문법과 구조를 고려해 단어를 분리하고 이를 의미 있는 단위로 분류하는 작업이다.

형태소 토큰화는 한국어와 같이 교착어(Agglutinative Language)인 언어에서 중요하게 수행된다. 한국어는 대부분의 언어와 달리 각 단어가 띄어쓰기로 구분되지 않는다. 한국어는 어근에 다양한 접사와 조사가 조합되어 하나의 낱말을 이루므로 각 형태소를 적절히 구분해 처리해야 한다.

예를 들어 '그는 나에게 인사를 했다'라는 문장을 보면 '그는'은 '그'라는 단어와 '는'이라는 조사가 결합해 하나의 단어로 이루어져 있고, '나'라는 단어와 '에게'라는 조사가 결합해 하나의 단어로 이루어져 있다.

이처럼 '그', '-는', '나', '-에게' 등과 같이 실제로 의미를 가지고 있는 최소의 단위를 **형태소 (Morpheme)**라고 한다. 형태소는 크게 스스로 의미를 가지고 있는 **자립 형태소(Free Morpheme)**와 스스로 의미를 갖지 못하고 다른 형태소와 조합되어 사용되는 **의존 형태소(Bound Morpheme)**로 구분된다.

자립 형태소는 단어의 기본이 되는 형태소로서, 명사, 동사, 형용사와 같은 단어를 이루는 기본 단위다. 반면, 의존 형태소는 자립 형태소와 함께 조합되어 문장에서 특정한 역할을 수행하며, 조사, 어미, 접두사, 접미사 등이 해당된다.

---

4 자연어 내에서 사전에 정의된 **이름을 가진 개체(Named Entity)**를 인식하고 추출하는 자연어 처리의 한 분야
5 순서가 의미를 가지는 데이터를 의미한다. 자연어 데이터에서는 거의 모든 데이터가 의미 있는 순서를 지니고 있으므로, 자연어 데이터는 시퀀스 데이터 중 하나라고 볼 수 있다.

이러한 형태소 분석을 통해 문장 내 각 형태소의 역할을 파악할 수 있으며, 이를 바탕으로 문장을 이해하고 처리할 수 있다. 예시 문장의 형태소를 자립 형태소와 의존 형태소로 구분하면 다음과 같이 나눌 수 있다.

- 자립 형태소: 그, 나, 인사
- 의존 형태소: −는, −에게, −를, 했−, −다

형태소 어휘 사전

형태소 어휘 사전(Morpheme Vocabulary)은 자연어 처리에서 사용되는 단어의 집합인 어휘 사전 중에서도 각 단어의 형태소 정보를 포함하는 사전을 말한다. 단어가 어떤 형태소들의 조합으로 이루어져 있는지에 대한 정보를 담고 있어, 형태소 분석 작업에서 매우 중요한 역할을 한다.

예를 들어 "그는 나에게 인사를 했다"라는 문장과 "나는 그에게 인사를 했다"라는 문장이 있다고 가정하자. 띄어쓰기를 활용해 토큰화를 수행한다면 어휘 사전은 ['그는', '나에게', '인사를', '했다', '나는', '그에게']로 구성된다.

만약 말뭉치에 "그녀는 그에게 인사를 했다"라는 문장이 추가되면 모델은 '그는', '나는', '그녀는'과 같은 데이터를 같은 의미 단위로 인식하지 못하고 학습을 진행한다. 이러한 문제를 방지하기 위해 형태소 단위로 어휘 사전을 구축한다면 ['−는', '−에게', '그', '나']와 같은 정보에서 '그녀'의 토큰 정보만 새로 학습해 '그녀는'이나 '그녀에게'와 같은 어휘를 쉽게 학습할 수 있다.

일반적으로 형태소 어휘 사전에는 각 형태소가 어떤 품사에 속하는지와 해당 품사의 뜻 등의 정보도 함께 제공된다.

텍스트 데이터를 형태소 분석하여 각 형태소에 해당하는 **품사(Part Of Speech, POS)**를 태깅하는 작업을 **품사 태깅(POS Tagging)**이라고 한다. 이를 통해 자연어 처리 분야에서 문맥을 고려할 수 있어 더욱 정확한 분석이 가능해진다.

앞선 예시에서 사용된 "그는 나에게 인사를 했다"라는 문장에 대해 품사 태깅을 수행한다면, 그(명사) + 는(조사) + 나(명사) + 에게(조사) + 인사(명사) + 를(조사) + 했다(동사)로 태깅할 수 있다.

이번 절에서는 KoNLPy, NLTK, spaCy 라이브러리를 활용해 형태소 단위의 토큰화를 실습한다.

KoNLPy

KoNLPy는 한국어 자연어 처리를 위해 개발된 라이브러리로 명사 추출, 형태소 분석, 품사 태깅 등의 기능을 제공한다. 텍스트 데이터를 전처리하고 분석하기 위한 다양한 도구와 함수를 제공해 텍스트 마이닝, 감성 분석, 토픽 모델링 등 다양한 NLP 작업에서 사용한다.

KoNLPy 라이브러리는 다음과 같이 설치할 수 있다.

KoNLPy 라이브러리 설치

```
pip install konlpy
```

KoNLPy는 자바 언어 기반의 한국어 형태소 분석기로 **자바 개발 키트(Java Development Kit, JDK)** 기반으로 개발됐다. 자바 기반의 형태소 분석을 수행하므로 자바 개발 키트가 설치돼 있어야 한다. 자바 개발 키트는 https://www.oracle.com/java/technologies/downloads/에서 다운로드할 수 있으며 OS와 CPU를 고려해 설치한다.

KoNLPy는 **Okt(Open Korean Text)**, **꼬꼬마(Kkma)**, **코모란(Komoran)**, **한나눔(Hannanum)**, **메캅(Mecab)**[6] 등의 다양한 형태소 분석기를 지원한다.

이번 절에서는 SNS 텍스트 데이터를 기반으로 개발된 Okt와 국립국어원에서 배포한 세종 말뭉치를 기반으로 학습된 꼬꼬마를 사용한다.

다음 예제 5.4는 Okt 사용 방법을 보여준다.

예제 5.4 Okt 토큰화

```python
from konlpy.tag import Okt

okt = Okt()

sentence = "무엇이든 상상할 수 있는 사람은 무엇이든 만들어 낼 수 있다."

nouns = okt.nouns(sentence)
phrases = okt.phrases(sentence)
morphs = okt.morphs(sentence)
```

---

6   메캅은 윈도우 환경에서 지원되지 않으며 맥이나 우분투 같은 환경에서만 설치할 수 있다.

```
pos = okt.pos(sentence)

print("명사 추출 :", nouns)
print("구 추출 :", phrases)
print("형태소 추출 :", morphs)
print("품사 태깅 :", pos)
```

출력 결과

```
명사 추출 : ['무엇', '상상', '수', '사람', '무엇', '낼', '수']
구 추출 : ['무엇', '상상', '상상할 수', '상상할 수 있는 사람', '사람']
형태소 추출 : ['무엇', '이든', '상상', '할', '수', '있는', '사람', '은', '무엇', '이든', '만들어',
'낼', '수', '있다', '.']
품사 태깅 : [('무엇', 'Noun'), ('이든', 'Josa'), ('상상', 'Noun'), ('할', 'Verb'), ('수', 'Noun'),
('있는', 'Adjective'), ('사람', 'Noun'), ('은', 'Josa'), ('무엇', 'Noun'), ('이든', 'Josa'),
('만들어', 'Verb'), ('낼', 'Noun'), ('수', 'Noun'), ('있다', 'Adjective'), ('.', 'Punctuation')]
```

Okt 객체는 문장을 입력받아 명사, 구, 형태소, 품사 등의 정보를 추출하는 여러 가지 메서드를 제공한다. Okt에서 지원하는 대표적인 메서드는 **명사 추출(okt.nouns)**, **구문 추출(okt.phrases)**, **형태소 추출(okt.morphs)**, **품사 태깅(okt.pos)**이다.

명사 추출, 구문 추출, 형태소 추출은 입력된 문장에서 각각 명사, 어절 구 단위, 형태소만 추출해 리스트를 반환한다.

품사 태깅은 입력된 문장에서 각 단어에 대한 품사 정보를 추출하여 (형태소, 품사) 형태의 튜플로 구성된 리스트를 반환한다.

이번에는 꼬꼬마를 사용해 명사, 문장, 품사 등에 대한 정보를 추출해 본다. 다음 예제 5.5는 꼬꼬마 사용 방법을 보여준다.

예제 5.5 꼬꼬마 토큰화

```
from konlpy.tag import Kkma

kkma = Kkma()

sentence = "무엇이든 상상할 수 있는 사람은 무엇이든 만들어 낼 수 있다."
```

```
nouns = kkma.nouns(sentence)
sentences = kkma.sentences(sentence)
morphs = kkma.morphs(sentence)
pos = kkma.pos(sentence)

print("명사 추출 :", nouns)
print("문장 추출 :", sentences)
print("형태소 추출 :", morphs)
print("품사 태깅 :", pos)
```

출력 결과

```
명사 추출 : ['무엇', '상상', '수', '사람', '무엇']
구문 추출 : ['무엇이든 상상할 수 있는 사람은 무엇이든 만들어 낼 수 있다.']
형태소 추출 : ['무엇', '이', '든', '상상', '하', 'ㄹ', '수', '있', '는', '사람', '은', '무엇', '이',
'든', '만들', '어', '내', 'ㄹ', '수', '있', '다', '.']
품사 태깅 : [('무엇', 'NNG'), ('이', 'VCP'), ('든', 'ECE'), ('상상', 'NNG'), ('하', 'XSV'), ('ㄹ',
'ETD'), ('수', 'NNB'), ('있', 'VV'), ('는', 'ETD'), ('사람', 'NNG'), ('은', 'JX'), ('무엇', 'NP'),
('이', 'VCP'), ('든', 'ECE'), ('만들', 'VV'), ('어', 'ECD'), ('내', 'VXV'), ('ㄹ', 'ETD'), ('수',
'NNB'), ('있', 'VV'), ('다', 'EFN'), ('.', 'SF')]
```

꼬꼬마는 Kkma 클래스를 통해 명사, 문장, 형태소, 품사를 추출할 수 있다. 꼬꼬마는 구문 추출 기능은 지원하지 않지만, **명사 추출(kkma.sentences)** 기능을 제공한다.

동일한 메서드라도 형태소 분석기의 특징에 따라 다른 결과가 나타난다. 예를 들어 명사 추출의 경우 Okt에서 반환하던 '낼'과 '수'를 반환하지 않았으며, 형태소 추출의 경우 '할'을 더 분리해 '하', 'ㄹ'로 반환한 것을 확인할 수 있다.

품사 태깅 역시 상이한 결과를 제공한다. Okt는 총 19개의 품사를 구분해 반환하는 한편, 꼬꼬마는 더 세분화해 56개의 품사로 태깅한다. 태깅하는 품사의 수가 많으면 더 자세한 단위로 분석이 가능하지만, 품사 태깅에 소요되는 시간도 길어지며, 더 많은 품사로 분리해 모델의 성능이 저하될 수도 있다.

그러므로 시스템의 목적과 환경에 맞는 적절한 형태소 분석기를 사용해야 한다. 다음 표 5.1과 표 5.2는 Okt와 꼬꼬마에서 사용하는 품사 태그를 정리한 것이다.

표 5.1 Okt 품사 태그

태그	품사	태그	품사
Noun	명사	Punctuation	구두점
Verb	동사	Foreign	외국어
Adjective	형용사	Alpha	알파벳
Determiner	관형사	Number	숫자
Adverb	부사	KoreanParticle	자음/모음
Conjunction	접속사	URL	웹 주소
Exclamation	감탄사	Hashtag	해시태그(#)
Josa	조사	Email	이메일
PreEomi	선어말어미	ScreenName	아이디 표기(@)
Eomi	어미	Unknown	미등록
Suffix	접미사		

표 5.2 꼬꼬마 품사 태그

태그	품사	태그	품사
NNG	보통명사	EPH	존칭 선어말 어미
NNP	고유명사	EPT	시제 선어말 어미
NNB	일반 의존 명사	EPP	공손 선어말 어미
NNM	단위 의존 명사	EFN	평서형 종결 어미
NR	수사	EFQ	의문형 종결 어미
NP	대명사	EFO	명령형 종결 어미
VV	동사	EFA	청유형 종결 어미
VA	형용사	EFI	감탄형 종결 어미
VXV	보조 동사	EFR	존칭형 종결 어미
VXA	보조 형용사	ECE	대등 연결 어미
VCP	긍정 지정사	ECS	보조적 연결 어미
VCN	부정 지정사	ECD	의존적 연결 어미
MDN	수 관형사	ETN	명사형 전성 어미
MDT	일반 관형사	ETD	관형형 전성 어미

태그	품사	태그	품사
MAG	일반 부사	XPN	체언 접두사
MAC	접속 부사	XPV	용언 접두사
JKS	주격 조사	XSN	명사파생 접미사
JKC	보격 조사	XSV	동사 파생 접미사
JKG	관형격 조사	XSA	형용사 파생 접미사
JKO	목적격 조사	XR	어근
JKM	부사격 조사	SF	마침표, 물음표, 느낌표
JKI	호격 조사	SE	줄임표
JKQ	인용격 조사	SS	따옴표, 괄호표, 줄표
JC	접속 조사	SP	쉼표, 가운뎃점, 콜론, 빗금
JX	보조사	SO	붙임표(물결, 숨김, 빠짐)
OH	한자	SW	기타기호(논리수학기호, 화폐기호)
OL	외국어	IC	감탄사
ON	숫자	UN	명사추정범주

NLTK

NLTK(Natural Language Toolkit)는 자연어 처리를 위해 개발된 라이브러리로, 토큰화, 형태소 분석, 구문 분석, 개체명 인식, 감성 분석 등과 같은 기능을 제공한다.

NLTK는 주로 영어 자연어 처리를 위해 개발됐지만, 네덜란드어, 프랑스어, 독일어 등과 같은 다양한 언어의 자연어 처리를 위한 데이터와 모델을 제공한다.

NLTK 라이브러리는 다음과 같이 설치할 수 있다.

NLTK 라이브러리 설치

```
pip install nltk
```

NLTK 라이브러리를 활용해 토큰화나 품사 태깅 작업을 하기 위해서는 해당 작업을 수행할 수 있는 패키지나 모델을 다운로드해야 한다. 이 책에서는 Punkt 모델과 **Averaged Perceptron Tagger** 모델을 활용해 토큰화 및 품사 태깅 작업을 수행한다.

두 모델 모두 **트리뱅크(Treebank)**라는 대규모의 영어 말뭉치를 기반으로 학습됐다. Punkt 모델은 통계 기반 모델이며, Averaged Perceptron Tagger는 퍼셉트론을 기반으로 품사 태깅을 수행한다.

Punkt 모델과 Averaged Perceptron Tagger 모델은 예제 5.6과 같이 다운로드할 수 있다.

예제 5.6 패키지 및 모델 다운로드

```
import nltk

nltk.download("punkt")
nltk.download("averaged_perceptron_tagger")
```

punkt 모델과 averaged_perceptron_tagger 모델이 정상적으로 다운로드됐다면 NTLK 라이브러리를 활용할 수 있다. 다음 예제 5.7은 영문 문장을 토큰화하는 방법을 보여준다.

예제 5.7 영문 토큰화

```
from nltk import tokenize

sentence = "Those who can imagine anything, can create the impossible."

word_tokens = tokenize.word_tokenize(sentence)
sent_tokens = tokenize.sent_tokenize(sentence)

print(word_tokens)
print(sent_tokens)
```

출력 결과

```
['Those', 'who', 'can', 'imagine', 'anything', ',', 'can', 'create', 'the', 'impossible', '.']
['Those who can imagine anything, can create the impossible.']
```

영문 토큰화는 사전에 설치한 punkt 모델을 기반으로 단어나 문장을 토큰화한다. **단어 토크나이저(word_tokenize)**는 문장을 입력받아 공백을 기준으로 단어를 분리하고, 구두점 등을 처리해 각각의 단어(token)를 추출해 리스트로 반환한다.

문장 토크나이저(sent_tokenize)는 문장을 입력받아 마침표(.), 느낌표(!), 물음표(?) 등의 구두점을 기준으로 문장을 분리해 리스트로 반환한다.

영어는 한국어보다 토큰화하기 쉬운 구조를 가지고 있어, 위와 같은 방법으로 간단하게 단어나 문장으로 토큰화를 수행할 수 있다.

이번에는 영어 문장에서 품사 태깅을 수행해 본다. 다음 예제 5.8은 품사 태깅 방법을 보여준다.

예제 5.8 영문 품사 태깅

```
from nltk import tag
from nltk import tokenize

sentence = "Those who can imagine anything, can create the impossible."

word_tokens = tokenize.word_tokenize(sentence)
pos = tag.pos_tag(word_tokens)

print(pos)
```

출력 결과

```
[('Those', 'DT'), ('who', 'WP'), ('can', 'MD'), ('imagine', 'VB'), ('anything', 'NN'), (',', ','),
('can', 'MD'), ('create', 'VB'), ('the', 'DT'), ('impossible', 'JJ'), ('.', '.')]
```

NTLK 라이브러리의 **품사 태깅(pos_tag)** 메서드는 토큰화된 문장에서 품사 태깅을 수행한다. 품사 태깅을 수행하기 위해서는 토큰화된 단어들이 들어가야 하며, 앞서 설치한 Averaged Perceptron Tagger 모델이 설치되어 있어야 한다.

Averaged Perceptron Tagger 모델은 총 35개의 품사를 태깅할 수 있다. 다음 표 5.3은 Averaged Perceptron Tagger 모델에서 사용되는 품사 태그를 정리한 것이다.

표 5.3 Averaged Perceptron Tagger 품사 태그

태그	품사	태그	품사
CC	접속사	PDT	관사
CD	기수(Cardinal Number)	POS	소유격 조사
DT	관형사	PRP	인칭 대명사
EX	there의 대명사형태	PRP$	소유격 대명사
FW	외래어	RB	부사

태그	품사	태그	품사
JN	전치사	RBR	비교급 부사
JJ	형용사	RBS	최상급 부사
JJR	비교급 형용사	RP	전치사 또는 조동사
JJS	최상급 형용사	VB	기본형 동사
LS	목록 표시	VBD	과거형 동사
MD	조동사	VBG	현재 부사형 동사
NN	단수형 명사	VBN	과거 분사형 동사
NNS	복수형 명사	VBP	1인칭 단수 현재형 동사
NNP	단수형 고유 명사와 서수(Ordinal Number)	VBZ	3인칭 단수 현재형 동사
NNPS	복수형 고유 명사	WDT	관계사
SYM	기호	WP	주격 관계대명사
TO	To 부정사	WP$	소유격 관계대명사
UH	감탄사	WRB	관계부사

spaCy

spaCy는 사이썬(Cython) 기반으로 개발된 오픈 소스 라이브러리로서, NLTK 라이브러리와 마찬가지로 자연어 처리를 위한 기능을 제공한다. NLTK 라이브러리와의 주요한 차이점은 빠른 속도와 높은 정확도를 목표로 하는 머신러닝 기반의 자연어 처리 라이브러리라는 점이다.

NLTK는 학습 목적으로 자연어 처리에 대한 다양한 알고리즘과 예제를 제공하는 반면, spaCy는 효율적인 처리 속도와 높은 정확도를 제공하는 것을 목표로 한다.

그러므로 NLTK에서 사용하는 모델보다 더 크고 복잡하며 더 많은 리소스를 요구한다. spaCy 라이브러리는 다음과 같이 설치할 수 있다.

spaCy 설치

```
pip install spacy
python -m spacy download en_core_web_sm
```

spaCy는 GPU 가속을 비롯해 영어, 프랑스어, 한국어, 일본어 등을 비롯해 24개 이상의 언어로 사전 학습된 모델을 제공한다. 이 책에서는 spaCy 라이브러리를 활용해 영어를 대상으로 토큰화할 예정이므로 영어로 사전 학습된 모델인 en_core_web_sm을 설치한다.

GPU 가속 및 다른 언어를 사용하고자 한다면 https://spacy.io/usage에서 파이프라인을 설치할 수 있다.

다음 예제 5.9는 spaCy를 활용한 품사 태깅 방법을 보여준다.

예제 5.9 spaCy 품사 태깅

```python
import spacy

nlp = spacy.load("en_core_web_sm")
sentence = "Those who can imagine anything, can create the impossible."
doc = nlp(sentence)

for token in doc:
    print(f"[{token.pos_:5} - {token.tag_:3}] : {token.text}")
```

출력 결과

```
[PRON  - DT ] : Those
[PRON  - WP ] : who
[AUX   - MD ] : can
[VERB  - VB ] : imagine
[PRON  - NN ] : anything
[PUNCT - ,  ] : ,
[AUX   - MD ] : can
[VERB  - VB ] : create
[DET   - DT ] : the
[ADJ   - JJ ] : impossible
[PUNCT - .  ] : .
```

spaCy는 사전 학습된 모델을 기반으로 처리하기 때문에 **spaCy 모델 불러오기 함수(load)**를 통해 모델을 설정할 수 있다. 모델을 불러온 다음 문장을 입력한다.

spaCy는 **객체 지향적(Object Oriented)**으로 구현돼 처리한 결과를 doc 객체에 저장한다. doc 객체는 다시 여러 token 객체로 이뤄져 있으며, 이 token 객체에 대한 정보를 기반으로 다양한 자연어 처리 작업을 수행한다. nlp 인스턴스에 문장을 입력하면 doc 객체가 반환되며 token 객체의 tag_나 pos_와 같은 속성에 접근해 값을 확인할 수 있다.

token 객체에는 **기본 품사 속성(pos_), 세분화 품사 속성(tag_), 원본 텍스트 데이터(text), 토큰 사이의 공백을 포함하는 텍스트 데이터(text_with_ws), 벡터(vector), 벡터 노름(vector_norm)** 등의 속성이 포함돼 있다.

다음 표 5.4는 spaCy에서 사용되는 태그를 정리한 것이다.

표 5.4 spaCy 품사 태그

pos_ 속성	tag_ 속성	품사	pos_ 속성	tag_ 속성	품사
ADJ	JJ	형용사	NUM	CD	기수(Cardinal Number)
ADJ	JJR	비교급 형용사	PROPN	NNP	고유 명사
ADJ	JJS	최상급 형용사	PROPN	NNPS	복수형 고유 명사
ADP	IN	전치사	PUNCT	-LRB-	왼쪽 괄호
ADV	RB	부사	PUNCT	-RRB-	오른쪽 괄호
ADV	RBR	비교급 부사	PUNCT	,	쉼표
ADV	RBS	최상급 부사	PUNCT	:	콜론
ADV	WRB	관계 부사	PUNCT	.	마침표, 물음표, 느낌표
AUX	MD	조동사	PUNCT	...	생략 부호
CCONJ	CC	접속사	PUNCT	"	여는 따옴표
DET	DT	관사, 한정사	PUNCT	"	닫는 따옴표
DET	PDT	전치사 한정사	PUNCT	HYPH	하이픈
DET	PRP$	소유격 대명사	PUNCT	NFP	불필요한 문장 부호
DET	WDT	관계 대명사	SYM	$	통화
DET	WP$	소유격 관계 대명사	VERB	VB	동사 기본형
INTJ	UH	감탄사	VERB	VBD	과거형 동사
NOUN	NN	명사	VERB	VBG	동명사, 현재분사
NOUN	NNS	복수형 명사	VERB	VBN	과거분사
PART	POS	소유격 조사	VERB	VBP	동사 현재형
PART	RP	부사적 불변화사	VERB	VBZ	3인칭 단수 동사 현재형

pos_ 속성	tag_ 속성	품사	pos_ 속성	tag_ 속성	품사
PART	TO	To 부정사	X	ADD	이메일
PRON	EX	존재문(there)	X	FW	외래어
PRON	PRP	인칭 대명사	X	LS	목록
PRON	WP	관계 대명사	X	SYM	기호

이번 절에서는 KoNLPy, NLTK, spaCy를 활용해 형태소 분석과 품사 태깅 방법을 알아봤다. 형태소 분석과 품사 태깅은 문장에서 의미를 갖는 최소 단위이므로 자연어 처리에서 매우 중요한 전처리 작업이다.

띄어쓰기와 맞춤법이 잘 지켜지지 않는 경우나 신조어나 외래어, 특정 도메인에서 사용되는 축약어 등은 완벽히 대응하기가 어렵다. 그럼에도 불구하고 형태소 분석과 품사 태깅은 자연어 처리에서 필수적인 작업으로, 이를 통해 단어의 의미를 파악하고 문장의 구조를 이해할 수 있다.

형태소 분석과 품사 태깅은 주요 키워드를 추출하거나 문장의 긍정/부정 여부를 판단하는 언어 모델의 성능을 높이는 데도 중요한 역할을 한다. 이는 자연어 처리 분야에서 핵심적인 기술로 자리 잡고 있으며, 이를 활용하여 다양한 자연어 처리 응용 프로그램을 개발할 수 있다.

하위 단어 토큰화

자연어 처리에서 형태소 분석은 중요한 전처리 과정 중 하나다. 형태소는 자연어의 최소 의미 단위이며, 대부분의 자연어가 형태소의 조합으로 이뤄져 있다. 컴퓨터가 자연어를 인간이 이해하는 방식과 비슷하게 처리할 수 있게 하려면 형태소 단위의 토큰화가 효과적인 방법이다.

그러나 언어는 시간이 지남에 따라 변화하고 새로운 단어나 표현이 등장하며 더 이상 사용되지 않는 단어나 표현도 생긴다. 현대의 일상 언어에서는 맞춤법이나 띄어쓰기가 엄격하게 지켜지지 않는 경우가 많고 형태소 분석기의 취약점인 신조어나 고유어 등이 빈번하게 생겨난다. 또한, 시스템에서 분석하려는 텍스트 데이터는 컴퓨터나 스마트폰 등 다양한 디지털 매체에서 생성되는데, 이러한 텍스트는 오탈자가 발생할 확률이 높다.

외래어, 띄어쓰기 오류, 오탈자 등이 있는 문장을 기존 형태소 분석기로 토큰화하면 다음과 같은 결과가 나타난다.

- 원문: 시보리도 짱짱해고 허리도 어벙하지안구 죠하효

- 결과: ['시', '보리', '도', '짱짱해고', '허리', '도', '어', '벙하지안구', '죠', '하', '효']

형태소 분석기 결과를 보면 '시보리'라는 외래어를 인식하지 못하고 '시'와 '보리'로 나뉜 것을 볼 수 있다. 또한 '어벙하다'라는 표현 역시 '어'라는 토큰과 '벙하지안구' 토큰으로 나뉘었다.

형태소 분석기는 전문용어나 고유어가 많은 데이터를 처리할 때 약점을 보인다. 즉, 형태소 분석기는 모르는 단어를 적절한 단위로 나누는 것에 취약하며, 이는 잠재적으로 어휘 사전의 크기를 크게 만들고 OOV에 대응하기 어렵게 만든다. 이번에는 신조어가 있는 문장을 기존 형태소 분석기로 토큰화해 보자.

- 원문: 진짜 멋있네요! 돈쭐날만 하네요.

- 결과: ['진짜', '멋있네요', '!', '돈쭐날', '만', '하네요', '.']

'돈쭐내다'란 '돈'과 '혼쭐내다'의 합성어로 어떠한 사람이나 식당이 사회적으로 옳은 행동을 함으로써 타의 귀감이 된 가게의 물건을 팔아주자는 신조어다. 이를 기존 형태소 분석기로 토큰화한다면 '돈쭐날'로 분해된다. 만약 '돈쭐날만'이라는 문장을 토큰화한다면 '돈쭐', '날', '만' 또는 '돈쭐', '날만'으로 토큰화하는 것이 적절하다.

결과처럼 토큰화된다면, '돈쭐-'이라는 어근에 올 수 있는 모든 어미에 대한 조합이 하나의 토큰으로 인식될 것이다. 즉, 어휘 사전에 '돈쭐내러', '돈쭐나', '돈쭐내다' 등이 존재하게 돼 어휘 사전의 크기를 크게 만든다.

현대 자연어 처리에서는 신조어의 발생, 오탈자, 축약어 등을 고려해야 하기 때문에 분석할 단어의 양이 많아져 어려움을 겪는다. 이를 해결하기 위한 방법 중 하나로 **하위 단어 토큰화(Subword Tokenization)**가 있다.

하위 단어 토큰화란 하나의 단어가 빈번하게 사용되는 **하위 단어(Subword)**의 조합으로 나누어 토큰화하는 방법이다. 예를 들어 'Reinforcement'라는 단어는 길이가 비교적 길어 처리가 어려울 수 있다. 하위 단어 토큰화를 적용한다면 'Rein', 'force', 'ment' 등으로 나눠 처리할 수 있다.

하위 단어 토큰화를 적용하면 단어의 길이를 줄일 수 있어서 처리 속도가 빨라질 뿐만 아니라, OOV 문제, 신조어, 은어, 고유어 등으로 인한 문제를 완화할 수 있다.

하위 단어 토큰화 방법으로는 바이트 페어 인코딩, 워드피스, 유니그램 모델 등이 있다. 이번 절에서는 바이트 페어 인코딩과 워드피스 알고리즘에 대해 알아본다.

바이트 페어 인코딩

바이트 페어 인코딩(Byte Pair Encoding, BPE)[7]이란 다이그램 코딩(Digram Coding)이라고도 하며 하위 단어 토큰화의 한 종류다. 텍스트 데이터에서 가장 빈번하게 등장하는 글자 쌍의 조합을 찾아 부호화하는 압축 알고리즘으로 초기에는 데이터 압축을 위해 개발됐으나, 자연어 처리 분야에서 하위 단어 토큰화를 위한 방법으로 사용된다.[8]

이 알고리즘은 연속된 글자 쌍이 더 이상 나타나지 않거나 정해진 어휘 사전 크기에 도달할 때까지 조합 탐지와 부호화를 반복하며 이 과정에서 자주 등장하는 단어는 하나의 토큰으로 토큰화되고, 덜 등장하는 단어는 여러 토큰의 조합으로 표현된다. 가령 'abracadabra'라는 단어를 바이트 페어 인코딩하면 다음과 같이 처리된다.

- 원문: abracadabra
- Step #1: AracadAra
- Step #2: ABcadAB
- Step #3: CcadC

바이트 페어 인코딩은 입력 데이터에서 가장 많이 등장한 글자의 빈도수를 측정하고, 가장 빈도수가 높은 글자 쌍을 탐색한다.

현재 원문 'abracadabra'에서 'ab' 글자 쌍이 가장 빈도수가 높으므로 입력 데이터에 없는 새로운 글자인 'A'로 치환한다. 치환되는 새로운 글자는 어떠한 글자를 사용해도 상관없다.

동일한 방법으로 다시 탐색을 수행하면 'AracadAra'에서 'ra' 글자 쌍이 가장 빈도수가 높으므로 'B'로 치환한다.

치환된 데이터는 'ABcadAB'로 아직 'AB'라는 글자 쌍이 존재한다. 치환된 글자도 글자 쌍에 포함될 수 있으므로 'AB'를 'C'로 치환한다.

---

7 http://www.pennelynn.com/Documents/CUJ/HTML/94HTML/19940045.HTM
8 https://arxiv.org/abs/1508.07909

더 이상 치환할 수 있는 글자 쌍이 존재하지 않으므로 입력 데이터를 더 이상 압축할 수 없다. 그러므로 'abracadabra'는 'CcadC'로 압축된다. 토크나이저로써 바이트 페어 인코딩은 자주 등장하는 글자 쌍을 찾아 치환하는 대신 어휘 사전에 추가한다.

이번에는 말뭉치에서 바이트 페어 인코딩을 적용해 본다. 말뭉치에서 각 단어가 등장한 빈도를 계산해 다음과 같은 빈도 사전과 어휘 사전을 만들었다고 가정해 보자.

- 빈도 사전: ('low', 5), ('lower', 2), ('newest', 6), ('widest', 3)
- 어휘 사전: ['low', 'lower', 'newest', 'widest']

빈도 사전을 보면 말뭉치에 'low', 'lower', 'newest', 'widest'가 각각 5번, 2번, 6번, 3번 등장했다는 것을 알 수 있다. 빈도 사전을 바이트 페어 인코딩으로 재구성한다고 가정해 보자. 이 알고리즘을 적용하기 위해 빈도 사전 내 모든 단어를 글자 단위로 나눈다.

- 빈도 사전: ('l', 'o', 'w', 5), ('l', 'o', 'w', 'e', 'r', 2), ('n', 'e', 'w', 'e', 's', 't', 6), ('w', 'i', 'd', 'e', 's', 't', 3)
- 어휘 사전: ['d', 'e', 'i', 'l', 'n', 'o', 'r', 's', 't', 'w']

빈도 사전을 기준으로 가장 자주 등장한 글자 쌍을 찾는다. 빈도 사전에서 'e', 's' 쌍이 'newest'에서 6번, 'widest'에서 3번 등장해 총 9번으로 가장 많이 등장했다. 그러므로 빈도 사전에서 'e'와 's'를 'es'로 병합하고 어휘 사전에 'es'를 추가한다.

- 빈도 사전: ('l', 'o', 'w', 5), ('l', 'o', 'w', 'e', 'r', 2), ('n', 'e', 'w', 'es', 't', 6), ('w', 'i', 'd', 'es', 't', 3)
- 어휘 사전: ['d', 'e', 'i', 'l', 'n', 'o', 'r', 's', 't', 'w', 'es']

동일한 과정을 다시 반복한다. 빈도 사전에서 빈도수가 가장 높은 'es'와 't' 쌍을 'est'로 병합하고 'est'를 어휘 사전에 추가한다.

- 빈도 사전: ('l', 'o', 'w', 5), ('l', 'o', 'w', 'e', 'r', 2), ('n', 'e', 'w', 'est', 6), ('w', 'i', 'd', 'est', 3)
- 어휘 사전: ['d', 'e', 'i', 'l', 'n', 'o', 'r', 's', 't', 'w', 'es', 'est']

이러한 과정을 총 10번 반복했다고 가정하면 다음과 같은 빈도 사전과 어휘 사전이 생성된다.

- 빈도 사전: ('low', 5), ('low', 'e', 'r', 2), ('n', 'e', 'w', 'est', 6), ('w', 'i', 'd', 'est', 3)

- 어휘 사전: ['d', 'e', 'i', 'l', 'n', 'o', 'r', 's', 't', 'w', 'es', 'est', 'lo', 'low', 'ne', 'new', 'newest', 'wi', 'wid', 'widest']

BPE 알고리즘을 사용해 말뭉치에서 자주 등장하는 글자 쌍을 찾아 어휘 사전을 구축했다. 따라서 'newer', 'wider', 'lowest'와 같이 기존 말뭉치에 등장하지 않았던 단어가 입력되더라도 OOV로 처리되지 않고 기존 어휘 사전을 참고해 'new e r', 'wid e r', 'low est'와 같이 토큰화할 수 있다.

대량의 말뭉치를 사용해 토크나이저를 학습한다면 효율적인 학습을 위해 이미 구현되어 있는 토크나이저 라이브러리를 사용한다.

센텐스피스

이번 절에서는 **센텐스피스(Sentencepiece)**[9] 라이브러리와 **코포라(Korpora)**[10] 라이브러리를 활용해 토크나이저를 학습해 본다.

센텐스피스 라이브러리는 구글에서 개발한 오픈소스 하위 단어 토크나이저 라이브러리다. 바이트 페어 인코딩과 유사한 알고리즘을 사용해 입력 데이터를 토큰화하고 단어 사전을 생성한다. 또한 워드피스, 유니코드 기반의 다양한 알고리즘을 지원하며 사용자가 직접 설정할 수 있는 하이퍼파라미터들을 제공해 세밀한 토크나이징 기능을 제공한다.

코포라 라이브러리는 국립국어원이나 AI Hub에서 제공하는 말뭉치 데이터를 쉽게 사용할 수 있게 제공하는 오픈소스 라이브러리다. 파이썬에서 쉽게 사용할 수 있게 API가 제공된다.

센텐스피스 라이브러리와 코포라 라이브러리는 다음과 같이 설치할 수 있다.

센텐스피스, 코포라 라이브러리 설치

```
pip install sentencepiece Korpora
```

---

9 https://github.com/google/sentencepiece
10 https://github.com/ko-nlp/Korpora

토크나이저 모델 학습

센텐스피스 라이브러리를 통해 바이트 페어 인코딩을 수행하는 토크나이저 모델을 학습해 본다. 코포라 라이브러리를 통해 2017년 8월부터 2019년 3월까지 청와대 청원 게시판에 올라온 청원 말뭉치를 가져온다. 다음 예제 5.10은 청와대 청원 데이터 다운로드 방법을 보여준다.

예제 5.10 청와대 청원 데이터 다운로드

```python
from Korpora import Korpora

corpus = Korpora.load("korean_petitions")
dataset = corpus.train
petition = dataset[0]

print("청원 시작일 :", petition.begin)
print("청원 종료일 :", petition.end)
print("청원 동의 수 :", petition.num_agree)
print("청원 범주 :", petition.category)
print("청원 제목 :", petition.title)
print("청원 본문 :", petition.text[:30])
```

출력 결과

```
청원 시작일 : 2017-08-25
청원 종료일 : 2017-09-24
청원 동의 수 : 88
청원 범주 : 육아/교육
청원 제목 : 학교는 인력센터, 취업센터가 아닙니다. 정말 간곡히 부탁드립니다.
청원 본문 : 안녕하세요. 현재 사대, 교대 등 교원양성학교들의 예비
```

코포라 라이브러리는 말뭉치 불러오기(Korpora.load)를 통해 밀뭉치 데이터를 다운로드할 수 있다. 이를 통해 청와대 청원 데이터를 다운로드한다.[11]

corpus는 총 433,631개의 청원 데이터가 저장돼 있으며, train 속성으로 학습 데이터를 가지고 올 수 있다. 첫 번째 청원 데이터는 dataset[0]으로 불러올 수 있으며, petition에 청원 시작일, 동의 수, 제목 등의 정보가 포함돼 있다.

11　코포라 라이브러리에서 제공하는 말뭉치 목록은 Korpora.corpus_list()로 확인할 수 있다.

예제 5.11 학습 데이터세트 생성

```
from Korpora import Korpora


corpus = Korpora.load("korean_petitions")
petitions = corpus.get_all_texts()
with open("../datasets/corpus.txt", "w", encoding="utf-8") as f:
    for petition in petitions:
        f.write(petition + "\n")
```

corpus의 get_all_texts 메서드로 본문 데이터세트를 한 번에 불러올 수 있다. 청원 데이터를 하나의 텍스트 파일로 저장한다.

이제 corpus.txt 파일을 활용해 센텐스피스 라이브러리의 SentencePieceTrainer로 토크나이저 모델 학습을 진행한다. 다음 예제 5.12는 토크나이저 모델 학습 방법을 보여준다.

예제 5.12 토크나이저 모델 학습

```
from sentencepiece import SentencePieceTrainer


SentencePieceTrainer.Train(
    "--input=../datasets/corpus.txt\
    --model_prefix=petition_bpe\
    --vocab_size=8000 model_type=bpe"
)
```

센텐스피스 라이브러리는 SentencePieceTrainer 클래스의 Train 메서드로 토크나이저 모델을 학습할 수 있다. 센텐스피스는 문자열 입력을 통해 인자들을 전달받는다. 센텐스피스 라이브러리의 주요한 하이퍼파라미터는 표 5.5에 정리했다.

표 5.5 SentencePieceTrainer 매개변수

매개변수	의미
input	말뭉치 텍스트 파일의 경로
model_prefix	모델 파일 이름
vocab_size	어휘 사전 크기
character_coverage	말뭉치 내에 존재하는 글자 중 토크나이저가 다룰 수 있는 글자의 비율

model_type	토크나이저 알고리즘
	▪ unigram
	▪ bpe
	▪ char
	▪ word
max_sentence_length	최대 문장 길이
unk_id	어휘 사전에 없는 OOV를 의미하는 unk 토큰의 id (기본값: 0)
bos_id	문장이 시작되는 지점을 의미하는 bos 토큰의 id (기본값: 1)
eos_id	문장이 끝나는 지점을 의미하는 eos 토큰의 id (기본값: 2)

센텐스피스 라이브러리에서 지원하는 모든 하이퍼파라미터는 깃허브에서 확인할 수 있다.[12]

토크나이저 모델 학습이 완료되면 petition_bpe.model 파일과 petition_bpe.vocab 파일이 생성된다. model 파일은 학습된 토크나이저가 저장된 파일이며, vocab 파일은 어휘 사전이 저장된 파일이다.

어휘 사전 파일을 열어보면 밑줄 문자(underscore)가 포함된 데이터를 볼 수 있다. 센텐스피스 라이브러리는 띄어쓰기나 공백도 특수문자로 취급해 토큰화 과정에서 '_' (U+2581)로 공백을 표현한다. 가령 'Hello World'라는 문장은 'Hello_World'로 표현되며 토큰화하면 '_Hello + _Wor + ld'로 토큰화된다.

이제 토크나이저 모델과 어휘 사전 파일을 활용해 바이트 페어 인코딩을 수행해 본다. 다음 예제 5.13은 SentencePieceProcessor 클래스로 토큰화를 수행한다.

예제 5.13 바이트 페어 인코딩 토큰화

```
from sentencepiece import SentencePieceProcessor

tokenizer = SentencePieceProcessor()
tokenizer.load("petition_bpe.model")

sentence = "안녕하세요, 토크나이저가 잘 학습되었군요!"
sentences = ["이렇게 입력값을 리스트로 받아서", "쉽게 토크나이저를 사용할 수 있답니다"]

tokenized_sentence = tokenizer.encode_as_pieces(sentence)
tokenized_sentences = tokenizer.encode_as_pieces(sentences)
```

---

12 https://github.com/google/sentencepiece/blob/master/doc/options.md

```
print("단일 문장 토큰화 :", tokenized_sentence)
print("여러 문장 토큰화 :", tokenized_sentences)

encoded_sentence = tokenizer.encode_as_ids(sentence)
encoded_sentences = tokenizer.encode_as_ids(sentences)
print("단일 문장 정수 인코딩 :", encoded_sentence)
print("여러 문장 정수 인코딩 :", encoded_sentences)

decode_ids = tokenizer.decode_ids(encoded_sentences)
decode_pieces = tokenizer.decode_pieces(encoded_sentences)
print("정수 인코딩에서 문장 변환 :", decode_ids)
print("하위 단어 토큰에서 문장 변환 :", decode_pieces)
```

출력 결과

```
단일 문장 토큰화 : ['_안녕하세요', ',', '_토', '크', '나', '이', '저', '가', '_잘', '_학', '습',
'되었', '군요', '!']
여러 문장 토큰화 : [['_이렇게', '_입', '력', '값을', '_리', '스트', '로', '_받아서'], ['_쉽게',
'_토', '크', '나', '이', '저', '를', '_사용할', '_수', '_있', '답니다']]
단일 문장 정수 인코딩 : [664, 6553, 991, 6880, 6544, 6513, 6590, 6523, 159, 110, 6554, 868, 782,
6648]
여러 문장 정수 인코딩 : [[370, 180, 6677, 4427, 1768, 1610, 6527, 4157], [1677, 991, 6880, 6544,
6513, 6590, 6536, 5848, 18, 5, 2633]]
정수 인코딩에서 문장 변환 : ['이렇게 입력값을 리스트로 받아서', '쉽게 토크나이저를 사용할 수
있답니다']
하위 단어 토큰에서 문장 변환 : ['이렇게 입력값을 리스트로 받아서', '쉽게 토크나이저를 사용할 수
있답니다']
```

센텐스피스 토크나이저 모델은 SentencePieceProcessor 클래스를 통해 학습된 모델을 불러올 수 있다. 토크나이저 모델 불러오기(tokenizer.load) 메서드를 통해 petition_bpe.model 모델을 불러온다.

encode_as_pieces 메서드는 문장을 토큰화하며, encode_as_ids 메서드는 토큰을 정수로 인코딩해 제공한다. 이 정수 데이터는 어휘 사전의 토큰에 매핑된 ID 값을 의미한다. 이 ID 값을 활용해 자연어 처리 모델을 구축한다.

토크나이저 모델이나 자연어 처리 모델에서 나온 정수는 decode_ids 메서드나 decode_pieces 메서드를 통해 문자열 데이터로 변환할 수 있다.

이번에는 어휘 사전 데이터를 불러온다. 다음 예제 5.14는 어휘 사전을 불러와 딕셔너리 형태로 매핑하는 방법을 보여준다.

예제 5.14 어휘 사전 불러오기

```python
from sentencepiece import SentencePieceProcessor

tokenizer = SentencePieceProcessor()
tokenizer.load("petition_bpe.model")

vocab = {idx: tokenizer.id_to_piece(idx) for idx in range(tokenizer.get_piece_size())}
print(list(vocab.items())[:5])
print("vocab size :", len(vocab))
```

출력 결과

```
[(0, '<unk>'), (1, '<s>'), (2, '</s>'), (3, '니다'), (4, '_이')]
vocab size : 8000
```

get_piece_size 메서드는 센텐스피스 모델에서 생성된 하위 단어의 개수를 반환하며, id_to_piece 메서드는 정숫값을 하위 단어로 변환하는 메서드다. 그러므로 하위 단어의 개수만큼 반복해 하위 단어 딕셔너리를 구성한다.

토큰 딕셔너리를 출력한다면 <unk>, <s>, </s>가 존재하는 것을 확인할 수 있다. <unk> 토큰은 unknown의 약자로 OOV 발생 시 매핑되는 토큰이며, <s>와 </s>는 문장의 시작 지점과 종료 지점을 표시하는 토큰이다.

어휘 사전의 크기는 모델 학습 시 설정한 8,000으로 학습됐다. 센텐스피스 라이브러리는 설정값에 따라 학습 방법이나 어휘 사전 크기가 달라질 수 있다.

워드피스

워드피스(Wordpiece) 토크나이저는 바이트 페어 인코딩 토크나이저와 유사한 방법으로 학습되지만, 빈도 기반이 아닌 확률 기반으로 글자 쌍을 병합한다.

워드피스는 학습 과정에서 확률적인 정보를 사용한다. 모델이 새로운 하위 단어를 생성할 때 이전 하위 단어와 함께 나타날 확률을 계산해 가장 높은 확률을 가진 하위 단어를 선택한다.

이렇게 선택된 하위 단어는 이후에 더 높은 확률로 선택될 가능성이 높으며, 이를 통해 모델이 좀 더 정확한 하위 단어로 분리할 수 있다. 각 글자 쌍에 대한 점수는 수식 5.1과 같이 계산된다.

수식 5.1 글자 쌍 병합 점수 수식

$$score = \frac{f(x, y)}{f(x), f(y)}$$

f는 빈도(frequency)를 나타내는 함수이며, x와 y는 병합하려는 하위 단어를 의미한다. 그러므로 $f(x, y)$는 x와 y가 조합된 글자 쌍의 빈도를 의미한다. 즉, xy 글자 쌍의 빈도가 된다. 그러므로 $score$는 x와 y를 병합하는 것이 적절한지를 판단하기 위한 점수가 된다.

이 수식을 적용해 워드피스의 어휘 사전 구축 방법을 알아본다. 바이트 페어 인코딩의 예시로 사용한 말뭉치를 활용해 빈도 사전과 어휘 사전을 구축했다고 가정해 보자. 워드피스도 바이트 페어 인코딩과 마찬가지로 빈도 사전 내의 모든 단어를 글자 단위로 나눈다.

- 빈도 사전: ('l', 'o', 'w', 5), ('l', 'o', 'w', 'e', 'r', 2), ('n', 'e', 'w', 'e', 's', 't', 6), ('w', 'i', 'd', 'e', 's', 't', 3)
- 어휘 사전: ['d', 'e', 'i', 'l', 'n', 'o', 'r', 's', 't', 'w']

가장 빈번하게 등장한 쌍은 9번 등장한 'e'와 's'다. 하지만 'e'는 17번, 's'는 9번 등장하므로 점수는 $\frac{9}{17*9} \simeq 0.06$이 된다. 'i'와 'd' 쌍은 3번밖에 등장하지 않았지만 'i'와 'd'가 각각 3번씩 등장하므로 점수는 $\frac{3}{3 \times 3} \simeq 0.33$ 이 된다. 따라서 'e'와 's' 쌍 대신 'i'와 'd' 쌍을 병합한다.

- 빈도 사전: ('l', 'o', 'w', 5), ('l', 'o', 'w', 'e', 'r', 2), ('n', 'e', 'w', 'e', 's', 't', 6), ('w', 'id', 'e', 's', 't', 3)
- 어휘 사전: ['d', 'e', 'i', 'l', 'n', 'o', 'r', 's', 't', 'w', 'id']

동일한 과정을 반복해 각 글자 쌍에 대한 점수를 계산한다. 'l'과 'o' 글자 쌍이 3번 등장하고, 'l'과 'o'가 각각 7번 등장하므로 점수가 $\frac{7}{7 \times 7} \simeq 0.14$로 가장 높으므로 'l'과 'o' 글자 쌍을 병합한다.

- 빈도 사전: ('lo', 'w', 5), ('lo', 'w', 'e', 'r', 2), ('n', 'e', 'w', 'e', 's', 't', 6), ('w', 'id', 'e', 's', 't', 3)
- 어휘 사전: ['d', 'e', 'i', 'l', 'n', 'o', 'r', 's', 't', 'w', 'id', 'lo']

워드피스 토크나이저는 바이트 페어 인코딩 토크나이저와 마찬가지로 위 과정을 반복해 연속된 글자 쌍이 더 이상 나타나지 않거나 정해진 어휘 사전 크기에 도달할 때까지 학습한다.

토크나이저스

토크나이저스 라이브러리의 워드피스 API를 이용하면 쉽고 빠르게 토크나이저를 구현하고 학습할 수 있다. 이번 실습에서는 센텐스피스 라이브러리 대신 허깅 페이스의 **토크나이저스**(Tokenizers) 라이브러리를 사용한다. 토크나이저스 라이브러리는 다음과 같이 설치할 수 있다.

허깅 페이스 토크나이저스 라이브러리

```
pip install tokenizers
```

토크나이저스 라이브러리는 **정규화**(Normalization)와 **사전 토큰화**(Pre-tokenization)를 제공한다.

정규화는 일관된 형식으로 텍스트를 표준화하고 모호한 경우를 방지하기 위해 일부 문자를 대체하거나 제거하는 등의 작업을 수행한다. 불필요한 공백 제거, 대소문자 변환, 유니코드 정규화[13], 구두점 처리, 특수 문자 처리 등을 제공한다.

사전 토큰화는 입력 문장을 토큰화하기 전에 단어와 같은 작은 단위로 나누는 기능을 제공한다. 공백 혹은 구두점을 기준으로 입력 문장을 나눠 텍스트 데이터를 효율적으로 처리하고 모델의 성능을 향상시킬 수 있다.

토크나이저스 라이브러리를 활용해 워드피스 토크나이저를 학습해 본다. 학습에 사용되는 말뭉치는 바이트 페어 인코딩 토크나이저 학습에 사용된 말뭉치를 사용한다. 다음 예제 5.15는 워드피스 토크나이저의 학습 방법을 보여준다.

예제 5.15 워드피스 토크나이저 학습

```
from tokenizers import Tokenizer
from tokenizers.models import WordPiece
from tokenizers.normalizers import Sequence, NFD, Lowercase
from tokenizers.pre_tokenizers import Whitespace

tokenizer = Tokenizer(WordPiece())
```

---

13 유니코드는 인코딩 방식에 따라 동일한 글자가 여러 유니코드로 표현될 수 있다.

```
tokenizer.normalizer = Sequence([NFD(), Lowercase()])
tokenizer.pre_tokenizer = Whitespace()

tokenizer.train(["../datasets/corpus.txt"])
tokenizer.save("../models/petition_wordpiece.json")
```

토크나이저스 라이브러리의 토크나이저(Tokenizer)로 워드피스(WordPiece) 모델을 불러온다. 모델을 불러왔다면 정규화 방식과 사전 토큰화 방식을 설정한다.

정규화 방식은 normalizers 모듈에 포함된 클래스를 불러와 시퀀스(Sequence) 형식으로 인스턴스를 전달한다. 이번 예제에서 적용한 정규화 방식은 NFD 유니코드 정규화(NFD), 소문자 변환(Lowercase)을 사용한다.

사전 토큰화 방식도 pre_tokenizers 모듈에 포함된 클래스를 불러와 적용한다. 이번 예제에서 적용한 사전 토큰화 방식은 공백과 구두점을 기준으로 분리한다.

정규화 방식과 사전 토큰화 방식 설정이 완료됐다면, 훈련(train) 메서드를 통해 학습에 사용하려는 데이터세트 경로를 전달한다. 학습이 완료됐다면 저장(save) 메서드로 학습 결과를 저장한다.

다음 표 5.6과 표 5.7은 토크나이저스 모듈의 정규화 클래스와 사전 토큰화 클래스를 정리했다.

표 5.6 정규화 클래스

이름	설명
NFD()	NFD 유니코드 정규화
NFKD()	NFKD 유니코드 정규화
NFC()	NFC 유니코드 정규화
NFKC()	NFKC 유니코드 정규화
Lowercase()	입력 문장의 모든 대문자를 소문자로 변환
Strip()	입력 문장의 양 끝에 있는 공백 제거
StripAccents()	모든 엑센트 기호 제거
Replace()	문자 혹은 정규 표현식을 기반으로 입력 문장 변환
BertNormalizer()	BERT 모델에 사용된 정규화 적용
Sequence()	여러 개의 정규화 모듈을 병합해 순서대로 수행

표 5.7 사전 토큰화 클래스

클래스	설명
Sequence()	여러 개의 사전 토큰화 모듈을 병합하여 순서대로 수행
ByteLevel()	OpenAI에서 GPT-2를 학습할 때 사용한 방법으로 문자열을 그래픽 문자열로 매핑하고 공백을 기준으로 나눈다.
CharDelimiterSplit()	문자 기준으로 문자열을 나눈다.
Digits()	모든 형태의 숫자 표현을 기준으로 문자열을 나눈다.
Punctuation()	구두점을 기준으로 입력 문자열을 나눈다.
Metaspace(replacement="_")	Whitespace 기준으로 사전 토큰화를 진행하고, replacement로 Whitespace를 치환한다. ▪ 기본값: _(U+2581)
Whitespace()	단어 경계(공백과 구두점)를 기준으로 사전 토큰화를 진행한다. ▪ \w+¦[^\w\s]+ 정규 표현식을 적용한다.
WhitespaceSplit()	공백 문자를 기준으로 입력 문자열을 나눈다.
Split(pattern, behavior)	정규표현식(pattern)과 동작(behavior)을 기준으로 문자열을 나눈다. ▪ behavior − removed: 삭제 − isolated: 개별 토큰 처리 − merged_with_previous: 이전 문자열과 결합해 토큰 처리 − merged_with_next: 다음 문자열과 결합해 토큰 처리 − contiguous: 다음 문자열이 토큰화되지 않아도 결합해 토큰 처리

워드 피스 모델의 학습이 완료됐다면 petition_wordpiece.json 파일이 생성된다. 학습 결과는 JSON 형태로 저장되며 정규화 및 사전 토큰화 등의 메타데이터와 함께 어휘 사전이 저장된다.

이제 이 JSON 파일을 활용해 토크나이저를 수행해 본다. 다음 예제 5.16은 워드피스 토크나이저 사용 방법을 보여준다.

예제 5.16 워드피스 토큰화 .

```
from tokenizers import Tokenizer
from tokenizers.decoders import WordPiece as WordPieceDecoder

tokenizer = Tokenizer.from_file("../models/petition_wordpiece.json")
tokenizer.decoder = WordPieceDecoder()
```

```
sentence = "안녕하세요, 토크나이저가 잘 학습되었군요!"
sentences = ["이렇게 입력값을 리스트로 받아서", "쉽게 토크나이저를 사용할 수 있답니다"]


encoded_sentence = tokenizer.encode(sentence)
encoded_sentences = tokenizer.encode_batch(sentences)


print("인코더 형식 :", type(encoded_sentence))


print("단일 문장 토큰화 :", encoded_sentence.tokens)
print("여러 문장 토큰화 :", [enc.tokens for enc in encoded_sentences])


print("단일 문장 정수 인코딩 :", encoded_sentence.ids)
print("여러 문장 정수 인코딩 :", [enc.ids for enc in encoded_sentences])


print("정수 인코딩에서 문장 변환 :", tokenizer.decode(encoded_sentence.ids))
```

출력 결과

```
인코더 형식 : <class 'tokenizers.Encoding'>
단일 문장 토큰화 : ['안녕하세요', '.', '워', '##드', '##피', '##스', '토', '##크', '##나이', '##저',
'##입니다', '.']
여러 문장 토큰화 : [['입력', '##값을', '리스트', '##로', '전달', '##해'], ['쉽게', '토', '##크',
'##나이', '##저', '##를', '사용할', '수', '있습니다', '.']]
단일 문장 정수 인코딩 : [8760, 13, 10398, 7638, 7955, 7512, 8693, 8415, 16269, 7536, 7598, 13]
여러 문장 정수 인코딩 : [[19643, 13834, 28119, 7495, 11589, 7502], [9739, 8693, 8415, 16269, 7536,
7510, 14129, 7562, 7698]]
정수 인코딩에서 문장 변환 : 안녕하세요. 워드피스 토크나이저입니다.
```

워드피스 토큰화를 수행하기 위해 모델 결과가 저장된 petition_wordpiece.json 파일을 불러와
Tokenizer 객체를 생성한다. 그런 다음, WordPieceDecoder()를 사용해 Tokenizer의 디코더를 워드피
스 디코더로 설정한다.

인코딩(encode) 메서드로 문장을 토큰화할 수 있으며, 인코딩 배치(encode_batch) 메서드로 여러 문장
을 한 번에 토큰화할 수 있다. 인코딩 메서드와 인코딩 배치 메서드 모두 워드피스 토크나이저를 통해 문
장을 토큰화하고 각 토큰의 색인 번호를 반환한다.

토큰화된 데이터는 토큰(tokens) 속성을 통해 값을 확인할 수 있으며, 토큰 정수(ids) 속성으로 인코딩된 문장의 ID 값을 출력할 수 있다.

정수를 다시 문장으로 변환하는 경우 디코딩(decode) 메서드를 통해 정수 인코딩된 결과를 다시 문장으로 디코딩해 출력할 수 있다.

이번 절에서는 바이트 페어 인코딩과 워드피스라는 두 가지 알고리즘에 대해 알아봤다. 최근 연구 동향은 더 큰 말뭉치를 사용해 모델을 학습하고 OOV의 위험을 줄이기 위해 하위 단어 토큰화를 활용한다.

이 책에서 소개된 알고리즘 이외에도 유니코드 단위가 아닌 바이트 단위에서 토큰화하는 **바이트 수준 바이트 페어 인코딩**(Byte-level Byte-Pair-Encoding, BBPE)이나 크기가 큰 어휘 사전에서 덜 필요한 토큰을 제거하며 학습하는 **유니그램**(Unigram) 등이 있다.

06

임베딩

앞서 입력된 문장을 컴퓨터가 이해할 수 있는 단위인 토큰으로 나누는 토큰화 과정에 대해 알아봤다. 그러나 토큰화만으로는 모델을 학습할 수 없다. 컴퓨터는 텍스트 자체를 이해할 수 없으므로 텍스트를 숫자로 변환하는 **텍스트 벡터화**(Text Vectorization) 과정이 필요하다.

텍스트 벡터화란 텍스트를 숫자로 변환하는 과정을 의미한다. 기초적인 텍스트 벡터화로는 **원-핫 인코딩**(One-Hot Encoding), **빈도 벡터화**(Count Vectorization) 등이 있다.

먼저 원-핫 인코딩이란 문서에 등장하는 각 단어를 고유한 색인 값으로 매핑한 후, 해당 색인 위치를 1로 표시하고 나머지 위치는 모두 0으로 표시하는 방식이다.

예를 들어, 'I like apples' 문장과 'I like bananas' 문장을 띄어쓰기 기준으로 토큰화하고 단어를 고유한 색인 값으로 매핑하면 표 6.1과 같다.

표 6.1 원-핫 인코딩 매핑 테이블

색인	0	1	2	3
토큰	I	like	apples	bananas

이를 바탕으로 각 문장을 원-핫 인코딩한다면 'I like apples' 문장과 'I like bananas' 문장은 다음과 같이 표현된다.

- I like apples: [1, 1, 1, 0]

- I like bananas: [1, 1, 0, 1]

빈도 벡터화는 문서에서 단어의 빈도수를 세어 해당 단어의 빈도를 벡터로 표현하는 방식이다. 예를 들어 apples라는 단어가 총 4번 등장한다면, 해당 단어에 대한 벡터값은 4가 된다.

원-핫 인코딩 방식은 같은 단어가 여러 번 등장하더라도 1과 0으로 표현하지만, 빈도 벡터화는 해당 단어의 빈도로 표시한다.

이러한 방법은 단어나 문장을 벡터 형태로 변환하기 쉽고 간단하다는 장점이 있지만, 벡터의 **희소성(Sparsity)**이 크다는 단점이 있다.

말뭉치 내에 존재하는 토큰의 개수만큼의 벡터 차원을 가져야 하지만, 입력 문장 내에 존재하는 토큰의 수는 그에 비해 현저히 적기 때문에 컴퓨팅 비용의 증가와 차원의 저주와 같은 문제를 겪을 수 있다.

또한, 텍스트의 벡터가 입력 텍스트의 의미를 내포하고 있지 않으므로 두 문장이 의미적으로 유사하다고 해도 벡터가 유사하게 나타나지 않을 수 있다.

예를 들어 'i scream for ice cream'과 'ice cream for i scream'에 원-핫 인코딩이나 빈도 벡터화를 적용하면 둘 다 [1, 1, 1, 1, 1] 벡터로 반환된다.

이러한 문제를 해결하기 위해 워드 투 벡터(Word2Vec)나 패스트 텍스트(fastText) 등과 같이 단어의 의미를 학습해 표현하는 **워드 임베딩(Word Embedding)** 기법을 사용한다.

워드 임베딩 기법은 단어를 고정된 길이의 실수 벡터로 표현하는 방법으로, 단어의 의미를 벡터 공간에서 다른 단어와의 상대적 위치로 표현해 단어 간의 관계를 추론한다.

워드 임베딩은 고정된 임베딩을 학습하기 때문에 다의어나 문맥 정보를 다루기 어렵다는 단점이 있어 인공 신경망을 활용해 **동적 임베딩(Dynamic Embedding)** 기법을 사용한다.

이번 장에서는 앞서 설명한 기초적인 임베딩 기법부터 동적 임베딩 기법까지 알아본다.

언어 모델

언어 모델(Language Model)이란 입력된 문장으로 각 문장을 생성할 수 있는 확률을 계산하는 모델을 의미한다. 이를 위해 주어진 문장을 바탕으로 문맥을 이해하고, 문장 구성에 대한 예측을 수행한다.

언어 모델은 자동 번역, 음성 인식, 텍스트 요약 등 다양한 자연어 처리 분야에서 활용된다. 다음 그림 6.1은 언어 모델 구조를 간략히 표현한 것이다.

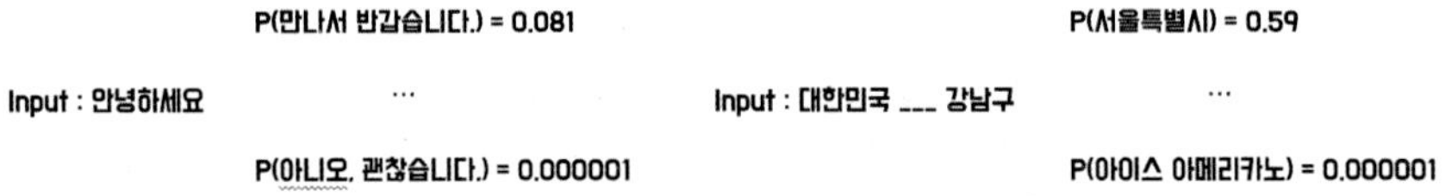

P(만나서 반갑습니다.) = 0.081   P(서울특별시) = 0.59

Input : 안녕하세요   ...   Input : 대한민국 ___ 강남구   ...

P(아니오, 괜찮습니다.) = 0.000001   P(아이스 아메리카노) = 0.000001

그림 6.1 언어 모델

'안녕하세요'라는 문장 뒤에 어떤 문장이 어떤 확률로 등장할지 계산하는 것은 어렵다. 이는 비지도 학습 문제로 모델 스스로 문장 등장 확률을 계산해야 한다. 또한, '안녕하세요' 다음에 올 수 있는 문장은 사실상 무한에 가깝다. 그러므로 완성된 문장 단위로 확률을 계산하는 것은 불가능하다.

주어진 문장 뒤에 나올 수 있는 문장은 매우 다양하기 때문에 완성된 문장 단위로 확률을 계산하는 것은 어려운 일이다. 이러한 문제를 해결하기 위해 문장 전체를 예측하는 방법 대신에 하나의 토큰 단위로 예측하는 방법인 자기회귀 언어 모델이 고안됐다.

자기회귀 언어 모델

자기회귀 언어 모델(Autoregressive Language Model)은 입력된 문장들의 조건부 확률을 이용해 다음에 올 단어를 예측한다. 즉, 언어 모델에서 조건부 확률은 이전 단어들의 시퀀스가 주어졌을 때, 다음 단어의 확률을 계산하는 것을 의미한다.

이를 위해 이전에 등장한 모든 토큰의 정보를 고려하며, 문장의 문맥 정보를 파악하여 다음 단어를 생성한다. 다음 단어는 다시 이전 단어를 기반으로 예측이 이루어지며, 이 과정이 반복된다. 이를 수식으로 표현하면 수식 6.1과 같다.

수식 6.1 언어 모델의 조건부 확률

$$P(w_t | w_1, w_2, \cdots, w_{t-1}) = \frac{P(w_1, w_2, \cdots, w_t)}{P(w_1, w_2, \cdots, w_{t-1})}$$

언어 모델에서 조건부 확률을 계산하기 위해 이전에 등장한 단어 시퀀스($w_1, w_2, \cdots w_{t-1}$)를 기반으로 다음 단어(w_t)의 확률을 계산한다. 수식 6.1에 **조건부 확률의 연쇄법칙(Chain rule for conditional probability)**을 적용한다면 수식 6.2와 같다.

수식 6.2 조건부 확률의 연쇄법칙을 적용한 언어 모델의 조건부 확률

$$P(w_t \mid w_1, w_2, \cdots, w_{t-1}) = P(w_1)P(w_2 \mid w_1) \cdots P(w_t \mid w_1, w_2, \cdots, w_{t-1})$$

언어 모델에서 조건부 확률은 연쇄법칙을 이용해 계산된다. 조건부 확률의 연쇄법칙은 하나의 사건이 일어날 확률을 다른 사건들의 조건부 확률을 이용해 계산하는 방식으로 이전 단어들의 시퀀스가 주어졌을 때, 다음에 등장하는 단어의 확률을 이전 단어들의 조건부 확률을 이용해 계산한다.

따라서 언어 모델에서 조건부 확률은 수식 6.2와 같이 표현된다. 문장 전체의 확률은 첫 번째 단어의 확률 $P(w_1)$과 각 단어가 이전 단어들의 조건부 확률에 따라 발생할 확률의 곱으로 나타낼 수 있다. 이를 통해 언어 모델은 문장 전체의 확률을 계산하고, 그것을 이용해 다음 단어를 예측한다.

앞선 '안녕하세요' 다음에 등장할 수 있는 문장을 조건부 확률의 연쇄법칙 방법으로 시각화하면 그림 6.2와 같다.

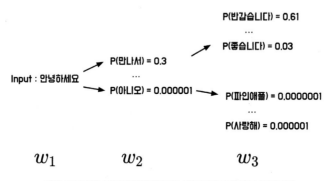

그림 6.2 조건부 확률의 연쇄법칙을 통한 자기회귀 언어 모델 구조

자기회귀 언어 모델에서는 각 시점에서 다음에 올 토큰을 예측하는 것이 중요하다. 이를 위해 입력 토큰 w_1을 바탕으로 모델은 다음 토큰 w_2가 등장할 확률 $P(w_2 \mid w_1)$을 예측한다. 그다음 모델의 출력값 w_2가 다시 입력값이 되어, 모델은 확률 $P(w_3 \mid w_1, w_2)$를 예측한다.

이러한 방식으로 모델의 출력값이 모델의 입력값으로 사용되는 특징 때문에 자기회귀라는 이름이 붙었다. 자기회귀 언어 모델은 시점별로 다음에 올 토큰을 예측하는 것이므로, 토큰 분류 문제로 정의할 수 있다.

자기회귀 모델은 이전에 등장한 모든 토큰의 정보를 활용해 입력된 문장의 문맥 정보를 파악하고 다음 토큰을 예측한다. 그러므로 언어 모델은 문장 전체의 확률을 계산하고, 이를 이용해 다음 단어를 예측한다.

통계적 언어 모델

통계적 언어 모델(Statistical Language Model)은 언어의 통계적 구조를 이용해 문장이나 단어의 시퀀스를 생성하거나 분석한다. 시퀀스에 대한 확률 분포를 추정해 문장의 문맥을 파악해 다음에 등장할 단어의 확률을 예측한다.

일반적으로 통계적 언어 모델은 **마르코프 체인(Markov Chain)**을 이용해 구현된다. 마르코프 체인은 빈도 기반의 조건부 확률 모델 중 하나로 이전 상태와 현재 상태 간의 전이 확률을 이용해 다음 상태를 예측한다.

빈도 기반의 조건부 확률 모델에서는 주어진 데이터에서 각 변수가 발생한 빈도수를 기반으로 확률을 계산한다. 예를 들어 말뭉치에 '안녕하세요'라는 문장이 1,000번 등장하고 이어서 '안녕하세요 만나서'가 700번, '안녕하세요 반갑습니다'가 100번 등장했다고 가정한다면 빈도의 기반 조건부 확률 수식은 6.3과 같이 표현된다.

수식 6.3 빈도 기반의 조건부 확률

$$P(\text{만나서}\,|\,\text{안녕하세요}) = \frac{P(\text{안녕하세요 만나서})}{P(\text{안녕하세요})} = \frac{700}{1000}$$

$$P(\text{반갑습니다}\,|\,\text{안녕하세요}) = \frac{P(\text{안녕하세요 반갑습니다})}{P(\text{안녕하세요})} = \frac{100}{1000}$$

이 방법은 단어의 순서와 빈도에만 기초해 문장의 확률을 예측하므로 문맥을 제대로 파악하지 못하면 불완전하거나 부적절한 결과를 생성할 수 있다. 또한 한 번도 등장한 적이 없는 단어나 문장에 대해서는 정확한 확률을 예측하기가 어렵다. 이렇게 관측한 적이 없는 데이터를 예측하지 못하는 문제를 **데이터 희소성(Data sparsity)** 문제라고 한다.

하지만 통계적 언어 모델은 기존에 학습한 텍스트 데이터에서 패턴을 찾아 확률 분포를 생성하므로, 이를 이용하여 새로운 문장을 생성할 수 있으며, 다양한 종류의 텍스트 데이터를 학습할 수 있다.

통계적 언어 모델은 대규모 자연어 데이터를 처리하는 데 효과적이며, 딥러닝 등의 인공지능 기술이 발전하면서 더욱 강력한 모델을 구현할 수 있게 됐다.

최근 연구되는 자연어 처리 기법은 언어 모델을 활용해 가중치를 사전 학습한다. 예를 들어 트랜스포머 모델에 기반한 언어 모델인 GPT(Generative Pre-trained Transformer)나 BERT(Bidirectional Encoder Representations from Transformers)는 다음과 같은 문장 생성 기법을 이용해 모델을 사전 학습한다.

GPT

- Raw Sentence: GPT는 OpenAI에서 개발한 인과적 언어 모델입니다.

- Input: GPT는 OpenAI에서 개발한

- Prediction-1: 인과적

- Prediction-2: 언어 모델입니다.

BERT

- Raw Sentence: BERT는 Google에서 개발한 마스킹된 언어 모델입니다.

- Input: Bert는 [MASK]에서 개발한 [MASK] 언어 모델입니다.

- Prediction: Google, 마스킹된

GPT나 BERT 모델은 자연어 처리 분야에서 혁신적인 성과를 거둔 언어 모델 중 하나이다. GPT와 BERT 모델과 같이 신경망을 통해 확률 P를 계산할 수도 있지만, 통계적인 방법을 통해 확률을 계산할 수도 있다. 해당 모델에 관한 자세한 내용은 7장에서 다루겠다.

N-gram

가장 기초적인 통계적 언어 모델은 **N-gram** 모델이다. N-gram 모델은 텍스트에서 N개의 연속된 단어 시퀀스를 하나의 단위로 취급하여 특정 단어 시퀀스가 등장할 확률을 추정한다.

N-gram 모델은 입력 텍스트를 하나의 토큰 단위로 분석하지 않고 N개의 토큰을 묶어서 분석한다. 이때, 연속된 N개의 단어를 하나의 단위로 취급하여 추론하는 모델이며, N이 1일 때는 **유니그램**(Unigram), N이 2일 때는 **바이그램(Bigram)**, N이 3일 때는 **트라이그램(Trigram)**으로 부른다.

N이 4 이상이면 N-gram이라고 부른다. 다음 그림 6.3은 입력 문장을 유니그램, 바이그램, 트라이그램으로 분할한 예시를 보여준다.

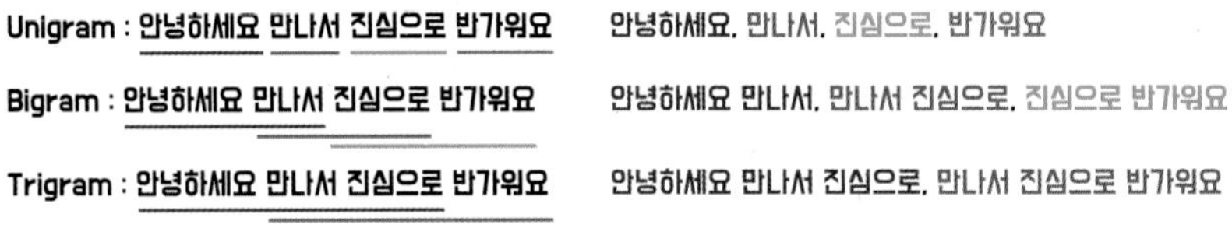

Unigram : 안녕하세요 만나서 진심으로 반가워요　　안녕하세요. 만나서. 진심으로. 반가워요

Bigram : 안녕하세요 만나서 진심으로 반가워요　　안녕하세요 만나서. 만나서 진심으로. 진심으로 반가워요

Trigram : 안녕하세요 만나서 진심으로 반가워요　　안녕하세요 만나서 진심으로. 만나서 진심으로 반가워요

그림 6.3 N이 1, 2, 3인 N-gram

N-gram 언어 모델은 모든 토큰을 사용하지 않고 $N-1$개의 토큰만을 고려해 확률을 계산한다. 따라서 각 N-gram 언어 모델에서 t번째 토큰의 조건부 확률을 계산하는 수식은 다음과 같다.

수식 6.4 N-gram에서의 조건부 확률

$$P(w_t \mid w_{t-1}, w_{t-2}, \cdots, w_{t-N+1})$$

w_t는 예측하려는 단어, w_{t-1}부터 w_{t-N+1}까지는 예측에 사용되는 이전 단어들을 의미한다. 이전 단어들의 개수를 결정하는 N의 값을 조정하여 N-gram 모델의 성능을 조절할 수 있다.

N-gram은 그림 6.3과 수식 6.4에서 확인할 수 있듯이 간단한 파이썬 코드 또는 NLTK 라이브러리로 구현할 수 있다. 다음 예제 6.1은 N-gram 구현 방법을 보여준다.

예제 6.1 N-gram

```python
import nltk


def ngrams(sentence, n):
    words = sentence.split()
    ngrams = zip(*[words[i:] for i in range(n)])
    return list(ngrams)


sentence = "안녕하세요 만나서 진심으로 반가워요"
```

```
unigram = ngrams(sentence, 1)
bigram = ngrams(sentence, 2)
trigram = ngrams(sentence, 3)

print(unigram)
print(bigram)
print(trigram)

unigram = nltk.ngrams(sentence.split(), 1)
bigram = nltk.ngrams(sentence.split(), 2)
trigram = nltk.ngrams(sentence.split(), 3)

print(list(unigram))
print(list(bigram))
print(list(trigram))
```

출력 결과

```
[('안녕하세요',), ('만나서',), ('진심으로',), ('반가워요',)]
[('안녕하세요', '만나서'), ('만나서', '진심으로'), ('진심으로', '반가워요')]
[('안녕하세요', '만나서', '진심으로'), ('만나서', '진심으로', '반가워요')]
[('안녕하세요',), ('만나서',), ('진심으로',), ('반가워요',)]
[('안녕하세요', '만나서'), ('만나서', '진심으로'), ('진심으로', '반가워요')]
[('안녕하세요', '만나서', '진심으로'), ('만나서', '진심으로', '반가워요')]
```

통계적 언어 모델은 상대적으로 구현이 쉽다. 간략한 파이썬 코드로 구현한 N-gram과 NLTK 라이브러리에서 지원하는 N-gram 함수는 동일한 출력값을 반환한다.

N-gram은 작은 규모의 데이터세트에서 연속된 문자열 패턴을 분석하는 데 큰 효과를 보인다. 또한 관용적 표현 분석에도 활용된다.

예를 들어 '입이 무겁다'라는 표현은 '비밀을 잘 지킨다'라는 뜻이다. 그러므로 자주 등장하는 연속된 단어나 구를 추출하고, 이를 분석함으로써 관용적 표현을 파악할 수 있다.

N-gram은 시퀀스에서 연속된 n개의 단어를 추출하므로 단어의 순서가 중요한 자연어 처리 작업 및 문자열 패턴 분석에 활용된다.

TF-IDF

TF-IDF(Term Frequency-Inverse Document Frequency)란 텍스트 문서에서 특정 단어의 중요도를 계산하는 방법으로, 문서 내에서 단어의 중요도를 평가하는 데 사용되는 통계적인 가중치를 의미한다. 즉, TF-IDF는 **BoW(Bag-of-Words)**에 가중치를 부여하는 방법이다.

BoW는 문서나 문장을 단어의 집합으로 표현하는 방법으로, 문서나 문장에 등장하는 단어의 중복을 허용해 빈도를 기록한다. 원-핫 인코딩은 단어의 등장 여부를 판별해 0과 1로 표현하는 방식이지만, BoW는 등장 빈도를 고려해 표현한다.

예를 들어, ['That movie is famous movie', 'I like that actor', 'I don't like that actor'] 말뭉치를 BoW로 벡터화하면 표 6.2와 같다.

표 6.2 BoW 벡터화

	I	like	this	movie	don't	famous	is
This movie is famous movie	0	0	1	2	0	1	1
I like this movie	1	1	1	1	0	0	0
I don't like this movie	1	1	1	1	1	0	0

BoW를 이용해 벡터화하는 경우 모든 단어는 동일한 가중치를 갖는다. BoW 벡터를 활용해 영화 리뷰의 긍/부정 분류 모델을 만든다고 가정한다면 높은 성능을 얻기는 어렵다.

'I like this movie'와 'I don't like this movie' 문장은 'don't'라는 단어가 문장 분류에 결정적인 역할을 한다. 하지만 'don't'라는 단어는 자주 등장하지 않으므로 토큰화나 분류 모델 진행 시 해당 데이터가 무시될 수 있다.

단어 빈도

단어 빈도(Term Frequency, TF)란 문서 내에서 특정 단어의 빈도수를 나타내는 값이다. 예를 들어 3개의 문서에서 'movie'라는 단어가 4번 등장한다면 해당 단어의 TF 값은 4가 된다. 이를 수식으로 나타내면 다음과 같다.

수식 6.5 단어 빈도

$$TF(t,d) = count(t,d)$$

앞선 BoW 벡터 표현 방법과 같이 문서 내에서 단어가 등장한 빈도수를 계산하며, 해당 단어의 상대적인 중요도를 측정하는 데 사용된다.

TF 값이 높을수록 해당 단어가 특정 문서에서 중요한 역할을 한다고 생각할 수도 있지만, 단어 자체가 특정 문서 내에서 자주 사용되는 단어이므로 전문 용어나 관용어로 간주할 수 있다.

TF는 단순히 단어의 등장 빈도수를 계산하기 때문에 문서의 길이가 길어질수록 해당 단어의 TF 값도 높아질 수 있다.

문서 빈도

문서 빈도(Document Frequency, DF)란 한 단어가 얼마나 많은 문서에 나타나는지를 의미한다. 특정 단어가 많은 문서에 나타나면 문서 집합에서 단어가 나타나는 횟수를 계산한다.

그러므로 3개의 문서에서 'movie'라는 단어가 4번 등장한다면 해당 단어의 DF 값은 3이 된다. 문서 빈도를 수식으로 표현한다면 다음과 같다.

수식 6.6 문서 빈도

$$DF(t,D) = count(t \in d : d \in D)$$

DF는 단어가 몇 개의 문서에서 등장하는지 계산한다. DF 값이 높으면 특정 단어가 많은 문서에서 등장한다고 볼 수 있다. 그 단어는 일반적으로 널리 사용되며, 중요도가 낮을 수 있다.

반대로 DF 값이 낮다면 특정 단어가 적은 수의 문서에만 등장한다는 뜻이다. 그러므로 특정한 문맥에서만 사용되는 단어일 가능성이 있으며, 중요도가 높을 수 있다.

역문서 빈도

역문서 빈도(Inverse Document Frequency, IDF)란 전체 문서 수를 문서 빈도로 나눈 다음에 로그를 취한 값을 말한다. 이는 문서 내에서 특정 단어가 얼마나 중요한지를 나타낸다.

문서 빈도가 높을수록 해당 단어가 일반적이고 상대적으로 중요하지 않다는 의미가 된다. 그러므로 문서 빈도의 역수를 취하면 단어의 빈도수가 적을수록 IDF 값이 커지게 보정하는 역할을 한다.

이를 통해 문서에서 특정 단어의 등장 횟수가 적으면 IDF는 상대적으로 커진다. IDF를 수식으로 표현하면 다음과 같다.

수식 6.7 역문서 빈도

$$IDF(t,D) = \log\left(\frac{count(D)}{1 + DF(t,D)}\right)$$

IDF는 분모의 DF 값에 1을 더한 값을 사용한다. 특정 단어가 한 번도 등장하지 않는다면 분모가 0이 되는 경우가 발생한다. 그러므로 1과 같은 작은 값을 더해 분모가 0이 되는 결과를 방지한다.

추가로 IDF는 로그를 취한다. 전체 문서 수를 문서 빈도로 나눈 값을 사용한다면 너무 큰 값이 나올 수 있다. 10,000개의 문서에서 특정한 단어가 1번만 등장한다면 IDF 값은 5,000이 된다. 이러한 문제점을 방지하고자 로그를 취해 정교한 가중치를 얻는다.

TF-IDF

TF-IDF는 앞선 문서 빈도와 역문서 빈도를 곱한 값으로 사용한다. TF-IDF를 수식으로 표현하면 다음과 같다.

수식 6.8 TF-IDF

$$TF-IDF(t,d,D) = TF(t,d) \times IDF(t,d)$$

문서 내에 단어가 자주 등장하지만, 전체 문서 내에 해당 단어가 적게 등장한다면 TF-IDF 값은 커진다. 그러므로 전체 문서에서 자주 등장할 확률이 높은 관사나 관용어 등의 가중치는 낮아진다.

이제 파이썬의 **사이킷런(Scikit-learn)** 라이브러리를 활용해 TF-IDF를 계산한다. 사이킷런 라이브러리는 파이썬의 대표적인 머신러닝 라이브러리로 머신러닝에 필요한 전처리, 모델 파이프라인, 모델 검증 등에 필요한 전반적인 모듈을 제공한다.

앞선 4.5 '데이터 증강 및 변환' 절에서 허깅 페이스의 트랜스포머스 라이브러리를 설치했다면 자동으로 사이킷런이 설치된다. 허깅 페이스 라이브러리를 설치하지 않았거나 임포트 에러가 발생한다면 다음과 같이 설치할 수 있다.

Scikit-learn 라이브러리 설치

```
pip install scikit-learn
```

사이킷런 라이브러리는 말뭉치를 쉽게 TF-IDF 형태로 변환할 수 있게 TF-IDF 클래스를 제공한다. 다음은 TF-IDF 클래스의 주요 매개변수를 설명한다.

TF-IDF 클래스

```
tfidf_vectorizer = sklearn.feature_extraction.text.TfidfVectorizer(
    input="content",
    encoding="utf-8",
    lowercase=True,
    stop_words=None,
    ngram_range=(1, 1),
    max_df=1.0,
    min_df=1,
    vocabulary=None,
    smooth_idf=True,
)
```

TF-IDF(TfidfVectorizer) 클래스의 **입력값(input)**은 입력될 데이터의 형태를 의미한다. 기본값으로 설정된 content는 문자열 데이터 혹은 바이트 형태의 입력값을 의미한다. 파일 객체를 사용한다면 file로 입력하며, 파일 경로를 사용하는 경우 filename으로 입력한다.

인코딩(encoding)은 바이트 혹은 파일을 입력값으로 받을 경우 사용할 텍스트 인코딩 값을 의미한다.

소문자 변환(lowercase)은 입력받은 데이터를 소문자로 변환할지 여부를 말한다. 참값으로 설정하면 모든 입력 텍스트를 소문자로 변환한다.

불용어(stop_words)는 분석에 도움이 되지 않는 의미 없는 단어들을 의미하며, 입력받은 단어들은 단어 사전에 추가되지 않는다.

N-gram 범위(ngram_range)는 사용할 N-gram의 범위를 의미한다. (최솟값, 최댓값) 형태로 입력하며, (1, 1)은 유니그램, (1, 2)는 유니그램과 바이그램을 사용한다는 것을 의미한다.

최댓값 문서 빈도(max_df)는 전체 문서 중 일정 횟수 이상 등장한 단어는 불용어로 처리한다. 정수를 입력하면 해당 등장 횟수를 초과해 등장하는 단어를 불용어 처리하며, 1 이하의 실수를 입력하면 해당 비율을 초과해 등장한 단어를 불용어 처리한다.

최솟값 문서 빈도(min_df)는 전체 문서 중 일정 횟수 미만으로 등장한 단어를 불용어 처리한다는 뜻으로 최댓값 문서 빈도와 동일한 패턴으로 입력할 수 있다.

단어사전(vocabulary)은 미리 구축한 단어사전이 있다면 해당 단어 사전을 사용한다. 만약 입력하지 않는다면 TF-IDF 학습 시 자동으로 구축된다.

IDF 분모처리(smooth_idf)는 수식 6.7과 같이 IDF 계산 시 분모에 1을 더한다.

이제 TF-IDF 클래스를 활용해 벡터화를 진행한다. 다음 예제 6.2는 앞선 표 6.2에서 사용한 말뭉치인 ['That movie is famous movie', 'I like that actor', 'I don't like that actor']를 적용해 벡터화하는 코드다.

예제 6.2 TF-IDF 계산

```python
from sklearn.feature_extraction.text import TfidfVectorizer

corpus = [
    "That movie is famous movie",
    "I like that actor",
    "I don't like that actor"
]

tfidf_vectorizer = TfidfVectorizer()
tfidf_vectorizer.fit(corpus)
tfidf_matrix = tfidf_vectorizer.transform(corpus)

print(tfidf_matrix.toarray())
print(tfidf_vectorizer.vocabulary_)
```

출력 결과

```
[[0.         0.         0.39687454 0.39687454 0.         0.79374908 0.2344005 ]
 [0.61980538 0.         0.         0.         0.61980538 0.         0.48133417]
 [0.4804584  0.63174505 0.         0.         0.4804584  0.         0.37311881]]
{'that': 6, 'movie': 5, 'is': 3, 'famous': 2, 'like': 4, 'actor': 0, 'don': 1}
```

사이킷런의 TF-IDF 클래스는 fit 메서드를 통해 학습해야 데이터의 변환 또는 추론이 가능하다. TF-IDF 클래스를 통해 tfidf_vectorizer 객체를 불러오고, fit 메서드를 통해 준비된 말뭉치를 학습한다.

객체의 학습이 완료되면 transform 메서드를 이용해 데이터 변환을 수행할 수 있다. 또는 fit_transform 메서드를 통해 학습과 변환을 동시에 수행할 수 있다.

toarray 메서드는 TF-IDF를 넘파이 배열로 변환하며, (문서 수)×(단어 수)의 형태를 가진다. 각 행은 하나의 문서에 해당하며, 각 열은 단어를 의미한다.

vocabulary_ 속성은 TF-IDF에 사용된 단어 사전을 의미한다. 딕셔너리의 키는 고유한 단어를 의미하며, 값은 해당 단어에 대한 색인 값을 의미한다.

TF-IDF에서 점수가 가장 높은 값을 세 개만 추려 색인으로 정리하면 [[2, 3, 5], [0, 4, 6], [0, 1, 4]]가 된다. 이를 단어 사전과 매핑하면 [[famous, is, movie], [actor, like, that], [actor, don, like]]가 된다.

이를 통해 문서마다 중요한 단어만 추출할 수 있으며, 벡터값을 활용해 문서 내 핵심 단어를 추출할 수 있다.

하지만 출력 결과에서 확인할 수 있듯이 빈도 기반 벡터화는 문장의 순서나 문맥을 고려하지 않는다. 그러므로 문장 생성과 같이 순서가 중요한 작업에는 부적합하다. 또한, 벡터가 해당 문서 내의 중요도를 의미할 뿐, 벡터가 단어의 의미를 담고 있지는 않다.

예를 들어, ['나는 바나나를 먹었다', '그녀가 과일을 섭취한다', '고양이는 야옹 운다']를 벡터화한다면 '나는 바나나를 먹었다'와 '그녀가 과일을 섭취한다'가 '고양이는 야옹 운다'보다 더 가까운 의미를 가지고 있지만, 세 문장 간의 유사도는 동일하다.

Word2Vec

Word2Vec은 2013년 구글에서 공개한 임베딩 모델로 단어 간의 유사성을 측정하기 위해 **분포 가설**(distributional hypothesis)을 기반으로 개발됐다.

분포 가설이란 같은 문맥에서 함께 자주 나타나는 단어들은 서로 유사한 의미를 가질 가능성이 높다는 가정이다. 분포 가설은 단어 간의 **동시 발생**(co-occurrence) 확률 분포를 이용해 단어 간의 유사성을 측정한다.

예를 들어 '내일 자동차를 타고 부산에 간다'와 '내일 비행기를 타고 부산에 간다'라는 두 문장에서 '자동차'와 '비행기'는 주변에 분포한 단어들이 동일하거나 유사하므로 비슷한 의미를 가질 것이라고 예상한다.

이러한 가정을 통해 단어의 **분산 표현(Distributed Representation)**을 학습할 수 있다. 분산 표현이란 단어를 고차원 벡터 공간에 매핑하여 단어의 의미를 담는 것을 의미한다.

분포 가설에 따라 단어의 의미는 문맥상 분포적 특성을 통해 나타난다. 즉, 유사한 문맥에서 등장하는 단어는 비슷한 벡터 공간상 위치를 갖게 된다. 즉, '자동차'와 '비행기'라는 단어는 벡터 공간에서 서로 가까운 위치에 표현된다.

이러한 방법으로 빈도 기반의 벡터화 기법에서 발생했던 단어의 의미 정보를 저장하지 못하는 한계를 극복했으며, 대량의 텍스트 데이터에서 단어 간의 관계를 파악하고 벡터 공간상에서 유사한 단어를 군집화해 단어의 의미 정보를 효과적으로 표현한다.

이러한 분산 표현 방식은 다양한 자연어 처리 작업에서 높은 성능을 보여주며, 다운스트림 작업에서 더 뛰어난 성능을 보인다.

단어 벡터화

단어를 벡터화하는 방법은 크게 **희소 표현(sparse representation)**과 **밀집 표현(dense representation)**으로 나눌 수 있다. 원-핫 인코딩, TF-IDF 등의 빈도 기반 방법은 희소 표현이며, Word2Vec은 밀집 표현이다. 다음 그림 6.4는 희소 표현과 밀집 표현의 예시를 보여준다.

표 6.3 단어의 희소 표현

소	0	1	0	0	0
잃고	1	0	0	0	0
외양간	0	0	0	1	0
고친다	0	0	0	0	1

표 6.4 단어의 밀집 표현

소	0.3914	−0.1749	…	0.5912	0.1321
잃고	−0.2893	0.3814	…	−0.1492	−0.2814

외양간	0.4812	0.1214	...	−0.2745	0.0132
고친다	−0.1314	−0.2809	...	0.2014	0.3016

원-핫 인코딩과 TF-IDF와 같은 방법은 대부분의 벡터 요소가 0으로 표현되는 희소 표현 방법이다. 예를 들어, 모델의 단어 사전이 5,000개의 단어로 이루어졌다면 10개의 토큰으로 이루어진 입력 텍스트를 원-핫 인코딩으로 표현하면 최소한 4,990개의 0이 포함된 벡터로 표현된다.

이러한 방법은 단어 사전의 크기가 커지면 벡터의 크기도 커지므로 공간적 낭비가 발생한다. 또한, 단어 간의 유사성을 반영하지 못하고, 벡터 간의 유사성을 계산하는 데도 많은 비용이 발생한다.

이에 비해 Word2Vec과 같은 밀집 표현은 단어를 고정된 크기의 실수 벡터로 표현하기 때문에 단어 사전의 크기가 커지더라도 벡터의 크기가 커지지 않는다. 벡터 공간상에서 단어 간의 거리를 효과적으로 계산할 수 있으며, 벡터의 대부분이 0이 아닌 실수로 이루어져 있어 효율적으로 공간을 활용할 수 있다.

밀집 표현 벡터화는 학습을 통해 단어를 벡터화하기 때문에 단어의 의미를 비교할 수 있다. 밀집 표현된 벡터를 **단어 임베딩 벡터(Word Embedding Vector)**라고 하며, Word2Vec은 대표적인 단어 임베딩 기법 중 하나다.

Word2Vec은 밀집 표현을 위해 CBoW와 Skip-gram이라는 두 가지 방법을 사용한다.

CBoW

CBoW(Continuous Bag of Words)란 주변에 있는 단어를 가지고 중간에 있는 단어를 예측하는 방법이다. **중심 단어(Center Word)**는 예측해야 할 단어를 의미하며, 예측에 사용되는 단어들을 **주변 단어(Context Word)**라고 한다.

중심 단어를 맞추기 위해 몇 개의 주변 단어를 고려할지를 정해야 하는데, 이 범위를 **윈도(Window)**라고 한다. 이 윈도를 활용해 주어진 하나의 문장에서 첫 번째 단어부터 중심 단어로 하여 마지막 단어까지 학습한다.

학습을 위해 윈도를 이동해 가며 학습하는데, 이러한 방법을 **슬라이딩 윈도(Sliding Window)**라 한다. CBoW는 슬라이딩 윈도를 사용해 한 번의 학습으로 여러 개의 중심 단어와 그에 대한 주변 단어를 학습할 수 있다.

다음 그림 6.4는 하나의 입력 문장에서 윈도 크기가 2일 때 학습 데이터가 어떻게 구성되는지를 보여준다.

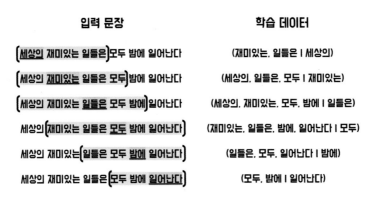

그림 6.4 CBoW의 학습 데이터 구성

학습 데이터는 (주변 단어 | 중심 단어)로 구성된다. 이를 통해 대량의 말뭉치에서 효율적으로 단어의 분산 표현을 학습할 수 있다. 얻어진 학습 데이터는 그림 6.5와 같은 구조의 인공 신경망을 학습하는 데 사용된다.

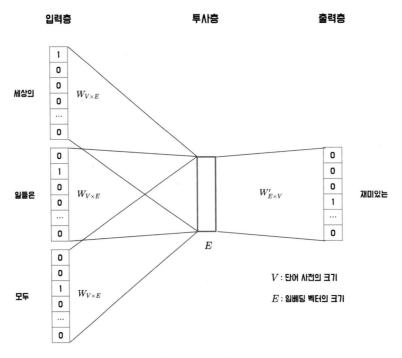

그림 6.5 CBoW 모델 구조

CBoW 모델은 각 입력 단어의 원-핫 벡터를 입력값으로 받는다. 입력 문장 내 모든 단어의 임베딩 벡터를 평균 내어 중심 단어의 임베딩 벡터를 예측한다.

입력 단어는 원-핫 벡터로 표현돼 **투사층(Projection Layer)**에 입력된다. 투사층이란 원-핫 벡터의 인덱스에 해당하는 임베딩 벡터를 반환하는 **순람표(Lookup table, LUT)** 구조가 된다.

투사층을 통과하면 각 단어는 E 크기의 임베딩 벡터로 변환된다. 그림 6.6에서 입력된 세 단어의 임베딩 벡터를 $V_{세상의}$, $V_{일들은}$, $V_{모두}$라고 가정하면 이 벡터의 평균값을 계산한다.

계산된 평균 벡터를 가중치 행렬 $W'_{E \times V}$와 곱하면 V 크기의 벡터를 얻는다. 이 벡터에 소프트맥스 함수를 이용해 중심 단어를 예측한다.

Skip-gram

Skip-gram은 CBoW와 반대로 중심 단어를 입력으로 받아서 주변 단어를 예측하는 모델이다. 따라서 Skip-gram은 중심 단어를 기준으로 양쪽으로 윈도 크기만큼의 단어들을 주변 단어로 삼아 훈련 데이터세트를 만든다.

이때 중심 단어와 각 주변 단어를 하나의 쌍으로 하여 모델을 학습시킨다. 다음 그림 6.6은 Skip-gram에서 윈도 크기가 2일 때 학습 데이터가 어떻게 구성되는지 보여준다.

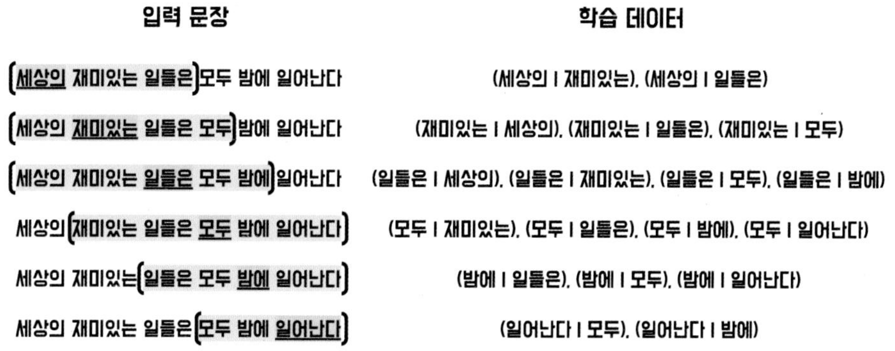

그림 6.6 Skip-gram의 학습 데이터 구성

Skip-gram과 CBoW는 학습 데이터의 구성 방식에 차이가 있다. CBoW는 하나의 윈도에서 하나의 학습 데이터가 만들어지는 반면, Skip-gram은 중심 단어와 주변 단어를 하나의 쌍으로 하여 여러 학습 데이터가 만들어진다.

이러한 차이 때문에 Skip-gram은 하나의 중심 단어를 통해 여러 개의 주변 단어를 예측하므로 **더 많은 학습 데이터세트**를 추출할 수 있으며, 일반적으로 CBoW보다 더 뛰어난 성능을 보인다.

또한 Skip-gram은 비교적 드물게 등장하는 단어를 더 잘 학습할 수 있게 되고 단어 벡터 공간에서 더 유의미한 거리 관계를 형성할 수 있다. 다음 그림 6.7은 Skip-gram의 모델 구조를 보여준다.

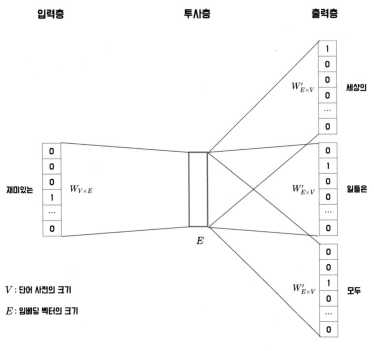

그림 6.7 Skip-gram 모델 구조

Skip-gram 모델도 CBoW와 마찬가지로 입력 단어의 원-핫 벡터를 투사층에 입력하여 해당 단어의 임베딩 벡터를 가져온다. 입력 단어의 임베딩과 $W'_{E \times V}$ 가중치와의 곱셈을 통해 V 크기의 벡터를 얻고, 이 벡터에 소프트맥스 연산을 취함으로써 주변 단어를 예측한다.

소프트맥스 연산은 모든 단어를 대상으로 내적 연산을 수행한다. 말뭉치의 크기가 커지면 필연적으로 단어 사전의 크기도 커지므로 대량의 말뭉치를 통해 Word2Vec 모델을 학습할 때 학습 속도가 느려지는 단점이 있다.

이를 해결하기 위해 계층적 소프트맥스와 네거티브 샘플링 기법을 적용해 학습 속도가 느려지는 문제를 완화한다.

계층적 소프트맥스

계층적 소프트맥스(Hierachical Softmax)는 출력층을 **이진 트리(Binary tree)** 구조로 표현해 연산을 수행한다. 이때 자주 등장하는 단어일수록 트리의 상위 노드에 위치하고, 드물게 등장하는 단어일수록 하위 노드에 배치된다.

이러한 방식으로 확률을 계산하면 일반적인 소프트맥스 연산에 비해 빠른 속도와 효율성을 보인다. 다음 그림 6.8은 계층적 소프트맥스의 구조를 보여준다.

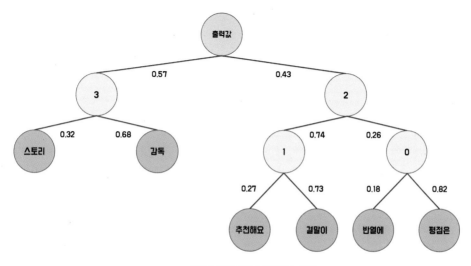

그림 6.8 계층적 소프트맥스 구조

각 노드는 학습이 가능한 벡터를 가지며, 입력값은 해당 노드의 벡터와 내적값을 계산한 후 시그모이드 함수를 통해 확률을 계산한다.

잎 노드(Leaf Node)는 가장 깊은 노드로, 각 단어를 의미하며, 모델은 각 노드의 벡터를 최적화하여 단어를 잘 예측할 수 있게 한다. 각 단어의 확률은 경로 노드의 확률을 곱해서 구할 수 있다.

그림 6.8의 '추천해요' 단어는 $0.43 \times 0.74 \times 0.27 = 0.085914$의 확률을 갖게 된다. 이 경우 학습 시 1, 2번 노드의 벡터만 최적화하면 된다.

단어 사전의 크기를 V라고 했을 때 일반적인 소프트맥스 연산은 $O(V)$의 시간 복잡도를 갖지만, 계층적 소프트맥스의 시간 복잡도는 $O(log_2 V)$의 시간 복잡도를 갖는다.

네거티브 샘플링

네거티브 샘플링(Negative Sampling)은 Word2Vec 모델에서 사용되는 확률적인 샘플링 기법으로 전체 단어 집합에서 일부 단어를 샘플링하여 오답 단어로 사용한다.

학습 윈도 내에 등장하지 않는 단어를 n개 추출하여 정답 단어와 함께 소프트맥스 연산을 수행한다. 이를 통해 전체 단어의 확률을 계산할 필요 없이 모델을 효율적으로 학습할 수 있다.

이때 추출할 단어 n은 일반적으로 5~20개를 사용하며, 각 단어가 추출될 확률은 수식 6.9와 같이 계산한다.

수식 6.9 네거티브 샘플링의 추출 확률

$$P(w_i) = \frac{f(w_i)^{0.75}}{\sum_{j=0}^{V} f(w_j)^{0.75}}$$

네거티브 샘플링 추출 확률을 계산하기 위해 먼저 각 단어 w_i의 출현 빈도수를 $f(w_i)$로 나타낸다. 가령 말뭉치 내에 단어 '추천해요'가 100번 등장했고, 전체 단어의 빈도가 2,000이라면 $f(추천해요) = \frac{100}{2000} = 0.05$가 된다.

$P(w_i)$는 단어 w_i가 네거티브 샘플로 추출될 확률이다. 이때 출현 빈도수에 0.75제곱한 값을 정규화 상수로 사용하는데, 이 값은 실험을 통해 얻어진 최적의 값이다.

네거티브 샘플링에서는 입력 단어 쌍이 데이터로부터 추출된 단어 쌍인지, 아니면 네거티브 샘플링으로 생성된 단어 쌍인지 이진 분류를 한다. 이를 위해 로지스틱 회귀 모델을 사용하며, 이 모델의 학습 과정에서는 추출할 단어의 확률 분포를 구하기 위해 먼저 각 단어에 대한 가중치를 학습한다.

다음 그림 6.9는 일반 Skip-gram 모델과 네거티브 샘플링 Word2Vec 모델의 훈련 데이터가 어떻게 다른지 보여준다.

입력 데이터	출력 데이터
재미있는, 세상의	1
재미있는, 일들은	1
재미있는, 모두	1
재미있는, 걸어가다	0
재미있는, 주십시오	0
재미있는, 미리	0
재미있는, 안녕하세요	0

입력 데이터	출력 데이터
재미있는	세상의
재미있는	일들은
재미있는	모두

그림 6.9 네거티브 샘플링 모델의 훈련 데이터

그림 6.9를 보면 '재미있는'이라는 중심 단어를 통해 세 쌍의 학습 데이터를 추출한다. 네거티브 샘플링 Word2Vec 모델은 실제 데이터에서 추출된 단어 쌍은 1로, 네거티브 샘플링을 통해 추출된 가짜 단어 쌍은 0으로 레이블링한다. 즉, 다중 분류에서 이진 분류로 학습 목적이 바뀌게 된다.

다음 그림 6.10은 일반적인 Word2Vec 모델과 네거티브 샘플링 Word2Vec 모델의 출력 구조의 차이를 보여준다.

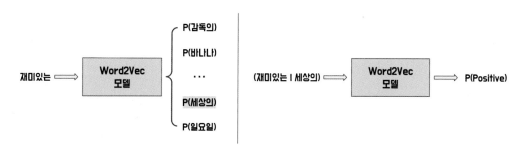

그림 6.10 소프트맥스 Word2Vec과 네거티브 샘플링 Word2Vec

네거티브 샘플링 모델에서는 입력 단어의 임베딩과 해당 단어가 맞는지 여부를 나타내는 레이블(1 또는 0)을 가져와 내적 연산을 수행한다. 내적 연산을 통해 얻은 값은 시그모이드 함수를 통해 확률값으로 변환된다.

이때 레이블이 1인 경우 해당 확률값이 높아지도록, 레이블이 0인 경우 해당 확률값이 낮아지도록 모델의 가중치가 최적화된다.

모델 실습: Skip-gram

Word2Vec 모델은 학습할 단어의 수를 V로, 임베딩 차원을 E로 설정해 $W_{V \times E}$ 행렬과 $W'_{E \times V}$ 행렬을 최적화하며 학습한다. 이때, $W_{V \times E}$ 행렬은 **룩업(Lookup)**[1] 연산을 수행하는데, **임베딩(Embedding)** 클래스를 사용하면 간편하게 구현할 수 있다.

임베딩 클래스는 단어나 범주형 변수와 같은 이산 변수를 연속적인 벡터 형태로 변환해 사용할 수 있다. 연속적인 벡터 표현은 모델이 학습하는 동안 단어의 의미와 관련된 정보를 포착하고, 이를 기반으로 단어 간의 유사도를 계산한다.

이때 이산 변수의 값을 연속적인 벡터로 변환하는 과정을 룩업이라 한다. 다음은 임베딩 클래스를 설명한다.

임베딩 클래스

```python
embedding = torch.nn.Embedding(
    num_embeddings,
    embedding_dim,
    padding_idx=None,
    max_norm=None,
    norm_type=2.0
)
```

임베딩 클래스의 **임베딩 수(num_embeddings)**는 이산 변수의 개수로 단어 사전의 크기를 의미한다.

임베딩 차원(embedding_dim)은 임베딩 벡터의 차원 수로 임베딩 벡터의 크기를 의미한다.

패딩 인덱스(padding_idx)는 패딩 토큰의 인덱스를 지정해 해당 인덱스의 임베딩 벡터를 0으로 설정한다. 병렬 처리를 위해 입력 배치의 문장 길이가 동일해야 하므로 입력 문장들을 일정한 길이로 맞추는 역할을 한다. 패딩 인덱스는 임베딩 수보다 작아야 하며 패딩 인덱스의 벡터값은 모델 학습 시 최적화되지 않는다.

노름 타입(norm_type)은 임베딩 벡터의 크기를 제한하는 방법을 선택한다. 기본값은 2로, 이는 L2 정규화 방식을 사용한다는 의미다. 만약 노름 타입을 1로 설정하면 L1 정규화 방식을 사용한다.

---

[1] 배열이나 리스트 등의 데이터 구조에서 인덱스를 이용해 해당하는 값을 찾아오는 연산을 의미한다.

최대 노름(max_norm)은 임베딩 벡터의 최대 크기를 지정한다. 각 임베딩 벡터의 크기가 최대 노름 값 이상이면 임베딩 벡터를 최대 노름 크기로 잘라내고 크기를 감소시킨다.

파이토치의 임베딩 클래스로 룩업 계층을 구현하고, 선형 변환 클래스로 가중치 행렬을 구현할 수 있다. 다음 예제 6.3은 파이토치로 구현한 기본 Skip-gram 모델을 보여준다.

예제 6.3 기본 Skip-gram 클래스

```
from torch import nn


class VanillaSkipgram(nn.Module):
    def __init__(self, vocab_size, embedding_dim):
        super().__init__()
        self.embedding = nn.Embedding(
            num_embeddings=vocab_size,
            embedding_dim=embedding_dim
        )
        self.linear = nn.Linear(
            in_features=embedding_dim,
            out_features=vocab_size
        )

    def forward(self, input_ids):
        embeddings = self.embedding(input_ids)
        output = self.linear(embeddings)
        return output
```

계층적 소프트맥스나 네거티브 샘플링과 같은 효율적인 기법을 사용하지 않은 기본 형식의 Skip-gram 모델은 간단히 구현할 수 있다. 이 모델은 단순히 입력 단어와 주변 단어를 룩업 테이블에서 가져와서 내적을 계산한 다음, 손실 함수를 통해 예측 오차를 최소화하는 방식으로 학습된다.

기본 형식의 Skip-gram 모델을 선언했다면 모델 학습에 사용할 데이터세트를 불러온다. 데이터세트는 코포라 라이브러리의 네이버 영화 리뷰 감정 분석 데이터세트를 불러온다. 다음 예제 6.4는 데이터세트를 불러오는 방법을 보여준다.

예제 6.4 영화 리뷰 데이터세트 전처리

```python
import pandas as pd
from Korpora import Korpora
from konlpy.tag import Okt

corpus = Korpora.load("nsmc")
corpus = pd.DataFrame(corpus.test)

tokenizer = Okt()
tokens = [tokenizer.morphs(review) for review in corpus.text]
print(tokens[:3])
```

출력 결과

```
[['굳', 'ㅋ'], ['GDNTOPCLASSINTHECLUB'], ['뭐', '야', '이', '평점', '들', '은', '....', '나쁜진',
'않지만', '10', '점', '짜', '리', '는', '더', '더욱', '아니잖아']]
```

학습은 데이터세트의 크기가 작은 테스트 데이터세트를 활용해 실습을 진행한다. corpus.test로 테스트 세트를 불러오고 이 데이터세트를 Okt 토크나이저를 사용해 형태소를 추출한다.

출력 결과에서 확인할 수 있듯이 형태소를 추출했다면 단어 사전을 구축한다. 다음 예제 6.5는 단어 사전 구축 방법을 보여준다.

예제 6.5 단어 사전 구축

```python
from collections import Counter


def build_vocab(corpus, n_vocab, special_tokens):
    counter = Counter()
    for tokens in corpus:
        counter.update(tokens)
    vocab = special_tokens
    for token, count in counter.most_common(n_vocab):
        vocab.append(token)
    return vocab


vocab = build_vocab(corpus=tokens, n_vocab=5000, special_tokens=["<unk>"])
token_to_id = {token: idx for idx, token in enumerate(vocab)}
```

```
id_to_token = {idx: token for idx, token in enumerate(vocab)}

print(vocab[:10])
print(len(vocab))
```

출력 결과

```
['<unk>', '.', '이', '영화', '의', '..', '가', '에', '...', '을']
5001
```

Okt 토크나이저를 통해 토큰화된 데이터를 활용해 build_vocab 함수로 단어 사전을 구축한다.

n_vocab 매개변수는 구축할 단어 사전의 크기를 의미한다. 만약 문서 내에 n_vocab보다 많은 종류의 토큰이 있다면, 가장 많이 등장한 토큰 순서로 사전을 구축한다.

special_tokens는 특별한 의미를 갖는 토큰들을 의미한다. <unk> 토큰은 OOV에 대응하기 위한 토큰으로 단어 사전 내에 없는 모든 단어는 <unk> 토큰으로 대체된다.

예제는 단어 사전의 최대 길이를 5000으로 입력했다. **특수 토큰(Special Token)**은 현재 1개이므로 단어 사전은 5,001개로 구성된다.

이제 윈도 크기를 정의하고 학습에 사용될 단어 쌍을 추출한다. 다음 예제 6.6은 중심 단어의 앞, 뒤 두 개 단어를 윈도로 하여 단어 쌍 추출 방식을 보여준다.

예제 6.6 Skip-gram의 단어 쌍 추출

```
def get_word_pairs(tokens, window_size):
    pairs = []
    for sentence in tokens:
        sentence_length = len(sentence)
        for idx, center_word in enumerate(sentence):
            window_start = max(0, idx - window_size)
            window_end = min(sentence_length, idx + window_size + 1)
            center_word = sentence[idx]
            context_words = sentence[window_start:idx] + sentence[idx+1:window_end]
            for context_word in context_words:
                pairs.append([center_word, context_word])
    return pairs
```

```
word_pairs = get_word_pairs(tokens, window_size=2)
print(word_pairs[:5])
```

출력 결과

```
[['굳', 'ㅋ'], ['ㅋ', '굳'], ['뭐', '야'], ['뭐', '이'], ['야', '뭐']]
```

get_word_pairs 함수는 토큰을 입력받아 Skip-gram 모델의 입력 데이터로 사용할 수 있게 전처리한다. window_size는 주변 단어를 몇 개까지 고려할 것인지를 설정한다. 각 문장에서는 중심 단어와 주변 단어를 고려하여 쌍을 생성한다.

idx는 현재 단어의 인덱스를 나타내며, center_word는 중심 단어를 나타낸다. 그리고 window_start와 window_end는 현재 단어에서 얼마나 멀리 떨어진 주변 단어를 고려할 것인지를 결정한다. 이때, window_start와 window_end는 문장의 경계를 넘어가는 경우가 없게 조정한다.

출력 결과를 보면 각 단어 쌍은 [중심 단어, 주변 단어]로 구성돼 있다. 임베딩 층은 단어의 인덱스를 입력으로 받기 때문에 단어 쌍을 인덱스 쌍으로 변환해야 한다. 다음 예제 6.7은 단어 쌍을 인덱스 쌍으로 변환하는 방법을 보여준다.

예제 6.7 인덱스 쌍 변환

```
def get_index_pairs(word_pairs, token_to_id):
    pairs = []
    unk_index = token_to_id["<unk>"]
    for word_pair in word_pairs:
        center_word, context_word = word_pair
        center_index = token_to_id.get(center_word, unk_index)
        context_index = token_to_id.get(context_word, unk_index)
        pairs.append([center_index, context_index])
    return pairs


index_pairs = get_index_pairs(word_pairs, token_to_id)
print(index_pairs[:5])
```

출력 결과

```
[[595, 100], [100, 595], [77, 176], [77, 2], [176, 77]]
```

get_index_pairs 함수는 get_word_pairs 함수에서 생성된 단어 쌍을 토큰 인덱스 쌍으로 변환한다. 앞서 생성한 word_pairs와 단어와 단어에 해당하는 ID를 매핑한 딕셔너리인 token_to_id로 인덱스 쌍을 생성한다.

딕셔너리의 get 메서드로 토큰이 단어 사전 내에 있으면 해당 토큰의 인덱스를 반환하고, 단어 사전 내에 없다면 <unk> 토큰의 인덱스를 반환한다.

이렇게 생성된 인덱스 쌍은 Skip-gram 모델의 입력 데이터로 사용된다. 이제 학습을 위해 텐서 형식으로 변환한다. 다음 예제 6.8은 인덱스 쌍을 데이터로더에 적용하는 방법을 보여준다.

예제 6.8 데이터로더 적용

```python
import torch
from torch.utils.data import TensorDataset, DataLoader

index_pairs = torch.tensor(index_pairs)
center_indexs = index_pairs[:, 0]
contenxt_indexs = index_pairs[:, 1]

dataset = TensorDataset(center_indexs, contenxt_indexs)
dataloader = DataLoader(dataset, batch_size=32, shuffle=True)
```

index_pairs는 get_index_pairs 함수에서 생성된 중심 단어와 주변 단어 토큰의 인덱스 쌍으로 이루어진 리스트다. 이 리스트를 텐서 형식으로 변환한다. 이 텐서는 [N, 2]의 구조를 가지므로 중심 단어와 주변 단어로 나눠 데이터세트로 변환한다.

인덱스 쌍을 텐서 데이터세트로 변환하고 데이터로더에 적용했다면 모델을 학습하기 위해 필요한 작업을 진행한다. 다음 예제 6.9는 Skip-gram 모델의 준비 작업을 보여준다.

예제 6.9 Skip-gram 모델 준비 작업

```python
from torch import optim

device = "cuda" if torch.cuda.is_available() else "cpu"
word2vec = VanillaSkipgram(vocab_size=len(token_to_id), embedding_dim=128).to(device)
criterion = nn.CrossEntropyLoss().to(device)
optimizer = optim.SGD(word2vec.parameters(), lr=0.1)
```

VanillaSkipgram 클래스의 단어 사전 크기(vocab_size)에 전체 단어 집합의 크기를 전달하고 임베딩 크기(embedding_dim)는 128로 할당한다.

손실 함수는 단어 사전 크기만큼 클래스가 있는 분류 문제이므로 교차 엔트로피를 사용한다. 교차 엔트로피는 내부적으로 소프트맥스 연산을 수행하므로 신경망의 출력값을 후처리 없이 활용할 수 있다.

모델 준비 작업이 완료됐다면 모델 학습 코드를 구성한다. 다음 예제 6.10은 학습 코드를 정의하고 모델을 학습한다.

예제 6.10 모델 학습

```
for epoch in range(10):
    cost = 0.0
    for input_ids, target_ids in dataloader:
        input_ids = input_ids.to(device)
        target_ids = target_ids.to(device)

        logits = word2vec(input_ids)
        loss = criterion(logits, target_ids)

        optimizer.zero_grad()
        loss.backward()
        optimizer.step()

        cost += loss

    cost = cost / len(dataloader)
    print(f"Epoch : {epoch+1:4d}, Cost : {cost:.3f}")
```

출력 결과

```
Epoch :    1, Cost : 6.177
Epoch :    2, Cost : 5.992
...
Epoch :    9, Cost : 5.805
Epoch :   10, Cost : 5.791
```

모델 학습 구조는 1부에서 다룬 구조와 동일하다. 모델 학습이 완료되면 $W_{V \times E}$ 행렬과 $W'_{E \times V}$ 행렬 중 하나의 행렬을 선택해 임베딩 값을 추출한다.

이번 실습에서는 파이토치의 임베딩 층으로 구현된 $W_{V \times E}$ 행렬에서 임베딩 값을 추출해 보자. 다음 예제 6.11은 학습된 임베딩 계층에서 임베딩 값 추출 방법을 보여준다.

예제 6.11 임베딩 값 추출

```
token_to_embedding = dict()
embedding_matrix = word2vec.embedding.weight.detach().cpu().numpy()

for word, embedding in zip(vocab, embedding_matrix):
    token_to_embedding[word] = embedding

index = 30
token = vocab[30]
token_embedding = token_to_embedding[token]
print(token)
print(token_embedding)
```

출력 결과

```
연기
[-0.3942838  -0.09151211   0.53217596 -1.1725438    0.48068285 -0.65455276
...
 -0.8654873  -0.22460045]
```

Word2Vec 모델의 임베딩 행렬을 이용해 각 단어의 임베딩 값을 매핑하고, 인덱스 30 값의 단어와 임베딩 값을 출력한다. 이 임베딩 값으로 단어 간의 유사도를 확인할 수 있다. 임베딩의 유사도를 측정할 때는 **코사인 유사도(Cosine Similarity)**가 가장 일반적으로 사용되는 방법이다.

코사인 유사도는 두 벡터 간의 각도를 이용하여 유사도를 계산하며, 두 벡터가 유사할수록 값이 1에 가까워지고, 다를수록 0에 가까워진다.

두 벡터 간의 코사인 유사도는 두 벡터의 내적을 벡터의 크기(유클리드 노름)의 곱으로 나누어 계산할 수 있다. 다음 수식 6.10은 코사인 유사도 계산 방법을 보여준다.

수식 6.10 코사인 유사도

$$cosine\ similarity(a,b) = \frac{a \cdot b}{\|a\| \|b\|}$$

a와 b는 유사도를 계산하려는 벡터이며, 두 벡터를 내적한 벡터의 크기의 곱을 나눠 코사인 유사도를 계산할 수 있다. 벡터의 크기는 각 성분의 제곱합에 루트를 씌운 값이다.

코사인 유사도는 임베딩 공간에서 단어 간의 유사도를 측정하는 데 매우 유용하다. 다음 예제 6.12는 코사인 유사도로 특정 단어와 가장 유사한 단어를 출력하는 코드다.

예제 6.12 단어 임베딩 유사도 계산

```python
import numpy as np
from numpy.linalg import norm


def cosine_similarity(a, b):
    cosine = np.dot(b, a) / (norm(b, axis=1) * norm(a))
    return cosine


def top_n_index(cosine_matrix, n):
    closest_indexes = cosine_matrix.argsort()[::-1]
    top_n = closest_indexes[1 : n + 1]
    return top_n


cosine_matrix = cosine_similarity(token_embedding, embedding_matrix)
top_n = top_n_index(cosine_matrix, n=5)

print(f"{token}와 가장 유사한 5 개 단어")
for index in top_n:
    print(f"{id_to_token[index]} - 유사도 : {cosine_matrix[index]:.4f}")
```

출력 결과

```
연기와 가장 유사한 5 개 단어
연기력 - 유사도 : 0.3976
배우 - 유사도 : 0.3167
시나리오 - 유사도 : 0.3130
악마 - 유사도 : 0.2977
까지도 - 유사도 : 0.2892
```

넘파이의 선형대수 라이브러리를 활용해 벡터와 벡터의 코사인 유사도나 벡터와 행렬의 코사인 유사도를 쉽게 계산할 수 있다.

cosine_similarity 함수는 입력 단어와 단어 사전 내의 모든 단어와의 코사인 유사도를 계산한다. a 매개변수는 임베딩 토큰을 의미하며, b 매개변수는 임베딩 행렬을 의미한다. 임베딩 행렬은 [5001, 128]의 구조를 가지므로 노름을 계산할 때 axis=1 방향으로 계산한다.

top_n_index 함수는 유사도 행렬을 내림차순으로 정렬해 어떤 단어가 가장 가까운 단어인지 반환한다. 입력 단어도 단어 사전에 포함되므로 입력 단어 자신이 가장 가까운 단어가 된다. 그러므로 두 번째 가까운 단어부터 계산해 반환한다.

입력된 단어가 '연기'일 때 가장 유사한 단어 3개로 '연기력', '배우', '시나리오'가 추출된 것을 확인할 수 있다.

모델 실습: Gensim

매우 간단한 구조의 Word2Vec 모델을 학습할 때 데이터 수가 적은 경우에도 학습하는 데 오랜 시간이 소요된다. 이러한 경우, 계층적 소프트맥스나 네거티브 샘플링 같은 기법을 사용하면 더 효율적으로 학습할 수 있다.

젠심(Gensim) 라이브러리를 활용하면 Word2Vec과 같은 자연어 처리 모델을 쉽게 구성할 수 있다. 젠심 라이브러리는 대용량 텍스트 데이터의 처리를 위한 메모리 효율적인 방법을 제공해 대규모 데이터 세트에서도 효과적으로 모델을 학습할 수 있다.

또한 학습된 모델을 저장하여 관리할 수 있고, 비슷한 단어 찾기 등 유사도와 관련된 기능도 제공하여 자연어 처리에 필요한 다양한 기능을 제공한다. 다음은 젠심 라이브러리 설치 방법을 보여준다.

젠심 라이브러리 설치

```
pip install gensim
```

젠심 라이브러리는 사이썬(Cython)을 이용해 병렬 처리나 네거티브 샘플링 등을 적용한다. 사이썬은 C++ 기반의 확장 모듈을 파이썬 모듈로 컴파일하는 기능을 제공한다. 젠심으로 모델을 구성한다면 파이토치를 이용한 학습보다 훨씬 더 빠른 속도로 학습할 수 있다.

젠심 라이브러리의 Word2Vec 클래스는 네거티브 샘플링 등에 필요한 여러 하이퍼파라미터를 받아 쉽고 빠르게 모델을 학습할 수 있다. 다음은 젠심 라이브러리의 Word2Vec 클래스를 보여준다.

Word2Vec 클래스

```
word2vec = gensim.models.Word2Vec(
    sentences=None,
    corpus_file=None,
    vector_size=100,
    alpha=0.025,
    window=5,
    min_count=5,
    workers=3,
    sg=0,
    hs=0,
    cbow_mean=1,
    negative=5,
    ns_exponent=0,75,
    max_final_vocab=None,
    epochs=5,
    batch_words=10000
)
```

입력 문장(sentences)은 모델의 학습 데이터를 나타내며 토큰 리스트로 표현된다. 이렇게 구성된 학습 데이터는 학습 문장들의 리스트로 이루어진다.

말뭉치 파일(corpus_file)은 학습 데이터를 파일로 입력할 때 파일의 경로를 의미한다. 입력 문장 대신에 사용할 수 있다.

벡터 크기(vector_size)는 학습할 임베딩 벡터의 크기를 의미하며, 임베딩 차원 수를 설정한다.

학습률(alpha)은 Word2Vec 모델의 학습률을 의미한다.

윈도(window)는 학습 데이터를 생성할 윈도의 크기를 의미한다. 예를 들어 윈도가 3이라면 중심 단어로부터 3만큼 떨어진 단어까지 주변 단어로 고려해 데이터를 생성한다.

최소 빈도(min_count)는 학습에 사용할 단어의 최소 빈도를 의미한다. 말뭉치 내에 최소 빈도만큼 등장하지 않은 단어는 학습에 사용되지 않는다.

최대 최종 단어 사전(max_final_vocab)은 단어 사전의 최대 크기를 의미한다. 최소 빈도를 충족하는 단어가 최대 최종 단어 사전보다 많으면 자주 등장한 단어 순으로 단어 사전을 구축한다.

작업자 수(**workers**)는 빠른 학습을 위해 병렬 학습할 스레드의 수를 의미한다.

Skip-gram(sg)은 Skip-gram 모델을 사용 여부를 설정한다. 1이라면 Skip-gram을, 0이라면 CBoW 모델을 사용한다.

계층적 소프트맥스(hs)는 계층적 소프트맥스 사용 여부를 설정한다. 1이라면 계층적 소프트맥스를 사용하고, 0이라면 사용하지 않는다.

CBoW 평균화(cbow_mean)는 CBoW 모델로 구성할 때 사용되는 하이퍼파라미터로 중심 단어와 주변 단어를 합쳐서 하나의 벡터로 만들 때, 합한 벡터의 평균화 여부를 설정한다. 1이라면 평균화하며, 0이라면 평균화하지 않고 합산한다.

네거티브(negative)는 네거티브 샘플링의 단어 수를 의미한다. 0이라면 네거티브 샘플링을 사용하지 않는다.

네거티브 지수(ns_exponent)는 네거티브 샘플링 확률의 지수를 의미한다. 수식 6.9는 네거티브 지수가 0.75일 때의 확률 계산식이다.

에폭(epochs)은 학습 에폭 수를 의미한다.

배치 단어 수(batch_words)는 몇 개의 단어로 학습 배치를 구성할지 결정한다. 컴퓨팅 자원이 모자란다면 배치 단어 수를 낮추어 학습을 진행할 수 있다.

이제 젠심 라이브러리의 Word2Vec 클래스로 모델을 학습해 본다. 다음 예제 6.13은 Word2Vec 클래스를 활용해 Skip-gram 모델을 학습하고 저장하는 것을 보여준다.

예제 6.13 Word2Vec 모델 학습

```python
from gensim.models import Word2Vec

word2vec = Word2Vec(
    sentences=tokens,
    vector_size=128,
    window=5,
    min_count=1,
    sg=1,
    epochs=3,
```

```
    max_final_vocab=10000
)
```

```
# word2vec.save("../models/word2vec.model")
# word2vec = Word2Vec.load("../models/word2vec.model")
```

입력 문장은 예제 6.4에서 토큰화한 값을 입력하며 임베딩 벡터의 크기는 128, 윈도 크기는 5로 설정한
다. 최소 빈도는 고려하지 않으며, 최대 단어 사전의 크기는 10,000으로 설정한다. 빠른 학습을 위해 네
거티브 샘플링을 사용하고 에폭은 3으로 설정해 모델을 학습한다.

모델 학습 속도를 앞선 VanillaSkipgram 클래스와 비교해 보면 매우 빠르게 학습되는 것을 확인할 수
있다. word2vec 인스턴스는 파이토치의 저장 메서드와 동일한 방법으로 저장할 수 있다. 파이토치 모델
파일과 구분하기 위해 *.model과 같은 형식으로 저장한다.

이제 특정 토큰의 임베딩을 가져오고 유사한 5개의 단어를 출력해 본다. 다음 예제 6.14는 임베딩 추출
및 유사도 계산 방식을 보여준다.

예제 6.14 임베딩 추출 및 유사도 계산

```
word = "연기"
print(word2vec.wv[word])
print(word2vec.wv.most_similar(word, topn=5))
print(word2vec.wv.similarity(w1=word, w2="연기력"))
```

출력 결과

```
[-0.4074033  -0.19263862  0.16281457  0.63621753  0.03490426 -0.07430718
 ...
 -0.36874628 -0.41801444]
[('연기력', 0.7762452363967896), ('캐스팅', 0.7704317569732666), ('연기자', 0.7353872060775757),
('여배우', 0.7160670161247253), ('조연', 0.7131801247596741)]
0.77624524
```

word2vec 인스턴스의 wv 속성은 학습된 단어 벡터 모델을 포함한 Word2VecKeyedVectors 객체를 반환한
다. 이 객체는 단어 벡터 검색과 유사도 계산 등의 작업을 수행하는 데 사용한다.

이 객체는 주어진 단어에 대해 가장 유사한 단어를 찾는 most_similar 메서드와 두 단어 간의 유사도를
계산하는 similarity 메서드를 제공한다. 출력 결과에서 확인할 수 있듯이 젠심 라이브러리는 효율적으
로 모델을 학습할 수 있다.

이번 절에서 다룬 Word2Vec은 분포 가설을 통해 쉽고 빠르게 단어의 임베딩을 학습할 수 있지만, 이는 단어의 형태학적 특징을 반영하지 못한다는 한계가 있다.

예를 들어 교착어로서 한국어는 어근과 접사, 조사 등으로 이루어지는 규칙을 가지고 있기 때문에 Word2Vec 모델에서는 이러한 구조적 특징을 제대로 학습하기가 어렵다. 이러한 한계는 제한된 단어 사전에서 많은 OOV를 발생시키는 원인이 된다.

fastText

fastText[2]는 2015년 메타의 FAIR 연구소에서 개발한 오픈소스 임베딩 모델로, 텍스트 분류 및 텍스트 마이닝을 위한 알고리즘이다. fastText는 단어와 문장을 벡터로 변환하는 기술을 기반으로 하며, 이를 통해 머신러닝 알고리즘이 텍스트 데이터를 분석하고 이해하는 데 사용된다.

이러한 벡터화 기술은 Word2Vec과 유사하지만, fastText는 단어의 하위 단어를 고려하므로 더 높은 정확도와 성능을 제공한다. 하위 단어를 고려하기 위해 N-gram을 사용해 단어를 분해하고 벡터화하는 방법으로 동작한다.

fastText에서는 단어의 벡터화를 위해 〈, 〉와 같은 특수 기호를 사용하여 단어의 시작과 끝을 나타낸다. 이러한 기호는 단어의 하위 문자열을 고려하는 데 중요한 역할을 한다.

기호가 추가된 단어는 N-gram을 사용하여 **하위 단어 집합(Subword set)**으로 분해된다. 예를 들어 '서울특별시'를 바이그램으로 분해하면 '서울', '울특', '특별', '별시'가 된다.

분해된 하위 단어 집합에는 나눠지지 않은 단어 자신도 포함되며, 단어 집합이 만들어지면 각 하위 단어는 고유한 벡터값을 갖게 된다.

이러한 하위 단어 벡터들은 단어의 벡터 표현을 구성하며, 이를 사용하여 자연어 처리 작업을 수행한다. 다음 그림 6.11은 fastText 모델이 입력 단어를 처리하는 방법을 보여준다.

---

2 https://fasttext.cc/

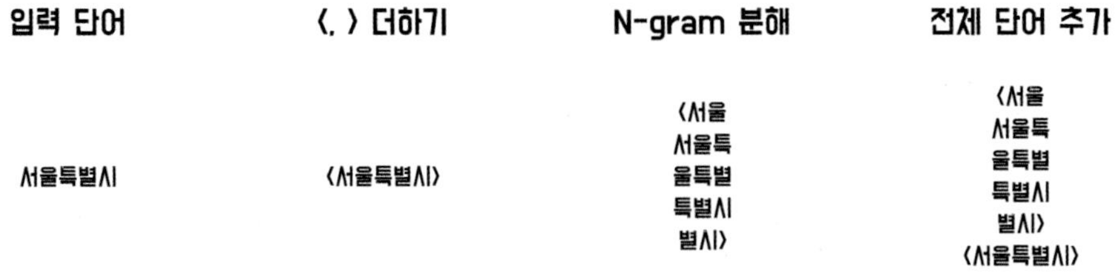

입력 단어	〈, 〉 더하기	N-gram 분해	전체 단어 추가
서울특별시	〈서울특별시〉	〈서울 서울특 울특별 특별시 별시〉	〈서울 서울특 울특별 특별시 별시〉 〈서울특별시〉

그림 6.11 fastText의 하위 단어 집합

fastText는 입력으로 받은 '서울특별시'라는 토큰에 대해 다음과 같은 단계를 거쳐 처리한다.

1. 토큰의 양 끝에 '〈'와 '〉'를 붙여 토큰의 시작과 끝을 인식할 수 있게 한다.

2. 분해된 토큰은 N-gram을 사용하여 하위 단어 집합으로 분해한다. 트라이그램을 사용한다면, '서울특별시'는 [〈서울, 서울특, 울특별, 특별시, 별시〉]로 분해된다.

3. 분해된 하위 단어 집합에는 나눠지지 않은 토큰 자체도 포함한다. 이렇게 하위 단어 집합이 만들어지면, 각 하위 단어 는 고유한 벡터값을 갖는다.

fastText는 위와 같은 방법으로 하위 단어 집합을 생성한다. 입력 단어를 하위 단어로 분해하면 총 6개 의 하위 단어가 존재하게 된다. 각 하위 단어의 임베딩 벡터를 구하고, 이를 모두 합산하여 입력 단어의 최종 임베딩 벡터를 계산한다.

일반적으로 fastText는 다양한 N-gram을 적용해 입력 토큰을 분해하고 하위 단어 벡터를 구성함으로 써 단어의 부분 문자열을 고려하는 유연하고 정확한 하위 단어 집합을 생성한다.

즉, 같은 하위 단어를 공유하는 단어끼리는 정보를 공유해 학습할 수 있다. 이를 통해 비슷한 단어끼리는 비슷한 임베딩 벡터를 갖게 되어, 단어 간 유사도를 높일 수 있다.

또한, OOV 단어도 하위 단어로 나누어 임베딩을 계산할 수 있게 된다. 예를 들어 '개인택시', ' 정보처리 기사', '임대차보호법'이라는 단어가 말뭉치 내에 있을 때, 이 단어들의 하위 단어들로부터 ' 개인정보보호 법'이라는 단어의 임베딩도 연산할 수 있다.

이렇게 하위 단어 기반의 임베딩 방법을 사용하면, 말뭉치에 등장하지 않은 단어라도 유사한 하위 단어 를 가지고 있으면 유사한 임베딩 벡터를 갖게 된다.

모델 실습

fastText와 Word2Vec 모델 모두 단어 임베딩을 학습하는 데 사용되는 알고리즘이다. 두 알고리즘 모두 단어를 고정 길이 벡터 형태로 표현하기 위해 분산 표현 학습을 수행하고 주변 단어의 정보를 활용하여 단어의 의미를 파악한다.

이를 통해 단어 간의 유사성을 측정하고, 비슷한 의미를 가진 단어를 유사한 벡터로 표현한다. 유사한 단어들은 공간상 가깝게 임베딩된다.

fastText 모델도 CBoW와 Skip-gram으로 구성되며 네거티브 샘플링 기법을 사용해 학습한다. Word2Vec 모델은 기본 단위로 모델을 학습했다면 fastText는 하위 단어로 학습한다.

그러므로 Word2Vec 모델보다 입력 단어를 구성하는 데 조금 더 복잡한 과정이 필요하고 모든 하위 단어 크기를 갖는 임베딩 계층이 필요하다.

젠심 라이브러리는 이러한 복잡한 과정을 FastText 클래스로 제공한다. Word2Vec과 기술적인 공통점이 많으므로 Word2Vec의 대부분 매개변수를 공유한다. 다음은 FastText 클래스를 보여준다.

FastText 클래스

```python
fasttext = gensim.models.FastText(
    sentences=None,
    corpus_file=None,
    vector_size=100,
    alpha=0.025,
    window=5,
    min_count=5,
    workers=3,
    sg=0,
    hs=0,
    cbow_mean=1,
    negative=5,
    ns_exponent=0,75,
    max_final_vocab=None,
    epochs=5,
    batch_words=10000,
    min_n=3,
    max_n=6
)
```

대부분의 하이퍼파라미터는 Word2Vec 클래스의 하이퍼파라미터와 동일하지만, N-gram 범위를 결정하는 하이퍼파라미터가 추가된다. **최소 N(min_n)**은 사용할 N-gram의 최솟값을 의미하며, **최대 N(max_n)**은 사용할 N-gram의 최댓값을 의미한다.

가령 최소 N이 2이고 최대 N이 4라면 입력 단어를 2-gram, 3-gram, 4-gram으로 나누어 하위 단어 집합을 생성한다.

이제 젠심 라이브러리의 FastText 클래스로 모델을 학습해 보자. 다음 예제 6.15는 코포라 라이브러리의 KorNLI 데이터세트를 불러오는 방법을 보여준다.

예제 6.15 KorNLI 데이터세트 전처리

```
from Korpora import Korpora


corpus = Korpora.load("kornli")
corpus_texts = corpus.get_all_texts() + corpus.get_all_pairs()
tokens = [sentence.split() for sentence in corpus_texts]


print(tokens[:3])
```

출력 결과

```
[['개념적으로', '크림', '스키밍은', '제품과', '지리라는', '두', '가지', '기본', '차원을', '가지고',
'있다.'], ['시즌', '중에', '알고', '있는', '거', '알아?', '네', '레벨에서', '다음', '레벨로',
'잃어버리는', '거야', '브레이브스가', '모팀을', '떠올리기로', '결정하면', '브레이브스가', '트리플',
'A에서', '한', '남자를', '떠올리기로', '결정하면', '더블', 'A가', '그를', '대신하러', '올라가고',
'A', '한', '명이', '그를', '대신하러', '올라간다.'], ['우리', '번호', '중', '하나가', '당신의',
'지시를', '세밀하게', '수행할', '것이다.']]
```

KorNLI(Korean Natural Language Inference) 데이터세트는 한국어 **자연어 추론(National Language Inference, NLI)**을 위한 데이터세트다. 자연어 추론이란 두 개 이상의 문장이 주어졌을 때, 두 문장 간의 관계를 분류하는 작업을 의미한다.

이를 통해 주어진 문장이 함의 관계(entailment)[3], 중립 관계(neutral), 불일치 관계(contradiction) 중 어느 관계에 해당되는지 분류할 수 있다.

---

3 문맥상 두 단어가 서로 밀접하게 연관되어 있음을 나타내는 문법적 관계

예를 들어, '나는 일본으로 여행을 가고 싶다'와 '파이토치를 공부하고 있다'라는 두 문장이 있다면 이 두 문장의 관계는 서로 연관이 없으므로 불일치 관계로 분류될 수 있다.

코포라 라이브러리의 KorNLI 인스턴스는 get_all_texts와 get_all_pairs 메서드를 제공한다. get_all_texts 메서드는 모든 문장을 튜플 형태로 반환하며, get_all_pairs 메서드는 입력 문장과 쌍을 이루는 대응 문장을 튜플 형태로 반환한다.

단어 임베딩 모델을 학습하는 것이 목적이므로 두 문장의 관계를 고려하지 않고 입력 문장과 대응 문장 전체를 이용해 학습을 진행한다.

Word2Vec 모델과 다르게, fastText 모델은 입력 단어의 구조적 특징을 학습할 수 있다. 따라서 형태소 분석기를 통해 토큰화하지 않고 띄어쓰기를 기준으로 단어를 토큰화해 학습을 진행한다.

전처리된 토큰을 생성했다면 젠심 라이브러리의 **FastText** 클래스를 활용해 모델을 학습해 본다. 다음 예제 6.16은 FastText 클래스를 이용해 fastText 모델을 학습하고 저장하는 것을 보여준다.

예제 6.16 fastText 모델 실습

```
from gensim.models import FastText

fastText = FastText(
    sentences=tokens,
    vector_size=128,
    window=5,
    min_count=5,
    sg=1,
    epochs=3,
    min_n=2,
    max_n=6
)

# fastText.save("../models/fastText.model")
# fastText = FastText.load("../models/fastText.model")
```

입력 문장은 예제 6.15에서 토큰화한 값을 입력하며 임베딩 벡터의 크기는 128, 윈도 크기는 5로 설정한다. 5번 이상 등장한 단어만 사용하고 최대 단어 사전의 크기는 20,000으로 설정한다. N-gram 범위는 [2, 6]으로 설정한다.

Word2Vec 모델과는 다르게 OOV 단어를 대상으로도 의미 있는 임베딩을 추출할 수 있다. 다음 예제 6.17은 단어 사전에 없는 단어의 임베딩을 추출하는 방법과 유사도를 계산하는 방법을 보여준다.

예제 6.17 fastText OOV 처리

```
oov_token = "사랑해요"
oov_vector = fastText.wv[oov_token]

print(oov_token in fastText.wv.index_to_key)
print(fastText.wv.most_similar(oov_vector, topn=5))
```

출력 결과

```
False
[('사랑', 0.8812175393104553), ('사랑에', 0.843835711479187), ('사랑의', 0.7931773066520691),
('사랑을', 0.7594589591026306), ('사랑하는', 0.7506536245346069)]
```

fastText 모델의 wv.index_to_key 메서드는 학습된 단어 사전을 나타내는 리스트를 의미한다. '사랑해요'라는 단어는 단어 사전 리스트 내에 존재하지 않으므로 OOV 토큰으로 처리된다.

Word2Vec 모델은 단어 사전에 존재하지 않는 단어는 임베딩을 계산할 수 없었다. 그러나 fastText는 하위 단어로 나뉘어 있기 때문에 '사랑해요'라는 단어를 처리할 수 있다.

'사랑해요' 토큰은 '사랑', '랑해', '해요' 등의 하위 단어로 분해된다. 이 분해된 하위 단어의 임베딩을 모두 합해 전체 토큰의 임베딩을 계산한다. 그러므로 다른 단어에서 등장했던 '사랑'이나 '해요'와 같은 하위 단어를 통해 '사랑해요' 토큰의 임베딩을 계산할 수 있다.

이와 같은 방식으로 fastText는 OOV 문제를 효과적으로 해결할 수 있다. 특히, 한국어와 같은 많은 언어는 형태적 구조를 갖고 있기 때문에 하위 단어로 나누어 임베딩을 학습하는 fastText의 접근 방식을 통해 OOV 문제를 해결할 수 있다.

순환 신경망

순환 신경망(Recurrent Neural Network, RNN) 모델은 순서가 있는 **연속적인 데이터(Sequence data)**를 처리하는 데 적합한 구조를 갖고 있다. 순환 신경망은 각 **시점(Time step)**의 데이터가 이전 시점의 데이터와 독립적이지 않다는 특성 때문에 효과적으로 작동한다.

예를 들어, 일일 주가 데이터세트가 있다고 가정한다면 3월 7일의 주가는 3월 6일 주가의 영향을 받았을 가능성이 높다. 동일하게 3월 6일의 주가는 3월 5일 주가의 영향을 받았을 가능성이 높다. 이렇게 특정 시점 t에서의 데이터가 이전 시점$(t_0, t_1, \cdots, t_{n-1})$의 영향을 받는 데이터를 연속형 데이터라 한다.

자연어 데이터는 연속적인 데이터의 일종으로 볼 수 있다. 자연어 데이터는 문장 안에서 단어들이 순서대로 등장하므로, 각 단어는 이전에 등장한 단어의 영향을 받아 해당 문장의 의미를 형성한다. 다음과 같은 문장을 통해 자연어가 갖고 있는 연속형 데이터의 특징을 알아본다.

- 금요일이 지나면 _
- 수요일이 지나면 목요일이고, 목요일이 지나면 금요일, 금요일이 지나면_

예시는 단어들의 연속으로 이루어진 자연어 데이터가 가지는 특징을 잘 보여준다. 주어진 문장들에서 이전 단어들의 패턴과 의미를 고려해 다음에 올 단어를 유추할 수 있다.

예를 들어 첫 번째 문장에서 '금요일이 지나면'이라는 문장을 보고 '주말' 또는 '토요일' 등의 단어가 등장할 것이라고 예측할 수 있다.

두 번째 문장에서는 앞선 단어 패턴을 고려했을 때 '주말'보다는 '토요일'이 더 자연스러운 예측일 것이다.

이처럼 자연어는 한 단어가 이전의 단어들과 상호작용하여 문맥을 이루고 의미를 형성한다. 이러한 특징으로 인해 자연어는 연속형 데이터의 특성을 갖는다. 즉, t 번째 단어는 t-1 번째까지의 단어에 영향을 받아 결정된다.

또한 긴 문장일수록 앞선 단어들과 뒤따르는 단어들 사이에 강한 **상관관계(Correlation)**가 존재한다. 예를 들어, '금요일이 지나면'이라는 문장에서 '지나면'이라는 단어는 '금요일이'라는 앞선 문맥과 상호작용해 전체적인 의미를 형성한다. 따라서 자연어 처리에서는 이러한 문맥과 상호작용을 모델링해 정확한 의미 파악이 필요하다.

순환 신경망

순환 신경망은 연속적인 데이터를 처리하기 위해 개발된 인공 신경망의 한 종류다. 이전에 처리한 데이터를 다음 단계에 활용하고 현재 입력 데이터와 함께 모델 내부에서 과거의 상태를 기억해 현재 상태를 예측하는 데 사용된다.

순환 신경망은 시계열 데이터, 자연어 처리, 음성 인식 및 기타 시퀀스 데이터와 같은 도메인에서 널리 사용된다. 이러한 데이터는 일반적으로 길이가 가변적이며, 순서에 따라 의미가 있기 때문에, 순환 신경망은 이러한 데이터를 처리하기에 적합한 구조를 가지고 있다.

순환 신경망은 연속형 데이터를 순서대로 입력받아 처리하며 각 시점마다 **은닉 상태(Hidden state)**의 형태로 저장한다. 각 시점의 데이터를 입력으로 받아 은닉 상태와 출력값을 계산하는 노드를 순환 신경망의 **셀(Cell)**이라 한다.

순환 신경망의 셀은 이전 시점의 은닉 상태 h_{t-1}을 입력으로 받아 현재 시점의 은닉 상태 h_t를 계산한다. 이러한 재귀적 특징으로 인해 '순환' 신경망이라 불린다. 그림 6.12는 이를 도식화한 것이다.

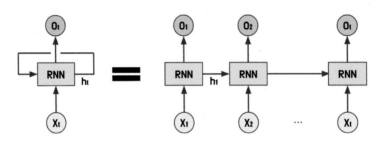

그림 6.12 순환 신경망의 셀

순환 신경망은 각 시점 t에서 현재 입력값 x_t와 이전 시점 $t-1$의 은닉 상태 h_{t-1}를 이용해 현재 시점의 은닉 상태 h_t와 출력값 y_t를 계산한다. 먼저 은닉 상태의 수식을 살펴본다. 다음 수식 6.11은 h_t의 계산 방법을 보여준다.

수식 6.11 순환 신경망의 은닉 상태

$$h_t = \sigma_h(h_{t-1}, x_t)$$
$$h_t = \sigma_h(W_{hh}h_{t-1} + W_{xh}x_t + b_h)$$

σ_h는 순환 신경망의 은닉 상태를 계산하기 위한 활성화 함수를 의미한다. 은닉 상태 활성화 함수는 이전 시점 $t-1$의 은닉 상태 h_{t-1}과 입력값 x_t를 입력받아 현재 시점의 은닉 상태 h_t를 계산한다.

이때, σ_h는 가중치(W)와 편향(b)을 이용해 계산한다. W_{hh}는 이전 시점의 은닉 상태 h_{t-1}에 대한 가중치, W_{xh}는 입력값 x_t에 대한 가중치, b_h는 은닉 상태 h_t의 편향을 의미한다.

이제 출력값 계산 방법에 대해 알아보자. 다음 수식 6.12는 y_t의 계산 방법을 보여준다.

수식 6.12 순환 신경망의 출력값

$$y_t = \sigma_y(h_t)$$
$$y_t = \sigma_y(W_{hy}h_t + b_y)$$

σ_y는 순환 신경망의 출력값을 계산하기 위한 활성화 함수를 의미한다. 출력값 활성화 함수는 현재 시점의 은닉 상태 h_t를 입력으로 받아 출력값 y_t를 계산한다.

출력값 계산 방법도 가중치(W)와 편향(b)을 이용해 계산한다. W_{hy}는 현재 시점의 은닉 상태 h_t에 대한 가중치, b_y는 출력값 y_t의 편향을 의미한다.

순환 신경망의 출력값은 이전 시점의 정보를 현재 시점에서 활용해 입력 시퀀스의 패턴을 파악하고 출력값을 예측하므로 연속형 데이터를 처리할 수 있다.

순환 신경망은 다양한 구조로 모델을 설계할 수 있다. 가장 단순한 구조인 단순 순환 구조부터 일대다 구조, 다대일 구조, 다대다 구조 등이 있다.

일대다 구조

일대다 구조(One-to-Many)는 하나의 입력 시퀀스에 대해 여러 개의 출력값을 생성하는 순환 신경망 구조다.

예를 들어, 자연어 처리 분야에서는 일대다 구조를 사용하여 문장을 입력으로 받고, 문장에서 각 단어의 품사를 예측하는 작업을 할 수 있다. 입력 시퀀스는 문장으로 이루어져 있으며, 출력 시퀀스는 각 단어의 품사로 이루어져 있다.

이미지 데이터를 입력으로 받으면 이미지에 대한 설명을 출력하는 **이미지 캡셔닝(Image Captioning)** 모델이 된다. 입력 시퀀스는 이미지로 이루어져 있으며, 출력값은 이미지에 대한 설명 문장들로 구성된다.

이러한 일대다 구조를 구현하기 위해서는 출력 시퀀스의 길이를 미리 알고 있어야 한다. 이를 위해 입력 시퀀스를 처리하면서 시퀀스의 정보를 활용해 출력 시퀀스의 길이를 예측하는 모델을 함께 구현해야 한다.

다음 그림 6.13은 순환 신경망의 일대다 구조를 보여준다.

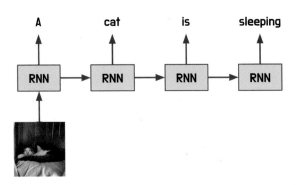

그림 6.13 순환 신경망의 일대다 구조

다대일 구조

다대일 구조(Many-to-One)는 여러 개의 입력 시퀀스에 대해 하나의 출력값을 생성하는 순환 신경망 구조다.

예를 들어 **감성 분류(Sentiment Analysis)** 분야에서는 다대일 구조를 사용하여 특정 문장의 감정(긍정, 부정)을 예측하는 작업을 할 수 있다. 이때, 입력 시퀀스는 문장으로 이루어져 있으며, 출력값은 해당 문장의 감정(긍정, 부정)으로 이루어져 있다.

입력 시퀀스가 어떤 범주에 속하는지를 구분하는 문장 분류, 두 문장 간의 관계를 추론하는 **자연어 추론(Natural Language Inference)** 등에도 적용할 수 있다.

다음 그림 6.14는 순환 신경망의 다대일 구조를 보여준다.

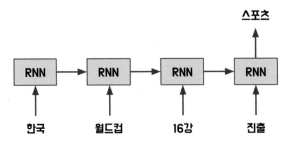

그림 6.14 순환 신경망의 다대일 구조

다대다 구조

다대다 구조(Many-to-Many)는 입력 시퀀스와 출력 시퀀스의 길이가 여러 개인 경우에 사용되는 순환 신경망 구조다. 이 구조는 다양한 분야에서 활용되며, 예를 들어 입력 문장에 대해 번역된 출력 문장을 생성하는 번역기, 음성 인식 시스템에서 음성 신호를 입력으로 받아 문장을 출력하는 음성 인식기 등에서 사용된다.

다대다 구조에서도 입력 시퀀스와 출력 시퀀스의 길이가 서로 다른 경우가 있을 수 있다. 예를 들어, 입력 문장의 길이와 출력 문장의 길이가 일치하지 않는 경우다. 이 경우에는 입력 시퀀스와 출력 시퀀스의 길이를 맞추기 위해 패딩을 추가하거나 잘라내는 등의 전처리 과정이 수행된다.

다대다 구조는 **시퀀스-시퀀스(Seq2Seq)** 구조로 이뤄져 있다. 시퀀스-시퀀스 구조는 입력 시퀀스를 처리하는 **인코더(Encoder)**와 출력 시퀀스를 생성하는 **디코더(Decoder)**로 구성된다.

인코더는 입력 시퀀스를 처리해 고정 크기의 벡터를 출력하고, 디코더는 이 벡터를 입력으로 받아 출력 시퀀스를 생성한다.

다음 그림 6.15는 순환 신경망의 다대다 구조를 보여준다.

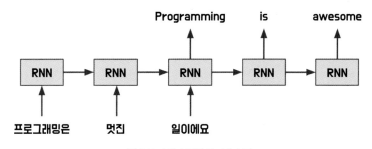

그림 6.15 순환 신경망의 다대다 구조

양방향 순환 신경망

양방향 순환 신경망(Bidirectional Recurrent Neural Network, BiRNN)은 기본적인 순환 신경망에서 시간 방향을 양방향으로 처리할 수 있도록 고안된 방식이다.

순환 신경망은 현재 시점의 입력값을 처리하기 위해 이전 시점($t-1$)의 은닉 상태를 이용하는데, 양방향 순환 신경망에서는 이전 시점($t-1$)의 은닉 상태뿐만 아니라 이후 시점($t+1$)의 은닉 상태도 함께 이용한다.

예를 들어, "인생은 B와 _ 사이의 C다."라는 문장에서 _에 입력될 단어를 예측해야 한다면 앞의 문장만이 아니라 뒤의 문장에도 영향을 받는다는 것을 알 수 있다.

빈칸 앞의 '인생은 B와'만 봐서는 다음에 어떤 단어가 올지 예측하기 어렵다. 그러나 빈칸 뒤의 '사이의 C 이다'를 통해 빈칸에 'D'라는 단어가 적절하게 들어갈 수 있다는 것을 알 수 있다.

이처럼 양방향 순환 신경망은 t 시점 이후의 데이터도 t 시점의 데이터를 예측하는 데 사용될 수 있다. 이러한 방법은 입력 데이터를 순방향으로 처리하는 것만 아니라 역방향으로 거꾸로 읽어 들여 처리하는 방식으로 이루어진다.

대부분 연속형 데이터는 이전 시점 데이터뿐만 아니라 이후 시점의 데이터와 큰 상관관계를 갖고 있다. 그러므로 양방향 순환 신경망은 양방향적인 정보를 모두 고려하여 현재 시점의 출력값을 계산한다.

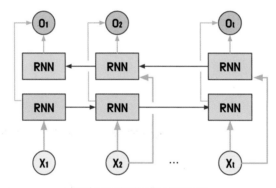

그림 6.16 양방향 순환 신경망 구조

다중 순환 신경망

다중 순환 신경망(Stacked Recurrent Neural Network)은 여러 개의 순환 신경망을 연결하여 구성한 모델로 각 순환 신경망이 서로 다른 정보를 처리하도록 설계돼 있다.

3.10 '퍼셉트론' 절의 다층 퍼셉트론을 보면 더 복잡한 문제 해결을 위해 단층 퍼셉트론을 여러 개 쌓아 해결했다. 동일한 방식으로 순환 신경망도 여러 층을 쌓아 활용할 수 있다.

다중 순환 신경망은 여러 개의 순환 신경망 층으로 구성되며, 각 층에서의 출력값은 다음 층으로 전달되어 처리된다. 이렇게 여러 개의 층으로 구성된 RNN은 데이터의 다양한 특징을 추출할 수 있어 성능이 향상될 수 있다. 또한, 층이 깊어질수록 더 복잡한 패턴을 학습할 수 있다는 장점이 있다.

하지만 순환 신경망 층이 많아질수록 학습 시간이 오래 걸리고, 기울기 소실 문제가 발생할 가능성도 높아진다.

다음 그림 6.17은 다중 순환 신경망 구조를 보여준다.

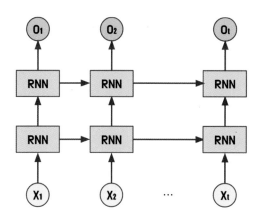

그림 6.17 다중 순환 신경망 구조

순환 신경망 클래스

파이토치는 순환 신경망을 쉽게 구현할 수 있도록 순환 신경망 클래스를 제공한다. 순환 신경망 클래스는 앞서 설명한 일대일 구조 순환 신경망부터 다중 순환 신경망까지 쉽게 구현할 수 있다. 다음은 순환 신경망 클래스를 보여준다.

순환 신경망 클래스

```
rnn = torch.nn.RNN(
    input_size,
    hidden_size,
    num_layers=1,
    nonlinearity="tanh",
    bias=False,
    batch_first=True,
    dropout=0,
    bidirectional=False
)
```

순환 신경망 클래스(RNN)는 **입력 특성 크기(input_size)**와 **은닉 상태 크기(hidden_size)**를 입력해 순환 신경망을 구성할 수 있다. 입력 특성은 입력값 x를 의미하며, 은닉 상태는 h를 의미한다.

계층 수(num_layers)는 순환 신경망의 층수를 의미한다. 2 이상이면 다중 순환 신경망을 구성한다.

활성화 함수(nonlinearity)는 순환 신경망에서 사용되는 활성화 함수 σ의 종류를 설정한다. tanh와 relu를 적용할 수 있다.

편향(bias)은 편향 값 사용 유무를 설정한다. **배치 우선(batch_first)**은 입력 배치 크기를 첫 번째 차원으로 사용할지 여부를 설정한다. 참값이라면 [배치 크기, 시퀀스 길이, 입력 특성 크기]의 형태로 입력해야 하며, 거짓 값이라면 [시퀀스 길이, 배치 크기, 입력 특성 크기]로 입력한다.

드롭아웃(dropout)은 과대적합 방지를 위한 드롭아웃 확률을 설정한다. 마지막으로 **양방향 순환 신경망(bidirectional)**은 순환 신경망 구조가 양방향으로 처리할지 여부를 설정한다.

순환 신경망 클래스를 활용해 다양한 구조의 순환 신경망을 구성할 수 있다. 다음 예제 6.18은 양방향 다층 신경망의 구성 방법을 보여준다.

예제 6.18 양방향 다층 신경망

```python
import torch
from torch import nn


input_size = 128
ouput_size = 256
num_layers = 3
bidirectional = True

model = nn.RNN(
    input_size=input_size,
    hidden_size=ouput_size,
    num_layers=num_layers,
    nonlinearity="tanh",
    batch_first=True,
    bidirectional=bidirectional,
)

batch_size = 4
```

```
sequence_len = 6

inputs = torch.randn(batch_size, sequence_len, input_size)
h_0 = torch.rand(num_layers * (int(bidirectional) + 1), batch_size, ouput_size)

outputs, hidden = model(inputs, h_0)
print(outputs.shape)
print(hidden.shape)
```

출력 결과

```
torch.Size([4, 6, 512])
torch.Size([6, 4, 256])
```

순환 신경망 클래스는 순전파 연산 시 입력값(inputs)과 초기 은닉 상태(h_0)로 순방향 연산을 수행해 출력값(outputs)과 최종 은닉 상태(hidden)를 반환한다.

먼저 입력값 차원은 [배치 크기, 시퀀스 길이, 입력 특성 크기]로 전달한다. 초기 은닉 상태는 순방향 계층 수와 양방향 구조에 따라 전달해야 하는 크기가 달라진다. [계층 수 × 양방향 여부 + 1, 배치 크기, 은닉 상태 크기]로 구성된다. 예제와 같은 구조라면 [3×2, 4, 256] 형태로 전달된다.

순방향 연산 결과는 출력값과 최종 은닉 상태가 반환된다. 출력값은 [배치 크기, 시퀀스 길이, (양방향 여부 + 1) × 은닉 상태 크기]가 된다. 그러므로 [4, 6, 2×256]의 형태로 반환된다.

최종 은닉 상태는 초기 은닉 상태와 동일한 차원으로 반환된다. 그러므로 [3×2, 4, 256] 형태로 반환된다.

순환 신경망 입출력 차원은 배치 우선 매개변수에 따라 차원의 형태가 달라지므로 매개변수 설정에 주의한다.

장단기 메모리

장단기 메모리(Long Short-Term Memory, LSTM)란 1997년 셉 호흐라이터(Sepp Hochreiter)와 유르겐 슈미트후버(Juergen Schmidhuber)가 제안한 알고리즘으로 기존 순환 신경망이 갖고 있던 기억력 부족과 기울기 소실 문제를 해결한 모델이다.

일반적인 순환 신경망은 특정 시점에서 이전 입력 데이터의 정보를 이용해 출력값을 예측하는 구조이므로 시간적으로 먼 과거의 정보는 잘 기억하지 못한다.

하지만 어떤 연속형 데이터는 다음 시점의 데이터를 유추하기 위해 훨씬 먼 시점의 데이터에서 힌트를 얻어야 한다. 가령 다음과 같은 문장에서 빈칸을 유추한다고 해 보자.

우리는 시내에 있는 중식당에 갔다. 식당의 분위기는 괜찮았고 식사는 맛있었다. 그녀와의 대화
도 즐거웠다. 우리는 함께 대화를 더 나누기 위해 _을 떠나 카페로 이동했다.

순환 신경망의 경우 시간적으로 연속된 데이터를 다룰 수 있다는 장점이 있지만, 앞선 시점에서의 정보를 끊임없이 반영하기에 학습 데이터의 크기가 커질수록 앞서 학습한 정보가 충분히 전달되지 않는다는 단점이 있다.

이러한 단점으로 인해 **장기 의존성 문제(Long-term dependencies)**가 발생할 수 있다. 또한, 활성화 함수로 사용되는 하이퍼볼릭 탄젠트 함수나 ReLU 함수의 특성으로 인해 역전파 과정에서 기울기 소실이나 기울기 폭주가 발생할 가능성이 있다.

이러한 문제를 해결하기 위해 장단기 메모리를 사용한다. 장단기 메모리는 순환 신경망과 비슷한 구조를 가지지만, **메모리 셀(Memory cell)**과 **게이트(Gate)**라는 구조를 도입해 장기 의존성 문제와 기울기 소실 문제를 해결한다.

다음 그림 6.18은 장단기 메모리의 구조를 보여준다.

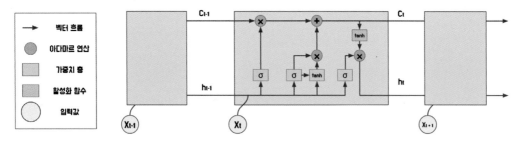

그림 6.18 장단기 메모리 구조

장단기 메모리는 **셀 상태(Cell state)**와 **망각 게이트(Forget gate), 기억 게이트(Input gate), 출력 게이트(Output gate)**로 정보의 흐름을 제어한다.

셀 상태는 정보를 저장하고 유지하는 메모리 역할을 하며 출력 게이트와 망각 게이트에 의해 제어된다.

망각 게이트는 장단기 메모리에서 이전 셀 상태에서 어떠한 정보를 삭제할지 결정하는 역할을 하며 현재 입력과 이전 셀 상태를 입력으로 받아 어떤 정보를 삭제할지 결정한다.

입력 게이트는 새로운 정보를 어떤 부분에 추가할지 결정하는 역할을 하며 현재 입력과 이전 셀 상태를 입력으로 받아 어떤 정보를 추가할지 결정한다.

출력 게이트는 셀 상태의 정보 중 어떤 부분을 출력할지 결정하는 역할을 하며 현재 입력과 이전 셀 상태, 그리고 새로 추가된 정보를 입력으로 받아 출력할 정보를 결정한다.

장단기 메모리 구조

장단기 메모리 신경망 내에서 셀 상태와 게이트가 어떻게 동작하는지 자세히 알아본다. 다음 그림 6.19 는 셀 상태의 연산 과정을 보여준다.

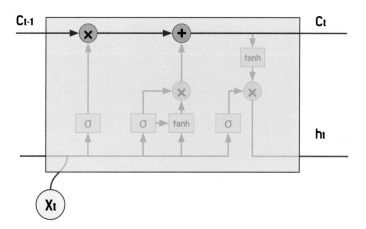

그림 6.19 장단기 메모리 셀 상태

메모리 셀은 순환 신경망의 은닉 상태와 유사하게 현재 시점의 입력과 이전 시점의 은닉 상태를 기반으로 정보를 계산하고 저장하는 역할을 한다.

하지만 순환 신경망에서 은닉 상태는 출력값을 계산하는 데 사용되지만, 장단기 메모리의 메모리 셀은 출력값 계산에 직접 사용되지 않는다.

대신 장단기 메모리는 망각 게이트, 입력 게이트, 출력 게이트를 통해 어떤 정보를 버릴지, 어떤 정보를 기억할지, 어떤 정보를 출력할지를 결정하는 추가적인 연산을 수행한다.

세 가지 게이트는 모두 활성화 함수로 시그모이드를 사용한다. 시그모이드 함수는 입력값을 0과 1 사이의 값으로 변환하므로 게이트의 출력값은 각각 0에서 1 사이의 값으로 결정된다. 이 값이 해당 게이트가 입력값에 대해 얼마나 많은 정보를 통과시킬지 결정한다.

예를 들어 망각 게이트의 출력값이 1이면 이전 시점의 기억 상태가 현재 시점의 기억 상태에 완전히 유지되며, 0이면 이전 시점의 기억 상태는 현재 시점의 기억 상태에 전혀 반영되지 않는다.

망각 게이트는 현재 시점의 입력과 이전 시점의 은닉 상태를 입력으로 받아 시그모이드 함수를 거친 값과 메모리 셀을 곱한 값으로 이전 시점의 메모리 셀을 업데이트한다. 시그모이드 함수를 거치면 0과 1 사이의 값이 출력되며, 이 값은 어떤 정보를 유지할 것인지, 아니면 망각할 것인지를 결정한다.

두 번째 연산은 **기억 게이트**로 현재 시점의 입력과 이전 시점의 은닉 상태를 입력으로 받아 시그모이드 함수를 거친 값과 하이퍼볼릭 탄젠트 함수를 거친 값의 곱으로 새로운 기억 값을 계산한다.

시그모이드 함수는 입력값의 중요도를 결정하고, 하이퍼볼릭 탄젠트 함수는 입력값을 −1과 1 사이의 값으로 변환한다. 따라서 기억 게이트는 어떤 정보를 얼마나 추가할지를 결정한다.

세 번째 연산은 **출력 게이트**로 현재 시점의 입력과 이전 시점의 은닉 상태, 그리고 새로 업데이트된 메모리 셀을 입력으로 받아 현재 시점의 출력값을 계산한다. 출력 게이트는 어떤 정보를 출력할지를 결정한다.

따라서 이러한 게이트들은 입력값에 대한 가중치를 동적으로 조절하면서, 적절한 정보만을 기억하고 유지할 수 있다는 장점을 가지고 있다. 다음 그림 6.20은 장단기 메모리의 망각 게이트 연산 과정을 보여준다.

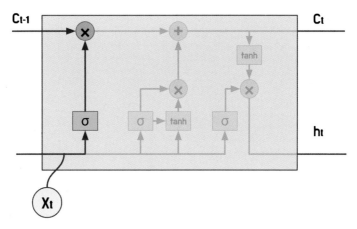

그림 6.20 장단기 메모리의 망각 게이트

망각 게이트는 이전 시점의 은닉상태 h_{t-1}과 현재 시점의 입력값 x_t를 통해 연산을 수행한다. 수식 6.13은 망각 게이트 f_t를 계산하는 수식을 나타낸다.

수식 6.13 망각 게이트

$$f_t = \sigma(W_x^{(f)} x_t + W_h^{(f)} h_{t-1} + b^{(f)})$$

망각 게이트는 이전 시점의 메모리 셀과 현재 시점의 입력을 바탕으로 어떤 정보를 삭제할지를 결정한다. 망각 게이트의 출력값 f_t는 시그모이드 활성화 함수를 사용해 계산된다.

수식에서 $W_x^{(f)}$와 $W_h^{(f)}$는 입력값과 은닉 상태를 위한 가중치를 의미하며, $b^{(f)}$는 망각 게이트의 편향을 의미한다.

현재 시점의 입력값 x_t와 $t-1$ 시점의 은닉 상태 h_{t-1}을 사용해 망각 게이트의 출력값을 계산하게 된다.

망각 게이트는 두 가중치를 통해 망각 게이트 출력값을 최적화한다. 망각 게이트 출력값은 메모리 셀을 계산하기 위한 가중치로 사용된다.

망각 게이트의 출력값은 0에서 1 사이의 값으로, 이 값이 1에 가까우면 더 많은 정보를 유지하고 반대로 0에 가까우면 더 많은 정보를 삭제한다. 출력값이 정확히 1이라면 아무런 정보를 삭제하지 않으며, 0이라면 모든 정보를 삭제한다.

메모리 셀을 계산하기 위해 기억 게이트 출력값을 더해 최종 메모리 셀 값을 계산한다. 다음 그림 6.21과 수식 6.14는 기억 게이트 계산 방법을 보여준다.

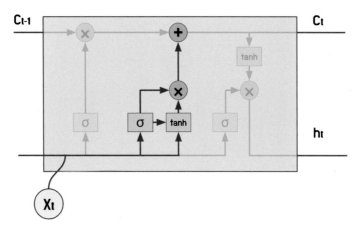

그림 6.21 장단기 메모리의 기억 게이트

수식 6.14 기억 게이트

$$g_i = tanh(W_x^{(g)}x_t + W_x^{(g)}h_{t-1} + b^{(g)})$$
$$i_i = sigmoid(W_x^{(i)}x_t + W_x^{(i)}h_{t-1} + b^{(i)})$$

기억 게이트는 g_i와 i_t로 구성돼 있으며 망각 게이트와 동일한 연산으로 계산된다. g_i는 활성화 함수로 하이퍼볼릭 탄젠트를 사용하며, i_t는 시그모이드를 사용한다.

g_i는 −1에서 1 사이의 값을 가지므로 이전 시점의 은닉 상태와 현재 시점의 입력값은 모두 [−1, 1] 범위 안에 존재한다. g_i만으로는 새로운 은닉 상태를 계산하기 위해 이 은닉 상태를 얼마나 기억할지 제어하기가 어렵다.

그러므로 i_t 값으로 새로운 은닉 상태의 기억을 제어한다. i_t는 [0, 1]의 값을 가지므로 현재 시점에서 얼마나 많은 정보를 기억할 것인지를 결정하는 가중치 역할을 한다. i_t가 1에 가까울수록 기억할 정보가 많아지고, 0에 가까울수록 정보를 망각하게 된다.

메모리 셀은 망각 게이트와 기억 게이트의 정보로 현재 시점의 메모리 셀 값을 계산한다. 다음 수식 6.15는 최종 메모리 셀 계산 방법을 보여준다.

수식 6.15 메모리 셀

$$c_t = f_t \odot c_{t-1} + g_i \odot i_t$$

f_t는 망각 게이트 출력값이며, c_{t-1}은 이전 시점의 메모리 셀 값을 나타낸다. 이 값을 원소별 곱셈 연산을

의미하는 **아다마르 곱**(Hadamard Product, ⊙)하면 현재 시점의 메모리 셀 값이 계산된다.

따라서 망각 게이트 값 f_t가 0에 가까울수록 이전 시점의 메모리 셀 값이 현재 시점의 메모리 셀 값에 영향을 미치지 않게 된다.

기억 게이트도 아다마르 곱을 통해 계산되며 망각 게이트와 합산된다. 망각 게이트는 이전 시점의 메모리 셀을 얼마나 유지할지 결정하며, 기억 게이트는 현재 시점의 새로운 정보를 얼마나 받아들일지를 결정한다.

메모리 셀이 계산됐다면, 어떤 정보를 출력할지 결정해야 한다. 다음 그림 6.22와 수식 6.16은 출력 게이트 계산 방법을 보여준다.

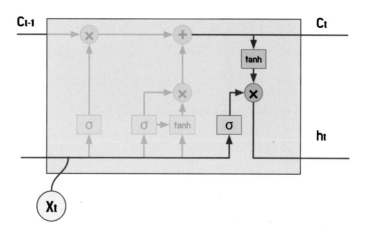

그림 6.22 장단기 메모리의 출력 게이트

수식 6.16 출력 게이트

$$o_t = \sigma(W_x^{(o)} x_t + W_h^{(o)} h_{t-1} + b^{(o)})$$

출력 게이트는 현재 시점의 은닉 상태를 제어한다. 출력 게이트도 망각 게이트에서 사용된 수식과 동일한 수식을 사용하며, 활성화 함수로 시그모이드를 사용한다.

시그모이드 함수는 입력값을 [0, 1] 범위로 변환하므로 현재 시점의 은닉 상태 값을 얼마나 사용할지 결정한다. 출력 게이트와 현재 메모리 셀을 연산한다면 새로운 은닉 상태를 계산할 수 있다. 다음 수식 6.17은 현재 은닉 상태의 계산 방법을 보여준다.

수식 6.17 은닉 상태 갱신

$$h_t = o_t \odot tanh(c_t)$$

현재 시점의 은닉 상태 h_t는 출력 게이트와 하이퍼볼릭 탄젠트를 적용한 메모리 셀 값으로 계산된다. 출력 게이트는 [0, 1]의 범위를 가지며, 하이퍼볼릭 탄젠트가 적용된 메모리 셀은 [-1, 1] 범위를 갖는다.

두 값을 아다마르 곱 연산하면 현재 시점의 은닉 상태가 이전 시점의 은닉 상태에서 얼마나 영향을 받는지 계산할 수 있게 된다. 이러한 방법으로 장단기 메모리는 현재 은닉 상태에서 이전 은닉 상태의 정보의 중요도를 제어할 수 있다.

장단기 메모리 클래스

장단기 메모리도 파이토치에서 쉽게 구현할 수 있도록 장단기 메모리 클래스를 제공한다. 다음은 장단기 메모리 클래스를 보여준다.

장단기 메모리 클래스

```
lstm = torch.nn.LSTM(
    input_size,
    hidden_size,
    num_layers=1,
    bias=False,
    batch_first=True,
    dropout=0,
    bidirectional=False,
    proj_size=0
)
```

장단기 메모리 클래스는 순환 신경망 클래스와 거의 유사한 구조를 갖는다. 장단기 메모리 클래스는 활성화 함수를 명확하게 정의해 사용하므로 순환 신경망에서 사용하는 **활성화 함수(nonlinearity)** 매개변수를 사용하지 않는다.

그러므로 **투사 크기(proj_size)** 매개변수를 사용해 장단기 메모리 계층의 출력에 대한 **선형 투사(Linear Projection)**[4] 크기를 결정한다.

---

4 벡터를 선형 변환하여 다른 차원의 벡터로 매핑하는 과정

투사 크기가 0보다 큰 경우, 은닉 상태를 선형 투사를 통해 다른 차원으로 매핑한다. 이 값을 통해 출력 차원을 줄이거나 다른 차원으로 변환할 수 있다. 투사 크기가 0이라면 은닉 상태의 차원을 변환하지 않고 그대로 유지한다.

장단기 메모리 클래스는 출력 차원을 조절할 때 투사 크기 매개변수로 모델의 크기와 복잡도를 변경할 수 있다. 그러므로 투사 크기는 **은닉 상태 크기(hidden_size)**보다 작은 값으로 설정한다.

장단기 메모리 클래스를 활용해 다양한 구조의 장단기 메모리를 구성할 수 있다. 다음 예제 6.19는 양방향 다층 장단기 메모리 구성 방법을 보여준다.

예제 6.19 양방향 다층 장단기 메모리

```python
import torch
from torch import nn


input_size = 128
ouput_size = 256
num_layers = 3
bidirectional = True
proj_size = 64


model = nn.LSTM(
    input_size=input_size,
    hidden_size=ouput_size,
    num_layers=num_layers,
    batch_first=True,
    bidirectional=bidirectional,
    proj_size=proj_size,
)


batch_size = 4
sequence_len = 6


inputs = torch.randn(batch_size, sequence_len, input_size)
h_0 = torch.rand(
    num_layers * (int(bidirectional) + 1),
    batch_size,
    proj_size if proj_size > 0 else ouput_size,
```

```
)
c_0 = torch.rand(num_layers * (int(bidirectional) + 1), batch_size, ouput_size)

outputs, (h_n, c_n) = model(inputs, (h_0, c_0))

print(outputs.shape)
print(h_n.shape)
print(c_n.shape)
```

출력 결과

```
torch.Size([4, 6, 128])
torch.Size([6, 4, 64])
torch.Size([6, 4, 256])
```

장단기 메모리 클래스는 순전파 연산 시 입력값(inputs)과 초기 은닉 상태(h_0), 초기 메모리 셀 상태 (c_0)로 순방향 연산을 수행해 출력값(outputs)과 최종 은닉 상태(h_n), 최종 메모리 셀 상태(c_n)를 반환한다.

먼저 입력값 차원은 앞선 순환 신경망 클래스에서 사용하던 입력값 차원 형태와 동일한 형태로 [배치 크기, 시퀀스 길이, 입력 특성 크기]를 전달한다.

초기 은닉 상태도 순환 신경망 클래스와 동일한 구조를 갖지만, 장단기 메모리는 선형 투사를 통해 출력층의 차원을 변경할 수 있으므로 투사 크기가 0보다 큰 경우 출력층의 차원을 투사 크기로 입력한다.

초기 메모리 셀은 순환 신경망 클래스의 초기 은닉 상태와 동일한 구조인 [계층 수 × 양방향 여부 + 1, 배치 크기, 은닉 상태 크기]를 갖는다. 초기 메모리 셀은 선형 투사를 적용하더라도 은닉 상태 크기를 사용한다.

순방향 연산 결과는 출력값과 최종 은닉 상태, 최종 메모리 셀 상태가 반환된다. 출력값은 수식도 순환 신경망과 동일한 수식을 사용하지만, 선형 투사가 적용됐으므로 [배치 크기, 시퀀스 길이, (양방향 여부 + 1) × 투사 크기(또는 은닉 상태 크기)]로 구성된다. 예제와 같은 구조라면 [4, 6, 2×64]의 형태로 반환된다.

최종 은닉 상태는 초기 은닉 상태와 동일한 차원인 [3×2, 4, 256] 형태로 반환된다. 순환 신경망 입출력 차원은 배치 우선 매개변수에 따라 차원의 형태가 달라지므로 매개변수 설정에 주의해야 한다.

장단기 메모리는 순환 신경망과 비슷한 구조를 갖지만, 투사 크기가 적용되는 경우 차원 계산 방식이 달라진다. 또한 메모리 셀의 상태도 입력으로 전달해야 하며, 은닉 상태와 메모리 셀 상태를 튜플로 묶어 사용하므로 사용에 주의한다.

모델 실습

이번 절에서는 순환 신경망과 장단기 메모리를 활용해 문장 긍/부정 분류 모델을 학습해 본다. 다음 그림 6.23은 이번 절에 구현하려는 긍/부정 분류 모델의 구조를 보여준다.

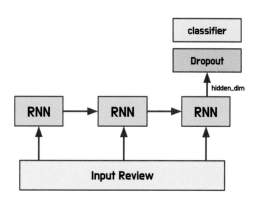

그림 6.23 긍/부정 분류 모델 구조

임베딩은 임베딩 벡터를 가져오는 임베딩 계층을 의미한다. 임베딩 계층은 [어휘 사전의 크기 × 임베딩 벡터의 크기]로 순람표 구조를 갖는다.

임베딩 계층은 입력 텍스트를 정수 인코딩한 뒤 해당 색인 값에 해당하는 임베딩을 가져오는 역할을 한다. 초깃값으로는 무작위 값을 할당하고, 학습을 통해 임베딩 계층이 최적화되게 만들거나, 사전 학습된 임베딩 벡터를 가져와 사용할 수 있다.

이번 절에서는 두 가지 방법을 모두 다루며, 사전 학습된 임베딩 벡터는 6.4 'Word2Vec' 절에서 학습한 벡터를 적용한다. 먼저 무작위 값으로 할당된 임베딩 계층으로 모델을 구성해 본다. 다음 예제 6.20은 문장 분류 모델을 정의한 것이다.

예제 6.20 문장 분류 모델

```python
from torch import nn


class SentenceClassifier(nn.Module):
    def __init__(
        self,
        n_vocab,
        hidden_dim,
        embedding_dim,
        n_layers,
        dropout=0.5,
        bidirectional=True,
        model_type="lstm"
    ):
        super().__init__()

        self.embedding = nn.Embedding(
            num_embeddings=n_vocab,
            embedding_dim=embedding_dim,
            padding_idx=0
        )
        if model_type == "rnn":
            self.model = nn.RNN(
                input_size=embedding_dim,
                hidden_size=hidden_dim,
                num_layers=n_layers,
                bidirectional=bidirectional,
                dropout=dropout,
                batch_first=True,
            )
        elif model_type == "lstm":
            self.model = nn.LSTM(
                input_size=embedding_dim,
                hidden_size=hidden_dim,
                num_layers=n_layers,
                bidirectional=bidirectional,
                dropout=dropout,
                batch_first=True,
```

```
            )

        if bidirectional:
            self.classifier = nn.Linear(hidden_dim * 2, 1)
        else:
            self.classifier = nn.Linear(hidden_dim, 1)
        self.dropout = nn.Dropout(dropout)

    def forward(self, inputs):
        embeddings = self.embedding(inputs)
        output, _ = self.model(embeddings)
        last_output = output[:, -1, :]
        last_output = self.dropout(last_output)
        logits = self.classifier(last_output)
        return logits
```

SentenceClassifier 클래스는 임베딩 층을 구성할 때 사용하는 단어 사전 크기(n_vocab)와 순환 신경망 클래스와 장단기 메모리 클래스에서 사용하는 매개변수를 입력으로 전달받는다. 또한, 모델 종류 (model_type) 매개변수로 순환 신경망을 사용할지, 장단기 메모리를 사용할지 설정한다.

초기화 메서드에서는 SentenceClassifier 클래스에 입력된 함수의 매개변수에 따라 모델 구조를 미세 조정한다. 분류기 계층은 모델을 양방향으로 구성한다면 전달되는 입력 채널 수가 달라지므로 분류기 계층을 현재 모델 구조에 맞게 변경한다.

순방향 메서드에서는 입력받은 정수 인코딩을 임베딩 계층에 통과시켜 임베딩 값을 얻는다. 그리고 얻은 임베딩 값을 모델에 입력하여 출력값을 얻는다. 출력값(output)의 마지막 시점만 활용할 예정이므로 [:, -1, :]으로 마지막 시점의 결괏값만 분리해 분류기 계층에 전달한다.

SentenceClassifier 클래스를 선언했다면 모델 학습에 사용할 데이터세트를 불러온다. 데이터세트는 코포라 라이브러리의 네이버 영화 리뷰 감정 분석 데이터세트를 불러온다. 다음 예제 6.21은 데이터세트를 불러오는 방법을 보여준다.

예제 6.21 데이터세트 불러오기

```
import pandas as pd
from Korpora import Korpora
```

```
corpus = Korpora.load("nsmc")
corpus_df = pd.DataFrame(corpus.test)

train = corpus_df.sample(frac=0.9, random_state=42)
test = corpus_df.drop(train.index)

print(train.head(5).to_markdown())
print("Training Data Size :", len(train))
print("Testing Data Size :", len(test))
```

출력 결과

```
|       | text                  | label |
|------:|:----------------------|------:|
| 33553 | 모든 편견을 날려 버리는 ... |     1 |
|  9427 | 무한 리메이크의 소재. 감... |     0 |
|   199 | 신날 것 없는 애니.        |     0 |
| 12447 | 잔잔 격동               |     1 |
| 39489 | 오랜만에 찾은 주말의 명... |     1 |
Training Data Size : 45000
Testing Data Size : 5000
```

학습은 데이터세트의 크기가 작은 테스트 데이터세트를 활용해 실습을 진행한다. corpus.test로 테스트 세트를 불러오고, 이 데이터세트를 학습 데이터와 테스트 데이터로 분리한다.

학습 데이터세트와 테스트 데이터세트로 분리했다면 토큰화 및 단어 사전을 구축한다. 다음 예제 6.22는 Okt 토크나이저를 사용해 데이터세트를 토큰화하고 단어 사전을 구축하는 방법을 보여준다.

예제 6.22 데이터 토큰화 및 단어 사전 구축

```python
from konlpy.tag import Okt
from collections import Counter

def build_vocab(corpus, n_vocab, special_tokens):
    counter = Counter()
    for tokens in corpus:
        counter.update(tokens)
    vocab = special_tokens
    for token, count in counter.most_common(n_vocab):
```

```
        vocab.append(token)
    return vocab

tokenizer = Okt()
train_tokens = [tokenizer.morphs(review) for review in train.text]
test_tokens = [tokenizer.morphs(review) for review in test.text]

vocab = build_vocab(corpus=train_tokens, n_vocab=5000, special_tokens=["<pad>", "<unk>"])
token_to_id = {token: idx for idx, token in enumerate(vocab)}
id_to_token = {idx: token for idx, token in enumerate(vocab)}

print(vocab[:10])
print(len(vocab))
```

출력 결과

```
['<pad>', '<unk>', '.', '이', '영화', '의', '..', '가', '에', '...']
5002
```

Okt 토크나이저를 사용해 단어를 토큰화하고 단어 사전을 구축한다. build_vocab 함수는 예제 6.5의 단어 사전 구축 함수와 동일하다. 단, 문장의 길이를 맞추기 위해 <pad> 토큰을 special_tokens에 추가한다.

예제에서는 단어 사전의 최대 길이를 5000으로 입력했다. 특수 토큰은 현재 2개이므로 단어 사전은 5002개로 구성된다.

토큰화 및 단어 사전을 구축했다면, 파이토치의 임베딩 층을 사용하기 위해 토큰을 정수로 변환한다. 다음 예제 6.23은 단어 사전을 통해 토큰을 정수 인코딩하고 패딩하는 방법을 보여준다.

예제 6.23 정수 인코딩 및 패딩

```
import numpy as np


def pad_sequences(sequences, max_length, pad_value):
    result = list()
    for sequence in sequences:
        sequence = sequence[:max_length]
        pad_length = max_length - len(sequence)
        padded_sequence = sequence + [pad_value] * pad_length
```

```
        result.append(padded_sequence)
    return np.asarray(result)


unk_id = token_to_id["<unk>"]
train_ids = [
    [token_to_id.get(token, unk_id) for token in review] for review in train_tokens
]
test_ids = [
    [token_to_id.get(token, unk_id) for token in review] for review in test_tokens
]


max_length = 32
pad_id = token_to_id["<pad>"]
train_ids = pad_sequences(train_ids, max_length, pad_id)
test_ids = pad_sequences(test_ids, max_length, pad_id)


print(train_ids[0])
print(test_ids[0])
```

출력 결과

```
[ 223 1716   10 4036 2095  193  755    4    2 2330 1031  220   26   13
 4839    1    1    1    2    0    0    0    0    0    0    0    0    0
    0    0    0    0]
[3307    5 1997  456    8    1 1013 3906    5    1    1   13  223   51
    3    1 4684    6    0    0    0    0    0    0    0    0    0    0
    0    0    0    0]
```

학습 데이터세트와 테스트 데이터세트를 단어 사전에 있는 정수로 인코딩한다. 정수로 인코딩하면 모델이 텍스트 데이터를 처리하기 쉬워진다. 컴퓨터는 텍스트를 처리하는 것보다 숫자를 처리하는 것이 훨씬 빠르고 효율적이다. 그러므로 텍스트 데이터를 숫자로 변환함으로써 모델이 데이터를 더 빠르게 처리할 수 있게 된다.

최대 길이(max_length)는 입력 텍스트의 길이를 고려해 결정한다. 너무 큰 값으로 설정하면 입력 행렬의 크기가 커져 많은 리소스를 필요로 하게 되며, 너무 짧은 경우 문장을 제대로 반영하지 못해 모델의 성능이 저하될 수 있다.

pad_sequences 함수는 너무 긴 문장은 최대 길이로 줄이고, 너무 작은 길이라면 최대 길이와 동일한 크기로 변환한다. 그러므로 pad_sequences 함수는 시퀀스를 최대 길이로 잘라내고, 시퀀스 길이가 작으면 <pad> 토큰을 시퀀스 뒤에 이어 붙여 동일한 길이로 변경한다.

출력 결과에서 확인할 수 있듯이, OOV의 경우 1(<unk>)로 인코딩되며, 시퀀스 길이가 짧은 경우 최대 길이(32)가 될 수 있게 0(<pad>) 토큰이 추가된다.

정수 인코딩 및 패딩이 완료됐다면 파이토치 데이터로더에 적용한다. 다음 예제 6.24는 데이터로더의 적용 방법을 보여준다.

예제 6.24 데이터로더 적용

```python
import torch
from torch.utils.data import TensorDataset, DataLoader

train_ids = torch.tensor(train_ids)
test_ids = torch.tensor(test_ids)

train_labels = torch.tensor(train.label.values, dtype=torch.float32)
test_labels = torch.tensor(test.label.values, dtype=torch.float32)

train_dataset = TensorDataset(train_ids, train_labels)
test_dataset = TensorDataset(test_ids, test_labels)

train_loader = DataLoader(train_dataset, batch_size=16, shuffle=True)
test_loader = DataLoader(test_dataset, batch_size=16, shuffle=False)
```

텐서 데이터세트(TensorDataset) 클래스는 파이토치 텐서 형태를 입력값으로 받는다. 따라서 정수 인코딩과 라벨값을 파이토치 텐서 형태로 변환한다. 변환된 데이터세트는 데이터로더 클래스에 적용한다.

데이터로더까지 적용이 완료됐다면 모델 학습을 위해 손실 함수와 최적화 함수를 선언한다. 다음 예제 6.25는 손실 함수와 최적화 함수의 정의를 보여준다.

예제 6.25 손실 함수와 최적화 함수 정의

```python
from torch import optim

n_vocab = len(token_to_id)
```

```
hidden_dim = 64
embedding_dim = 128
n_layers = 2

device = "cuda" if torch.cuda.is_available() else "cpu"
classifier = SentenceClassifier(
    n_vocab=n_vocab, hidden_dim=hidden_dim, embedding_dim=embedding_dim, n_layers=n_layers
).to(device)
criterion = nn.BCEWithLogitsLoss().to(device)
optimizer = optim.RMSprop(classifier.parameters(), lr=0.001)
```

학습에 적용하려는 하이퍼파라미터를 선언한다. 은닉 상태 크기는 64, 임베딩 벡터의 크기는 128로 적용하고 신경망을 두 개의 층으로 구성한다.

현재 모델은 문장의 긍/부정을 분류하므로 손실 함수는 이진 교차 엔트로피 함수를 적용한다. **BCEWithLogitsLoss** 클래스는 BCELoss 클래스와 Sigmoid 클래스가 결합된 형태다. BCELoss 클래스를 사용하는 경우, criterion(torch.sigmoid(output), target)과 동일한 형태로 간주할 수 있다.

최적화 함수는 **RMSProp(Root Mean Sqaure Propagation)**을 적용한다. RMSProp은 모든 기울기를 누적하지 않고, **지수 가중 이동 평균(Exponentially Weighted Moving Average, EWMA)**을 사용해 학습률을 조절한다.

즉, 기울기 제곱 값의 평균값이 작아지면 학습률을 증가시키고, 그 반대일 경우 학습률을 감소시켜서 불필요한 지역 최솟값에 빠지는 것을 방지한다. RMSprop은 기울기의 크기가 큰 경우에는 빠른 수렴을 보이며, 작은 경우에는 더 작은 학습률을 유지함으로써 더 안정적으로 최적화를 수행할 수 있다.

손실 함수와 최적화 함수까지 선언했다면 모델 학습과 모델 평가 코드를 작성한다. 모델 학습 중간에 학습이 잘 이뤄지고 있는지 확인하기 위해 일정 배치를 학습한 후 테스트 데이터세트로 손실값을 확인해 본다. 다음 예제 6.26은 모델 학습 및 모델 테스트 방법을 보여준다.

예제 6.26 모델 학습 및 테스트

```
def train(model, datasets, criterion, optimizer, device, interval):
    model.train()
    losses = list()

    for step, (input_ids, labels) in enumerate(datasets):
```

```
        input_ids = input_ids.to(device)
        labels = labels.to(device).unsqueeze(1)

        logits = model(input_ids)
        loss = criterion(logits, labels)
        losses.append(loss.item())

        optimizer.zero_grad()
        loss.backward()
        optimizer.step()

        if step % interval == 0:
            print(f"Train Loss {step} : {np.mean(losses)}")


def test(model, datasets, criterion, device):
    model.eval()
    losses = list()
    corrects = list()

    for step, (input_ids, labels) in enumerate(datasets):
        input_ids = input_ids.to(device)
        labels = labels.to(device).unsqueeze(1)

        logits = model(input_ids)
        loss = criterion(logits, labels)
        losses.append(loss.item())
        yhat = torch.sigmoid(logits)>.5
        corrects.extend(
            torch.eq(yhat, labels).cpu().tolist()
        )

    print(f"Val Loss : {np.mean(losses)}, Val Accuracy : {np.mean(corrects)}")


epochs = 5
interval = 500
```

```
for epoch in range(epochs):
    train(classifier, train_loader, criterion, optimizer, device, interval)
    test(classifier, test_loader, criterion, device)
```

출력 결과

```
Train Loss 0 : 0.6886653900146484
Train Loss 500 : 0.6930192142665506
Train Loss 1000 : 0.6814309212115857
Train Loss 1500 : 0.6566959291914953
Train Loss 2000 : 0.6289551559759342
Train Loss 2500 : 0.6042968219027716
Val Loss : 0.4880547617761472, Val Accuracy : 0.7622

...

Train Loss 0 : 0.18164722621440887
Train Loss 500 : 0.2978266854352223
Train Loss 1000 : 0.30000228573615617
Train Loss 1500 : 0.3047617496047752
Train Loss 2000 : 0.3086865940212697
Train Loss 2500 : 0.3089462954689507
Val Loss : 0.39236691967843057, Val Accuracy : 0.8236
```

에폭마다 테스트 데이터세트로 모델의 **검증 손실(Validation Loss)**과 **검증 정확도(Validation Accuracy)**를 확인한다. 검증 손실과 검증 정확도는 모델이 이전에 본 적이 없는 테스트 데이터세트로, 모델이 새로운 데이터를 얼마나 잘 예측하는지를 평가한다.

출력 결과를 보면 테스트 데이터세트에 대해서도 손실이 감소하며, 정확도가 상승하는 것을 확인할 수 있다.

또한, 모델 학습 과정에서 임베딩 계층을 비롯한 순환 신경망 내의 여러 가중치가 최적화된다. 학습된 임베딩 계층의 가중치를 동일한 단어 사전을 사용하는 토큰의 임베딩 값으로 사용할 수도 있다. 다음 예제 6.27은 학습된 임베딩 계층에서 단어 사전의 임베딩 값을 추출하는 방법을 보여준다.

예제 6.27 학습된 모델로부터 임베딩 추출

```
token_to_embedding = dict()
embedding_matrix = classifier.embedding.weight.detach().cpu().numpy()


for word, emb in zip(vocab, embedding_matrix):
    token_to_embedding[word] = emb


token = vocab[1000]
print(token, token_to_embedding[token])
```

출력 결과

```
보고싶다 [ 0.8253137   0.04844039  0.41631582  0.75111073  1.8635908   0.91580963
  ...
 -0.01363746 -0.7661964 ]
```

학습된 모델의 임베딩 계층을 각 단어에 대한 임베딩으로 사용할 수 있다. 하지만 긍/부정 분류는 임베딩 계층이 아닌 순환 신경망의 연산이 더 중요하게 동작한다. 모델이 복잡할수록 임베딩 계층이 토큰의 의미 정보를 학습하기는 더 어렵다.

이번에는 사전 학습된 임베딩 값을 초깃값으로 적용해 모델을 학습시키는 방법을 알아본다. 6.4 'Word2Vec' 절에서 동일한 말뭉치로 학습한 Word2Vec 모델로 임베딩 계층을 초기화한다. 예제 6.28 은 사전 학습된 임베딩 값을 이용하여 임베딩 계층을 초기화하는 방법을 보여준다.

예제 6.28 사전 학습된 모델로 임베딩 계층 초기화

```
from gensim.models import Word2Vec

word2vec = Word2Vec.load("../models/word2vec.model")
init_embeddings = np.zeros((n_vocab, embedding_dim))


for index, token in id_to_token.items():
    if token not in ["<pad>", "<unk>"]:
        init_embeddings[index] = word2vec.wv[token]


embedding_layer = nn.Embedding.from_pretrained(
    torch.tensor(init_embeddings, dtype=torch.float32)
)
```

사전 학습된 모델로 임베딩 계층을 초기화하는 경우 넘파이 배열로 초기화할 수 있다. 단, 이때 <pad> 토큰과 <unk> 토큰은 초기화에서 제외한다.

임베딩 계층은 파이토치의 임베딩 클래스의 `from_pretrained` 메서드로 초기화할 수 있다. 이 값을 SentenceClassifier 클래스의 `self.embedding` 값으로 적용한다.

다음 예제 6.29는 SentenceClassifier 클래스의 변경점을 보여준다.

예제 6.29 사전 학습된 임베딩 계층 적용

```python
class SentenceClassifier(nn.Module):
    def __init__(
        self,
        ...
        pretrained_embedding=None
    ):
        ...

        if pretrained_embedding is not None:
            self.embedding = nn.Embedding.from_pretrained(
                torch.tensor(pretrained_embedding, dtype=torch.float32)
            )
        else:
            self.embedding = nn.Embedding(
                num_embeddings=n_vocab,
                embedding_dim=embedding_dim,
                padding_idx=0
            )
        ...
```

사전 학습된 임베딩(pretrained_embedding) 매개변수가 None이 아니라면 전달된 값을 임베딩 계층으로 초기화한다. 다음 예제 6.30은 6.4 'Word2Vec' 절에서 학습한 모델로 임베딩 층을 초기화하고 모델을 학습한 결과를 보여준다.

예제 6.30 사전 학습된 임베딩을 사용한 모델 학습

```python
classifier = SentenceClassifier(
    n_vocab=n_vocab, hidden_dim=hidden_dim, embedding_dim=embedding_dim,
    n_layers=n_layers, pretrained_embedding=init_embeddings
```

```
).to(device)
criterion = nn.BCEWithLogitsLoss().to(device)
optimizer = optim.RMSprop(classifier.parameters(), lr=0.001)

epochs = 5
interval = 500

for epoch in range(epochs):
    train(classifier, train_loader, criterion, optimizer, device, interval)
    test(classifier, test_loader, criterion, device)
```

출력 결과

```
Train Loss 0 : 0.6927101612091064
Train Loss 500 : 0.5729601959625404
Train Loss 1000 : 0.5223068734714678
Train Loss 1500 : 0.501177434779103
Train Loss 2000 : 0.4927794478018245
Train Loss 2500 : 0.4885529308784299
Val Loss : 0.44360038442924, Val Accuracy : 0.7974

...

Train Loss 0 : 0.37388283014297485
Train Loss 500 : 0.35009346521662144
Train Loss 1000 : 0.3479555794498423
Train Loss 1500 : 0.3496556199744572
Train Loss 2000 : 0.35449253517514406
Train Loss 2500 : 0.35453654036241644
Val Loss : 0.3737754999353482, Val Accuracy : 0.8308
```

사전 학습된 임베딩을 사용하는 것은 모델 성능을 개선할 수 있는 방법 중 하나다. 하지만 학습 데이터의 양이 충분히 많다면, 모델의 목적에 맞게 새로운 임베딩 층을 학습하는 것이 더 좋은 결과를 얻을 수도 있다.

또한, 사전 학습된 임베딩을 사용하더라도 해당 언어와 문제에 맞는 임베딩을 선택하는 것이 중요하다. 예를 들어, 한국어 자연어 처리에서는 문맥 정보를 고려한 임베딩 방법이 더 성능이 좋을 수 있다. 따라서 모델의 목적과 데이터의 특성을 고려하여 적절한 임베딩 방법을 선택하는 것이 중요하다.

합성곱 신경망

합성곱 신경망(Convolutional Neural Network, CNN)은 주로 이미지 인식과 같은 컴퓨터비전 분야의 데이터를 분석하기 위해 사용되는 인공 신경망의 한 종류다. 합성곱 신경망은 입력 데이터의 지역적인 특징을 추출하는 데 특화된 구조를 갖고 있으며 이를 위해 **합성곱**(Convolution) 연산을 사용한다.

합성곱 연산은 이미지의 특정 영역에서 입력값의 분포 또는 변화량을 계산해 출력 노드를 생성한다. 특정 영역 안에서 연산을 수행하므로 **지역 특징**(Local Features)을 효과적으로 추출할 수 있다.

이미지 데이터는 고정된 프레임 내에 객체들의 위치와 형태가 자유분방하므로 여러 영역의 지역 특징을 조합해 입력 데이터의 전반적인 **전역 특징**(Global Features)을 파악할 수 있다.

합성곱 신경망은 원래 컴퓨터비전을 위해 고안된 인공 신경망이지만, 자연어 처리 작업에서도 우수한 성능을 보인다. 앞선 순환 신경망은 이전 시점($t-1$)의 상태를 기억해 현재 상태(t)를 계산하는 데 유용한 구조지만, 연산 순서의 제약으로 병렬 처리가 어렵다는 단점이 있다.

또한, 입력 데이터의 길이가 길어질수록 처리 속도가 느려지고 많은 수의 가중치를 사용하면 학습이 어려워지는 문제가 있어 깊은 신경망을 구성하기가 어렵다.

그러나 2014년 사전 학습된 임베딩과 합성곱 신경망을 이용한 문장 분류 모델의 등장으로 자연어 처리에서도 합성곱 신경망이 사용되기 시작됐다.[5]

이를 통해 입력 데이터의 길이에 상관없이 병렬 처리가 가능하고, 학습에 필요한 가중치 수를 줄여 깊은 신경망을 구성할 수 있게 됐다.

이번 절에서는 이미지를 처리하는 합성곱 신경망에 대해 살펴보고, 합성곱 신경망을 활용해 자연어 처리를 수행하는 방법에 대해 알아본다.

합성곱 계층

합성곱 계층은 입력 데이터와 필터를 합성곱해 출력 데이터를 생성하는 계층이다. 합성곱 계층은 이미지나 음성 데이터와 같은 고차원 데이터를 처리하는 데 주로 사용한다.

---

5 https://arxiv.org/abs/1408.5882

합성곱 계층은 필터를 사용해 데이터의 특징을 추출하므로 데이터의 지역적인 패턴을 인식할 수 있으며, 입력 데이터의 모든 위치에서 동일한 필터를 사용하므로 모델 매개변수를 공유한다.

모델의 매개변수를 공유함으로써 모델이 학습해야 할 매개변수 수가 감소해 과대적합을 방지한다. 또한 입력 데이터에서 특징을 추출할 때, 해당 특징이 이미지 내 다른 위치에 존재하더라도 필터를 사용해 특징을 추출하므로 특징이 어디에 있어도 동일하게 추출할 수 있다.

이러한 합성곱 계층을 여러 겹 쌓아 모델을 구성하며, 합성곱 계층이 많아질수록 모델의 복잡도가 증가하므로 더 다양한 특징을 추출해 학습할 수 있다.

필터

합성곱 계층은 입력 데이터에 **필터(Filter)**를 이용해 합성곱 연산을 수행하는 계층이다. 필터는 **커널(Kernel)** 또는 **윈도(Window)**로 불리기도 하며, 일반적으로 3×3, 5×5와 같은 작은 크기의 정방형으로 구성된다.

이 필터를 일정 간격으로 이동하면서 입력 데이터와 합성곱 연산을 수행해 특징 맵을 생성한다. 필터 영역마다 합성곱 연산이 수행되며, 필터의 가중치가 이 모델 학습 과정에서 갱신된다.

합성곱 신경망은 보통 여러 개의 필터를 사용해 다양한 특징을 추출하며, 이를 통해 입력 이미지의 다양한 특징을 인식하고 분류할 수 있다.

다음 그림 6.24는 4×4 크기의 이미지에 3×3 크기의 필터를 1 간격만큼 이동하며 특징 맵을 추출하는 과정을 보여준다.

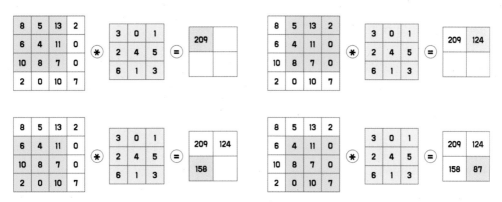

그림 6.24 특징 맵 추출 과정

그림 6.24는 합성곱 연산을 통해 2×2 특징 맵 추출 과정을 보여준다. 4×4 입력 이미지의 각 픽셀값에 3×3 필터를 1 간격만큼 이동시키며 합성곱 연산을 수행한다. 입력값은 이미지의 픽셀값을 의미하며, 필터의 값은 학습을 통해 변경되는 가중치로 임의의 초깃값을 설정한다.

합성곱 연산은 입력 이미지에서 필터와 대응하는 부분을 곱한 후, 모두 더한 값을 특징 맵의 한 원소로 사용한다. 필터는 입력 이미지 왼쪽 상단부터 오른쪽 하단으로 이동하면서 합성곱 연산을 반복하며, 이를 통해 특징 맵 전체를 계산한다.

그림 6.24의 특징맵 (1, 1) 위치의 값을 계산하면, $(8\times3) + (5\times0) + (13\times1) + (6\times2) + \cdots + (7\times3)$ 이 되어 총합은 209가 된다. 이러한 과정을 반복해 124, 158, 87의 값을 2×2 특징 맵에 할당한다.

이러한 특징 맵은 다음 합성곱 계층의 입력으로 사용되어 동일한 합성곱 연산 과정을 반복한다. 각 계층에서 하나의 필터가 여러 번 사용되고 이를 공용 가중치로 공유함으로써 이미지 내에서 어느 위치에서도 동일한 패턴을 학습할 수 있게 된다.

패딩

앞선 그림 6.24의 예시와 같이 일반적으로 합성곱 연산을 수행하면 출력값인 특징 맵의 크기가 작아진다. 즉, 입력값의 크기가 4×4이었지만, 2×2 크기로 감소한다.

이는 합성곱 신경망을 더 깊게 쌓는 데 제약사항이 될 수 있으며, 합성곱 신경망 성능에 악영향을 끼칠 수 있다. 또한, 이미지의 가장자리에 있는 정보는 다른 위치에 있는 정보에 비해 학습하기가 더 어렵다.

앞선 그림 6.24를 다시 살펴보면 (1, 1) 위치의 픽셀값 8은 특징 맵을 계산하기 위해 한 번만 수식에 포함되어 영향력이 낮으며, (2, 2) 위치의 픽셀값 4는 네 번의 연산에 관여한다. 이와 같이 가장자리 부분의 정보가 학습되는 데 제한이 있을 수 있다.

이러한 현상을 방지하기 위해 입력 이미지나 입력으로 사용되는 특징 맵 가장자리에 특정 값을 덧붙이는 **패딩(Padding)**을 추가한다. 가장자리에 덧붙이는 패딩 값은 0으로 할당하는데, 이를 제로 패딩(Zero padding)이라고 한다.

그림 6.25는 4×4 크기의 이미지를 제로 패딩한 뒤, 3×3 크기의 필터를 통해 4×4 크기의 특징 맵을 계산하는 방법을 보여준다.

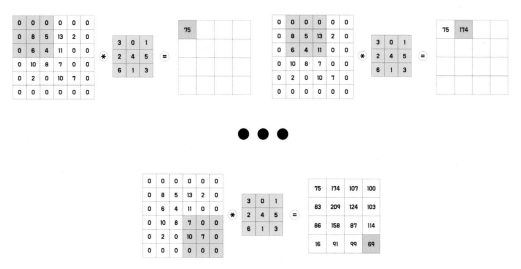

그림 6.25 제로 패딩

그림 6.25와 같이 패딩을 추가하면 출력값의 크기가 작아지지 않고 입력값 크기와 동일한 4×4 크기로 특징 맵이 계산된다. 합성곱 신경망에서는 패딩을 적절히 사용해 입력 데이터의 크기를 조정하고, 작은 크기의 필터로도 이미지 전체에 대한 정보를 반영할 수 있다.

간격

간격(Stride)이란 필터가 한 번에 움직이는 크기를 의미한다. 간격의 크기가 1이면 필터가 한 픽셀씩 이동하면서 합성곱 연산을 수행하며, 간격의 크기가 2 이상이면 필터가 더 큰 간격으로 이동하면서 계산을 수행한다.

간격의 크기를 조절함으로써 출력 데이터의 크기를 조절할 수 있다. 예를 들어, 앞선 그림 6.25는 간격을 1로 설정해 필터가 한 픽셀씩 이동하면서 출력 데이터를 생성하므로 입력 데이터와 동일한 크기의 출력 데이터가 생성된다.

간격의 크기를 2 이상으로 할당했다면 필터가 더 큰 간격으로 이동하므로 출력 데이터의 크기는 입력 데이터보다 작아진다.

간격을 조정함으로써 입력 데이터의 공간적인 정보를 유지하거나 감소시킬 수 있다. 입력 데이터의 공간적인 정보는 픽셀 간의 상대적인 위치나 거리에 대한 정보를 의미한다.

예를 들어, 이미지에서 픽셀 간의 상대적인 위치나 거리에 대한 정보는 이미지의 형태나 구조를 나타내는 데 중요한 역할을 한다.

간격을 작게 설정하면 입력 데이터의 공간적인 정보를 보존할 수 있으며, 간격을 크게 설정하면 입력 데이터의 공간적인 정보를 감소시킬 수 있다.

간격을 조절해 합성곱 신경망이 학습해야 하는 모델 매개변수의 수를 감소시킬 수 있으며, 이를 통해 모델의 복잡도를 낮추고 과대적합을 방지할 수 있다.

채널

입력 데이터와 필터 간의 연산은 **채널(Channel)**에서 수행된다. 채널은 입력 데이터와 필터가 3차원으로 구성되어 있을 때 같은 위치의 값끼리 연산되게 한다. 이를 통해 입력 데이터의 공간 정보를 유지하면서 추출되는 특징을 확장할 수 있다.

예를 들어, 입력 데이터가 RGB 이미지라면, 각각의 R, G, B 채널마다 동일한 필터가 존재하며, 각 필터는 해당 채널의 정보를 추출해 특징 맵을 생성한다. 특징 맵의 개수는 채널의 개수만큼 존재한다. 만약 그림 6.25의 입력이 RGB 이미지였다면, 하나의 채널에 대해 연산한 결과가 된다.

채널 개수는 일반적으로 합성곱 계층에서 설정되며, 이는 모델의 구조나 목적에 따라 달라진다. 채널의 개수가 많아질수록 학습할 수 있는 특징의 다양성이 증가해 모델의 **표현력(Representational Power)**이 높아지는 효과를 가져온다.

출력 채널이 많은 경우, 각 채널은 입력 데이터에서 서로 다른 특징을 학습할 수 있다. 따라서 모델은 더 많은 종류의 특징을 학습하게 되며, 그로 인해 더 복잡한 문제를 해결할 수 있는 능력을 갖추게 된다.

그러나 출력 채널이 많을수록 모델의 매개변수가 많아지므로 학습 시간과 메모리 사용량이 증가하는 단점을 갖게 된다. 그러므로 모델이 과대적합 되는 위험이 발생한다.

팽창

팽창(Dilation)이란 합성곱 연산을 수행할 때 입력 데이터에 더 넓은 범위의 영역을 고려할 수 있게 하는 기법이다. 팽창은 필터와 입력 데이터 사이에 간격을 두는 방법이다.

일반적으로 합성곱 계층에서 팽창값은 1로 사용해 간격을 한 칸만 띄워 사용한다. 이 값이 커질수록 필터가 입력 데이터를 바라보는 범위가 넓어진다. 다음 그림 6.26은 팽창값에 따른 합성곱 연산의 차이를 보여준다.

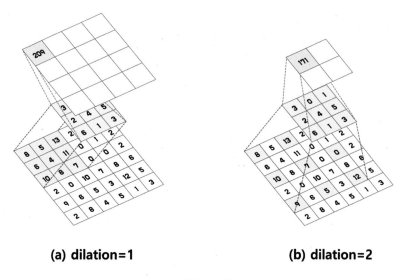

(a) dilation=1　　　　　**(b) dilation=2**

그림 6.26 팽창

그림 6.26은 6×6 크기의 이미지에 3×3 크기의 필터를 1 간격만큼 이동하고 패딩이 0일 때 특징 맵을 추출하는 과정을 시각화한 것이다.

팽창 값이 1인 경우 그림 6.25의 합성곱 연산 방식과 동일하며, 팽창 값이 2인 경우 입력 데이터를 한 칸씩 건너뛰면서 합성곱 연산을 수행한다. 그러므로 입력 데이터의 각 픽셀이 출력에 미치는 영향이 강화되는 효과를 갖는다.

팽창은 필터의 크기를 키우지 않고 입력 데이터에 더 넓은 영역을 고려할 수 있게 해 더 깊고 복잡한 모델을 구성할 수 있게 한다. 팽창을 적절히 적용하면 모델의 매개변수 수를 줄일 수 있어 메모리 사용량을 줄일 수 있다.

하지만 필터가 바라봐야 하는 입력 데이터의 범위가 커지므로 오히려 연산량이 늘어날 수도 있다. 또한 팽창 크기가 너무 크다면 인접한 픽셀값을 고려하지 않게 되므로 공간적인 정보가 보존되지 않아 특징 추출의 효과가 떨어질 수 있다.

합성곱 계층 클래스

파이토치에서는 합성곱 계층 클래스를 사용해 간단하게 신경망을 구현할 수 있다. 다음은 2D 합성곱 계층 클래스를 보여준다.

2차원 합성곱 계층 클래스

```
conv = torch.nn.Conv2d(
    in_channels,
    out_channels,
    kernel_size,
    stride=1,
    padding=0,
    dilation=1,
    groups=1,
    bias=True,
    padding_mode="zeros"
)
```

합성곱 계층 클래스는 **입력 데이터 채널 크기(in_channels)**와 **출력 데이터 채널 크기(out_channels)**를 통해 채널을 생성한다. 앞선 선형 변환 클래스의 입력 데이터 차원 크기(in_features)와 출력 데이터 차원 크기(out_features) 매개변수와 동일한 역할을 한다.

커널 크기(kernel_size)는 합성곱 연산의 필터 크기를 의미하며, **간격(stride)**, **패딩(padding)**, **팽창(dilation)**은 앞서 설명한 필터의 속성을 의미한다.

그룹(groups)은 입력 채널과 출력 채널을 하나의 그룹으로 묶는 것을 의미한다. 그룹을 2 이상의 값으로 설정하면 입력 채널과 출력 채널을 더 작은 그룹으로 나눠 각각 합성곱 연산을 수행한다. 그룹을 사용하면 합성곱 연산 시 모델의 매개변수 수를 줄일 수 있다.

그룹의 값이 2 이상이면 입력 채널과 출력 채널의 수가 그룹 수로 나누어떨어져야 한다. 즉, 입력 채널이나 출력 채널이 그룹 수의 배수여야 한다.

편향 설정(bias)은 계층에 편향 값 포함 여부를 설정한다.

패딩 모드(padding_mode)는 패딩 영역에 할당되는 값을 설정한다. **zeros**는 제로 패딩을 의미하며, **reflect**는 입력 데이터의 가장자리를 거울처럼 반사해 값을 할당한다. **replicate**는 가장자리의 값을 복사해 값을 할당한다.

합성곱 계층은 필터를 통해 입력 데이터의 공간적인 정보를 유지하거나 감소시킨다. 그러므로 출력 크기를 합성곱 계층에서 제어할 수 있다. 다음 수식 6.18은 합성곱 계층의 출력 크기 계산 방법을 보여준다.

수식 6.18 합성곱 계층 출력 크기

$$L_{out} = \left\lfloor \frac{L_{in} + 2 \times padding - dilation \times (kernel\_size - 1) - 1}{stride} + 1 \right\rfloor$$

합성곱 계층을 통과하는 입력값의 크기(L_{in})는 수식 6.18과 같은 형태로 출력 크기(L_{out})가 계산된다. 앞선 그림 6.26의 (a)를 계산하면 수식 6.19와 같다.

수식 6.19 그림 6.26의 (a) 출력 크기 계산식

$$L_{in} = 6, kernel\_size = 3, stride = 1, padding = 0, dilation = 1$$
$$L_{out} = \left\lfloor \frac{6 + 2 \times 0 - 1 \times (3 - 1) - 1}{1} + 1 \right\rfloor = 4$$

수식에서 확인할 수 있듯이, 값에 따라 소수점이 발생할 수 있다. 수식 6.19의 간격이 1이 아닌 2라면 출력 크기는 2.5가 된다. 이미지의 픽셀 위치는 소수점으로 할당할 수 없으므로 정수형으로 변환한다. 그러므로 소수점은 버림 처리되어 2의 값으로 반환한다.

활성화 맵

활성화 맵(Activation Map)은 합성곱 계층의 특징 맵에 활성화 함수를 적용해 얻어진 출력값을 의미한다. 합성곱 계층에서 입력 이미지와 필터의 합성곱 연산을 통해 특징 맵을 추출하면 이 값에 비선형성을 추가하기 위해 활성화 함수를 적용한다.

일반적으로 합성곱 신경망에서는 ReLU 함수가 적용되며, 이를 통해 특징 맵의 값이 0보다 크면 그 값을 그대로 출력하고, 0 이하일 경우에는 0을 출력한다.

이렇게 얻은 활성화 맵은 다음 계층의 입력값으로 사용된다. 다음 계층이 합성곱 계층이라면 동일한 방식의 연산이 수행돼 합성곱 연산과 활성화 함수를 거치게 된다.

합성곱 연산과 활성화 함수를 여러 번 반복하여 신경망을 구성하면, 입력 이미지에서 추출된 추상적인 특징을 학습할 수 있게 된다.

합성곱 계층의 출력값에 활성화 함수를 적용하지 않으면 합성곱 연산 결괏값이 그대로 다음 계층으로 전달된다. 이 경우 모델이 선형적인 결합만 수행하게 되어 복잡한 패턴이나 추상적인 특징을 학습하는 것이 어려워진다.

따라서 활성화 함수를 적용함으로써 모델이 비선형성을 가지게 되어 입력 데이터에서 다양한 추상적인 특징을 학습할 수 있게 된다.

활성화 맵은 합성곱 모델을 분석하는 데 매우 중요한 정보를 제공한다. 활성화 맵을 시각화하여 확인하면 입력 이미지에서 모델이 어떤 특징을 학습하는지, 어떤 부분이 활성화되어 있는지 등을 이해할 수 있다.

풀링

풀링(Pooling)은 특징 맵의 크기를 줄이는 연산으로 합성곱 계층 다음에 적용된다. 풀링은 특징 맵의 크기를 줄여 연산량을 감소시키고 입력 데이터의 정보를 압축하는 효과를 가진다.

풀링은 합성곱 연산과 비슷하게 필터와 간격을 이용한다. 일정한 크기의 필터 내 특정 값을 선택한다. 선택하는 방법에는 크게 **최댓값 풀링(Max Pooling)**과 **평균값 풀링(Average Pooling)**이 있다.

최댓값 풀링은 특정 크기의 필터 내 원솟값 중 가장 큰 값을 선택해 특징 맵의 크기를 감소시키며, 평균값 풀링은 필터 내 원솟값의 평균값으로 특징 맵의 크기를 감소시킨다.

다음 그림 6.27은 최댓값 풀링 방식을 시각화한 것이다.

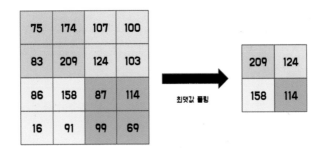

그림 6.27 최댓값 풀링

그림 6.27은 4×4 크기의 특징 맵에 2×2 크기의 최댓값 풀링을 2 간격으로 적용했을 때 결괏값을 보여준다. 풀링은 입력 데이터의 공간적 크기를 줄이기 때문에 계산 비용을 감소시킬 수 있으며, 입력 데이터의 특징 위치가 변경되더라도 인근 영역에 대한 연산을 적용하기 때문에 공간적 정보를 유지할 수 있다.

하지만 입력 데이터의 위치 정보를 일부 손실시키기 때문에 세밀한 위치 정보가 필요한 작업에서는 성능 저하를 초래할 수 있다. 이로 인해 최근에는 풀링을 이용해 공간적 크기를 감소하는 방법보다 연산량이 더 많더라도 합성곱 계층의 간격을 설정해 입력 데이터의 공간적인 크기를 줄이는 방법을 사용한다.

풀링 클래스

파이토치에서는 풀링 클래스로 간단히 풀링을 적용할 수 있다. 다음은 2차원 최댓값 풀링 클래스와 2차원 평균값 풀링 클래스를 보여준다.

2차원 최댓값 풀링 클래스

```
pool = torch.nn.MaxPool2d(
    kernel_size,
    stride=None,
    padding=0,
    dilation=1
)
```

2차원 최댓값 풀링 클래스도 합성곱 계층 클래스에서 사용했던 것과 동일한 매개변수를 사용한다. 특징 맵 내의 최댓값을 선택하는 방법이므로 패딩 모드가 적용되지 않는다. 기본적인 구조가 합성곱 계층 클래스와 동일하기 때문에 출력 크기 계산 방식도 수식 6.18과 동일하다.

2차원 평균값 풀링 클래스

```
pool = torch.nn.AvgPool2d(
    kernel_size,
    stride=None,
    padding=0,
    count_include_pad=True
)
```

2차원 평균값 풀링 클래스도 합성곱 계층 클래스에서 사용했던 매개변수와 거의 동일하다. 단, 평균값으로 풀링해야 하므로 팽창은 지원하지 않는다. 팽창의 경우 원소 간의 거리가 멀어지므로 주변 영역의 특징 계산이 어려워진다.

패딩 포함(`count_include_pad`)은 패딩 영역의 값을 평균 계산에 포함할지 여부를 설정한다. 참값으로 사용하면 제로 패딩의 값이 평균값 풀링 연산에 포함된다.

다음 수식 6.20은 2D 평균값 풀링 클래스의 출력 크기 계산 방법을 보여준다.

수식 6.20 평균값 풀링 출력 크기

$$L_{out} = \left\lfloor \frac{L_{in} + 2 \times padding - kernel\_size}{stride} + 1 \right\rfloor$$

평균값 풀링 계산 방식도 합성곱 계층의 출력값 계산식과 동일하다. 팽창을 사용하지 않으므로 팽창 값을 1이라 가정한다면 수식 6.18과 동일한 형태가 된다.

완전 연결 계층

완전 연결 계층(Fully Connected Layer, FC)은 각 입력 노드가 모든 출력 노드와 연결된 상태를 의미한다. 이를 통해 완전 연결 계층은 입력과 출력 간의 모든 가능한 관계를 학습할 수 있다. 이 계층은 출력 노드의 수를 조절할 수 있으므로 모델의 복잡성과 용량을 조절하는 데 사용된다. 예를 들어 이전 계층의 출력 데이터가 2차원 배열 형태인 경우 1차원 벡터 형태로 변경해 출력할 수 있다.

일반적으로 합성곱 신경망에서는 합성곱 계층과 풀링 계층을 거친 결과물인 특징 맵을 입력으로 받는다. 입력된 3차원 특징 맵은 평탄화 작업을 통해 1차원 벡터로 변경하고 완전 연결 계층의 가중치와 내적 연산을 수행해 출력값을 계산한다.

전체 입력 특징 맵과 가중치 간의 내적 연산을 수행해 출력값을 계산하므로 이전 계층에서 추출한 특성 맵의 공간 정보가 무시되고 모든 입력을 독립적으로 처리해 계산한다.

합성곱 신경망에서는 특성 맵의 공간 정보를 보존하기 위해 합성곱 계층으로 구성된 네트워크를 구성하고, 이후에 완전 연결 계층을 추가하여 고수준 작업을 수행한다.

완전 연결 계층은 이전 계층에서 추출된 특징을 활용하여 최종적인 분류 작업을 수행한다. 최종값은 소프트맥스나 시그모이드와 같은 활성화 함수를 적용해 분류 모델로 구성할 수 있다.

따라서 완전 연결 계층은 합성곱 신경망의 최종 출력을 결정하는 역할을 한다. 다음 그림 6.28은 간단한 합성곱 신경망의 모델 구조를 보여준다.

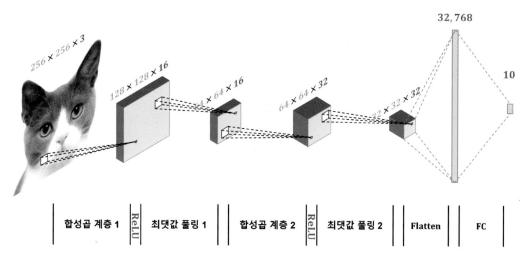

그림 6.28 합성곱 모델 구조 시각화

그림 6.28은 입력 이미지 → 합성곱 계층, ReLU, 최댓값 풀링을 2번 반복하고 3차원 배열을 1차원 벡터로 펼치는 flatten 연산을 수행한 것을 나타냈다. 이 1차원 벡터를 완전 연결 계층으로 전달해 10개의 출력 벡터를 반환한다.

10개의 출력 벡터에 소프트맥스나 시그모이드를 적용하면 이미지를 입력했을 때 클래스를 분류하는 모델로 구축할 수 있다. 그림 6.28의 구조를 파이토치로 구현하면 예제 6.31과 같다.

예제 6.31 합성곱 모델

```python
import torch
from torch import nn


class CNN(nn.Module):
    def __init__(self):
        super().__init__()

        self.conv1 = nn.Sequential(
            nn.Conv2d(
                in_channels=3, out_channels=16, kernel_size=3, stride=2, padding=1
            ),
```

```
        nn.ReLU(),
        nn.MaxPool2d(kernel_size=2, stride=2),
    )

    self.conv2 = nn.Sequential(
        nn.Conv2d(
            in_channels=16, out_channels=32, kernel_size=3, stride=1, padding=1
        ),
        nn.ReLU(),
        nn.MaxPool2d(kernel_size=2, stride=2),
    )

    self.fc = nn.Linear(32 * 32 * 32, 10)

def forward(self, x):
    x = self.conv1(x)
    x = self.conv2(x)
    x = torch.flatten(x)
    x = self.fc(x)
    return x
```

예제에서 확인할 수 있듯이 완전 연결 계층은 선형 변환으로 구성되며 입력 벡터와 가중치의 곱으로 계산된다. 완전 연결 계층의 입력 데이터 차원 크기는 마지막 특징 맵의 높이×너비×채널로 계산된다. 출력 데이터 차원의 크기가 분류 모델의 클래스 개수가 된다.

모델 실습

이번 절에서는 합성곱 신경망을 활용해 자연어 처리 모델을 구성해 본다.[6] 앞선 설명에서는 수직/수평 방향으로 이동하며, 합성곱 연산을 수행하는 **2차원 합성곱(2-Dimensional Convolution)**에 대해 알아봤다.

그러나 텍스트 데이터의 임베딩 값은 입력 순서를 제외하면 입력값의 위치가 의미를 가지지 않는다. 그러므로 텍스트 데이터에서도 이미지 데이터와 같이 2차원 합성곱 필터를 사용하면 텍스트의 정보를 제

---

6 이미지 데이터는 3부 '컴퓨터비전'에서 다루겠다.

대로 학습할 수 없다. 다음 그림 6.29는 이미지 데이터와 텍스트 데이터에 2차원 합성곱을 수행했을 때의 예시를 보여준다.

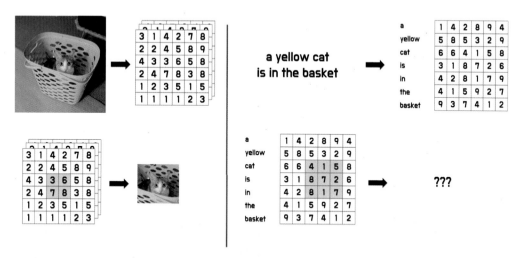

그림 6.29 이미지 데이터와 텍스트 데이터의 2차원 합성곱

그림 6.29에서 확인할 수 있듯이 텍스트 데이터는 2차원 합성곱이 아닌, **1차원 합성곱**(1-Dimensional Convolution)을 적용해야 한다. 1차원 합성곱은 입력 데이터가 1차원 벡터인 경우에 대한 합성곱 연산을 수행한다.

1차원 합성곱은 일반적으로 텍스트 데이터 처리에서 많이 사용된다. 텍스트 데이터는 문장을 단어 단위로 분리하여 각 단어를 임베딩하여 나온 1차원 벡터 데이터를 입력값으로 사용한다.

1차원 합성곱은 이러한 입력값에서 수평 방향으로 이동하지 않고 수직 방향으로만 이동하는 필터를 적용하여 해당 문장의 특징을 추출한다.

1차원 필터의 크기는 필터의 높이에만 영향을 미치며, 필터의 너비는 입력 임베딩의 크기가 된다. 다음 그림 6.30은 텍스트 임베딩 입력값에 크기가 3인 1차원 합성곱 연산을 1씩 이동하며 수행하는 것을 보여준다.

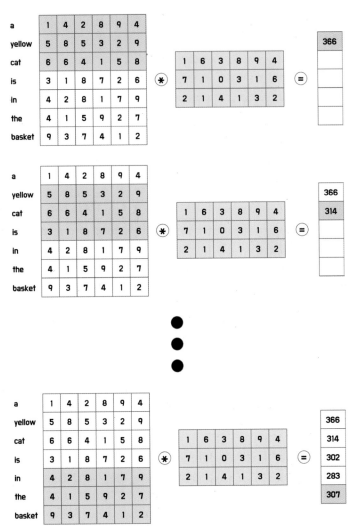

그림 6.30 텍스트 임베딩 입력값의 1차원 합성곱

필터 크기가 3인 합성곱 임베딩을 수행하면 인접한 3개의 토큰에 대해 연산을 수행한다. 이는 앞서 다룬 N-gram과 유사한 개념으로, 텍스트 순서에 따른 정보를 학습할 수 있다.

또한, 1차원 합성곱을 이용한 신경망에서는 다양한 크기의 합성곱 필터를 사용하여 여러 종류의 정보를 추출할 수 있다. 1차원 합성곱을 수행하면 1차원 벡터를 출력값으로 얻게 되므로 풀링을 적용하면 하나의 스칼라값이 도출된다.

그러므로 크기가 다른 여러 개의 합성곱 필터를 사용하면 여러 개의 스칼라값을 얻을 수 있고 이러한 다양한 크기의 출력 벡터를 모아 하나의 벡터로 연결하여 하나의 특징 벡터로 만들 수 있다.

이 특징 벡터를 이용해 분류, 예측 등의 작업을 수행할 수 있다. 그림 6.31은 크기가 각각 2, 3, 4인 필터를 2개씩 사용하여 출력 특징 벡터를 얻는 것을 보여준다.

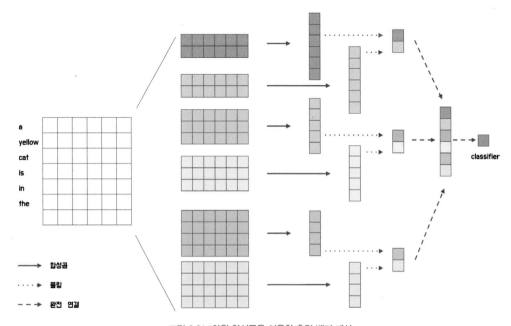

그림 6.31 1차원 합성곱을 이용한 출력 벡터 계산

1차원 합성곱을 이용해 출력 벡터를 얻는 방법을 알아봤다. 순환 신경망과 동일하게 출력값에 완전 연결 계층을 추가해 분류 모델을 구성한다.

합성곱 신경망을 이용한 문장 분류는 사전 학습된 임베딩 벡터를 사용하는 것이 일반적이며, 그렇지 않을 경우 분류 성능이 저하될 수 있다.

따라서 6.4 'Word2Vec' 절에서 학습한 모델로 임베딩 층을 초기화해 학습한다. 예제 6.32는 합성곱 기반 문장 분류 모델 정의 방법을 보여준다.

예제 6.32 합성곱 기반 문장 분류 모델 정의

```
import torch
from torch import nn
```

```python
class SentenceClassifier(nn.Module):
    def __init__(self, pretrained_embedding, filter_sizes, max_length, dropout=0.5):
        super().__init__()

        self.embedding = nn.Embedding.from_pretrained(
            torch.tensor(pretrained_embedding, dtype=torch.float32)
        )
        embedding_dim = self.embedding.weight.shape[1]

        conv = []
        for size in filter_sizes:
            conv.append(
                nn.Sequential(
                    nn.Conv1d(
                        in_channels=embedding_dim,
                        out_channels=1,
                        kernel_size=size
                    ),
                    nn.ReLU(),
                    nn.MaxPool1d(kernel_size=max_length-size-1),
                )
            )
        self.conv_filters = nn.ModuleList(conv)

        output_size = len(filter_sizes)
        self.pre_classifier = nn.Linear(output_size, output_size)
        self.dropout = nn.Dropout(dropout)
        self.classifier = nn.Linear(output_size, 1)

    def forward(self, inputs):
        embeddings = self.embedding(inputs)
        embeddings = embeddings.permute(0, 2, 1)

        conv_outputs = [conv(embeddings) for conv in self.conv_filters]
        concat_outputs = torch.cat([conv.squeeze(-1) for conv in conv_outputs], dim=1)

        logits = self.pre_classifier(concat_outputs)
        logits = self.dropout(logits)
        logits = self.classifier(logits)
        return logits
```

SentenceClassifier 클래스는 사전 학습된 임베딩 벡터(pretrained_embedding), 필터 크기 리스트 (filter_sizes), 최대 길이(max_length)를 입력받아 모델을 구성한다.

합성곱 계층 구성 시 그림 6.31과 같이 크기가 다른 여러 개의 합성곱 필터를 구성하기 위해 필터 크기 리스트만큼 시퀀셜을 생성한다.

각 시퀀스는 1차원 합성곱 계층, ReLU, 최댓값 풀링으로 구성된다. 합성곱 계층의 출력 채널 수는 1로 설정한다. 최댓값 풀링의 커널 크기는 앞선 합성곱 연산의 영향을 받으므로 최대 길이 − 필터 크기 − 1 로 설정한다.

ModuleList 클래스는 여러 개의 서브 모듈을 리스트 형태로 저장하는 기능을 제공한다. conv 리스트에 는 시퀀스 모듈이 담겨 있으므로 ModuleList 클래스를 적용한다.

순방향 메서드에서는 입력값(inputs)을 임베딩 계층에 통과시켜 임베딩 벡터를 얻는다. 이후 permute 메서드를 통해 차원을 변경하고 앞서 설정한 여러 개의 합성곱 필터에 통과시킨다.

cat 메서드를 통해 각 필터의 출력값을 이어 붙여 하나의 벡터로 만들고 분류를 위한 네트워크를 통과시 켜 최종 출력값을 얻는다.

모델 정의가 완료됐다면, 모델을 학습해 본다. 데이터세트 불러오기를 비롯한 토큰화, 정수 인코딩, 사전 학습된 임베딩 등은 모두 순환 신경망 예제와 동일하므로 다음 예제 6.33은 변경점만 작성했다.

예제 6.33 합성곱 신경망 분류 모델 학습

```
...

device = "cuda" if torch.cuda.is_available() else "cpu"
filter_sizes = [3, 3, 4, 4, 5, 5]
classifier = SentenceClassifier(
    pretrained_embedding=init_embeddings,
    filter_sizes=filter_sizes,
    max_length=max_length
).to(device)

criterion = nn.BCEWithLogitsLoss().to(device)
optimizer = optim.Adam(classifier.parameters(), lr=0.001)

...
```

출력 결과

```
Train Loss 0 : 0.6765573620796204
Train Loss 500 : 0.5889187179758639
...
Train Loss 2000 : 0.4638506230534702
Train Loss 2500 : 0.4630201855560438
Val Loss : 0.44208170073672226, Val Accuracy : 0.798
```

필터 크기는 그림 6.31과 동일한 구조인 [3, 3, 4, 4, 5, 5]의 구조를 입력한다. 필터 크기 변수의 값과 개수를 조절해 모델의 구조를 변경하거나 확장할 수 있다.

최적화 함수는 순환 신경망에서 사용한 RMSProp이 아닌 **Adam(Adaptive Moment Estimation)**을 사용한다. Adam은 경사 하강법 알고리즘을 개선한 방법으로 모멘텀과 RMSProp을 결합한 방법이다.

Adam은 이전 기울기 값의 지수 이동 평균과 이전 기울기 값의 지수 이동 제곱 평균을 사용해 현재 기울기 값을 갱신한다.

모멘텀과 마찬가지로 지난 기울기 값의 영향을 일정 부분 유지하면서 새로운 기울기 값을 반영하기 때문에 기울기가 빠르게 변화하는 구간에서 더 안정적인 수렴을 보인다. 또한, RMSProp과 같이 학습률을 조절해 발산하는 경우를 방지한다.

Adam은 학습률, 모멘텀, RMSProp의 하이퍼파라미터를 모두 자동으로 조절하면서 최적의 값으로 수렴한다. 따라서 하이퍼파라미터를 조정하는 수고를 덜어줄 뿐 아니라, 학습률과 모멘텀의 조절 문제를 해결하여 SGD보다 더 빠른 수렴을 보이는 경우가 많다.

이번 절에서는 텍스트 데이터를 합성곱 신경망으로 분류하는 장점에 대해 다뤘다. 텍스트 데이터를 합성곱 신경망으로 처리하면, 각 단어를 지역적인 특징으로 인식할 수 있어서 문장 내부의 구조적인 정보를 잘 파악할 수 있다. 또한 합성곱 신경망은 계산 속도가 빠르기 때문에 대규모 데이터세트에서도 빠르게 학습할 수 있다.

합성곱 신경망은 이미지와 유사한 구조를 가진 2차원 데이터에 더 적합하므로 텍스트 데이터를 합성곱 신경망으로 처리한다면 모델의 구조 및 목적을 충분히 고려해야 한다.

트랜스포머

트랜스포머(Transformer)는 2017년 코넬 대학의 아시시 바스와니(Ashish Vaswani) 등의 연구 그룹이 발표한 「Attention is All You Need[1]」 논문을 통해 소개된 신경망 아키텍처다.

트랜스포머 모델의 주요 기능 중 하나는 기존의 순환 신경망과 같은 순차적 방식이 아닌 병렬로 입력 시퀀스를 처리하는 기능이다. 긴 시퀀스의 경우 트랜스포머 모델을 순환 신경망 모델보다 훨씬 더 빠르고 효율적으로 처리한다.

트랜스포머 모델의 구조가 기존의 **순차 처리(Sequential Processing)**나 **반복 연결(Recurrent Connections)**에 의존하지 않고 입력 토큰 간의 관계를 직접 처리하고 이해할 수 있도록 하는 **셀프 어텐션(Self-Attention)**을 기반으로 하기 때문이다. 이로 인해 모델이 재귀나 합성곱 연산 없이 입력 토큰 간의 관계를 직접 모델링할 수 있다.

트랜스포머 모델의 학습은 대용량 데이터세트에서 매우 효율적이며 데이터의 양이 많은 기계 번역과 같은 작업에 적합하다. 언어 모델링 및 텍스트 분류와 같은 작업에서 매우 효과적인 것으로 나타났으며, 광범위한 자연어 처리 작업에서 높은 효율을 보인다. 특히 기계 번역, 언어 모델링, 텍스트 요약과 같은 장기적인 종속성을 포함하는 작업에 주로 사용됐으며, 자연어 처리 분야에서 널리 사용되고 영향력이 큰 모델이 됐다.

---

1 https://arxiv.org/abs/1706.03762

이번 장에서 소개하는 트랜스포머 기반 모델들은 **오토 인코딩(Auto-Encoding)**, **자기 회귀(Auto Regressive)** 방식 또는 두 개의 조합으로 학습된다.

오토 인코딩 방식은 랜덤하게 문장의 일부를 빈칸 토큰으로 만들고 해당 빈칸에 어떤 단어가 적절할지 예측하는 작업(Task)을 수행한다. 예측되는 토큰의 양옆에 있는 토큰들을 참조하기 때문에 양방향 구조를 가지며 이를 **인코더(Encoder)**라고 한다.

다음 그림 7.1은 트랜스포머 구조를 보여준다.

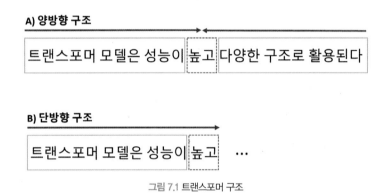

그림 7.1 트랜스포머 구조

그림 7.1의 A는 '트랜스포머 모델은 성능이', '다양한 구조로 활용된다'를 입력으로, '높고'를 출력으로 학습하는 양방향 구조를 보여준다. 반면에 자기 회귀 방식은 이전 단어들이 주어졌을 때 다음 단어가 무엇인지 맞히는 작업을 수행한다.

그림 7.1의 B는 '트랜스포머 모델은 성능이'를 입력으로, '높고'를 출력으로 학습하는 단방향 구조를 보여준다. 예측되는 토큰의 왼쪽에 있는 토큰들만 참조하기 때문에 단방향 구조를 가지며 이를 **디코더(Decoder)**라고 한다.

이번 장에서 소개하는 트랜스포머 모델들은 양방향성 구조의 인코더(오토 인코딩) 또는 단방향성 디코더(자기 회귀)를 사용하는 공통적 특징을 가지고 있다.

모델 특징을 정리하면 다음의 표 7.1과 같다. ELECTRA는 인코더에 생성적 적대 신경망의 판별기를 활용한 모델이며, T5와 BART는 다양한 자연어 처리 작업에 대해 학습을 수행한다.

표 7.1 트랜스포머 모델 구조

모델	학습구조	학습방법	학습 방향성
BERT	인코더	오토 인코딩	양방향
GPT	디코더	자기 회귀	단방향
BART	인코더+디코더	오토 인코딩+자기 회귀	양방향+단반향
ELECTRA	인코더+판별기	오토 인코딩+대체 토큰 탐지	양방향
T5	인코더+디코더	오토 인코딩+자기 회귀+다양한 자연어 처리 작업을 학습	양방향

Transformer

트랜스포머(Transformer)는 딥러닝 모델 중 하나로, 기계 번역, 챗봇, 음성 인식 등 다양한 자연어 처리 분야에서 많은 성과를 내는 모델이다. 이 모델은 순환 신경망이나 합성곱 신경망과 달리 **어텐션 메커니즘(Attention Mechanism)**만을 사용하여 시퀀스 임베딩을 표현한다.

트랜스포머의 어텐션 메커니즘은 인코더와 디코더 간의 상호작용으로 입력 시퀀스의 중요한 부분에 초점을 맞추어 문맥을 이해하고 적절한 출력을 생성한다. 인코더는 입력 시퀀스를 임베딩하여 고차원 벡터로 변환하고, 디코더는 인코더의 출력을 입력으로 받아 출력 시퀀스를 생성한다. 이때 어텐션 메커니즘은 인코더와 디코더 단어 사이의 상관관계를 계산하여 중요한 정보에 집중한다. 이를 통해 입력 시퀀스의 각 단어가 출력 시퀀스의 어떤 단어와 관련이 있는지를 파악하여 번역이나 요약문 생성과 관련된 작업 등을 수행할 수 있게 된다.

트랜스포머 모델은 기존의 순환 신경망 기반 모델보다 학습 속도가 빠르고, 병렬 처리가 가능해 대규모 데이터세트에서 높은 성능을 보인다. 또한, 임베딩 과정에서 문장의 전체 정보를 고려하기 때문에 문장의 길이가 길어지더라도 성능이 유지된다.

이러한 장점으로 인해 자연어 처리 분야에서 가장 인기 있는 모델이다. 다음 그림 7.2는 트랜스포머 모델 구조를 보여준다.

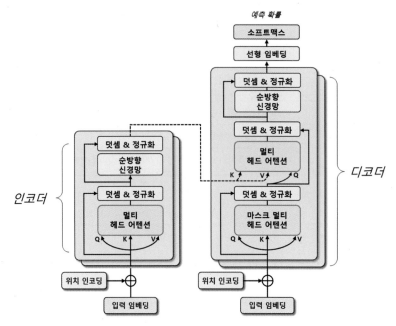

그림 7.2 트랜스포머 모델 구조(Q: 쿼리, K: 키, V: 값)

트랜스포머의 인코더와 디코더는 두 부분으로 구성돼 있으며, 각각 N개의 **트랜스포머 블록** **(Transformer Block)**으로 구성된다. 이 블록은 **멀티 헤드 어텐션(Multi-Head Attention)**과 순방향 신경망으로 이뤄져 있다.

멀티 헤드 어텐션은 입력 시퀀스에서 **쿼리(Query), 키(Key), 값(Value)** 벡터를 정의해 입력 시퀀스들의 관계를 **셀프 어텐션(Self-Attention)**하는 벡터 표현 방법이다. 이 과정에서 쿼리와 각 키의 유사도를 계산하고, 해당 유사도를 가중치로 사용하여 값 벡터를 합산한다.

이렇게 계산된 어텐션 행렬은 입력 시퀀스 각 단어의 임베딩 벡터를 대체한다. 결국 입력 시퀀스의 단어 사이의 상호작용을 고려해 임베딩 벡터를 갱신한다.

순방향 신경망은 이 과정에서 산출된 임베딩 벡터를 더욱 고도화하기 위해 사용된다. 이 신경망은 여러 개의 선형 계층으로 구성돼 있으며, 앞선 순방향 신경망의 구조와 동일하게 입력 벡터에 가중치를 곱하고, 편향을 더하며, 활성화 함수를 적용한다. 이 과정에서 학습된 가중치들은 입력 시퀀스의 각 단어의 의미를 잘 파악할 수 있는 방식으로 갱신된다.

트랜스포머에서는 입력 시퀀스 데이터를 **소스(Source)**와 **타깃(Target)** 데이터로 나눠 처리한다. 예를 들어 영어를 한글로 번역하는 경우, 생성하는 언어인 한글을 타깃 데이터로 정의하고 참조하는 언어인 영어를 소스 데이터로 정의한다.

인코더는 소스 시퀀스 데이터를 **위치 인코딩(Positional Encoding)**된 입력 임베딩으로 표현해 트랜스포머 블록의 출력 벡터를 생성한다. 이 출력 벡터는 입력 시퀀스 데이터의 관계를 잘 표현할 수 있게 구성된다.

디코더도 인코더와 유사하게 트랜스포머 블록으로 구성되어 있지만, **마스크 멀티 헤드 어텐션(Masked Multi-Head Attention)**을 사용해 타깃 시퀀스 데이터를 순차적으로 생성시킨다. 이때 디코더 입력 시퀀스들의 관계를 고도화하기 위해 인코더의 출력 벡터 정보를 참조한다.

최종적으로 생성된 디코더 출력 벡터는 선형 임베딩으로 재표현되어 이미지나 자연어 모델에 활용된다. 이러한 과정을 통해 트랜스포머는 챗봇, 기계 번역, 음성 인식 등 다양한 자연어 처리 작업에서 좋은 성능을 보인다.

입력 임베딩과 위치 인코딩

트랜스포머 모델에서 입력 시퀀스의 각 단어는 임베딩 처리되어 벡터 형태로 변환된다. 트랜스포머 모델은 순환 신경망과 달리 입력 시퀀스를 병렬 구조로 처리하기 때문에 단어의 순서 정보를 제공하지 않는다.

그러므로 위치 정보를 임베딩 벡터에 추가해 단어의 순서 정보를 모델에 반영해야 한다. 이를 위해 트랜스포머는 위치 인코딩 방식을 사용한다.

위치 인코딩은 입력 시퀀스의 순서 정보를 모델에 전달하는 방법이다. 각 단어의 위치 정보를 나타내는 벡터를 더하여 임베딩 벡터에 위치 정보를 반영한다.

위치 인코딩 벡터는 sin 함수와 cos 함수를 사용해 생성되며, 이를 통해 임베딩 벡터와 위치 정보가 결합된 최종 입력 벡터를 생성한다. 위치 인코딩 벡터를 추가함으로써 모델은 단어의 순서 정보를 학습할 수 있게 된다.

위치 인코딩은 각 토큰의 위치를 각도로 표현해 sin 함수와 cos 함수로 위치 인코딩 벡터를 계산한다. 이러한 계산 방법은 토큰의 위치마다 동일한 임베딩 벡터를 사용하지 않기 때문에 각 토큰의 위치 정보를 모델이 학습할 수 있다.

위치 인코딩은 트랜스포머 모델에서 입력 시퀀스의 순서 정보를 보존하기 위한 중요한 방법 중 하나다. 다음 예제 7.1은 위치 인코딩 계산 과정을 보여준다.

예제 7.1 위치 인코딩

```python
import math
import torch
from torch import nn
from matplotlib import pyplot as plt


class PositionalEncoding(nn.Module):
    def __init__(self, d_model, max_len, dropout=0.1):
        super().__init__()
        self.dropout = nn.Dropout(p=dropout)

        position = torch.arange(max_len).unsqueeze(1)
        div_term = torch.exp(
            torch.arange(0, d_model, 2) * (-math.log(10000.0) / d_model)
        )

        pe = torch.zeros(max_len, 1, d_model)
        pe[:, 0, 0::2] = torch.sin(position * div_term)
        pe[:, 0, 1::2] = torch.cos(position * div_term)
        self.register_buffer("pe", pe)

    def forward(self, x):
        x = x + self.pe[: x.size(0)]
        return self.dropout(x)


encoding = PositionalEncoding(d_model=128, max_len=50)

plt.pcolormesh(encoding.pe.numpy().squeeze(), cmap="RdBu")
plt.xlabel("Embedding Dimension")
plt.xlim((0, 128))
plt.ylabel("Position")
plt.colorbar()
plt.show()
```

출력 결과

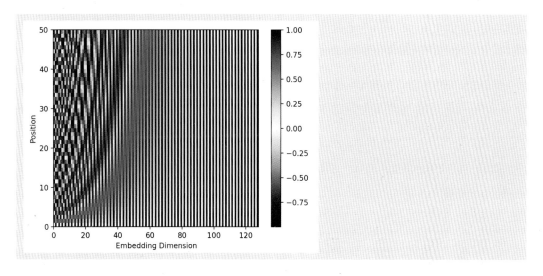

PositionalEncoding 클래스는 입력 **임베딩 차원(d_model)**과 **최대 시퀀스(max_len)**를 입력받는다. 입력 시퀀스의 위치마다 sin과 cos 함수로 위치 인코딩을 계산한다. 다음 수식 7.1은 위치 인코딩 계산 방식을 보여준다.

수식 7.1 위치 인코딩

$$PE(pos, 2i) = \sin(pos/10000^{2i/d_{model}})$$
$$PE(pos, 2i+1) = \cos(pos/10000^{2i/d_{model}})$$

pos는 입력 시퀀스에서 해당 단어의 위치를 나타내며, i는 임베딩 벡터의 차원 인덱스를 의미한다. 차원의 인덱스가 짝수라면 첫 번째 sin 함수 수식을 적용하며, 홀수라면 두 번째 cos 함수 수식을 적용한다. 위치 인코딩에 사용되는 $1/10000^{2i/d_{model}}$는 각도 정보로 변환하기 위한 스케일링 인자로 각 위치에 대한 주기적인 신호를 생성한다.

pe 변수의 텐서 차원은 **[50, 1, 128]**이 되며, [최대 시퀀스, 1, 입력 임베딩의 차원]을 의미한다. 출력 결과를 확인해 보면 위치별 임베딩 차원이 주기적인 값으로 구성되는 것을 확인할 수 있다. 산출된 위치 인코딩은 입력 임베딩과 더해진 후 드롭아웃이 적용된다.

예제에 적용한 register_buffer 메서드는 모델이 매개변수를 갱신하지 않도록 설정한다.

특수 토큰

트랜스포머는 단어 토큰 이외의 특수 토큰을 활용하여 문장을 표현한다. 이 특수 토큰은 입력 시퀀스의 시작과 끝을 나타내거나 **마스킹(Masking)** 영역으로 사용된다.

특수 토큰으로 모델이 입력 시퀀스의 시작과 끝을 인식할 수 있게 하며, 마스킹을 통해 일부 입력을 무시할 수 있다. 예를 들어, 번역 모델에서는 디코더의 입력 시퀀스에서 현재 위치 이후의 토큰을 마스크해 이전 토큰만을 참조한다.

다음 그림 7.3은 'ChatGPT는 트랜스포머 모델로 이뤄져 있다'라는 문장에 특수 토큰을 적용한 문장 토큰 배열을 보여준다.

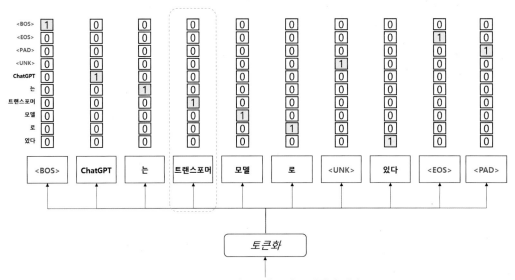

그림 7.3 특수 토큰을 활용한 문장 토큰 배열

그림 7.3에서 사용한 BOS(Beginning of Sentence), EOS(End of Sentence), UNK(Unknown) 및 PAD(Padding) 토큰은 모두 특수 토큰으로 자연어 처리에서 일반적으로 사용된다.

BOS 토큰은 문장의 시작을 나타내며, EOS 토큰은 문장의 종료를 나타낸다. 이 토큰들은 문장의 시작과 끝을 명확히 하기 위해 사용된다.

UNK 토큰은 어휘 사전에 없는 단어로, 모르는 단어를 의미한다. 이 토큰은 모델이 이전에 본 적이 없는 단어를 처리할 때 사용된다.

PAD 토큰은 모든 문장을 일정한 길이로 맞추기 위해 사용된다. 짧은 문장의 빈 공간을 채울 때 사용된다.

이렇게 생성된 문장 토큰 배열을 어휘 사전에 등장하는 위치에 원-핫 인코딩으로 표현한다. 다음 그림 7.4는 문장 토큰 배열 중 '트랜스포머'라는 원-핫 벡터가 입력 임베딩으로 변환되는 과정을 보여준다.

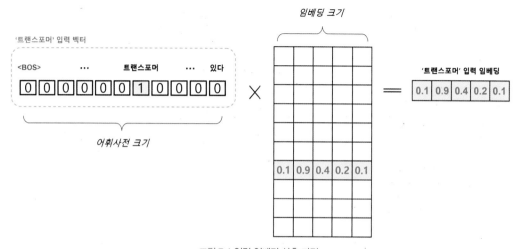

그림 7.4 입력 임베딩 산출 과정

입력 임베딩으로 변환되는 과정은 Word2Vec 방법과 동일하다. 어휘 사전의 크기를 V, 입력 임베딩 차원을 d라고 했을 때, '트랜스포머'의 원-핫 벡터는 [1, V] 크기를 갖는다. 이 원-핫 벡터는 임베딩 행렬 [V, d]에 의해 [1, d] 크기의 벡터로 변환된다.

이러한 방식을 일반화하면, N개의 문장이 최대 S개의 토큰 길이를 가질 때 [N, S, V] 크기의 원-핫 벡터 텐서는 [N, S, d] 크기의 임베딩 텐서로 변환된다.

이 임베딩 텐서는 입력으로 사용되며, 트랜스포머의 모든 계층에서 공유되는 텐서로 사용된다.

트랜스포머 인코더

트랜스포머 인코더는 입력 시퀀스를 받아 여러 개의 계층으로 구성된 인코더 계층을 거쳐 연산을 수행한다. 각 인코더 계층은 멀티 헤드 어텐션과 순방향 신경망으로 구성되며, 입력 데이터에 대한 정보를 추출하고 다음 계층으로 전달한다.

인코더 계층에서 위치 정보를 반영하기 위해 위치 임베딩 벡터를 입력 벡터에 더해준다. 그리고 산출된 인코더 계층의 출력은 디코더 계층으로 전달된다. 다음 그림 7.5는 트랜스포머 인코더 블록의 연산 과정을 보여준다.

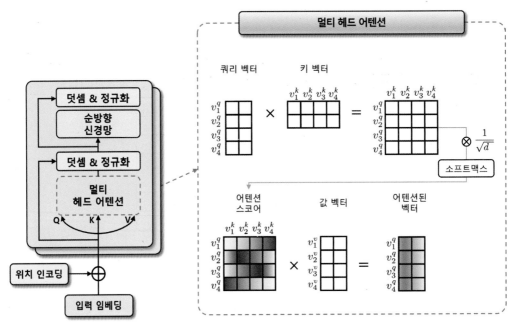

그림 7.5 트랜스포머 인코더 블록 연산 과정

트랜스포머 인코더는 위치 인코딩이 적용된 소스 데이터의 입력 임베딩을 입력받는다. 멀티 헤드 어텐션 단계에서 입력 텐서 차원이 [N, S, d]라고 한다면 입력 임베딩은 선형 변환을 통해 3개의 임베딩 벡터를 생성한다. 생성된 3개의 벡터는 각각 쿼리(Q), 키(K), 값(V) 벡터라고 정의한다.

쿼리 벡터(v^q)는 현재 시점에서 참조하고자 하는 정보의 위치를 나타내는 벡터로, 인코더의 각 시점마다 생성된다. 현재 시점에서 질문이 되는 벡터를 의미하며 이 벡터를 기준으로 다른 시점의 정보를 참조한다.

키 벡터(v^k)는 쿼리 벡터와 비교되는 대상으로 쿼리 벡터를 제외한 입력 시퀀스에서 탐색되는 벡터가 된다. 키 벡터는 인코더의 각 시점에서 생성된다.

값 벡터(v^v)는 쿼리 벡터와 키 벡터로 생성된 어텐션 스코어를 얼마나 반영할지 설정하는 가중치 역할을 한다.

이러한 쿼리, 키, 값 벡터는 초기에 비슷한 값을 가지지만, 모델 학습을 통해 각 벡터는 의도한 의미의 값을 갖게 된다. 쿼리와 키 벡터의 연관성은 내적 연산으로 [N, S, S] 어텐션 스코어 맵을 사용한다.

다음 수식 7.2는 쿼리, 키 벡터를 사용한 어텐션 스코어 계산식을 보여준다.

수식 7.2 어텐션 스코어 계산식

$$score(v^q, v^k) = \text{softmax}\left(\frac{(v^q)^T \cdot v^k}{\sqrt{d}}\right)$$

셀프 어텐션 과정에서는 쿼리, 키, 값 벡터를 내적해 어텐션 스코어를 구하고 이 스코어값에 $\sqrt{d}$(벡터 차원의 제곱근)만큼 나눠 보정한다. 이 보정값은 벡터 차원이 커질 때 스코어값이 같이 커지는 문제를 완화하기 위해 적용한다.

그리고 보정된 어텐션 스코어를 소프트맥스 함수를 이용하여 확률적으로 재표현하고, 이를 값 벡터와 내적하여 셀프 어텐션된 벡터를 생성한다. 이러한 과정을 반복해 셀프 어텐션된 스코어 맵을 생성한다.

멀티 헤드(Multi-Head)는 이러한 셀프 어텐션을 여러 번 수행해 여러 개의 헤드를 만든다. 각각의 헤드가 독립적으로 어텐션을 수행하고 그 결과를 합친다.

입력받는 [N, S, d] 텐서에 k개의 셀프 어텐션 벡터를 생성하고자 한다면 헤드에 대한 차원 축을 생성해 [N, k, S, d/k] 텐서 형태를 구성한다. 이 텐서는 k개의 셀프 어텐션된 [N, S, d/k] 텐서를 의미한다.

이렇게 생성된 k개의 셀프 어텐션 벡터는 임베딩 차원 축으로 다시 **병합(concatenation)**되어 [N, S, d]의 형태로 출력된다.

덧셈 & 정규화는 멀티 헤드 어텐션을 통과하기 이전의 입력값 [N, S, d] 텐서와 통과한 이후의 출력값 [N, S, d] 텐서를 더함으로써 학습 시 발생하는 기울기 소실을 완화한다. 그리고 이 값에 임베딩 차원 축으로 정규화하는 계층 정규화를 적용한다.

순방향 신경망은 두 가지 방법을 적용할 수 있는데, 선형 임베딩과 ReLU로 이뤄진 인공 신경망이나 1차원 합성곱이 사용된다. 이어서 다시 덧셈 & 정규화 과정이 수행된다.

트랜스포머 인코더는 여러 개의 트랜스포머 인코더 블록으로 구성된다. 이전 블록에서 출력된 벡터는 다음 블록의 입력으로 전달되어 인코더 블록을 통과하면서 점차 입력 시퀀스의 정보가 추상화된다.

마지막 인코더 블록에서 출력된 벡터는 디코더에서 사용되며, 디코더의 멀티 헤드 어텐션 모듈에서 참조되는 키, 값 벡터로 활용된다. 이런 방식으로 인코더와 디코더가 서로 정보를 공유한다.

트랜스포머 디코더

트랜스포머 디코더는 위치 인코딩이 적용된 타깃 데이터의 입력 임베딩을 입력받는다. 위치 인코딩은 입력 시퀀스 내에서 각 단어의 상대적인 위치 정보를 전달하는 기법이므로 디코더의 입력 임베딩에 위치 정보를 추가함으로써 디코더가 입력 시퀀스의 순서 정보를 학습할 수 있게 된다.

트랜스포머 모델에서 인코더의 멀티 헤드 어텐션 모듈은 **인과성(Casuality)**을 반영한 마스크 멀티 헤드 어텐션 모듈로 대체된다.

인코더의 멀티 헤드 어텐션 모듈과 유사하지만, 마스크 멀티 헤드 어텐션 모듈은 어텐션 스코어 맵을 계산할 때 첫 번째 쿼리 벡터가 첫 번째 키 벡터만을 바라볼 수 있게 마스크를 씌운다. 두 번째 쿼리 벡터는 첫 번째와 두 번째 키 벡터를 바라보게 마스크를 씌운다.

이러한 마스크를 적용하면 셀프 어텐션에서 현재 위치 이전의 단어들만 참조할 수 있게 되며, 인과성이 보장된다.

마스크 멀티 헤드 어텐션 모듈에서는 마스크 영역에 수치적으로 굉장히 작은 값인 −inf 마스크를 더해줌으로써 해당 영역의 어텐션 스코어값이 0에 가까워진다.

소프트맥스 계산 시 해당 영역의 어텐션 가중치가 0이 되므로, 마스크 영역 이전에 있는 입력 토큰들에 대한 정보를 참조하지 않게 된다.

이러한 방식으로 마스크 멀티 헤드 어텐션 모듈은 인코더의 멀티 헤드 어텐션 모듈과 유사하지만, 인과성을 보장하면서 셀프 어텐션을 수행할 수 있게 된다.

그림 7.6은 트랜스포머 디코더 블록의 연산 과정을 보여준다.

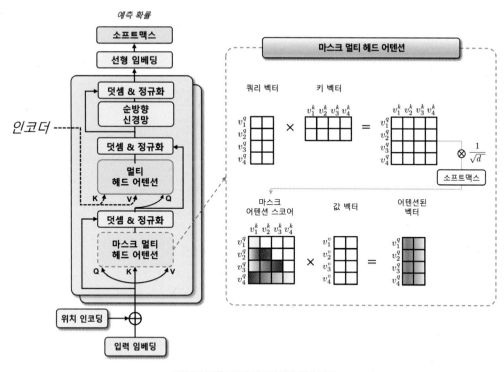

그림 7.6 트랜스포머 디코더 블록 연산 과정

디코더의 멀티 헤드 어텐션에서는 타깃 데이터가 쿼리 벡터로 사용되며, 인코더의 소스 데이터가 키와 값 벡터로 사용된다. 따라서 쿼리 벡터는 타깃 데이터의 위치 정보를 포함한 입력 임베딩과 위치 인코딩을 더한 벡터가 된다.

이후 쿼리 벡터, 키 벡터, 값 벡터를 이용해 어텐션 스코어 맵을 계산하고, 소프트맥스 함수를 적용하여 어텐션 가중치를 구한다. 최종으로 어텐션 가중치와 값 벡터를 가중합하여 멀티 헤드 어텐션의 출력 벡터를 얻을 수 있다.

디코더의 멀티 헤드 어텐션은 인코더의 멀티 헤드 어텐션과 거의 동일하지만, 디코더에서는 셀프 어텐션을 방지하기 위해 마스킹이 적용된다.

트랜스포머의 디코더도 인코더처럼 여러 개의 트랜스포머 디코더 블록으로 구성된다. 이전 트랜스포머 디코더 블록의 산출물은 다음 트랜스포머 디코더 블록의 입력으로 전달된다.

이로써 디코더는 이전 시점에서의 정보를 현재 시점에서 활용할 수 있게 된다. 또한 마지막 디코더 블록의 출력 텐서 [N, S, d]에 선형 변환 및 소프트맥스 함수를 적용해 각 타깃 시퀀스 위치마다 예측 확률을 계산할 수 있게 된다.

디코더는 타깃 데이터를 추론할 때 토큰 또는 단어를 순차적으로 생성시키는 모델이다. 입력 토큰을 순차적으로 나타내는 방법은 빈 값을 의미하는 PAD 토큰을 사용하는 것이다.

다음 표 7.2는 'ChatGPT는 트랜스포머 모델로 이뤄져 있다'라는 문장을 추론할 때 디코더의 입력과 출력 예시를 보여준다.

표 7.2 인과성을 고려한 디코더 입력과 출력 예시

추론 순서	디코더 입력	디코더 출력
1	[BOS], [PAD], [PAD], [PAD], [PAD], [PAD], [PAD], [PAD], [PAD]	[BOS], 'ChatGPT', [PAD], [PAD], [PAD], [PAD], [PAD], [PAD], [PAD]
2	[BOS], 'ChatGPT', [PAD], [PAD], [PAD], [PAD], [PAD], [PAD], [PAD]	[BOS], 'ChatGPT', '는', [PAD], [PAD], [PAD], [PAD], [PAD]
3	[BOS], 'ChatGPT', '는', [PAD], [PAD], [PAD], [PAD], [PAD], [PAD]	[BOS], 'ChatGPT', '는', '트랜스포머', [PAD], [PAD], [PAD], [PAD], [PAD]
4	[BOS], 'ChatGPT', '는', '트랜스포머', [PAD], [PAD], [PAD], [PAD]	[BOS], 'ChatGPT', '는', '트랜스포머', '모델로', [PAD], [PAD], [PAD], [PAD]
5	[BOS], 'ChatGPT', '는', '트랜스포머', '모델로', [PAD], [PAD], [PAD], [PAD]	[BOS], 'ChatGPT', '는', '트랜스포머', '모델로', '이뤄져', [PAD], [PAD], [PAD]
6	[BOS], 'ChatGPT', '는', '트랜스포머', '모델로', '이뤄져', [PAD], [PAD], [PAD]	[BOS], 'ChatGPT', '는', '트랜스포머', '모델로', '이뤄져', '있다', [PAD], [PAD]
7	[BOS], 'ChatGPT', '는', '트랜스포머', '모델로', '이뤄져', '있다', [PAD], [PAD]	[BOS], 'ChatGPT', '는', '트랜스포머', '모델로', '이뤄져', '있다', [EOS], [PAD]

모델 실습

이번 절에서는 파이토치에서 제공하는 트랜스포머 모델을 활용해 영어–독일어 번역 모델을 구성해 본다. 학습에 사용되는 데이터세트는 자연어 처리를 위한 대규모 다국어 데이터세트 중 하나인 Multi30k 데이터세트를 사용한다.

Multi30k 데이터세트는 영어-독일어 **병렬 말뭉치(Parallel corpus)**[2]로 약 30,000개의 데이터를 제공하며 **토치 데이터**(torchdata)와 **토치 텍스트**(torchtext) 라이브러리로 해당 데이터세트를 쉽게 다운로드할 수 있다.

토치 데이터와 토치 텍스트 라이브러리는 다음과 같이 설치할 수 있다.

토치 데이터 및 토치 텍스트 라이브러리 설치

```
pip install torchdata torchtext portalocker
```

토치 데이터 라이브러리는 대규모 데이터세트를 다루기 쉽게 데이터를 불러오고 변환 및 배치하는 간단하고 유연한 API를 제공한다. 이 라이브러리를 활용하면 데이터세트를 효율적으로 불러오고 배치할 수 있다.

토치 텍스트 라이브러리는 파이토치를 위한 텍스트 처리 라이브러리다. 이 라이브러리는 다양한 언어 모델링 작업에 대해 사전 처리 및 데이터세트 관리를 단순화하기 위한 다양한 도구와 기능을 제공한다.

포르타락커(portalocker) 라이브러리는 파이썬에서 파일 락을 관리하기 위한 라이브러리로, 파일 락을 사용해 여러 프로세스 간에 동시에 파일을 수정하거나 읽는 것을 방지한다. 포르타락커는 Multi30k 데이터세트를 다운로드하고 압축을 해제하는 과정에서 내부적으로 사용된다.

토치 데이터와 토치 텍스트 라이브러리가 설치됐다면 토치 텍스트 라이브러리로 Multi30k 데이터세트를 다운로드한다. 다음 예제 7.2는 데이터세트 다운로드 및 전처리 과정을 보여준다.

예제 7.2 데이터세트 다운로드 및 전처리

```
from torchtext.datasets import Multi30k
from torchtext.data.utils import get_tokenizer
from torchtext.vocab import build_vocab_from_iterator


def generate_tokens(text_iter, language):
    language_index = {SRC_LANGUAGE: 0, TGT_LANGUAGE: 1}

    for text in text_iter:
        yield token_transform[language](text[language_index[language]])
```

---

2   2개 국어 이상의 번역된 문서를 모은 말뭉치

```python
SRC_LANGUAGE = "de"
TGT_LANGUAGE = "en"
UNK_IDX, PAD_IDX, BOS_IDX, EOS_IDX = 0, 1, 2, 3
special_symbols = ["<unk>", "<pad>", "<bos>", "<eos>"]

token_transform = {
    SRC_LANGUAGE: get_tokenizer("spacy", language="de_core_news_sm"),
    TGT_LANGUAGE: get_tokenizer("spacy", language="en_core_web_sm"),
}
print("Token Transform:")
print(token_transform)

vocab_transform = {}
for language in [SRC_LANGUAGE, TGT_LANGUAGE]:
    train_iter = Multi30k(split="train", language_pair=(SRC_LANGUAGE, TGT_LANGUAGE))
    vocab_transform[language] = build_vocab_from_iterator(
        generate_tokens(train_iter, language),
        min_freq=1,
        specials=special_symbols,
        special_first=True,
    )

for language in [SRC_LANGUAGE, TGT_LANGUAGE]:
    vocab_transform[language].set_default_index(UNK_IDX)

print("Vocab Transform:")
print(vocab_transform)
```

출력 결과

```
Token Transform:
{'de': functools.partial(<function _spacy_tokenize at 0x000001A1305B73A0>,
spacy=<spacy.lang.de.German object at 0x000001A12DB6DBE0>), 'en': functools.partial(<function
_spacy_tokenize at 0x000001A1305B73A0>, spacy=<spacy.lang.en.English object at 0x000001A13B86C280>)}
Vocab Transform:
{'de': Vocab(), 'en': Vocab()}
```

독일어 말뭉치(de_core_news_sm)와 영어 말뭉치(en_core_web_sm)에 대해 각각 토크나이저와 어휘 사전을 생성한다. get_tokenizer 함수는 사용자가 지정한 토크나이저를 가져오는 유틸리티 함수로 spaCy 라이브러리로 사전 학습된 모델을 가져온다.[3] 이 값을 token_transform 변수에 저장한다.

vocab_transform 변수는 토큰을 인덱스로 변환시키는 함수를 저장한다. Multi30k 데이터세트를 활용해 (독일어, 영어)의 튜플 형식으로 데이터를 불러온다.

데이터를 불러왔다면 build_vocab_from_iterator 함수와 generate_tokens 함수로 언어별 어휘 사전을 생성한다.

build_vocab_from_iterator 함수는 생성된 토큰을 이용해 단어 집합을 생성한다. 최소 빈도(min_freq)는 토큰화된 단어들의 최소 빈도수를 지정한다. 만약, 주피터 노트북에서 AttributeError: 'NoneType' object has no attribute 'Lock' 오류가 발생한다면 커널을 다시 실행한다.

특수 토큰(specials)은 트랜스포머에 활용하는 특수 토큰을 지정하며, special_first 매개변수가 참인 경우 특수 토큰을 단어 집합의 맨 앞에 추가한다.

set_default_index 메서드는 인덱스의 기본값을 설정하므로 어휘 사전에 없는 토큰인 <unk>의 인덱스를 할당한다.

다음 예제 7.3는 트랜스포머 모델을 구축하는 예제다.

예제 7.3 트랜스포머 모델 구성

```
import math
import torch
from torch import nn

class PositionalEncoding(nn.Module):
    def __init__(self, d_model, max_len, dropout=0.1):
        super().__init__()
        self.dropout = nn.Dropout(p=dropout)

        position = torch.arange(max_len).unsqueeze(1)
        div_term = torch.exp(
```

3　python -m spacy download de_core_news_sm과 같은 형태로 사전 학습된 모델을 다운로드할 수 있다. spaCy는 5.2 '형태소 토큰화' 절을 참고한다.

```
            torch.arange(0, d_model, 2) * (-math.log(10000.0) / d_model)
        )

        pe = torch.zeros(max_len, 1, d_model)
        pe[:, 0, 0::2] = torch.sin(position * div_term)
        pe[:, 0, 1::2] = torch.cos(position * div_term)
        self.register_buffer("pe", pe)

    def forward(self, x):
        x = x + self.pe[: x.size(0)]
        return self.dropout(x)


class TokenEmbedding(nn.Module):
    def __init__(self, vocab_size, emb_size):
        super().__init__()
        self.embedding = nn.Embedding(vocab_size, emb_size)
        self.emb_size = emb_size

    def forward(self, tokens):
        return self.embedding(tokens.long()) * math.sqrt(self.emb_size)


class Seq2SeqTransformer(nn.Module):
    def __init__(
        self,
        num_encoder_layers,
        num_decoder_layers,
        emb_size,
        max_len,
        nhead,
        src_vocab_size,
        tgt_vocab_size,
        dim_feedforward,
        dropout=0.1,
    ):
        super().__init__()
        self.src_tok_emb = TokenEmbedding(src_vocab_size, emb_size)
```

```python
        self.tgt_tok_emb = TokenEmbedding(tgt_vocab_size, emb_size)
        self.positional_encoding = PositionalEncoding(
            d_model=emb_size, max_len=max_len, dropout=dropout
        )
        self.transformer = nn.Transformer(
            d_model=emb_size,
            nhead=nhead,
            num_encoder_layers=num_encoder_layers,
            num_decoder_layers=num_decoder_layers,
            dim_feedforward=dim_feedforward,
            dropout=dropout,
        )
        self.generator = nn.Linear(emb_size, tgt_vocab_size)

    def forward(
        self,
        src,
        trg,
        src_mask,
        tgt_mask,
        src_padding_mask,
        tgt_padding_mask,
        memory_key_padding_mask,
    ):
        src_emb = self.positional_encoding(self.src_tok_emb(src))
        tgt_emb = self.positional_encoding(self.tgt_tok_emb(trg))
        outs = self.transformer(
            src=src_emb,
            tgt=tgt_emb,
            src_mask=src_mask,
            tgt_mask=tgt_mask,
            memory_mask=None,
            src_key_padding_mask=src_padding_mask,
            tgt_key_padding_mask=tgt_padding_mask,
            memory_key_padding_mask=memory_key_padding_mask
        )
        return self.generator(outs)
```

```python
    def encode(self, src, src_mask):
        return self.transformer.encoder(
            self.positional_encoding(self.src_tok_emb(src)), src_mask
        )

    def decode(self, tgt, memory, tgt_mask):
        return self.transformer.decoder(
            self.positional_encoding(self.tgt_tok_emb(tgt)), memory, tgt_mask
        )
```

Seq2SeqTransformer 클래스는 TokenEmbedding 클래스로 소스 데이터와 입력 데이터를 입력 임베딩으로 변환하여 src_tok_emb와 tgt_tok_emb를 생성한다.

즉, 소스와 타깃 데이터의 어휘 사전 크기를 입력받아 트랜스포머 임베딩 크기로 변환한다. 이 입력 임베딩에 예제 7.1에서 정의한 PositionalEncoding을 적용해 트랜스포머 블록에 입력한다.

트랜스포머 블록(self.transformer)은 파이토치에서 제공하는 트랜스포머(Transformer) 클래스를 적용한다. 트랜스포머의 인코더와 디코더는 encoder_layers 변수의 값으로 구성된다.

순방향 메서드 마지막에 적용되는 generator는 마지막 트랜스포머 디코더 블록에서 산출되는 벡터를 선형 변환해 어휘 사전에 대한 로짓(logit)을 생성한다.

파이토치에서 제공하는 트랜스포머 클래스를 활용하면 트랜스포머 구조의 모델을 쉽게 구현할 수 있다. 다음은 트랜스포머 클래스를 설명한다.

트랜스포머 클래스

```python
transformer = torch.nn.Transformer(
    d_model=512,
    nhead=8,
    num_encoder_layers=6,
    num_decoder_layers=6,
    dim_feedforward=2048,
    dropout=0.1,
    activation=torch.nn.functional.relu,
    layer_norm_eps=1e-05,
)
```

임베딩 차원(d_model)은 트랜스포머 모델의 입력과 출력 차원의 크기를 정의한다. 이 값은 임베딩 차원 크기와 동일하다.

헤드(nhead)는 멀티 헤드 어텐션의 헤드의 개수를 정의한다. 헤드의 개수는 모델이 어텐션을 수행하는 방법을 결정하며, 헤드의 개수가 많을수록 모델의 병렬 처리 능력이 증가한다. 단, 헤드의 개수가 증가할수록 모델 매개변수의 수도 증가한다.

인코더 계층 개수(num_encoder_layers)와 **디코더 계층 개수(num_decoder_layers)**는 인코더와 디코더의 계층 수를 의미하며, 모델의 복잡도와 성능에 영향을 미친다. 계층 개수가 많을수록 더 복잡한 문제를 해결할 수 있지만, 너무 많을 경우 과대적합될 수 있다.

순방향 신경망 크기(dim_feedforward)는 순방향 신경망의 은닉층 크기를 정의한다. 순방향 신경망 계층은 트랜스포머 계층의 각 입력 위치에 독립적으로 적용된다. 인코더/디코더 계층과 마찬가지로 모델의 복잡도와 성능에 영향을 미친다.

드롭아웃(dropout)은 인코더와 디코더 계층에 적용되는 드롭아웃 비율을 적용하며, **활성화 함수(activation)**는 순방향 신경망에 적용되는 활성화 함수를 의미한다. 활성화 함수는 파이토치 함수 형태로 입력할 수 있다.

계층 정규화 입실론(layer_norm_eps)은 계층 정규화를 수행할 때 분모에 더해지는 입실론 값을 정의한다.

이러한 매개변수를 통해 트랜스포머 모델을 정의할 수 있다. 다음은 트랜스포머 순방향 메서드를 설명한다.

트랜스포머 순방향 메서드

```
output = transformer.forward(
    src,
    tgt,
    src_mask=None,
    tgt_mask=None,
    memory_mask=None,
    src_key_padding_mask=None,
    tgt_key_padding_mask=None,
    memory_key_padding_mask=None,
)
```

소스(src)와 타깃(tgt)은 인코더와 디코더에 대한 시퀀스로 [소스(타깃) 시퀀스 길이, 배치 크기, 임베딩 차원] 형태의 데이터를 입력받는다.

소스 마스크(src_mask)와 타깃 마스크(tgt_mask)는 소스와 타깃 시퀀스의 마스크로 [소스(타깃) 시퀀스 길이, 시퀀스 길이] 형태의 데이터를 입력받는다.

마스크의 값이 0이라면 해당 위치에서는 모든 입력 단어가 동일한 가중치를 갖고 어텐션이 수행되며, 1이라면 모든 입력 단어의 가중치가 0으로 설정돼 어텐션 연산이 수행되지 않는다.

마스크의 값이 -inf라면 해당 위치에서는 어텐션 연산 결과에 0으로 가중치가 부여돼 마스킹된 위치의 정보를 모델이 무시하게 만든다.

반대로 +inf로 입력하면 모든 입력 단어에 무한대의 가중치가 부여돼 어텐션 연산 결과가 해당 위치에 대한 정보만으로 구성된다. 일반적으로 +inf는 적용하지 않으며 어떤 특정 단어나 위치에 대해 모델이 특별한 관심을 가지도록 할 때만 사용된다.

메모리 마스크(memory_mask)는 인코더 출력의 마스크로 [타깃 시퀀스 길이, 소스 시퀀스 길이]의 형태를 가지며, 메모리 마스크의 값이 0인 위치에서는 어텐션 연산이 수행되지 않는다.

소스, 타깃, 메모리 키 패딩 마스크(key_padding_mask)는 소스, 타깃, 메모리 시퀀스에 대한 패딩 마스크를 의미한다. [배치 크기, 소스(타깃) 시퀀스 길이] 형태의 데이터를 입력받으며, 메모리 키 패딩 마스크는 소스 키 패딩 마스크와 동일한 형태의 데이터를 입력받는다.

키 패딩 마스크는 입력 시퀀스에서 패딩 토큰이 위치한 부분을 가리키는 이진 마스크로, 패딩 토큰이 실제 의미를 가지지 않는 것으로 간주되어 해당 위치의 어텐션 연산 결과에 대한 가중치를 0으로 만든다.

순방향 메서드는 인스턴스의 설정과 입력 시퀀스를 통해 타깃 시퀀스의 임베딩 텐서를 반환하며 [타깃 시퀀스 길이, 배치 크기, 임베딩 차원]을 반환한다.

현재 클래스에서는 어휘 사전에 대한 로짓을 생성하므로 임베딩 차원이 타깃 데이터의 어휘 사전 크기로 변경된다.

다음 예제 7.4는 트랜스포머 모델 선언 방식과 구조를 보여준다.

예제 7.4 트랜스포머 모델 구조

```python
from torch import optim


BATCH_SIZE = 128
DEVICE = "cuda" if torch.cuda.is_available() else "cpu"


model = Seq2SeqTransformer(
    num_encoder_layers=3,
    num_decoder_layers=3,
    emb_size=512,
    max_len=512,
    nhead=8,
    src_vocab_size=len(vocab_transform[SRC_LANGUAGE]),
    tgt_vocab_size=len(vocab_transform[TGT_LANGUAGE]),
    dim_feedforward=512,
).to(DEVICE)
criterion = nn.CrossEntropyLoss(ignore_index=PAD_IDX).to(DEVICE)
optimizer = optim.Adam(model.parameters())


for main_name, main_module in model.named_children():
    print(main_name)
    for sub_name, sub_module in main_module.named_children():
        print("└", sub_name)
        for ssub_name, ssub_module in sub_module.named_children():
            print("|  └", ssub_name)
            for sssub_name, sssub_module in ssub_module.named_children():
                print("|  |  └", sssub_name)
```

출력 결과

```
src_tok_emb
└ embedding
tgt_tok_emb
└ embedding
positional_encoding
└ dropout
transformer
└ encoder
|  └ layers
```

```
| | └ 0
| | └ 1
| | └ 2
| └ norm
└ decoder
| └ layers
| | └ 0
| | └ 1
| | └ 2
| └ norm
generator
```

Seq2SeqTransformer 클래스는 크게 입력 임베딩(src_tok_emb, tgt_tok_emb), 위치 인코딩(positional_encoding), 트랜스포머 블록(transformer), 로짓 생성(generator)으로 구성된다.

출력 결과에서 확인할 수 있듯이 인코더와 디코더가 각각 세 개(0, 1, 2)의 계층으로 구성된다. 이 구조는 앞선 그림 7.2의 구조에서 인코더와 디코더가 세 번 반복되고, 로짓 생성이 추가된 구조로 볼 수 있다.

실습에 사용되는 손실 함수는 교차 엔트로피 함수를 적용한다. 무시되는 색인(ignore_index) 값을 패딩 토큰(PAD_IDX)을 할당해 모델이 학습하는 동안 무시해야 할 클래스 레이블을 지정한다.

패딩 토큰은 모델 학습에 사용되지 않으므로 해당 토큰에 대한 레이블을 무시하고 모델이 해당 클래스를 학습하지 않게 한다. 이 클래스에 대한 손실은 계산되지 않으며 모델이 해당 클래스를 예측하더라도 올바른 예측으로 간주되지 않는다.

모델을 선언하고 구조를 확인했다면, 학습에 사용하려는 배치 데이터를 생성한다. 다음 예제 7.5는 배치 데이터 생성 방법을 보여준다.

예제 7.5 배치 데이터 생성

```python
from torch.utils.data import DataLoader
from torch.nn.utils.rnn import pad_sequence

def sequential_transforms(*transforms):
    def func(txt_input):
        for transform in transforms:
```

```
            txt_input = transform(txt_input)
        return txt_input
    return func


def input_transform(token_ids):
    return torch.cat(
        (torch.tensor([BOS_IDX]), torch.tensor(token_ids), torch.tensor([EOS_IDX]))
    )


def collator(batch):
    src_batch, tgt_batch = [], []
    for src_sample, tgt_sample in batch:
        src_batch.append(text_transform[SRC_LANGUAGE](src_sample.rstrip("\n")))
        tgt_batch.append(text_transform[TGT_LANGUAGE](tgt_sample.rstrip("\n")))

    src_batch = pad_sequence(src_batch, padding_value=PAD_IDX)
    tgt_batch = pad_sequence(tgt_batch, padding_value=PAD_IDX)
    return src_batch, tgt_batch



text_transform = {}
for language in [SRC_LANGUAGE, TGT_LANGUAGE]:
    text_transform[language] = sequential_transforms(
        token_transform[language], vocab_transform[language], input_transform
    )


data_iter = Multi30k(split="valid", language_pair=(SRC_LANGUAGE, TGT_LANGUAGE))
dataloader = DataLoader(data_iter, batch_size=BATCH_SIZE, collate_fn=collator)
source_tensor, target_tensor = next(iter(dataloader))

print("(source, target):")
print(next(iter(data_iter)))

print("source_batch:", source_tensor.shape)
print(source_tensor)

print("target_batch:", target_tensor.shape)
print(target_tensor)
```

출력 결과

```
(source, target):
('Eine Gruppe von Männern lädt Baumwolle auf einen Lastwagen', 'A group of men are loading cotton
onto a truck')
source_batch: torch.Size([35, 128])
tensor([[   2,    2,    2, ...,    2,    2,    2],
        [  14,    5,    5, ...,    5,   21,    5],
        [  38,   12,   35, ...,   12, 1750,   69],
        ...,
        [   1,    1,    1, ...,    1,    1,    1],
        [   1,    1,    1, ...,    1,    1,    1],
        [   1,    1,    1, ...,    1,    1,    1]])
target_batch: torch.Size([30, 128])
tensor([[   2,    2,    2, ...,    2,    2,    2],
        [   6,    6,    6, ...,  250,   19,    6],
        [  39,   12,   35, ...,   12, 3254,   61],
        ...,
        [   1,    1,    1, ...,    1,    1,    1],
        [   1,    1,    1, ...,    1,    1,    1],
        [   1,    1,    1, ...,    1,    1,    1]])
```

sequential_transforms 함수는 여러 개의 전처리 함수를 인자로 받아 이를 차례로 적용하는 함수를 반환하는 함수다. 예제에서는 세 종류의 전처리를 수행한다.

첫 번째 매개변수는 token_transform을 적용해 문장을 토큰화하며, 두 번째로 vocab_transform을 적용해 각 토큰을 인덱스화한다.

마지막으로 적용되는 input_transform 함수는 인덱스화된 토큰에 문장의 시작 BOS_IDX(2)와 끝 EOS_IDX(3)을 알리는 특수 토큰을 할당한다.

전처리 방식을 설정했다면 data_iter 변수에 (독일어, 영어) 형태로 구성된 Multi30k 텍스트 데이터세트를 불러온다. 이 데이터세트를 데이터로더에 적용하며, 집합 함수는 collator 함수를 적용한다.

collator 함수는 배치 단위로 데이터를 처리한다. rstrip("\n") 함수로 문자열의 끝에 있는 개행 문자(\n)를 제거하고, text_transform 변수에 저장된 sequential_transforms 함수를 적용한다.

이후 패딩 시퀀스(pad_sequence) 함수를 사용해 소스와 타깃 시퀀스를 패딩한다. 패딩 시퀀스 함수는 동일한 길이를 가지도록 시퀀스의 뒤쪽에 PAD_IDX(1)로 채워진 패딩 토큰을 추가한다.

이 데이터로더는 (패딩이 적용된 소스, 패딩이 적용된 타깃) 튜플을 반환한다. 출력되는 배치 데이터 차원은 [35, 128]과 [30, 128]로, [소스(타깃) 시퀀스 길이, 배치 크기]를 의미한다.

데이터로더까지 구현했다면 어텐션 마스크를 생성해야 한다. 다음 예제 7.6은 배치 데이터에서 어텐션 마스크 생성 방식을 보여준다.

예제 7.6 어텐션 마스크 생성

```python
def generate_square_subsequent_mask(s):
    mask = (torch.triu(torch.ones((s, s), device=DEVICE)) == 1).transpose(0, 1)
    mask = (
        mask.float()
        .masked_fill(mask == 0, float("-inf"))
        .masked_fill(mask == 1, float(0.0))
    )
    return mask


def create_mask(src, tgt):
    src_seq_len = src.shape[0]
    tgt_seq_len = tgt.shape[0]

    tgt_mask = generate_square_subsequent_mask(tgt_seq_len)
    src_mask = torch.zeros((src_seq_len, src_seq_len), device=DEVICE).type(torch.bool)

    src_padding_mask = (src == PAD_IDX).transpose(0, 1)
    tgt_padding_mask = (tgt == PAD_IDX).transpose(0, 1)
    return src_mask, tgt_mask, src_padding_mask, tgt_padding_mask


target_input = target_tensor[:-1, :]
target_out = target_tensor[1:, :]

source_mask, target_mask, source_padding_mask, target_padding_mask = create_mask(
    source_tensor, target_input
```

```
)

print("source_mask:", source_mask.shape)
print(source_mask)
print("target_mask:", target_mask.shape)
print(target_mask)
print("source_padding_mask:", source_padding_mask.shape)
print(source_padding_mask)
print("target_padding_mask:", target_padding_mask.shape)
print(target_padding_mask)
```

출력 결과

```
source_mask: torch.Size([35, 35])
tensor([[False, False, False,  ..., False, False, False],
        [False, False, False,  ..., False, False, False],
        ...,
        [False, False, False,  ..., False, False, False],
        [False, False, False,  ..., False, False, False]], device='cuda:0')
target_mask: torch.Size([29, 29])
tensor([[0., -inf, -inf, -inf, -inf, -inf, -inf, -inf, -inf, -inf, -inf, -inf, -inf, -inf, -inf,
-inf, -inf, -inf, -inf, -inf, -inf, -inf, -inf, -inf,
         -inf, -inf, -inf, -inf, -inf],
        [0., 0., -inf, -inf, -inf, -inf, -inf, -inf, -inf, -inf, -inf, -inf, -inf, -inf, -inf, -inf,
-inf, -inf, -inf, -inf, -inf, -inf, -inf,
         -inf, -inf, -inf, -inf, -inf],
        [0., 0., 0., -inf, -inf, -inf, -inf, -inf, -inf, -inf, -inf, -inf, -inf, -inf, -inf, -inf,
-inf, -inf, -inf, -inf, -inf, -inf, -inf,
         -inf, -inf, -inf, -inf, -inf],
        ...
        [0., 0., 0., 0., 0., 0., 0., 0., 0., 0., 0., 0., 0., 0., 0., 0., 0., 0., 0., 0., 0., 0.,
0.,
         0., 0., 0., 0., -inf],
        [0., 0., 0., 0., 0., 0., 0., 0., 0., 0., 0., 0., 0., 0., 0., 0., 0., 0., 0., 0., 0., 0.,
0.,
         0., 0., 0., 0., 0.]], device='cuda:0')
source_padding_mask: torch.Size([128, 35])
tensor([[False, False, False,  ..., True,  True,  True],
        [False, False, False,  ..., True,  True,  True],
```

```
        ...,
        [False, False, False,  ...,  True,  True,  True],
        [False, False, False,  ...,  True,  True,  True]])
target_padding_mask: torch.Size([128, 29])
tensor([[False, False, False,  ...,  True,  True,  True],
        [False, False, False,  ...,  True,  True,  True],
        ...,
        [False, False, False,  ...,  True,  True,  True],
        [False, False, False,  ...,  True,  True,  True]])
```

예제 7.6은 트랜스포머 모델에서 사용되는 마스크를 생성하는 함수와 두 시퀀스의 패딩 마스크를 생성하는 함수로 구성된다.

마스크를 생성하는 함수인 generate_square_subsequent_mask는 입력으로 정수 s를 받아 s×s 크기의 마스크를 생성한다. 이 함수에서는 torch.ones 함수를 사용해 1로 채워진 행렬을 만든 후 torch.triu 함수를 적용하여 상삼각행렬(Upper triangular matrix)[4]을 생성한다. 마지막으로 transpose 함수를 사용하여 행렬을 전치시킨다.

이 마스크 텐서에서 0인 값은 -inf로, 1인 값은 0.0으로 채워 어텐션 연산에 적용한다. 0.0으로 설정된 값은 셀프 어텐션에 참조되는 시퀀스를 가리키며, -inf 값은 셀프 어텐션 계산 과정에서 어텐션 스코어가 0에 수렴하기 때문에 해당 타깃 입력 시퀀스를 제외시키는 역할을 한다.

패딩 마스크를 생성하는 함수인 create_mask는 시퀀스를 입력받아 길이를 계산하고 마스크 생성 함수로 타깃 시퀀스의 마스크를 생성한다.

소스 마스크는 소스 시퀀스 길이의 크기로 채워진 행렬을 생성하며, 패딩 마스크는 각 시퀀스에 대해 패딩 토큰의 위치를 찾고 transpose 함수로 전치시킨다.

패딩 마스크를 생성하기 전에, 타깃 데이터의 입력값(target_input)과 출력값(target_out)은 토큰 순서를 한 칸 시프트(Shift)하여 이전 토큰들이 주어졌을 때 다음 토큰을 예측하게 한다.

패딩 마스크 생성 함수로 소스 시퀀스 입력값(source_tensor)과 타깃 시퀀스 입력값(target_input)을 전달해 4개의 텐서를 생성시킨다.

---

4   주대각선을 기준으로 대각항의 위쪽이나 아래쪽 항들의 값이 모두 0인 행렬

source_mask는 셀프 어텐션 과정에서 참조되는 소스 데이터의 시퀀스 범위를 나타낸다. False인 위치는 셀프 어텐션에 참조되는 토큰이 되며, True인 위치는 어텐션에서 제외되는 토큰이 된다.

출력 결과를 확인해 보면 소스 데이터는 모든 시퀀스를 대상으로 셀프 어텐션이 수행된다.

target_mask는 [쿼리 시퀀스 길이, 키 시퀀스 길이]의 형태로 구성되며, i번째 쿼리 벡터는 i+1 이상의 키 벡터에 대해 어텐션 연산을 수행할 수 없게 된다.

모델이 현재 예측하고자 하는 위치 이전의 토큰들만 참고하게 제한함으로써, 모델이 미래 시점의 정보를 사용하지 않게 해 현재 시점에 영향을 미치지 않게 한다.

source_padding_mask와 target_padding_mask는 소스(타깃) 배치 데이터에서 텍스트 토큰이 존재하는 지 여부를 나타내는 값이다. 그러므로 False인 경우 해당 토큰 인덱스가 존재하고, True인 경우 해당 토큰 인덱스가 패딩 토큰으로 채워져 있음을 나타낸다.

어텐션 마스크를 생성했다면 모델을 학습한다. 다음 예제 7.7은 모델 학습 및 평가 과정을 보여준다.

예제 7.7 모델 학습 및 평가

```python
def run(model, optimizer, criterion, split):
    model.train() if split == "train" else model.eval()
    data_iter = Multi30k(split=split, language_pair=(SRC_LANGUAGE, TGT_LANGUAGE))
    dataloader = DataLoader(data_iter, batch_size=BATCH_SIZE, collate_fn=collator)

    losses = 0
    for source_batch, target_batch in dataloader:
        source_batch = source_batch.to(DEVICE)
        target_batch = target_batch.to(DEVICE)

        target_input = target_batch[:-1, :]
        target_output = target_batch[1:, :]

        src_mask, tgt_mask, src_padding_mask, tgt_padding_mask = create_mask(
            source_batch, target_input
        )

        logits = model(
            src=source_batch,
```

```
            trg=target_input,
            src_mask=src_mask,
            tgt_mask=tgt_mask,
            src_padding_mask=src_padding_mask,
            tgt_padding_mask=tgt_padding_mask,
            memory_key_padding_mask=src_padding_mask,
        )

        optimizer.zero_grad()
        loss = criterion(logits.reshape(-1, logits.shape[-1]), target_output.reshape(-1))
        if split == "train":
            loss.backward()
            optimizer.step()
        losses += loss.item()

    return losses / len(list(dataloader))


for epoch in range(5):
    train_loss = run(model, optimizer, criterion, "train")
    val_loss = run(model, optimizer, criterion, "valid")
    print(f"Epoch: {epoch+1}, Train loss: {train_loss:.3f}, Val loss: {val_loss:.3f}")
```

출력 결과

```
Epoch: 1, Train loss: 4.462, Val loss: 4.040
Epoch: 2, Train loss: 3.553, Val loss: 3.721
Epoch: 3, Train loss: 3.305, Val loss: 3.686
Epoch: 4, Train loss: 3.154, Val loss: 3.488
Epoch: 5, Train loss: 3.068, Val loss: 3.401
```

run 함수는 모델 학습 및 평가를 위한 함수로 소스와 타깃 데이터를 입력받아 collator로 문장들을 토큰화하고 인덱스로 변환한다.

create_mask 함수는 트랜스포머 모델에 필요한 입력 패딩 마스크(src_padding_mask, tgt_padding_mask)와 어텐션 마스크(src_mask, tgt_mask)를 생성한다. 이 결괏값들은 타깃 시퀀스의 i번째까지 토큰이 주어졌을 때 i+1번째 토큰을 예측하는 데 활용된다.

출력 결과를 보면 5 에폭까지 모델을 학습했을 때 학습 손실(Train loss)과 검증 손실(Val loss) 모두 감소해 모델이 학습된 것을 확인할 수 있다. 다음 예제 7.8에서 트랜스포머 모델의 번역 결과를 확인해 본다.

예제 7.8 트랜스포머 모델 번역 결과

```python
def greedy_decode(model, source_tensor, source_mask, max_len, start_symbol):
    source_tensor = source_tensor.to(DEVICE)
    source_mask = source_mask.to(DEVICE)

    memory = model.encode(source_tensor, source_mask)
    ys = torch.ones(1, 1).fill_(start_symbol).type(torch.long).to(DEVICE)
    for i in range(max_len - 1):
        memory = memory.to(DEVICE)
        target_mask = generate_square_subsequent_mask(ys.size(0))
        target_mask = target_mask.type(torch.bool).to(DEVICE)

        out = model.decode(ys, memory, target_mask)
        out = out.transpose(0, 1)
        prob = model.generator(out[:, -1])
        _, next_word = torch.max(prob, dim=1)
        next_word = next_word.item()

        ys = torch.cat(
            [ys, torch.ones(1, 1).type_as(source_tensor.data).fill_(next_word)], dim=0
        )
        if next_word == EOS_IDX:
            break
    return ys


def translate(model, source_sentence):
    model.eval()
    source_tensor = text_transform[SRC_LANGUAGE](source_sentence).view(-1, 1)
    num_tokens = source_tensor.shape[0]
    src_mask = (torch.zeros(num_tokens, num_tokens)).type(torch.bool)
    tgt_tokens = greedy_decode(
        model, source_tensor, src_mask, max_len=num_tokens + 5, start_symbol=BOS_IDX
```

```
    ).flatten()
    output = vocab_transform[TGT_LANGUAGE].lookup_tokens(list(tgt_tokens.cpu().numpy()))[1:-1]
    return " ".join(output)
```

```
output_oov = translate(model, "Eine Gruppe von Menschen steht vor einem Iglu .")
output = translate(model, "Eine Gruppe von Menschen steht vor einem Gebäude .")
print(output_oov)
print(output)
```

출력 결과

```
A group of people are standing in front of a large building .
A group of people are standing in front of a large building .
```

모델 번역 방식은 **그리드 디코딩**(Greedy decoding) 방식으로 번역 결과를 출력한다. 그리드 디코딩은 디코더 네트워크가 생성한 확률 분포에서 가장 높은 확률을 가지는 단어를 선택하는 방법으로, 현재 시점에서 가장 확률이 높은 단어를 선택하여 디코딩을 진행한다.

모델을 추론 방식은 디코더에 참조되는 마지막 인코더 트랜스포머 블록의 벡터(memory), 타깃 데이터의 입력 텐서(ys), 타깃 마스크(target_mask)를 사용한다.

memory 텐서를 생성하려면 소스 문장을 토큰 인덱스로 표현한 source_tensor를 생성하고, source_mask 는 소스 문장에서 모든 토큰이 어텐션 될 수 있게 0 값으로 설정한다.

model.encode 메서드에 source_tensor와 source_mask를 입력으로 넣어 소스 문장에 대한 인코딩을 수행해 마지막 인코더 트랜스포머 블록의 벡터를 추출한다.

model.decode 메서드에서 생성된 out은 [토큰 개수, 배치 크기, 확률]의 형태를 가진다. 이 값을 transpose 함수를 이용하여 [배치 크기, 토큰 개수, 확률] 형태로 변환한 후, 텐서를 슬라이싱해 [배치 크기, 확률] 형태로 만든다. 이후, 어휘 사전에서 가장 확률이 높은 토큰 인덱스를 찾는다.

이 과정을 max_len 이전이거나 EOS_IDX를 예측할 때까지 반복하며, 최종적으로 예측된 토큰 시퀀스를 반환한다.

max_len은 num_tokens + 5로 구성되는데, num_tokens는 소스 문장의 토큰 개수를 의미한다. 일반적으로 생성된 문장의 길이가 소스 문장 길이보다 약간 더 길어지는 경우가 많기 때문에 5를 더한다.

greedy_decode 함수는 현재까지 예측된 토큰들을 이용해 다음 토큰을 예측하는데, 이때 가장 높은 확률을 가지는 단어를 선택하여 다음 토큰으로 예측한다.

마지막으로 예측된 토큰 인덱스를 어휘 사전의 lookup_tokens 함수를 통해 텍스트로 변환한다. 후처리로 <bos>와 <eos> 토큰은 슬라이싱([1:-1])으로 제거한다.

이렇게 처리된 텍스트를 공백으로 구분해 하나의 문장으로 만든 후 반환한다. 번역 테스트에 사용된 독일어 'Eine Gruppe von Menschen steht vor einem Iglu.'는 '한 그룹의 사람들이 이글루 앞에 서 있습니다.'라는 의미다.

번역 결과를 보면 모델이 입력 문장의 의미를 정확하게 파악하지 못하고 잘못된 번역 결과를 도출했다. 이글루(Iglu)는 OOV 데이터로 학습하지 않았기 때문에 번역 결과가 부정확할 수 있다. 이글루 대신 건물(Gebäude)을 입력해 번역하면 모델이 입력 문장의 의미를 올바르게 파악해 자연스러운 번역 결과가 나온다.

하지만 출력 결과를 보면 OOV인 Iglu도 'building'으로 번역했기 때문에 'Gebäude'라는 단어를 인식해 'building'으로 번역한 것이 아니라 'large' 다음에는 자연스럽게 'building'이 따라올 것이라는 것을 학습해 자연스러운 번역 결과가 나왔을 가능성이 있다.

그러므로 더 정확한 번역을 위해 더 많은 학습 데이터를 사용하거나 모델의 구조 또는 하이퍼파라미터 등을 변경해 모델의 성능을 지속적으로 모니터링하고 개선해야 한다.

GPT

GPT(Generative Pre-trained Transformer)[5]는 2018년 OpenAI에서 발표한 트랜스포머 기반 언어 모델로 가장 널리 알려진 언어 모델이다. 이 모델은 ELMo(Embeddings from Language Model)[6]와 같이 대규모 말뭉치로 사전 학습된 모델로 다양한 다운스트림 작업에서 우수한 성능을 보인다.

GPT 모델은 트랜스포머의 디코더를 여러 층 쌓아 만든 언어 모델이다. 트랜스포머의 인코더는 입력 문장의 특징을 추출하는 데 초점을 두고 있다면, 디코더는 입력 문장과 출력 문장 간의 관계를 이해하고 출력 문장을 생성하는 데 초점을 두고 있다.

---

5 https://www.cs.ubc.ca/~amuham01/LING530/papers/radford2018improving.pdf
6 양방향 LSTM 모델을 사용한 임베딩 모델

이러한 특성 때문에 디코더를 쌓아 모델을 구성하는 것이 자연어 생성과 같은 언어 모델링 작업에서 더 높은 성능을 발휘한다. GPT 모델은 대규모 텍스트 데이터세트로 사전 학습해 초기화되며, 특정 자연어 처리 작업에 맞게 미세 조정해 사용한다.

GPT는 일반적으로 자연어 생성, 기계 번역, 질의응답, 요약 등 다양한 자연어 처리 작업에 활용되며, 예측 성능이 뛰어나고 적은 데이터로도 높은 성능을 보인다.

이러한 GPT 모델은 다양한 시리즈가 존재한다. 발표 순서대로 GPT-1(2018년), GPT-2(2019년), GPT-3(2020년)라는 이름으로 알려져 있다. 이 모델들은 거의 동일한 트랜스포머 구조를 사용하며, 버전이 갱신될수록 더 많은 트랜스포머 계층과 데이터를 활용해 학습됐다.

GPT-1은 첫 번째 GPT 모델로, 약 1억 2천만 개의 매개변수가 존재한다. GPT-2는 두 번째 발표된 모델로, GPT-1의 성능을 크게 능가하며 약 15억 개의 매개변수가 존재한다.

GPT-3는 GPT-2보다 훨씬 더 큰 1,750억 개의 매개변수를 갖는 초거대 모델로서 매우 뛰어난 문장 생성 성능을 보여준다. 하지만 GPT-3는 막대한 양의 매개변수를 가진 모델이기 때문에 문장을 생성하는 데 많은 자원을 필요로 한다.

많은 양의 매개변수를 줄이기 위해 OpenAI는 RLHF(Reinforcement Learning from Human Feedback) 방법을 도입해 GPT-3.5(InstructGPT) 모델을 학습했다.

RLHF란 인간의 피드백을 이용하는 강화 학습 방법이다. 이 방법은 인간이 모델이 생성한 결과물을 평가하고, 모델이 좋은 결과물을 생성하면 보상을 주어서 모델을 학습시킨다.

이렇게 인간의 지도를 통해 모델을 학습시키는 방법은 기존의 학습 데이터만 사용하는 것보다 더욱 정확하고 효율적인 모델 학습이 가능해 약 60억 개의 가중치로도 뛰어난 성능을 낼 수 있게 됐다.

2022년 10월에는 대화형 질의응답 시스템으로 사용할 수 있는 ChatGPT 서비스가 공개됐다. 이 서비스는 GPT-3.5를 기반으로 하여 자연스러운 대화를 생성하며, 사용자와의 대화를 통해 지속적으로 학습해 발전한다.

또한, 2023년 3월에는 이미지 데이터를 함께 학습하는 GPT-4 모델이 발표됐다. 이 모델은 텍스트 데이터에 국한되지 않고 이미지 데이터도 처리할 수 있게 개선돼 더 복잡한 작업을 수행할 수 있게 발전됐다.

이 외에도 GPT 계열 모델은 GPT-Neo[7]나 GPT-J[8] 등 다양한 시리즈에 모델들이 개발되고 활용되고 있다.

GPT-1

GPT-1은 트랜스포머 구조를 바탕으로 한 **단방향(Unidirectional)** 언어 모델이다. 단방향 언어 모델은 텍스트를 생성할 때 현재 위치에서 이전 단어들에 대한 정보만을 참고해 다음 단어를 예측하는 모델이다.

다시 말해, 이전 단어들을 차례대로 입력하면서 다음 단어를 예측하는 방식으로 동작한다. 이러한 방식은 모델의 계산량이 줄어들기 때문에 학습 속도가 빠르고, 모델의 크기가 작아질 수 있다는 장점이 있다.

GPT-1은 이전 단어들에 대한 정보로 다음 단어를 예측할 때 트랜스포머 구조를 활용한다. 트랜스포머 구조 중 디코더 부분만 사용하며, 인코더-디코더 간 어텐션 연산을 제외한다.

디코더 부분만 사용하는 방식으로 모델의 매개변수 수를 줄이면서도 높은 성능을 보일 수 있었다. 다음 그림 7.7은 GPT-1의 트랜스포머 모델에서 GPT에 활용되는 모듈을 보여준다.

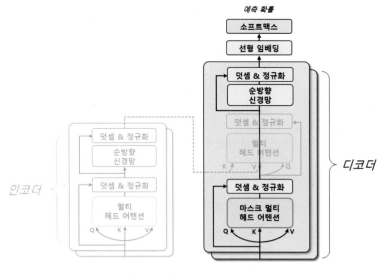

그림 7.7 트랜스포머와 GPT-1 모델 비교

---

7 OpenAI GPT 대체 모델로 GPT-3의 구조를 활용한 거대 언어 모델이다. 학습 및 테스트에 필요한 코드들이 EleutherAI/gpt-neo 깃허브에 공개돼 있다.

8 GPT-3와 유사한 모델로 학습 데이터와 관련된 라이선스 문제를 해결하기 위해 개발됐다.

GPT-1 모델은 인코더를 사용하지 않고 디코더 부분만 사용하여 모델을 구성하며, 디코더의 두 번째 다중헤드 어텐션은 사용하지 않는다. 12개의 헤드를 가진 트랜스포머의 디코더를 12층 쌓아 모델을 구성하며 약 1억 2천만 개의 매개변수로 학습된다.

GPT-1 모델은 약 4.5GB의 BookCorpus[9] 데이터세트를 사용해 언어 모델을 사전 학습한다. 이때 입력 문장을 임의의 위치까지 보여주고, 뒤에 이어지는 문장을 모델이 자동으로 예측하게 한다.

이 과정에서 별도의 레이블이 필요하지 않기 때문에 비지도 학습으로 학습이 이뤄진다. 별도의 레이블이 없는 비지도 학습이므로 컴퓨팅 자원만 충분하다면 제약 없이 학습할 수 있다는 장점이 있다.

다음 그림 7.8은 GPT-1의 사전 학습 작업 구조를 보여준다.

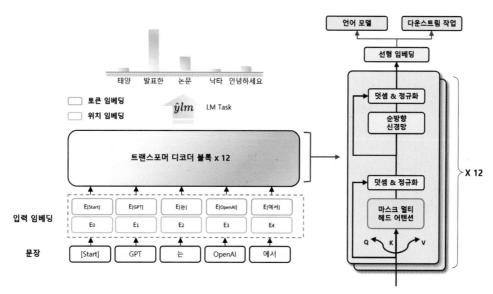

그림 7.8 GPT-1의 사전 학습 작업 구조

GPT-1은 입력 문장의 일부만 보고 다음 토큰을 예측하도록 하는 언어 모델을 통해 사전 학습한다. 이를 위해 입력 문장을 일정한 길이의 블록으로 나누어 처리하고, 각 블록에서는 블록 내의 첫 번째 토큰부터 순서대로 다음 토큰을 예측하게 한다. 이러한 방식으로 나누어 처리하는 방법은 모델이 장기적인 문맥을 이해할 수 있게 한다.

---

9 출판되지 않은 여러 장르의 책 7,000여 권을 모은 데이터세트

GPT-1의 입력 임베딩은 토큰 임베딩과 위치 임베딩을 이용해 계산된다. 토큰 임베딩은 각 토큰을 고정된 차원의 벡터로 매핑하며, 위치 임베딩은 입력 문장에서 각 토큰의 위치 정보를 나타내는 벡터를 매핑한다.

미세 조정을 위한 다운스트림 작업에서도 GPT-1은 각 작업에 따라 입출력 구조를 바꾸지 않고 언어 모델을 **보조 학습(Auxiliary Learning)**해 사용할 수 있다.

보조 학습이란 모델이 주어진 주요 학습 작업 외에도 다른 작은 부가적인 학습 작업을 동시에 수행하는 것을 의미한다. 보조 작업에서 학습한 정보를 주요 작업에 전달하여 성능을 향상시킬 수 있다.

다음 그림 7.9는 GPT-1의 모델 구조와 다운스트림 작업별 입출력 구조를 보여준다.

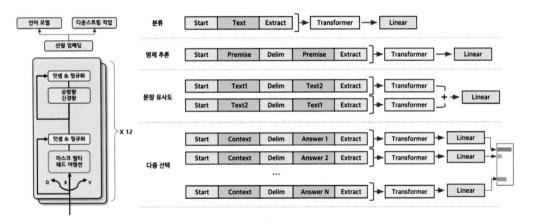

그림 7.9 GPT-1의 다운스트림 작업 구조

다운스트림 작업에서는 원하는 목표에 맞게 모델을 세밀하게 조정해야 하기 때문에, 일반적인 언어 모델 학습 시 사용되는 손실 함수 외에 다운스트림 작업에서 필요한 추가 손실 함수가 필요하다.

두 개의 손실 함수를 사용해 최적화하면 보조 학습을 통해 언어 모델을 개선하는 동시에, 다운스트림 작업의 목표를 달성하기 위해 필요한 정보를 학습할 수 있다.

GPT-1 다운스트림 작업에서도 특수 토큰이 사용된다. GPT-1은 문장의 시작을 의미하는 <start> 토큰, 두 문장의 경계를 의미하는 <delim> 토큰, 문장의 마지막을 의미하는 <extract> 토큰을 사용한다.

GPT-2

또한 GPT-1은 입력 문장을 최대 512의 길이만큼 받아들여 다음 토큰을 예측했지만, GPT-2에서는 1,024의 길이까지 입력을 처리할 수 있다. 이외에도 12개의 디코더 층을 사용한 GPT-1과는 달리, 48 개의 디코더 계층을 사용해 이전 모델인 GPT-1보다 더욱 복잡한 패턴을 학습할 수 있게 됐다. 이전 모델인 GPT-1은 1,200만 개의 매개변수를 사용해 언어 모델링 작업을 수행했지만, GPT-2에서는 15억 개의 매개변수를 갖게 됐다. 다음 그림 7.10은 GPT-2의 모델 구조를 보여준다.

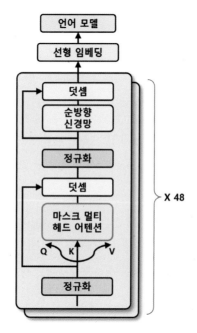

그림 7.10 GPT-2의 모델 구조

GPT-2는 GPT-1보다 훨씬 더 많은 양의 데이터를 이용하여 사전 학습됐다. GPT-2는 미국의 웹사이트에서 스크래핑한 약 8백만 개의 문서를 사용해 약 40GB 데이터로 사전 학습을 수행했다.

더 많은 데이터로 학습된 GPT-2는 더욱 자연스러운 문장 생성 능력을 지니고 있으며, 더 다양한 분야에서 활용될 수 있다.

또한, GPT-2는 제로-샷 학습이 가능하다. GPT-2는 별도의 미세 조정 없이 다운스트림 작업에서도 사용할 수 있게 사전 학습 과정에서 특정한 형식의 데이터를 입력한다.

예를 들어 'GPT는 놀라워요 = GPT is amazing'과 같은 형식의 문장을 학습시킨 후, '번역 한글 문장 ='을 입력하면 번역된 영문이 출력되는 형식으로 작동한다. 이러한 방식으로 학습 과정으로 배우지 않은 작업에도 사용할 수 있다.

GPT-3

GPT-1과 GPT-2의 모델 구조가 큰 차이 없었듯이, GPT-3도 GPT-2와 거의 동일한 모델 구조를 가지고 있다. 그러나 GPT-3는 몇몇 모델 매개변수의 변화를 통해 GPT-2보다 약 116배 많은 매개변수를 가진 모델이 됐다.

GPT-3는 매우 규모가 큰 모델로 96개의 헤드를 가진 멀티 헤드 어텐션을 사용하며, 트랜스포머 디코더 층도 96개의 층을 사용한다. 멀티 헤드 어텐션 과정에서 연산량을 줄이기 위해 **희소 어텐션(Sparse Attention)**과 일반 어텐션을 섞어 사용한다.

이에 더해 토큰 임베딩의 크기도 1,600에서 12,888로 대폭 증가한다. GPT-2가 최대 1,024개의 토큰까지 입력할 수 있었다면, GPT-3는 2,048개까지 입력할 수 있어 더욱 긴 문장에 대한 처리 능력이 향상됐다.

GPT-3는 웹 크롤링, 위키백과, 서적 등에서 수집한 약 45TB에 달하는 방대한 양의 데이터세트를 이용하여 모델을 학습한다. 이 모델은 다운스트림 작업으로 학습하지 않았지만, 질의응답, 번역, 요약, 문서 생성 등 다양한 다운스트림 작업에서도 높은 성능을 보인다.

GPT-3도 GPT-2와 같이 **프롬프트(prompt)** 형식으로 작업을 수행한다. 그림 7.11은 GPT-3가 다운스트림 작업을 수행하는 것을 보여준다.

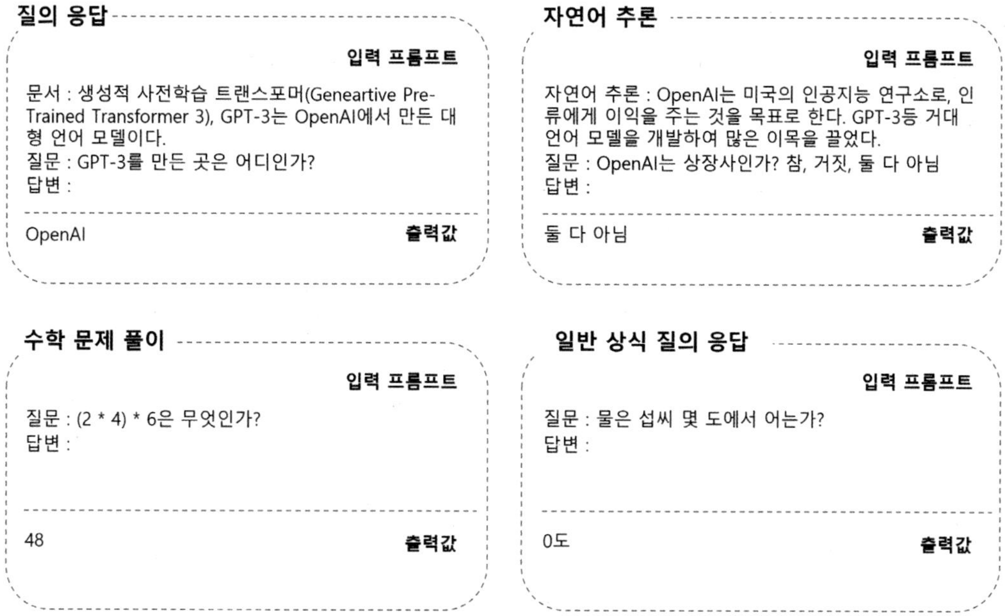

질의 응답

입력 프롬프트

문서 : 생성적 사전학습 트랜스포머(Geneartive Pre-Trained Transformer 3), GPT-3는 OpenAI에서 만든 대형 언어 모델이다.
질문 : GPT-3를 만든 곳은 어디인가?
답변 :

OpenAI   출력값

자연어 추론

입력 프롬프트

자연어 추론 : OpenAI는 미국의 인공지능 연구소로, 인류에게 이익을 주는 것을 목표로 한다. GPT-3등 거대 언어 모델을 개발하여 많은 이목을 끌었다.
질문 : OpenAI는 상장사인가? 참, 거짓, 둘 다 아님
답변 :

둘 다 아님   출력값

수학 문제 풀이

입력 프롬프트

질문 : (2 * 4) * 6은 무엇인가?
답변 :

48   출력값

일반 상식 질의 응답

입력 프롬프트

질문 : 물은 섭씨 몇 도에서 어는가?
답변 :

0도   출력값

그림 7.11 GPT-3의 다운스트림 작업 프롬프트 예시

GPT-3는 새로운 도메인에서의 작업에 대해서도 높은 일반화 능력을 보이며, 질의응답, 수학 문제 풀이, 자연어 추론 등과 같은 기존 자연어 처리 분야에서는 이전의 기술적 한계를 극복하는 성과를 보여준다.

하지만 GPT-3는 큰 모델이기 때문에 매우 느리고 비용이 많이 들어 일반 사용자나 소규모 기업에서 활용하기 어려우며, 사전 학습된 데이터에 기반하여 작동하기 때문에 데이터가 편향돼 있거나 정확하지 않을 경우 오류가 발생할 수 있다.

GPT-3는 자연어 처리 작업에 대한 일반화 능력이 높지만, 사람과 비교할 때 인간적인 이해력과 상식적인 추론 능력이 부족하다. 모델이 생성한 텍스트는 항상 사실일 필요가 없으며, 편견이나 혐오 표현 등이 포함될 수도 있다.

이러한 결과물을 사용할 때는 항상 검토하고 검증하는 과정이 필요하다. 또한, 생성된 텍스트의 저작권은 모델을 학습시킨 데이터와 모델을 만든 회사에 있으므로 저작권 문제에 주의해야 한다.

GPT 3.5

InstructGPT라고도 불리는 GPT-3.5는 GPT-3의 모델 구조를 그대로 따르면서도, 새로운 학습 방법인 RLHF를 도입해 모델의 매개변수 수를 줄이고 모델의 자연스러움을 높인 것이 특징이다. 다음 그림 7.12는 OpenAI에서 공개한 RLHF 방법을 보여준다.

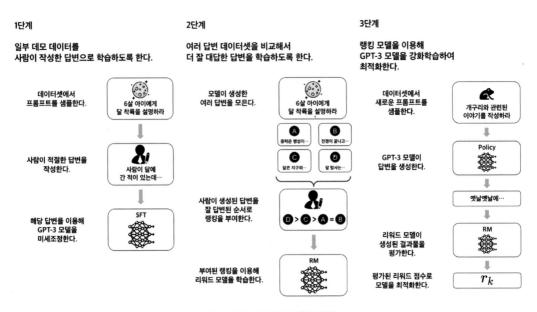

그림 7.12 RLHF GPT-3 학습 방법

RLHF의 학습 방법은 데이터세트에서 임의의 프롬프트를 가져온다. 그리고 이 프롬프트에 대해 사람이 직접 적절한 답을 작성하게 한다.

이때 작성된 답변은 모델이 생성한 문장과 함께 평가해 모델이 생성한 문장이 자연스러우면 보상받고, 그렇지 않으면 보상받지 못한다. 이러한 보상을 바탕으로 강화 학습을 통해 모델을 학습한다. 이러한 과정을 **지도 미세 조정(Supervised Fine-Tuning, SFT)**이라 한다.

RLHF를 통해 학습한 모델은 GPT-3 모델보다 더 자연스러운 문장을 생성할 수 있다. 하지만 학습 데이터양을 고려하면 전체 프롬프트에 사람이 답변을 다는 것은 현실적으로 어렵다. 그러므로 GPT 모델이 얼마나 잘 답변했는지 평가하는 보상(Reward) 모델을 학습한다. GPT 모델은 시드(seed)에 따라 다른 답변을 생성하므로 내용이 서로 다른 여러 개의 답변이 생성될 수 있다.

보상 모델로 사람이 평가하고 그에 따른 랭킹을 부여한다. 사람이 부여한 랭킹은 생성된 답변의 우수성을 평가한 결과이며, 이를 보상 모델의 입력으로 사용한다. 보상 모델은 이렇게 생성된 답변과 랭킹 정보를 활용하여 학습하며, 이를 통해 모델은 더 자연스러운 문장을 생성할 수 있게 된다.

RLHF에서는 주어진 프롬프트(State)에 대해 GPT-3 언어 모델(Policy)이 답변을 생성(Action)하고, 이를 이용해 사람의 피드백을 기반으로 한 학습된 보상 모델을 평가(Reward)한다.[10]

이 과정에서 생성된 답변과 랭킹 정보를 활용하여 리워드 모델이 학습되며, 이를 통해 더욱 자연스러운 문장 생성이 가능해지는 GPT-3.5(InstructGPT)가 학습된다. 이 과정을 반복함으로써 더욱 정교한 답변 생성 모델을 학습할 수 있다.

GPT-4는 이전 모델과 비교했을 때 높은 성능 향상을 보였지만, 언어 모델이 일부 입력에 대해 현실적이지 않은 결과를 생성하는 **환각(Hallucination)** 현상이 아직 존재한다. 환각 현상이란 모델이 인간과 같은 추론과 판단 능력을 갖추지 못하고 부적절하거나 오류가 많은 답변을 제시하는 현상을 말한다.

GPT-4

GPT-4는 이전의 GPT 모델과는 달리, 텍스트 데이터뿐만 아니라 이미지 데이터도 인식 가능한 **멀티모달(Multimodal)**[11] 모델이다.

GPT-3.5가 입력으로 최대 4,096개의 토큰을 처리할 수 있었던 반면, GPT-4는 최대 여덟 배인 32,768개의 토큰을 입력받을 수 있다. 즉, GPT-3.5에서 3,000개의 단어를 처리할 수 있었다면 GPT-4는 25,000개의 단어를 처리할 수 있게 됐다.

대규모 다중 작업 언어 이해(Massive Multitask Language Understanding, MMLU) 벤치마크 테스트 결과, GPT-3.5에서는 약 70%의 성능을 보였지만, GPT-4에서는 약 85%까지 성능이 향상됐다. 한국어로 번역한 MMLU 벤치마크에서 77%를 기록하며 GPT-3.5의 영어 성능보다 높은 성능을 내는 것으로 알려졌다.

또한, GPT-3.5는 미국 변호사 시험에서 213점을 받았지만, GPT-4는 298점으로 상위 10%의 점수를 받았으며, SAT 읽기와 쓰기 시험에서는 GPT 3.5가 받은 670점보다 40점 높은 710점을 받아 상위 7%의 점수를 받았다.

---

10 강화 학습은 1.2 '머신러닝 시스템' 절을 참고한다.
11 다양한 종류의 데이터를 동시에 처리하는 기술을 의미

GPT-4는 모델의 매개변수 수나 학습 데이터 및 방법은 공개되지 않았지만, ChatGPT Plus나 마이크로소프트 Bing을 통해 모델을 사용할 수 있다.

모델 실습

이번 절에서는 허깅 페이스 트랜스포머스 라이브러리의 GPT-2 모델로 문장을 생성해 본다. 다음 예제 7.9는 문장 생성을 위한 GPT-2 모델의 구조를 보여준다.

예제 7.9 문장 생성을 위한 GPT-2 모델의 구조

```
from transformers import GPT2LMHeadModel

model = GPT2LMHeadModel.from_pretrained(pretrained_model_name_or_path="gpt2")

for main_name, main_module in model.named_children():
    print(main_name)
    for sub_name, sub_module in main_module.named_children():
        print("└", sub_name)
        for ssub_name, ssub_module in sub_module.named_children():
            print("| └", ssub_name)
            for sssub_name, sssub_module in ssub_module.named_children():
                print("| | └", sssub_name)
```

출력 결과

```
transformer
└ wte
└ wpe
└ drop
└ h
| └ 0
| | └ ln_1
| | └ attn
| | └ ln_2
| | └ mlp
...
| └ 11
| | └ ln_1
| | └ attn
```

```
| | └ ln_2
| | | └ mlp
└ ln_f
lm_head
```

트랜스포머스 라이브러리의 `GPT2LMHeadModel` 클래스의 `from_pretrained` 메서드로 사전 학습된 GPT-2 모델을 불러올 수 있다. `pretrained_model_name_or_path` 매개변수는 불러오려는 사전 학습된 모델을 의미한다.

실습 모델은 48개의 디코더 계층을 사용하는 모델이 아니라, 12개의 디코더 계층을 사용하는 간소화 모델인 gpt2를 사용한다. 48개의 디코더 계층을 사용하는 모델을 사용한다면 **gpt2-xl**로 불러올 수 있다.

간소화된 GPT-2 모델의 구조를 보면 단어 토큰 임베딩(wte), 단어 위치 임베딩(wpe), 드롭아웃(drop), 트랜스포머 디코더 계층(h), 선형 임베딩 및 언어 모델(lm_head)로 구성돼 있다.

트랜스포머스 라이브러리는 문장 분류, 문장 생성, 토큰 분류 등 다양한 작업에 대한 전처리, 모델 아키텍처, 후처리를 각각 처리할 수 있는 **파이프라인(pipeline)** 함수를 제공한다. 파이프라인 함수에 대한 자세한 설명은 부록의 '허깅 페이스'에서 자세히 다룬다.

다음 예제 7.10은 GPT-2 모델을 사용한 문장 생성 구성 방법을 보여준다.

예제 7.10 GPT-2를 이용한 문장 생성

```python
from transformers import pipeline

generator = pipeline(task="text-generation", model="gpt2")
outputs = generator(
    text_inputs="Machine learning is",
    max_length=20,
    num_return_sequences=3,
    pad_token_id=generator.tokenizer.eos_token_id
)
print(outputs)
```

출력 결과

```
[{'generated_text': 'Machine learning is the ability to model and learn from the world around you.
That knowledge is fundamental to'},
 {'generated_text': 'Machine learning is one of the earliest artificial intelligence projects. It has
```

```
already been used in machine learning to'},
  {'generated_text': "Machine learning is a fundamental component of our approach to artificial
intelligence, based on deep learning. We'll"}]
```

파이프라인 클래스는 입력된 작업(task)에 모델(model)로 적합한 파이프라인을 구축한다. 작업 매개변수는 수행하려는 작업을 의미한다. 이번 절에서는 GPT-2 모델로 문장 생성 작업을 수행하므로 text-generation과 gpt2를 입력한다.

파이프라인 함수는 설정한 작업을 수행하는 파이프라인 클래스의 인스턴스를 반환한다. 텍스트 생성 작업을 의미하는 "text-generation" 작업을 입력하면 TextGenerationPipeline 클래스의 인스턴스가 생성된다.

입력 텍스트(text_inputs)는 생성하려는 문장의 입력 문맥을 전달하며, 최대 길이(max_length)는 생성될 문장의 최대 토큰 수를 제한한다. 반환 시퀀스 개수(num_return_sequences)는 생성할 텍스트 시퀀스의 수를 의미한다.

패딩 토큰 ID(pad_token_id)는 모델의 **자유 생성(Open-end generation)** 여부를 설정한다. 해당 매개변수를 사용하면 모델이 입력된 문장의 문맥을 기반으로 자유롭게 다음 단어나 문장을 생성한다.

예제 7.10은 'Machine learning is'라는 문장을 문맥으로 입력했을 때, 다음에 이어지는 내용을 제한 없이 생성한다.

GPT-2 모델은 선형 임베딩 층을 이용해 텍스트 분류 등 다양한 다운스트림 작업에 활용할 수 있다. 이번에는 CoLA(The Corpus of Linguistic Acceptability)[12] 데이터세트를 이용해 모델을 학습해 보자. 다음 예제 7.11은 CoLA 데이터세트를 불러오는 방법을 보여준다.

예제 7.11 CoLA 데이터세트 불러오기

```
import torch
from torchtext.datasets import CoLA
from transformers import AutoTokenizer
from torch.utils.data import DataLoader

def collator(batch, tokenizer, device):
```

---

12   문법적으로 올바른 문장과 올바르지 않은 문장을 포함하는 영어 문장 말뭉치 데이터세트

```
        source, labels, texts = zip(*batch)
        tokenized = tokenizer(
            texts,
            padding="longest",
            truncation=True,
            return_tensors="pt"
        )
        input_ids = tokenized["input_ids"].to(device)
        attention_mask = tokenized["attention_mask"].to(device)
        labels = torch.tensor(labels, dtype=torch.long).to(device)
        return input_ids, attention_mask, labels


train_data = list(CoLA(split="train"))
valid_data = list(CoLA(split="dev"))
test_data = list(CoLA(split="test"))


tokenizer = AutoTokenizer.from_pretrained("gpt2")
tokenizer.pad_token = tokenizer.eos_token


epochs = 3
batch_size = 16
device = "cuda" if torch.cuda.is_available() else "cpu"


train_dataloader = DataLoader(
    train_data,
    batch_size=batch_size,
    collate_fn=lambda x: collator(x, tokenizer, device),
    shuffle=True,
)
valid_dataloader = DataLoader(
    valid_data, batch_size=batch_size, collate_fn=lambda x: collator(x, tokenizer, device)
)
test_dataloader = DataLoader(
    test_data, batch_size=batch_size, collate_fn=lambda x: collator(x, tokenizer, device)
)
```

```
print("Train Dataset Length :", len(train_data))
print("Valid Dataset Length :", len(valid_data))
print("Test Dataset Length :", len(test_data))
```

출력 결과

```
Train Dataset Length : 8550
Valid Dataset Length : 526
Test Dataset Length : 515
```

CoLA 데이터세트는 train, dev, test로 구성된다. train 데이터세트는 모델 학습에, dev 데이터세트는 모델 검증에, test 데이터세트는 학습된 모델의 성능 평가에 사용된다.

GPT-2는 사전 학습 시 패딩 기법을 사용하지 않기 때문에 토크나이저의 특수 토큰 중 패딩 토큰이 따로 포함되어 있지 않다. 따라서 문장 분류 모델을 학습하기 위해 문장의 끝을 의미하는 eos 토큰으로 패딩 토큰을 대체한다.

collator 함수는 배치를 토크나이저로 토큰화하고, 패딩(padding), 절사(truncation), 반환 형식 설정 (return_tensors) 작업을 수행한다.

패딩에 인자를 longest로 설정하면 가장 긴 시퀀스에 대해 패딩을 적용하고 절사에 인자를 True로 설정하면 입력 시퀀스 길이가 최대 길이를 초과하는 경우 해당 시퀀스를 자른다. 반환 형식 설정에 pt를 입력하면 파이토치 텐서 형태로 결과를 반환한다.

토크나이저는 토큰 ID(input_ids)와 어텐션 마스크(attention_mask)를 반환한다. GPT 모델은 어텐션 마스크를 이용해 입력 문장에서 패딩 부분을 무시하고 실제 단어에 대해 처리한다.

토큰 ID는 토크나이저가 각 토큰에 대해 부여한 숫자 ID를 담고 있으며, 어텐션 마스크는 입력 문장의 실제 단어에 대응하는 부분은 1로, 패딩에 대응하는 부분은 0으로 채운다.

다음은 문장 분류 모델을 정의하고 학습해 보자. 다음 예제 7.12는 문장 분류를 위한 GPT-2 모델의 설정 방법을 보여준다.

예제 7.12 GPT-2 모델 설정

```
from torch import optim
from transformers import GPT2ForSequenceClassification
```

```
model = GPT2ForSequenceClassification.from_pretrained(
    pretrained_model_name_or_path="gpt2",
    num_labels=2
).to(device)
model.config.pad_token_id = model.config.eos_token_id
optimizer = optim.Adam(model.parameters(), lr=5e-5)
```

GPT-2 문장 분류 모델(GPT2ForSequenceClassification) 클래스는 GPT-2 모델을 기반으로 하는 시퀀스 분류 모델이다. 이 모델은 기본 GPT-2 모델과 유사하게 작동하지만, 최종 출력 계층이 분류를 위해 미세 조정됐다.

CoLA 데이터세트는 올바른 문장과 올바르지 않은 문장이 태깅돼 있으므로 분류 레이블 수(num_labels)를 2로 설정한다.

GPT-2는 사전 학습 시 토큰의 패딩 기법을 사용하지 않는다. 따라서 GPT-2의 토크나이저에는 패딩 토큰이 포함돼 있지 않다.

하지만 문장 분류 모델을 학습하기 위해서는 모델이 고정된 길이의 입력을 필요로 하므로 문장의 끝을 나타내는 eos 토큰을 사용해 패딩 토큰으로 대체한다. 이렇게 설정하면 문장 분류 모델에서 필요로 하는 고정된 길이의 입력을 제공할 수 있다.

모델 설정이 완료됐다면 모델을 학습하고 검증해 본다. 다음 예제 7.13은 모델 학습 및 검증 방법을 보여준다.

예제 7.13 GPT-2 모델 학습 및 검증

```
import numpy as np
from torch import nn


def calc_accuracy(preds, labels):
    pred_flat = np.argmax(preds, axis=1).flatten()
    labels_flat = labels.flatten()
    return np.sum(pred_flat == labels_flat) / len(labels_flat)


def train(model, optimizer, dataloader):
    model.train()
    train_loss = 0.0
```

```python
    for input_ids, attention_mask, labels in dataloader:
        outputs = model(
            input_ids=input_ids,
            attention_mask=attention_mask,
            labels=labels
        )

        loss = outputs.loss
        train_loss += loss.item()

        optimizer.zero_grad()
        loss.backward()
        optimizer.step()

    train_loss = train_loss / len(dataloader)
    return train_loss

def evaluation(model, dataloader):
    with torch.no_grad():
        model.eval()
        criterion = nn.CrossEntropyLoss()
        val_loss, val_accuracy = 0.0, 0.0

        for input_ids, attention_mask, labels in dataloader:
            outputs = model(
                input_ids=input_ids,
                attention_mask=attention_mask,
                labels=labels
            )
            logits = outputs.logits

            loss = criterion(logits, labels)
            logits = logits.detach().cpu().numpy()
            label_ids = labels.to("cpu").numpy()
            accuracy = calc_accuracy(logits, label_ids)

            val_loss += loss
```

```
            val_accuracy += accuracy

    val_loss = val_loss/len(dataloader)
    val_accuracy = val_accuracy/len(dataloader)
    return val_loss, val_accuracy


best_loss = 10000
for epoch in range(epochs):
    train_loss = train(model, optimizer, train_dataloader)
    val_loss, val_accuracy = evaluation(model, valid_dataloader)
    print(f"Epoch {epoch + 1}: Train Loss: {train_loss:.4f} Val Loss: {val_loss:.4f} Val Accuracy
{val_accuracy:.4f}")

    if val_loss < best_loss:
        best_loss = val_loss
        torch.save(model.state_dict(), "../models/GPT2ForSequenceClassification.pt")
        print("Saved the model weights")
```

출력 결과

```
Epoch 1: Train Loss: 0.6048 Val Loss: 0.5266 Val Accuracy 0.7238
Saved the model weights
Epoch 2: Train Loss: 0.4834 Val Loss: 0.4927 Val Accuracy 0.7673
Saved the model weights
Epoch 3: Train Loss: 0.3535 Val Loss: 0.5156 Val Accuracy 0.7900
```

GPT-2 문장 분류 모델 클래스로 학습하면 내부적으로 손실을 계산해 반환한다. 그러므로 **train** 함수로 모델 학습 시 손실은 모델 출력값(**outputs**)의 loss 속성으로 가져온다.

모델 평가 시 교차 엔트로피 함수로 모델을 평가해 본다. 모델에서 반환하는 손실값이 아닌, 로짓(**logits**) 값과 레이블로 손실을 계산한다.

추가로 **calc_accuracy** 함수로 모델의 정확도를 계산한다. 이 함수는 모델의 예측 결과와 실제 레이블을 비교하여 정확도를 계산하고 반환한다.

각 에폭에서 학습 손실, 검증 손실, 검증 정확도를 계산하고, 검증 손실값이 가장 낮은 값을 갖는 체크포인트를 저장한다.

모델 선택 방법은 초기 best_loss를 큰 값으로 설정한 후, 각 에폭마다 검증 손실값이 그 값보다 작으면 모델이 개선됐다고 판단해 해당 시점의 모델 가중치를 저장한다.

최적의 모델을 저장했다면 테스트 데이터세트로 모델을 평가한다. 다음 예제 7.14는 학습된 모델을 평가하는 과정을 보여준다.

예제 7.14 모델 평가

```python
model = GPT2ForSequenceClassification.from_pretrained(
    pretrained_model_name_or_path="gpt2",
    num_labels=2
).to(device)
model.config.pad_token_id = model.config.eos_token_id
model.load_state_dict(torch.load("../models/GPT2ForSequenceClassification.pt"))

test_loss, test_accuracy = evaluation(model, test_dataloader)
print(f"Test Loss : {test_loss:.4f}")
print(f"Test Accuracy : {test_accuracy:.4f}")
```

출력 결과

```
Test Loss : 0.5712
Test Accuracy : 0.7431
```

해당 모델의 평가 결과를 보면 테스트 데이터세트에 대한 손실값은 0.5712이며, 정확도는 0.7431이다. 손실 및 정확도가 중간 정도의 수치를 보이고 있어, 모델이 대체로 예측을 잘 하지만 개선이 필요하다는 것을 확인할 수 있다.

이번에 사용한 학습 데이터세트는 8,550개로 모델 규모에 비해 매우 작은 데이터세트를 사용했음에도 불구하고, 모델이 높은 성능을 발휘하는 것으로 볼 수 있다. 이는 모델이 작은 데이터세트에서도 일반화 능력을 갖고 있음을 의미한다.

BERT

BERT(Bidirectional Encoder Representations from Transformers)[13]는 2018년 구글에서 발표한 언어 모델로 트랜스포머 기반 양방향 인코더를 사용하는 자연어 처리 모델이다.

---

13 https://arxiv.org/abs/1810.04805

양방향(Bidirectional) 인코더는 입력 시퀀스를 양쪽 방향에서 처리하여 이전과 이후의 단어를 모두 참조하면서 단어의 의미와 문맥을 파악한다. 기존의 언어 모델은 문장을 좌에서 우로 순차적으로 학습해 단어의 의미와 문맥을 파악할 때 이전 단어만 고려할 수밖에 없었다.

하지만 BERT는 양방향으로 문장을 학습하므로 이전과 이후의 단어를 모두 참조해 단어의 의미와 문맥을 파악할 수 있다. 이를 통해 BERT는 기존 모델들보다 더 정확하게 문맥을 파악하고, 다양한 자연어 처리 작업에서 높은 성능을 보인다.

BERT는 대규모 데이터를 사용해 사전 학습되어 있으므로 전이 학습에 주로 활용된다. BERT는 일부 또는 전체를 다른 작업에서 재사용해 적은 양의 데이터로도 높은 정확도를 달성할 수 있으며, 모델 학습 시간을 크게 단축할 수 있다.

BERT 모델은 트랜스포머의 인코더를 기반으로 하며, 이를 효과적으로 재활용함으로써 학습 데이터의 양과 다양성을 고려한 높은 성능을 보인다. 다음 그림 7.13은 BERT에서 사용되는 트랜스포머 모듈을 보여준다.

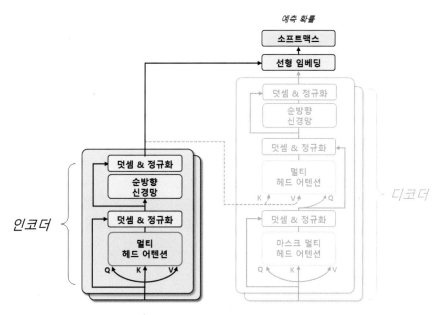

그림 7.13 트랜스포머와 BERT 모델 비교

BERT는 입력 문장의 의미와 구조를 학습하고 다양한 자연어 처리 작업에 적용할 수 있는 사전 학습된 언어 모델이다. BERT는 트랜스포머의 인코더 모듈만을 사용해 입력 문장을 처리한다.

인코더는 입력 문장의 단어들을 임베딩해 각 단어의 의미를 벡터화한 후, 이를 순차적으로 처리하여 문장 전체의 의미를 추출한다. BERT는 입력 문장의 단어를 좌우 양방향으로 처리해 문맥 정보를 모델링하므로 인코더 계층만을 사용해 학습한다.

BERT는 사전 학습을 위해 마스킹된 언어 모델링(MLM)과 다음 문장 예측 방법(NSP)을 사용한다.

사전 학습 방법

마스킹된 언어 모델링(Masked Language Modeling, MLM)은 입력 문장에서 임의로 일부 단어를 마스킹하고 해당 단어를 예측하는 방식이다. 예를 들어 'I'm learning PyTorch'라는 문장에서 'learning'을 마스킹하면, 'I'm [MASK] PyTorch'가 되어 BERT는 [MASK]에 들어갈 단어를 예측한다. 이 과정에서 양방향 문맥 정보를 참고한다.

BERT는 양방향으로 문장을 학습해 문맥 정보를 모델링하므로 입력 문장에서 누락된 단어를 추론하는 능력을 갖게 된다. 이를 통해 BERT는 문장 전체 의미를 이해하는 능력이 향상된다.

다음 문장 예측(Next Sentence Prediction, NSP)은 두 개의 문장이 주어졌을 때, 두 번째 문장이 첫 번째 문장의 다음에 오는 문장인지 여부를 판단하는 작업이다. 예를 들어 'I'm learning PyTorch'와 'PyTorch is a machine learning library'라는 두 문장이 주어지면 BERT는 이 두 문장이 연속적인 관계인지 아닌지를 예측한다. 이 과정에서 BERT는 두 문장 간의 관계를 학습하고, 문장 간의 의미적인 유사성을 파악한다.

BERT 모델은 입력 문장에 특수한 토큰들을 추가해 모델이 학습하고 추론하는 과정에서 필요한 정보를 제공한다. BERT에서는 [CLS] 토큰, [SEP] 토큰, [MASK] 토큰이 사용된다.

[CLS] 토큰은 입력 문장의 시작 부분에 추가되는 토큰이며, 이 토큰을 이용해 문장 분류 작업을 위한 정보를 제공한다. 이를 통해 모델은 입력 문장이 어떤 유형의 문장인지 미리 파악할 수 있게 된다. 예를 들어, 이전의 문장 분류 작업에서는 이 토큰이 입력 문장이 긍정적인지 부정적인지, 혹은 문장 내에서 어떤 객체가 언급되는지 등을 분류하는 데 사용된다.

[SEP] 토큰은 입력 문장 내에서 두 개 이상의 문장을 구분하기 위해 사용되는 토큰이다. 예를 들어, 문장 분류 작업에서 두 개의 문장을 입력으로 받을 때 [SEP] 토큰을 사용하여 두 문장을 구분한다.

이를 통해 모델은 입력 문장을 두 개의 독립적인 문장으로 인식하고, 각각의 문장에 대한 정보를 정확하게 파악할 수 있게 된다.

[MASK] 토큰은 입력 문장 내에서 임의로 선택된 단어를 가리키는 특별한 토큰이다. 이 토큰은 주어진 문장에서 일부 단어를 가린 후 모델의 학습과 예측에 활용한다. 예를 들어, 언어 모델링 작업에서 [MASK] 토큰은 마스킹된 실제 단어를 예측하는 데 사용된다.

따라서 BERT 모델의 입력 시퀀스는 **[CLS] 문장-1 [SEP] 문장-2 [MASK] [SEP]** 등의 구조를 가질 수 있다. 다음 그림 7.14는 BERT 모델의 입력 임베딩의 구조와 MLM과 NSP 손실 함수를 보여준다.

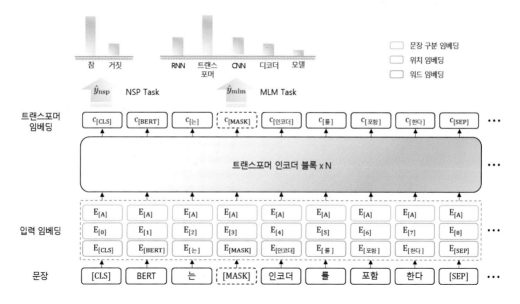

그림 7.14 BERT 모델의 입력 임베딩과 손실 함수

그림 7.14에서 입력 문장은 'BERT는 트랜스포머 인코더를 포함한다'이다. 그러므로 BERT 모델에서 해당 문장을 처리하기 위해 문장 앞에 삽입되는 [CLS] 토큰과 문장 마지막에 삽입되는 [SEP] 토큰을 추가해 '[CLS] BERT는 트랜스포머 인코더를 포함한다 [SEP]'과 같은 형태로 변환해야 한다.

[MASK] 토큰 적용 방법은 텍스트 토큰 중 15%에 해당하는 단어를 대상으로 마스킹을 수행한다. 예를 들어 100개의 토큰 중에서 약 15%에 해당하는 15개의 단어를 마스킹한다.

이 중 80%는 [MASK] 토큰으로 대체하고, 10%는 어휘 사전에 존재하는 무작위 단어로 변경한다. 그리고 나머지 10%는 실제 토큰을 그대로 사용한다.

입력 문장을 토큰 단위로 분리했다면 각 토큰에 대한 임베딩을 생성해 모델의 입력으로 사용한다. 각 토큰에 대한 임베딩은 **토큰(Token)**, **위치(Position)**, **문장 구분(Token Type)** 임베딩의 합으로 이뤄진다.

토큰 임베딩(Token Embedding)은 각 토큰에 대해 토큰 임베딩 벡터를 생성한다. 이 과정에서 토큰 임베딩 테이블을 사용해 각 토큰 인덱스에 해당하는 임베딩 벡터를 선택한다. 이 과정은 7.1 'Transformer' 절의 입력 임베딩 과정과 동일하다.

위치 임베딩(Position Embedding)은 입력 토큰의 위치 정보를 나타내는 임베딩으로, 각 입력 토큰의 위치 인덱스 정보를 입력받아 해당 위치의 임베딩 벡터를 출력한다. BERT 모델에서는 입력 토큰들의 상대적인 위치 정보를 고려하여 모델이 문장의 전체적인 의미를 파악할 수 있게 돕는다. 위치 인덱스는 0부터 최대 입력 가능한 토큰 수만큼 학습할 수 있다.

문장 구분 임베딩(Token Type Embedding)은 입력 문장이 두 개 이상의 문장으로 이루어진 경우, 각 문장을 구분하는 임베딩을 생성한다. 예를 들어 이전 문장의 모든 토큰에 세그먼트 인덱스 A를 부여하고, 다음 문장의 토큰들에는 세그먼트 인덱스 B를 부여한다고 가정한다. BERT 모델은 문장 구분 임베딩으로 문장 단위의 정보를 학습할 수 있게 된다.

입력 임베딩 이후 트랜스포머 인코더 블록을 통과해 **MLM** 작업 또는 **NSP** 작업을 수행한다. MLM 손실함수는 입력 문장에서 일부 단어를 무작위로 마스킹한 뒤, 해당 단어를 예측하는 방식을 사용한다.

그림 7.14와 같이 마지막 트랜스포머 인코더 블록에서 산출된 [MASK] 토큰 벡터로 실제 단어(트랜스포머)를 예측한다. 이를 통해 모델은 문맥 정보를 기반으로 누락된 단어를 추론하게 되며, 이는 문장 전체의 의미를 이해하는 능력을 향상시킨다.

NSP 손실함수는 두 개의 문장이 주어졌을 때, 두 문장이 연속적으로 이어지는지, 아니면 무관한 문장인지 참 또는 거짓으로 예측하는 방식을 사용한다.

그림 7.14에서 마지막 트랜스포머 인코더 블록에서 산출된 [CLS] 벡터로 문장 순서가 참인지 거짓인지 예측하는 예시를 확인할 수 있다. 이를 통해 모델은 문장 사이의 관계를 파악하고, 문맥 정보를 더욱 잘 이해할 수 있게 된다.

NSP 작업을 위한 데이터 생성 방법은 텍스트 문단에서 왼쪽과 오른쪽 문장을 연속해서 붙인 데이터는 참 문장으로, 오른쪽 문장을 랜덤하게 샘플링해 이어 붙인 데이터는 거짓 문장으로 처리한다.

BERT는 사전 학습을 수행한 후, 미세 조정 기법을 통해 다양한 자연어 처리 작업에 적용할 수 있다. 예를 들어 문장 분류, 감성 분석, 질문 응답, 기계 번역 등 다양한 작업이 가능하다. 미세 조정 과정에서는 해당 작업에 맞는 계층을 추가하고 손실 함수를 정의해 학습한다.

분류 문제에서는 일반적으로 [CLS] 토큰 벡터를 사용하고, 각 토큰마다 예측이 필요한 경우에는 모든 토큰 벡터를 사용한다.

모델 실습

이번 절에서는 허깅 페이스 트랜스포머스 라이브러리의 BERT 모델과 네이버 영화 리뷰 감정 분석 데이터세트를 활용해 분류 모델을 학습한다. 예제 7.15는 네이버 영화 리뷰 데이터세트를 불러오는 방법을 보여준다.

예제 7.15 네이버 영화 리뷰 데이터 불러오기

```python
import numpy as np
import pandas as pd
from Korpora import Korpora

corpus = Korpora.load("nsmc")
df = pd.DataFrame(corpus.test).sample(20000, random_state=42)
train, valid, test = np.split(
    df.sample(frac=1, random_state=42), [int(0.6 * len(df)), int(0.8 * len(df))]
)

print(train.head(5).to_markdown())
print(f"Training Data Size : {len(train)}")
print(f"Validation Data Size : {len(valid)}")
print(f"Testing Data Size : {len(test)}")
```

출력 결과

	text	label
26891	역시 코믹액션은 ...	1
25024	점수 후하게 ...	0
11666	오랜만에 느낄수 ...	0
40303	본지는 좀 됐지만 ...	0

```
¦ 18010 ¦ 징키스칸이란 ...        ¦       0 ¦
Training Data Size : 12000
Validation Data Size : 4000
Testing Data Size : 4000
```

6.4 'Word2Vec' 절과 같이 데이터세트의 크기가 작은 테스트 데이터세트를 활용해 학습을 진행한다. 이 중 20,000개의 데이터세트를 6:2:2로 분리해 학습 데이터, 검증 데이터, 테스트 데이터로 활용한다.

코포라 라이브러리로 데이터를 불러왔다면 BERT 토크나이저(BertTokenizer) 클래스로 데이터를 전처리한다. 다음 예제 7.16은 BERT 토크나이저 클래스로 데이터를 전처리하고 데이터로더에 적용하는 방법을 보여준다.

예제 7.16 BERT 입력 텐서 생성

```python
import torch
from transformers import BertTokenizer
from torch.utils.data import TensorDataset, DataLoader
from torch.utils.data import RandomSampler, SequentialSampler


def make_dataset(data, tokenizer, device):
    tokenized = tokenizer(
        text=data.text.tolist(),
        padding="longest",
        truncation=True,
        return_tensors="pt"
    )
    input_ids = tokenized["input_ids"].to(device)
    attention_mask = tokenized["attention_mask"].to(device)
    labels = torch.tensor(data.label.values, dtype=torch.long).to(device)
    return TensorDataset(input_ids, attention_mask, labels)


def get_datalodader(dataset, sampler, batch_size):
    data_sampler = sampler(dataset)
    dataloader = DataLoader(dataset, sampler=data_sampler, batch_size=batch_size)
    return dataloader
```

```
epochs = 5
batch_size = 32
device = "cuda" if torch.cuda.is_available() else "cpu"
tokenizer = BertTokenizer.from_pretrained(
    pretrained_model_name_or_path="bert-base-multilingual-cased",
    do_lower_case=False
)

train_dataset = make_dataset(train, tokenizer, device)
train_dataloader = get_datalodader(train_dataset, RandomSampler, batch_size)

valid_dataset = make_dataset(valid, tokenizer, device)
valid_dataloader = get_datalodader(valid_dataset, SequentialSampler, batch_size)

test_dataset = make_dataset(test, tokenizer, device)
test_dataloader = get_datalodader(test_dataset, SequentialSampler, batch_size)

print(train_dataset[0])
```

출력 결과

```
(tensor([   101,  58466,   9812, 118956, 119122,  59095,  10892,   9434, 118888,
           117,   9992,  40032,  30005,    117,   9612,  37824,   9410,  12030,
         42337,  10739,  83491,  12508,    106,    106,    102,      0,      0,
             0,      0,      0,      0,      0,      0,      0,      0,      0,
             0,      0,      0,      0,      0,      0,      0,      0,      0,
             0,      0,      0,      0,      0,      0,      0,      0,      0,
             0,      0,      0,      0,      0,      0,      0,      0,      0,
             0,      0,      0,      0,      0,      0,      0,      0,      0,
             0,      0,      0,      0,      0,      0,      0,      0,      0,
             0,      0,      0,      0,      0,      0,      0,      0,      0,
             0,      0,      0,      0,      0,      0,      0,      0,      0,
             0,      0,      0,      0,      0,      0,      0,      0,      0,
             0,      0,      0,      0,      0,      0,      0]),
 tensor([1, 1, 1, 1, 1, 1, 1, 1, 1, 1, 1, 1, 1, 1, 1, 1, 1, 1, 1, 1, 1, 1, 1, 1,
         1, 0, 0, 0, 0, 0, 0, 0, 0, 0, 0, 0, 0, 0, 0, 0, 0, 0, 0, 0, 0, 0, 0, 0,
         0, 0, 0, 0, 0, 0, 0, 0, 0, 0, 0, 0, 0, 0, 0, 0, 0, 0, 0, 0, 0, 0, 0, 0,
         0, 0, 0, 0, 0, 0, 0, 0, 0, 0, 0, 0, 0, 0, 0, 0, 0, 0, 0, 0, 0, 0, 0, 0,
```

```
        0, 0, 0, 0, 0, 0, 0, 0, 0, 0, 0, 0, 0, 0, 0, 0, 0, 0, 0, 0, 0, 0, 0, 0,
        0, 0, 0, 0]),
  tensor(1))
```

BERT 토크나이저 클래스는 사전 학습된 토크나이저를 불러와 전처리를 수행한다. 사전 학습된 모델은 bert-base-multilingual-cased로 다중 언어를 지원하며 대소문자를 유지하는 사전 학습된 BERT 모델을 의미한다. 소문자 유지(do_lower_case) 매개변수를 False로 할당해 소문자로 변환하지 않게 한다.

소문자 유지 매개변수를 True으로 설정하면 'Apple'과 'apple'을 다른 단어로 인식하는 방법으로 학습된다. 이 모델은 104개의 언어를 지원하며 모든 언어의 데이터를 한 번에 학습해 다국어 자연어 처리 작업에 대해 높은 성능을 기대할 수 있다.

이 토크나이저를 make_dataset 함수에 전달해 텐서 데이터세트를 반환한다. 토크나이저 인스턴스는 7.2 'GPT' 절의 예제 7.11과 동일하다. 출력 결과를 확인해 보면 텍스트는 숫자 ID와 어텐션 마스크로 변경되며, 레이블이 텐서 형식으로 변환된 것을 확인할 수 있다.

데이터를 토큰화하고 데이터세트로 변경했다면 데이터로더를 적용한다. get_datalodader 함수는 샘플러 클래스를 활용해 데이터를 목적에 따라 샘플링한다.

무작위 샘플러(RandomSampler) 클래스는 데이터를 무작위로 샘플링하므로 학습에 적용하며, 시퀀셜 샘플러(SequentialSampler) 클래스는 데이터를 고정된 순서대로 반환하므로 검증 및 평가 배치에 적용한다.

데이터로더까지 적용했다면 모델과 최적화 함수를 선언한다. 다음 예제 7.17은 BERT 모델을 설정하는 방법을 보여준다.

예제 7.17 BERT 모델 선언

```
from torch import optim
from transformers import BertForSequenceClassification

model = BertForSequenceClassification.from_pretrained(
    pretrained_model_name_or_path="bert-base-multilingual-cased",
    num_labels=2
).to(device)
optimizer = optim.AdamW(model.parameters(), lr=1e-5, eps=1e-8)
```

BERT 모델도 GPT-2 문장 분류 모델처럼 BERT 문장 분류 모델(BertForSequenceClassification) 클래스로 불러올 수 있다. BERT 모델은 패딩 기법을 사용하므로 모델 설정을 변경하지 않는다.

활성화 함수는 **AdamW**로, Adam 최적화 함수에 가중치 감쇠를 추가한 변형된 경사 하강법 알고리즘이다. AdamW 클래스의 엡실론(eps) 매개변수는 학습률을 0으로 나누는 것을 방지하기 위해 분모에 더하는 작은 값이다.

BERT 모델은 대규모의 매개변수를 가진 딥러닝 모델이므로 안정적인 기울기 갱신이 필수적이다. AdamW 는 갱신되는 모든 매개변수의 학습률을 조절하는 적응형 활성화 함수이므로 모델이 빠르게 수렴하고 안정적으로 학습할 수 있다.

학습에 필요한 설정을 완료했다면 모델 구조를 확인해 본다. 모델 구조 출력 방법은 7.2 'GPT' 절의 예제 7.9와 동일하다.

BERT 모델 구조 출력 결과

```
bert
└ embeddings
|   └ word_embeddings
|   └ position_embeddings
|   └ token_type_embeddings
|   └ LayerNorm
|   └ dropout
└ encoder
|   └ layer
|   |   └ 0
|   |   └ 1
...
|   |   └ 9
|   |   └ 10
|   |   └ 11
└ pooler
|   └ dense
|   └ activation
dropout
classifier
```

BERT 모델의 입력 임베딩은 토큰 임베딩(word_embeddings), 위치 임베딩(position_embeddings), 문장 구분 임베딩(token_type_embeddings)으로 구성된다.

이러한 임베딩들은 서로 다른 정보를 담고 있으며, 이를 결합해 입력 시퀀스에 대한 임베딩 벡터를 생성한다. 이후 생성된 임베딩 벡터는 계층 정규화와 드롭아웃을 수행한다.

트랜스포머 인코더 블록은 총 12개를 사용하며, 각각의 블록은 입력 시퀀스를 순차적으로 처리해 새로운 임베딩을 생성한다. 이 과정에서 각 블록은 셀프 어텐션 및 순방향 신경망을 사용해 입력 시퀀스의 다양한 관계를 학습한다.

풀러(pooler)는 [CLS] 토큰 벡터를 한 번 더 비선형 변환을 수행하기 위해 선형 변환과 비선형 변환인 Tanh 함수를 사용한다. 이후, 드롭아웃이 적용돼 모델의 과대적합을 방지한다. 마지막에 적용되는 분류기(classifier)는 BERT 모델에서 수행해야 하는 작업으로, [CLS] 토큰 벡터를 활용해 결과를 예측한다.

모델 구조를 확인했다면 BERT 모델을 학습하고 평가해 본다. 모델 학습 및 평가 방법은 앞선 7.2 'GPT' 절의 예제 7.13 및 예제 7.14와 동일하다. 다음은 모델 학습 결과 및 평가 결과를 보여준다.

BERT 모델 학습 결과

```
Epoch 1: Train Loss: 0.5744 Val Loss: 0.4519 Val Accuracy 0.7867
Saved the model weights
Epoch 2: Train Loss: 0.4224 Val Loss: 0.4503 Val Accuracy 0.7957
Saved the model weights
Epoch 3: Train Loss: 0.3320 Val Loss: 0.4207 Val Accuracy 0.8147
Saved the model weights
```

BERT 모델 평가 결과

```
Test Loss : 0.4183
Test Accuracy : 0.8085
```

모델 학습 결과, 학습을 거듭할수록 학습 손실이 지속적으로 감소하며, 검증 손실 및 검증 정확도가 점진적으로 개선되고 있음을 확인할 수 있다. 이는 모델이 과대적합되지 않고 적절하게 학습되고 있음을 의미한다.

최종적으로 테스트 손실은 0.4183이며, 테스트 정확도는 0.8085다. 이는 모델이 새로운 데이터에 대해 어느 정도 일반화된 성능을 보이고 있음을 보여준다.

BART

BART(Bidirectional Auto-Regressive Transformer)[14]는 2019년 메타의 FAIR 연구소에서 발표한 트랜스포머 기반의 모델이다.

BART는 BERT의 인코더와 GPT의 디코더를 결합한 **시퀀스-시퀀스(Sequence-to-Sequence, Seq2Seq) 구조**로 **노이즈 제거 오토인코더(Denoising Autoencoder)**로 사전 학습된다. 오토인코더 사전 학습 방법은 입력 데이터에 잡음을 추가하고, 잡음이 없는 원본 데이터를 복원하도록 학습하는 방식으로 수행된다.

BERT의 인코더는 입력 문장에서 일부 단어를 무작위로 마스킹해 처리하고, 마스킹된 단어를 맞추도록 학습한다. BERT의 인코더는 문장 전체의 맥락을 이해하고 문맥 내 단어 간 상호작용을 파악할 수 있다.

반면에 GPT는 언어 모델을 이용해 문장의 이전 토큰들을 입력으로 받고, 다음에 올 토큰을 맞추도록 학습한다. 이를 통해 GPT는 문장 내 단어들의 순서와 문맥을 파악하며, 다음에 올 단어를 예측하는 능력을 갖게 된다.

BART는 사전 학습 시 BERT의 인코더와 GPT의 디코더가 학습하는 방법을 일반화해 학습한다. 다음 그림 7.15는 BART 사전 학습 방법을 보여준다.

---

14 https://arxiv.org/abs/1910.13461

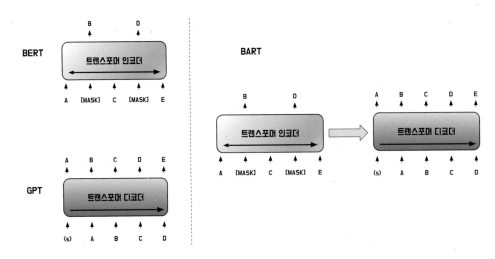

그림 7.15 BART 사전 학습 시각화

BART는 사전 학습 시 노이즈 제거 오토인코더를 사용하므로 입력 문장에 임의로 노이즈를 추가하고 원래 문장을 복원하도록 학습한다.

노이즈가 추가된 텍스트를 인코더에 입력하고 원본 텍스트를 디코더에 입력해 디코더가 원본 텍스트를 생성할 수 있게 학습하는 방식이다.

이는 BERT가 인코더 학습 시 텍스트에 마스킹을 추가해 노이즈를 주는 방법과 GPT가 디코더 학습 시 다음에 등장할 단어를 예측하는 방법으로 간주할 수 있다.

이를 통해 BART는 문장 구조와 의미를 보존하면서 다양한 변형을 학습할 수 있다. 이 구조는 입력 문장에 큰 제약 없이 노이즈 기법을 적용할 수 있으므로 더 풍부한 언어적 지식을 습득할 수 있게 한다.

인코더를 사용함으로써 순방향 정보만 인식할 수 있는 GPT의 단점을 개선해 양방향 문맥 정보를 반영할 수 있으며, 디코더를 사용함으로써 문장 생성 분야에서 뛰어나지 않았던 BERT의 단점을 개선했다.

BERT와 BART의 차이점은 BERT는 인코더만 사용하고, BART는 인코더와 디코더를 모두 사용한다는 것이다. BART가 문장을 생성하거나 번역하는 작업에 적합하며, 문장 독해, 문서 요약, 질의응답 등에 있어 높은 성능을 보인다. 다음 그림 7.16은 BART 모델의 구조를 보여준다.

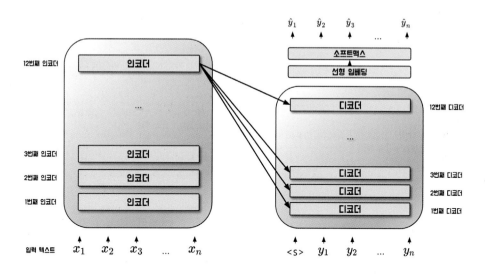

그림 7.16 BART 모델 구조

BART는 인코더와 디코더를 모두 사용하므로 트랜스포머와 유사한 구조를 가지고 있지만, 차이점이 존재한다. 트랜스포머에서는 인코더의 모든 계층과 디코더의 모든 계층 사이의 어텐션 연산을 수행했다면, BART는 인코더의 마지막 계층과 디코더의 각 계층 사이에만 어텐션 연산을 수행한다.

BART의 인코더에서는 입력 문장의 각 단어를 임베딩하고 여러 층의 인코더를 거쳐 마지막 계층에서는 입력 문장 전체의 의미를 가장 잘 반영하는 벡터가 생성된다. 이렇게 생성된 벡터는 디코더가 출력 문장을 생성할 때 참고되며, 디코더의 각 계층에서는 이 벡터와 이전 계층에서 생성된 출력 문장의 정보를 활용해 출력 문장을 생성한다.

BART에서는 인코더의 마지막 계층과 디코더의 각 계층 사이에서만 어텐션 연산을 수행하므로 정보 전달을 최적화하고 메모리 사용량을 줄일 수 있다.

사전 학습 방법

BART의 인코더는 BERT의 마스킹된 언어 모델링(MLM) 이외에도 다양한 노이즈 기법을 사용한다. 문장의 일부를 가리는 토큰 마스킹 기법 이외에도 토큰 삭제, 문장 교환, 문서 회전, 텍스트 채우기 기법이 사용된다. 다음 그림 7.17은 BART 사전 학습에 사용되는 여러 노이즈 기법을 시각화한 것이다.

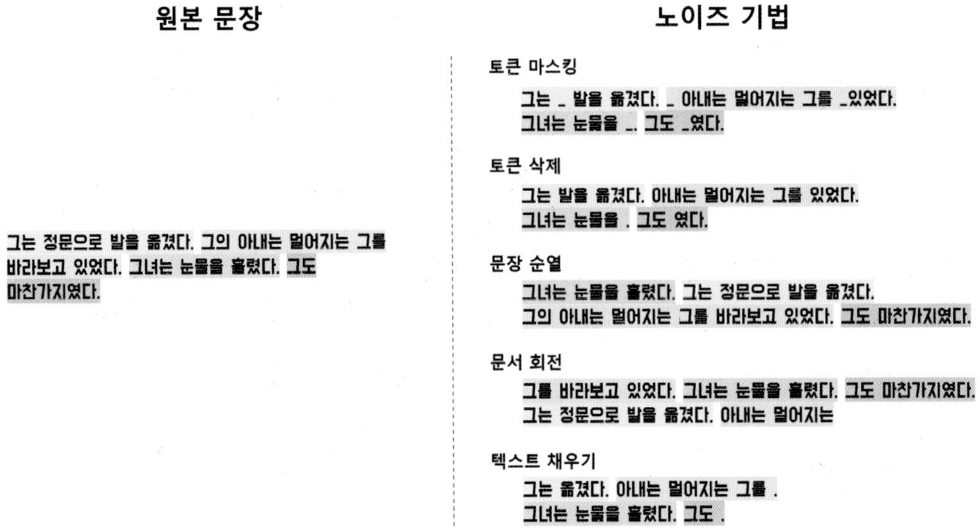

원본 문장

그는 정문으로 발을 옮겼다. 그의 아내는 멀어지는 그를 바라보고 있었다. 그녀는 눈물을 흘렸다. 그도 마찬가지였다.

노이즈 기법

토큰 마스킹
그는 _ 발을 옮겼다. _ 아내는 멀어지는 그를 _있었다. 그녀는 눈물을 _. 그도 _였다.

토큰 삭제
그는 발을 옮겼다. 아내는 멀어지는 그를 있었다. 그녀는 눈물을 . 그도 였다.

문장 순열
그녀는 눈물을 흘렸다. 그는 정문으로 발을 옮겼다. 그의 아내는 멀어지는 그를 바라보고 있었다. 그도 마찬가지였다.

문서 회전
그를 바라보고 있었다. 그녀는 눈물을 흘렸다. 그도 마찬가지였다. 그는 정문으로 발을 옮겼다. 아내는 멀어지는

텍스트 채우기
그는 옮겼다. 아내는 멀어지는 그를 . 그녀는 눈물을 흘렸다. 그도 .

그림 7.17 BART 노이즈 기법

토큰 마스킹(Token Masking)은 BERT에서 사용한 MLM과 동일한 기법으로, 입력 문장의 일부 토큰을 마스크 토큰으로 치환하는 방법이다. 이 기법을 이용하면 문장 내에서 어떤 단어가 중요한 역할을 하는지를 학습할 수 있으며, 입력 문장의 문맥을 이해하고 문장 내에서 중요한 정보를 추출하는 능력이 향상된다.

토큰 삭제(Token Deletion)는 입력 문장의 일부 토큰을 치환하는 것이 아니라, 삭제하는 방법이다. 토큰 마스킹과 다르게 어떤 위치의 토큰이 삭제되었는지도 맞춰야 한다. 이 기법을 이용하면 입력 문장에서 불필요한 정보나 중요하지 않은 정보를 자동으로 필터링해 처리할 수 있게 되며, 모델의 학습과 예측 시간을 줄이고, 모델의 일반화 성능을 향상시킬 수 있다.

문장 순열(Sentence Permutation)은 마침표(.)를 기준으로 문장을 나눈 뒤, 문장의 순서를 섞는 방법이다. 모델은 원래의 문장 순서를 맞춰야 한다. 이 기법은 문장 내에서 단어들이 어떻게 연결되어 있는지 더 잘 파악하게 되며 입력 문장이 다른 순서로 주어졌을 때에도 잘 처리할 수 있게 된다.

문서 회전(Document Rotation)은 임의의 토큰으로 문서가 시작하도록 한다. 문장 순열과는 다르게 문장의 순서는 유지한다. 모델은 문서의 원래의 시작 토큰을 맞춰야 한다. 이 기법은 모델이 문서의 시작점을 인식할 수 있도록 한다.

텍스트 채우기(Text Infilling)는 몇 개의 토큰을 하나의 구간(span)으로 묶고 일부 구간을 마스크 토큰으로 대체한다. 묶은 구간의 길이(개수)는 0부터 임의의 값까지 설정할 수 있으며, 일반적으로 포아송 분포로 구간을 나누며, 푸아송 분포(Poisson distribution)[15]의 λ를 3으로 설정해 계산한다. 구간의 길이가 0인 경우는 해당 위치에 변환된 토큰이 없음을 의미한다.

모델은 연속된 마스크 토큰을 복구하되, 실제로는 마스킹되지 않은 토큰도 구분해야 한다. 이를 통해 모델이 누락된 단어를 예측하게 유도함으로써 더 많은 정보를 활용하여 입력 문장을 더 잘 이해할 수 있게 된다.

미세 조정 방법

BART는 인코더와 디코더를 모두 사용하는 구조를 가지고 있기 때문에 미세 조정 시 각 다운스트림 작업에 맞게 입력 문장을 구성해야 한다. 즉, 인코더와 디코더에 다른 문장 구조로 입력한다. 다음 그림 7.18은 BART의 다운스트림 작업별 미세 조정 방법을 보여준다.

---

15 어떤 사건이 발생할 횟수의 기댓값을 λ라고 했을 때, 그 사건이 n회 발생할 확률

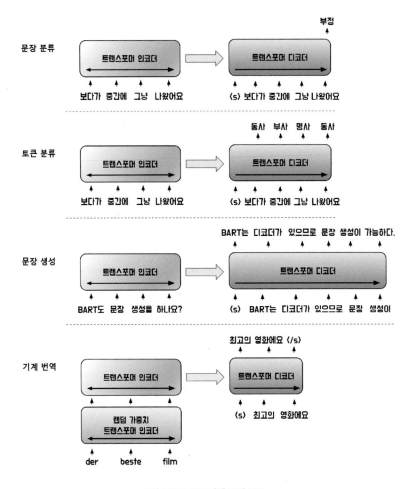

그림 7.18 BART 미세 조정 구조

문장 분류 작업에서는 입력 문장을 인코더와 디코더에 동일하게 입력하고 디코더의 마지막 토큰 은닉 상태를 선형 분류기의 입력값으로 사용한다. 이때 BERT의 CLS 토큰과 비슷하지만, BART는 전체 입력과 어텐션 연산이 적용된 은닉 상태를 사용한다.

토큰 분류 작업에서도 BART는 입력 문장을 인코더와 디코더에 동일하게 입력한다. 디코더의 각 시점별 마지막 은닉 상태를 토큰 분류기의 입력값으로 사용한다. 전체 입력과 디코더의 각 시점별 은닉 상태와의 어텐션 연산을 수행한다.

BART는 트랜스포머 디코더를 사용하기 때문에 BERT가 해결하지 못했던 문장 생성 작업을 수행할 수 있다. 특히 입력값을 조작해 출력을 생성하는 **추상적 질의응답(Abstractive Question Answering)** 과 **문장 요약(Summarization)**과 같은 작업에 적합하다.

이러한 작업들은 BART의 사전 학습 방식과 유사하기 때문에 뛰어난 성능을 보인다. 이러한 학습 방법으로 BART는 문장의 의미를 파악하고, 이를 기반으로 새로운 문장을 생성하는 능력을 갖게 된다.

예를 들어 기계 번역 작업에서 BART는 사전 학습된 인코더에 기계 번역을 위한 인코더를 추가해 작업을 수행할 수 있다. 이때 추가된 인코더는 기존의 단어 사전을 사용하지 않아도 되며, 디코더는 사전 학습된 가중치와 단어 사전을 사용한다.

학습 단계에서는 두 단계로 학습이 이루어진다. 첫 번째 단계에서는 새로 추가된 트랜스포머 인코더의 가중치와 위치 임베딩, 그리고 첫 번째 인코더 층의 셀프 어텐션 입력 행렬 가중치만 학습한다. 두 번째 단계에서는 모든 신경망의 가중치를 작은 반복으로 학습한다.

BART는 문장 내부의 토큰 사이의 상관관계를 파악해 문장의 의미를 더욱 정확하게 이해할 수 있다. 입력 문장의 전체적인 의미를 고려하므로 BART가 자연어 생성 분야에서 매우 효과적인 모델임을 보여준다.

모델 실습

이번 절에서는 허깅 페이스 라이브러리의 BART 모델과 뉴스 요약 데이터세트를 활용해 문장 요약 모델을 미세 조정해 본다. 뉴스 요약 데이터세트는 미국의 인공지능 회사인 아르길라(Argilla)[16]에서 공개한 데이터세트로 뉴스 본문과 본문의 요약 텍스트로 구성된다.

데이터세트는 허깅 페이스에서 제공하는 **데이터세트(datasets)** 라이브러리를 통해 불러온다. 데이터세트 라이브러리로 로컬 파일을 읽어오거나 허깅 페이스에서 관리하는 데이터허브에서 원격으로 데이터를 가져올 수 있다.

데이터세트 라이브러리는 다음과 같이 설치할 수 있다.

데이터세트 라이브러리 설치

```
pip install datasets
```

---

16 https://argilla.io/

허깅 페이스 데이터세트 라이브러리는 언어 이해, 기계 번역, 감성 분석 등 다양한 데이터세트를 제공하며, 학습, 검증 및 테스트용으로 구성된다. 이 라이브러리는 모델 학습 및 평가에 필요한 데이터세트를 쉽게 가져올 수 있다.

다음 예제 7.18은 허깅 페이스 아르길라 뉴스 요약 데이터세트의 사용 방법을 보여준다.

예제 7.18 뉴스 요약 데이터세트 불러오기

```python
import numpy as np
from datasets import load_dataset

news = load_dataset("argilla/news-summary", split="test")
df = news.to_pandas().sample(5000, random_state=42)[["text", "prediction"]]
df["prediction"] = df["prediction"].map(lambda x: x[0]["text"])
train, valid, test = np.split(
    df.sample(frac=1, random_state=42), [int(0.6 * len(df)), int(0.8 * len(df))]
)

print(f"Source News : {train.text.iloc[0][:200]}")
print(f"Summarization : {train.prediction.iloc[0][:50]}")
print(f"Training Data Size : {len(train)}")
print(f"Validation Data Size : {len(valid)}")
print(f"Testing Data Size : {len(test)}")
```

출력 결과

```
Source News : DANANG, Vietnam (Reuters) - Russian President Vladimir Putin said on Saturday he had a
normal dialogue with U.S. leader Donald Trump at a summit in Vietnam, and described Trump as civil,
well-educated
Summarization : Putin says had useful interaction with Trump at Vi
Training Data Size : 3000
Validation Data Size : 1000
Testing Data Size : 1000
```

뉴스 요약 데이터세트는 뉴스 본문과 이를 요약한 짧은 텍스트로 구성되며, 모델은 뉴스 본문을 입력으로 받아 요약된 텍스트를 출력해야 한다.

문장 요약 작업은 문장 길이가 긴 텍스트를 다루기 때문에 리뷰 분류와 같이 상대적으로 짧은 텍스트를 다루는 작업에 비해 연산량이 많다. 그러므로 테스트 데이터세트를 5,000개만 샘플링해 사용한다. 샘플링한 데이터세트를 6:2:2 비율로 학습, 검증 및 테스트 데이터로 분리해 사용한다.

분리된 데이터세트를 BART 토크나이저(BartTokenizer) 클래스로 모델 구조에 적합하게 전처리를 수행한다. 다음 예제 7.19는 예제 7.16의 코드를 일부 변경한 것이다. 예제 7.19에서는 달라진 부분만 굵게 표시했다.

예제 7.19 BART 입력 텐서 생성

```python
import torch
from transformers import BartTokenizer
from torch.utils.data import TensorDataset, DataLoader
from torch.utils.data import RandomSampler, SequentialSampler
from torch.nn.utils.rnn import pad_sequence


def make_dataset(data, tokenizer, device):
    tokenized = tokenizer(
        text=data.text.tolist(),
        padding="longest",
        truncation=True,
        return_tensors="pt"
    )
    labels = []
    input_ids = tokenized["input_ids"].to(device)
    attention_mask = tokenized["attention_mask"].to(device)
    for target in data.prediction:
        labels.append(tokenizer.encode(target, return_tensors="pt").squeeze())
    labels = pad_sequence(labels, batch_first=True, padding_value=-100).to(device)
    return TensorDataset(input_ids, attention_mask, labels)


def get_datalodader(dataset, sampler, batch_size):
    data_sampler = sampler(dataset)
    dataloader = DataLoader(dataset, sampler=data_sampler, batch_size=batch_size)
    return dataloader
```

```
epochs = 3
batch_size = 8
device = "cuda" if torch.cuda.is_available() else "cpu"
tokenizer = BartTokenizer.from_pretrained(
    pretrained_model_name_or_path="facebook/bart-base"
)

train_dataset = make_dataset(train, tokenizer, device)
train_dataloader = get_datalodader(train_dataset, RandomSampler, batch_size)

valid_dataset = make_dataset(valid, tokenizer, device)
valid_dataloader = get_datalodader(valid_dataset, SequentialSampler, batch_size)

test_dataset = make_dataset(test, tokenizer, device)
test_dataloader = get_datalodader(test_dataset, SequentialSampler, batch_size)

print(train_dataset[0])
```

출력 결과

```
(
    tensor([    0,  495, 1889,  ...,     1,     1,     1], device='cuda:0'),
    tensor([1, 1, 1,  ..., 0, 0, 0], device='cuda:0'),
    tensor([    0, 35891,   161,    56,  5616, 10405,    19,   140,    23,  5490,
            3564,     2,  -100,  -100,  -100,  -100,  -100,  -100,  -100,  -100,
            -100,  -100,  -100,  -100,  -100,  -100,  -100,  -100,  -100,  -100], device='cuda:0')
)
```

BART 토크나이저도 BERT 토크나이저 클래스와 동일하게 사전 학습된 토크나이저를 불러와 전처리를
수행한다. 사전 학습된 모델은 facebook/bart-base로 BART 모델의 기본 버전을 의미한다.

요약 작업은 입력값과 출력값이 모두 텍스트 데이터로 구성된다. 문장의 길이는 각각 다르기 때문에 길
이를 맞춰주기 위해 패딩을 적용한다.

이때 패딩값은 -100을 사용한다. 이는 교차 엔트로피와 같은 손실 함수에서 패딩된 토큰을 무시하게 하
기 위해 사용한다. 패딩된 토큰은 모델의 출력과 비교하지 않고 실제 레이블을 가진 토큰만 손실을 계산
하는 데 사용한다.

데이터로더는 요약하려는 본문 텍스트의 정수 인코딩 값, 어텐션 마스크, 요약 문장의 정수 인코딩 값을 반환한다. 데이터로더까지 적용했다면 모델과 최적화 함수를 선언한다. 다음 예제 7.20은 BART 모델 설정 방법을 보여준다.

예제 7.20 BART 모델 선언

```python
from torch import optim
from transformers import BartForConditionalGeneration

model = BartForConditionalGeneration.from_pretrained(
    pretrained_model_name_or_path="facebook/bart-base"
).to(device)
optimizer = optim.AdamW(model.parameters(), lr=5e-5, eps=1e-8)
```

BART 조건부 생성(BartForConditionalGeneration) 클래스는 BART 모델의 변형 중 하나로 조건부 생성 작업에 특화된 모델이다. 이 모델은 입력 시퀀스로부터 출력 시퀀스를 생성하는 데 사용된다. 예를 들어 문장 요약, 기계 번역, 질의응답 등과 같은 작업에 사용될 수 있다.

빠른 학습을 위해 12개의 인코더/디코더 계층이 아닌 6개의 계층을 사용하는 facebook/bart-base 모델을 사용한다. 12개 계층을 사용하는 모델은 facebook/bart-large로 불러올 수 있다.

최적화 함수는 BERT 모델 학습 시 사용했던 AdamW를 사용하고, 학습률은 0.00005를 사용한다.

학습에 필요한 설정을 완료했다면 모델 구조를 확인해 본다. 모델 구조 출력 방법은 앞선 예제 7.9와 동일하다.

BART 모델 구조 출력 결과

```
model
└ shared
└ encoder
|  └ embed_tokens
|  └ embed_positions
|  └ layers
|  |  └ 0
|  |  └ 1
|  |  └ 2
```

```
| | └ 3
| | └ 4
| | └ 5
| └ layernorm_embedding
└ decoder
| └ embed_tokens
| └ embed_positions
| └ layers
| | └ 0
| | └ 1
| | └ 2
| | └ 3
| | └ 4
| | └ 5
| └ layernorm_embedding
lm_head
```

BART는 인코더와 디코더가 동일한 임베딩 계층을 사용한다. shared 계층은 인코더와 디코더가 공유하는 임베딩 계층을 의미하며, 이러한 공유로 인코더와 디코더 간의 연결을 강화한다.

BART는 6개의 인코더와 디코더 계층으로 구성되며, 마지막 연산에서는 layernorm_embedding 계층을 통과한다. layernorm_embedding 계층은 인코더와 디코더에서 각 토큰의 임베딩에 적용되는 계층 정규화로 임베딩 벡터의 마지막 차원에 대해 정규화를 수행해 학습을 안정화한다.

인코더의 마지막 계층의 출력값은 디코더의 모든 계층과 어텐션 연산을 수행한다. 마지막 디코더 계층의 출력값은 출력 크기가 단어 사전의 크기인 완전 연결 계층을 통과해 언어 모델을 형성한다.

이제 BART 모델을 학습하고 평가해 본다. 모델 평가 방법은 문장 생성 기법에서 자주 사용되는 **루지 (Recall-Oriented Understudy for Gisting Evaluation, ROUGE)** 점수를 사용한다. 루지 점수는 생성된 요약문과 정답 요약문이 얼마나 유사한지를 평가하기 위해 토큰의 N-gram 정밀도와 재현율을 이용해 평가하는 지표다.

예를 들어, 유니그램을 사용하는 점수는 ROUGE-1, 바이그램을 사용하는 점수는 ROUGE-2, N-gram을 사용하면 ROUGE-N이라고 한다. 다음 그림 7.19는 루지 점수 계산 방법을 보여준다.

정답 문장 유니그램	[대한민국, 은, 16, 강, 에, 진출, 했다]
생성된 문장 유니그램	[대한민국, 은, 8, 강, 에, 진출, 하지, 못, 했다]

$$\text{ROUGE-1 재현율} \qquad \frac{\text{생성된 문장과 정답 문장에 등장한 토큰}}{\text{정답 문장에 등장한 토큰}} = \frac{6}{7}$$

$$\text{ROUGE-1 정밀도} \qquad \frac{\text{생성된 문장과 정답 문장에 등장한 토큰}}{\text{생성된 문장에 등장한 토큰}} = \frac{6}{9}$$

정답 문장 바이그램	[대한민국은, 은 16, 16강, 강에, 에 진출, 진출했다]
생성된 문장 바이그램	[대한민국은, 은 8, 8강, 강에, 에 진출, 진출하지, 하지 못, 못 했다]

$$\text{ROUGE-2 재현율} \qquad \frac{\text{생성된 문장과 정답 문장에 등장한 토큰}}{\text{정답 문장에 등장한 토큰}} = \frac{3}{6}$$

그림 7.19 루지 점수 계산 방법

루지 점수는 ROUGE-N 이외에도 ROUGE-L, ROUGE-LSUM, ROUGE-W 등이 있다.

ROUGE-L은 생성된 요약문과 정답 요약문 사이에서 **최장 공통부분 수열(Longest Common Subsequence, LCS)** 기반의 통계 방식이다.

LCS는 두 문장 사이에 공통으로 존재하는 가장 긴 부분 문자열을 찾는 문제로, 문장의 구조적 유사성을 고려하고 가장 길게 연속되는 N-gram을 식별한다. 이 방법은 요약 문장이 입력 문장의 의미를 잘 전달하는지를 평가하는 데 유용하다.

ROUGE-LSUM은 ROUGE-L의 변형으로 텍스트 내의 개행 문자를 문장 경계로 인식하고, 각 문장 쌍에 대해 LCS를 계산한 후, union-LCS라는 값을 계산한다. union-LCS는 각 문장 쌍의 LCS를 합집합 한 것으로, 중복된 부분을 제거한 후 길이를 계산한다. ROUGE-LSUM은 텍스트 생성 작업에서 요약의 정확성과 완전성을 모두 반영할 수 있는 지표로 사용된다.

ROUGE-W는 가중치가 적용된 LCS(Weighted LCS-based) 방법으로 연속된 LCS에 가중치를 부여해 계산한다. 이 방법은 공통부분 문자열의 길이뿐만 아니라 해당 부분 문자열 내의 단어에 가중치를 부여해 평가하는 방식이다. 이 방법은 단어 간 유사도를 고려해 요약 문장이 입력 문장의 의미를 더욱 잘 전달하는지 평가하는 데 유용하다.

허깅 페이스의 **평가(evaluate)** 라이브러리로 쉽게 루지 점수를 계산할 수 있다. 평가 라이브러리로 루지 점수를 계산하려면 **루지 점수(rouge_score)** 라이브러리와 Abseil 파이썬 공통 라이브러리(absl-py)[17]도 설치해야 한다.

다음은 허깅 페이스의 평가 라이브러리와 루지 점수 라이브러리 설치 방법을 보여준다.

허깅 페이스 모델 평가 라이브러리

```
pip install evaluate rouge_score absl-py
```

평가 라이브러리를 설치했다면 모델을 학습하고 평가해 본다. 모델 학습 및 평가 방법은 앞선 7.2 'GPT' 절의 예제 7.13 코드를 일부 변경해 사용한다. 다음 예제 7.21은 예제 7.13의 변경 점만 작성한 것이다.

예제 7.21 BART 모델 학습 및 평가

```
import numpy as np
import evaluate


def calc_rouge(preds, labels):
    preds = preds.argmax(axis=-1)
    labels = np.where(labels != -100, labels, tokenizer.pad_token_id)

    decoded_preds = tokenizer.batch_decode(preds, skip_special_tokens=True)
    decoded_labels = tokenizer.batch_decode(labels, skip_special_tokens=True)

    rouge2 = rouge_score.compute(
        predictions=decoded_preds,
        references=decoded_labels
    )
    return rouge2["rouge2"]


...
```

---

17 absl-py는 구글에서 개발한 라이브러리로 여러 유틸리티 및 로깅 관련 기능을 제공한다. 루지 점수 라이브러리의 로그 메시지 생성 및 관리에 사용된다.

```
def evaluation(model, dataloader):
    with torch.no_grad():
        model.eval()
        val_loss, val_rouge = 0.0, 0.0

        for input_ids, attention_mask, labels in dataloader:
            outputs = model(
                input_ids=input_ids, attention_mask=attention_mask, labels=labels
            )
            logits = outputs.logits
            loss = outputs.loss

            logits = logits.detach().cpu().numpy()
            label_ids = labels.to("cpu").numpy()
            rouge = calc_rouge(logits, label_ids)

            val_loss += loss
            val_rouge += rouge

    val_loss = val_loss / len(dataloader)
    val_rouge = val_rouge / len(dataloader)
    return val_loss, val_rouge

rouge_score = evaluate.load("rouge", tokenizer=tokenizer)
...
```

출력 결과

```
Epoch 1: Train Loss: 2.1677 Val Loss: 1.8385 Val Rouge 0.2564
Saved the model weights
Epoch 2: Train Loss: 1.6036 Val Loss: 1.9068 Val Rouge 0.2608
Epoch 3: Train Loss: 1.2503 Val Loss: 1.9909 Val Rouge 0.2538
```

calc_rouge 함수는 텍스트 요약 작업에서 모델이 예측한 요약문과 정답 요약문 사이의 루지 점수를 계산하는 함수다.

preds는 모델이 예측한 요약의 토큰 인덱스를 담은 2차원 배열이므로 argmax 메서드를 통해 각 토큰에 대해 가장 높은 확률을 가진 인덱스를 선택하여 1차원 배열로 변경한다. labels는 정답 요약문으로, 레이블이 −100인 값들을 패딩 토큰의 인덱스로 변경한다.

토크나이저의 batch_decode 메서드로 특수 토큰을 제외하고 토큰 인덱스를 실제 텍스트로 변환한다. 이 값을 이용해 루지(rouge_score) 인스턴스의 컴퓨팅(compute) 메서드로 루지 점수를 계산한다. rouge2 변수는 다음과 같은 형태로 반환된다.

rouge2 출력 결과

```
{
    'rouge1': 0.44116997177658945,
    'rouge2': 0.2,
    'rougeL': 0.4275670306001189,
    'rougeLsum': 0.4243807560903149
}
```

학습이 완료되고 가장 우수한 모델이 선정됐다면 해당 모델로 문장 요약을 평가한다. 다음 예제 7.22는 모델 평가 방법을 보여준다.

예제 7.22 BART 모델 평가

```
model = BartForConditionalGeneration.from_pretrained(
    pretrained_model_name_or_path="facebook/bart-base"
).to(device)
model.load_state_dict(torch.load("../models/BartForConditionalGeneration.pt"))


test_loss, test_rouge_score = evaluation(model, test_dataloader)
print(f"Test Loss : {test_loss:.4f}")
print(f"Test ROUGE-2 Score : {test_rouge_score:.4f}")
```

출력 결과

```
Test Loss : 1.7890
Test ROUGE-2 Score : 0.2699
```

ROUGE-2는 0에서 1 사이의 값을 가지며, 1에 가까울수록 높은 성능을 의미한다. 모델 학습 시 매우 작은 크기의 데이터로 샘플링해 학습을 수행했음을 고려한다면 중간 수준의 성능을 보인다고 할 수 있다.

문장 요약 작업에서는 수치화된 평가 지표만으로는 어느 정도로 잘 요약했는지 판단하기가 어렵다. 앞선 7.2 'GPT' 절의 예제 7.10에서 사용한 파이프라인 함수를 활용해 문장을 요약한 후 예측된 요약문과 정답 요약문을 비교해 본다.

이를 통해 요약문이 입력 문장과 얼마나 유사하게 요약됐는지 직접 확인할 수 있다. 다음 예제 7.23에서는 문장 요약문을 직접 비교한다.

예제 7.23 문장 요약문 비교

```python
from transformers import pipeline

summarizer = pipeline(
    task="summarization",
    model=model,
    tokenizer=tokenizer,
    max_length=54,
    device="cpu"
)

for index in range(5):
    news_text = test.text.iloc[index]
    summarization = test.prediction.iloc[index]
    predicted_summarization = summarizer(news_text)[0]["summary_text"]
    print(f"정답 요약문 : {summarization}")
    print(f"모델 요약문 : {predicted_summarization}\n")
```

출력 결과

```
정답 요약문 : Clinton leads Trump by 4 points in Washington Post: ABC News poll
모델 요약문 : Clinton leads Trump by 4 percentage points in Washington Post-ABC poll


정답 요약문 : Democrats question independence of Trump Supreme Court nominee
모델 요약문 : U.S. senators question Supreme Court nominee Gorsuch's independence


정답 요약문 : In push for Yemen aid, U.S. warned Saudis of threats in Congress
모델 요약문 : U.S. warns Saudi Arabia over Yemen humanitarian situation


정답 요약문 : Romanian ruling party leader investigated over 'criminal group'
모델 요약문 : Romanian prosecutors investigate leader of ruling party over graft


정답 요약문 : Billionaire environmental activist Tom Steyer endorses Clinton
모델 요약문 : Steyer backs Clinton for U.S. president
```

BART는 BERT의 한계를 극복하기 위해 인코더와 디코더 구조를 사용하여 문장 생성 작업에서 높은 성능을 발휘한다. BART는 문장 요약과 같은 다양한 작업에서 뛰어난 성능을 보이며, 이를 가능케 하는 여러 가지 노이즈 기법을 사용한다.

예를 들어, BART는 마스킹된 언어 모델을 비롯하여 문장 내 단어의 순서를 섞는 등의 방법을 사용하여 사전 학습한다. 이러한 다양한 방법을 통해 BART는 다양한 자연어 처리 작업에서 탁월한 성능을 보인다.

ELECTRA

ELECTRA(Efficiently Learning an Encoder that Classifies Token Replacements Accurately)[18]는 2020년 구글에서 발표한 트랜스포머 기반의 모델이다.

BERT를 비롯해 많은 자연어 처리 모델은 마스킹된 언어 모델링(MLM) 방식을 사용하거나 일부 토큰을 [MASK]로 대체하여 입력을 손상시키고 원래 토큰을 복원하는 모델을 학습한다.

하지만 ELECTRA는 입력을 마스킹하는 대신 **생성자(Generator)**와 **판별자(Discriminator)**를 사용해 사전 학습을 수행한다. ELECTRA의 사전 학습 접근 방식은 변환기 모델인 생성자와 판별자를 학습하므로 생성적 적대 신경망(GAN)과 유사한 방법으로 학습이 수행된다.

생성 모델은 실제 데이터와 비슷하게 토큰을 생성해 다른 토큰으로 대체하고 판별 모델이 생성 모델이 만든 데이터와 실제 데이터를 입력받아 어떤 데이터가 실제 데이터인지, 아니면 생성된 데이터인지 구분한다.

ELECTRA는 GAN을 사용해 학습하므로 이전 언어 모델과 비교하여 더 효율적인 학습이 가능하다. 덕분에 대규모 데이터세트에서 모델을 더 빠르게 학습할 수 있다. 생성 모델을 통해 토큰을 생성하므로 다양한 자연어 생성 작업에서 보다 자연스러운 문장을 생성하게 된다.

또한 BERT와 같은 모델과 비교한다면 모델의 매개변수 수가 더 적다. 그로 인해 모델의 크기가 줄어들어 모델을 더 빠르게 실행할 수 있으며, 더 적은 메모리를 사용한다.

---

18 https://arxiv.org/abs/2003.10555

사전 학습 방법

ELECTRA의 생성자 모델과 판별자 모델은 모두 트랜스포머 인코더 구조를 따른다. 생성자 모델은 입력 문장의 일부 토큰을 마스크 처리하고 마스크 처리된 토큰이 원래 어떤 토큰이었는지 예측하며 학습한다.

반면에 판별자 모델은 각 입력 토큰이 원본 문장의 토큰인지 생성자 모델로 인해 바뀐 토큰인지 맞히며 학습한다. 이러한 학습 방법을 **RTD(Replaced Token Detection)**라고 한다.

다음 그림 7.20은 ELECTRA의 모델 학습 방법을 보여준다.

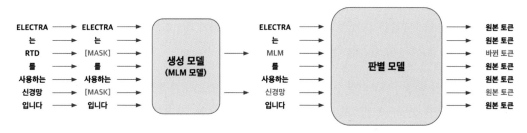

그림 7.20 ELECTRA 모델 학습 방법

생성자 모델은 BERT의 마스킹된 언어 모델과 동일하다. 입력 문장의 15%를 마스크 처리해 마스크 처리된 토큰이 원래 어떤 토큰이었는지를 맞히며 학습한다.

판별자 모델은 생성자 모델이 복원한 결괏값을 입력받아 각 토큰이 원본 토큰인지 바뀐 토큰인지를 판별한다.

이 과정은 생성자와 판별자로 구성된 생성적 적대 신경망(GAN)과 유사하지만, 몇 가지 차이점이 있다. 먼저, 생성자 모델이 원래 토큰을 정확히 예측한 경우 이 토큰은 생성된 토큰이 아닌 원본 토큰으로 인식한다.

그림 7.20을 보면 생성 모델이 두 번째 마스크 토큰을 '신경망'으로 원본과 동일하게 생성했다. 이 경우 GAN에서는 원본이 아닌 생성된 것으로 간주하지만, ELECTRA는 원본 토큰으로 간주한다.

두 번째로 GAN은 생성 모델과 판별 모델을 적대적으로 학습한다. 생성 모델은 판별 모델이 실제 데이터와 구분하기 어렵게 학습하고, 판별 모델은 실제 데이터와 생성된 데이터를 더욱 잘 구분하게 학습한다.

하지만 ELECTRA의 생성 모델은 마스킹된 언어 모델을 통해 학습되며, 판별 모델은 각 토큰이 바뀐 토큰인지 아니면 원본 토큰인지를 구분하도록 학습한다.

마지막으로 GAN은 완전한 노이즈 벡터를 입력받아 생성하지만, ELECTRA의 생성 모델은 일부 토큰이 마스크 처리된 텍스트를 입력으로 받는다.

생성 모델과 판별 모델은 모두 트랜스포머 인코더 구조를 따른다. 따라서 두 모델이 같은 개수의 계층으로 구성돼 있다면 가중치를 공유할 수 있어 더 빠르게 학습할 수 있다. 그러나 두 모델이 가중치를 완전히 공유하면 생성 모델의 성능이 너무 높아져서 판별 모델이 학습할 수 없게 된다. 그러므로 ELECTRA는 생성 모델을 판별 모델의 크기를 1/2에서 1/4 크기로 바꿔 설정하고 모든 가중치를 공유하는 대신 임베딩 계층의 가중치만 공유한다. 이를 통해 판별 모델이 학습하기 적합한 생성 모델을 유지하면서도 가중치를 공유하여 효율적으로 학습할 수 있다.

ELECTRA는 사전 학습이 완료되면 생성 모델을 사용하지 않고 오직 판별 모델만 사용해 다운스트림 작업을 수행한다. 판별 모델은 트랜스포머 인코더로 구성되어 있으며, BERT와 동일한 구조를 갖는다.

다운스트림 작업은 BERT와 동일한 방식으로 미세 조정한다.

모델 실습

이번 절에서는 허깅 페이스 라이브러리의 ELECTRA 모델과 네이버 영화 리뷰 감정 분석 데이터세트로 분류 모델을 학습한다.

이 데이터세트는 BERT 모델을 학습할 때 사용했던 데이터세트이므로 두 모델의 성능을 비교해 본다. 데이터를 불러오는 방법은 앞선 7.3 'BERT' 절의 예제 7.15와 동일하다.

데이터세트를 불러왔다면 ELECTRA 토크나이저(ElectraTokenizer) 클래스로 토크나이저를 불러온다. 토크나이저를 불러오고 데이터를 전처리하는 방법은 앞선 7.3 'BERT' 절의 예제 7.16 코드를 일부 변경해 사용한다. 다음 예제 7.24는 예제 7.16의 변경 점만 작성한 것이다.

예제 7.24 네이버 영화 리뷰 데이터세트 전처리

```
import torch
from transformers import ElectraTokenizer


...
```

```
tokenizer = ElectraTokenizer.from_pretrained(
    pretrained_model_name_or_path="monologg/koelectra-base-v3-discriminator",
    do_lower_case=False,
)

...
```

출력 결과

```
(tensor([    2,  6511, 14347,  4087,  4665,  4112,  2924,  4806,    16,  3809,
          4309,  4275,    16,  3201,  4376,  2891,  4139,  4212,  4007,  6557,
          4200,     5,     5,     3,     0,     0,     0,     0,     0,     0,
            ...
             0,     0,     0,     0,     0,     0,     0,     0,     0,     0,
             0], device='cuda:0'),
tensor([1, 1, 1, 1, 1, 1, 1, 1, 1, 1, 1, 1, 1, 1, 1, 1, 1, 1, 1, 1, 1, 1, 1, 1,
        0, 0, 0, 0, 0, 0, 0, 0, 0, 0, 0, 0, 0, 0, 0, 0, 0, 0, 0, 0, 0, 0, 0, 0,
        ...
        0, 0, 0, 0, 0, 0, 0, 0, 0, 0, 0, 0, 0, 0, 0, 0, 0, 0, 0, 0, 0, 0, 0, 0,
        0], device='cuda:0'),
tensor(1, device='cuda:0'))
```

ELECTRA는 허깅 페이스에서 다양한 모델이 제공된다. 영어 텍스트 분류를 위해 만들어진 ELECTRA 모델과 한국어 텍스트 분류를 위해 만들어진 KoELECTRA[19]가 제공된다.

영어 텍스트 분류는 google/electra-small(14M 가중치), google/electra-base(110M 가중치), google/electra-large(330M 가중치)로 적용할 수 있으며, 한국어 텍스트 분류는 monologg/koelectra-small-v3(14M 가중치), monologg/koelectra-base-v3(110M 가중치)로 적용할 수 있다.

이번 실습에서는 7.3 'BERT' 절에서 사용한 모델과 동일한 가중치 개수를 가진 koelectra-base 모델을 사용한다.

ELECTRA는 판별 모델만을 이용해 다운스트림 작업을 수행한다. 그러므로 koelectra-base 모델의 판별 모델을 의미하는 monologg/koelectra-base-discriminator 모델을 불러온다. 생성 모델을 불러와야 하는 경우 monologg/koelectra-base-generator로 불러올 수 있다.

---

19 https://github.com/monologg/KoELECTRA

데이터로더가 정의되면 모델과 최적화 함수를 선언한다. 다음 예제 7.25는 KoELECTRA 모델과 최적화 함수 설정 방법을 보여준다.

예제 7.25 KoELECTRA 모델 선언

```python
from torch import optim
from transformers import ElectraForSequenceClassification

model = ElectraForSequenceClassification.from_pretrained(
    pretrained_model_name_or_path="monologg/koelectra-base-v3-discriminator",
    num_labels=2
).to(device)
optimizer = optim.AdamW(model.parameters(), lr=1e-5, eps=1e-8)
```

문장 분류를 위한 KoELECTRA 모델은 ELECTRA 문장 분류 모델(ElectraForSequenceClassification) 클래스로 불러올 수 있다. BERT 모델과 비교하기 위해 동일한 최적화 함수와 매개변수를 사용한다.

학습에 필요한 설정을 완료했다면 모델 구조를 확인해 본다. 모델 구조 출력 방법은 앞선 예제 7.9와 동일하다.

KoELECTRA 모델 구조 출력 결과

```
electra
 └ embeddings
 |  └ word_embeddings
 |  └ position_embeddings
 |  └ token_type_embeddings
 |  └ LayerNorm
 |  └ dropout
 └ encoder
 |  └ layer
 |  |  └ 0
 |  |  └ 1
 ...
 |  |  └ 10
 |  |  └ 11
classifier
 └ dense
```

```
└ dropout
└ out_proj
```

KoELECTRA의 입력 임베딩은 BERT와 비슷하게 워드 임베딩, 위치 임베딩, 문장 구분 임베딩으로 구성된다. 이 임베딩들을 결합한 후 계층 정규화와 드롭아웃을 통과하는 것 역시 동일하다.

BERT와 마찬가지로 KoELECTRA는 12개의 인코더 계층을 통과해 입력 텍스트의 상태 값을 반환한다. 분류기 계층은 문장 분류를 위한 계층으로 [CLS] 토큰의 벡터를 이용해 입력 텍스트에 대한 분류를 수행한다.

이제 모델을 학습하고 평가해 본다. 모델 학습 및 평가는 앞선 7.2 'GPT' 절의 예제 7.13 및 7.14와 동일하다. 다음은 모델 학습 결과 및 평가 결과를 보여준다.

KoELECTRA모델 학습 결과

```
Epoch 1: Train Loss: 0.4489 Val Loss: 0.3227 Val Accuracy 0.8715
Saved the model weights
Epoch 2: Train Loss: 0.2891 Val Loss: 0.2928 Val Accuracy 0.8808
Saved the model weights
Epoch 3: Train Loss: 0.2188 Val Loss: 0.3111 Val Accuracy 0.8802
```

KoELECTRA모델 평가 결과

```
Test Loss : 0.3084
Test Accuracy : 0.8732
```

모델 평가 결과 정확도는 87.32%로 7.3 'BERT'의 정확도인 80.85%에 비해 약 7.5% 높은 것을 확인할 수 있다.

자연어 처리 분야에서 모델을 평가할 때 가장 보편적인 방법은 GLUE(General Language Understanding Evaluation) 벤치마크(Benchmark) 데이터세트[20]를 사용하는 것이다.

GLUE는 문장 수준 또는 문서 수준의 이해력을 평가하는 데이터세트로, 문장 분류, 문장 유사도 계산, 자연어 추론, 질의응답 등 11가지 과제를 통해 모델의 성능을 평가한다.

---

20 머신러닝 알고리즘의 성능을 평가하기 위한 표준 데이터세트로 고품질의 데이터와 레이블링된 결과를 포함하며, 알고리즘의 성능을 비교하기 위해 공개적으로 사용이 가능하다.

ELECTRA는 GLUE 평가에서 높은 점수를 기록한다. `electra-small`과 `bert-small`은 동일한 구조와 가중치 개수를 가지지만, `electra-small`은 `bert-small`보다 5% 높은 점수를 기록했다.

비슷한 방식으로, `electra-base`와 `bert-base`는 약 3% 차이, `electra-large`와 `bert-large`는 약 2% 차이로 ELECTRA 모델이 더 좋은 점수를 기록했다.

또한 12시간 학습한 `electra-small` 모델은 `bert-small` 모델이 4일 학습 결과보다 더 좋은 GLUE 점수를 기록했다. 이는 ELECTRA가 더 효율적으로 학습되어 더 높은 성능을 보인다는 것을 의미한다.

T5

T5(Text-to-Text Transfer Transformer)[21]는 2019년 구글에서 발표한 자연어 처리 분야의 딥러닝 모델로 트랜스포머 구조를 기반으로 한다.

T5는 인코더-디코더 모델 구조를 바탕으로 GLUE, SuperGLUE[22], CNN/DM(Cable News Network/Daily Mail)[23] 등의 데이터세트에서 SOTA(State-of-the-art)[24]를 달성했으며 다양한 자연어 처리 작업에서 높은 성능을 보이는 모델이다.

기존의 자연어 처리 모델은 대부분 입력 문장을 벡터나 행렬로 변환한 뒤, 이를 이용해 출력 문장을 생성하는 방식이거나 출력값이 클래스 또는 입력값의 일부를 반환하는 형식으로 동작했다.

이와 달리 T5는 입력과 출력을 모두 토큰 시퀀스로 처리하는 **텍스트-텍스트(Text-to-Text)** 구조다. 따라서 입력과 출력의 형태를 자유롭게 다룰 수 있으며, 모델 구조상 유연성과 확장성이 뛰어나기 때문에 새로운 자연어 처리 작업에서도 쉽게 적용할 수 있다.

이러한 특징 덕분에 T5는 자연어 처리 분야에서 다양한 작업에 사용할 수 있다. 대표적인 학습 작업으로는 문장 번역, 요약, 질의응답, 텍스트 분류 등이 있다. 다음 그림 7.21은 T5 모델 학습에 사용한 작업들을 보여준다.

---

21 https://arxiv.org/abs/1910.10683
22 GLUE보다 더 어렵고 추상적인 벤치마크 데이터세트
23 뉴스 기사 요약 데이터세트
24 특정 분야에서 현재 최고의 기술이나 성능을 나타내는 것

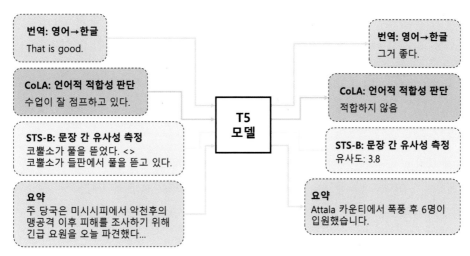

그림 7.21 T5 모델 학습 유형

T5는 입력과 출력이 모두 토큰(텍스트) 시퀀스이기 때문에 입력과 출력 간의 관계를 더욱 세밀하게 다룰 수 있다. T5는 사전 학습 후 미세 조정 단계에서 해당 작업의 데이터를 이용해 모델을 조정해 최적의 성능을 얻을 수 있다.

CoLA 데이터세트를 사용하면 문법적으로 허용 가능한 문장과 그렇지 않은 문장을 구분할 수 있게 되며, STS-B(The Semantic Textual Similarity Benchmark)[25] 데이터세트를 사용하면 문장 간 의미적 유사성을 측정할 수 있게 된다.

T5는 입력과 출력을 모두 텍스트 시퀀스로 처리하는 텍스트-텍스트 모델이므로 학습을 위한 데이터세트는 원본 문장과 대상 문장을 사용한다. T5는 C4(Colossal Clean Crawled Corpus)[26] 데이터세트를 활용해 다양한 자연어 처리 작업을 수행할 수 있게 사전 학습됐다.

사전 학습 방식은 비지도 학습 방식으로 입력 문장의 일부 구간을 마스킹해 입력 시퀀스를 처리하며, 출력 시퀀스는 실제 마스킹된 토큰과 마스크 토큰의 연결로 구성된다.

이때 문장마다 유일한 마스크 토큰을 의미하는 **센티널 토큰(Sentinel Token)**이 사용된다. 센티널 토큰은 '⟨extra_id_0⟩', '⟨extra_id_1⟩'과 같이 0부터 99개까지 100개의 기본값을 사용한다.

---

25 두 개의 문장 쌍이 주어졌을 때 그 문장 쌍의 의미적 유사성을 0부터 5까지의 점수로 평가하는 데이터세트
26 대규모 웹 크롤링 데이터세트로, 다양한 언어와 주제를 포함하고 있다.

예를 들어 '인코더-디코더 모델 구조'라는 문장에서 '인코더'와 '디코더'를 마스킹해 처리할 경우, 입력 토큰의 센티널 토큰은 [〈extra_id_0〉, -, 〈extra_id_1〉, 모델 구조]로 생성되며, 출력 토큰은 [인코더, 〈extra_id_0〉, 디코더, 〈extra_id_1〉]로 정의된다.

T5는 이러한 마스킹 토큰을 예측하는 것을 목적으로 사전 학습되며, 사전 학습이 완료된 후 미세 조정을 통해 다양한 자연어 처리 작업을 수행한다.

T5의 미세 조정은 지도 학습 방식으로 학습된다. 번역, 언어 수용성, 문장 유사도, 문서 요약 등 다양한 작업에 활용할 수 있다. T5 모델의 입력과 출력은 텍스트 시퀀스 토큰들로 이뤄져 있으며, 인코더-디코더 T5 모델에 입력된다.

이 과정에서 문장이 인코딩되기 전에 'translate English to German:' 또는 'summerize:'와 같은 작업 토큰을 문장 앞에 추가한다. 이러한 방식은 작업 토큰도 함께 학습해 다양한 자연어 처리 작업에서 높은 성능을 발휘할 수 있게 된다.

모델 실습

허깅 페이스에서 제공하는 T5의 인코더-디코더 모델을 학습해 문장 요약 작업을 수행해 본다. 7.4 'BART' 절에서 사용했던 허깅 페이스 아르길라 뉴스 요약 데이터세트를 사용한다. 다음 예제 7.26은 예제 7.18의 코드를 일부 변경한 것이다. 예제 7.26에는 달라진 점만 굵게 표시했다.

예제 7.26 뉴스 요약 데이터세트 불러오기

```python
import numpy as np
from datasets import load_dataset

news = load_dataset("argilla/news-summary", split="test")
df = news.to_pandas().sample(5000, random_state=42)[["text", "prediction"]]
df["text"] = "summarize: " + df["text"]
df["prediction"] = df["prediction"].map(lambda x: x[0]["text"])
train, valid, test = np.split(
    df.sample(frac=1, random_state=42), [int(0.6 * len(df)), int(0.8 * len(df))]
)

print(f"Source News : {train.text.iloc[0][:200]}")
print(f"Summarization : {train.prediction.iloc[0][:50]}")
```

출력 결과

```
Source News : summarize: DANANG, Vietnam (Reuters) - Russian President Vladimir Putin said on
Saturday he had a normal dialogue with U.S. leader Donald Trump at a summit in Vietnam, and described
Trump as civil, we
Summarization : Putin says had useful interaction with Trump at Vi
```

데이터세트의 text는 뉴스 본문을 의미하며, prediction은 요약된 뉴스를 의미한다. 본문 앞에 'summarize: '를 붙여 요약 작업이라는 정보를 모델에 전달한다.

뉴스 요약 데이터세트 전처리 방법도 예제 7.19와 유사하다. 다음 예제 7.26은 예제 7.19의 코드를 일부 변경한 것이다. 예제 7.27에 변경된 점만 굵게 표시했다.

예제 7.27 뉴스 요약 데이터세트 전처리

```python
import torch
from transformers import T5Tokenizer
from torch.utils.data import TensorDataset, DataLoader
from torch.utils.data import RandomSampler, SequentialSampler


def make_dataset(data, tokenizer, device):
    source = tokenizer(
        text=data.text.tolist(),
        padding="max_length",
        max_length=128,
        pad_to_max_length=True,
        truncation=True,
        return_tensors="pt"
    )

    target = tokenizer(
        text=data.prediction.tolist(),
        padding="max_length",
        max_length=128,
        pad_to_max_length=True,
        truncation=True,
        return_tensors="pt"
    )
```

```
        source_ids = source["input_ids"].squeeze().to(device)
        source_mask = source["attention_mask"].squeeze().to(device)
        target_ids = target["input_ids"].squeeze().to(device)
        target_mask = target["attention_mask"].squeeze().to(device)
        return TensorDataset(source_ids, source_mask, target_ids, target_mask)


epochs = 3
batch_size = 8
device = "cuda" if torch.cuda.is_available() else "cpu"
tokenizer = T5Tokenizer.from_pretrained(
    pretrained_model_name_or_path="t5-small"
)

...


print(next(iter(train_dataloader)))
print(tokenizer.convert_ids_to_tokens(21603))
print(tokenizer.convert_ids_to_tokens(10))
```

출력 결과

```
[tensor([[21603,     10,    283,   ...,     11,     16,      1],
         [21603,     10,   8747,   ...,   4008,     65,      1],
         [21603,     10,    549,   ...,   1384,      3,      1],
         ...,
         [21603,     10,    309,   ...,     34,    845,      1],
         [21603,     10,    549,   ...,      0,      0,      0],
         [21603,     10,      3,   ...,      5,      1,      0]], device='cuda:0'),
tensor([[1, 1, 1,   ..., 1, 1, 1],
        [1, 1, 1,   ..., 1, 1, 1],
        [1, 1, 1,   ..., 1, 1, 1],
        ...,
        [1, 1, 1,   ..., 1, 1, 1],
        [1, 1, 1,   ..., 0, 0, 0],
        [1, 1, 1,   ..., 1, 1, 0]], device='cuda:0'),
tensor([[ 8994, 28167,   4775,   ...,      0,      0,      0],
        [    3,    31,    279,   ...,      0,      0,      0],
        [ 1945,  1384,      3,   ...,      0,      0,      0],
        ...,
```

```
        [11279, 13849, 22895, ...,      0,     0,     0],
        [ 1945,  1384,   845, ...,      0,     0,     0],
        [ 2968,  6323, 20143, ...,      0,     0,     0]], device='cuda:0'),
tensor([[1, 1, 1,  ..., 0, 0, 0],
        [1, 1, 1,  ..., 0, 0, 0],
        [1, 1, 1,  ..., 0, 0, 0],
        ...,
        [1, 1, 1,  ..., 0, 0, 0],
        [1, 1, 1,  ..., 0, 0, 0],
        [1, 1, 1,  ..., 0, 0, 0]], device='cuda:0')]
_summarize
:
```

T5 토크나이저(T5Tokenizer) 클래스도 BERT 토크나이저 클래스와 동일하게 사전 학습된 토크나이저를 불러와 전처리를 수행한다. 사전 학습된 모델은 t5-small로 T5 모델의 기본 버전을 의미한다.

이번 예제의 패딩 방식은 pad_to_max_length 매개변수로 최대 길이(max_length)보다 짧으면 패딩을 수행하고 길면 문장을 자른다. 128 길이보다 긴 경우 128로 맞춰지며, 길이가 128보다 작은 경우 패딩이 수행된다.

뉴스 본문과 요약된 뉴스에 토큰 인덱스(input_ids)와 어텐션 마스크(attention_mask)를 반환하고 토큰화 결과를 출력한다.

토큰 인덱스 앞에 반복되는 21603과 10은 뉴스 본문 앞에 붙인 'summarize: '를 의미한다. 토크나이저의 convert_ids_to_tokens 메서드로 토큰의 출력값을 확인할 수 있다.

다음 예제 7.28은 T5 모델 설정 방법을 보여준다.

예제 7.28 T5 모델 선언

```python
from torch import optim
from transformers import T5ForConditionalGeneration

model = T5ForConditionalGeneration.from_pretrained(
    pretrained_model_name_or_path="t5-small",
).to(device)
optimizer = optim.AdamW(model.parameters(), lr=1e-5, eps=1e-8)
```

T5 조건부 생성(**T5ForConditionalGeneration**) 클래스는 T5 모델의 미세 조정을 위한 클래스다. t5-small은 T5 모델 중 가장 작은 크기로 트랜스포머와 동일한 구조를 갖는다. 모델 구조 확인 방법은 앞선 예제 7.9와 동일하다.

T5 모델 구조 출력 결과

```
shared
encoder
└ embed_tokens
└ block
|  └ 0
|  |  └ layer
...
|  └ 5
|  |  └ layer
└ final_layer_norm
└ dropout
decoder
└ embed_tokens
└ block
|  └ 0
|  |  └ layer
...
|  └ 5
|  |  └ layer
└ final_layer_norm
└ dropout
lm_head
```

T5 모델의 shared 임베딩 함수는 인코더와 디코더 함수에 사용되는 토큰 임베딩으로 서로 공유되게 설정된다. 인코더와 디코더의 각 계층에서 동일한 가중치가 사용되어 모델의 매개변수 수를 줄이고 일반화 성능을 향상시킨다.

모델을 선언했다면 모델을 학습하고 평가해 본다. 모델 학습 및 평가 방법은 예제 7.13 코드를 일부 변경해 사용한다. 다음 예제 7.29에서는 예제 7.13과 달라진 점만 굵게 표시했다.

예제 7.29 T5 모델 학습 및 평가

```python
import numpy as np
from torch import nn


def train(model, optimizer, dataloader):
    model.train()
    train_loss = 0.0

    for source_ids, source_mask, target_ids, target_mask in dataloader:
        decoder_input_ids = target_ids[:, :-1].contiguous()
        labels = target_ids[:, 1:].clone().detach()
        labels[target_ids[:, 1:] == tokenizer.pad_token_id] = -100

        outputs = model(
            input_ids=source_ids,
            attention_mask=source_mask,
            decoder_input_ids=decoder_input_ids,
            labels=labels,
        )

        loss = outputs.loss
        train_loss += loss.item()

        optimizer.zero_grad()
        loss.backward()
        optimizer.step()

    train_loss = train_loss / len(dataloader)
    return train_loss


def evaluation(model, dataloader):
    with torch.no_grad():
        model.eval()
        val_loss = 0.0

        for source_ids, source_mask, target_ids, target_mask in dataloader:
            decoder_input_ids = target_ids[:, :-1].contiguous()
            labels = target_ids[:, 1:].clone().detach()
```

```
            labels[target_ids[:, 1:] == tokenizer.pad_token_id] = -100

            outputs = model(
                input_ids=source_ids,
                attention_mask=source_mask,
                decoder_input_ids=decoder_input_ids,
                labels=labels,
            )

            loss = outputs.loss
            val_loss += loss

    val_loss = val_loss / len(dataloader)
    return val_loss

best_loss = 10000
for epoch in range(epochs):
    train_loss = train(model, optimizer, train_dataloader)
    val_loss = evaluation(model, valid_dataloader)
    print(f"Epoch {epoch + 1}: Train Loss: {train_loss:.4f} Val Loss: {val_loss:.4f}")

    if val_loss < best_loss:
        best_loss = val_loss
        torch.save(model.state_dict(), "../models/T5ForConditionalGeneration.pt")
        print("Saved the model weights")
```

출력 결과

```
Epoch 1: Train Loss: 4.3135 Val Loss: 3.3195
Saved the model weights
Epoch 2: Train Loss: 3.4098 Val Loss: 2.9162
Saved the model weights
Epoch 3: Train Loss: 3.1287 Val Loss: 2.7619
Saved the model weights
```

T5 모델은 토큰 인덱스(input_ids), 어텐션 마스크(attention_mask), 디코더 토큰 인덱스(decoder_
input_ids), 라벨(labels)로 모델을 학습한다.

decoder_input_ids은 디코더에 입력될 시퀀스를 인코딩한 텐서로, 마지막 토큰을 제외한 나머지 토큰을 사용하고, labels는 decoder_input_ids보다 다음 시점을 예측하도록 target_ids[:, 1:]로 설정한다. 이때 pad_token_id 토큰에 대해서는 -100으로 설정해 손실값 계산 시 무시되게 설정한다.

decoder_input_ids 변수에 적용된 contiguous 메서드는 텐서를 메모리상에 연속된 블록으로 저장하는 역할을 한다. 이를 통해 메모리상에 인접한 위치에 저장된 데이터를 빠르게 연산할 수 있다.

출력 결과를 보면 매우 작은 데이터로 모델을 학습했음에도 불구하고 학습 손실과 검증 손실이 점차 감소하는 것을 확인할 수 있다.

이제 학습된 모델의 요약 결과를 확인해 본다. 다음 예제 7.30은 뉴스 요약 방법을 보여준다.

예제 7.30 T5 생성 모델 테스트

```
model.eval()
with torch.no_grad():
    for source_ids, source_mask, target_ids, target_mask in test_dataloader:
        generated_ids = model.generate(
            input_ids=source_ids,
            attention_mask=source_mask,
            max_length=128,
            num_beams=3,
            repetition_penalty=2.5,
            length_penalty=1.0,
            early_stopping=True,
        )

        for generated, target in zip(generated_ids, target_ids):
            pred = tokenizer.decode(
                generated, skip_special_tokens=True, clean_up_tokenization_spaces=True
            )
            actual = tokenizer.decode(
                target, skip_special_tokens=True, clean_up_tokenization_spaces=True
            )
            print("Generated Headline Text:", pred)
            print("Actual Headline Text   :", actual)
        break
```

출력 결과

```
Generated Headline Text: Clinton leads Trump by 4 percentage points in four-war race for Nov. 8
election.
Actual Headline Text    : Clinton leads Trump by 4 points in Washington Post: ABC News poll
Generated Headline Text: U.S. senators sharpen potential line of attack against Gorsuch's nomination
to Supreme Court
Actual Headline Text    : Democrats question independence of Trump Supreme Court nominee
Generated Headline Text: Saudi-led coalition pushed Riyadh to allow greater access for humanitarian
aid. U.S. warns about Yemen humanitarian situation could constrain U.S. assistance, official says.
Actual Headline Text    : In push for Yemen aid, U.S. warned Saudis of threats in Congress
...
```

생성(generate) 메서드는 입력 문장(입력 시퀀스)에 대한 요약문(출력 시퀀스)을 생성한다. 토큰 인덱스 (input_ids)와 어텐션 마스크(attention_mask)는 입력 문장의 인코딩과 마스킹 정보를 나타내며, 최대 길이(max_length)는 생성될 요약문의 최대 길이를 의미한다.

빔 개수(num_beams)는 **빔 서치(Beam Search)** 알고리즘의 빔 크기를 의미한다. 빔 서치 알고리즘은 디코더 모델이 생성한 다수의 후보 단어 시퀀스 중에서 가장 높은 확률을 가진 시퀀스를 선택해 출력한다.

디코더 모델은 다음 단어를 예측하는 과정에서 다수의 후보 단어를 생성한다. 이때 빔서치 알고리즘은 미리 지정한 빔 크기만큼의 후보 단어 시퀀스만을 유지하고, 나머지 후보 시퀀스들은 삭제한다. 이후 다음 단어를 예측하면서 빔 크기에 맞게 후보 시퀀스들을 업데이트하며, 최종적으로 가장 높은 확률을 가진 시퀀스를 선택한다.

예를 들어, 빔 크기가 3이라면, 디코더 모델이 생성한 후보 시퀀스 중에서 가장 높은 확률을 가진 상위 3개의 시퀀스를 선택하고, 이후에는 이 3개의 시퀀스만을 유지하면서 다음 단어를 예측한다. 이를 반복해 빔 크기에 맞게 선택된 후보 시퀀스 중에서 가장 높은 확률을 가진 시퀀스를 출력으로 사용한다.

반복 페널티(repetition_penalty)는 중복 토큰 생성을 제어하는 값이다. 이 값이 높을수록 중복 토큰 생성이 억제된다.

길이 페널티(length_penalty)는 생성된 시퀀스 길이에 대한 보상을 제어한다. 이 값이 높을수록 더욱 긴 시퀀스가 생성된다.

조기 중단(early_stopping)은 최대 길이에 도달하기 전 EOS 토큰이 생성되는 경우 중단한다.

생성 메서드로 입력 시퀀스에 대한 출력 시퀀스를 생성할 수 있으며, 생성된 토큰 시퀀스를 토크나이저의 **디코딩(decode)** 메서드로 디코딩할 수 있다.

skip_special_tokens와 clean_up_tokenization_spaces 매개변수는 디코딩된 텍스트에서 특수 토큰과 불필요한 공백을 제거한다.

출력 결과를 보면 T5 모델이 생성한 요약 결과와 실제 요약 결과가 비슷한 내용을 전달하고 있음을 알 수 있다. 하지만 요약 내용이 완전히 일치하지는 않는다. 더 정확한 요약을 위해서 더 많은 학습 데이터와 하이퍼파라미터 튜닝으로 모델 성능을 개선할 수 있다.

파이토치 트랜스포머를 활용한
**자연어 처리와
컴퓨터비전 심층학습**
실전 프로젝트와 최신 알고리즘을 통한 딥러닝 모델 개발

3부

컴퓨터
비전

08

이미지
분류

이미지 분류는 이미지에서 객체(Object)나 장면(Scenes)과 같은 요소를 인식하고 분류하는 알고리즘을 의미한다. 지도 학습의 한 유형으로, 이미지와 이미지에 해당하는 클래스를 할당해 데이터세트를 구성한다.

컴퓨터비전 분야에서 가장 자주 사용되는 알고리즘이며, 시각적인 요소를 분류하는 데 주로 사용된다. 즉, 사용자가 입력한 이미지를 사전에 정의한 클래스 중 가장 유사한 클래스로 판별하는 작업이다. 이미지 분류는 크게 단일 클래스 분류, 다중 클래스 분류, 다중 레이블 분류로 나눈다.

단일 클래스 분류(Single Classification)는 이미지 안에 서로 다른 여러 객체가 존재하더라도 하나의 대표 클래스로만 이미지를 분류한다. 예를 들어 개의 이미지가 주어진다면 해당 이미지는 개인지 개가 아닌지로 분류한다. 즉, 이미지에 해당하는 클래스가 참인지 거짓인지를 판별한다.

다중 클래스 분류(Multi-Class Classification)는 단일 클래스 분류보다 비교적 복잡한 일을 수행한다. 앞선 단일 클래스 분류에서는 참, 거짓을 분류했다면 다중 클래스 분류에서는 개인지, 고양이인지를 분류하거나 개의 품종을 분류하는 일을 수행한다.

다중 레이블 분류(Multi-Label Classification)는 입력 이미지에서 여러 클래스를 예측한다. 다중 클래스 분류와 달리 다중 레이블 분류는 하나의 이미지 안에서 여러 클래스를 예측할 수 있다. 예를 들어 다중 레이블 분류에서 클래스를 분류한다면 이미지 안에서 개, 소파, 블라인드 등을 검출할 수 있다. 일반적으로 다중 레이블 분류는 분류기가 여러 레이블을 동시에 처리해야 하므로 단일 클래스 분류나 다중 클래스 분류보다 더 많은 데이터와 더 복잡한 모델 구조를 요구한다.

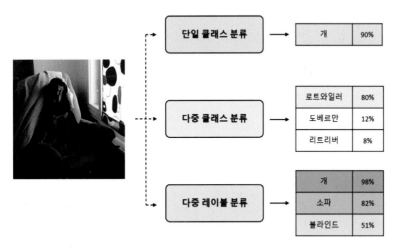

그림 8.1 이미지 분류

이미지 분류를 수행하는 알고리즘은 규칙 기반(Rule-based)의 알고리즘부터 머신러닝 방법에 이르기까지 다양한 접근 방식이 존재한다. 이미지 분류에 사용되는 몇 가지 기술은 다음과 같다.

1. 서포트 벡터 머신 (Support Vector Machine, SVM)

2. K-최근접 이웃 알고리즘 (K-nearest Neighbors Algorithm, KNN)

3. 의사결정 나무(Decision Tree)

4. 인공 신경망(Artificial Neural Network, ANN)

5. 합성곱 신경망(Convolutional Neural Network, CNN)

이미지를 분류하는 방법은 여러 가지가 있지만, 이번 장에서는 합성곱 신경망으로 구성된 모델에 대해 알아본다.

AlexNet

알렉스넷(AlexNet)[1]은 2012년에 개최된 ILSVRC(ImageNet Large Scale Visual Recognition Challenge)[2] 대회에서 우승을 차지한 합성곱 신경망 구조의 모델이다. 2012년 이전의 모델들은 얕은 구조(Shallow Architecture)로 인식 오류율이 약 26%에 달했지만, 알렉스넷은 인식 오류율을 약 16% 까지 낮췄다.

알렉스넷의 등장은 합성곱 신경망 모델의 부흥을 이끌었고 알렉스넷 이후부터 깊은 구조(Deep Architecture)를 가진 모델들이 나타나 우승을 차지하기 시작했다.

알렉스넷은 최신 합성곱 모델과 세부적인 구성은 다르지만, 전체적인 구조는 유사하다. 그러므로 알렉스 넷을 통해 어떻게 합성곱 신경망 모델이 높은 성능을 내는지 알아보자. 다음 그림 8.2는 알렉스넷의 구 조를 보여준다.

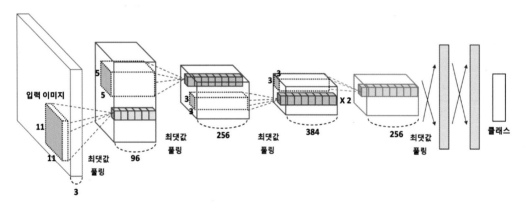

그림 8.2 알렉스넷 구조

알렉스넷은 이미지의 특징 추출에 합성곱과 최댓값 풀링 계층을 활용하며, 이후 완전 연결 계층을 통해 클래스를 분류한다. 알렉스넷의 구조를 보면 순전파 과정에서 특징 맵의 차원 수는 증가하고, 크기는 감 소함을 확인할 수 있다. 합성곱 모델은 특징 맵의 차원 수가 늘어날수록 모델의 표현력이 증가하며, 특징 맵의 크기를 줄여 연산량을 줄일 수 있다. 이와 같이 알렉스넷을 포함한 대부분의 합성곱 네트워크는 특 징 맵의 크기를 줄이면서 차원 수를 증가시키는 구조로 이뤄진다.

---

1 https://papers.nips.cc/paper_files/paper/2012/file/c399862d3b9d6b76c8436e924a68c45b-Paper.pdf
2 영상 분류와 객체 검출 알고리즘을 개발하기 위해서 시작된 대회

LeNet-5와 AlexNet

알렉스넷의 구조는 1998년에 개발된 LeNet-5의 구조와 유사하다. 먼저 LeNet-5의 구조를 알아보자. LeNet-5는 1개의 입력층(I), 2개의 합성곱 계층(C1, C3), 2개의 서브샘플링(Subsampling) 계층(S2, S4), 1개의 완전 연결 계층(FC5), 1개의 출력층(O)으로 구성돼 있다. 서브샘플링에 사용된 방법으로는 평균값 풀링을 적용하고 활성화 함수는 출력층에서 시그모이드, 나머지 계층에서 하이퍼볼릭 탄젠트를 사용한다.

알렉스넷의 계층은 1개의 입력층(I), 5개의 합성곱 계층(C1, C3, C5, C6, C7), 3개의 서브샘플링 계층 (S1, S4, S8), 3개의 완전 연결 계층(FC9, FC10, FC11), 1개의 출력층(O)으로 구성된다. 서브샘플링에 사용된 방법으로는 최댓값 풀링을 적용하고 활성화 함수는 ReLU를 적용한다. LeNet-5와 알렉스넷의 구조를 다시 정리하면 그림 8.3과 같다.

그림 8.3 LeNet-5와 알렉스넷의 계층 구조

알렉스넷과 LeNet-5의 주요한 차이는 입력 이미지의 크기, 활성화 함수, 풀링 방식의 변경과 드롭아웃이 추가됐다는 점이다. LeNet-5에서는 활성화 함수로 리스케일링된 로지스틱 시그모이드 함수(Rescaled Logistic Sigmoid Function)[3]를 사용했는데, 알렉스넷은 ReLU를 사용했다.

시그모이드는 기울기 소실 문제를 유발하지만, ReLU는 기울기 소실 문제를 유발하지 않는 비선형 활성화 함수다. 기울기 소실 문제는 계층을 깊게 쌓을 수 없게 만드는 방해 요소이므로 ReLU를 사용해 더 깊은 계층을 쌓을 수 있게 됐다.

풀링 방식에서도 변화가 일어났는데, 최댓값 풀링을 활용해 값을 통합하고 단순화했다. 평균값과 최댓값을 비교해 보자면 최댓값이 값의 분포가 더 일정해지는 효과가 있다. 이를 통해 기울기 계산을 더 쉽게 처리하게 됐다.

마지막으로 알렉스넷은 드롭아웃을 활용했는데, LeNet-5에 비해 더 깊은 계층 구조이므로 모델 매개변수가 비약적으로 증가했다. 모델 매개변수가 많을수록 과대적합이 발생할 확률이 높아지므로 드롭아웃 기법을 통해 과대적합 문제를 완화했다.

전역 특징을 입력받는 완전 연결 계층은 일반적으로 합성곱 계층보다 상당히 많은 매개변수를 요구하므로 드롭아웃으로 과대적합 문제를 해결해 두 배 더 많은 반복 학습을 수행해 성능을 향상시킬 수 있었다.

모델 학습

알렉스넷의 모델 구성을 확인하기 위해 파이토치에서 제공하는 알렉스넷 모델을 불러오고 모델 구조를 확인해 본다. 이 책에서는 torchinfo[4] 라이브러리를 활용해 모델 구조를 확인한다.

torchinfo 라이브러리는 모델에 사용된 계층을 비롯해 입력 및 출력 형태, 전체 매개변수의 수를 확인하는 기능을 제공한다. 다음은 torchinfo 라이브러리에서 사용하는 모델 요약 함수다.

모델 요약 함수

```
information = torchinfo.summary(
    model,
    input_data
)
```

---

3 시그모이드 함수를 조절하면 Tanh 함수와 유사한 형태가 된다.
4 torchinfo 라이브러리는 pip install torchinfo로 설치할 수 있다.

모델 요약 함수를 이용하면 확인하고자 하는 **모델(model)**과 **입력 데이터(input_data)**를 전달했을 때 각 계층의 출력 형태와 매개변수의 수를 확인할 수 있다. 모델에 입력하는 텐서 데이터의 형태에 따라 출력 형태가 바뀐다.

모델 요약 함수를 사용하기 위해서는 모델을 인수로 전달해야 한다. 이번 절에서는 알렉스넷 모델을 요약해 본다. 다음은 알렉스넷 모델 불러오기 함수다.

알렉스넷 모델 불러오기 함수

```
model = torchvision.models.alexnet(
    weights="AlexNet_Weights.IMAGENET1K_V1"
)
```

알렉스넷 모델 불러오기 함수는 **사전 학습된 가중치(weights)** 매개변수로 대규모 데이터세트에서 학습된 알렉스넷을 불러올 수 있다. 사전 학습된 가중치 매개변수를 입력하지 않거나 None 값으로 할당하면 사전 학습된 가중치를 불러오지 않는다.

이 책에서는 사전 학습된 이미지넷 데이터로 사전 학습된 모델을 불러온다.[5] 다음 표 8.1은 `AlexNet_Weights.IMAGENET1K_V1`에 대한 모델 정보를 요약했다.

표 8.1 AlexNet_Weights.IMAGENET1K_V1 모델 정보

속성	값
acc@1	56.522
acc@5	79.066
입력 이미지 최소 크기	63×63
매개변수의 수	61,100,840
카테고리(클래스) 수	1,000
GFLOPS	0.71
파일 크기	233.1MB

이미지넷으로 학습된 알렉스넷은 acc@1과 acc@5가 각각 56.522와 79.066을 달성한 모델이다. **acc@n이란 상위 n개 레이블에 대한 예측 정확도**를 의미한다.

---

5 models 패키지에서 지원되는 이미지 분류 모델은 https://pytorch.org/vision/stable/models.html#classification에서 확인할 수 있다.

예를 들어 개 이미지를 입력했을 때 예측된 결과가 [고양이(50%), 말(30%), 소(10%), 개(5%), 늑대 (1%), …]라고 가정한다면, acc@1은 상위 1개 레이블에 대한 정확도를 측정하므로 예측이 틀렸다고 볼 수 있다.

acc@5의 경우 상위 5개에 대한 예측 정확도를 계산하므로 개로 예측된 확률이 5%로 낮더라도 예측이 성공했다고 볼 수 있다.

GFLOPS는 초당 기가 부동 소수점 연산(Giga-Floating Point Operations Per Second)의 약자로, 해당 모델에 대한 컴퓨팅 성능을 측정한 값을 의미한다. 모델이 1초 동안 수행할 수 있는 부동 소수점 산술 연산의 수를 표현하는 방법이다. 값이 높을수록 복잡한 계산 및 데이터 처리 작업을 더 빠르게 수행할 수 있다.

다음 예제 8.1은 알렉스넷을 불러오고 알렉스넷 모델 구조 출력 방법을 보여준다.

예제 8.1 알렉스넷 모델 구조 출력

```
from torchvision import models
from torchinfo import summary


model = models.alexnet(weights="AlexNet_Weights.IMAGENET1K_V1")
summary(model, (1, 3, 224, 224), device="cpu")
```

출력 결과

```
==========================================================================
Layer (type:depth-idx)              Output Shape            Param #
==========================================================================
AlexNet                             [1, 1000]               --
├─Sequential: 1-1                   [1, 256, 6, 6]          --
│    └─Conv2d: 2-1                  [1, 64, 55, 55]         23,296
│    └─ReLU: 2-2                    [1, 64, 55, 55]         --
│    └─MaxPool2d: 2-3               [1, 64, 27, 27]         --
│    └─Conv2d: 2-4                  [1, 192, 27, 27]        307,392
│    └─ReLU: 2-5                    [1, 192, 27, 27]        --
│    └─MaxPool2d: 2-6               [1, 192, 13, 13]        --
│    └─Conv2d: 2-7                  [1, 384, 13, 13]        663,936
│    └─ReLU: 2-8                    [1, 384, 13, 13]        --
│    └─Conv2d: 2-9                  [1, 256, 13, 13]        884,992
│    └─ReLU: 2-10                   [1, 256, 13, 13]        --
```

```
|     └Conv2d: 2-11                 [1, 256, 13, 13]        590,080
|     └ReLU: 2-12                   [1, 256, 13, 13]        --
|     └MaxPool2d: 2-13              [1, 256, 6, 6]          --
├─AdaptiveAvgPool2d: 1-2            [1, 256, 6, 6]          --
├─Sequential: 1-3                  [1, 1000]               --
|     └Dropout: 2-14               [1, 9216]               --
|     └Linear: 2-15                [1, 4096]               37,752,832
|     └ReLU: 2-16                   [1, 4096]               --
|     └Dropout: 2-17               [1, 4096]               --
|     └Linear: 2-18                [1, 4096]               16,781,312
|     └ReLU: 2-19                   [1, 4096]               --
|     └Linear: 2-20                [1, 1000]               4,097,000
==============================================================================
Total params: 61,100,840
Trainable params: 61,100,840
Non-trainable params: 0
Total mult-adds (M): 714.68
==============================================================================
Input size (MB): 0.60
Forward/backward pass size (MB): 3.95
Params size (MB): 244.40
Estimated Total Size (MB): 248.96
==============================================================================
```

출력 결과는 알렉스넷에 (1, 3, 224, 224) 크기의 텐서를 입력했을 때 계층마다 출력하는 특징 맵의 크기와 필요한 매개변수의 수를 보여준다. Layer, Output Shape, Param은 각 계층의 종류 및 구조, 출력 텐서의 크기, 계층에서 사용된 매개변수의 수를 의미한다.

표 8.2는 알렉스넷에 사용된 계층을 정리한 것이다. 앞서 설명한 내용과 같이 완전 연결 계층은 합성곱 계층에 비해 상당히 많은 매개변수의 수를 요구하는 것을 확인할 수 있다.

표 8.2 알렉스넷에 사용된 계층 클래스 목록

계층	설명
시퀀셜(Sequential)	계층 인스턴스 묶음
합성곱(Conv2d)	3차원 텐서를 입력받아 합성곱 연산을 수행
ReLU(ReLU)	ReLU 활성화 수행

계층	설명
최댓값 풀링(MaxPool2d)	3차원 텐서를 입력받아 최댓값 풀링 수행
적응형 평균값 풀링(AdaptiveAvgPool2d)	입력 텐서의 형태에 상관없이 일정한 형태로 풀링 수행
드롭아웃(Dropout)	일정한 비율로 드롭아웃 수행
선형 변환(Linear)	2차원 텐서를 입력받는 완전 연결 계층

토치비전 라이브러리를 활용해 이미지넷으로 사전 학습된 알렉스넷 모델을 불러왔다. 이미지넷은 1,000 개의 클래스로 구성된 데이터세트이므로 사전 학습된 알렉스넷은 1,000개의 클래스에 대한 예측을 수행한다.

알렉스넷이 예측하는 클래스의 의미를 확인하기 위해 클래스 정보 파일을 불러와야 한다. 클래스 정보 파일은 제공되는 imagenet_classes.txt 파일을 확인하거나 파이토치 허브[6]에서 파일을 다운로드할 수 있다.

다운로드가 완료됐다면 클래스 정보 파일을 불러와 클래스를 확인한다. 다음 예제 8.2는 알렉스 넷의 클래스 정보 파일을 불러오는 방법을 보여준다.

예제 8.2 클래스 정보 파일 불러오기

```
with open("../datasets/imagenet_classes.txt", "r") as file:
    classes = file.read().splitlines()


print(f"클래스 개수 : {len(classes)}")
print(f"첫 번째 클래스 레이블 : {classes[0]}")
```

출력 결과

```
클래스 개수 : 1000
첫 번째 클래스 레이블 : tench
```

클래스 데이터 파일은 텍스트 형식으로 구성되어 있으므로 파이썬 내장 함수를 활용해 클래스 레이블을 불러온다. 레이블 데이터를 불러왔다면 알렉스넷을 학습할 때 사용했던 전처리 과정을 입력 이미지에 적용한다.

---

6 https://raw.githubusercontent.com/pytorch/hub/master/imagenet_classes.txt

알렉스넷은 입력 이미지로 256×256 크기를 사용하며, RGB 픽셀값의 평균과 분산을 활용해 정규화를 적용한다. 다음 예제 8.3은 통합 클래스를 활용해 알렉스넷이 학습한 데이터와 동일한 형태로 전처리하는 방법을 보여준다.

예제 8.3 이미지 데이터 전처리

```python
import torch
from PIL import Image
from torchvision import models, transforms

transform = transforms.Compose(
    [
        transforms.Resize((224, 224)),
        transforms.ToTensor(),
        transforms.Normalize(
            mean=[0.485, 0.456, 0.406],
            std=[0.229, 0.224, 0.225]
        ),
    ]
)

device = "cuda" if torch.cuda.is_available() else "cpu"
model = models.alexnet(weights="AlexNet_Weights.IMAGENET1K_V1").eval().to(device)

tensors = []
files = ["../datasets/images/airplane.jpg", " ../datasets/images/bus.jpg"]
for file in files:
    image = Image.open(file)
    tensors.append(transform(image))

tensors = torch.stack(tensors)
print(f"입력 텐서의 크기 : {tensors.shape}")
```

출력 결과

```
입력 텐서의 크기 : torch.Size([2, 3, 224, 224])
```

예제 8.3은 알렉스넷에서 학습한 이미지 데이터와 동일한 형태로 전처리를 수행한다. 전처리 과정 중 정규화 클래스(`Normalize`)의 평균과 표준편차를 각각 `[0.485, 0.456, 0.406]`과 `[0.229, 0.224, 0.225]`로 사용하는 것을 확인할 수 있다.

해당 평균과 표준편차 값은 이미지넷 데이터세트에서 사용된 이미지들의 평균과 표준편차 값이다. 이미지넷 데이터는 컴퓨터비전 분야에서 일반적으로 사용되는 대규모 시각 인식 데이터세트다. 1,400만 개 이상의 이미지가 포함돼 있으므로 자연물이나 일상생활과 관련된 데이터일 경우 해당 평균과 표준편차를 사용할 때 가장 우수한 정규화 값으로 수행된다.

위성사진이나 의료 사진 등으로 구성된 이미지 데이터세트를 정규화하는 경우 해당 데이터세트에 적합한 평균과 표준편차를 계산해 적용할 수 있다. 알렉스넷은 이미지넷 데이터로 학습된 모델이므로 평균과 표준편차를 `[0.485, 0.456, 0.406]`과 `[0.229, 0.224, 0.225]`로 적용해 전처리한다.

모델 추론

앞선 예제를 통해 사전 학습된 알렉스넷과 알렉스넷에 적합한 이미지 데이터를 전처리했다. 모델과 데이터를 활용해 추론해 보고 상위 다섯 개의 클래스와 예측 확률을 출력해 본다. 예제 8.4는 알렉스넷 모델의 추론 방법을 보여준다.

예제 8.4 알렉스넷 모델 추론

```python
import numpy as np
from torch.nn import functional as F


with torch.no_grad():
    outputs = model(tensors.to(device))
    probs = F.softmax(outputs, dim=-1)
    top_probs, top_idxs = probs.topk(5)

top_probs = top_probs.detach().cpu().numpy()
top_idxs = top_idxs.detach().cpu().numpy()
top_classes = np.array(classes)[top_idxs]

for idx, (cls, prob) in enumerate(zip(top_classes, top_probs)):
    print(f"{files[idx]} 추론 결과")
    for c, p in zip(cls, prob):
        print(f" - {c:<30} : {p * 100:>5.2f}%")
```

출력 결과

```
../datasets/images/airplane.jpg 추론 결과
 - airliner            : 73.45%
 - warplane            : 14.44%
 - wing                :  9.56%
 - space shuttle       :  1.94%
 - missile             :  0.25%
../datasets/images/bus.jpg 추론 결과
 - streetcar           : 60.25%
 - trolleybus          : 37.99%
 - minibus             :  1.54%
 - passenger car       :  0.17%
 - recreational vehicle :  0.03%
```

임의의 값으로 모델을 확인하므로 torch.no_grad 클래스로 기울기 계산을 비활성화하며, 모델에 입력 텐서를 전달해 순전파를 수행한다. 반환되는 출력값은 입력 텐서의 배치 크기와 동일하며 [배치 크기, 클래스 개수]의 형태다.

전달된 텐서는 소프트맥스 함수로 값을 활성화하고 topk 메서드로 텐서 값이 가장 큰 상위 다섯 개의 요소를 반환한다. top_probs는 값이 가장 높은 텐서 다섯 개를 반환하며, top_idxs는 top_probs가 해당하는 색인 값을 의미한다. 사람이 읽기 쉬운 형태로 변경하기 위해 확률, 색인, 클래스를 넘파이 배열로 변환한다.

읽기 쉬운 형태로 변형된 클래스와 해당 클래스 확률을 출력한다면 airplane.jpg 파일은 airliner과 warplane과 같이 비행기와 유사한 클래스가 가장 높게 예측되며, bus.jpg 파일은 streetcar나 trolleybus와 같이 버스와 유사한 클래스가 가장 높게 예측되는 것을 확인할 수 있다.

VGG

VGG-16[7]은 2014년 ILSVRC 대회에서 준우승한 합성곱 신경망 모델이다. 이 모델은 옥스포드 대학의 연구팀 VGG(Visual Geometry Group)에서 개발했다. 동일한 대회에서 우승한 **구글넷(GoogLeNet)**의 인식 오류율은 약 6%로, 인식 오류율이 7%인 VGG-16보다 더 우수한 성능을 보이지만, VGG-16은 이후 연구에 더 많이 활용됐다.

---

7 https://arxiv.org/abs/1409.1556

구글넷은 **인셉션 모듈(Inception module)**을 사용하여 다양한 필터 크기와 풀링 작업으로 병렬 합성곱 연산을 수행한다. 이 방식은 전역 특징과 지역 특징을 모두 포착하여 성능을 높일 수 있다. 그러나 복잡한 구조로 인해 VGG-16 모델과 같이 상대적으로 간단한 구조의 모델만큼 활용되지는 않았다.

VGG-16 모델은 16개의 계층으로 구성돼 있으며, 이 중 13개는 합성곱 계층이며 3개는 완전 연결 계층에 속한다. VGG 모델의 주요한 특징은 작은 3×3 필터만으로 합성곱 연산을 수행해 더 깊은 구조의 모델을 만든다.[8]

VGG-16은 여러 이미지 인식 작업에서 높은 성능을 보여주었으며, 이후 많은 딥러닝 모델의 기반이 된 모델 구조다.

AlexNet과 VGG-16

알렉스넷과 VGG-16 모델은 모두 이미지 인식에 사용되는 합성곱 모델로, 많은 유사성을 가지고 있다. 알렉스넷과 VGG-16의 유사성은 크게 학습 데이터와 모델 구조의 유사성을 말한다.

알렉스넷과 VGG-16 모델은 둘 다 이미지넷 데이터로 학습됐다. 알렉스넷은 약 120만 개의 이미지 데이터를 이용해 학습됐지만, VGG-16은 약 1,400만 개의 이미지로 학습됐다.

알렉스넷과 VGG-16은 유사한 모델 구조를 갖는다. 사용된 계층과 방식은 비슷하나 두 배 더 많은 계층으로 구성된다. 다음 그림 8.4는 알렉스넷과 VGG-16 계층 구조를 보여준다.

---

8   VGG 모델은 합성곱 신경망의 계층 개수에 따라 VGG-11, VGG-13, VGG-16 등으로 표기한다.

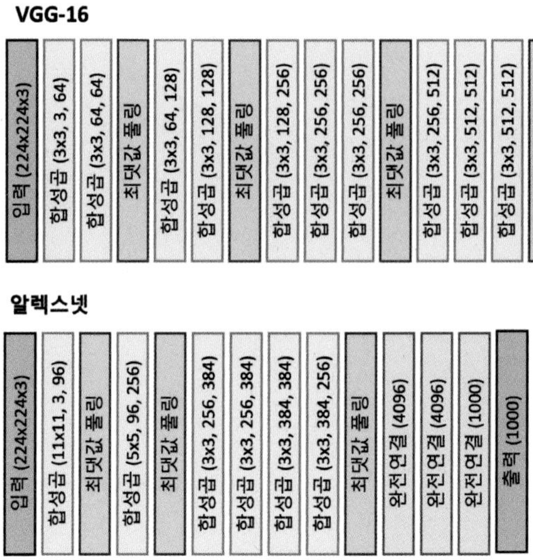

그림 8.4 VGG-16과 알렉스넷의 계층 구조

VGG-16은 알렉스넷과 동일하게 합성곱, ReLU, 풀링, 완전 연결 계층을 사용해 구조를 설계했지만, 합성곱 계층의 필터 크기가 다르고 더 많은 계층이 사용된 것을 확인할 수 있다.

알렉스넷의 첫 번째 합성곱 계층은 11×11 크기의 필터를 적용하고 두 번째 합성곱 계층은 5×5 크기의 필터를 적용했다. 알렉스넷은 비교적 큰 크기의 필터를 사용해 **수용 영역(Receptive Field, RF)[9]**을 넓게 확보했지만, VGG-16은 3×3 필터를 적용해 이미지 특징을 더 정확하게 분석하는 방법을 선택했다.

합성곱 신경망에서 수용 영역이 크다면 노드가 한 번에 바라보는 이미지의 영역이 커지므로 **전역 특징(Global Features)**을 더 효율적으로 학습할 수 있지만, 반대로 가장자리(edge)나 모서리(corner)와 같은 낮은 수준의 **지역 특징(Local Features)**을 학습하는 데 어려움을 겪는다.

VGG-16은 3×3 필터를 여러 번 적용해 7×7 필터를 대신했다. 더 작은 크기의 필터를 여러 번 적용하면 모델 매개변수의 수가 감소할 뿐만 아니라 활성화 함수를 더 많이 적용해 비선형성이 증가한다.

예를 들어 7×7 필터 하나를 사용하면 총 49개의 매개변수가 필요하지만, 3×3 필터를 세 번 적용한다면 총 27개의 매개변수만 필요하다. 그림 8.5는 8×8 영역에 7×7 필터와 3×3 필터를 3회 적용했을 때의 결과를 비교한 것이다.

---

9 합성곱 신경망 계층의 특징 벡터를 생성하는 데 필요한 입력 이미지의 영역이다. 11×11 크기의 필터라면 노드는 11×11 크기의 이미지를 바라본다.

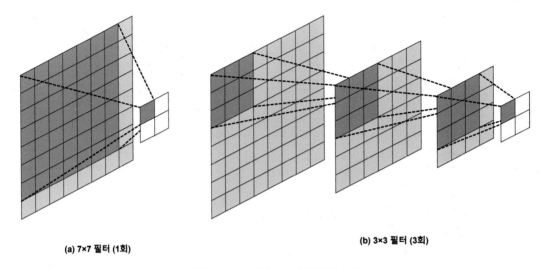

(a) 7×7 필터 (1회)

(b) 3×3 필터 (3회)

그림 8.5 7×7 필터와 3×3 필터 3회 연산 비교

그림 8.5의 (a)는 2×2의 특징 맵을 얻기 위해 7×7 필터를 적용해야 한다. 7×7은 총 49개의 모델 매개변수를 요구한다. 그림 8.5의 (b)와 같이 2×2의 특징 맵을 얻기 위해 3×3 필터를 총 세 번 적용한다면 총 27개의 모델 매개변수가 필요한 것을 알 수 있다.

또한 7×7 필터는 특징 맵을 생성하는 과정에서 한 번의 활성화 함수만 적용하지만, 3×3 필터는 총 세 번의 활성화 함수를 적용하므로 특징 추출 효과가 향상된다.

다시 말해 여러 개의 작은 필터를 사용한다면 비선형성을 더 많이 확보할 수 있다. 합성곱 계층은 선형성을 가지고 있기 때문에 합성곱 계층 뒤에 항상 활성화 함수를 연결하므로 합성곱 계층이 많아질수록 동시에 비선형 연산이 추가돼 모델의 표현력이 높아진다.

VGG-16의 합성곱 계층을 보면 차원 수가 512까지 증가하는 반면, 알렉스넷은 384까지만 증가한다. 특징 맵의 차원 수는 정보가 저장될 공간의 크기로 볼 수 있다. 차원의 수가 높을수록 동일한 크기의 특징 맵에서 더 많은 정보를 저장할 수 있으므로 모델의 표현력이 증가한다.

이러한 효과로 인해 VGG-16의 인식 오류율은 약 7%로, 알렉스넷보다 약 9% 향상된 성능을 보였다. 따라서 이미지 인식 및 분류 작업을 위한 영향력 있는 합성곱 신경망 모델로 볼 수 있다.

모델 구조 및 데이터 시각화

이번 절에서는 소규모 개와 고양이 데이터세트를 활용해 VGG-16 모델을 미세 조정해 개와 고양이 이미지를 분류해 본다. 이 책에서 제공하는 pet.zip 파일의 압축을 해제하면 다음과 같은 구조로 디렉터리가 형성된다.

pet 데이터세트 구조

```
📂 pet
└ 📂 train
    └ 📂 dog
        └ 🖼 dog.1.jpg
        └ 🖼 dog.2.jpg
        └ 🖼 ...
    └ 📂 cat
        └ 🖼 cat.1.jpg
        └ 🖼 cat.2.jpg
        └ 🖼 ...
└ 📂 test
    └ 📂 dog
        └ 🖼 dog.4001.jpg
        └ 🖼 dog.4002.jpg
        └ 🖼 ...
    └ 📂 cat
        └ 🖼 cat.4001.jpg
        └ 🖼 cat.4002.jpg
        └ 🖼 ...
```

pet 데이터세트는 약 8,000개의 훈련용 데이터와 약 2,000개의 테스트 데이터로 이뤄져 있다. 이 데이터세트를 VGG-16 모델에서 학습한 방식과 동일한 형태로 변환한 후 데이터로더를 적용해 본다. 다음 예제 8.5는 하이퍼파라미터 선언 및 이미지 변환을 보여준다.

예제 8.5 하이퍼파라미터 선언 및 이미지 변환

```
from torch.utils.data import DataLoader
from torchvision.datasets import ImageFolder
from torchvision import transforms

hyperparams = {
```

```
        "batch_size": 4,
        "learning_rate": 0.0001,
        "epochs": 5,
        "transform": transforms.Compose(
            [
                transforms.Resize(256),
                transforms.CenterCrop(224),
                transforms.ToTensor(),
                transforms.Normalize(
                    mean=[0.48235, 0.45882, 0.40784],
                    std=[1.0/255.0, 1.0/255.0, 1.0/255.0]
                )
            ]
        )
}

train_dataset = ImageFolder("../datasets/pet/train", transform=hyperparams["transform"])
test_dataset = ImageFolder("../datasets/pet/test", transform=hyperparams["transform"])

train_dataloader = DataLoader(
    train_dataset, batch_size=hyperparams["batch_size"], shuffle=True, drop_last=True
)
test_dataloader = DataLoader(
    test_dataset, batch_size=hyperparams["batch_size"], shuffle=True, drop_last=True
)
```

데이터세트를 불러오기에 앞서 이번 모델에서 적용하려는 하이퍼파라미터를 설정한다. 배치 크기는 4, 학습률은 0.0001, 에폭은 5회로 설정한다.

이미지 변환은 이미지 데이터의 크기를 256×256으로 조절한 후, 224×224로 중앙 자르기를 수행한다. VGG-16 모델은 224×224 크기의 이미지로 학습한 모델이므로 입력 이미지의 크기를 224×224 크기로 변형해야 한다. 탐지하려는 객체가 중앙에 위치할 확률이 높으므로 불필요한 지역 특징을 제거하기 위해 224×224 크기보다 더 큰 이미지 크기로 조절하고 자르기를 수행한다.

입력 이미지의 크기를 곧바로 224×224 크기로 조절할 수도 있지만, 그럴 경우 검출하려는 객체의 크기가 더 작아지므로 객체 구별이 어려워진다. 그러므로 입력 이미지보다 약간 더 큰 이미지 크기로 변경한 후, 이미지 테두리 부분을 잘라내면 객체의 특징을 최대한 유지할 수 있다.

이미지 크기를 224×244로 변환했다면 각 채널에 평균과 표준편차로 정규화를 적용한다. 정규화에 사용된 평균은 이미지넷 데이터세트에 대한 대푯값이며, 표준편차는 RGB 값을 0.0~1.0으로 정규화한 값을 사용한다.

하이퍼파라미터 설정이 완료됐다면 **이미지 폴더 데이터세트 클래스(ImageFolder)**와 데이터로더(DataLoader)를 통해 데이터를 불러온다.

이미지 폴더 데이터세트는 이미지 데이터를 대상으로 하는 데이터세트로, 폴더 구조가 pet 데이터세트 구조와 같은 형태로 구성돼 있으면 이미지와 레이블을 자동으로 인식한다.

데이터로더를 통해 배치 크기만큼 데이터를 나눴다면 몇 개의 샘플을 시각화해 확인해 본다. 다음 예제 8.6은 데이터 시각화 방법을 보여준다.

예제 8.6 데이터 시각화

```
import numpy as np
from matplotlib import pyplot as plt


mean=[0.48235, 0.45882, 0.40784]
std=[1.0/255.0, 1.0/255.0, 1.0/255.0]


images, labels = next(iter(train_dataloader))
for image, label in zip(images, labels):
    image = image.numpy().transpose((1, 2, 0))
    image = ((std * image + mean) * 255).astype(np.uint8)

    plt.imshow(image)
    plt.title(train_dataset.classes[int(label)])
    plt.show()
    break
```

출력 결과

데이터로더는 **반복자(Iterator)**로 **반복 가능한(Iterable)** 형식의 멤버를 순차적으로 반환할 수 있는 객체다. 그러므로 iter와 next 메서드를 통해 첫 번째 배치의 이미지와 레이블을 추출한다. images와 labels 변수에는 배치 크기와 동일한 개수의 데이터가 담겨있다.

이미지 변환을 통해 변경된 이미지는 텐서 변환 클래스(ToTensor)를 통해 PIL.Image(ndarray) 객체가 아닌 Tensor 객체로 변환됐다. Tensor 객체는 이미지 형태를 $(H \times W \times C)$에서 $(C \times H \times W)$로 변환하므로 다시 $(H \times W \times C)$ 형태로 변환해야 한다.

numpy 메서드를 통해 ndarray 배열로 변경하고 transpose 메서드로 축의 순서를 변경한다. 현재는 C가 0, H가 1, W가 2의 순서로 할당돼 있으므로 [H, W, C]의 순서로 변형하기 위해 [1, 2, 0]으로 설정한다.

정규화 연산으로 인해 이미지 픽셀들이 재조정됐으므로 반대의 순서로 연산을 적용한다. 이미지에 표준편차를 곱한 후, 평균값을 더한다. 텐서 변환 클래스에서 픽셀 범위가 [0, 255]에서 [0.0, 1.0]으로 재조정됐으므로 픽셀 배율을 255배 곱한 후, uint8 형식으로 변환한다.

레이블도 텐서 형식으로 변환됐으므로 int 형식으로 변환한 다음 데이터세트의 classes 메서드로 레이블을 매핑한다. 데이터세트의 classes 메서드는 디렉터리의 폴더 이름과 동일한 값을 갖는다.

몇 개의 샘플을 통해 이미지 변환 결과가 올바른지 확인하고 데이터세트의 오류가 있는지 간단히 검수할 수 있다. 이 과정을 통해 하이퍼파라미터로 설정한 이미지 변환 메서드를 점검할 수 있으며, 데이터세트의 결함도 확인할 수 있다.

데이터세트 불러오기가 모두 완료됐다면 VGG-16 모델을 불러온다. 다음은 VGG-16 모델 불러오기 함수다.

VGG-16 모델 불러오기 함수

```
model = torchvision.models.vgg16(
    weights="VGG16_Weights.IMAGENET1K_V1"
)
```

VGG-16 모델 불러오기 함수는 **사전 학습된 가중치(weights)** 매개변수로 대규모 데이터세트에서 학습된 알렉스넷을 불러올 수 있다. 알렉스넷 모델 불러오기 함수와 마찬가지로 사전 학습된 가중치 매개변수를 입력하지 않거나 None 값으로 할당한다면 사전 학습된 가중치를 불러오지 않는다. 다음 표 8.3은 **VGG16_Weights.IMAGENET1K_V1**에 대한 모델 정보를 보여준다.

표 8.3 VGG16_Weights.IMAGENET1K_V1 모델 정보

속성	값
acc@1	71.592
acc@5	90.382
입력 이미지 최소 크기	32×32
매개변수의 수	138,357,544
카테고리(클래스) 수	1,000
GFLOPS	15.47
파일 크기	527.8 MB

VGG-16 모델은 알렉스넷과 비교했을 때 더 높은 성능을 보이는 것을 확인할 수 있다. 알렉스넷과 VGG-16 모델 둘 다 이미지넷 데이터세트를 사용해 학습한 모델이므로 1,000개의 클래스를 인식할 수 있다. 다음 예제 8.7은 모델 불러오고 계층 구조를 출력하는 방법을 보여준다.

예제 8.7 VGG-16 모델 불러오기 및 계층 구조 출력

```
from torchvision import models

model = models.vgg16(weights="VGG16_Weights.IMAGENET1K_V1")
print(model)
```

출력 결과

```
VGG(
  (features): Sequential(
    (0): Conv2d(3, 64, kernel_size=(3, 3), stride=(1, 1), padding=(1, 1))
    (1): ReLU(inplace=True)

…

(29): ReLU(inplace=True)
    (30): MaxPool2d(kernel_size=2, stride=2, padding=0, dilation=1, ceil_mode=False)
  )
  (avgpool): AdaptiveAvgPool2d(output_size=(7, 7))
  (classifier): Sequential(
    (0): Linear(in_features=25088, out_features=4096, bias=True)
    (1): ReLU(inplace=True)
    (2): Dropout(p=0.5, inplace=False)
    (3): Linear(in_features=4096, out_features=4096, bias=True)
    (4): ReLU(inplace=True)
    (5): Dropout(p=0.5, inplace=False)
    (6): Linear(in_features=4096, out_features=1000, bias=True)
  )
)
```

VGG-16 모델은 VGG16_Weights.IMAGENET1K_V1를 인수로 전달해 사전 학습된 가중치를 불러올 수 있다. 모델 정보를 출력해 보면 크게 **특징 추출(features)**, **평균 풀링(avgpool)**, **분류기(classifier)**로 구성된 것을 확인할 수 있다.

분류기 계층의 마지막 선형 변환을 확인하면 **출력 데이터 차원 크기(out_features)**로 총 1,000개를 반환한다. 이 값은 모델이 분류하는 카테고리의 개수를 의미한다.

미세 조정 및 모델 학습

현재 모델은 1,000개의 클래스가 아닌, 2개의 클래스를 대상으로 분류한다. 그러므로 마지막 계층의 출력 특징을 2개로 변경해야 한다. 다음 예제 8.8은 VGG-16 모델의 미세 조정 방법을 보여준다.

예제 8.8 VGG-16 미세 조정

```python
from torch import nn


model.classifier[6] = nn.Linear(4096, len(train_dataset.classes))
```

출력 결과

```
# 생략
(classifier): Sequential(
    (0): Linear(in_features=25088, out_features=4096, bias=True)
    (1): ReLU(inplace=True)
    (2): Dropout(p=0.5, inplace=False)
    (3): Linear(in_features=4096, out_features=4096, bias=True)
    (4): ReLU(inplace=True)
    (5): Dropout(p=0.5, inplace=False)
    (6): Linear(in_features=4096, out_features=2, bias=True)
  )
)
```

model.classifier[6]을 통해 분류기의 여섯 번째 선형 계층에 접근할 수 있다. 새로 학습하려는 계층은 1,000개의 클래스가 아닌 2개의 클래스를 학습할 예정이므로 출력 데이터의 차원 크기에 train_dataset의 클래스 개수를 입력한다.

출력 결과를 보면 모델의 마지막 계층의 출력 개수가 변경된 것을 확인할 수 있다. 계층 자체를 변경하거나 계층의 매개변수를 변경한다면 사전에 학습된 가중치를 적용할 수 없으므로 새로운 가중치를 학습해야 한다.

VGG-16 모델의 매개변수를 수정했으므로 소규모 데이터세트로 학습을 진행한다. 다음 예제 8.9는 미세 조정된 VGG-16 모델을 학습하고 acc@1을 계산하는 방식을 보여준다.

예제 8.9 VGG-16 모델 학습

```python
import torch
from torch import nn
from torch import optim
from torch.nn import functional as F
from torch.utils.data import DataLoader
from torchvision import models
from torchvision import transforms
from torchvision.datasets import ImageFolder


hyperparams = {
    "batch_size": 4,
    "learning_rate": 0.0001,
    "epochs": 5,
    "transform": transforms.Compose(
        [
            transforms.Resize(256),
            transforms.CenterCrop(224),
            transforms.ToTensor(),
            transforms.Normalize(
                mean=[0.48235, 0.45882, 0.40784],
                std=[1.0 / 255.0, 1.0 / 255.0, 1.0 / 255.0],
            ),
        ]
    ),
}


train_dataset = ImageFolder("../datasets/pet/train", transform=hyperparams["transform"])
test_dataset = ImageFolder("../datasets/pet/test", transform=hyperparams["transform"])

train_dataloader = DataLoader(train_dataset, batch_size=hyperparams["batch_size"], shuffle=True,
drop_last=True)
test_dataloader = DataLoader(test_dataset, batch_size=hyperparams["batch_size"], shuffle=True,
drop_last=True)

model = models.vgg16(weights="VGG16_Weights.IMAGENET1K_V1")
model.classifier[6] = nn.Linear(4096, len(train_dataset.classes))
```

```python
device = "cuda" if torch.cuda.is_available() else "cpu"
model = model.to(device)
criterion = nn.CrossEntropyLoss().to(device)
optimizer = optim.SGD(model.parameters(), lr=hyperparams["learning_rate"])


for epoch in range(hyperparams["epochs"]):
    cost = 0.0

    for images, classes in train_dataloader:
        images = images.to(device)
        classes = classes.to(device)

        output = model(images)
        loss = criterion(output, classes)

        optimizer.zero_grad()
        loss.backward()
        optimizer.step()

        cost += loss

    cost = cost / len(train_dataloader)
    print(f"Epoch : {epoch+1:4d}, Cost : {cost:.3f}")


with torch.no_grad():
    model.eval()

    accuracy = 0.0
    for images, classes in test_dataloader:
        images = images.to(device)
        classes = classes.to(device)

        outputs = model(images)
        probs = F.softmax(outputs, dim=-1)
        outputs_classes = torch.argmax(probs, dim=-1)

        accuracy += int(torch.eq(classes, outputs_classes).sum())
```

```
    print(f"acc@1 : {accuracy / (len(test_dataloader) * hyperparams['batch_size']) * 100:.2f}%")

torch.save(model.state_dict(), "../models/VGG16.pt")
print("Saved the model weights")
```

출력 결과

```
Epoch :    1, Cost : 0.276
Epoch :    2, Cost : 0.084
Epoch :    3, Cost : 0.049
Epoch :    4, Cost : 0.035
Epoch :    5, Cost : 0.028
acc@1 : 97.77%
Saved the model weights
```

VGG-16 모델은 이미 개와 고양이 데이터로 사전 학습이 진행된 모델이므로 소규모의 데이터세트와 작은 에폭으로도 오차(cost)가 안정적으로 감소함을 확인할 수 있다. 학습이 완료됐다면 테스트 데이터 세트로 acc@1을 계산해 본다.

acc@1은 상위 1개 레이블에 대한 정확도를 측정하므로 같음 비교 함수(torch.eq)로 테스트 데이터세트의 레이블(classes)과 모델 예측 결과(outputs_classes)를 비교한다.

같음 비교 함수는 두 텐서의 값이 같다면 참(True) 값을 반환하므로 합(sum) 메서드로 옳게 예측된 개수를 accuracy 변수에 누적해 더한다.

accuracy 변수에 예측이 성공한 개수가 저장됐으므로 전체 데이터 개수를 나눠 테스트 데이터세트에 대한 예측 정확도를 계산한다. 작은 소규모 데이터세트로도 모델이 안정적으로 학습된 것을 확인할 수 있다.

ResNet

레즈넷(Residual Network, ResNet)[10]은 2015년 카이밍 허가 이끄는 마이크로소프트 연구팀이 발표한 모델이다. 레즈넷은 합성곱 신경망 모델로, 인식 오류율 3.57%를 달성해 ILSVRC 대회에서 우승을 차지했다.

---

10 https://arxiv.org/abs/1512.03385

레즈넷은 대규모 이미지넷 데이터세트로 학습했으며, VGG 모델과 동일하게 합성곱 계층, ReLU, 풀링, 완전 연결 계층 등을 이용해 구성됐다. VGG 모델은 더 작은 크기의 필터를 사용해 계산 효율성을 향상시켰지만, 깊은 신경망 구조로 인해 기울기 소실 문제가 발생했다.

레즈넷은 이러한 기울기 소실 문제를 해결하기 위해 잔차 연결(Residual Connection), 항등 사상(Identity Mapping), 잔차 블록(Residual Block) 등을 통해 기울기 소실 문제를 해결하고 계산 효율성을 높였다.

전년도 우승 모델인 구글넷은 22개의 계층으로 구성됐지만, 계산 효율성의 향상으로 약 7배가 많아진 152개의 계층까지 나타날 수 있게 됐다. 레즈넷은 계층의 수에 따라 ResNet-18, ResNet-34, ResNet-50, ResNet-101 및 ResNet-152의 형태로 제공된다.

레즈넷의 등장으로 더 깊은 구조의 딥러닝이 등장하기 시작했으며, 컴퓨터비전 분야에서 가장 효과적이고 널리 사용되는 신경망 구조가 됐다.

ResNet의 특징

레즈넷의 기본 구조는 입력층, 합성곱 계층, 배치 정규화 계층, 활성화 함수, 잔차 블록, 평균값 풀링 계층, 완전 연결 계층, 출력층으로 이뤄져 있다 레즈넷에는 34, 50, 101, 152개의 계층으로 구성된 네트워크가 있다. 모델은 잔차 블록의 개수에 따라 결정된다. 다음 그림 8.6은 34개의 계층을 갖는 레즈넷 모델의 구조를 보여준다.

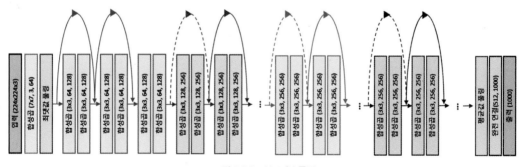

그림 8.6 ResNet-34 구조

레즈넷은 두 개의 합성곱 계층과 단축 연결로 이뤄져 있다. 단축 연결은 이전 계층의 출력값을 현재 계층의 입력값과 더해주는 방식으로 구현된다. 기존 순방향 신경망 방식은 이전 계층의 정보가 현재 계층에만 영향을 끼친 반면, 레즈넷은 이전 계층에서 발생한 정보를 다음 계층에 전달한다.

이전 계층에서 발생한 정보를 계속 전달한다면 모델이 깊어지더라도 기울기 소실 문제가 발생하지 않고 정보가 손실되는 현상을 방지할 수 있다. 일반적인 합성곱 신경망은 현재 계층에서 정보가 손실되면 다음 계층에서 기울기 소실 문제가 발생한다.

또한 계층이 많아져 모델이 깊어지면 기울기가 역전파 과정에서 점차 작아지는 문제가 발생한다. 레즈넷의 단축 연결은 이전 계층의 출력값을 현재 계층의 입력값과 더해 이전 계층에서 발생한 정보를 계속 전달한다. 이렇게 더해진 기울기는 일정 수준 이상 유지할 수 있다.

단축 연결을 통해 깊은 모델에서 발생하는 기울기 소실 문제를 해결하고 정보를 유지함으로써 모델이 특정 가중치에 수렴하는 속도를 단축시킬 수 있었다.

기울기 저하 문제

깊은 구조의 모델을 설계한다면 더 많은 특징 벡터를 계산할 수 있어, 계층마다 더 세밀한 지역 특징과 전역 특징을 구별할 수 있게 된다. 이는 모델의 표현력 향상으로 이어지므로 더 복잡한 문제를 해결할 수 있게 된다.

레즈넷은 이러한 원리를 기반으로 깊은 계층을 쌓는 실험을 진행했다. 실험에서는 20개의 계층과 56개의 계층으로 구성된 레즈넷 모델을 사용해 정확도를 측정했다. 실험 결과, 오히려 56개의 계층이 20개의 계층보다 정확도가 낮았다.

앞선 가정과는 반대로 일정 수준 이상으로 계층을 깊게 쌓으면 오히려 학습되지 않는 현상인 **기울기 저하 문제(Degradation problem)**[11]가 나타났다. 이 문제는 기울기 폭주나 기울기 소실의 문제를 해결했던 방식으로도 극복할 수 없었다. 레즈넷은 이러한 문제를 해결하기 위해 입력과 출력 사이의 차이만 학습해 기울기 저하 문제를 해결했다.

---

11 역전파 알고리즘에서 기울기가 너무 작아지거나 커져서 가중치를 제대로 갱신하지 못하는 문제

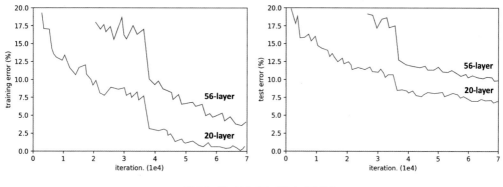

그림 8.7 계층 수에 따른 기울기 저하 현상

잔차 학습

레즈넷은 기울기 저하의 원인을 파악하기 위해 **항등 사상(Identity Mapping)**[12] 실험을 진행했다. 계층이 깊어질수록 학습이 어렵기 때문에 얕은 모델을 먼저 학습한 후 항등 사상으로 초기화된 계층을 추가해 모델을 깊게 구성했다.

이미 학습된 모델의 결과를 그대로 출력하는 구조이므로 성능이 하락하지 않을 것으로 생각했다. 하지만 입력과 출력을 동일하게 주었음에도 불구하고 기울기 저하 문제가 발생했다. 이를 통해 단순히 계층을 깊게만 구성하더라도 기울기 저하가 발생하는 것을 확인했다.

레즈넷은 이러한 문제를 해결하기 위해 **잔차 학습(Residual Learning)** 기법을 적용했다. 잔차 학습이란 모델이 입력과 출력 사이의 **차이(Residual)**만 학습하게 하는 방법이다. 다음 그림 8.8은 잔차 학습 방식을 보여준다.

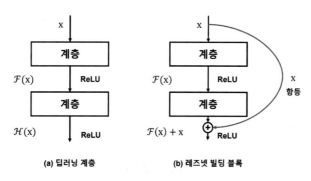

그림 8.8 잔차 학습

---

12 입력값과 출력값이 동일한 연산

그림 8.8의 (a)는 기존 인공 신경망의 학습 방법을 보여준다. 기존 인공 신경망은 이전 계층에서 활성화된 값을 다음 계층으로 전달한다. 이 방법은 $\mathcal{H}(x)$ 값을 최적화하는 방향으로 학습을 진행한다. 그러나 계층이 깊어질수록 기울기 저하 문제로 인해 $\mathcal{H}(x)$를 최적화하기가 어려워진다.

그러므로 레즈넷에서는 그림 8.8의 (b)와 같이 $\mathcal{H}(x)$를 $\mathcal{F}(x)+x$로 변경한다. 이 구조를 **빌딩 블록(Building Block)**이라 한다. 이 구조에서 x는 항등 사상이므로 이전 계층에서 학습된 결과를 그대로 가져온다. 그러므로 x는 이미 정해진 고정값으로 볼 수 있다.

하지만 레즈넷은 잔차 연결을 통해 입력값 x가 출력값에 더해져 이전 계층에서 학습된 정보가 보존되고 새로운 정보를 추가할 수 있다. 이를 통해 레즈넷은 입력과 출력의 차이를 학습할 수 있으며 학습 능력이 향상된다.

잔차 연결

잔차 연결(Residual Connection)이란 **스킵 연결(Skip Connection)**, **단축 연결(Shortcut Connection)**이라고 부르며 입력값이 신경망 계층을 통과한 후 출력값에 더해지는 연결을 의미한다. 일반적인 딥러닝 신경망에서는 입력과 출력을 직접 연결하여 정보를 전달한다. 이 경우 네트워크가 깊어질수록 입출력 간의 거리가 멀어져 정보의 손실 가능성이 높아진다.

그림 8.8 (b)의 계층과 연결된 붉은색 곡선이 잔차 연결을 의미한다. 이 연결을 통해 입력값과 출력값 간의 거리가 줄어들어 학습이 수월해지고, 정보의 손실이 줄어들어 더 나은 성능을 얻을 수 있다. 다음 수식 8.1은 잔차 연결 수식을 의미한다.

수식 8.1 동일한 차원 간 잔차 연결

$$y = \mathcal{F}(x, \{W_i\}) + x$$

레즈넷에서 잔차 연결은 덧셈 연산으로 만들어진다. 그러므로 다음 계층에서 $\mathcal{F}(x)+x$와 같은 결과가 나온다. 수식 8.1에서 x는 이전 계층의 출력값이며, W_i는 현재 계층을 의미한다. $\mathcal{F}$는 입력값 x가 여러 계층을 통과한 결괏값이며, 이때 $\mathcal{F}$의 출력값과 x의 차원이 동일하다면 덧셈 연산이 가능하다. $\mathcal{F}$의 출력값과 x의 차원이 동일하지 않으면 수식 8.2와 같이 처리한다.

수식 8.2 동일하지 않은 차원 간 잔차 연결

$$y = \mathcal{F}(x, \{W_i\}) + W_{sr}$$

수식 8.1과 수식 8.2의 차이점은 W_s로 볼 수 있다. W_s는 $\mathcal{F}$의 출력값의 차원을 맞추기 위해 x에 적용하는 가중치 행렬이다. 예를 들어 입력값의 차원이 n이고 출력값의 차원이 $n+k$라면 W_s는 $(n+k) \times n$ 차원의 가중치 행렬이 되어 입력값과 곱해져 $n+k$ 차원 벡터를 생성한다. 이를 통해 차원이 다르더라도 입력값이 보존되면서 출력값의 차원을 맞춰 신경망의 깊이를 증가시킬 수 있다.

병목 블록

레즈넷은 앞선 그림 8.6처럼 기본적으로 2개의 합성곱 계층이 연결되어 빌딩 블록을 구성한다. 하지만 더 깊은 구조로 모델을 구성하면 연산량이 늘어나 학습에 어려움을 겪는다. 레즈넷은 깊은 모델 구조를 유지하면서 연산량을 줄이기 위해 **병목 블록(Bottleneck Block)**을 추가했다. 다음 그림 8.9는 기본 블록(빌딩 블록)과 병목 블록을 비교한 것이다.

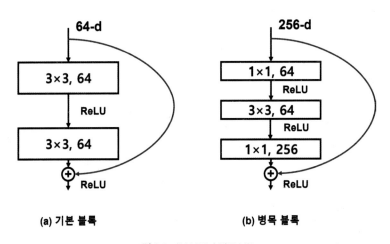

(a) 기본 블록   **(b) 병목 블록**

그림 8.9 기본 블록과 병목 블록

병목 블록은 기존 레즈넷 구조와 다르게 1×1 합성곱 계층을 통해 입력 특징 맵의 차원 수를 줄이고 3×3 합성곱 계층을 통해 필터를 적용한다. 그 후 다시 1×1 합성곱 계층을 통해 특징 맵의 차원 수를 증가시킨다. 이러한 구조를 **병목 블록(Bottleneck Block)** 또는 **병목 계층(Bottleneck Layer)**이라고 부른다.

기존 레즈넷의 기본 블록(Basic Block, 빌딩 블록)은 3×3 합성곱 계층을 통해 학습이 진행됐다면, 병목 블록은 1×1 합성곱 계층을 활용해 일반적인 합성곱 계층보다 2배 정도의 연산량 감소 효과를 보였다. 병목 블록은 연산량을 줄이고 모델의 표현력을 유지하므로 효율적인 구조다.

레즈넷의 병목 블록은 깊은 구조의 모델을 만들 수 있게 해주며, 모델 크기와 연산량을 줄이면서도 높은 분류 성능을 유지할 수 있게 했다.

모델 구현

이번 절에서는 레즈넷 모델을 직접 구현해 본다. 레즈넷은 총 다섯 개의 모델 유형을 제공한다. 레즈넷은 한 개의 **입력 줄기**(input stem)와 네 개의 **스테이지**(stage)로 구성돼 있다.

입력 줄기는 7×7 합성곱 계층, 배치 정규화, ReLU, 3×3 최댓값 풀링으로 구성돼 있으며, 스테이지는 여러 개의 잔차 블록(Residual Block)[13]으로 구성된다. 다음 그림 8.10은 레즈넷 모델 유형별 구조를 정리한 것이다.

구조	출력 크기	ResNet-18	ResNet-34	ResNet-50	ResNet-101	ResNet-152
입력 줄기 (intput stem)	112 × 112	7 × 7 64				
		stride=2, padding=3				
	56 × 56	7 × 7 MaxPool				
		stride=2, padding=1				
스테이지 1 (stage 1)	56 × 56	$\begin{bmatrix}3\times3 & 64\\3\times3 & 64\end{bmatrix}\times2$	$\begin{bmatrix}3\times3 & 64\\3\times3 & 64\end{bmatrix}\times3$	$\begin{bmatrix}1\times1 & 64\\3\times3 & 64\\1\times1 & 256\end{bmatrix}\times3$	$\begin{bmatrix}1\times1 & 64\\3\times3 & 64\\1\times1 & 256\end{bmatrix}\times3$	$\begin{bmatrix}1\times1 & 64\\3\times3 & 64\\1\times1 & 256\end{bmatrix}\times3$
스테이지 2 (stage 2)	28 × 28	$\begin{bmatrix}3\times3 & 128\\3\times3 & 128\end{bmatrix}\times2$	$\begin{bmatrix}3\times3 & 128\\3\times3 & 128\end{bmatrix}\times4$	$\begin{bmatrix}1\times1 & 128\\3\times3 & 128\\1\times1 & 512\end{bmatrix}\times4$	$\begin{bmatrix}1\times1 & 128\\3\times3 & 128\\1\times1 & 512\end{bmatrix}\times4$	$\begin{bmatrix}1\times1 & 128\\3\times3 & 128\\1\times1 & 512\end{bmatrix}\times8$
스테이지 3 (stage 3)	14 × 14	$\begin{bmatrix}3\times3 & 256\\3\times3 & 256\end{bmatrix}\times2$	$\begin{bmatrix}3\times3 & 256\\3\times3 & 256\end{bmatrix}\times6$	$\begin{bmatrix}1\times1 & 256\\3\times3 & 256\\1\times1 & 1024\end{bmatrix}\times6$	$\begin{bmatrix}1\times1 & 256\\3\times3 & 256\\1\times1 & 1024\end{bmatrix}\times23$	$\begin{bmatrix}1\times1 & 256\\3\times3 & 256\\1\times1 & 1024\end{bmatrix}\times36$
스테이지 3 (stage 4)	7 × 7	$\begin{bmatrix}3\times3 & 512\\3\times3 & 512\end{bmatrix}\times2$	$\begin{bmatrix}3\times3 & 512\\3\times3 & 512\end{bmatrix}\times3$	$\begin{bmatrix}1\times1 & 512\\3\times3 & 512\\1\times1 & 2048\end{bmatrix}\times3$	$\begin{bmatrix}1\times1 & 512\\3\times3 & 512\\1\times1 & 2048\end{bmatrix}\times3$	$\begin{bmatrix}1\times1 & 512\\3\times3 & 512\\1\times1 & 2048\end{bmatrix}\times3$
완전 연결 계층 (FC Layer)	1 × 1	1 × 1 AvgPool 1000 dimension(class)				
Params		11,689,512	21,797,672	25,557,032	44,549,160	60,192,808
GFLOPS		1.81	3.66	4.09	7.80	11.51

그림 8.10 레즈넷 모델 구조

그림과 같이 레즈넷은 스테이지를 구성하는 블록 유형에 따라 나뉜다. 비교적 계층의 수가 적은 ResNet-18의 경우 스테이지별로 2개의 기본 블록이 존재하며, ResNet-34의 경우 3, 4, 6, 3개의 기본 블록으로 스테이지를 구성한다.

---

13 기본 블록과 병목 블록을 의미한다.

ResNet-50부터는 깊은 구조로 인해 앞서 설명한 병목 블록을 사용한다. ResNet-50은 3, 4, 6, 3개의 병목 블록을 사용하고, ResNet-101과 ResNet-152는 각각 3, 4, 23, 3개와 3, 8, 36, 3개의 병목 블록으로 스테이지를 구성한다.

기본 블록

ResNet-18과 ResNet-34에서 사용하는 기본 블록을 구현해 본다. 기본 블록은 3×3 합성곱 계층, 배치 정규화, ReLU를 두 번 반복해 연결한 구조를 갖는다. 레즈넷은 하나의 스테이지 안에서 블록이 여러 번 반복되는 구조이므로 모듈화해 기본 블록 클래스를 구현한다. 다음 예제 8.10은 기본 블록 코드를 보여준다.

예제 8.10 기본 블록

```python
from torch import nn


class BasicBlock(nn.Module):
    expansion = 1

    def __init__(self, inplanes, planes, stride=1):
        super().__init__()
        self.conv1 = nn.Conv2d(
            inplanes, planes,
            kernel_size=3, stride=stride, padding=1, bias=False
        )
        self.bn1 = nn.BatchNorm2d(planes)
        self.relu = nn.ReLU(inplace=True)
        self.conv2 = nn.Conv2d(
            planes, planes,
            kernel_size=3, stride=1, padding=1, bias=False
        )
        self.bn2 = nn.BatchNorm2d(planes)

        self.shortcut = nn.Sequential()
        if stride != 1 or inplanes != self.expansion*planes:
            self.shortcut = nn.Sequential(
                nn.Conv2d(
                    inplanes, self.expansion*planes,
```

```
                    kernel_size=1, stride=stride, bias=False
                ),
                nn.BatchNorm2d(self.expansion*planes)
            )

    def forward(self, x):
        out = self.conv1(x)
        out = self.bn1(out)
        out = self.relu(out)
        out = self.conv2(out)
        out = self.bn2(out)
        out += self.shortcut(x)
        out = self.relu(out)
        return out
```

그림 8.10의 기본 블록은 합성곱 계층이 64, 128, 256, 512차원(채널)으로 구성된다. 그러므로 입력 특징 맵의 차원 수(inplanes)와 출력 특징 맵의 차원 수(planes)를 설정하는 매개변수를 받는다.

또한 레즈넷은 두 번째 스테이지부터 마지막 스테이지까지 첫 번째 블록의 첫 번째 합성곱 계층에만 간격(stride)을 2로 사용하는 지점이 존재한다. 간격을 2로 키워 이미지의 크기를 줄이고 모델의 깊이를 증가시켜 연산량을 감소시킨다. 앞서 설명한 VGG-16에서는 최댓값 풀링을 통해 특징 맵의 크기를 감소시켰다면, 레즈넷에서는 간격을 활용해 특징 맵의 크기를 감소시킨다.

3×3 합성곱, 배치 정규화, ReLU를 모두 작성했다면 잔차 연결을 구현한다. 잔차 연결은 입력값을 출력값에 더해 활성화하여 별다른 연산을 적용하지 않으므로 비어 있는 시퀀셜(Sequential)을 생성해 잔차 연결 변수로 사용한다.

단, 입력값과 출력값의 차원이 동일하지 않을 수 있으므로 수식 8.2에서 설명한 W_s를 구현한다. W_s는 차원을 맞추기 위한 연산이므로 간격이 다르거나 입출력 차원 수가 다른 경우 합성곱 계층을 통해 차원을 맞춘다.

순방향 메서드를 확인해 본다면 out += self.shortcut(x)와 같이 잔차 연결을 통해 입력값과 출력값을 더한 다음 활성화되는 것을 볼 수 있다. 이 구조는 그림 8.9의 (a)와 같다.

병목 블록

병목 블록은 앞서 구현한 기본 블록과 유사한 구조를 갖지만, 더 많은 합성곱 계층과 확장(expansion) 변수를 사용한다. 레즈넷의 초기 버전에서는 확장 변수를 활용하지 않았지만, 레즈넷이 더 깊어지고 병목 블록이 등장하면서 추가됐다.

병목 블록에서 사용되는 확장값은 병목 블록의 세 번째 합성곱 계층에서 사용된다. 이 값은 출력 차원 수를 늘려 더 많은 특징을 학습하고 성능을 높이기 위해 사용된다.

다음 예제 8.11은 병목 블록 코드를 보여준다.

예제 8.11 병목 블록

```python
class BottleneckBlock(nn.Module):
    expansion = 4

    def __init__(self, inplanes, planes, stride=1):
        super().__init__()
        self.conv1 = nn.Conv2d(
            inplanes, planes,
            kernel_size=1, bias=False
        )
        self.bn1 = nn.BatchNorm2d(planes)
        self.conv2 = nn.Conv2d(
            planes, planes,
            kernel_size=3, stride=stride, padding=1, bias=False
        )
        self.bn2 = nn.BatchNorm2d(planes)
        self.conv3 = nn.Conv2d(
            planes, self.expansion*planes,
            kernel_size=1, bias=False
        )
        self.bn3 = nn.BatchNorm2d(self.expansion*planes)
        self.relu = nn.ReLU(inplace=True)

        self.shortcut = nn.Sequential()
        if stride != 1 or inplanes != self.expansion*planes:
            self.shortcut = nn.Sequential(
                nn.Conv2d(
```

```
                inplanes, self.expansion*planes,
                kernel_size=1, stride=stride, bias=False
            ),
            nn.BatchNorm2d(self.expansion*planes)
        )

    def forward(self, x):
        out = self.conv1(x)
        out = self.bn1(out)
        out = self.relu(out)
        out = self.conv2(out)
        out = self.bn2(out)
        out = self.relu(out)
        out = self.conv3(out)
        out = self.bn3(out)
        out += self.shortcut(x)
        out = self.relu(out)
        return out
```

일반적으로 깊은 레즈넷에서는 확장(expansion) 값을 4로 사용한다. 이 값으로 세 번째 합성곱 연산에서 출력 차원 수를 높여 모델의 복잡도와 매개변수의 수를 조절한다. 병목 블록은 합성곱 신경망의 구조와 확장을 제외한다면 기본 블록과 매우 유사한 코드로 반복된다.

레즈넷 모델

지금까지 레즈넷에서 사용되는 기본 블록과 병목 블록을 구현했다. 이러한 블록이 여러 번 반복해 하나의 스테이지를 구성한다. 그러므로 여러 블록을 묶는 스테이지 메서드를 구성해 레즈넷 모델을 구현한다. 다음 예제 8.12는 레즈넷 모델 클래스를 보여준다.

예제 8.12 레즈넷 모델 클래스

```
import torch

class ResNet(nn.Module):
    def __init__(self, block, layers, num_classes=1000):
        super().__init__()

        self.inplanes = 64
```

```python
        self.stem = nn.Sequential(
            nn.Conv2d(3, self.inplanes, kernel_size=7, stride=2, padding=3, bias=False),
            nn.BatchNorm2d(self.inplanes),
            nn.ReLU(inplace=True),
            nn.MaxPool2d(kernel_size=3, stride=2, padding=1)
        )
        self.stage1 = self._make_layer(block, 64, layers[0], stride=1)
        self.stage2 = self._make_layer(block, 128, layers[1], stride=2)
        self.stage3 = self._make_layer(block, 256, layers[2], stride=2)
        self.stage4 = self._make_layer(block, 512, layers[3], stride=2)

        self.avgpool = nn.AdaptiveAvgPool2d((1, 1))
        self.fc = nn.Linear(512 * block.expansion, num_classes)

    def _make_layer(self, block, planes, num_blocks, stride):
        layers = []
        layers.append(block(self.inplanes, planes, stride))
        self.inplanes = planes * block.expansion
        for _ in range(num_blocks - 1):
            layers.append(block(self.inplanes, planes, 1))

        return nn.Sequential(*layers)

    def forward(self, x):
        out = self.stem(x)
        out = self.stage1(out)
        out = self.stage2(out)
        out = self.stage3(out)
        out = self.stage4(out)
        out = self.avgpool(out)
        out = torch.flatten(out, 1)
        out = self.fc(out)
        return out
```

ResNet 클래스를 생성해 그림 8.10과 같이 stem과 stage를 구성한다. 입력 줄기의 합성곱 계층은 3채널 이미지를 전달받으므로 입력 데이터 차원의 크기는 3, 출력 데이터 차원의 크기는 64로 전달한다. 레즈넷에서 합성곱 계층을 사용하는 경우, 배치 정규화와 ReLU 함수가 함께 사용된다. 이후 최댓값 풀링을 적용한다.

모든 레즈넷의 스테이지 시작점은 항상 64, 128, 256, 512차원으로 시작되며, 레즈넷 유형에 따라 반복되는 횟수가 다르다. 또한 두 번째 스테이지부터는 합성곱 계층의 첫 간격을 2로 사용한다. 그러므로 _make_layer 메서드를 구현해 모듈화한다.

_make_layer 메서드는 하나의 블록으로 앞서 구현한 BasicBlock 클래스나 Bottleneck 클래스를 전달받는다. ResNet-34의 스테이지 3을 구현한다고 가정한다면 총 6개의 블록을 생성해야 한다.

첫 번째 스테이지를 제외하고 나머지 스테이지의 첫 번째 블록은 간격을 2로 전달하고, 나머지 블록을 1로 사용한다. 그러므로 첫 번째 블록만 stride 매개변수를 적용해 생성한다.

두 번째 블록부터는 블록 수 - 1만큼 반복해 간격을 1로 생성해 전달한다. 단, 블록 계층을 사용하는 스테이지는 입력 차원과 출력 차원을 다르게 전달하므로 self.inplanes를 갱신하는 코드를 포함시킨다.

스테이지 계층 구현이 완료됐다면 완전 연결 계층을 구현한다. 적응형 평균값 풀링(AdaptiveAvgPool2d)과 선형 변환으로 출력층을 구성한다.

구조에 대한 선언이 끝났다면 순방향 메서드를 통해 순전파를 구현한다. stem과 stage를 순차적으로 전달하며 평균값 풀링을 적용한 다음 배열을 1차원으로 평탄화해 완전 연결 계층을 적용한다.

이제 직접 구현한 레즈넷 모델과 토치비전에서 제공하는 사전 학습된 레즈넷을 비교해 본다. 다음 예제 8.13은 ResNet-34 간 매개변수 비교 방법을 보여준다.

예제 8.13 레즈넷 모델 비교

```python
from torchvision import models
from torchinfo import summary

resnet18 = ResNet(BasicBlock, [2, 2, 2, 2], 1000)
resnet34 = ResNet(BasicBlock, [3, 4, 6, 3], 1000)
resnet50 = ResNet(BottleneckBlock, [3, 4, 6, 3], 1000)
resnet101 = ResNet(BottleneckBlock, [3, 4, 23, 3], 1000)
resnet152 = ResNet(BottleneckBlock, [3, 8, 36, 3], 1000)
torch_model = models.resnet34(weights="ResNet34_Weights.IMAGENET1K_V1")

resnet34_info = summary(resnet34, (1, 3, 224, 224), verbose=0)
torch_model_info = summary(torch_model, (1, 3, 224, 224), verbose=0)

print(resnet34_info.total_params)
print(torch_model_info.total_params)
```

출력 결과

```
21797672
21797672
```

앞서 구현한 `ResNet`, `BasicBlock`, `BottleneckBlock` 클래스로 ResNet-18부터 ResNet-152까지 구현할 수 있다. 또한 모듈화를 통해 임의의 ResNet-N을 구현할 수 있다. 이제 직접 구현한 ResNet-34와 토치비전에서 제공하는 사전 학습된 ResNet-34를 비교해 본다.

토치비전의 ResNet34는 앞선 알렉스넷이나 VGG-16처럼 `models` 모듈로 불러올 수 있다. `torch-info` 라이브러리로 모델에서 사용된 총 매개변수 개수를 비교해 본다.

ResNet-34는 총 21,797,672개의 매개변수를 갖고 있다. 직접 구현한 레즈넷과 토치비전에서 제공하는 레즈넷 둘 다 동일하게 21,797,672개의 매개변수를 반환하는 것을 확인할 수 있다.

Grad-CAM

Grad-CAM(Gradient-weighted Class Activation Mapping)이란 **설명 가능한 인공지능** (eXplainable Artificial Intelligence, XAI) 기술 중 하나로, 딥러닝 모델의 내부 동작 원리를 시각화하는 방법이다.

설명 가능한 인공지능은 인공지능 모델이 도출한 결과를 인간이 이해하고 검증할 수 있게 하는 방법이다. 현대의 인공지능 모델들은 높은 정확도를 위해 매우 복잡한 구조를 가지고 있기 때문에 이를 이해하기 위해서는 설명 가능한 방법이 필요하다.

딥러닝 모델이 이미지 분류와 같은 작업을 수행하기 위해서는 입력 이미지에서 중요한 영역을 파악해 예측해야 한다. 하지만 이러한 예측 과정은 **블랙박스 문제(Black Box Problem)**[14]를 유발한다.

딥러닝 모델은 수백만 개의 매개변수를 갱신하고 비선형 연산을 통해 학습된다. 이러한 딥러닝 모델은 입력과 출력만으로는 내부 동작 원리를 파악하고 이해하기가 어렵다.

설명 가능한 인공지능은 이러한 문제를 해결하기 위해 고안된 방법론이다. 설명 가능한 인공지능은 인공지능 모델의 내부 작동 방식을 분석해 결과를 해석하고, 인공지능 모델의 동작 방식을 설명할 수 있는 방법을 제공한다.

---

14 딥러닝 모델이 어떻게 입력 데이터를 처리해 예측을 내리는지 이해하기 어려운 문제를 의미한다.

또한 딥러닝 모델이 내놓은 결과를 신뢰할 수 있는지, 그 결과를 수정하거나 개선하는 데 어떻게 활용될 수 있는지 등 다양한 응용 분야에서 중요한 역할을 한다.

시각적인 설명 방법은 인간이 딥러닝 모델의 내부 동작 원리를 이해하고 검증할 수 있으며, 모델의 신뢰성을 높이는 데 도움을 준다.

클래스 활성화 맵

클래스 활성화 맵(Class Activation Map, CAM)[15]이란 설명 가능한 인공지능 중 하나로 딥러닝 모델에서 특정 클래스와 관련된 입력 이미지 영역을 시각화하는 방법이다.

클래스 활성화 맵은 주로 합성곱 신경망에서 활용된다. 합성곱 신경망은 이미지의 특징을 추출하기 위해 합성곱 연산을 수행하고 특징 맵을 생성한다. 클래스 활성화 맵은 특징 맵을 활용해 입력 이미지의 어떠한 부분이 특정 클래스와 관련 있는지 시각화한다.

그러므로 입력 데이터를 특정 클래스로 분류하는 모델이 각 이미지 영역에 주목하는 정도를 시각적으로 나타내고 영향도를 표현할 수 있다. 다음 그림 8.11은 클래스 활성화 맵을 **히트 맵**(Heat map)으로 시각화한 결과를 보여준다.

그림 8.11 클래스 활성화 맵을 히트 맵으로 시각화

---

15 https://arxiv.org/abs/1512.04150

클래스 활성화 맵 생성 방식

클래스 활성화 맵은 합성곱 신경망의 특징 맵의 채널과 분류기의 매개변수 값을 활용해 생성된다. 특징 맵의 각 채널과 분류기의 가중치를 곱해 채널마다 가중치의 합을 계산한다. 이 값을 정규화해 어느 영역 에서 가장 강하게 활성화되는지를 수치화하고, 이를 시각화하여 분류 결과에 영향을 미치는 영역을 파악 한다. 다음 그림 8.12는 클래스 활성화 맵의 생성 과정을 보여준다.

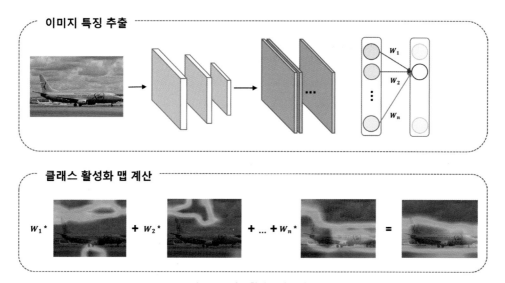

그림 8.12 클래스 활성화 맵 생성 과정

클래스 활성화 맵을 생성하는 자세한 과정에 대해 알아본다. 합성곱 신경망의 마지막 합성곱 계층은 특 징 맵을 계산하는 계층이다. 이 계층에서 **전역 평균 풀링**(Global Average Pooling, GAP)을 적용해 각 픽셀에 대한 정보를 1차원으로 펴고 이를 출력으로 사용한다.

전역 평균 풀링을 통과하면서 특징 맵의 채널별로 특징값들을 통합하고 이 값을 분류기에 전달한다. 이 때 사용한 분류기의 매개변수가 출력 클래스에 대한 특징값 가중치가 된다.

그러므로 가중치가 높을수록 분류에 많은 영향을 주게 되고, 반대로 값이 낮을수록 분류에 큰 영향을 미 치지 못한다.

그러므로 전역 평균 풀링을 활용하면 합성곱 신경망이 각 클래스에 어떤 특징을 활용해 분류를 수행하는 지 확인할 수 있으며, 시각화할 수 있게 된다. 이를 시각화하면 그림 8.13과 같다.

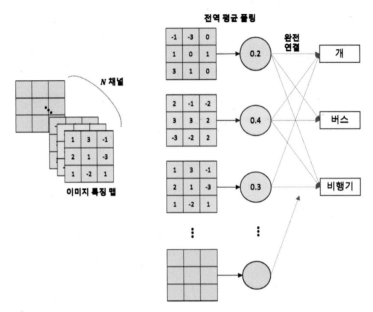

그림 8.13 합성곱 신경망의 클래스 분류 과정

그러므로 특징값의 가중치를 특징 맵에 전달해 어떤 영역이 더 많은 영향을 미쳤는지 확인한다. 다음 수식 8.3은 가중치를 특징 맵에 전달하는 방법을 보여준다.

수식 8.3 클래스 활성화 맵 생성 수식

$$L^c(i,j) = \sum_k w_k^c f_k(i,j)$$

L^c는 클래스 c에 대한 클래스 활성화 맵의 출력값을 나타내며, i와 j는 클래스 활성화 맵 행렬의 행과 열을 의미한다.

w_k^c는 클래스 c에 대한 채널의 특징 맵 분류 가중치다. w_k^c는 클래스 c와 직접 관련된 계층의 가중치를 가져온다. 이를 통해 클래스 c를 도출하는 데 얼마나 영향을 미쳤는지를 알 수 있다.

$f_k(i,j)$는 특징 맵 k번째 채널의 i행 j열 값을 의미한다. 이 값은 전역 평균 풀링을 하기 전 마지막 합성곱 계층의 활성화 값을 의미한다.

w_k^c 값과 $f_k(i,j)$를 곱하면 클래스 c를 계산하기 위한 채널별 이미지 영역의 중요 특징을 계산할 수 있으며, 채널을 모두 합하면 클래스 c에 대한 클래스 활성화 맵을 계산할 수 있다.

클래스 활성화 맵 적용

이번 절에서는 사전 학습된 ResNet-18의 특징 맵을 활용해 클래스 활성화 맵을 구현해 본다. 클래스 활성화 맵은 평균값 풀링을 적용하기 전의 특징 맵을 활용한다. 그러므로 ResNet-18 모델의 마지막 계층을 제외한 모든 계층을 추출한다. 다음 예제 8.14는 마지막 계층을 제외한 특징 추출 방법을 보여준다.

예제 8.14 ResNet-18 모델 특징 추출

```
from torch import nn
from torchvision import models

model = models.resnet18(weights="ResNet18_Weights.IMAGENET1K_V1").eval()
features = nn.Sequential(*list(model.children())[:-2])
```

이번 예제는 사전 학습된 모델을 활용해 활성화 맵을 추출하므로 레즈넷 모델을 평가 모드로 변경한다. 평가 모드를 적용했다면 레즈넷 모델의 마지막 계층을 제외한 모든 계층을 추출한다.

children 메서드는 모듈 클래스에 포함된 하위 모듈을 반환한다. 즉, model 변수에서 사용된 모든 계층을 순차적으로 반환한다.

레즈넷 모델 구조는 하나의 **입력 줄기**(conv1, bn1, relu, maxpool), 네 개의 스테이지(layer1, layer2, layer3, layer4), **평균 풀링**(avgpool), **완전 연결 계층**(fc)으로 설계됐다. 그러므로 평균값 풀링과 완전 연결 계층은 분류기이므로 [:-2]를 통해 특징만 연산하는 계층을 features 변수로 저장한다.

모델과 마지막 합성곱 계층의 출력 특징 맵을 구현했다면 해당 기능을 통해 입력 이미지의 특징 맵과 완전 결합 계층의 가중치를 가져온다. 다음 예제 8.15는 레즈넷에서 특징 맵과 가중치를 추출하는 방법을 보여준다.

예제 8.15 특징 맵과 가중치 추출

```
from PIL import Image
from torchvision import transforms

transform = transforms.Compose(
    [
        transforms.Resize((224, 224)),
        transforms.ToTensor(),
        transforms.Normalize(
```

```
            mean=[0.485, 0.456, 0.406],
            std=[0.229, 0.224, 0.225]
        ),
    ]
)

image = Image.open("../datasets/images/airplane.jpg")
target = transform(image).unsqueeze(0)

output = model(target)
class_idx = int(output.argmax())

weights = model.fc.weight[class_idx].reshape(-1, 1, 1)
features_output = features(target).squeeze()

print(weights.shape)
print(features_output.shape)
```

출력 결과

```
torch.Size([512, 1, 1])
torch.Size([512, 7, 7])
```

레즈넷 모델에 전달하려는 이미지를 불러오고 전처리를 진행한다. 전처리가 완료됐다면, 모델이 판단한 클래스 색인 값(ID)을 추출한다.

w_k^c를 계산해야 하므로 완전 연결 계층의 클래스 색인에 해당하는 가중치를 추출한다. 완전 연결 계층의 입력 차원은 512이며 출력 차원은 1,000이다. model.fc.weight[class_idx]는 가중치에 대한 클래스 영향도를 확인하므로 차원은 [512]가 된다.

이후 $f_k(i, j)$를 계산해야 하므로 features에 전처리된 이미지를 전달해 순방향 연산으로 특징 맵을 추출한다. features(target)는 차원을 감소시키기 전이므로 [1, 512, 7, 7]의 차원 형태로 반환된다.

model.fc.weight[class_idx]의 차원은 [512]이며, features(target)의 차원은 [1, 512, 7, 7]이므로 연산을 위해 차원의 크기를 동일하게 맞춘다. weights는 차원 변경(reshape) 메서드로 확장하며, features_output은 배치 크기를 의미하는 첫 번째 차원은 불필요하므로 스퀴즈(squeeze) 메서드로 제거한다.

차원을 동일하게 맞췄다면 클래스 맵 활성화 행렬을 계산한다. 다음 예제 8.16은 클래스 맵 활성화 행렬 생성 방법을 보여준다.

예제 8.16 클래스 활성화 맵 생성

```python
import torch
from torch.nn import functional as F


cam = features_output * weights
cam = torch.sum(cam, dim=0)
cam = F.interpolate(
    input=cam.unsqueeze(0).unsqueeze(0),
    size=(image.size[1], image.size[0]),
    mode="bilinear",
).squeeze().detach().numpy()
```

features_output 변수와 weights 변수를 곱하면 class_idx에 해당하는 채널별 이미지 영역의 중요 특징이 계산된다. 이 변수의 차원은 [512, 7, 7] 구조이므로, 합 연산을 통해 [7, 7] 크기로 변경한다.

합 연산이 진행된 cam은 이미지를 7등분했을 때 어떤 영역에서 가장 많은 영향을 미쳤는지 알려준다. 하지만 이미지와 직접 비교가 어려우므로 보간(interpolate) 함수를 통해 입력 이미지 크기와 동일한 크기로 변경한다.

보간 함수는 4차원 배열을 입력값으로 전달받으므로 언스퀴즈(unsqueeze) 메서드를 통해 차원을 확장하고, cam을 이미지 크기와 동일한 크기로 변경한다. 보간 방법(mode)은 이중 선형(bilinear) 보간을 통해 부드럽게 확장한다.

현재 cam 변수의 차원은 [1, 1, 7, 7]이므로 다시 스퀴즈 메서드를 통해 차원을 [이미지 너비, 이미지 높이]로 변경하고 넘파이 배열로 변경한다.

이제 입력 이미지와 동일한 크기가 됐으므로 시각화한다. 다음 예제 8.17은 클래스 활성화 맵의 시각화 방법을 보여준다.

예제 8.17 클래스 활성화 맵 시각화

```python
import matplotlib.pyplot as plt


plt.imshow(image)
```

```
plt.imshow(cam, cmap="jet", alpha=0.5)
plt.axis("off")
plt.show()
```

출력 결과

레즈넷 모델이 airplane.jpg 이미지를 airliner 클래스로 분류하기 위해 어떤 영역이 가장 중요한 영향을 미쳤는지 확인할 수 있다. 모델의 분류 과정에 가장 많은 영향을 준 영역은 붉은색 계열로 표시된다. 반대로 파란색 계열로 표시된 영역은 분류 과정에 큰 영향을 주지 않았다고 판단할 수 있다.

보간 함수의 보간 방법을 이웃 보간(nearest)으로 설정한다면 7×7 블록의 형태로 영향도를 확인할 수 있다.

Grad-CAM

Grad-CAM(Gradient-weighted Class Activation Mapping)[16]은 클래스 활성화 맵과 유사하지만, 전역 평균 풀링(GAP) 계층을 사용하지 않고 마지막 합성곱 계층에서 역전파를 통해 클래스에 대한 중요도를 계산한다.

앞선 클래스 활성화 맵은 전역 평균 풀링 계층을 반드시 포함해야 한다는 단점이 있다. 전역 평균 풀링 계층을 사용하지 않는 합성곱 신경망이라면 모델 구조를 변경하고 재학습해야 한다. 이는 범용성이 떨어지고 시각화를 위해 많은 리소스가 소모된다.

---

16 https://arxiv.org/abs/1610.02391

이에 대한 보완책으로 Grad-CAM은 마지막 합성곱 계층만 사용해 입력 이미지의 어떤 위치가 해당 클래스의 분류에 기여하는지 더 세밀하게 파악한다.

가중치 대신 마지막 계층의 기울기 값을 사용하므로 모든 합성곱 신경망 구조에 적용될 수 있으며, 기존 클래스 활성화 맵보다 더 강력한 시각화 성능을 제공한다.

다음 수식 8.4는 Grad-CAM 생성 방식을 설명한다.

수식 8.4 Grad-CAM 생성 수식

$$L^c(i,j) = ReLU\left(\sum_k a_k^c f_k(i,j)\right)$$

Grad-CAM 생성 방식은 앞선 수식 8.3과 유사한 구조를 보인다. 주요한 차이점은 w_k^c 대신에 a_k^c를 사용하며, 클래스 활성화 맵을 반환하기 전에 ReLU 함수를 적용한다는 점이다.

먼저 a_k^c는 클래스 c에 대한 k 채널의 특징 맵 가중치를 의미하는 값으로, 마지막 합성곱 계층의 특징 맵 가중치를 의미한다. 앞선 w_k^c는 완전 연결 계층의 가중치를 사용했다면, Grad-CAM은 마지막 합성곱 계층의 가중치를 사용한다. a_k^c를 자세히 풀어 설명하면 수식 8.5와 같다.

수식 8.5 특징 맵 가중치

$$a_k^c = \frac{1}{Z}\sum_i\sum_j\frac{\partial y^c}{\partial f_k(i,j)}$$

y^c는 합성곱 계층의 출력값 중 클래스 c에 대한 점수를 의미하며, $f_k(i,j)$는 특징 맵의 k번째 채널의 i 행 j열 값을 의미한다.

그러므로 $\frac{\partial y^c}{\partial f_k(i,j)}$는 y^c가 $f_k(i,j)$에 얼마나 민감하게 반응하는지를 의미하며, 특징 맵이 해당 클래스에 미치는 영향력을 알 수 있다. 이 값은 역전파를 통한 기울기를 계산하는 연산이 된다.

Z는 특징 맵의 픽셀 수를 의미한다. 그러므로 $\frac{1}{Z}\sum_i\sum_j$는 전역 평균 풀링 연산과 동일한 역할을 한다.

역전파를 통해 계산된 기울기와 순전파를 통해 계산된 기울기를 곱하면 활성화 맵을 구할 수 있다. 여기서 Grad-CAM은 ReLU 연산을 추가하는데, 활성화 맵의 음수는 클래스와 상관없는 부분이므로 불필요한 부분을 제거하기 위해 적용된다.

Grad-CAM 적용

Grad-CAM 예제에서는 사전 학습된 ResNet-18과 **후크(Hook)**를 활용해 실습을 진행한다. 후크란 특정 이벤트가 발생했을 때 다른 코드를 실행하는 기술을 의미한다. Grad-CAM은 마지막 합성곱 계층의 순전파와 역전파를 활용하므로 해당 계층이 실행될 때 이벤트를 실행시켜 기울기 값을 받아온다. 다음 예제 8.18은 후크 등록 방법을 보여준다.

예제 8.18 순전파와 역전파 후크 등록

```python
import torch


class GradCAM:
    def __init__(self, model, main, sub):
        self.model = model.eval()
        self.register_hook(main, sub)

    def register_hook(self, main, sub):
        for name, module in self.model.named_children():
            if name == main:
                for sub_name, sub_module in module[-1].named_children():
                    if sub_name == sub:
                        sub_module.register_forward_hook(self.forward_hook)
                        sub_module.register_full_backward_hook(self.backward_hook)

    def forward_hook(self, module, input, output):
        self.feature_map = output

    def backward_hook(self, module, grad_input, grad_output):
        self.gradient = grad_output[0]
```

초기화 메서드를 통해 활성화 맵을 확인하려는 모델(model)과 마지막 합성곱 계층을 확인하기 위한 main과 sub를 받아온다. ResNet-18을 기준으로 한다면 마지막 합성곱 계층은 layer4의 conv2 계층이다. 그러므로 main은 layer4가 되며, sub는 conv2가 된다.[17]

---

17 print(model)을 통해 마지막 합성곱 계층과 모듈의 이름을 확인할 수 있다.

후크 등록(register_hook) 메서드를 선언해 모델의 하위 모듈을 검색한다. named_children 메서드는 모듈의 이름과 모듈을 반환한다. 이 메서드를 활용해 main과 sub가 동일한 계층을 찾고 **순방향 후크(register_forward_hook)**와 **역방향 후크(register_full_backward_hook)**를 등록한다.

순방향 후크는 해당 모듈의 순방향 연산이 진행될 때 호출된다. forward_hook 메서드의 매개변수인 module, input, output은 각각 입력된 모듈, 순방향 연산의 입력 데이터, 순방향 연산의 출력 데이터를 의미한다.

Grad-CAM은 마지막 계층의 특징 맵을 요구하므로 순방향 연산의 출력값을 feature_map 변수에 저장한다.

역방향 후크는 해당 모듈의 backward 메서드가 호출될 때마다 호출된다. 순방향 후크와 마찬가지로 해당 모듈의 역방향 연산이 진행될 때 실행되며, 입력 모듈, 기울기 입력값, 기울기 출력값을 제공한다. 기울기 출력값은 튜플로 감싸인 텐서를 갖고 있으므로 첫 번째 텐서만 반환한다.

Grad-CAM 연산에 필요한 기울기를 모두 추출했으므로 Grad-CAM을 생성한다. 다음 예제 8.19는 Grad-CAM 생성 방법을 보여준다.

예제 8.19 Grad-CAM 생성

```python
def __call__(self, x):
    output = self.model(x)

    index = output.argmax(axis=1)
    one_hot = torch.zeros_like(output)
    for i in range(output.size(0)):
        one_hot[i][index[i]] = 1

    self.model.zero_grad()
    output.backward(gradient=one_hot, retain_graph=True)

    a_k = torch.mean(self.gradient, dim=(2, 3), keepdim=True)
    grad_cam = torch.sum(a_k * self.feature_map, dim=1)
    grad_cam = torch.relu(grad_cam)
    return grad_cam
```

모델에 이미지를 전달해 순전파 연산을 실행시킨다. 순전파가 실행되면 main-sub에 해당하는 계층에 도 달했을 때 forward_hook 메서드가 실행된다.

모델 추론을 통해 출력값(output)이 생성됐다면 출력값에 해당하는 클래스 색인 값을 추출한다. 출력값 은 [N, 1000]의 형태를 가지므로 가장 높은 클래스로 할당된 색인을 추출한다. 추출된 색인 값을 활용해 원-핫 인코딩을 적용한다. 원-핫 인코딩이 적용된 배열에서 최댓값 색인 위치에만 1을 부여한다.

역전파 연산을 통해 후크를 호출한다. 역전파 메서드의 기울기(gradient) 매개변수에 원-핫 배열을 전 달한다. 해당 메서드를 통해 기울기를 전달해 메모리를 절약할 수 있으며, 이전 계산 결과를 재사용할 수 있다.

하나의 이미지에서 여러 클래스의 Grad-CAM을 보려고 하거나, 역전파 연산이 자주 일어나는 경우 backward 메서드의 기울기 유지(retain_graph)를 참값으로 할당한다. 기울기 유지는 역전파 연산이 여 러 번 일어날 때 발생하는 오류를 억제한다.

역전파 연산을 통해 기울기를 계산했다면 a_k^c를 계산한다. self.gradient 변수는 [N, 512, 7, 7]의 차 원을 갖는다. 그러므로 평균 계산 시 세 번째(dim=2)와 네 번째(dim=3) 차원을 따라 평균을 계산한다. keepdim을 참값으로 적용해 평균 계산 시 차원을 유지한다. a_k 변수의 차원은 [N, 512, 1, 1]이 된다.

a_k^c를 계산했다면 $ReLU(\sum_k a_k^c f_k(i,j))$ 연산을 진행한다. $f_k(i,j)$는 순전파 연산 결괏값이므로 self. feature_map에 저장돼 있다. 이 값을 활용해 Grad-CAM을 계산한다. grad_cam의 차원은 [N, 7, 7] 을 갖는다. ResNet-18에서 하나의 이미지만 사용해 연산하면 클래스 활성화 맵과 동일하게 [7, 7] 차 원을 갖는다.

이제 ResNet-18 모델을 활용해 Grad-CAM 영역을 시각화한다. 다음 예제 8.20은 Grad-CAM 시 각화 방법을 보여준다.

예제 8.20 Grad-CAM 시각화

```
from PIL import Image
from torch.nn import functional as F
from torchvision import models
from torchvision import transforms
from matplotlib import pyplot as plt

transform = transforms.Compose(
```

```
    [
        transforms.Resize((224, 224)),
        transforms.ToTensor(),
        transforms.Normalize(
            mean=[0.485, 0.456, 0.406],
            std=[0.229, 0.224, 0.225]
        ),
    ]
)


files = [
    "../datasets/images/airplane.jpg", "../datasets/images/bus.jpg",
    "../datasets/images/dog.jpg", "../datasets/images/african_hunting_dog.jpg"
]
images, tensors = [], []
for file in files:
    image = Image.open(file)
    images.append(image)
    tensors.append(transform(image))
tensors = torch.stack(tensors)


model = GradCAM(
    model=models.resnet18(weights="ResNet18_Weights.IMAGENET1K_V1"),
    main="layer4",
    sub="conv2"
)
grad_cams = model(tensors)


for idx, image in enumerate(images):
    grad_cam = F.interpolate(
        input=grad_cams[idx].unsqueeze(0).unsqueeze(0),
        size=(image.size[1], image.size[0]),
        mode="bilinear",
    ).squeeze().detach().numpy()

    plt.imshow(image)
    plt.imshow(grad_cam, cmap="jet", alpha=0.5)
    plt.axis("off")
    plt.show()
```

출력 결과

이번 실습에서 진행한 Grad-CAM은 후크를 활용해 순전파와 역전파의 기울기를 가져오는 방법으로 수행됐다. 또한 대량의 이미지에 대한 클래스 활성화 맵을 확인할 수 있는 구조다.

앞선 클래스 활성화 맵 예제와 유사한 구조지만, 클래스 활성화 맵은 전역 평균 풀링 계층을 통과한 완전 연결 계층의 기울기를 사용했다. 반면 Grad-CAM은 마지막 합성곱 계층만 활용하므로 모든 합성곱 신경망에 적용할 수 있으며, 전역 평균 풀링 계층을 직접 사용하지 않아 공간 정보를 보존할 수 있다.

객체 탐지

객체 탐지(Object Detection)란 이미지나 영상에서 특정 객체(Object)를 탐지하고 영역을 인식하는 컴퓨터비전 기술이다. 객체 탐지는 크게 물체의 분류 작업과 지역화 작업으로 나눌 수 있다.

분류(Classification)는 이미지에서 물체가 어떤 종류인지를 분류하는 작업을 의미하며, 앞서 다룬 이미지 분류 작업과 동일하게 각각의 클래스에 대한 확률값을 분석한다.

지역화(Localization)는 이미지에서 물체의 위치를 파악하는 작업을 의미한다. 이미지에서 물체가 위치한 영역을 찾아 해당 영역의 좌푯값을 예측한다.

객체 탐지는 이미지 분류와 위치 탐지가 동시에 이루어지는 작업이므로 더 복잡한 분석 과정을 요구한다. 또한 객체 영역을 표현하는 방법에는 경계 상자 방식과 마스크 방식이 있다.

경계 상자(Bounding Box)는 객체의 영역을 사각형 형태로 표현하며 이미지에서 객체의 위치와 크기를 파악할 수 있다. 경계 상자는 정사각형 또는 직사각형의 구조로 선분이 수평 또는 수직한 구조를 갖는다.

마스크(Mask)는 객체 영역을 픽셀 단위로 정확하게 분할(Segmentation)해 표현하는 방식으로 객체 영역의 정확한 표현을 위해 사용된다. 마스크는 각 픽셀마다 클래스 정보를 갖고 있다.

객체 탐지 방법으로는 크게 경계 상자 탐지, 의미론적 분할, 객체 분할이 있다.

경계 상자 탐지(Bounding Box Detection)는 경계 상자를 활용해 객체의 영역을 간단하게 표현하는 방법으로, 다른 객체 검출 방법에 비해 처리 속도가 빠르다는 장점이 있다. 하지만 경계 상자는 객체의 영역을 항상 정사각형 또는 직사각형으로 표현하기 때문에 객체의 상세한 영역을 파악하기 어렵다는 단점이 있다.

의미론적 분할(Semantic Segmentation, 시맨틱 세그멘테이션)은 마스크 방식을 사용해 이미지에서 객체와 배경을 픽셀 단위로 분할하는 방식이다. 객체의 영역을 정확히 분할하기 때문에 객체의 상세한 모양을 확인할 수 있고, 배경과 같이 광범위한 영역의 객체도 검출할 수 있다. 하지만 픽셀 단위로 분류하기 때문에 계산 비용이 높고 객체 간 경계에서 오분류할 가능성이 높다.

객체 분할(Instance Segmentation, 인스턴스 세그멘테이션)은 이미지에서 객체를 픽셀 단위로 분리하고, 경계 상자와 클래스 레이블을 추출한다. 객체 분할은 경계 상자 탐지와 의미론적 분할의 기능을 모두 갖고 있기 때문에 더 정확한 객체 인식이 가능하다. 경계 상자와 마스크 방식을 모두 사용하므로 다른 방법보다 높은 계산 비용을 필요로 하며, 더 많은 학습 데이터를 요구한다.

다음 그림 9.1은 객체 탐지 표현 방법을 보여준다.

그림 9.1 객체 탐지 표현 방법

Faster R-CNN

Faster R-CNN(Towards Real-Time Object Detection with Region Proposal Networks)[1]은 2015년 샤오칭 렌(Shaoqing Ren)이 Fast R-CNN 모델을 개선해 제안한 방법으로 객체 탐지에 사용되는 모델이다.

Fast R-CNN의 객체 영역 추정 단계에서 발생하는 병목 현상을 개선해 파스칼 VOC 챌린지(PASCAL Visual Object Classes Detection Challenge)와 COCO 챌린지(Common Objects in Context Detection Challenge) 등에서 우승을 차지했다.

Faster R-CNN은 GPU에서 깊은 VGG-16 모델을 사용해 5 FPS의 성능을 달성했으며, PASCAL VOC 2007 데이터세트에서는 mAP(mean Average Precision) 78.8%의 성능을 보였다.

Faster R-CNN은 전통적인 파이프라인 방식의 모델과는 달리, 중간 단계에서의 처리나 변환 없이 입력과 출력 사이의 관계를 직접 학습해 결과를 예측한다. 이를 통해 모델 구성과 훈련이 더욱 간단하고 효율적으로 이뤄진다.

또한, 모델의 유연성이 뛰어나 다른 모델과의 조합을 통해 성능을 높일 수 있으며 다양한 변형 모델에서도 우수한 성능을 제공한다. 이러한 이유로 Faster R-CNN은 아직도 객체 탐지 분야에서 활발히 사용되며, 다른 딥러닝 기반 객체 탐지 모델들과 함께 많은 연구와 실제 응용에서 활용되고 있다.

Faster R-CNN은 Fast R-CNN의 개선된 모델이며, Fast R-CNN은 R-CNN의 개선된 모델이다. 이번 절에서는 R-CNN과 Fast R-CNN을 이해하고 Faster R-CNN을 다뤄본다.

R-CNN

R-CNN(Region Based Convolutional Neural Networks)[2]은 2013년 로스 기르쉬크(Ross Girshick)가 제안한 딥러닝 모델로, **영역 제안(Region Proposal)**, 특징 추출(합성곱 모델), 서포트 벡터 머신을 활용해 객체 탐지를 수행한다. 영역 제안과 합성곱 모델을 결합하는 방식이므로 R-CNN(Regions Based CNN)이라고 부른다.

---

1 https://arxiv.org/abs/1506.01497
2 https://arxiv.org/abs/1311.2524

R-CNN의 영역 제안은 객체 탐지를 위해 사용되는 영역 추출 알고리즘 중 하나인 **선택적 탐색 (Selective Search)** 알고리즘을 사용한다. 선택적 탐색 알고리즘은 규칙 기반의 알고리즘으로 입력 이미지에서 객체가 있을 만한 후보 영역을 생성한다.

후보 영역을 생성하기 위해 입력 이미지에 대해 인접한 픽셀과 비슷한 색상, 질감, 밝기, 크기 등 유사한 특징을 갖는 영역을 군집화한다. 군집화된 영역에도 같은 과정을 반복해 군집을 확장해 간다. 이를 통해 얻은 군집으로 객체가 존재할 수 있는 영역을 추출한다. 다음 그림 9.2는 R-CNN의 선택적 탐색 과정을 시각화한 것이다.

입력 이미지

선택적 탐색 ↓

그림 9.2 R-CNN의 선택적 탐색 과정

선택적 탐색 알고리즘을 통해 2,000여 개의 영역이 생성된다. 영역마다 알렉스넷을 적용해 4,096 크기의 특징 벡터를 추출한다. 추출된 특징 벡터를 서포트 벡터 머신 분류기에 입력해 객체 분류를 진행한다.

서포트 벡터 머신 분류기를 통과하면 2,000여 개의 영역은 클래스와 확률값을 갖게 된다. 그림 9.2와 같이 영역이 겹칠 수 있는데, 가장 우수한 영역을 선택하기 위해 **비최댓값 억제(Non-Maximum Suppression, NMS)**[3]를 수행한다.

---

3   겹치는 영역이 있는 객체 중 최댓값으로 예측된 객체만 남기고 나머지 영역을 제거하는 후처리 기법

비최댓값 억제를 통해 추출된 영역은 대략적인 영역만 표현한다. 이는 정확한 위치를 나타내지 않으므로 **박스 회귀(Box Regression)**로 후보 영역이 실제 영역와 일치하게 학습해 영역의 위치와 크기를 조정한다.

기존의 객체 탐지 알고리즘은 이미지를 영역별로 나눠 각 영역에 대해 객체 여부를 판단했다면, R-CNN은 이미지 내 객체가 위치할 만한 후보 영역을 생성해 객체를 탐지한다.

R-CNN에서 사용된 객체 영역 검출, 위치 조정, 분류 등의 원리는 객체 감지 분야에서 기술적으로 중요한 역할을 한다.

Fast R-CNN

Fast R-CNN[4]은 R-CNN을 제안한 로스 기르쉬크가 2015년에 기존의 R-CNN을 개선해 제안한 모델이다. R-CNN의 영역 제안 방식은 2,000여 개의 후보 영역을 생성하고 합성곱 신경망 모델의 입력으로 전달하는 것이다. 합성곱 모델에 전달되는 후보 영역은 크기가 매우 다양하고 모든 후보 영역을 합성곱 모델에 전달하므로 연산량과 메모리 사용량이 많다.

또한 영역 제안 단계, 합성곱 신경망, 서포트 벡터 머신을 사용하므로 모델 학습 단계가 분리돼 있어 **종단 간 학습(End-to-End Learning)**[5]이 불가능하고 성능 향상에 제약이 있었다.

Fast R-CNN은 이러한 단점을 개선하여 더욱 빠르고 정확한 물체 인식을 가능하게 한다. 다음 그림 9.3은 Fast R-CNN의 모델 구조를 보여준다.

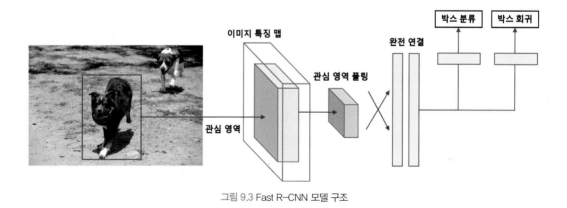

그림 9.3 Fast R-CNN 모델 구조

---

4   https://arxiv.org/abs/1504.08083
5   입력에서 출력까지의 모든 과정을 하나의 모델로 학습하는 방법

Fast R-CNN은 입력 이미지를 사전 학습된 합성곱 신경망에 전달해 특징 맵을 추출하고, 이 특징 맵에 영역 제안 방법으로 **관심 영역(Region Of Interest, ROI)**을 찾는다.

이후 **관심 영역 풀링(ROI Pooling)**이라는 기법을 적용해 고정된 크기의 특징 맵을 얻는다. 이 특징 맵을 완전 연결 계층에 전달해 물체의 클래스와 위치를 예측한다.

Fast R-CNN에서 사용하는 관심 영역 풀링은 관심 영역을 잘라내 고정된 크기의 특징 맵으로 변환하는 작업이다. 후보 영역들은 다양한 크기와 비율을 갖는다. 이러한 후보 영역은 합성곱 모델의 입력값으로 전달하기 위해 고정된 크기의 특징 맵으로 변환한다.

관심 영역을 특징 맵 크기에 맞게 나누고 분할 영역 중 가장 큰 값을 추출하는 최댓값 풀링을 적용해 고정된 특징 맵으로 변환한다. 이러한 과정을 모든 관심 영역에 적용하면 고정된 크기의 특징 맵으로 변환할 수 있다.

고정된 크기의 특징 맵들은 다시 두 개로 나눠, 하나는 소프트맥스를 통해 클래스를 분류하고 다른 하나는 박스 회귀를 통해 경계 상자를 검출한다.

이러한 방법을 통해 특징 추출, 관심 영역 풀링, 객체 분류, 박스 회귀를 종단 간 학습시키는 모델을 제시하여, 학습 단계를 간소화하고 모델의 성능을 향상시켰다.

Faster R-CNN

Faster R-CNN[6]은 **영역 제안 네트워크(Region Proposal Network, RPN)**를 사용해 관심 영역을 추출하는 방식을 사용한다. 이 방식은 R-CNN과 Fast R-CNN에서 사용되던 선택적 탐색 알고리즘 방법에 비해 더 정확한 관심 영역 추출을 가능하게 한다.

Faster R-CNN은 영역 제안 네트워크를 사용해 관심 영역을 추출하고 추출된 관심 영역을 관심 영역 풀링을 통해 고정된 크기의 특징 맵으로 변환한 후, 이를 분류기와 회귀기에 입력해 객체를 검출한다. Faster R-CNN은 영역 제안 네트워크에서 관심 영역 추출과 특징 맵 변환을 동시에 수행해 모델의 매개변수를 공유할 수 있어, 더 경량화된 모델을 구성할 수 있다.

이러한 개선점으로 Faster R-CNN은 Fast R-CNN에 비해 더 높은 성능과 속도를 제공한다. 다음 그림 9.4는 Faster R-CNN의 구조를 보여준다.

---

6 https://arxiv.org/abs/1506.01497

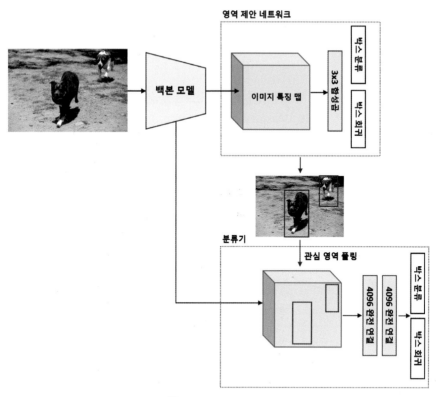

그림 9.4 Faster R-CNN 구조

그림에서 확인할 수 있듯이 Faster R-CNN은 크게 특징 추출, 영역 제안 네트워크, 관심 영역 풀링, 분류기로 구성돼 있다.

이미지에서 합성곱 신경망을 통과해 특징 맵을 추출한다. 추출된 특징 맵은 영역 제안 네트워크와 Fast R-CNN에서 사용한 분류기에 각각 전달한다. 영역 제안 네트워크로 전달된 특징 맵에서 관심 영역을 계산하고 추출된 관심 영역은 관심 영역 풀링을 적용해 분류기에서 객체를 검출한다.

영역 제안 네트워크

R-CNN은 객체 탐지를 위해 가능한 모든 영역에서 특징 벡터를 추출하고, 각각을 분류하는 방식을 사용하는 모델이다. 하지만 이는 매우 비효율적인 방법이며, 이미지 처리 속도가 느리고 연산량이 많다는 문제점이 있었다.

이와 달리 Faster R-CNN은 R-CNN의 문제점을 해결하기 위해 제안된 모델로, 가능한 모든 영역에서 특징 벡터를 추출하는 것이 아니라, 객체 탐지를 위한 특징 추출과 경계 상자 위치 추정을 위한 영역 제안 방식을 합친 구조다.

영역 제안 네트워크는 입력된 이미지에서 객체의 관심 영역을 추출하는 네트워크다. 영역 제안 네트워크는 GPU 연산이 가능하므로 CPU를 사용하는 선택적 탐색 알고리즘보다 빠른 처리가 가능하다. 다음 그림 9.5는 영역 제안 네트워크의 구조를 보여준다.

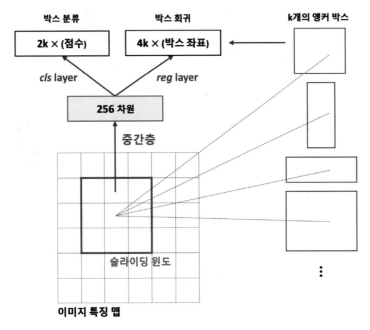

그림 9.5 영역 제안 네트워크의 구조

영역 제안 네트워크에서 입력받은 특징 맵을 일정한 크기의 윈도 영역을 이동해 가면서 중간층(Intermediate layer)에 전달한다. **슬라이딩 윈도(Sliding window)**[7]는 중간층에서 합성곱 연산을 수행하며 256차원 또는 512차원의 벡터를 생성한다.

생성된 벡터는 다시 물체를 판별하는 박스 분류 계층(cls layer)과 후보 영역의 좌표를 생성하는 박스 회귀 계층(reg layer)에 전달된다.

---

7 일정한 크기의 윈도를 이동하면서 해당 윈도 내의 데이터를 처리하는 방법을 의미한다.

슬라이딩 윈도는 일정한 크기의 **그리드(Grid)**[8]로 분할하며 이미지의 크기를 그리드 크기로 나눈다. 예를 들어 512×512 크기의 이미지를 16×16 크기의 그리드로 변환한다면 (512/16)×(512/16)가 되어 1,024(32×32)개의 슬라이딩 윈도가 생성된다. 이렇게 생성된 슬라이딩 윈도의 중심을 기준으로 여러 개의 앵커 박스를 적용한다.

앵커 박스

앵커 박스(Anchor Box)는 객체의 위치와 크기를 예측하기 위해 사용되는 사각형 영역으로 슬라이딩 윈도와 함께 사용된다. 앵커 박스는 일반적으로 다양한 종류의 객체를 고려해 여러 개의 크기와 종횡비로 정의된다. 다음 그림 9.6은 앵커 박스 형태를 보여준다.

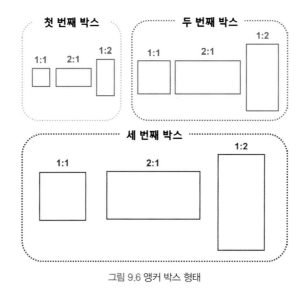

그림 9.6 앵커 박스 형태

그림 9.6과 같이 크기가 다양한 객체를 감지하기 위해 9개의 앵커 박스를 사용한다. Faster R-CNN의 앵커 박스는 128, 256, 512 크기로 이뤄져 있으며, 1:1, 2:1, 1:2 비율을 사용한다.

가령 1,024개의 셀을 추출했다면, 9,216(1024×9)개의 앵커 박스가 생성된다. 이 앵커 박스 내 객체의 존재 여부와 객체의 크기 및 위치를 예측한다.

---

8   주어진 공간을 일정한 크기의 격자 형태로 나눈 것

박스 분류

박스 분류 계층은 9개의 앵커 박스에 객체가 존재하는지 또는 객체가 존재하지 않는지를 나타내는 점수를 계산한다. 그러므로 박스 분류 계층의 출력 클래스는 객체 없음과 객체 있음을 나타내는 두 개의 클래스로 구성된다. 하나의 슬라이딩 윈도는 9개의 앵커 박스를 가지므로 총 18개가 생성된다.

슬라이딩 윈도의 크기가 H×W×C의 크기를 갖는다면, 1×1×18 합성곱 연산을 적용해 H×W×18 크기의 특징 맵을 생성할 수 있다. 1×1 크기의 합성곱 연산을 적용한다면 입력 이미지 크기와 상관없이 동작할 수 있으며, 한 번의 합성곱 연산으로 H×W개의 앵커 박스에 대한 예측을 한 번에 수행할 수 있다.

박스 회귀

앵커 박스로 객체의 위치 및 크기를 예측했다면 박스 회귀를 통해 경계 상자의 크기와 위치를 조정해야 한다. 앵커 박스는 9개의 박스를 활용해 객체의 크기와 위치를 예측했지만, 고정적인 비율과 그리드를 통해 특징 맵으로 변환했으므로 예측값은 정확하지 않다.

그러므로 R-CNN처럼 박스 회귀를 통해 경계 상자를 조정하는 작업을 진행한다. 박스 회귀 계층은 박스 분류와 비슷한 방식으로 1×1 합성곱 연산을 적용한다.

박스 분류에서는 18개의 차원을 가졌다면, 박스 회귀는 36개의 차원이 생성된다. 즉, 4(36/9)개의 클래스가 존재하게 되는데, 4개의 클래스는 각각 위치(x, y)와 크기(w, h) 값을 출력한다.

출력된 앵커 박스의 위치와 크기를 조정한다. 위치와 크기를 조정하기 위해 네 개의 조정값(d_x, d_y, d_w, d_h)으로 회귀를 진행한다. 다음 수식 9.1은 앵커 박스의 정보를 의미하며, 수식 9.2는 앵커 박스 조정값을 의미한다.

수식 9.1 앵커 박스 정보

$$P^i = \left(P_x^i, P_y^i, P_w^i, P_h^i \right)$$

수식 9.2 앵커 박스 조정값

$$d^i = \left(d_x(P^i), d_y(P^i), d_w(P^i), d_h(P^i) \right)$$

P^i는 i번째 앵커 박스의 정보를 의미하며, 각각 위치와 크기를 담고 있다. 마찬가지로 d^i는 i번째 앵커 박스의 조정값을 의미한다. 이 값을 활용해 조정된 앵커 박스의 위치를 계산한다. 다음 수식 9.3은 i번째 앵커 박스의 조정된 값 $\hat{G}^i$을 구하는 계산식을 보여준다.

수식 9.3 최종 앵커 박스

$$
\begin{aligned}
\hat{G}_x^i &= P_w^i d_x(P^i) + P_x^i \\
\hat{G}_y^i &= P_h^i d_y(P^i) + P_y^i \\
\hat{G}_w^i &= P_w^i e^{d_w}(P^i) \\
\hat{G}_h^i &= P_h^i e^{d_w}(P^i)
\end{aligned}
$$

$\hat{G}_x^i$와 $\hat{G}_y^i$에 각각 P_w^i와 P_h^i를 곱한다. 이는 관심 영역의 크기가 모두 다르므로 관심 영역과 비율을 맞추기 위한 것이다.

$\hat{G}_w^i$와 $\hat{G}_h^i$는 지수 함수 연산을 적용한다. 지수 함수를 사용하면 작은 값의 변화가 큰 영향을 미치게 되어, 작은 크기의 앵커 박스에서 미세한 조정이 가능하다. 또한 앵커 박스의 비율을 자연스럽게 조절할 수 있게 돼 다양한 크기와 비율을 가지는 객체를 탐지할 수 있다.

관심 영역 선별

영역 제안 네트워크를 통해 앵커 박스의 객체 여부와 앵커 박스의 위치와 크기를 계산했다. 이 값들을 활용해 객체의 관심 영역을 계산한다. 관심 영역 선별은 다음과 같이 진행된다.

1. 박스 분류에서 계산된 점수를 정렬한다.

2. 정렬된 객체 점숫값이 0.7(또는 특정 값) 이상인 앵커 박스를 추출한다.

3. 추출된 점수 값을 기준으로 상위 N개의 앵커 박스를 선택한다.

4. N개의 앵커 박스에만 박스 회귀를 적용한다.

5. 비최댓값 억제 연산을 적용해 중복되는 앵커 박스를 제거한다.

6. 남은 앵커 박스를 관심 영역으로 사용한다.

앵커 박스는 특징 맵의 슬라이딩 윈도마다 생성되므로 특징 맵의 크기가 커질수록 앵커 박스의 개수 또한 증가한다. 모든 앵커 박스를 관심 영역으로 사용한다면 학습 및 추론 속도가 느려지므로 위와 같은 선별 방법으로 관심 영역을 선택한다.

상위 N개의 앵커 박스를 선택하는 과정에서 일반적으로 모델 학습 시 1,000개의 앵커 박스를 선택하며, 추론 시 상위 100개의 앵커 박스를 선택한다.

모델 학습 시 관심 영역을 선별하는 과정은 다음과 같다.

1. 특징 맵 가장자리의 윈도에 할당된 앵커 박스는 관심 영역에서 제외한다.

2. **실젯값**(Ground Truth) 박스와 앵커 박스의 **교차 영역 비율**(Intersection over Union, IoU)이 0.7(또는 특정 값) 이상인 앵커 박스를 관심 영역으로 사용한다.

3. 앞선 과정에서 추출된 관심 영역이 존재하지 않는 경우, 객체 점숫값이 가장 큰 앵커 박스를 관심 영역으로 사용한다.

4. 정답 박스와 IoU가 0.3(또는 특정 값) 이하인 앵커 박스를 배경 영역으로 사용한다.

관심 영역 시 사용되는 IoU란 앵커 박스와 정답 박스의 영역이 얼마나 많이 겹치는지를 표시하는 지표를 의미한다.

모델은 비용 함수를 통해 정답 값과 예측값이 얼마나 동일한지 확인해야 한다. 하지만 객체 탐지는 박스의 형태로 객체의 위치와 크기를 표시하므로 정답 박스와 예측 박스가 얼마나 잘 겹치는지를 판단한다.

IoU는 정답 박스와 예측 박스의 교집합 영역 넓이에서 합집합 영역 넓이를 나눠 계산한다. IoU를 시각적으로 표현하면 그림 9.7과 같다.

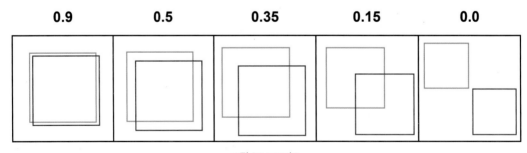

그림 9.7 IoU 지표

모델 학습 과정

Faster R-CNN은 **두 단계**(2-stage)로 구성된 객체 탐지 모델이다. 첫 번째 단계인 영역 제안 네트워크를 사용해 입력 이미지에서 객체가 있을 가능성이 있는 관심 영역을 추출한다. 이를 통해 후보 영역을 생성한다.

두 번째 단계에서는 객체 탐지 네트워크를 통해 후보 영역들에 대한 객체를 탐지한다. 이 과정에서 관심 영역 풀링 등의 방법을 사용해 후보 영역을 고정된 크기로 변환해 객체를 탐지한다.

Faster R-CNN에서 사용되는 관심 영역 풀링은 7×7 크기로 수행된다. 그러므로 N 개의 특징 맵을 모두 결합하면 [N, 7, 7, 256] 또는 [N, 7, 7, 512] 텐서가 생성된다.[9]

[N, 7, 7, 512] 텐서를 평탄화하면 [N, 25,088]가 되며 객체 탐지 네트워크에 전달한다. 객체 탐지 네트워크는 박스 분류 계층(cls layer)과 후보 영역의 좌표를 생성하는 박스 회귀 계층(reg layer)에 전달된다.

클래스 개수가 C라면 분류 계층 결괏값의 형태는 [N, C]가 되며, 회귀 계층 결괏값이 클래스마다 생성돼 [N, C×4]의 형태가 된다. 그러므로 Faster R-CNN 모델 최종 출력값은 객체의 클래스 예측 결과와 경계 상자가 된다.

Faster R-CNN 모델을 학습하기 위해서 정답 클래스와 박스 정보를 사용해 비용을 계산한다. 다음 수식 9.4는 Faster R-CNN에서 사용하는 손실 함수 수식을 보여준다.

수식 9.4 Faster R-CNN 손실 함수

$$L = \frac{1}{N_{cls}} L_{cls} + \lambda \frac{1}{N_{reg}} L_{reg}$$

Faster R-CNN 손실 함수는 객체 분류를 위한 L_{cls}와 객체의 박스 회귀를 위한 L_{reg}로 이뤄진다. λ는 분류 손실 함수와 박스 회귀 손실 함수의 균형을 맞추기 위한 하이퍼파라미터를 의미한다.

N_{cls}는 손실값을 계산할 때 사용되는 **정규화 상수(Normalization constant)**로, 미니 배치의 크기를 의미하며, N_{reg}는 앵커 박스의 개수를 의미한다.

Faster R-CNN의 논문에서 N_{cls}는 256, N_{reg}는 2,304(256×9)로 사용한다. $\frac{1}{256}, \frac{1}{2304}$의 형태가 되므로, λ의 초깃값을 10으로 사용해 두 손실 함수의 균형을 맞춘다.

먼저 분류 손실 함수에 대해 알아본다. 다음 수식 9.5는 분류 손실 함수를 보여준다.

---

9 중간층에서 ZFNet 모델을 사용하면 256차원의 벡터가 생성되며, VGG 모델을 사용하면 512차원의 벡터가 생성된다.

수식 9.5 분류 손실 함수

$$L_{cls} = -\sum_i p_i^* \log(p_i) + (1 - p_i^*)\log(1 - p_i)$$

분류 손실 함수는 3.3 '손실 함수' 절에서 다뤘던 교차 엔트로피로 구성돼 있다. p_i^*는 i번째 앵커 박스(관심 영역)에 대한 클래스 실젯값을 의미하며, 앵커 박스일 경우 1, 아닐 경우 0을 갖는 이진값(Binary)으로 구성된다. p_i는 i번째 앵커 박스에 대한 클래스 예측값을 의미한다.

분류 손실 함수는 클래스 구성 시 배경(Background) 클래스가 추가된다. 이는 관심 영역에 객체가 없는 경우를 판단하기 위해 사용된다. 배경 클래스는 객체가 아닌 영역을 나타내며, 학습 데이터에 포함돼 있어야 한다.

배경 클래스가 추가되면 객체를 감지할 때와 배경을 구분할 때 각 클래스에 대한 확률이 동시에 계산된다. 배경 클래스는 박스 회귀 손실 함수에 영향을 미치는 값이므로 0으로 설정한다.

분류 손실 함수에서 클래스가 배경 클래스라면 경계 상자를 계산할 필요가 없으므로 박스 회귀 손실 함수에 0을 곱해 해당 클래스에 대한 박스 회귀 손실을 계산하지 않는다.

다음 수식 9.6은 박스 회귀 손실 함수를 보여준다.

수식 9.6 박스 회귀 손실 함수

$$L_{reg} = -\sum_i p_i^* smooth_{L_1}(t_i - t_i^*)$$

박스 회귀 손실 함수는 클래스가 배경이 아닐 때만 수행하면 되므로 p_i^*가 1일 때 수행된다. t_i는 모델이 예측한 i번째 앵커 박스의 경계 상자 정보이며, t_i^*는 i번째 앵커 박스의 실젯값 경계 상자 정보를 나타낸다.

t_i와 t_i^*는 경계 상자 정보를 의미하므로 x, y, w, h의 정보를 포함한다. 경계 상자 정보는 수식 9.3에서 다뤘으므로 이를 정리하면 수식 9.7과 수식 9.8이 된다.

수식 9.7 앵커 박스 예측값

$$t_x = d_x(P) = (\hat{G}_x - P_x)/P_w$$
$$t_y = d_y(P) = (\hat{G}_y - P_y)/P_h$$
$$t_w = d_w(P) = \log(\hat{G}_w/P_w)$$
$$t_h = d_h(P) = \log(\hat{G}_h/P_h)$$

수식 9.8 앵커 박스 실젯값

$$t_x^* = d_x(P) = (G_x - P_x)/P_w$$
$$t_y^* = d_y(P) = (G_y - P_y)/P_h$$
$$t_w^* = d_w(P) = \log(G_w/P_w)$$
$$t_h^* = d_h(P) = \log(G_h/P_h)$$

수식 9.7과 수식 9.8을 통해 계산된 값을 $smooth_{L_1}$ 함수에 적용해 손실값을 계산한다. $smooth_{L_1}$ 함수는 수식 9.9와 같다.

수식 9.9 smoothL1

$$smooth_{L_1}(x) \begin{cases} 0.5x^2 & if: |x| < 1 \\ |x| - 0.5 & otherwise \end{cases}$$

$smooth_{L_1}$ 함수는 L1 함수에 조건을 추가해 만든 함수다. 이 함수는 입력값의 절댓값이 1보다 작은 경우 L2 손실 함수를 적용하고 절댓값이 1보다 큰 경우 L1 손실 함수를 적용한다.

L2 손실 함수는 큰 값에 대해 손실이 지나치게 커지는 문제가 있으며, L1 손실 함수는 미분값이 계산되지 않는 지점이 있어 역전파가 불가능할 수 있다. 이러한 단점을 보완하기 위해 만들어진 함수가 바로 $smooth_{L_1}$ 함수다.

Faster R-CNN의 박스 회귀 손실 함수는 $smooth_{L_1}$ 함수를 사용해 관심 영역 조정 시 손실이 지나치게 커지는 문제를 완화하고, 미분값이 어디서든 정의되므로 역전파가 원활하게 이뤄질 수 있다.

모델 실습

이번 절에서는 MS COCO(Microsoft Common Objects in Context) 데이터세트를 활용해 Faster R-CNN 모델을 미세 조정해 이미지를 분류해 본다.

MS COCO 데이터세트는 2014년에 처음 소개됐으며 경계 상자 탐지, 객체 분할 및 캡션 생성을 위한 데이터를 제공한다. 이 데이터세트에는 약 328,000장의 이미지와 약 2,500만 개의 레이블을 제공한다. MS COCO 데이터세트는 80개의 클래스로 이뤄져 있다.

MS COCO 데이터세트는 대규모 이미지 데이터세트이므로 이번 절에서는 개와 고양이 클래스를 소규모로 샘플링해 실습을 진행한다. 이 책에서 제공하는 coco.zip 파일의 압축을 해제하면 다음과 같은 구조로 디렉터리가 형성된다.

MS COCO 데이터세트 구조

```
📁 coco
└ 📁 annotations
    └ 📁 train_annotations.json
    └ 📁 val_annotations.json
└ 📁 train
    └ 🖼 000000000309.jpg
    └ 🖼 000000000650.jpg
    └ 🖼 ...
└ 📁 val
    └ 🖼 000000001657.jpg
    └ 🖼 000000007386.jpg
    └ 🖼 ...
```

MS COCO 데이터세트는 경계 상자 탐지 및 객체 분할을 위한 정보를 제공한다. 모델 학습을 위한 **데이터 주석(Data Annotation)** 정보는 annotations 디렉터리로 제공한다.

데이터 주석 파일은 JSON 형식으로 제공되며, **정보(info)**, **라이선스(licenses)**, **카테고리(categories)**, **이미지(images)**, **어노테이션(annotations)** 정보가 포함돼 있다.

정보와 라이선스는 MS COCO 데이터세트의 간략한 정보와 데이터를 사용할 때 준수해야 하는 라이선스 정보가 담겨 있다.

카테고리, 이미지, 어노테이션은 모델 학습에 필요한 주요 정보를 담고 있다. 카테고리는 해당 데이터세트에서 제공되는 클래스 정보가 담겨 있으며, 이미지는 해당 파일에 대한 라이선스 ID, 파일 이름, 이미지 주소, 이미지 ID 등이 포함돼 있다. 어노테이션은 분할 마스크 좌표, 픽셀 크기, 군집 여부, 이미지 ID, 경계 상자 좌표, 카테고리 ID, 어노테이션 ID가 포함돼 있다.

다음은 이미지 정보와 어노테이션 정보를 간략히 보여준다.

이미지 정보 및 어노테이션 정보

```
{
    "images": [
        {
            "license": 1,
            "file_name": "000000440755.jpg",
```

```
        "coco_url": "http://images.cocodataset.org/train2017/000000440755.jpg",
        "height": 480,
        "width": 640,
        "date_captured": "2013-11-21 00:59:51",
        "flickr_url": "http://farm9.staticflickr.com/8436/7904535454_19b70862de_z.jpg",
        "id": 440755
      },
      ...
    ],
    "annotations": [
      {
        "segmentation": [
          [
            203.08,
            379.43,
            ...
            229.31,
            371.66
          ]
        ],
        "area": 93351.66034999999,
        "iscrowd": 0,
        "image_id": 440755,
        "bbox": [
          200.16,
          72.39,
          ...
          439.84,
          394.49
        ],
        "category_id": 2,
        "id": 13555
      },
      ...
    ]
}
```

이미지 정보 중 **라이선스 ID(license)**는 이미지가 어떠한 라이선스를 사용하는지 의미하는 라이선스 ID가 포함돼 있으며, 이미지 URL과 파일 이름 등을 제공한다.

어노테이션 정보 중 **분할 마스크 좌표(segmentation)**는 $x_1, y_1, \cdots x_n, y_n$의 구조로 담겨 있으며, **경계 상자 좌표(bbox)**는 왼쪽 상단 x, y 좌표와 너비, 높이로 구성돼 있다.

군집 여부(iscrowd)는 군집 객체 여부를 의미하며, 1은 픽셀 수준으로 분리가 어려운 경우에 할당된다. 현재 샘플링된 예제는 군집 객체 여부를 포함하지 않으므로 모두 0으로 구성돼 있다.

어노테이션 ID(id)는 해당 어노테이션의 고유 ID를 의미하며, 이 값은 **이미지 ID(image_id)**와 매핑해 사용할 수 있다. 어노테이션마다 클래스가 다를 수 있으므로 어노테이션 정보마다 **카테고리(category_id)**가 할당돼 있다.

이 어노테이션 JSON 파일을 사용해 데이터세트를 구성할 수도 있지만, 이번 예제에서는 **pycocotools** 라이브러리를 활용해 MS COCO 데이터세트의 정보를 불러온다.

pycocotools 라이브러리는 이미지, 어노테이션, 카테고리 등의 정보를 읽어 들이고, 검증 및 분석에 사용할 수 있는 다양한 기능을 제공한다. pycocotools 라이브러리는 다음과 같이 설치할 수 있다.

pycocotools 라이브러리 설치

```
pip install cython pycocotools
```

pycocotools 라이브러리는 C++로 작성된 COCO API 코드를 파이썬으로 래핑해 제공하므로 사이썬 (Cython) 라이브러리를 함께 설치한다.

데이터세트

pycocotools 라이브러리를 활용해 이미지와 어노테이션 정보를 읽어온다. 다음 예제 9.1은 데이터세트 클래스를 선언하고 COCO API를 불러오는 방법을 보여준다.

예제 9.1 데이터세트 클래스 선언

```
import os
import torch
from PIL import Image
from pycocotools.coco import COCO
```

```python
from torch.utils.data import Dataset

class COCODataset(Dataset):
    def __init__(self, root, train, transform=None):
        super().__init__()
        directory = "train" if train else "val"
        annotations = os.path.join(root, "annotations", f"{directory}_annotations.json")

        self.coco = COCO(annotations)
        self.iamge_path = os.path.join(root, directory)
        self.transform = transform

        self.categories = self._get_categories()
        self.data = self._load_data()

    def _get_categories(self):
        categories = {0: "background"}
        for category in self.coco.cats.values():
            categories[category["id"]] = category["name"]
        return categories
```

경로(root)는 MS COCO 데이터세트의 경로를 의미하며, 학습(train)은 학습 데이터세트 불러오기 여부를 의미한다. 여기서 거짓 값을 할당하면 검증용 데이터세트를 불러온다.

annotations 변수는 annotations 디렉터리에 있는 어노테이션 JSON 파일 경로를 설정한다. 이 경로를 pycocotools.coco.COCO 클래스에 입력한다.

self.coco 인스턴스를 활용해 이미지와 어노테이션 정보를 불러오기 전에 학습에 사용되는 카테고리 정보를 불러온다.

_get_categories 메서드는 self.coco 인스턴스의 cats 속성에서 카테고리 정보를 불러올 수 있다. cats 속성은 딕셔너리 구조를 가지며, 상위 카테고리(supercategory), 카테고리 ID(id), 카테고리 이름(name) 정보를 포함한다.

categories 변수는 모델 추론 시 카테고리 정보를 확인하기 위해 사용한다. categories 변수의 0 키는 배경을 의미한다.

카테고리 정보를 불러왔다면, _load_data 메서드로 이미지와 어노테이션 정보를 불러온다. 다음 예제 9.2는 _load_data 메서드를 보여준다.

예제 9.2 COCO 데이터세트 불러오기

```python
def _load_data(self):
    data = []
    for _id in self.coco.imgs:
        file_name = self.coco.loadImgs(_id)[0]["file_name"]
        image_path = os.path.join(self.iamge_path, file_name)
        image = Image.open(image_path).convert("RGB")

        boxes = []
        labels = []
        anns = self.coco.loadAnns(self.coco.getAnnIds(_id))
        for ann in anns:
            x, y, w, h = ann["bbox"]

            boxes.append([x, y, x + w, y + h])
            labels.append(ann["category_id"])

        target = {
        "image_id": torch.LongTensor([_id]),
            "boxes": torch.FloatTensor(boxes),
            "labels": torch.LongTensor(labels)
        }
        data.append([image, target])
    return data
```

self.coco 인스턴스의 imgs 속성은 앞선 어노테이션 JSON 파일의 이미지 정보(images)를 순차적으로 반환한다. 어노테이션 정보는 이미지 ID와 매핑될 수 있으므로 이미지 ID(_id)를 추출한다.

self.coco.loadImgs 메서드는 입력된 이미지 ID를 받아 어노테이션 정보를 반환한다. 한 번에 여러 ID를 입력받을 수 있어 리스트 형식으로 반환한다.

현재 하나의 ID만 전달하므로 첫 번째 어노테이션 정보를 가져와 파일 이름을 추출하고 이미지를 불러온다.

이미지를 불러왔다면, 어노테이션 정보를 불러온다. 어노테이션 정보는 self.coco.loadAnns 메서드로 불러올 수 있다. 해당 메서드는 어노테이션 ID를 전달받으므로 어노테이션 ID를 가져온다.

self.coco.getAnnIds 메서드는 이미지 ID를 입력했을 때 어노테이션 ID를 반환한다. 어노테이션 ID를 self.coco.loadAnns 메서드에 전달해 어노테이션 정보를 불러온다. 이미지 안에 여러 객체가 존재할 수 있으므로 다수의 어노테이션 정보가 포함될 수 있다. 그러므로 반복문을 활용해 카테고리 ID(category_id)와 경계 상자(bbox) 정보를 추출한다. Faster R-CNN은 x_{min}, y_{min}, x_{max}, y_{max}의 구조를 사용하므로 경계 상자 데이터 구조를 변경한다.

target 딕셔너리에 이미지 ID(image_id), 경계 상자(boxes), 레이블(labels)을 저장한다. 이미지 ID는 Faster R-CNN 모델 학습에 사용되지는 않지만, 모델 평가 과정에서 사용된다.

Faster R-CNN은 경계 상자에 FloatTensor 형식, 레이블에 LongTensor 형식의 데이터를 입력받으므로 모델에 적합한 텐서 형식으로 변환한다.

데이터를 모두 불러왔다면 호출 메서드와 길이 반환 메서드를 정의한다. 다음 예제 9.3은 호출 및 길이 반환 메서드 정의 방법을 보여준다.

예제 9.3 호출 및 길이 반환 메서드

```
def __getitem__(self, index):
    image, target = self.data[index]
    if self.transform:
        image = self.transform(image)
    return image, target


def __len__(self):
    return len(self.data)
```

호출 메서드는 이미지 변환이 적용될 수 있으므로, self.transform 속성이 존재하면 변환을 이미지에 적용해 반환한다. 길이 반환 메서드는 예제 9.2에서 저장한 데이터(self.data)의 길이를 반환한다.

데이터세트 클래스를 선언했다면 데이터로더로 데이터를 불러온다. 다음 예제 9.4는 이미지 변환 및 데이터로더 적용 방법을 보여준다.

예제 9.4 데이터로더

```python
from torchvision import transforms
from torch.utils.data import DataLoader


def collator(batch):
    return tuple(zip(*batch))


transform = transforms.Compose(
    [
        transforms.PILToTensor(),
        transforms.ConvertImageDtype(dtype=torch.float)
    ]
)


train_dataset = COCODataset("../datasets/coco", train=True, transform=transform)
test_dataset = COCODataset("../datasets/coco", train=False, transform=transform)


train_dataloader = DataLoader(
    train_dataset, batch_size=4, shuffle=True, drop_last=True, collate_fn=collator
)
test_dataloader = DataLoader(
    test_dataset, batch_size=1, shuffle=True, drop_last=True, collate_fn=collator
)
```

통합 클래스로 PIL 이미지를 텐서로 변환하고, 텐서 이미지를 다시 float 형식으로 변환한다. 이는 Faster R-CNN이 float 형식의 0.0~1.0 범위를 갖는 이미지 텐서를 사용하기 때문이다. 또한, 서로 다른 크기의 이미지를 입력받아 내부에서 크기를 변경하므로 크기를 조절하지 않아도 된다.

이미지의 크기를 조절하거나 대칭 등 어노테이션 정보가 달라지는 변환이 적용될 수 있다. 이 경우에 어노테이션 정보도 변경해야 한다. 앞선 4.5 '데이터 증강 및 변환' 절의 예제 4.23과 같이 클래스를 재정의하거나 파이토치 깃허브에서 제공하는 객체 검출을 위한 스크립트를 사용한다. 객체 검출을 위한 스크립트는 pytorch/vision/references/detection의 transforms.py 코드를 참고한다.[10]

---

10 https://github.com/pytorch/vision/tree/main/references/detection

COCO 데이터세트는 이미지 내에 여러 객체 정보가 담길 수 있으므로 데이터의 길이가 다를 수 있다. 그러므로 데이터로더에 **집합 함수(collate_fn)**를 적용해 데이터를 패딩한다. collator 함수는 데이터 로더에 데이터 패딩을 적용한다.

모델 준비

데이터로더까지 적용을 완료했다면 Faster R-CNN 모델의 백본으로 사용하려는 VGG-16 모델과 영역 제안 네트워크, 관심 영역 풀링을 적용한다. 다음 예제 9.5는 백본 및 모델 구조의 정의 방법을 보여준다.

예제 9.5 백본 및 모델 구조 정의

```python
from torchvision import models
from torchvision import ops
from torchvision.models.detection import rpn
from torchvision.models.detection import FasterRCNN


backbone = models.vgg16(weights="VGG16_Weights.IMAGENET1K_V1").features
backbone.out_channels = 512


anchor_generator = rpn.AnchorGenerator(
    sizes=((32, 64, 128, 256, 512),),
    aspect_ratios=((0.5, 1.0, 2.0),)
)
roi_pooler = ops.MultiScaleRoIAlign(
    featmap_names=["0"],
    output_size=(7, 7),
    sampling_ratio=2
)


device = "cuda" if torch.cuda.is_available() else "cpu"
model = FasterRCNN(
    backbone=backbone,
    num_classes=3,
    rpn_anchor_generator=anchor_generator,
    box_roi_pool=roi_pooler
).to(device)
```

Faster R-CNN 모델의 백본 모델은 VGG-16 모델을 사용한다. 마지막 분류 계층을 제외해 특징 추출 모델로 사용한다. 백본 모델은 출력 채널 수를 지정하는 out_channels 속성을 포함해야 한다. VGG-16은 512 채널을 반환하므로 out_channels 속성을 512로 할당한다.

Faster R-CNN 모델은 영역 제안 네트워크와 관심 영역 풀링으로 구성된 두 단계(2-stage) 객체 탐지 모델이므로 영역 제안 네트워크와 관심 영역 풀링을 설정해야 한다.

백본 모델을 선언했다면 영역 제안 네트워크를 구성한다. 영역 제안 네트워크는 입력 이미지에서 객체 위치 후보군을 생성하는 데 사용된다. **앵커 생성기(AnchorGenerator)** 클래스는 객체 위치 후보군을 생성하는 데 사용된다.

앵커 생성기는 입력 이미지의 각 픽셀에 대해 앵커 박스를 생성한다. 앵커 박스는 서로 다른 **크기(sizes)** 와 **종횡비(aspect_ratios)**를 설정한다. 예제에서는 32, 64, 128, 256, 512 앵커 박스와 0.5, 1.0, 2.0 종횡비를 사용해 앵커 박스를 생성한다.

앵커 박스에 사용되는 매개변수의 형식은 Tuple[Tuple[int]] 구조를 가져야 한다. 그러므로 콤마(,)를 포함해 튜플 구조로 지정한다.[11]

다음으로 관심 영역 풀링을 설정한다. 관심 영역 풀링은 영역 제안 네트워크에서 생성한 객체 후보군을 입력으로 받아 후보군 내의 특징 맵 영역을 일정한 크기의 고정된 영역으로 샘플링한다.

다중 스케일 관심 영역 정렬(MultiScaleRoIAlign) 클래스는 **관심 영역 정렬(RoI Align)** [12]기능이 포함된 클래스로 다중 스케일 이미지에서 관심 영역 풀링을 수행한다.

이 클래스는 다양한 스케일의 특징 맵을 입력으로 받아, 각 관심 영역 후보군을 해당 스케일의 특징 맵에 맞게 샘플링해 고정된 크기의 관심 영역 특징 맵을 생성한다. 이렇게 생성된 특징 맵은 분류 계층의 입력으로 사용된다.

특징 맵 이름(featmap_names)은 관심 영역 풀링에 사용할 특징 맵의 이름을 설정한다. ["0", "1", "2"]로 전달한다면 네트워크에서 각 이름에 해당하는 특징 맵을 입력받아 관심 영역 풀링을 수행한다. VGG-16 모델의 특징 추출 계층은 "0"으로 정의돼 있다.

---

11 튜플은 (1)과 같이 하나의 요소만 갖는다면 명시적으로 콤마를 포함해 (1,)로 작성한다.
12 Mask R-CNN에서 사용하는 방법으로, 자세한 내용은 9.4 'Mask R-CNN' 절에서 다룬다.

출력 크기(output_size)는 관심 영역 풀링을 통해 추출된 특징 맵의 크기를 의미하며, (height, width) 형태의 튜플로 지정한다. output_size=(7, 7)은 7×7 크기의 관심 영역 특징 맵을 생성한다.

샘플링 비율(sampling_ratio)은 관심 영역 특징 맵 사용 시 원본 특징 맵 영역을 샘플링하는 데 사용된다. sampling_ratio=2는 관심 영역을 샘플링하기 위해 2×2 크기의 그리드를 사용한다.

백본 모델, 앵커 생성기, 다중 스케일 관심 영역 정렬 설정을 완료했다면 Faster R-CNN 모델에 적용한다. 배경도 클래스에 포함되므로 클래스 개수(num_classes)는 3으로 적용한다.

모델 구성이 완료됐다면 모델 학습을 위한 최적화 함수와 학습률 스케줄러를 설정한다. 다음 예제 9.6은 최적화 함수와 학습률 스케줄러 구성 방법을 보여준다.

예제 9.6 최적화 함수 및 학습률 스케줄러

```
from torch import optim


params = [p for p in model.parameters() if p.requires_grad]
optimizer = optim.SGD(params, lr=0.001, momentum=0.9, weight_decay=0.0005)
lr_scheduler = optim.lr_scheduler.StepLR(optimizer, step_size=5, gamma=0.1)
```

모델 매개변수 중 학습이 가능한 매개변수만 params 변수에 저장해 확률적 경사 하강법을 적용한다. 학습률은 0.001, 모멘텀은 0.9, 가중치 감쇠는 0.0005로 설정한다.

최적화 함수를 설정했다면 학습률 스케줄러를 설정한다. 이 스케줄러는 지정된 주기마다 학습률을 감소시킨다. 모델 학습 시 적절한 학습률은 모델의 수렴 속도와 성능에 매우 중요하다.

그러므로 StepLR 클래스를 통해 일정한 주기마다 학습률을 감소시켜 학습률이 너무 크게 줄어들거나 작아지는 것을 방지한다. StepLR 클래스의 step_size가 5, gamma가 0.1이라면 5 에폭마다 학습률이 0.1씩 줄어든다.

스케줄러도 optimizer 변수처럼 step 메서드로 학습률을 갱신할 수 있다. 이 메서드는 일반적으로 한 에폭이 완료된 후에 호출한다.

모델 학습

모델 학습을 위한 코드를 모두 선언했다면 Faster R-CNN 모델을 미세 조정한다. 다음 예제 9.7은 모델 학습 방법을 보여준다.

예제 9.7 Faster R-CNN 미세 조정

```python
for epoch in range(5):
    cost = 0.0
    for idx, (images, targets) in enumerate(train_dataloader):
        images = list(image.to(device) for image in images)
        targets = [{k: v.to(device) for k, v in t.items()} for t in targets]

        loss_dict = model(images, targets)
        losses = sum(loss for loss in loss_dict.values())

        optimizer.zero_grad()
        losses.backward()
        optimizer.step()

        cost += losses

    lr_scheduler.step()
    cost = cost / len(train_dataloader)
    print(f"Epoch : {epoch+1:4d}, Cost : {cost:.3f}")
```

출력 결과

```
Epoch :    1, Cost : 0.448
Epoch :    2, Cost : 0.304
Epoch :    3, Cost : 0.281
Epoch :    4, Cost : 0.269
Epoch :    5, Cost : 0.254
```

데이터로더에서 이미지와 어노테이션 정보를 불러와 장치 설정을 적용한다. 앞서 설정한 배치 크기로 데이터가 묶여 있으므로 리스트 간소화(List Comprehension)를 통해 장치 설정을 적용한다. targets 변수는 딕셔너리이므로 딕셔너리 간소화(Dictionary Comprehension)를 통해 적용한다.

Faster R-CNN에서 반환되는 손실값은 **분류 손실(loss_classifier)**, **박스 회귀 손실(loss_box_reg)**, **객체 유무 손실(loss_objectness)**, **영역 제안 네트워크 손실(loss_rpn_box_reg)**이다. 이 손실값은 다음과 같은 딕셔너리 구조로 생성된다.

loss_dict 구조

```
{
    'loss_classifier': tensor(1.0962, device='cuda:0', grad_fn=<NllLossBackward0>),
    'loss_box_reg': tensor(0.0093, device='cuda:0', grad_fn=<DivBackward0>),
    'loss_objectness': tensor(
        0.6930, device='cuda:0', grad_fn=<BinaryCrossEntropyWithLogitsBackward0>
    ),
    'loss_rpn_box_reg': tensor(0.0043, device='cuda:0', grad_fn=<DivBackward0>)
}
```

Faster R-CNN 모델은 학습 모드일 때 모든 손실값을 출력한다. 모델은 네 개의 손실이 모두 최소가 되는 방향으로 학습돼야 하므로 손실값을 모두 더해 역전파를 계산한다.

학습이 모두 완료됐다면 테스트 데이터세트를 활용해 결괏값을 확인해 본다. 다음 예제 9.8은 모델 추론 및 시각화 방법을 보여준다.

예제 9.8 모델 추론 및 시각화

```python
import numpy as np
from PIL import Image
from matplotlib import pyplot as plt
from torchvision.transforms.functional import to_pil_image


def draw_bbox(ax, box, text, color):
    ax.add_patch(
        plt.Rectangle(
            xy=(box[0], box[1]),
            width=box[2] - box[0],
            height=box[3] - box[1],
            fill=False,
            edgecolor=color,
            linewidth=2,
        )
    )
    ax.annotate(
        text=text,
        xy=(box[0] - 5, box[1] - 5),
        color=color,
```

```
            weight="bold",
            fontsize=13,
        )


threshold = 0.5
categories = test_dataset.categories
with torch.no_grad():
    model.eval()
    for images, targets in test_dataloader:
        images = [image.to(device) for image in images]
        outputs = model(images)

        boxes = outputs[0]["boxes"].to("cpu").numpy()
        labels = outputs[0]["labels"].to("cpu").numpy()
        scores = outputs[0]["scores"].to("cpu").numpy()

        boxes = boxes[scores >= threshold].astype(np.int32)
        labels = labels[scores >= threshold]
        scores = scores[scores >= threshold]

        fig = plt.figure(figsize=(8, 8))
        ax = fig.add_subplot(1, 1, 1)
        plt.imshow(to_pil_image(images[0]))

        for box, label, score in zip(boxes, labels, scores):
            draw_bbox(ax, box, f"{categories[label]} - {score:.4f}", "red")

        tboxes = targets[0]["boxes"].numpy()
        tlabels = targets[0]["labels"].numpy()
        for box, label in zip(tboxes, tlabels):
            draw_bbox(ax, box, f"{categories[label]}", "blue")

        plt.show()
```

출력 결과

미세 조정된 Faster R-CNN에 테스트 데이터세트를 전달해 추론 결과를 확인해 본다. draw_bbox 함수는 Pillow 라이브러리로 사각형과 텍스트를 이미지 위에 그리는 함수다.

테스트 데이터세트의 배치 크기를 1로 설정해 하나의 이미지만 확인해 본다. 임곗값(threshold)을 0.5로 설정해 확률이 50% 이상의 객체만 표시한다.

출력 결과에서 확인할 수 있듯이 작은 데이터세트로 학습했음에도 불구하고 비교적 우수하게 검출되는 것을 확인할 수 있다.

모델 평가

앞선 예제 9.8의 출력 결과를 보면 객체의 위치를 맞게 검출한 것처럼 보인다. 하지만 출력 결과를 자세히 살펴보면 실젯값 경계 상자와 간극이 큰 것을 확인할 수 있다.

그러므로 IoU 평가 방식을 사용해 모델의 **평균 정밀도(Average Precision, AP)**를 검증해 본다. 평균 정밀도 계산에는 **정밀도(precision), 재현율(recall), 교차 영역 비율(IoU)** 등이 사용된다.

정밀도는 모델이 참값으로 예측한 것 중에서 실제로 참값인 데이터 비율을 의미한다. 정밀도를 수식으로 표현하면 다음과 같다.

수식 9.10 정밀도

$$Precision = \frac{TP}{TP + FP}$$

TP(True Positive)는 참/긍정을 의미하며, **FP(False Positive)**는 거짓/긍정을 의미한다. 이는 모델의 예측값이 얼마나 정확하게 예측됐는가를 의미하며, 모델이 참으로 예측한 것 중에서 얼마나 맞았는지를 나타내는 지표다.

재현율(Recall)은 실제로 참값인 데이터 중에서 모델이 참값으로 예측한 데이터 비율을 의미한다. 재현율을 수식으로 표현하면 다음과 같다.

수식 9.11 재현율

$$Recall = \frac{TP}{TP + FN}$$

FN(False Negative)은 거짓/부정을 의미하며, 모델이 실제 참값인 데이터를 얼마나 잘 찾아냈는지를 나타내는 지표다.

이제 정밀도, 재현율, IoU를 활용해 평균 정밀도를 계산할 수 있다. 평균 정밀도는 다음과 같은 방법으로 계산된다.

1. 모델이 검출한 모든 경계 상자를 정확도 값에 따라 내림차순으로 정렬한다.
2. 각 경계 상자에 대해 TP, FP, FN을 계산한다.
   A. TP: 모델이 검출한 경계 상자와 실제 객체의 IoU가 일정 기준 이상인 경우
   B. FP: 모델이 검출한 경계 상자가 실제 객체와 IoU가 일정 기준 미만인 경우
   C. FN: 실제 객체와 IoU가 일정 기준 이상인 경우를 제외한 나머지 경우
3. 앞선 조건으로 정밀도와 재현율을 계산한다.
4. 정밀도-재현율 곡선을 그리며 X축은 재현율, Y축은 정밀도로 설정한다.
5. 정밀도-재현율 곡선 아래의 면적을 계산해 AP를 구한다.

일반적으로 AP는 다양한 정확도 값에 대해 계산하고, 이를 평균한 **mAP(mean Average Precision)** 값을 사용한다. mAP는 AP의 평균값을 의미한다.

이와 같은 방법으로 Faster R-CNN 모델을 평가한다. 다음 예제 9.9는 pycocotools 라이브러리를 활용해 모델을 평가하는 방법을 보여준다.

예제 9.9 모델 평가

```python
import numpy as np
from pycocotools.cocoeval import COCOeval


with torch.no_grad():
    model.eval()
    coco_detections = []
    for images, targets in test_dataloader:
        images = [img.to(device) for img in images]
        outputs = model(images)

        for i in range(len(targets)):
            image_id = targets[i]["image_id"].data.cpu().numpy().tolist()[0]
            boxes = outputs[i]["boxes"].data.cpu().numpy()
            boxes[:, 2] = boxes[:, 2] - boxes[:, 0]
            boxes[:, 3] = boxes[:, 3] - boxes[:, 1]
            scores = outputs[i]["scores"].data.cpu().numpy()
            labels = outputs[i]["labels"].data.cpu().numpy()

            for instance_id in range(len(boxes)):
                box = boxes[instance_id, :].tolist()
                prediction = np.array(
                    [
                        image_id,
                        box[0],
                        box[1],
                        box[2],
                        box[3],
                        float(scores[instance_id]),
                        int(labels[instance_id]),
                    ]
                )
                coco_detections.append(prediction)

    coco_detections = np.asarray(coco_detections)
```

```
coco_gt = test_dataloader.dataset.coco
coco_dt = coco_gt.loadRes(coco_detections)
coco_evaluator = COCOeval(coco_gt, coco_dt, iouType="bbox")
coco_evaluator.evaluate()
coco_evaluator.accumulate()
coco_evaluator.summarize()
```

출력 결과

```
Average Precision  (AP) @[ IoU=0.50:0.95 | area=   all | maxDets=100 ] = 0.246
Average Precision  (AP) @[ IoU=0.50      | area=   all | maxDets=100 ] = 0.607
Average Precision  (AP) @[ IoU=0.75      | area=   all | maxDets=100 ] = 0.143
Average Precision  (AP) @[ IoU=0.50:0.95 | area= small | maxDets=100 ] = 0.015
Average Precision  (AP) @[ IoU=0.50:0.95 | area=medium | maxDets=100 ] = 0.229
Average Precision  (AP) @[ IoU=0.50:0.95 | area= large | maxDets=100 ] = 0.268
Average Recall     (AR) @[ IoU=0.50:0.95 | area=   all | maxDets=  1 ] = 0.323
Average Recall     (AR) @[ IoU=0.50:0.95 | area=   all | maxDets= 10 ] = 0.430
Average Recall     (AR) @[ IoU=0.50:0.95 | area=   all | maxDets=100 ] = 0.432
Average Recall     (AR) @[ IoU=0.50:0.95 | area= small | maxDets=100 ] = 0.065
Average Recall     (AR) @[ IoU=0.50:0.95 | area=medium | maxDets=100 ] = 0.347
Average Recall     (AR) @[ IoU=0.50:0.95 | area= large | maxDets=100 ] = 0.484
```

앞선 예제 9.8과 유사한 방법으로 진행되지만, 임곗값을 두지 않고 모든 추출 결과를 저장한다. 추출 결과는 넘파이 배열을 활용해 [이미지 ID, X, Y, Width, Height, 점수, 레이블]의 구조로 저장한다.

모델 예측을 완료했다면 COCO 평가(COCOeval) 클래스로 평균 정밀도를 계산할 수 있다. coco_gt는 COCO 데이터세트 실젯값 API를 의미하며, coco_dt는 탐지된 결과를 COCO API 형식으로 변경한 결과를 의미한다.

모델 예측값은 COCO API 형식으로 변경해야 하므로 loadRes 메서드를 활용해 COCO API 형식으로 변경한다.

coco_evaluator 인스턴스의 evaluate, accumulate, summarize 메서드로 모델의 평균 정밀도를 계산할 수 있다. evaluate 메서드는 정밀도와 재현율을 계산하며, accumulate 메서드는 evaluate 메서드로 계산한 평균 정밀도와 평균 재현율을 누적한다.

summarize 메서드는 누적한 결과를 요약하고 출력한다. 출력 결과의 AP는 IoU 임곗값이 할당돼 있다. 일반적으로 IoU=0.50:0.95인 mAP를 성능 평가 척도로 사용한다. IoU=0.50인 경우를 AP50, IoU=0.75인 경우를 AP75라 한다.

첫 번째 출력 결과인 (AP) @[IoU=0.50:0.95 | area= all | maxDets=100] = 0.246은 IoU를 0.5에서 0.95까지 0.05씩 높이면서 측정한 결과로 모든 객체 크기와 최대 100개의 객체까지 계산한 AP 값을 의미한다. 이 값은 0.246으로, 모델의 성능이 낮은 편이라는 의미가 된다.

두 번째 출력 결과인 (AP) @[IoU=0.50 | area= all | maxDets=100] = 0.607은 IoU가 0.5일 때, 모든 객체 크기와 최대 100개의 객체까지 계산한 AP 값이다. 이 값은 0.607로, 모델이 객체를 검출하는 데 있어 어느 정도의 성능을 보인다는 의미가 된다.

이러한 방식으로 모델의 결과를 해석하고 성능을 평가할 수 있으며, 이를 기반으로 모델의 성능을 개선하거나 다른 모델과 비교할 수 있다.

SSD

SSD(Single Shot MultiBox Detector)[13]는 객체 탐지와 같은 컴퓨터비전 작업을 수행하기 위한 합성곱 신경망 모델이다. SSD는 이미지 내의 객체를 감지하기 위해 이미지의 다양한 위치에서 여러 개의 경계 상자를 예측한다. 이러한 방식을 **멀티 박스 탐지(Multi-box Detection)**라 한다.

멀티 박스 탐지는 이미지에서 사전에 정의된 경계 상자(앵커 박스)를 설정하고, 이 경계 상자 안에 객체가 존재하는지를 예측하여 객체를 인식한다.

예측된 경계 상자는 객체의 위치와 크기를 나타내며, 예측된 경계 상자와 실제 객체 간의 IoU를 계산해 객체의 존재 여부를 판단한다. 일정 이상의 IoU 값을 가지는 경계 상자를 **양성(Positive)**으로, 그렇지 않은 경계 상자를 **음성(Negative)**으로 레이블링해 학습한다.

SSD는 이미지 내의 객체를 빠르고 정확하게 감지할 수 있다. SSD는 객체 감지와 분류를 동시에 수행하는 대표적인 **1단계(1-stage)** 구조의 객체 인식 모델이다.

앞서 설명한 R-CNN 계열의 모델은 객체 인식을 위해 영역 제안 과정이 필요하다. 영역 제안과 객체 인식 과정이 분리된 구조이므로 2-stage 구조였다.

---

13 https://arxiv.org/abs/1512.02325

이러한 2-stage 구조의 모델은 객체 인식 성능이 높지만, 영역 제안 과정에서 병목 현상이 발생해 추론 속도가 느려진다. 이로 인해 자율 주행, 보행자 인식 등 실시간 처리를 요구하는 분야에서 활용하기가 어려웠다.

반면에 1-stage 구조의 모델은 영역 제안 과정 없이 한 번에 객체 인식을 수행하는 단일 네트워크를 사용한다. 그러므로 2-stage 구조보다 상대적으로 처리 속도가 빠르다는 장점이 있다.

다음 그림 9.8은 스테이지 구조의 차이를 보여준다.

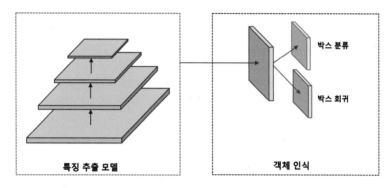

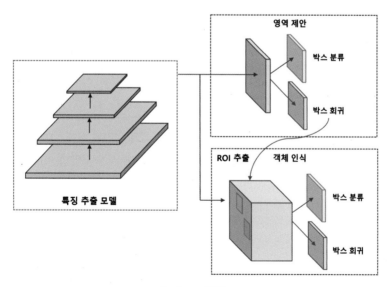

그림 9.8 1-stage와 2-stage 구조

그림에서 확인할 수 있듯이 SSD는 다른 2-stage 객체 감지 알고리즘인 Faster R-CNN보다 더 빠르고 경량화된 모델을 구현할 수 있다.

1-stage 객체 감지 알고리즘은 이미지 내에서 객체가 존재할 가능성이 있는 모든 위치를 추론하여 객체의 위치와 클래스를 예측한다. 또한, 1-stage 알고리즘은 한 번의 순전파로 객체 감지를 수행하기 때문에 처리 속도가 빠르다.

SSD의 특징 추출 모델은 이미지넷으로 사전 학습된 분류 모델에 여러 계층을 추가한 구조다. 다양한 크기의 특징 맵을 추출하므로 객체의 다양한 크기를 인식할 수 있다. 이러한 구조로 인해 영역 제안 결과가 필요 없어져 병목 현상이 사라지고 빠른 추론이 가능해진다.

멀티 스케일 특징 맵

SSD는 다양한 크기의 객체를 인식하기 위해 다양한 크기의 특징 맵을 사용하는 구조다. 특징 추출 모델의 앞부분에서 추출한 특징 맵은 작은 객체를 인식하는 데 사용되며, 뒷부분에서 추출한 특징 맵은 크기가 큰 객체를 인식한다.

이렇게 계층별로 추출된 특징 맵은 각각의 합성곱 계층에 입력돼 객체의 위치와 클래스 정보로 변환된다. 이러한 과정을 통해 SSD는 다양한 크기와 종횡비의 객체를 높은 정확도로 감지할 수 있다.

그림 9.9는 SSD의 출력 계층을 시각화한 것이다.

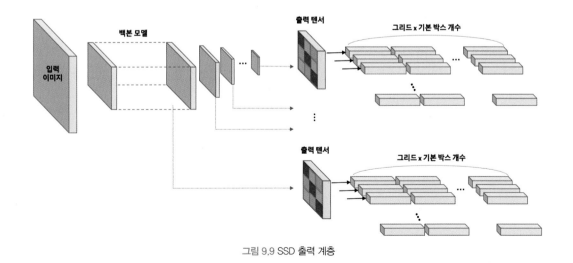

그림 9.9 SSD 출력 계층

그림 9.9를 보면 하나의 특징 맵은 3차원 텐서 형태가 된다. 9.1 'Faster R-CNN' 절에서 설명한 그리드 방식이 적용된다. 입력 이미지를 그리드 형태로 분할하고, 각 그리드 셀은 객체의 존재 여부를 판단하는 작은 네트워크로 해당 그리드 셀 내에 객체가 존재할 가능성이 있는 기본 박스(앵커 박스)를 예측한다.

그리드의 좌푯값은 원본 이미지의 상대적인 위칫값으로, 이미지의 각 위치를 고정 크기의 그리드 셀로 분할한다. 그리드의 벡터값은 기본 박스의 조정값과 클래스 분류 점수로 구성된다.

기본 박스는 미리 정의된 다양한 크기와 종횡비를 가지며, 객체가 존재할 가능성이 있는 위치를 대표한다. 기본 박스에 대해 객체의 위치와 클래스를 예측하고, 해당 그리드 셀 내에서 가장 높은 확률의 객체를 선택하여 최종 탐지 결과를 도출한다.

기본 박스

SSD는 **기본 박스(Default Box)**를 사용하는데, 앞선 Faster R-CNN 모델에서 사용하는 앵커 박스와 유사한 개념이다. 기본 박스와 앵커 박스의 차이점은 서로 다른 크기의 특징 맵에 적용한다는 것이다. SSD 모델은 38×38, 19×19, 10×10, 5×5, 3×3, 1×1 스케일의 특징 맵의 각 셀마다 기본 박스를 생성한다.

기본 박스의 크기는 특징 맵의 크기에 따라 결정된다. 특징 맵의 크기가 작을수록 기본 박스를 크게 설정해 큰 객체를 인식할 수 있다. 반대로 특징 맵의 크기가 클수록 작은 객체를 인식하기 위해 기본 박스를 작게 설정한다.

기본 박스의 크기는 입력 이미지의 크기와 특징 맵의 크기를 고려해 초기 기본 박스의 크기를 설정한다. 이후 다양한 스케일 값을 적용해 기본 박스의 크기를 조정하며, 스케일 설정은 수식 9.12와 같이 계산된다.

수식 9.12 기본 박스 스케일 설정

$$S_k = S_{\min} + \frac{S_{\max} - S_{\min}}{m - 1}(k - 1)$$

s_{min}과 s_{max}는 기본 박스의 최소 크기와 최대 크기를 의미하며, m은 사용할 스케일의 개수를 의미한다. k는 1부터 m까지의 정숫값으로, 각 스케일의 색인을 의미한다. 즉, 특징 맵을 추출하는 순서가 된다.

s_{min}, s_{max}, m은 SSD 모델을 학습하기 전에 초깃값을 할당하며, 일반적으로 0.2, 0.9, 6의 값을 설정한다. 이 경우 첫 번째 특징 맵에 대한 기본 박스의 스케일은 0.2가 되며, 두 번째 특징 맵의 기본 박스 스케일은 0.34가 된다.

기본 박스의 스케일을 계산했다면, 기본 박스의 너비와 높이에 대한 스케일을 계산한다. 다음 수식 9.13과 9.14는 기본 박스의 너비 스케일과 높이 스케일 계산 방법을 보여준다.

수식 9.13 기본 박스 너비 스케일

$$w_k = s_k \times \sqrt{\frac{a_r^k}{a_r^1}}$$

w_k는 k번째 기본 박스의 너비 스케일을 나타내며, s_k는 기본 박스의 크기 스케일을 나타낸다. 기본 박스의 크기 스케일에 기본 박스의 종횡비를 의미하는 a_r^k를 활용해 너비 스케일을 계산한다. a_r^k는 k번째 기본 박스 종횡비를 의미하며, a_r^1은 첫 번째 기본 박스의 종횡비가 된다.

수식 9.14 기본 박스 높이 스케일

$$h_k = s_k \times \sqrt{\frac{1}{a_r^k}}$$

h_k는 k번째 기본 박스의 높이 스케일을 나타내며, 앞선 기본 박스의 너비 스케일 계산 방법과 거의 유사한 방식으로 계산된다.

하지만 공식이 유사할 뿐, 동일한 방식으로 스케일링하지는 않는다. 대부분의 객체는 가로와 세로 길이가 다르므로 각각의 길이에 맞춰 스케일링하는 것이 더 정확한 인식을 가능하게 한다.

사람을 인식한다면 일반적으로 높이가 너비보다 큰 경우가 많다. 따라서 너비와 높이를 동일하게 스케일링하는 것보다 높이에 맞춰 스케일링하면 더 정확한 인식이 가능하다. 이러한 이유로 SSD에서는 각각의 기본 박스에 대해 너비와 높이를 따로 스케일링하는 방식을 채택한다.

기본 박스의 종횡비를 의미하는 a_r^k도 초깃값을 설정하며, 일반적으로 $1, 2, 3, \frac{1}{2}, \frac{1}{3}$의 값을 사용한다. 예를 들어 비율이 1인 기본 박스는 정사각형 모양의 객체를 인식하는 데 사용되며, 2인 기본 박스는 가로가 세로보다 2배 긴 객체를 인식하는 데 사용된다. 이를 통해 다양한 비율의 사각형을 구성해 다양한 크기와 형태의 객체를 인식할 수 있게 된다.

이때 기본 박스의 비율이 1:1이라면 $s_k = \sqrt{s_k s_{k+1}}$인 기본 박스를 추가로 사용한다. 첫 번째 특징 맵은 객체를 인식하는 데 주로 사용되기 때문에 종횡비가 1인 추가 기본 박스를 설정함으로써 정확한 크기와 종횡비를 가진 작은 객체를 더 잘 인식할 수 있게 한다.

모델 학습 과정

SSD는 Faster R-CNN과 동일하게 박스 분류와 박스 회귀에 대한 손실 함수를 계산한다. 그러므로 9.1 'Faster R-CNN' 절의 수식 9.4와 동일한 손실 함수를 사용한다.

SSD는 영역 제안 네트워크가 없기 때문에 배경 영역을 미리 선별할 수 없다. 이로 인해 모델의 출력값 중 대부분이 배경 영역을 차지한다.

그러므로 모든 출력값에 대해 학습을 수행하면 배경 영역과 객체 영역 간의 클래스 불균형이 발생하여 원활한 학습이 진행되지 않는다.

이러한 문제를 해결하기 위해 **어려운 부정 샘플 마이닝(Hard Negative Mining)** 기법을 사용한다. 이 방법은 모델이 잘못 예측하는 '부정적인' 샘플 중에서 특히 모델이 학습하기 어려운 샘플을 선택하여 추가 학습을 진행하는 기법이다.

SSD에서는 객체의 영역(Positive)과 배경 영역(Negative)의 비율을 1:3으로 설정해 학습을 진행한다. 객체 분류 결과를 클래스 점수로 정렬한 후 상위 N개의 객체 영역 샘플과 배경 영역 샘플을 1:3 비율로 추출한다.

이후 해당 출력값에 대해서만 학습을 수행해 모델이 배경 영역을 더 잘 구분하고, 객체를 더 잘 탐지할 수 있게 한다.

모델 실습

SSD 모델은 SSD300, SSD512, SSD-MobileNet, SSD-ResNet 등이 있다. SSD300과 SSD500은 입력 이미지의 크기가 300×300 또는 500×500을 입력받는 모델이다. SSD300은 작은 객체를 인식하는 데 강점을 갖고 있으며, SSD500은 큰 객체를 인식하는 데 강점을 갖고 있다.

SSD-MobileNet과 SSD-ResNet은 MobileNet과 ResNet을 기반으로 학습된 모델이며, SSD-MobileNet은 모바일 기기에서도 빠르게 실행될 수 있게 경량화된 모델이며, SSD-ResNet은 ResNet을 적용해 높은 정확도를 갖는 모델이다.

이번 실습에서는 ResNet-34 모델을 특징 추출 모델로 사용하는 SSD512로 실습을 진행한다. SSD512의 특징 추출 네트워크는 토치비전 라이브러리에서 지원하지 않으므로 몇 개의 계층을 추가해 모델을 생성한다. 다음 예제 9.10은 SSD512 모델의 특징 추출 네트워크 정의 방법을 보여준다.

예제 9.10 SSD512 특징 추출 네트워크 정의

```python
from torch import nn
from collections import OrderedDict


class SSDBackbone(nn.Module):
    def __init__(self, backbone):
        super().__init__()
        layer0 = nn.Sequential(backbone.conv1, backbone.bn1, backbone.relu)
        layer1 = backbone.layer1
        layer2 = backbone.layer2
        layer3 = backbone.layer3
        layer4 = backbone.layer4

        self.features = nn.Sequential(layer0, layer1, layer2, layer3)
        self.upsampling= nn.Sequential(
            nn.Conv2d(in_channels=256, out_channels=512, kernel_size=1),
            nn.ReLU(inplace=True),
        )
        self.extra = nn.ModuleList(
            [
                nn.Sequential(
                    layer4,
                    nn.Conv2d(in_channels=512, out_channels=1024, kernel_size=1),
                    nn.ReLU(inplace=True),
                ),
                nn.Sequential(
                    nn.Conv2d(1024, 256, kernel_size=1),
                    nn.ReLU(inplace=True),
                    nn.Conv2d(256, 512, kernel_size=3, padding=1, stride=2),
                    nn.ReLU(inplace=True),
                ),
                nn.Sequential(
                    nn.Conv2d(512, 128, kernel_size=1),
```

```
            nn.ReLU(inplace=True),
            nn.Conv2d(128, 256, kernel_size=3, padding=1, stride=2),
            nn.ReLU(inplace=True),
        ),
        nn.Sequential(
            nn.Conv2d(256, 128, kernel_size=1),
            nn.ReLU(inplace=True),
            nn.Conv2d(128, 256, kernel_size=3),
            nn.ReLU(inplace=True),
        ),
        nn.Sequential(
            nn.Conv2d(256, 128, kernel_size=1),
            nn.ReLU(inplace=True),
            nn.Conv2d(128, 256, kernel_size=3),
            nn.ReLU(inplace=True),
        ),
        nn.Sequential(
            nn.Conv2d(256, 128, kernel_size=1),
            nn.ReLU(inplace=True),
            nn.Conv2d(128, 256, kernel_size=4),
            nn.ReLU(inplace=True),
        )
    ]
)


def forward(self, x):
    x = self.features(x)
    output = [self.upsampling(x)]

    for block in self.extra:
        x = block(x)
        output.append(x)

    return OrderedDict([(str(i), v) for i, v in enumerate(output)])
```

SSD는 멀티 스케일 특징 맵을 활용해 여러 계층에서 특징 맵을 추출해 다양한 크기의 객체를 탐지한다. 그러므로 네트워크를 여러 분기로 나누기 위해 백본 모델 계층을 분리한다.

백본으로 사용하는 ResNet-34는 입력 줄기(layer0)와 네 개의 스테이지(layer1, layer2, layer3, layer4)로 구성된다. 세 번째 스테이지에서 분기를 나눠야 하므로 세 번째 스테이지까지 features로 정의한다. 이후 upsampling 계층으로 추출된 특징 맵의 차원 수를 늘린다.

extra는 ResNet-34의 마지막 계층에 연결하는 계층 블록으로 멀티 스케일 특징 맵을 추출하는 계층들로 구성된다. extra 계층의 첫 번째 구성요소는 ResNet의 네 번째 스테이지를 입력해 나머지 계층들이 연결될 수 있게 구성한다.

ReLU 함수에 적용된 inplace 매개변수는 입력 텐서의 직접 수정 여부를 설정한다. True로 설정하면 입력 텐서를 직접 수정해 출력을 생성하지 않으므로 메모리 사용량이 줄어든다.

순전파 메서드에서는 앞서 정의한 계층들을 순서대로 연결해 순전파를 수행한다. 모델의 출력은 여러 계층에서 추출된 특징 맵이 포함된다. extra 변수에 선언한 계층을 순차적으로 적용하고 output 변수에 누적한다.

이렇게 생성된 특징 맵은 순서를 보장하는 딕셔너리(OrderedDict)로 변환해 반환한다. 이 딕셔너리는 클래스 분류 및 박스 회귀 네트워크에 전달된다.

SSD512의 특징 추출 네트워크를 정의했다면 SSD512 모델을 정의한다. 다음 예제 9.11은 SSD512 모델을 생성하는 방법을 보여준다.

예제 9.11 SSD512 모델 생성

```python
import torch
from torchvision.models import resnet34
from torchvision.models.detection import ssd
from torchvision.models.detection.anchor_utils import DefaultBoxGenerator


backbone_base = resnet34(weights="ResNet34_Weights.IMAGENET1K_V1")
backbone = SSDBackbone(backbone_base)
anchor_generator = DefaultBoxGenerator(
    aspect_ratios=[[2], [2, 3], [2, 3], [2, 3], [2, 3], [2], [2]],
    scales=[0.07, 0.15, 0.33, 0.51, 0.69, 0.87, 1.05, 1.20],
    steps=[8, 16, 32, 64, 100, 300, 512],
)


device = "cuda" if torch.cuda.is_available() else "cpu"
```

```
model = ssd.SSD(
    backbone=backbone,
    anchor_generator=anchor_generator,
    size=(512, 512),
    num_classes=3
).to(device)
```

특징 추출 모델로 사용하는 ResNet-34는 이미지넷 데이터세트로 사전 학습된 모델을 불러오고 SSDBackbone에 전달한다. SSDBackbone 클래스에서 생성된 모델의 출력 개수와 동일한 구조를 갖는 **기본 박스 생성자(DefaultBoxGenerator)**에 전달한다.

기본 박스 생성자는 Faster R-CNN의 앵커 생성기와 유사하게 동작하며, **기본 박스 종횡비(aspect_ratios)**, **기본 박스 비율(scales)**, **기본 박스 간격(steps)**을 입력받는다.

기본 박스 종횡비는 각 위치에 생성될 기본 박스의 가로세로 비율을 설정한다. 예를 들어 첫 번째 값인 [2]는 가로세로 비율이 1:2인 기본 박스가 생성되며, 두 번째 값인 [2, 3]은 가로세로 비율이 1:2인 기본 박스와 가로세로 비율이 1:3인 기본 박스가 생성된다.

기본 박스 비율은 생성할 기본 박스의 크기를 설정하며 리스트 내에 지정된 값이 클수록 더 큰 박스를 생성한다.

간격은 기본 박스의 다운 샘플링 비율로 사용되며, 직사각형 격자(Meshgrid)를 만드는 데 사용된다.

예제의 백본 모델은 총 7개의 특징 맵(upsampling(1) + extra(6))을 반환한다. 그러므로 기본 박스의 종횡비와 간격은 입력 길이가 동일하게 7이 돼야 한다.

Faster R-CNN 모델에서 출력 채널(out_channels)을 직접 할당해 설정했다면, SSD에서는 예제 9.12와 같은 방법으로 출력 채널 배열을 계산한다.

예제 9.12 출력 채널 할당 방법

```
def retrieve_out_channels(model, size):
    model.eval()
    with torch.no_grad():
        device = next(model.parameters()).device
        image = torch.zeros((1, 3, size[1], size[0]), device=device)
        features = model(image)
```

```
        if isinstance(features, torch.Tensor):
            features = OrderedDict([("0", features)])
        out_channels = [x.size(1) for x in features.values()]

    model.train()
    return out_channels

print(retrieve_out_channels(backbone, (512, 512)))
```

출력 결과

```
[512, 1024, 512, 256, 256, 256, 256]
```

retrieve_out_channels 함수는 가상의 이미지를 입력해 특성 맵을 추출하고 각 계층의 출력 채널 수를 반환하는 함수다. 이 함수를 백본에 대해 호출해 결과를 예상할 수 있다.

함수 내에서 모델을 평가 모드로 변경한 후, 가상의 이미지를 생성한다. 이 값을 백본 모델에 전달해 특징만 추출한다.

기본 박스 생성자의 기본 박스 종횡비나 간격을 변경하는 경우 백본 모델의 구조도 변경해야 한다. 합성곱 계층은 커널 크기, 패딩, 간격 등으로 이미지의 크기를 점점 작게 만들므로 모델 매개변수를 예상하는 구조에 맞게 변경해야 한다.

백본과 앵커 박스 설정이 완료됐다면 SSD 클래스에 입력한다. SSD 클래스는 입력 크기를 (512, 512)로 제한하고 클래스 개수를 3개로 설정한다.

모델 선언이 완료됐다면 SSD 모델을 학습한다. 데이터세트 선언부터 모델 평가 방법까지 앞선 9.1 'Faster R-CNN' 절의 예제 9.5를 제외한 예제 9.1부터 예제 9.10까지와 동일한 방법을 사용한다. 단, 에폭은 10으로 설정한다.

SSD 모델 학습 결과

```
Epoch :    1, Cost : 6.242
Epoch :    2, Cost : 5.322
...
Epoch :    9, Cost : 3.126
Epoch :   10, Cost : 3.032
```

SSD에서 반환되는 손실값은 **박스 회귀 손실(bbox_regression)**과 **객체 분류 손실(classification)**이다. 이 손실값은 다음과 같은 딕셔너리 구조로 생성된다.

loss_dict 구조

```
{
    'bbox_regression': tensor(2.0774, grad_fn=<DivBackward0>),
    'classification': tensor(3.9592, grad_fn=<DivBackward0>)
}
```

SSD 모델은 Faster R-CNN 모델처럼 학습 모드일 때 손실값들을 출력한다. 두 개의 손실값이 최소가 되는 방향으로 학습해야 하므로 모든 손실값을 더해서 역전파를 수행한다.

학습이 모두 완료됐다면 테스트 데이터세트를 활용해 결괏값과 모델을 평가해 본다. 다음 결과는 모델 추론 시각화 출력값과 모델 평가 결과를 보여준다.

시각화 출력 결과

모델 평가 출력 결과

첫 번째 출력 결과인 (AP) @[IoU=0.50:0.95 | area= all | maxDets=100] = 0.250은 성능이 낮은 편에 속하지만 두 번째 출력 결과인 (AP) @[IoU=0.50 | area= all | maxDets=100] = 0.543으로 어느 정도 준수한 확률로 객체를 검출한다고 볼 수 있다. 모델 학습 시 더 많은 양의 학습 데이터와 적절한 하이퍼파라미터를 사용한다면 높은 성능의 모델을 구현할 수 있다.

FCN

FCN(Fully Convolutional Network)[14]는 조너선 롱(Jonathan Long)이 2015년에 제안한 모델로 전통적인 합성곱 신경망의 한계를 극복하고자 고안된 모델이다.

전통적인 합성곱 신경망 모델은 이미지에서 고수준의 특징을 추출하기 위해 네트워크 마지막에 완전 연결 계층을 구성하고 이 계층에서 클래스별 확률이 큰 값으로 이미지 분류를 수행한다. 이러한 모델은 이미지 분류나 객체 탐지와 같은 작업에서는 높은 성능을 보이지만, 의미론적 분할과 같은 작업에서는 높은 성능을 기대하기 어려웠다.

의미론적 분할의 목적은 이미지에서 각 픽셀에 해당하는 클래스(객체)를 구분하고 인스턴스(전경, 객체) 및 배경을 분할하는 것이다. 이 작업은 이미지 내의 모든 객체 및 구조물의 경계를 정확하게 식별하고, 각 픽셀을 이러한 객체 또는 구조물에 할당함으로써 수행된다. 그러나 전통적인 합성곱 신경망 모델은 완전 연결 계층을 사용하기 때문에 위치 정보가 손실되어 픽셀의 위치 정보를 파악하기가 어렵다.

FCN 모델은 위치 정보를 유지하면서 클래스 단위의 특징 맵을 추출하기 위해 완전 연결 계층을 제거하고, 공간 정보를 포함하는 합성곱 계층으로 대체한다.

이 결과 FCN은 네트워크의 모든 계층이 합성곱 연산으로 구성돼 있어 구조가 간단하며 의미론적 분할 문제 해결에 있어 보다 정교하고 우수한 성능을 보인다.

업샘플링

기존의 합성곱 신경망에서는 계층을 통과할수록 특징 맵의 크기가 줄어 입력과 동일한 크기의 클래스 맵을 출력하기가 어렵다.

---

14 https://arxiv.org/abs/1411.4038

이를 극복하기 위해 FCN은 **업샘플링**(Upsampling)[15] 기법을 적용해 특징 맵을 입력 크기와 동일하게 확장하는 과정을 추가한다. 이를 통해 FCN은 입력 이미지의 공간 정보를 보존하면서도 객체를 픽셀 수준으로 정확하게 분할할 수 있게 된다.

FCN에서 사용되는 업샘플링 기법은 **이중 선형 보간법**(Bilinear Interpolation)과 **전치 합성곱** (Transposed Convolution)이 있다. 다음 그림 9.10은 이미지를 확대할 때 발생하는 빈 공간을 시각화한 것이다.

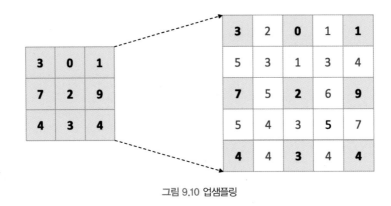

그림 9.10 업샘플링

그림 9.10과 같이 이미지를 확대할 때 이미지 크기를 늘리는 과정에서 빈 공간이 생긴다. 이는 이미지를 확대할 때 기존 이미지에는 없던 새로운 영역이 생기면서 해당 부분을 채울 데이터가 없기 때문이다.

이러한 빈 영역은 픽셀 보간법을 사용해 새로운 픽셀을 추정하고 더 자연스러운 이미지 확대 효과를 얻기 위해 사용된다.

이중 선형 보간법

이중 선형 보간법은 이미지를 확대할 때 사용되는 픽셀 보간법 중 하나로 이웃하는 4개의 픽셀값에 대한 가중치를 계산한다.

이중 선형 보간법은 **선형 보간법**(Linear Interpolation)을 여러 번 적용해 구할 수 있다. 선형 보간법은 두 점 x_1, x_2 사이의 $f(x)$ 값을 추정하는 알고리즘이다. 이를 그림과 수식으로 표현하면 다음과 같다.

---

15 저해상도 데이터를 고해상도 데이터로 변환하는 과정

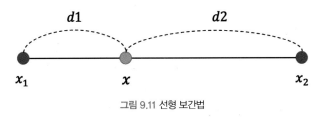

그림 9.11 선형 보간법

수식 9.15 선형 보간법

$$f(x) = \frac{d_2}{d_1 + d_2} f(x_1) + \frac{d_2}{d_1 + d_2} f(x_2)$$

이때 이중 선형 보간법은 먼저 수평 방향으로 두 개의 선형 보간법을 적용하여 중간 행 두 개의 값을 추정하고 수직 방향으로도 한 번 더 선형 보간법을 적용해 최종적인 값을 추정한다. 다음 그림 9.12는 이중 선형 보간법을 시각화한 것이다.

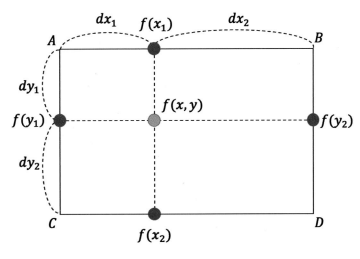

그림 9.12 이중 선형 보간법

따라서 이중 선형 보간법은 선형 보간법을 여러 번 적용하여 구할 수 있으며, 이를 통해 비어 있는 픽셀값을 채우고 자연스러운 이미지 확대 효과를 얻을 수 있다.

이중 선형 보간법은 가중치 계산을 통해 비어 있는 픽셀값을 추정하기 때문에 계산이 간단하고 빠르지만, 높은 정확도를 요구하는 이미지 확대 작업에는 적합하지 않을 수 있다.

전치 합성곱

전치 합성곱은 입력에 패딩을 넣어 입력의 크기보다 큰 출력값을 생성하는 합성곱 연산이다. 이 연산은 일반적인 합성곱 연산과 동일하게 간격과 커널 크기를 설정해 출력 크기를 조절할 수 있다. 다음 그림 9.13은 전치 합성곱을 시각화한 것이다.

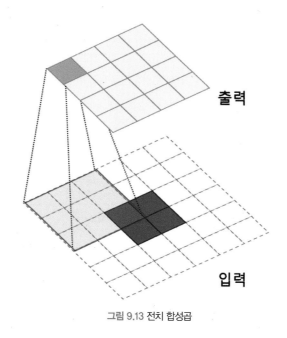

그림 9.13 전치 합성곱

입력보다 큰 출력을 생성하기 때문에 업샘플링을 위해 사용할 수 있으며, 이를 이용하여 이미지를 확대할 수 있다. 전치 합성곱은 학습이 가능하기 때문에 일반적인 보간법보다 더 나은 성능을 보일 수 있다.

하지만 입력의 크기가 클수록 연산량이 기하급수적으로 증가하기 때문에 최근에는 주로 사용되지 않는 경향이 있으며, 전치 합성곱은 업샘플링에 대한 최적의 방법을 찾기 위해 많은 연산이 필요하므로 높은 계산 비용을 요구한다.

모델 구조

FCN은 전치 합성곱과 이중 선형 보간법을 모두 사용해 연산량과 성능을 비교했다. 비교 실험 결과 하나의 전치 합성곱 계층을 적용한 후 이중 선형 보간법을 사용하는 것이 연산량 대비 성능이 가장 높다는 것을 확인했다.

다음 그림 9.14는 전치 합성곱 계층과 이중 선형 보간법을 사용하는 FCN-16s 및 FCN-32s의 모델 구조를 시각화한 것이다.

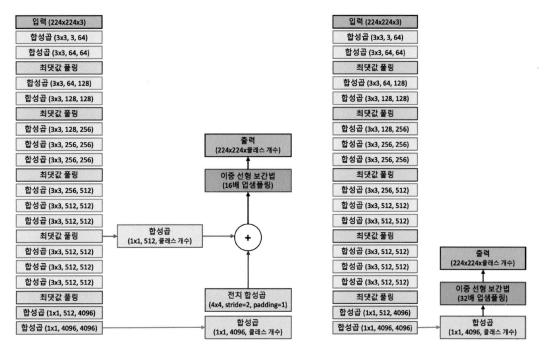

그림 9.14 FCN-16s와 FCN-32s 모델 구조 (좌: FCN-16s, 우: FCN-32s)

FCN 모델은 이미지의 특징 맵을 추출하는 앞단과 추출된 특징 맵을 원본 이미지의 크기로 업샘플링하는 뒷단으로 구성된다.

특징 맵을 추출하는 모델로는 VGG-16을 사용하며, VGG-16에서 사용하는 완전 연결 계층을 1×1 합성곱 계층으로 대체한다. 추출된 특징 맵의 크기는 입력 크기에 비해 32배 **다운샘플링(Downsampling)**[16]된다.

FCN-16s와 FCN-32s의 구조적 차이점은 이중 선형 보간법으로 업샘플링하는 비율에 있다. FCN-16s는 이중 선형 보간법으로 16배 업샘플링을 수행하고 FCN-32s는 32배 업샘플링을 수행한다.

FCN-16s는 부족한 업샘플링 비율을 전치 합성곱 계층으로 대체해 보완하며, FCN-32s는 전치 합성곱 계층을 사용하지 않고 이중 선형 보간법으로 한 번에 출력 계층을 생성한다.

---

16   고해상도 데이터를 저해상도 데이터로 변환하는 과정이다. 512×512 크기의 이미지를 2배 다운샘플링하면 256×256 크기의 이미지가 생성된다.

FCN-16s는 이미지 특징 추출 단계의 특징 맵을 가져와 업샘플링 과정에서 전치 합성곱으로 출력 특징 맵에 잔차 연결을 수행한다. 이로써 ResNet 모델과 유사하게 앞단의 특징 맵을 가져와 손실된 정보를 보완할 수 있게 된다. 잔차 연결을 위해 1×1 합성곱 계층으로 특징 맵의 차원 수를 맞춘다.

FCN-16s 모델은 학습이 가능한 전치 합성곱 계층을 사용하기 때문에 FCN-32s 모델에 비해 약 2% 포인트 정도 성능이 높다.

전치 합성곱 계층으로 인해 성능이 약간 향상되지만, 이중 선형 보간법에 비해 연산량이 상당히 많기 때문에 추론 속도가 느리다. 따라서 최근에 발표되는 세그멘테이션 모델들은 전치 합성곱을 사용하지 않는 추세다.

모델 실습

이번 실습에서는 파스칼 VOC 2012 챌린지 데이터세트[17]를 사용해 FCN 모델을 미세 조정한다. 이 데이터세트는 이미지 분류, 객체 검출 및 의미론적 분할을 위한 이미지와 해당 이미지에 대한 객체의 레이블로 구성된다. 레이블은 20개의 객체 클래스와 배경 클래스로 구성된다.

이 데이터세트에는 약 1,464장의 학습 이미지와 1,449장의 검증 이미지를 포함하며 의미론적 분할을 위한 벤치마크 데이터세트로 활용된다.

이 책에서 제공하는 VOCdevkit.zip 파일을 사용하거나 파스칼 VOC 2012 챌린지에서 제공하는 압축 파일을 해제하면 다음과 같은 구조로 디렉터리가 생성된다. 이 책에서 제공하는 데이터세트는 학습과 검증 이미지만 샘플링했다.

파스칼 VOC 2012 챌린지 데이터세트 구조

```
📁 VOCdevkit
└── 📁 VOC2012
    └── 📁 Annotations
    └── 📁 ImageSets
        └── ...
        └── 📁 Segmentation
            └── 📄 train.txt
            └── 📄 trainval.txt
```

---

17 http://host.robots.ox.ac.uk/pascal/VOC/voc2012/

```
        └ 🗐 val.txt
    └ 📁 JPEGImages
    └ 📁 SegmentationClass
    └ 📁 SegmentationObject
    └ 🗐 classes.json
```

파스칼 VOC 2012 챌린지 데이터세트는 세그멘테이션 모델 학습을 위한 정보를 제공한다. 해당 데이터세트는 크게 어노테이션 정보 XML 파일(Annotations), 특정 모델 학습 작업을 위한 파일 정보가 담긴 TXT 파일(ImageSets), 원본 이미지 파일(JPEGImages), 의미론적 분할 이미지 파일(SegmentationClass), 인스턴스 세그멘테이션 이미지 파일(SegmentationObject)로 구성된다.

이번 절에서는 세그멘테이션 모델을 구성할 예정이므로 ImageSets 폴더의 Segmentation에 정리된 train.txt와 val.txt를 활용해 이미지를 불러온다. trainval.txt는 train.txt와 val.txt를 합쳐놓은 것이다.

FCN 모델 학습을 위한 원본 이미지와 마스크 이미지는 각각 JPEGImages, SegmentationClass에 담겨 있다. 원본 이미지와 마스크 이미지는 동일한 파일명으로 구성된다. 예를 들어 2007_000032 파일의 원본 이미지와 마스크 이미지는 다음 그림 9.15와 같다.

그림 9.15 파스칼 VOC 2012 챌린지 데이터

의미론적 분할 이미지 파일은 객체의 클래스를 구분하기 위해 동일한 클래스는 동일 색상으로 구분한다. 모든 인스턴스를 구분해야 한다면 SegmentationObject를 사용해야 한다.

이미지에서 레이블링된 픽셀들은 서로 다른 색상으로 표시되며, 각 클래스에 대한 색상 코드는 파스칼 데이터세트에서 확인할 수 있다. 이 책에서는 편의를 위해 색상 코드와 클래스가 정리된 classes.json 파일을 제공한다. classes.json은 다음과 같은 형태로 구성된다.

classes.json

```json
{
    "0": {
        "class": "background",
        "color": [
            0,
            0,
            0
        ]
    },
    "1": {
        "class": "aeroplane",
        "color": [
            128,
            0,
            0
        ]
    },
    ...
}
```

다시 그림 9.15 이미지를 살펴보면 각 물체의 경계선에 4px 정도 오프셋이 적용된다. 이 테두리는 다른 클래스와 경계를 이루는 부분으로 해당 클래스의 레이블이 다른 클래스와 겹치는 영역일 수 있다. 이러한 테두리는 두 클래스 간의 경계를 정확하게 나타내기 위해 추가된다.

이러한 데이터를 활용해 학습 및 테스트 데이터를 불러올 수 있는 데이터세트 클래스를 정의한다. 다음 예제 9.13은 세그멘테이션 데이터세트 클래스의 정의 방법을 보여준다.

예제 9.13 세그멘테이션 데이터세트

```python
import os
import json
import torch
import numpy as np
from PIL import Image
from torch.utils.data import Dataset


class SegmentationDataset(Dataset):
```

```python
def __init__(self, root, train, transform=None, target_transform=None):
    super().__init__()
    self.root = os.path.join(root, "VOCdevkit", "VOC2012")
    file_type = "train" if train else "val"
    file_path = os.path.join(
        self.root, "ImageSets", "Segmentation", f"{file_type}.txt"
    )
    with open(os.path.join(self.root, "classes.json"), "r") as file:
        self.categories = json.load(file)
    self.files = open(file_path).read().splitlines()
    self.transform = transform
    self.target_transform = target_transform
    self.data = self._load_data()


def _load_data(self):
    data = []
    for file in self.files:
        image_path = os.path.join(self.root, "JPEGImages", f"{file}.jpg")
        mask_path = os.path.join(self.root, "SegmentationClass", f"{file}.png")
        image = Image.open(image_path).convert("RGB")
        mask = np.array(Image.open(mask_path))
        mask = np.where(mask == 255, 0, mask)
        target = torch.LongTensor(mask).unsqueeze(0)
        data.append([image, target])
    return data


def __getitem__(self, index):
    image, mask = self.data[index]
    if self.transform is not None:
        image = self.transform(image)
    if self.target_transform is not None:
        mask = self.target_transform(mask)
    return image, mask


def __len__(self):
    return len(self.data)
```

세그멘테이션 데이터세트 클래스의 매개변수 중 target_transform은 마스크 데이터를 변환하는 모듈이다. transform으로 원본 이미지의 크기를 변경했다면 마스크 이미지도 크기가 변경돼야 한다. 하지만 transform의 모든 변형을 동일하게 적용하지 않으므로 각각 선언해 적용한다.

원본 이미지와 마스크 데이터를 불러오는 작업은 _load_data 메서드에서 수행된다. 이때 마스크 이미지에 포함된 테두리는 사용하지 않으므로 경계 영역을 제거한다. 테두리의 색상은 255 값을 갖는다.

데이터세트를 선언했다면 데이터로더에 적용한다. 다음 예제 9.14는 데이터로더 적용 방법을 보여준다.

예제 9.14 데이터로더

```python
from torchvision import transforms
from torch.utils.data import DataLoader

transform = transforms.Compose(
    [
        transforms.PILToTensor(),
        transforms.ConvertImageDtype(dtype=torch.float),
        transforms.Resize(size=(224, 224))
    ]
)
target_transform = transforms.Compose(
    [
        transforms.Resize(
            size=(224, 224),
            interpolation=transforms.InterpolationMode.NEAREST
        )
    ]
)


train_dataset = SegmentationDataset(
    "../datasets", train=True, transform=transform, target_transform=target_transform
)
test_dataset = SegmentationDataset(
    "../datasets", train=False, transform=transform, target_transform=target_transform
)


train_dataloader = DataLoader(train_dataset, batch_size=8, shuffle=True, drop_last=True)
test_dataloader = DataLoader(test_dataset, batch_size=4, shuffle=True, drop_last=True)
```

세그멘테이션 데이터세트로 데이터를 불러올 때 원본 이미지를 224×224 크기로 변환하므로 마스크 이미지도 224×224 크기로 변환한다. 이때 **이웃 보간법(InterpolationMode.NEAREST)**을 적용한다.

이웃 보간법은 가장 간단한 보간법으로 다른 보간법들은 새로운 위치에서의 픽셀값을 계산하기 위해 주변의 픽셀값을 보간해 계산하지만, 이웃 보간법은 가장 가까운 위치에 있는 픽셀값을 사용한다.

따라서 이미지의 크기를 줄일 때는 이미지에서 픽셀을 버리는 다운샘플링 효과를 얻을 수 있으며, 객체의 위치 정보를 보존해야 하는 경우에 사용한다. 마스크 이미지에 이중 선형 보간법을 적용하면 그림 9.16과 같은 결과를 얻는다.

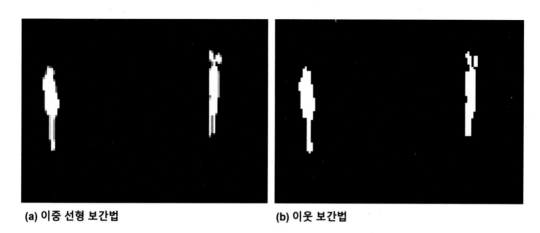

(a) 이중 선형 보간법　　　　　　　　**(b) 이웃 보간법**

그림 9.16 마스크 이미지 보간법의 차이

이중 선형 보간법을 적용하면 마스크 이미지에 변형이 일어난다. 예시로 사용한 이미지에는 배경(0), 비행기(1), 사람(15)으로 픽셀값이 매핑돼 있다. 이중 선형 보간법을 적용하면 마스크 이미지가 부드러워져 0에서 15까지의 픽셀값을 가지게 된다.

데이터로더를 적용했다면 마스크 데이터를 시각화해 본다. 다음 예제 9.15는 마스크 데이터 시각화 방법을 보여준다.

예제 9.15 데이터 시각화

```
import matplotlib.pyplot as plt


def draw_mask(images, masks, outputs=None, plot_size=4):
    def color_mask(image, target):
```

```
        m = target.squeeze().numpy().astype(np.uint8)
        cm = np.zeros_like(image, dtype=np.uint8)

        for i in range(1, 21):
            cm[m == i] = train_dataset.categories[str(i)]["color"]

        classes = [train_dataset.categories[str(idx)]["class"] for idx in np.unique(m)]
        return cm, classes

    col = 3 if outputs is not None else 2
    figsize = 20 if outputs is not None else 28
    fig, ax = plt.subplots(plot_size, col, figsize=(14, figsize), constrained_layout=True)

    for batch in range(plot_size):
        im = images[batch].numpy().transpose(1, 2, 0)
        ax[batch][0].imshow(im)
        ax[batch][0].axis("off")

        cm, classes = color_mask(im, masks[batch])
        ax[batch][1].set_title(classes)
        ax[batch][1].imshow(cm)
        ax[batch][1].axis("off")

        if outputs is not None:
            cm, classes = color_mask(im, outputs[batch])
            ax[batch][2].set_title(classes)
            ax[batch][2].imshow(cm)
            ax[batch][2].axis("off")


images, masks = next(iter(train_dataloader))
draw_mask(images, masks, plot_size=4)
```

출력 결과

draw_mask 함수는 원본 이미지, 마스크 이미지, 예측 이미지를 불러와 시각화한다. 현재 예측 이미지는 존재하지 않으므로 원본 이미지와 마스크 이미지만 전달한다.

color_mask 함수는 마스크 이미지의 픽셀을 색상으로 매핑하는 과정을 수행한다. 입력된 마스크 (target)의 픽셀값은 0에서 20까지 구성되며, 각 픽셀값이 클래스를 의미한다.

그러므로 픽셀값마다 클래스의 색상으로 변경한다. 추가로 해당 마스크 이미지에 포함된 클래스를 플롯의 타이틀로 적용한다.

출력 결과를 보면 원본 이미지, 마스크 이미지, 마스크에 포함된 클래스를 확인할 수 있다. 데이터 전처리가 이상이 없다면 FCN 모델을 선언한다. 다음 예제 9.16은 FCN 모델 선언 방법을 보여준다.

예제 9.16 FCN 모델 선언

```python
from torch import nn
from torch import optim
from torchvision.models import segmentation


num_classes = 21
device = "cuda" if torch.cuda.is_available() else "cpu"
model = segmentation.fcn_resnet50(
    weight="FCN_ResNet50_Weights.COCO_WITH_VOC_LABELS_V1",
    num_classes=21
).to(device)


params = [p for p in model.parameters() if p.requires_grad]
optimizer = optim.SGD(params, lr=0.001, momentum=0.9, weight_decay=0.0005)
criterion = nn.CrossEntropyLoss()
```

토치비전에서 제공하는 FCN 모델은 전치 합성곱을 사용하지 않고 이중 선형 보간법으로 한 번에 업샘플링하는 방식으로 제공된다. 또한 VGG-16보다 성능이 좋은 ResNet-50 모델을 백본으로 사용한다.

해당 모델은 FCN_ResNet50_Weights.COCO_WITH_VOC_LABELS_V1의 매개변수로 MS COCO의 하위 집합에서 파스칼 VOC 데이터세트에 존재하는 20개의 카테고리만 사용해 학습된 모델이다.

이 모델은 520×520 크기, 평균과 표준편차가 [0.485, 0.456, 0.406], [0.229, 0.224, 0.225]로 사전 학습됐다. 모델을 불러왔다면 모델을 학습한다. 다음 예제 9.17은 모델 학습 방법을 보여준다.

예제 9.17 모델 학습

```python
for epoch in range(30):
    model.train()
    cost = 0.0

    for images, targets in train_dataloader:
        images = images.to(device)
        targets = targets.to(device)

        output = model(images)
        output = output["out"].permute(0, 2, 3, 1).contiguous().view(-1, num_classes)
        targets = targets.permute(0, 2, 3, 1).contiguous().view(-1)
```

```
        loss = criterion(output, targets)

        optimizer.zero_grad()
        loss.backward()
        optimizer.step()

        cost += loss
    cost = cost / len(train_dataloader)
    print(f"Epoch : {epoch+1:4d}, Cost : {cost:.3f}")
```

출력 결과

```
Epoch :     1, Cost : 0.789
Epoch :     2, Cost : 0.460
...
Epoch :    29, Cost : 0.114
Epoch :    30, Cost : 0.112
```

모델 학습 시 손실값을 계산하기 위해 출력값(outputs)과 실젯값(targets)을 올바른 모양으로 변경해야 한다.

out 키로 텐서에 접근하고 텐서의 차원을 (batch_size, height, width, num_classes)으로 변경한다. 그런 다음 contiguous 메서드를 호출해 메모리를 일렬로 배치한다.

마지막으로 view 메서드로 텐서를 (batch_size * height * width, num_classes) 형태로 변경한다. 결과적으로 output 텐서는 각 입력 이미지에 대한 FCN 모델의 예측값을 포함하는 2D 텐서가 된다.

실젯값도 동일한 방식으로 텐서의 형태를 변경해 손실을 계산한다. 학습이 완료됐다면 추론 결과도 시각화해 확인한다. 다음 예제 9.18은 모델 추론 결과를 시각화한 것이다.

예제 9.18 모델 추론 시각화

```
with torch.no_grad():
    model.eval()
    images, masks = next(iter(test_dataloader))
    outputs = model(images.to(device))["out"]
    outputs = outputs.argmax(axis=1).to("cpu")
    draw_mask(images, masks, outputs, 4)
```

출력 결과

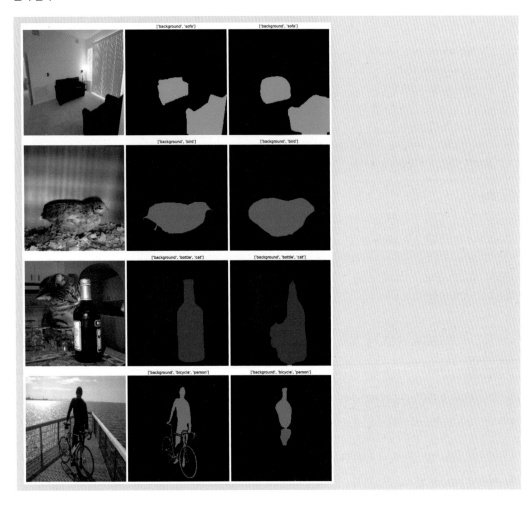

출력 결과는 왼쪽부터 원본 이미지, 정답 마스크, 예측 마스크 순서로 구성된다. 결과를 보면 물체의 대략적인 위치와 형태는 잘 구분한 것을 확인할 수 있다.

이번 예제는 사전 학습된 모델의 이미지 크기보다 더 작은 224×224 크기로 매우 작은 데이터세트를 활용해 모델을 학습했다.

그러므로 입력 이미지의 크기를 더 크게 설정하여 학습하고 모델에서 요구하는 동일한 전처리 및 데이터의 개수를 늘린다면 모델의 성능을 더욱 향상시킬 수 있다.

이제 모델의 mIoU를 계산해 본다. 다음 예제 9.19는 mIoU 계산 방법을 보여준다.

예제 9.19 mIoU 계산

```python
from collections import defaultdict


def calculate_iou(targets, outputs, ious, class_count, num_classes=21):
    for i in range(num_classes):
        intersection = np.float32(np.sum((outputs == targets) * (targets == i)))
        union = np.sum(targets == i) + np.sum(outputs == i) - intersection
        if union > 0:
            ious[i] += intersection / union
            class_count[i] += 1
    return ious, class_count


ious = np.zeros(21)
class_count = defaultdict(int)
with torch.no_grad():
    model.eval()
    for images, targets in test_dataloader:
        images = images.to(device)
        outputs = model(images)["out"].permute(0, 2, 3, 1).detach().to("cpu").numpy()
        targets = targets.permute(0, 2, 3, 1).squeeze().detach().to("cpu").numpy()
        outputs = outputs.argmax(-1)

        ious, class_count = calculate_iou(targets, outputs, ious, class_count, 21)

miou = 0.0
for idx in range(1, 21):
    miou += ious[idx] / class_count[idx]
miou /= 20
print(f"mIoU 계산 결과 : {miou}")
```

출력 결과

```
mIoU 계산 결과 : 0.33383742867676586
```

calculate_iou 함수는 각 클래스에 대한 IoU를 계산한다. 클래스마다 targets와 outputs에서의 교집합과 합집합을 계산해 IoU를 계산한다. 계산된 IoU는 ious 배열에 추가되고 클래스 수는 class_count에 추가된다.

최종적으로 모든 클래스에 대한 IoU 값의 평균을 계산하여 모델의 성능을 평가한다. miou 변수에 계산된 값을 누적하고, 평균 값을 계산한다. miou 값은 모든 클래스에 대한 IoU 평균을 나타낸다.

mIoU 계산 결과 예측과 실젯값 사이의 겹치는 영역이 전체 영역 중 33%를 차지한다. 매우 적은 개수의 데이터와 작은 입력 크기로 학습했음에도 불구하고 비교적 준수한 성능을 보이는 것을 확인할 수 있다.

Mask R-CNN

Mask R-CNN[18]는 2017 국제 컴퓨터비전 학회(2017 IEEE International Conference on Computer Vision)에서 발표된 논문으로, 이미지 인식 및 객체 검출 작업에 사용된다.

기존 Faster R-CNN은 객체의 대략적인 위치를 검출할 수 있지만, 객체의 모양을 정확히 파악하기에 어려움이 있었다. 이 문제는 객체를 고정된 크기로 변환하고 관심 영역 풀링을 수행하는 과정에서 발생하는 손실로 인하여 공간적 어긋남을 초래한다.

이러한 문제를 개선하기 위해 Mask R-CNN은 관심 영역 풀링 대신 관심 영역 정렬이라는 방법을 사용해 공간적 어긋남을 최소화한다.

또한, Faster R-CNN은 박스 분류와 박스 회귀만 수행하므로 객체의 위치와 종류만 탐지할 수 있었다. Mask R-CNN은 이 두 가지 방법 이외에도 마스크 영역을 추가해 각 객체에 대한 세그멘테이션 마스크를 예측할 수 있다.

이를 통해 Mask R-CNN은 객체의 정확한 모양을 파악할 수 있게 됐고, 객체 분류 및 인식 성능이 크게 향상됐다. 또한, Mask R-CNN은 객체 인스턴스 단위로 분할하여 검출할 수 있는 기능을 제공하므로, 이미지 내에 여러 객체가 존재할 때 한 번에 모든 객체의 위치와 모양을 검출할 수 있다.

Mask R-CNN은 Faster R-CNN을 기반으로 하면서 객체 검출과 객체 분할을 동시에 수행할 수 있게 구성된다. 이러한 기술적인 개선으로 객체 인식 및 분할 작업에서 우수한 성능을 보이며 다양한 컴퓨터비전 응용 분야에서 활용된다.

Mask R-CNN의 전체 구조는 그림 9.17과 같다.

---

18 https://arxiv.org/abs/1703.06870

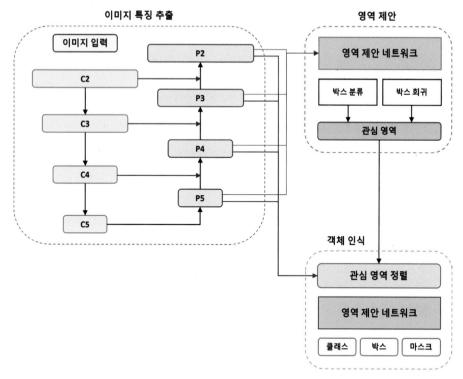

그림 9.17 Mask R-CNN의 구조

그림 9.17에서 확인할 수 있듯이 Mask R-CNN은 특징 피라미드 네트워크, 영역 제안 네트워크, 관심 영역 정렬, 분류 및 분할로 수행된다. 이번 절에서는 특징 피라미드 네트워크, 관심 영역 정렬, 마스크에 대해 알아본다.

특징 피라미드 네트워크

특징 피라미드 네트워크(Feature Pyramid Network, FPN)란 다양한 비율의 객체를 탐지하기 위해 특징 맵을 여러 레벨로 구성하는 방법이다.

분류 모델은 입력 이미지를 여러 계층에 걸쳐 점점 다운샘플링하면서 특징 맵을 생성한다. 이때, 상위 계층으로 갈수록 수용 영역이 커지고 특징 맵의 크기가 줄어든다.

따라서 최상위(마지막) 계층에서 얻은 특징 맵은 고수준의 의미론적 정보를 가지지만, 공간적인 정보는 손실되고 해상도가 낮아진다. 이는 작은 객체나 세부적인 모양을 구분하기 어렵게 만든다.

이러한 문제를 해결하기 위해 FPN은 각 스테이지에서 생성된 특징 맵을 이용해 특징 피라미드(Feature Pyramid)를 구성한다. 특징 맵의 **하향식 경로(Top-down pathway)**와 **상향식 경로(Bottom-up pathway)**를 결합해 각 스테이지의 특징 맵이 공간적인 정보와 의미론적인 정보를 가질 수 있게 한다.

하향식 경로는 입력 이미지를 다운샘플링하면서 특징 맵을 생성하는 과정으로, 순전파를 진행하면서 마지막 계층을 포함한 여러 계층에서 특징 맵 추출하는 방법이다.

상향식 경로는 순전파를 통해 생성된 특징 맵을 역순으로 업샘플링하면서 더 고해상도의 특징 맵을 생성하는 과정이다. 상향식 경로의 구체적인 과정은 다음과 같다.

1. 최상위 계층에서 얻은 특징 맵을 1×1 합성곱 연산으로 채널 수를 256개로 감소시킨다. 이 특징 맵의 명칭을 P5라고 하며, FPN의 가장 상위 레벨의 특징 맵으로 사용한다.

2. P5를 2배 업샘플링을 진행하고, 한 단계 상위 계층에 있는 특징 맵에도 1×1 합성곱 연산으로 채널 수를 256개로 맞춘다. 이 특징 맵과 P5를 행렬 간 덧셈(Element-wise addition)으로 합쳐 P4라 부르고 FPN의 다음 레벨의 특징 맵으로 사용한다.

3. 동일한 방법으로 P3, P2를 생성한다.

4. 마지막으로 각 레벨의 특징 맵에 3×3 합성곱 연산을 적용해 최종 특징 피라미드를 생성한다.

위와 같은 방법으로 FPN에서 특징 피라미드를 생성하며 P5, P4, P3, P2는 그림 9.17에서 확인할 수 있다. 다음 그림 9.18은 특징 피라미드 네트워크 구조를 시각화한 것이다.

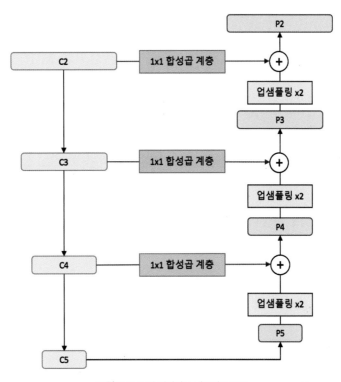

그림 9.18 특징 피라미드 네트워크 구조

하향식 경로를 통해 추출되는 특징 맵은 상위 계층으로 이동할수록 의미론적 정보는 강해지지만, 공간적
정보는 약해진다. 반대로 하위 계층에 가까울수록 의미론적 정보는 약해지지만, 공간적 정보가 강해진
다. 즉, 상위 계층에 가까울수록 복잡하고 추상적인 특징(예: 객체, 얼굴 등)을 파악하기 쉬워지고, 해당
영역의 위치나 크기를 알기 어려워진다.

특징 피라미드 네트워크는 이러한 트레이드 오프를 극복하기 위해 상위 계층의 특징 맵을 업샘플링하고
하위 계층의 특징 맵과 결합해 각 계층의 특징 맵이 공간적인 정보와 의미론적 정보를 모두 갖게 한다.

이렇게 생성된 각 계층의 특징 맵에 영역 제안 네트워크를 적용해 관심 영역을 제안한다. 영역 제안 네트
워크는 앞선 9.1 'Faster R-CNN' 절의 영역 제안 네트워크와 동일하다. 영역 제안 네트워크는 각 위치
에서 k개의 앵커 박스에 대한 **객체 존재 확률(Objectness score)**과 박스 회귀를 출력한다.

관심 영역 정렬

관심 영역 정렬(ROI Align)이란 합성곱 연산으로 생성된 특징 맵과 관심 영역 사이의 공간적 어긋남을 최소화하기 위한 방법이다. 앞선 관심 영역 풀링과 비슷한 개념이지만, 관심 영역 풀링은 좌표를 반올림하는 등의 근사 방법으로 인해 정보의 손실이 발생한다.

예를 들어 512×512 크기의 이미지에 16×16 크기의 특징 맵을 사용해 120×180 크기의 관심 영역을 추출했다고 가정한다. 이러한 경우 관심 영역은 특징 맵의 비율에 맞춰 $\left(\frac{512}{16} \times 120\right) \times \left(\frac{512}{16} \times 180\right)$ = 3.75 × 5.625 크기로 변환한다.

이 값을 특징 맵의 그리드에 맞추기 위해 소수점을 제거한다면 관심 영역 풀링을 수행할 영역은 3×5 크기가 된다. 이 영역에서 소수점 영역에 대한 정보가 손실된다.

또한, 2×2 크기로 풀링을 수행한다면 마지막 행과 마지막 열은 풀링에서 제외되므로 해당 영역에 대한 특징도 손실된다. 다음 그림 9.19는 풀링 과정의 정보 손실을 시각화한 것이다.

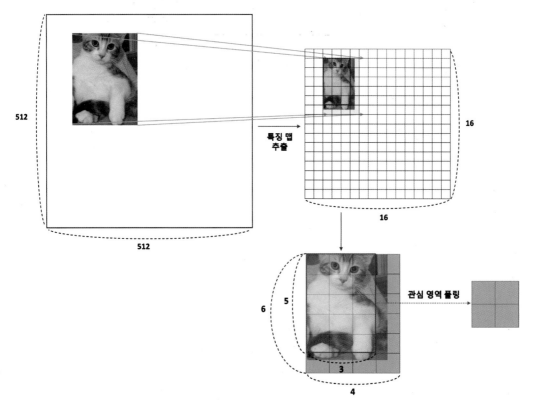

그림 9.19 관심 영역 풀링 과정의 정보 손실

관심 영역 풀링 과정에서 손실되는 정보는 정교한 객체 검출을 방해하는 요인이 된다. 그러므로 정보의 손실을 최소화하기 위해 관심 영역 정렬 과정을 수행한다.

그림 9.19의 풀링 영역은 특징 맵의 그리드와 일치하지 않는다. 그리드와 풀링 영역을 일치시키기 위해 관심 영역 계산 시 발생했던 소수점을 제거하지 않고 가상의 영역을 생성한다. 다음 그림 9.20은 관심 영역 정렬 방식을 보여준다.

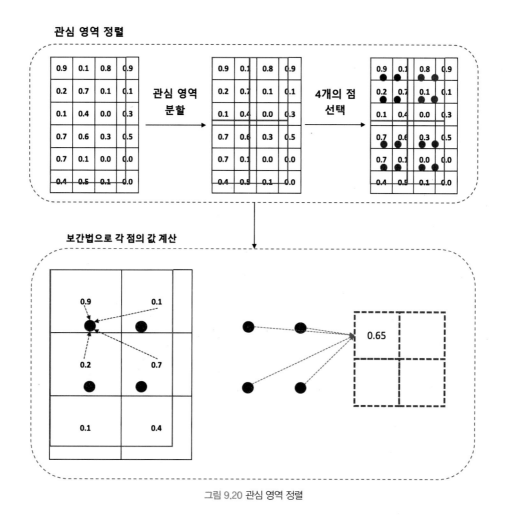

그림 9.20 관심 영역 정렬

이때 생성된 영역의 너비가 W, 높이가 H라면, W×H개로 영역을 나눈다. 나눠진 영역마다 4개의 특징 맵을 포함한다. 이 4개의 특징 맵 값에 대해 샘플링을 수행한다. 샘플링한 위치도 실수 형태로 표현되므로 특징 맵에 정확히 일치하는 픽셀이 없을 수 있다.

그러므로 샘플링한 위치에 이중 선형 보간법으로 주변 4개의 픽셀값과 거리에 따라 가중 평균을 구해 특징 맵의 값을 계산한다. 이렇게 계산된 영역에 대해 최댓값 풀링이나 평균값 풀링을 수행해 특징 맵을 생성할 수 있다.

이렇게 생성된 특징 맵은 박스 분류와 박스 회귀에 입력해 객체의 클래스와 경계 상자를 계산한다. 이 방법은 Faster R-CNN과 동일하다. 추가로 Mask R-CNN에서는 세그멘테이션 마스크도 예측을 위해 마스크 분류기를 통과한다.

마스크 분류기

앞선 관심 영역 정렬을 통해 생성된 특징 맵에 마스크 분류기를 통과시켜 세그멘테이션 마스크를 예측한다. 마스크 분류기는 각각의 관심 영역에 대해 클래스별로 이진 마스크를 출력한다. 다음 그림 9.21은 마스크 검출 과정을 보여준다.

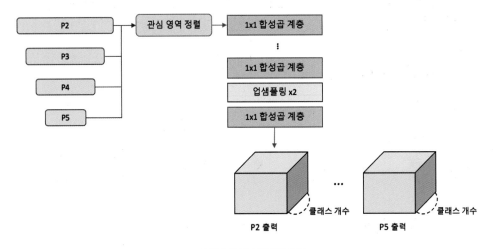

그림 9.21 마스크 검출 과정

그림 9.21과 같이 마스크 분류기는 박스 분류나 박스 회귀에 영향을 주지 않는다. 관심 영역 정렬을 통해 생성된 특징 맵과 관심 영역을 활용해 합성곱 신경망을 적용하거나 마스크 분류기를 더 세분화하기 위해 FCN 구조를 사용한다.

마스크 영역의 해상도를 높이기 위해 보간법을 통해 특징 맵의 크기를 확장하며, 1×1 합성곱 연산으로 특징 맵의 차원을 클래스 개수에 맞게 변환한다.

최상위 계층에서 반환되는 마스크의 채널에 해당하는 값은 해당 클래스에 대한 객체의 마스크가 된다. 이때 시그모이드 함수를 통해 각 채널의 값이 0에서 1 사이의 값을 갖게 되며, 1에 가까울수록 객체의 영역이 된다.

이후 원본 이미지의 크기에 맞게 비율을 조정하면 픽셀 수준의 세분화된 마스크가 생성된다.

마스크 손실 함수

Mask R-CNN의 학습 과정은 Faster R-CNN의 과정과 유사하다. 하지만 마스크 분류기가 추가되므로 마스크 검출에 대한 손실 함수가 추가된다. 마스크 손실 함수 수식은 9.16과 같다.

수식 9.16 마스크 손실 함수

$$L_{mask} = \frac{1}{N_{mask}} \sum_i L_m \left(m_i, m_i^* \right)$$

마스크 손실 함수의 N_{mask}는 생성된 마스크의 개수를 의미한다. 손실 함수 계산 시 양성 관심 영역 (Positive ROI)에 대해서만 계산하며, 배경 ROI를 의미하는 마스크는 계산에 포함하지 않는다.

L_m은 마스크에 대한 손실 함수로 이진 교차 엔트로피를 적용한다. 그러므로 m_i는 모델이 예측한 마스크가 되며, m_i^*는 정답 마스크가 된다.

마스크 영역 시각화

Mask R-CNN 모델을 학습하기 위해서는 경계 상자뿐만 아니라 마스크 데이터도 필요하다. 9.1 'Faster R-CNN' 절의 이미지 정보 및 어노테이션 정보를 보면 분할 마스크 좌표가 포함돼 있다.

분할 마스크 데이터는 객체의 마스크를 폴리곤 데이터로 제공한다. 폴리곤은 경계 상자 좌표와 달리 다양한 형태의 모양을 표현할 수 있어 객체 영역을 더 상세하게 표현할 수 있다.

이 폴리곤 데이터는 다각형을 구성하는 각 꼭짓점의 좌표로 제공된다. 객체의 영역을 하나의 폴리곤으로 표현할 수 없다면 여러 개의 폴리곤을 리스트로 묶어 표현한다. 하나의 폴리곤 좌표를 실제 객체에 적용하면 그림 9.22와 같다.

그림 9.22 폴리곤 시각화

그림 9.22와 같은 폴리곤 데이터는 Mask R-CNN 모델 학습에 사용할 수 없다. 이 폴리곤 데이터를 이진 마스크 형태로 변환해 모델에 입력해야 한다. 두 개의 객체를 포함한 폴리곤을 마스크 형태로 시각화하면 그림 9.23과 같다.

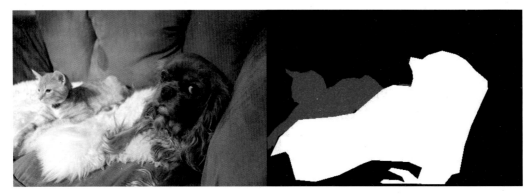

그림 9.23 마스크 시각화

모델 실습

이번 절에서는 앞선 Faster R-CNN 실습 코드를 일부 수정해 Mask R-CNN 모델을 학습해 본다. Mask R-CNN은 마스크 데이터를 모델 학습에 활용하므로 MS COCO 데이터세트의 분할 마스크 좌표(segmentations)를 이진 마스크 형태로 변환한다. 다음 예제 9.20은 COCODataset 클래스에 추가되는 폴리곤 변환(_polygon_to_mask) 메서드를 보여준다.

예제 9.20 폴리곤 변환

```python
import numpy as np
from pycocotools import mask as maskUtils

class COCODataset(Dataset):
    ...

    def _polygon_to_mask(self, segmentations, width, height):
        binary_mask = []
        for seg in segmentations:
            rles = maskUtils.frPyObjects([seg], height, width)
            binary_mask.append(maskUtils.decode(rles))

        combined_mask = np.sum(binary_mask, axis=0).squeeze()
        return combined_mask
```

폴리곤 변환 메서드는 폴리곤 데이터를 이진 마스크로 변환한다. pycocotools 라이브러리의 `frPyObjects` API를 활용해 파이썬 객체에 **런 렝스 부호화**(Run Length Encoding, RLE)[19]를 수행한다.

이 함수는 이진 마스크를 효율적으로 저장하고 처리할 수 있는 방식으로 데이터를 압축할 수 있다. `frPyObjects` API는 파이썬 객체를 리스트로 감싸고 너비와 높이를 전달한다. 인코딩 `rles`를 decode API로 디코딩해 파이썬에서 활용할 수 있는 이진 마스크로 변환한다.

변환된 모든 이진 마스크 데이터는 하나의 이진 마스크로 통합해 `combined_mask` 변수에 저장한다. 합쳐진 이진 마스크는 [높이, 너비, 1]의 형태로 반환되므로 스퀴즈 메서드로 [높이, 너비]의 형태로 변경한다.

이와 같은 방식으로 폴리곤 데이터를 하나의 이진 마스크로 변환할 수 있다. 다음 예제 9.21은 `_load_data` 메서드에 폴리곤 변환 메서드를 적용하는 방법을 보여준다. 코드 변경 사항은 굵게 표시했다.

예제 9.21 마스크 데이터 적용

```python
def _load_data(self):
    data = []
    for _id in self.coco.imgs:
        file_name = self.coco.loadImgs(_id)[0]["file_name"]
```

---

19 데이터에서 같은 값이 연속해서 나타나는 것을 그 개수와 반복되는 값만으로 표현하는 비손실 압축 방법

```
        image_path = os.path.join(self.iamge_path, file_name)
        image = Image.open(image_path).convert("RGB")
        width, height = image.size

        boxes = []
        labels = []
        masks = []
        anns = self.coco.loadAnns(self.coco.getAnnIds(_id))
        for ann in anns:
            x, y, w, h = ann["bbox"]
            segmentations = ann["segmentation"]
            mask = self._polygon_to_mask(segmentations, width, height)

            boxes.append([x, y, x + w, y + h])
            labels.append(ann["category_id"])
            masks.append(mask)

        target = {
            "image_id": torch.LongTensor([_id]),
            "boxes": torch.FloatTensor(boxes),
            "labels": torch.LongTensor(labels),
            "masks": torch.FloatTensor(masks)
        }
        data.append([image, target])
    return data
```

앞선 예제 9.2에 경계 상자와 레이블 데이터를 추가하는 방법처럼 마스크 데이터를 추가한다. 데이터세트를 수정했다면 ResNet-50 모델에 FPN을 적용한 백본을 사용한 Mask R-CNN 모델을 불러온다. 다음 예제 9.22는 Mask R-CNN 모델 정의 방법을 보여준다.

예제 9.22 Mask R-CNN 모델 정의

```
from torchvision.models.detection import maskrcnn_resnet50_fpn
from torchvision.models.detection.faster_rcnn import FastRCNNPredictor
from torchvision.models.detection.mask_rcnn import MaskRCNNPredictor


num_classes = 3
hidden_layer = 256
```

```
device = "cuda" if torch.cuda.is_available() else "cpu"
model = maskrcnn_resnet50_fpn(weights="DEFAULT")

model.roi_heads.box_predictor = FastRCNNPredictor(
    in_channels=model.roi_heads.box_predictor.cls_score.in_features,
    num_classes=num_classes
)
model.roi_heads.mask_predictor = MaskRCNNPredictor(
    in_channels=model.roi_heads.mask_predictor.conv5_mask.in_channels,
    dim_reduced=hidden_layer,
    num_classes=num_classes
)
model.to(device)
```

maskrcnn_resnet50_fpn 함수는 토치비전에서 제공하는 사전 학습된 Mask R-CNN 모델이다. 이 모델은 ResNet-50 모델을 백본으로 사용하며, FPN으로 이미지에서 다양한 크기의 물체를 탐지하고 분할하는 기능을 제공한다. 이 함수에는 백본, 앵커 생성기, 관심 영역 풀링, 관심 영역 정렬 등 Mask R-CNN 구조에 필요한 기능이 모두 포함돼 있다.

이번 절의 Mask R-CNN 모델은 배경을 포함해 총 3개의 클래스로 모델을 학습한다. 그러므로 박스 분류기와 마스크 분류기를 미세 조정해야 한다.

model.roi_heads.box_predictor는 Mask R-CNN에서 박스 회귀와 클래스(분류)를 예측하는 계층이다. 이 계층에서 경계 상자와 클래스를 예측한다. 이 계층을 새로운 계층으로 대체한다.

FastRCNNPredictor 클래스는 Faster R-CNN에서 박스 회귀와 분류기를 수행하는 클래스다. 이 클래스에 입력 특징 맵의 채널 수와 클래스 개수를 입력해 model.roi_heads.box_predictor를 대체한다.

model.roi_heads.mask_predictor는 Mask R-CNN에서 분할 마스크를 예측하는 계층이다. 앞선 box_predictor 속성과 동일하게 MaskRCNNPredictor로 대체한다.

MaskRCNNPredictor 클래스는 분할 마스크를 예측하는 클래스로 원래 모델의 마스크 예측 계층에서 사용되는 합성곱 계층의 채널 수를 가져와 적용한다. dim_reduced 마스크 예측을 위한 중간 특징 맵의 차원을 의미한다. 이번 예제에서는 기본값인 256을 사용한다.

모델의 구성을 모두 변경했다면 모델에 장치 설정을 적용하고 모델을 학습한다. 모델 학습 코드는 9.1 'Faster R-CNN' 절의 예제 9.6과 예제 9.7과 동일하다. 단, 학습률을 `0.005`로 설정했다.

Mask R-CNN 모델 학습 출력 결과

```
Epoch :    1, Cost : 0.564
Epoch :    2, Cost : 0.323
Epoch :    3, Cost : 0.271
Epoch :    4, Cost : 0.223
Epoch :    5, Cost : 0.200
```

모델 학습 결과를 보면 비용이 안정적으로 감소되는 것을 확인할 수 있다. Mask R-CNN에서 반환되는 손실값은 거의 동일하지만, **마스크 손실(`loss_mask`)**이 추가된다. Mask R-CNN의 손실값은 다음과 같은 딕셔너리 구조로 생성된다.

Loss_dict 구조

```
{
    'loss_classifier': tensor(0.0306, device='cuda:0', grad_fn=<NllLossBackward0>),
    'loss_box_reg': tensor(0.0239, device='cuda:0', grad_fn=<DivBackward0>),
    'loss_mask': tensor(
        0.1063, device='cuda:0', grad_fn=<BinaryCrossEntropyWithLogitsBackward0>
    ),
    'loss_objectness': tensor(
        0.0026, device='cuda:0', grad_fn=<BinaryCrossEntropyWithLogitsBackward0>
    ),
    'loss_rpn_box_reg': tensor(0.0035, device='cuda:0', grad_fn=<DivBackward0>)
}
```

학습이 모두 완료됐다면 테스트 데이터세트를 활용해 결괏값을 확인해 본다. 다음 예제 9.23은 예제 9.8 의 코드를 일부 변경해 사용한 것이다. 코드 변경 사항은 굵게 표시했다.

예제 9.23 모델 추론 및 시각화

```
def draw_bbox(ax, box, text, color, mask):
    ...

    mask = np.ma.masked_where(mask == 0, mask)
```

```
    mask_color = {"blue": "Blues", "red" : "Reds"}


    cmap = plt.cm.get_cmap(mask_color.get(color, "Greens"))
    norm = plt.Normalize(vmin=0, vmax=1)
    rgba = cmap(norm(mask))
    ax.imshow(rgba, interpolation="nearest", alpha=0.3)



threshold = 0.5
categories = test_dataset.categories


with torch.no_grad():
    model.eval()
    for images, targets in test_dataloader:
    ...


        masks = outputs[0]["masks"].squeeze(1).to("cpu").numpy()
        masks[masks >= threshold] = 1.0
        masks[masks < threshold] = 0.0


        for box, mask, label, score in zip(boxes, masks, labels, scores):
            draw_bbox(ax, box, f"{categories[label]} - {score:.4f}", "red", mask)


        tboxes = targets[0]["boxes"].numpy()
        tmasks = targets[0]["masks"].numpy()
        tlabels = targets[0]["labels"].numpy()
        for box, mask, label in zip(tboxes, tmasks, tlabels):
            draw_bbox(ax, box, f"{categories[label]}", "blue", mask)


        plt.show()
```

출력 결과

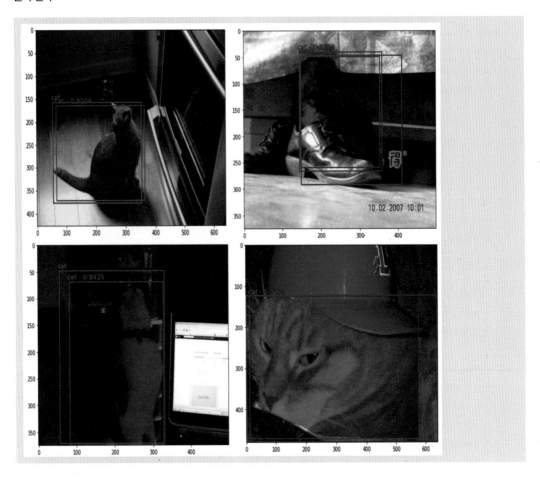

Mask R-CNN은 객체의 분할 마스크를 예측할 수 있으므로 draw_bbox 함수에 이진 마스크 영역을 그릴 수 있는 코드를 추가한다.

마스크 영역은 임곗값으로 확률이 50% 이상의 마스크만 표시할 수 있게 이진 마스크로 변경한다. 출력 결과를 보면 경계 상자와 이진 마스크로 객체 영역을 자세히 파악할 수 있다.

모델 평가

Mask R-CNN은 Faster R-CNN을 확장해 객체 분할을 수행하는 모델이다. 그러므로 Mask R-CNN은 Faster R-CNN과 동일한 방식으로 객체 상자를 평가하고 세그멘테이션 마스크를 평가한다.

경계 상자의 평가 방식은 앞선 Faster R-CNN과 동일한 평가 방식을 사용한다. 단, 세그멘테이션 마스크의 평가 방식은 각 클래스에 대한 예측 마스크와 정답 마스크를 0과 1로 구성된 이진 마스크로 변환한다.

그다음 예측 마스크와 정답 마스크의 교집합과 합집합을 계산한다. 교집합은 두 마스크가 모두 1인 영역의 픽셀 수를 의미하고, 합집합은 두 마스크 중 하나라도 1인 영역의 픽셀 수를 의미한다. 이 교집합을 합집합으로 나누어 IoU를 계산한다. 다음 수식 9.17은 마스크 IoU 계산 방법을 보여준다.

수식 9.17 마스크 IoU

$$IoU(P,G) = \frac{P \cap G}{P \cup G}$$

마스크 영역의 정밀도와 재현율은 마스크 IoU를 기반으로 계산한다. 다음 예제 9.24는 예제 9.9의 코드를 일부 변경해 사용한 것이다. 코드 변경 사항은 굵게 표시했다.

예제 9.24 모델 평가

```python
with torch.no_grad():
    ...
    for images, targets in test_dataloader:
        ...

        for i in range(len(targets)):
            ...

            masks = outputs[i]["masks"].squeeze(1).data.cpu().numpy()

            for instance_id in range(len(boxes)):
                segmentation_mask = masks[instance_id]
                binary_mask = segmentation_mask > 0.5
                binary_mask = binary_mask.astype(np.uint8)
                binary_mask_encoded = maskUtils.encode(
                    np.asfortranarray(binary_mask)
                )

                prediction = {
                    "image_id": int(image_id),
```

```
            "category_id": int(labels[instance_id]),
            "bbox": [round(coord, 2) for coord in boxes[instance_id]],
            "score": float(scores[instance_id]),
            "segmentation": binary_mask_encoded
        }
        coco_detections.append(prediction)

coco_gt = test_dataloader.dataset.coco
coco_dt = coco_gt.loadRes(coco_detections)
coco_evaluator = COCOeval(coco_gt, coco_dt, iouType="segm")
coco_evaluator.evaluate()
coco_evaluator.accumulate()
coco_evaluator.summarize()
```

출력 결과

```
Average Precision  (AP) @[ IoU=0.50:0.95 | area=   all | maxDets=100 ] = 0.591
Average Precision  (AP) @[ IoU=0.50      | area=   all | maxDets=100 ] = 0.872
Average Precision  (AP) @[ IoU=0.75      | area=   all | maxDets=100 ] = 0.710
Average Precision  (AP) @[ IoU=0.50:0.95 | area= small | maxDets=100 ] = 0.634
Average Precision  (AP) @[ IoU=0.50:0.95 | area=medium | maxDets=100 ] = 0.637
Average Precision  (AP) @[ IoU=0.50:0.95 | area= large | maxDets=100 ] = 0.569
Average Recall     (AR) @[ IoU=0.50:0.95 | area=   all | maxDets=  1 ] = 0.589
Average Recall     (AR) @[ IoU=0.50:0.95 | area=   all | maxDets= 10 ] = 0.678
Average Recall     (AR) @[ IoU=0.50:0.95 | area=   all | maxDets=100 ] = 0.678
Average Recall     (AR) @[ IoU=0.50:0.95 | area= small | maxDets=100 ] = 0.686
Average Recall     (AR) @[ IoU=0.50:0.95 | area=medium | maxDets=100 ] = 0.694
Average Recall     (AR) @[ IoU=0.50:0.95 | area= large | maxDets=100 ] = 0.665
```

모델 평가 시 마스크 영역을 사용하므로 이진 마스크로 변경한 다음 maskUtils.encode API로 RLE 형식의 데이터로 인코딩한다. 이 인코딩된 정보와 모델 추출 결과를 딕셔너리로 매핑한다.

이 값을 COCO 평가(COCOeval) 클래스에 전달해 모델을 평가한다. 이번 평가는 세그멘테이션 마스크의 IoU를 평가하므로 iouType 매개변수에 segm을 입력한다.

첫 번째 출력 결과는 (AP) @[IoU=0.50:0.95 | area= all | maxDets=100] = 0.591로, 중간 이상의 성능을 보인다고 평가할 수 있다. 이 예제는 MS COCO 데이터세트로 사전 학습된 모델을 활용해 적은 데이터세트로도 비교적 높은 성능을 보인다.

YOLO

YOLO(You Only Look Once)[20] 모델은 객체 탐지를 위한 1-stage 구조 모델로 실시간 객체 탐지 모델이다. 이전의 객체 탐지 방법들은 분류기를 재사용해 탐지를 수행했지만, YOLO는 객체 탐지를 공간적으로 분리된 경계 상자와 관련된 클래스 확률에 대한 회귀 문제로 바라본다.

YOLO는 실시간으로 객체 감지를 수행할 수 있으며, 높은 정확도와 빠른 처리 속도를 보장해 객체 검출 작업에서 널리 사용된다.

이번 절에서는 다양한 YOLO 모델의 특징을 간단히 살펴보고 ultralytics에서 제공하는 YOLOv8 모델을 실습해 본다. 또한 YOLO 모델의 개선 과정에서 적용된 기법들을 살펴봄으로써, 객체 검출 모델의 성능을 향상시키는 방법을 알아본다.

YOLOv1

조셉 레드몬(Joseph Redmon)이 2016년에 제안한 최초 버전인 YOLO는 객체 탐지 분야에서 혁신을 가져왔다. YOLO는 단순한 구조를 가지고 있어서 객체를 빠르게 탐지할 수 있다는 큰 장점이 있다.

또한 SSD 모델과 마찬가지로 1-stage 구조를 사용하고 있어서 영역 제안 네트워크를 필요로 하지 않는다. 다음 그림 9.23은 YOLOv1 모델 구조를 보여준다.

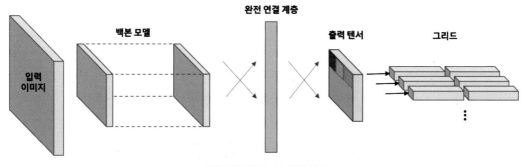

그림 9.23 YOLOv1 모델의 구조

SSD와 다르게 YOLOv1은 다중 특징 맵을 사용하지 않으며 한 방향으로 순차적으로 진행하는 단일 특징 맵을 통해 객체 검출을 수행한다. 셀마다 2개의 경계 상자를 예측해 총 98개(=7×7×2)의 경계 상자를 예측한다.

---

20 https://arxiv.org/abs/1506.02640

그러나 클래스 예측이 겹치지 않도록 그리드마다 하나의 클래스만 예측하므로 겹쳐 있는 객체를 예측하는 것은 어렵다. 또한, 경계 상자의 수가 적기 때문에 다양한 형태의 객체를 검출하는 데는 불리한 면이 있지만, 빠른 속도로 객체를 검출할 수 있다는 큰 장점이 있다.

YOLOv2

YOLOv2는 2016년에 발표됐으며 YOLOv1에 비해 여러 가지 개선점이 있다. YOLOv2는 앵커 박스를 사용해 더 많은 수의 경계 상자를 예측하고 백본 모델 변경 및 배치 정규화를 적용해 모델의 성능을 개선했다. YOLOv2 모델의 구조는 그림 9.24와 같다.

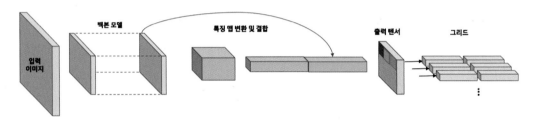

그림 9.24 YOLOv2 모델 구조

YOLOv2의 백본 모델은 DarkNet-19 모델을 사용한다. 완전 연결 계층을 제거해 연산량을 줄였다. 기존의 객체 검출 모델들은 앵커 박스의 크기와 비율을 임의의 값으로 설정했다.

그러나 YOLOv2에서는 K-평균 군집화 알고리즘을 사용해 앵커 박스의 크기와 비율을 결정함으로써 학습 데이터세트의 정답 박스 분포를 반영할 수 있었고, 이를 통해 성능을 개선할 수 있었다.

또한, 작은 물체에 대한 검출 성능을 향상시키기 위해 특징 맵을 4개로 분할하고 마지막 차원을 기준으로 재결합하는 방법을 사용했다. 특징 맵 분할 방식을 시각화하면 그림 9.25와 같다.

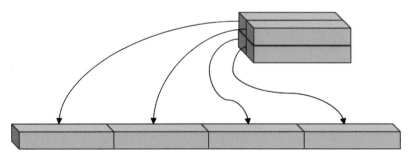

그림 9.25 특징 맵 변환 과정

이를 통해 한 방향으로만 순차적으로 진행하는 구조를 유지하면서 작은 물체를 검출하는 성능을 개선할 수 있었다.

YOLOv3

YOLOv3는 2018년도에 발표됐으며 다중 특징 맵, 잔차 연결 등의 기법을 사용해 모델의 성능을 개선했다. 백본 모델은 v2에 비해 더 깊어진 DarkNet-53 모델을 사용했다. 또한 ResNet 모델의 잔차 연결 기법을 사용해 이미지의 특징 추출 성능을 향상시켰다.

YOLOv2의 구조와 같이 하나의 출력 특징 맵만 사용하는 것은 여전히 작은 객체 검출에 불리했다. 작은 물체에 대한 검출 성능을 개선하고자 YOLOv3는 다중 특징 맵을 사용한다.

다중 특징 맵을 사용함으로써 다양한 스케일의 특징 맵에서 객체를 인식할 수 있어 다양한 크기의 객체를 검출하는 데 유리하다. 개선된 YOLOv3 모델의 구조는 그림 9.26과 같다.

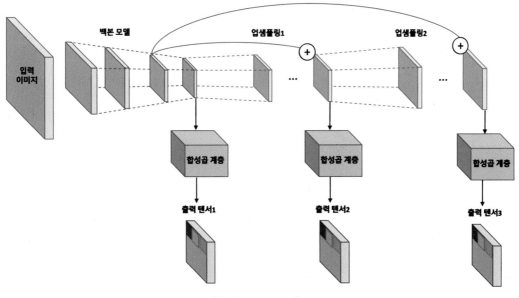

그림 9.26 YOLOv3 모델 구조

YOLOv3는 다중 특징 맵을 사용하기 위해 여러 번의 업샘플링 작업을 거쳐 구성된 구조로, 순전파가 세 가지 방향으로 진행돼 세 개의 출력 텐서가 생성된다.

첫 번째 출력 텐서는 특징 맵의 크기가 작아 주로 큰 객체를 검출하는 데 사용되며, 세 번째 출력 텐서는 특징 맵의 크기를 업샘플링해 그리드 개수가 많아져 작은 객체를 검출하기에 유리하다.

또한, 업샘플링 작업으로 손실되는 정보들은 잔차 연결을 통해 보완한다. 이를 통해 모델의 깊이와 출력 특징 맵의 스케일을 확장하면서도 뛰어난 성능을 유지할 수 있었다.

YOLOv4 / YOLOv5

YOLOv4는 다중 특징 맵을 사용할 때 객체의 세부 정보를 잃지 않도록 업샘플링 과정을 개선했다. 이를 위해 YOLOv4는 **경로 집합 네트워크(Path-Aggregation Network, PAN)** 구조를 도입한다.

PAN은 FPN과 유사하지만, 특징 맵 간의 결합을 덧셈이 아닌 채널 단위로 수행해 더욱 효율적으로 정보를 전달한다. PAN은 Mask R-CNN에서도 사용되는 기술로 YOLOv4에 적용해 높은 검출 정확도와 성능을 보장한다. YOLOv4 모델 구조는 그림 9.27과 같다.

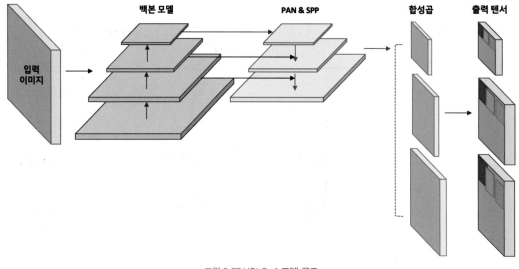

그림 9.27 YOLOv4 모델 구조

YOLOv4는 모델 구조를 개선하는 것 외에도 새로운 데이터 증강 기법을 도입하여 성능을 향상시켰다. 그중 모자이크 합성은 대표적인 기법의 하나로, YOLOv4 모델 성능 향상에 크게 기여했다.

모자이크 합성은 학습 이미지를 네 개씩 모아서 바둑판 형식으로 붙여, 한 번에 학습하는 기법이다. 이를 통해 YOLOv4는 다양한 크기와 위치에 대한 객체 인식 능력을 강화하고 데이터의 다양성을 높이는 효과를 얻을 수 있었다. 다음 그림 9.28은 모자이크 합성 예시를 보여준다.

그림 9.28 모자이크 합성

모자이크 합성을 수행하면 이미지의 크기가 줄어들기 때문에 작은 객체 데이터를 효과적으로 수집할 수 있다. 또한 같은 객체를 다양한 스케일로 학습할 수 있기 때문에 크기 변화에 더 강인한 학습 효과를 기대할 수 있다.

YOLOv5는 YOLOv4의 모델 구조를 유지하고 파이토치 라이브러리로 이식하고 세부 사항을 조정했다. 이러한 과정으로 모델을 최적화해 인식 성능과 추론 속도를 개선했다.

YOLOv5는 구조적으로 큰 변화가 없으며, 모델의 크기에 따라 N(Nano), S(Small), M(Medium), L(Large), X(Extra Large) 버전으로 제공된다. 각 버전은 점진적으로 높은 정확도를 제공하지만, 모델의 크기가 커지면 학습 및 추론 시간이 점점 더 길어진다는 단점이 있다.

예를 들어 나노 버전은 가장 빠르게 학습되지만 정확도가 낮고, 초대형 버전(X)은 가장 느리게 학습되지만 정확도가 가장 높다.

YOLOv6 / YOLOv7

YOLOv6는 백본 모델에 RepBlock을 적용해 인식 성능과 추론 속도를 개선한 모델이다. RepBlock은 **매개변수 재정의(Re-parameterization)**라는 기법을 통해 설계된 네트워크로 RepVGG[21] 구조를 참고해 설계됐다.

RepBlock은 계층의 가중치를 재구성해 새로운 계층으로 치환하는 방법으로 수행된다. 일반적인 합성곱 모델은 학습과 추론에 적용되는 모델 구조가 동일하다.

하지만 RepBlock을 적용한 모델은 모델 학습 시 여러 방향으로 순전파가 진행되며, 모델 추론 시 한 방향으로만 순전파가 진행된다. 다음 그림 9.29는 RepBlock의 구조를 보여준다.

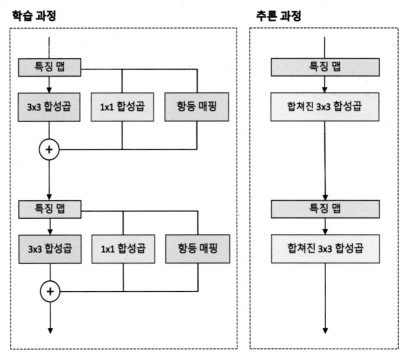

그림 9.29 RepBlock의 구조

---

21 https://arxiv.org/abs/2101.03697

RepBlock은 여러 개의 분기로 1×1 합성곱 계층과 항등 매핑 계층을 사용해 ResNet의 잔차 연결과 같은 유사한 방식으로 모델을 학습한다. 이후 추론 시에는 같은 위치의 합성곱 계층을 합성해 새로운 3×3 합성곱 계층으로 변환한 후 한 방향으로 순전파를 진행한다.

이러한 방식으로 모델의 성능과 추론 속도를 개선했으며, 앵커 박스를 사용하지 않아 불필요한 연산 과정을 제거했다. 앵커 박스를 사용하지 않는 앵커 프리 구조는 다음 그림 9.30과 같다.

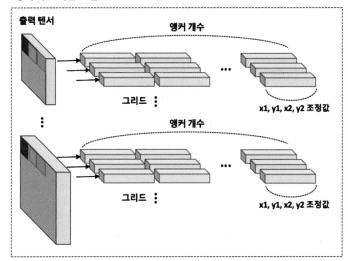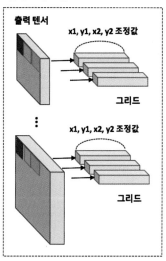

그림 9.30 앵커 프리 구조

앵커 프리 방식은 출력 특징 맵에서 그리드 단위로 객체를 인식하므로 차원 수가 작고 모든 앵커 박스에 대한 후처리 과정이 사라지므로 연산량이 줄어든다.

YOLOv6는 다중 스케일 구조이므로 한 영역의 객체가 겹쳐 있더라도 다른 스케일의 특징 맵에서 객체를 추출할 수 있으므로 겹쳐진 객체도 정확하게 인식할 수 있다.

YOLOv7은 RepBlock 구조를 개선한 RepConvN을 사용한다. 기존 RepBlock의 문제점은 항등 매핑 계층으로 인해 순전파가 중복된다. 그러므로 RepConvN은 항등 매핑 계층을 제거해 순전파 중복 문제를 해결했다. 다음 그림 9.31은 RepConN 구조를 보여준다.

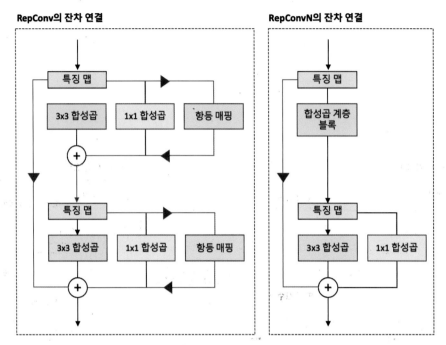

그림 9.31 RepConvN 구조

RepConv 잔차 연결의 연결선을 보면 항등 매핑으로 인해 첫 번째 특징 맵의 정보에 대해 덧셈 연산이 두 번 수행된다. 반대로 RepConvN 잔차 연결은 중복이 발생하지 않고 연산이 한 번만 수행되는 것을 확인할 수 있다.

또한, YOLOv7은 학습 방법을 변경해 모델의 최종 출력인 **주 출력(Lead Head)**과 학습을 보조하는 **보조 출력(Auxiliary Head)**을 따로 구성한다. 보조 출력 학습 과정에서는 주 출력의 값과 정답 값을 기반으로 생성한 약한 레이블(Soft Label)로 재학습시킨다.

이와 같은 방식으로 모델을 구성하면, 주 출력에서는 최대한 근사할 수 있는 강한 학습이 수행되고, 반대로 보조 출력에서는 약한 학습이 진행된다. 다음 그림 9.32는 보조 출력 학습 방식을 시각화한 것이다.

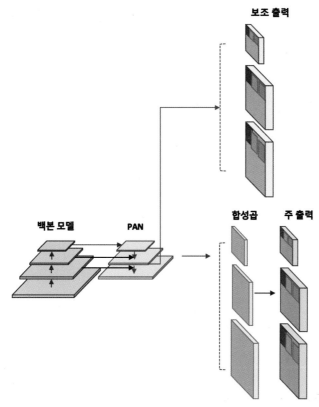

그림 9.32 보조 출력 시각화

모델 실습: YOLOv8

이번 절에서는 YOLOv8 모델로 실습을 진행한다. YOLOv8은 YOLOv5의 구조를 개선한 모델로 YOLOv6처럼 앵커 프리 구조를 사용해 추론 속도를 향상시켰다. 또한 모자이크 합성 이미지로 학습을 수행하는 경우 성능이 저하되는 문제가 발생하는데, YOLOv8은 10에폭만 적용해 과대적합을 방지해 성능을 개선했다.

이번 절에서는 YOLOv8 모델로 **포즈 추정(Pose Estimation)**을 수행한다. 포즈 추정이란 사람 또는 동물의 신체 구조와 자세를 추정하는 기술이다. 이 기술은 이미지나 비디오에서 사람이나 동물의 관절 위치와 연결 구조를 파악해 자세를 분석하고 추론한다.

포즈 추정은 많은 분야에서 활용되는 기술이다. 예를 들어 운동 및 체형 개선 애플리케이션에서 동작을 수행할 때 올바른 자세를 취했는지 확인할 수 있다. 로봇 공학에서는 로봇이 인간과 함께 작동할 때 인간의 동작을 인식하고 따라 하도록 만들거나 보안 시스템에서는 위험한 자세를 취하는 사람을 감지하여 경고를 제공하고 범죄 예방에 활용한다.

울트라리틱스의 YOLOv8은 포즈 추정을 비롯해 검출, 세그멘테이션, 분류 모델을 지원한다. 다음은 울트라리틱스 라이브러리 설치 방법을 보여준다.

울트라리틱스 라이브러리 설치

```
pip install ultralytics opencv-python
```

울트라리틱스 라이브러리는 파이토치와 **OpenCV**를 기반으로 동작한다. OpenCV는 Open Source Computer Vision Library의 약어로, 오픈소스 컴퓨터비전 라이브러리다. 실시간 영상 처리에 중점을 둔 영상 처리 라이브러리로서 계산 효율성과 실시간 처리에 중점을 두고 설계됐다.

예제 9.25 YOLOv8 포즈 추정 모델 불러오기

```
from ultralytics import YOLO


model = YOLO("../models/yolov8m-pose.pt")
```

YOLO 클래스를 통해 사전 학습된 yolov8m-pose 모델을 불러온다. 지원되는 YOLOv8 모델은 yolov8n, yolov8s, yolov8m, yolov8l, yolov8x로 총 다섯 개의 모델이 지원된다.

모델 명칭 접미사(suffix)에 아무것도 입력하지 않는 경우 기본 검출 모델을 불러온다. 접미사에 -seg, -cls, -pose를 입력하는 경우 각각 세그멘테이션 모델, 분류 모델, 포즈 추정 모델을 불러온다.

YOLOv8은 MS COCO 데이터세트를 활용해 학습했으므로 80개의 클래스를 예측할 수 있다. 포즈 추정 모델의 경우 사람 객체만 예측한다.

이번 예제에서는 비디오 파일을 활용해 실시간 포즈를 추정해 본다. 다음 예제 9.26은 OpenCV를 활용해 비디오 파일 불러오기 방법을 보여준다.

예제 9.26 비디오 파일 불러오기

```python
import cv2

capture = cv2.VideoCapture("../datasets/woman.mp4")
while cv2.waitKey(10) < 0:
    if capture.get(cv2.CAP_PROP_POS_FRAMES) == capture.get(cv2.CAP_PROP_FRAME_COUNT):
        capture.set(cv2.CAP_PROP_POS_FRAMES, 0)

    ret, frame = capture.read()
    cv2.imshow("VideoFrame", frame)

capture.release()
cv2.destroyAllWindows()
```

출력 결과

비디오 읽기 클래스(VideoCapture)는 비디오 파일 또는 카메라 장치를 불러온다. 문자열을 입력하면 파일 경로로 간주해 비디오 파일을 읽는다. 0이나 1과 같은 정수를 입력하는 경우 카메라 장치 번호로 간주해 카메라를 불러온다.

이후 while 문에 **키 입력 대기 함수(waitKey)**를 적용한다. 키 입력 대기 함수는 키 이벤트 발생까지 대기하거나, 지정된 시간까지 대기한다. 현재 예제는 키 입력이 없다면 10ms까지 대기하고 반복한다.

이후 비디오를 무한히 반복하도록 프레임을 변경한다. 비디오 읽기 클래스의 **속성 반환(get)** 메서드와 **속성 설정(set)** 메서드로 비디오의 설정을 읽거나 변경할 수 있다.

cv2.CAP_PROP_POS_FRAMES는 비디오의 현재 프레임을 의미하며, CAP_PROP_FRAME_COUNT는 비디오의 총 프레임 수를 의미한다. 그러므로 현재 프레임이 총 프레임 수와 같아지면 첫 번째 프레임으로 변경한다.

비디오 읽기 클래스의 **프레임 읽기(read)** 메서드는 프레임을 읽어 반환한다. 결괏값(ret)과 프레임 (frame)을 반환한다. 프레임을 읽은 경우 결괏값은 True를 반환하며, 프레임은 넘파이 배열 형태로 반환 된다.

이미지 표시(imshow) 함수는 이미지를 별도의 윈도우로 출력한다. 이 함수는 8비트 단일 채널 또는 3채널 이미지를 특정 이름의 창에 표시할 수 있다. 그런데 Google Colaboratory는 창을 띄울 수 없으므로, 그 대안으로 OpenCV 함수를 Colab 환경에서 사용할 수 있는 모듈을 제공한다. from google.colab. patches import cv2_imshow로 cv2_imshow 함수를 임포트하고 cv2_imshow(frame)과 같은 형태로 셀 에 이미지를 표시할 수 있다.

키 입력이 발생해 while 문이 종료되는 경우 **메모리 해제(release)** 메서드로 비디오 읽기 클래스를 닫 고 메모리를 해제한다. 이후, **모든 창 제거(destroyAllWindows)** 함수로 창을 제거한다.

비디오 파일을 불러왔다면 프레임을 활용해 모델 추론을 수행한다. 다음 예제 9.27은 모델 추론 방법을 보여준다.

예제 9.27 모델 추론

```
import torch


def predict(frame, iou=0.7, conf=0.25):
    results = model(
        source=frame,
        device="0" if torch.cuda.is_available() else "cpu",
        iou=0.7,
        conf=0.25,
        verbose=False,
    )
    result = results[0]
    return result
```

predict 함수는 YOLOv8 모델의 예측을 수행한다. **입력 이미지(source)**는 추론하려는 이미지나 프레 임을 전달한다. **장치(device)**는 GPU 장치의 인덱스 번호나 cpu를 전달한다.

IoU(iou)는 중복된 경계 상자를 제거하는 임곗값이며, 너무 높은 값으로 설정하면 중복된 경계 상자가 제거되지 않을 수 있다. **정확도(conf)**는 클래스 점수 임곗값으로 설정한 정확도보다 낮은 값은 제거된다. **로그 정보(verbose)**는 모델 수행 시 출력되는 정보 표시 여부를 설정한다.

YOLOv8 모델은 배치 형태로 이미지를 입력받을 수 있다. 현재 예제는 하나의 프레임만 전달하므로 results 값의 첫 번째 인덱스만 사용한다. N개의 이미지를 입력하는 경우 results의 길이는 이미지 개수와 동일하다.

다음은 YOLOv8 모델의 예측(results[0]) 출력 결과를 보여준다.

YOLOv8 예측 출력 결과

```
ultralytics.yolo.engine.results.Results object with attributes:

boxes: ultralytics.yolo.engine.results.Boxes object
keypoints: tensor([[[6.8772e+02, 2.1194e+02, 8.9405e-01],
...

        [6.1448e+02, 4.6588e+02, 2.3252e-02]]], device='cuda:0')
keys: ['boxes', 'keypoints']
masks: None
names: {0: 'person'}
orig_img: array([[[220, 215, 216],
...

        [197, 193, 196]]], dtype=uint8)
orig_shape: (540, 960)
path: 'image0.jpg'
probs: None
speed: {'preprocess': 1.0404586791992188, 'inference': 21.930932998657227, 'postprocess':
1.9977092742919922}
```

YOLOv8 모델은 세그멘테이션 모델이나 검출 모델 등을 적용하더라도 동일한 형태로 출력값이 반환된다. 예측 결과를 출력하면 현재 모델에서 지원되는 **속성(attributes)**을 확인할 수 있다.

속성을 통해 모델에서 지원되는 키(keys), 클래스(names), 모델 속도(speed) 등을 확인할 수 있다. 키 속성을 보면 포즈 추정 모델은 **경계 상자(boxes)**와 **키 포인트(keypoints)** 속성이 지원된다. 경계 상자 속성을 확인해 보면 results[0].boxes와 같은 정보를 확인할 수 있다. 다음은 results[0].boxes 출력 결과를 보여준다.

results[0].boxes 출력 결과

```
ultralytics.yolo.engine.results.Boxes object with attributes:

boxes: tensor([[557.0000,  84.0000, 860.0000, 536.0000,  0.9520,  0.0000]], device='cuda:0')
cls: tensor([0.], device='cuda:0')
conf: tensor([0.9520], device='cuda:0')
data: tensor([[557.0000,  84.0000, 860.0000, 536.0000,  0.9520,  0.0000]], device='cuda:0')
id: None
is_track: False
orig_shape: tensor([540, 960], device='cuda:0')
shape: torch.Size([1, 6])
xywh: tensor([[708.5000, 310.0000, 303.0000, 452.0000]], device='cuda:0')
xywhn: tensor([[0.7380, 0.5741, 0.3156, 0.8370]], device='cuda:0')
xyxy: tensor([[557.,  84., 860., 536.]], device='cuda:0')
xyxyn: tensor([[0.5802, 0.1556, 0.8958, 0.9926]], device='cuda:0')
```

results[0].boxes도 현재 모델에서 지원되는 속성을 보여준다. 속성 중 **데이터(data)** 속성은 경계 상자의 [x1, y1, x2, y2, conf, cls] 구조로 출력된다.

신뢰도(confidence, conf)는 추론된 객체의 점수를 의미하며, **클래스(class, cls)**는 객체의 인덱스 번호를 의미한다. 앞선 YOLOv8 예측 출력 결과의 클래스(names)와 매핑해 활용할 수 있다.

경계 상자의 구조를 확인했으므로 OpenCV로 시각화해 본다. 다음 예제 9.28은 경계 상자 시각화 방법을 보여준다.

예제 9.28 경계 상자 시각화

```python
def draw_boxes(result, frame):
    for boxes in result.boxes:
        x1, y1, x2, y2, score, classes = boxes.data.squeeze().cpu().numpy()
        cv2.rectangle(frame, (int(x1), int(y1)), (int(x2), int(y2)), (0, 0, 255), 1)
    return frame
```

사각형 그리기(rectangle) 함수로 경계 상자를 그릴 수 있다. 입력되는 매개변수는 순서대로 이미지, (x1, y1), (x2, y2), 색상, 선 두께를 의미한다. 두께를 음수로 입력하는 경우 내부가 채워진 사각형이 그려진다. 다음 예제 9.29는 모델 추론 및 시각화 적용 방법을 보여준다.

예제 9.29 모델 추론 및 시각화 적용

```
...

ret, frame = capture.read()
result = predict(frame)
frame = draw_boxes(result, frame)
cv2.imshow("VideoFrame", frame)

...
```

출력 결과

예제 9.29는 예제 9.26 코드의 변경 점만 작성한 것이다. 출력 결과를 보면 매우 우수하게 경계 상자를 예측하는 것을 볼 수 있다. 이번 예제는 포즈 추정 실습이므로 키 포인트도 시각화한다. 다음 예제 9.30 은 키 포인트 시각화 방법을 보여준다.

예제 9.30 키 포인트 시각화

```
from ultralytics.yolo.utils.plotting import Annotator


def draw_keypoints(result, frame):
    annotator = Annotator(frame, line_width=1)
    for kps in result.keypoints:
        kps = kps.data.squeeze()
        annotator.kpts(kps)
```

```
nkps = kps.cpu().numpy()
# nkps[:,2] = 1
# annotator.kpts(nkps)
for idx, (x, y, score) in enumerate(nkps):
    if score > 0.5:
        cv2.circle(frame, (int(x), int(y)), 3, (0, 0, 255), cv2.FILLED)
        cv2.putText(
            frame, str(idx), (int(x), int(y)), cv2.FONT_HERSHEY_COMPLEX,
            1, (0, 0, 255), 1
        )

return frame
```

울트라리틱스 라이브러리는 시각화(Annotator) 클래스를 지원한다. 시각화 클래스는 이미지와 선 두께를 전달해 인스턴스를 생성한다.

키 포인트를 시각화할 예정이므로 예측 결과에서 키 포인트 속성을 추출한다. 키 포인트는 사람의 수만큼 존재할 수 있으므로 반복문으로 구성하며, 키 포인트 시각화(kpts) 메서드에 값을 전달한다.

키 포인트 시각화 메서드는 [17, 3] 형태의 데이터를 입력받는다. MS COCO 키 포인트 데이터세트는 17개의 신체 부위를 예측할 수 있다. 그러므로 키 포인트 데이터 구조는 [x, y, conf] 구조로 반환된다.

다음 그림 9.33과 표 9.1은 키 포인트를 시각화하고 정보를 정리한 것이다.

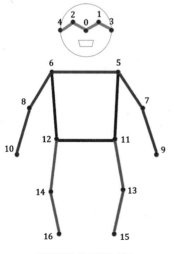

그림 9.33 키 포인트 의미

표 9.1 키 포인트 의미

ID	의미	ID	의미
0	코	9	왼쪽 손목
1	왼쪽 눈	10	오른쪽 손목
2	오른쪽 눈	11	왼쪽 골반
3	왼쪽 귀	12	오른쪽 골반
4	오른쪽 귀	13	왼쪽 무릎
5	왼쪽 어깨	14	오른쪽 무릎
6	오른쪽 어깨	15	왼쪽 발목
7	왼쪽 팔꿈치	16	오른쪽 발목
8	오른쪽 팔꿈치		

위와 같은 정보를 활용해 포즈를 분석하고 시각화할 수 있다. 키 포인트 시각화 메서드는 이러한 정보를 활용해 시각화를 수행한다.

울트라리틱스의 키 포인트 시각화 메서드는 항상 정확도가 0.5 이상인 키 포인트만 시각화하므로 모든 키 포인트를 시각화하려면 주석 처리된 nkps 변수와 같이 정확도를 1로 변경해야 확인할 수 있다.

이후 OpenCV를 활용해 각각의 키 포인트에 점과 텍스트를 입력해 본다. 원 그리기(circle) 함수는 이미지, 중심점, 반지름, 색상, 두께를 입력받으며, 문자열 그리기(putText) 함수는 이미지, 문자열, 위치, 글꼴, 글꼴 크기, 색상, 두께를 입력받는다.

draw_keypoints 함수를 앞선 예제 9.29와 같이 while 문에 적용한다. 다음은 키 포인트 시각화 출력 결과를 보여준다.

키 포인트 시각화 출력 결과(woman.mp4)

키 포인트 시각화 출력 결과(airport.mp4)

이번 절에서는 YOLO 모델의 발전 과정을 살펴보고 최신 모델인 YOLOv8을 활용해 실습을 진행했다. YOLOv8은 이미지 전체를 한 번에 처리하기 때문에 다른 딥러닝 모델에 비해 처리 속도가 빠르다. 이러한 이유로 실시간 객체 탐지와 같은 애플리케이션에 적합하다.

airport.mp4의 출력 결과처럼 YOLO는 다양한 크기와 객체들의 겹침과 같은 복잡한 상황에서도 뛰어난 성능을 보인다. 또한, YOLOv8은 최신 딥러닝 기술과 작업별 모델을 제공하므로 구현이 간편하다는 장점이 있다.

ViT(Vision Transformer)는 2020년 구글(Google)의 「An Image is Worth 16x16 Words: Transformers for Image Recognition at Scale[1]」논문을 통해 소개된 이미지 인식을 위한 딥러닝 모델이다. 이미지를 자연어 처리 방식처럼 분류해 보려는 시도에 의해 탄생했다.

ViT는 이미지 분류 모델에서 사용되는 CNN 모델의 합성곱 계층 방법을 사용하지 않고 트랜스포머 모델에서 사용되는 셀프 어텐션을 적용한다. 합성곱 모델은 이미지를 분류하기 위해 지역 특징을 추출했다면 ViT는 셀프 어텐션을 사용해 전체 이미지를 한 번에 처리하는 방식으로 구현됐다.

하지만 ViT 모델은 이미지 패치가 왼쪽에서 오른쪽, 위에서 아래의 방향으로 순차적으로 입력되어 2차원 구조의 이미지 특성을 온전히 반영한다고 할 수 없다. 이러한 문제를 해결하기 위해 물체의 크기나 해상도를 계층적으로 학습하는 **스윈 트랜스포머(Swin Transformer)**와 **CvT(Convolutional Vision Transformer)** 모델이 제안됐다.

스윈 트랜스포머는 **로컬 윈도(Local Window)**를 활용해 각 계층의 어텐션이 되는 패치의 크기와 개수를 다양하게 구성해 이미지의 특징을 학습시킨다.

ViT 구조와 비교할 때 기존 셀프 어텐션을 로컬 윈도 안에 대한 어텐션, 로컬 윈도 간의 어텐션으로 수행하여 이미지 특징을 계층적으로 학습시켰다. 이 어텐션 함수에는 상대적 위치 편향을 반영하여 어텐션 값 자체에 위치적 정보를 포함시켰다.

---

1 https://arxiv.org/abs/2010.11929

CvT는 기존 합성곱 연산 과정을 ViT에 적용한 모델로, **저수준 특징**(Low-level Feature)과 **고수준 특징**(High-level Feature)을 계층적으로 반영할 수 있다.

예를 들어 사람 얼굴의 저수준 특징은 눈, 코, 입과 같은 작은 단위이며 고수준 특징은 눈, 코, 입을 포함한 전체 얼굴로 비유할 수 있다. 또한 어텐션 연산 과정에서 **쿼리**(Query, Q), **키**(Key, K), **값**(Value, V) 중 키와 값을 기존 특징 벡터보다 축소해 계산 복잡도를 감소시켰다.

ViT 계열의 모델들은 이미지 분류 작업에 매우 효과적인 모델임이 여러 번 입증됐으며, 광범위한 다른 컴퓨터비전 작업에도 적용할 수 있다.

이번 장의 실습에서는 FashionMNIST 데이터를 활용한 이미지 인식을 수행해 본다. FashionMNIST 데이터는 티셔츠(T-Shirt), 바지(Trouser), 풀오버(Pullover), 드레스(Dress), 코트(Coat), 샌들(Sandal), 셔츠(Shirt), 스니커즈(Sneaker), 가방(Bag), 앵클 부츠(Ankle Boot)로 총 10개의 패션 상품을 분류하는 문제를 다룬다.

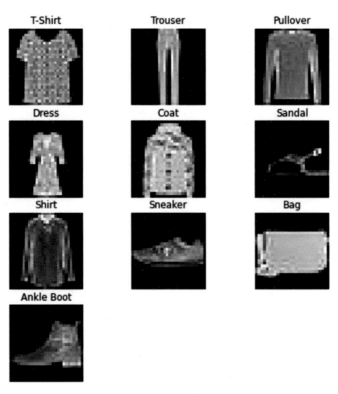

그림 10.1 FashionMNIST 데이터 샘플 이미지

ViT

자연어 처리 분야에서 트랜스포머 모델이 큰 성능 향상을 이뤄내면서 컴퓨터비전 분야의 모델에도 많은 영향을 주었다. 이전 컴퓨터비전 관련 연구는 합성곱 신경망에 트랜스포머 모델의 셀프 어텐션 모듈을 적용한 모델이 많았지만, **ViT(Vision Transformer)**는 트랜스포머 구조 자체를 컴퓨터비전 분야에 적용한 첫 번째 연구다. 그림 10.2는 자연어 처리에 널리 사용되는 BERT 모델과 ViT 모델의 차이를 보여준다.

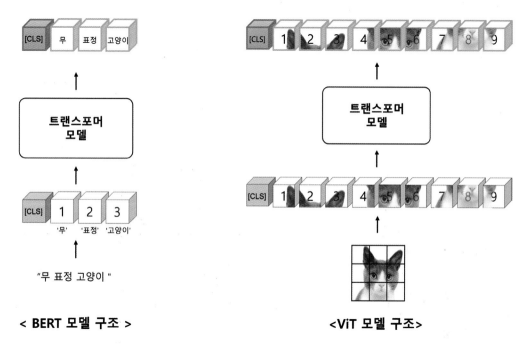

< BERT 모델 구조 >   **<ViT 모델 구조>**

그림 10.2 BERT의 ViT 모델 구조 차이

두 모델 다 트랜스포머 모델의 구조를 그대로 사용하지만, 입력 데이터를 만드는 과정이 서로 다르다. BERT는 문장보다 작은 단위의 토큰들이 순차적으로 입력되며 ViT 모델은 이미지가 격자로 작은 단위의 이미지 패치로 나뉘어 순차적으로 입력된다는 차이가 있다. 따라서 ViT 모델에 사용되는 입력 이미지 패치는 왼쪽에서 오른쪽, 위에서 아래로 표현된 시퀀셜 배열을 가정한다.

합성곱 모델과 ViT 모델 비교

합성곱 신경망과 트랜스포머는 이미지 특징을 잘 표현하는 임베딩을 만들고자 하는 목적은 같지만, 그 과정에는 큰 차이가 있다. 합성곱 신경망의 임베딩은 이미지 패치 중 일부만 선택하여 학습하며, 이를 통해 이미지 전체의 특징을 추출한다.

예를 들어, 고양이의 이미지에서 왼쪽 눈의 특징을 추출하고자 한다면 합성곱 신경망은 이미지에서 해당 부분만 선택해 학습한다.

반면, ViT 임베딩은 이미지를 작은 패치들로 나눠 각 패치 간의 상관관계를 학습한다. 이를 위해 셀프 어텐션 방법을 사용해 모든 이미지 패치가 서로에게 주는 영향을 고려해 이미지의 전체 특징을 추출한다. 그러므로 ViT는 모든 이미지 패치가 학습에 관여하며 높은 수준의 이미지 표현을 제공할 수 있다.

그림 10.3은 합성곱 신경망과 ViT 임베딩의 비교 예시를 보여준다.

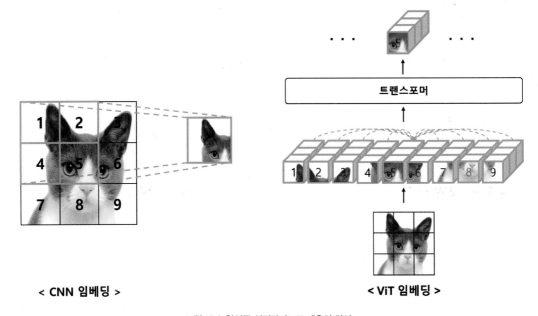

그림 10.3 합성곱 신경망과 ViT 계층의 차이

그림 10.3과 같이 합성곱 신경망은 고양이의 오른쪽 눈을 표현하는 데 1, 2, 4, 5만 학습되고 나머지 3, 6, 7, 8, 9 이미지 패치는 학습에 관여하지 않는다. 반면에 ViT 임베딩은 셀프 어텐션 방법으로 모든 이미지 패치가 학습에 관여한다.

따라서 좁은 수용 영역(Receptive Field, RF)을 가진 합성곱 신경망은 전체 이미지 정보를 표현하는 데 수많은 계층이 필요하지만, 트랜스포머 모델은 **어텐션 거리(Attention Distance)**[2]를 계산하여 오직 한 개의 ViT 레이어로 전체 이미지 정보를 쉽게 표현할 수 있다.

또한, ViT는 픽셀 단위로 처리하는 합성곱 모델과 달리 패치 단위로 이미지를 처리하기 때문에 더 작은 모델로도 높은 성능을 얻을 수 있다는 장점도 있다.

ViT 모델은 입력 이미지의 크기가 고정되어 있어 크기가 다른 이미지를 처리하려면 이미지 크기를 맞추는 전처리가 필요하며, 합성곱 신경망이 이미지의 공간적인 위치 정보를 고려하는 데 비해 ViT는 패치 간의 상대적인 위치 정보만 고려하기 때문에 이미지 변환에 취약할 수 있다.

ViT의 귀납적 편향

딥러닝 모델의 **귀납적 편향(Inductive Bias)**은 일반화 성능 향상을 위한 모델의 가정(Assumption)을 의미한다. 예를 들어 이미지 데이터는 공간적 관계를 잘 표현하므로 지역적(Local) 편향을 가진 합성곱 신경망 모델이 많이 사용된다.

앞서 설명했듯이 합성곱 신경망은 이미지를 작은 조각으로 나누어 각 조각의 특징을 추출한 후, 이들을 조합하여 전체 이미지의 특징을 추론한다. 지역적인 특징을 강조하는 특성을 가지고 있기 때문에 이미지 데이터에서 좋은 성능을 발휘한다.

반면에 시계열 데이터는 시간적 관계를 잘 표현하므로, 시퀀셜(Sequential) 편향을 가진 순환 신경망 모델이 많이 사용된다.

순환 신경망은 이전 시간의 상태를 기억하고, 현재 입력과 결합하여 다음 상태를 예측한다. 순환 신경망은 순차적인 특징을 강조하는 특성을 가지고 있기 때문에 시계열 데이터에서 좋은 성능을 발휘한다. 하지만 이러한 특정 관계 편향이 강할수록, 다른 다양한 관계를 표현하기 어려워 귀납적 편향이 약한 모델을 선호하게 된다.

다시 말해 ViT 모델은 입력 데이터의 다양한 쿼리(Query), 키(Key), 값(Value)의 임베딩 형태로 일반화된 관계를 학습하기 때문에 귀납적 편향이 거의 없고, 대용량 데이터에 대해서 이미지 특징들의 관계를 잘 학습하는 모델로 알려져 있다. 표10.1은 딥러닝 모델의 귀납적 편향을 요약했다.

---

2 쿼리 벡터와 값 벡터 사이의 유사도(거리)를 내적(dot-product)으로 계산한 것을 의미한다.

표 10.1 딥러닝 모델의 귀납적 편향

딥러닝 모델	귀납적 편향
합성곱 신경망(CNN)	지역적 편향
순환 신경망(RNN)	순차적 편향
ViT	귀납적 편향이 거의 없음

귀납적 편향은 해당 모델이 가지는 구조와 매개변수들이 데이터에 적합한 가정을 하고 있음을 나타낸다. 이러한 가정이 올바르다면 모델은 더 적은 데이터로 높은 일반화 성능을 보일 수 있다. 그러나 너무 강한 귀납적 편향은 다른 유형의 데이터나 관계를 표현하는 데 어려움을 초래할 수 있다.

ViT 모델

ViT 모델은 입력 이미지를 트랜스포머 구조에 맞게 일정한 크기의 패치로 나눈 다음 각 패치를 벡터 형태로 변환하는 **패치 임베딩(Patch Embedding)**과 각 패치와의 관계를 학습하는 **인코더(Encoder)** 계층으로 구성된다.

패치 임베딩과 인코더 계층을 통해 이미지의 특징을 추출하고 분류나 회귀와 같은 작업에 맞는 출력값으로 변환해 사용한다. 그림 10.4는 ViT 모델 구조를 보여준다.

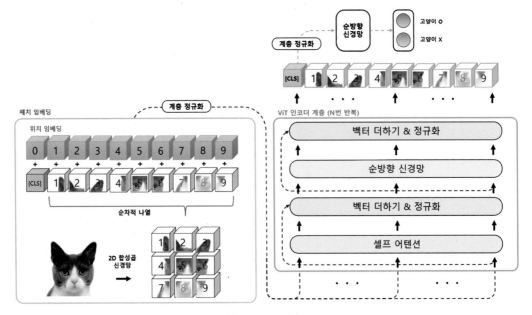

그림 10.4 ViT 모델 구조

패치 임베딩

패치 임베딩(Patch Embedding)은 입력 이미지를 작은 패치로 분할하는 과정을 말한다. 작은 패치로 분할하기 위해서는 이미지 크기를 맞추는 전처리가 수행돼야 한다. 예를 들어 입력 이미지의 크기가 640×480이었다면 224×224 크기와 같은 정방형 크기로 이미지 크기를 조절한다.

이미지 크기를 일정한 크기로 변경했다면 전체 이미지를 패치 크기로 분할해 시퀀셜 배열을 만든다. 이때 합성곱 신경망의 계층을 활용한다. 다음 그림 10.5는 이미지 패치 생성 과정을 보여준다.

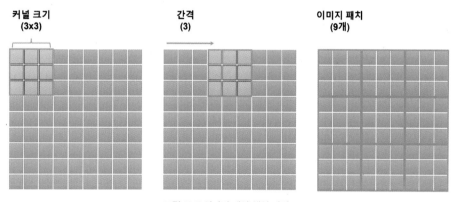

그림 10.5 이미지 패치 생성 과정

패치 임베딩을 위해서는 커널 크기(Kernel Size)와 간격(Stride)을 설정해야 한다. 커널 크기와 간격은 하이퍼파라미터로 정의된다. 커널은 패치의 크기를 의미하며, 간격은 패치가 이동하는 폭을 의미한다. 이미지 크기가 9×9, 커널 크기가 3×3, 간격이 3이라면 총 9(3×3)개의 이미지 패치가 생성된다. 다음 수식 10.1은 가로 또는 세로 패치의 개수를 계산하는 과정을 보여준다.

수식 10.1 패치 계산 과정

$$patch\ size = \frac{image\ size - kernel\ size}{stride} = \frac{9-3}{3} + 1 = 3$$

수식 10.1과 같이 가로 패치는 3개, 세로 패치도 3개가 생성되어 총 9개의 패치가 생성된다. 커널 크기가 3×3, 간격이 1이라면 (9−3+1)×(9−3+1) = 49개의 패치가 생성된다.

일반적으로 분할된 이미지 패치들을 배열 형태로 나열할 때 왼쪽에서 오른쪽, 위에서 아래의 순서로 배열한다. 이 배열 가장 왼쪽에 **분류 토큰(Special Classification Token, [CLS])**을 추가한다. 분류 토큰은 전체 이미지를 대표하는 벡터로 특정 문제를 예측하는 데 사용된다.

또한, **위치 임베딩(Position Embedding)**을 사용하여 인접한 패치 간의 관계를 학습한다. 위치 임베딩은 패치의 위치 정보를 임베딩 벡터로 변환하고 기존 이미지 패치 벡터들과 더한다.

마지막에 계층 정규화를 적용하면 패치 임베딩이 만들어진다. 이렇게 입력 이미지를 작은 패치로 나눠 처리하면 GPU 메모리의 한계를 극복하고 더 큰 이미지를 처리할 수 있다.

인코더 계층

ViT 모델은 이미지를 일정한 크기의 패치로 나눠 각 패치를 벡터로 변환한 후 인코더 계층에 입력으로 전달해 다양한 쿼리, 키, 값 임베딩의 관계를 학습한다. 이 내용은 7장 트랜스포머에서 설명한 멀티 헤드 어텐션의 학습 과정과 동일하다.

N개의 인코더 레이어를 반복적으로 적용한 후, 마지막 레이어에서는 분류 토큰이라고 불리는 특별한 패치의 특징 벡터를 추출한다. 이 분류 토큰 벡터는 이미지 데이터를 잘 표현하는 특징 벡터로 간주된다. 이러한 특징 벡터는 이후 다양한 이미지 분류 및 검색 문제를 해결하는 데 사용된다.

예를 들어, 고양이인지 아닌지 구분하는 모델을 학습한다면 ViT 모델은 **시퀀셜 산출물(Sequential Output)**[3]을 모두 사용하는 것이 아니라 전체 이미지의 특징을 잘 표현하는 분류 토큰 벡터만 사용해서 분류 문제를 풀어낸다.

따라서 분류 토큰 벡터를 순방향 신경망(또는 완전 연결 계층)에 연결하고 고양이인지 아닌지를 분류하는 방법으로 ViT 모델이 학습된다.

모델 실습

이번 절에서는 허깅 페이스 라이브러리와 FashionMNIST 데이터세트를 활용해 ViT 모델을 미세 조정해 본다. FashionMNIST 데이터세트는 기존의 MNIST 데이터세트보다 더 복잡한 이미지 분류 문제를 해결하기 위해 만들어졌다.

FashionMNIST 데이터세트는 의류 이미지를 담고 있는 데이터세트로, 총 10개의 클래스와 60,000개의 훈련 데이터세트, 10,000개의 테스트 데이터세트로 구성된다.

---

3 마지막 ViT 인코더 계층에서 산출되는 이미지 패치들의 특징 벡터를 의미한다.

간단한 실습을 위해 학습 데이터를 10,000개, 테스트 데이터를 1,000개로 샘플링한다. 다음 예제 10.1
은 FashionMNIST 데이터를 불러오고 균등 샘플링하는 방법을 보여준다.

예제 10.1 FashionMNIST 다운로드

```python
from itertools import chain
from collections import defaultdict
from torch.utils.data import Subset
from torchvision import datasets


def subset_sampler(dataset, classes, max_len):
    target_idx = defaultdict(list)
    for idx, label in enumerate(dataset.train_labels):
        target_idx[int(label)].append(idx)

    indices = list(
        chain.from_iterable(
            [target_idx[idx][:max_len] for idx in range(len(classes))]
        )
    )
    return Subset(dataset, indices)



train_dataset = datasets.FashionMNIST(root="../datasets", download=True, train=True)
test_dataset = datasets.FashionMNIST(root="../datasets", download=True, train=False)

classes = train_dataset.classes
class_to_idx = train_dataset.class_to_idx

print(classes)
print(class_to_idx)

subset_train_dataset = subset_sampler(
    dataset=train_dataset, classes=train_dataset.classes, max_len=1000
)
subset_test_dataset = subset_sampler(
    dataset=test_dataset, classes=test_dataset.classes, max_len=100
)
```

```
print(f"Training Data Size : {len(subset_train_dataset)}")
print(f"Testing Data Size : {len(subset_test_dataset)}")
print(train_dataset[0])
```

출력 결과

```
['T-shirt/top', 'Trouser', 'Pullover', 'Dress', 'Coat', 'Sandal', 'Shirt', 'Sneaker', 'Bag', 'Ankle
boot']
{'T-shirt/top': 0, 'Trouser': 1, 'Pullover': 2, 'Dress': 3, 'Coat': 4, 'Sandal': 5, 'Shirt': 6,
'Sneaker': 7, 'Bag': 8, 'Ankle boot': 9}
Training Data Size : 10000
Testing Data Size : 1000
(<PIL.Image.Image image mode=L size=28x28 at 0x1661A976310>, 9)
```

FashionMNIST 데이터세트는 torchvision.datasets.FashionMNIST 클래스로 지정된 디렉터리 경로에 다운로드할 수 있다. 경로(root)는 FashionMNIST 데이터세트가 저장될 디렉터리 위치를 뜻하며, 다운로드(download)를 참값으로 설정하면 데이터세트가 없을 경우 다운로드된다. 또한 훈련(train) 매개변수의 인수에 따라 훈련용 데이터세트와 테스트용 데이터세트를 나눠서 불러올 수도 있다.

FashionMNIST 데이터세트에 포함된 클래스는 classes 속성을 통해 확인할 수 있다. 클래스 ID와 클래스가 매핑된 값을 확인하려면 class_to_idx 속성을 확인한다.

데이터세트를 불러오고 구조를 확인했다면 subset_sampler 함수를 선언해 서브 샘플링을 수행한다. subset_sampler 함수는 데이터세트(dataset), 클래스 목록(classes), 클래스별 최대 샘플링 개수(max_len)를 전달한다.

기본값이 있는 딕셔너리(defaultdict) 클래스를 활용해 클래스마다 1,000개의 데이터 색인 값을 가져온다. 색인 값을 1차원 리스트로 풀어 서브셋(Subset) 클래스에 전달하면 해당 색인 값에 해당하는 데이터세트를 추출할 수 있다.

서브 샘플링을 수행했다면 서브셋 데이터세트와 개별 데이터를 확인한다. 서브셋 데이터세트는 각각 10,000개와 1,000개가 반환되며, 개별 데이터는 PIL 이미지와 클래스 번호를 담고 있다.

모델을 학습하기 위해서는 PIL.Image 형식이 아닌 Tensor 형식으로 변환해야 하므로 전처리를 진행한다. 다음 예제 10.2는 허깅 페이스의 이미지 프로세서 클래스(AutoImageProcessor)를 사용해 전처리하는 코드다.

예제 10.2 이미지 전처리

```python
import torch
from torchvision import transforms
from transformers import AutoImageProcessor

image_processor = AutoImageProcessor.from_pretrained(
    pretrained_model_name_or_path="google/vit-base-patch16-224-in21k"
)

transform = transforms.Compose(
    [
        transforms.ToTensor(),
        transforms.Resize(
            size=(
                image_processor.size["height"],
                image_processor.size["width"]
            )
        ),
        transforms.Lambda(
            lambda x: torch.cat([x, x, x], 0)
        ),
        transforms.Normalize(
            mean=image_processor.image_mean,
            std=image_processor.image_std
        )
    ]
)

print(f"size : {image_processor.size}")
print(f"mean : {image_processor.image_mean}")
print(f"std : {image_processor.image_std}")
```

출력 결과

```
size : {'height': 224, 'width': 224}
mean : [0.5, 0.5, 0.5]
std : [0.5, 0.5, 0.5]
```

이미지 프로세서 클래스(AutoImageProcessor)는 사전 학습된 ViT 모델을 활용해 전처리를 진행한다. 이미지 프로세서 클래스는 자르기(crop)나 크기 조정(resize) 등의 전처리를 수행할 수 있다.

예제에서 사용되는 google/vit-base-patch16-224-in21k 모델은 ImageNet-21k[4] 데이터세트를 사용해 224×224 이미지 크기와 16개의 이미지 패치를 기반으로 학습됐다.

모델 학습 시 PIL.Image 형식이 아닌 Tensor 형식을 사용하므로 변환 모듈을 통해 이미지를 변환한다. 학습에 사용하려는 이미지를 ViT 모델과 맞추기 위해 크기 조정(transforms.Resize)을 진행하며, 사용자 정의 함수 클래스(transforms.Lambda) 단일 채널을 복제해 다중 채널 이미지로 변환한다. 이후 정규화(transforms.Normalize)를 적용한다.

학습을 적용하기 위해 전처리 과정이 모두 적용됐지만, ViT 모델은 Tensor 형식의 데이터를 사용하는 것이 아닌 딕셔너리 형식의 데이터를 입력으로 받는다.

ViT 모델의 입력은 {"pixel_values": pixel_values, "labels": labels}의 형태를 입력으로 사용한다. 그러므로 데이터로더에 **집합 함수(collate_fn)**를 적용해 미니 배치의 샘플 목록을 병합한다. 이 함수로 ViT 모델 구조에 맞는 형태로 변환해 데이터로더에 적용한다. 다음 예제 10.3은 ViT 데이터로더 적용 방법을 보여준다.

예제 10.3 ViT 데이터로더 적용

```python
from torch.utils.data import DataLoader


def collator(data, transform):
    images, labels = zip(*data)
    pixel_values = torch.stack([transform(image) for image in images])
    labels = torch.tensor([label for label in labels])
    return {"pixel_values": pixel_values, "labels": labels}


train_dataloader = DataLoader(
    subset_train_dataset,
    batch_size=32,
    shuffle=True,
    collate_fn=lambda x: collator(x, transform),
    drop_last=True
```

---

4 ImageNet-21k 데이터세트는 약 1,400만 개의 이미지와 21,843개의 클래스로 구성돼 있다.

```
)
valid_dataloader = DataLoader(
    subset_test_dataset,
    batch_size=4,
    shuffle=True,
    collate_fn=lambda x: collator(x, transform),
    drop_last=True
)

batch = next(iter(train_dataloader))
for key, value in batch.items():
    print(f"{key} : {value.shape}")
```

출력 결과

```
pixel_values : torch.Size([32, 3, 224, 224])
labels : torch.Size([32])
```

데이터로더에 집합 함수(collate_fn)를 적용하기 위해 사용자 정의 함수(collator)를 생성한다. 이 집합 함수의 입력값은 데이터로더에서 불러온 배치가 된다. 현재 예제는 ViT 모델에 맞는 입력 구조 변환을 수행한다.

그러므로 collator 함수에 transform 변수를 함께 전달해 이미지를 변환하고 {"pixel_values": pixel_values, "labels": labels} 구조로 값을 반환한다. pixel_values는 (배치 크기, 채널 수, 이미지 높이, 이미지 너비)로 구성되며 labels는 클래스 색인 값을 반환한다.

train_dataloader의 첫 번째 값을 확인해 보면 딕셔너리 형식으로 데이터를 반환하고 배치 크기와 동일한 구조로 데이터가 생성된 것을 확인할 수 있다.

데이터로더까지 구성이 완료됐다면 사전 학습된 ViT 모델을 불러온다. 다음 예제 10.4는 사전 학습된 ViT 모델을 불러오는 방법을 설명한다.

예제 10.4 사전 학습된 ViT 모델

```
from transformers import ViTForImageClassification

model = ViTForImageClassification.from_pretrained(
    pretrained_model_name_or_path="google/vit-base-patch16-224-in21k",
```

```
    num_labels=len(classes),
    id2label={idx: label for label, idx in class_to_idx.items()},
    label2id=class_to_idx,
    ignore_mismatched_sizes=True
)


print(model.classifier)
```

출력 결과

```
Linear(in_features=768, out_features=10, bias=True)
```

허깅 페이스 라이브러리의 **ViT 이미지 분류 모델 클래스(ViTForImageClassification)**를 통해 사전 학습된 모델을 불러올 수 있다. 사전 학습된 모델은 앞선 이미지 프로세서 클래스에서 사용한 모델과 동일하다.

이 모델은 21,841개의 분류 카테고리로 학습된 모델이므로 미세 조정을 필요로 한다. 8장 '이미지 분류'에서 진행한 미세 조정 방법으로도 ViT 모델을 미세 조정할 수 있지만, ViT 이미지 분류 모델 클래스는 매개변수를 통해 미세 조정을 할 수 있다.

레이블 개수(num_labels), ID/레이블(id2label), 레이블/ID(label2id) 매개변수를 통해 현재 데이터 세트에 적합한 구조로 모델을 미세 조정한다.

출력 결과를 확인해 보면 분류기(classifier)의 출력 데이터 차원 크기(out_features)를 10개로 반환하는 것을 확인할 수 있다.

모델을 학습하기에 앞서 패치 임베딩 구조를 확인해 본다. 다음 예제 10.5는 패치 임베딩을 확인하는 방법을 보여준다.

예제 10.5 패치 임베딩 확인

```
print(model.vit.embeddings)

batch = next(iter(train_dataloader))
print("image shape :", batch["pixel_values"].shape)
print("patch embeddings shape :",
    model.vit.embeddings.patch_embeddings(batch["pixel_values"]).shape
)
```

```
print("[CLS] + patch embeddings shape :",
    model.vit.embeddings(batch["pixel_values"]).shape
)
```

출력 결과

```
ViTEmbeddings(
  (patch_embeddings): ViTPatchEmbeddings(
    (projection): Conv2d(3, 768, kernel_size=(16, 16), stride=(16, 16))
  )
  (dropout): Dropout(p=0.0, inplace=False)
)
image shape : torch.Size([32, 3, 224, 224])
patch embeddings shape : torch.Size([32, 196, 768])
[CLS] + patch embeddings shape : torch.Size([32, 197, 768])
```

ViT 모델은 7장 트랜스포머에서 다룬 트랜스포머 모델과 유사하지만, 입력 데이터를 일정한 크기의 패치로 분할한 후 패치마다 특성을 추출하는 과정을 추가로 수행한다. 이를 위해 ViT 모델에는 **패치 임베딩**(patch_embeddings)이 추가된다.

패치 임베딩의 처리 방식을 확인하기 위해 배치 데이터 하나를 **패치 임베딩 함수**(model.vit.embeddings.patch_embeddings)에 적용해 본다.

패치 임베딩 함수는 16×16 커널과 16 간격의 합성곱(Conv2d) 연산을 수행한다. 가령 224×224 크기의 이미지에 합성곱 연산을 수행한다면 $\frac{(224-4)}{4}+1=14$이므로 14×14의 텐서가 생성된다. 이 텐서를 일렬로 나열한다면 196(14×14)개의 패치가 생성된다.

패치 임베딩이 생성된 후 **임베딩 함수**(model.vit.embeddings)가 수행된다. 이 함수 앞에 [4, 1, 768] 크기의 [CLS] 토큰이 패치 앞에 붙어 197개의 벡터가 생성된다.

ViT 모델을 미세 조정하고 패치 임베딩 구조를 확인했다면 트랜스포머스 라이브러리의 훈련자 클래스(Trainer)를 활용해 모델을 학습해 본다. 다음 예제 10.6은 트랜스포머스 라이브러리로 하이퍼파라미터 매개변수의 설정 방법을 보여준다.

예제 10.6 하이퍼파라미터 설정

```
from transformers import TrainingArguments
```

```
args = TrainingArguments(
    output_dir="../models/ViT-FashionMNIST",
    save_strategy="epoch",
    evaluation_strategy="epoch",
    learning_rate=1e-5,
    per_device_train_batch_size=16,
    per_device_eval_batch_size=16,
    num_train_epochs=3,
    weight_decay=0.001,
    load_best_model_at_end=True,
    metric_for_best_model="f1",
    logging_dir="logs",
    logging_steps=125,
    remove_unused_columns=False,
    seed=7
)
```

학습 매개변수 클래스(TrainingArguments)는 모델 학습에 필요한 다양한 인자들을 저장하고 관리할 수 있다. 하이퍼파라미터 관리, 모델 평가, 분산 학습, 허깅 페이스 허브 연동, 로그 추적 등의 기능을 제공하며, 80여 개의 매개변수를 통해 다양한 기능을 설정할 수 있다. 이번 예제에서 사용된 매개변수 및 주요한 매개변수를 표 10.2에 정리했다.

표 10.2 학습 매개변수 클래스(TrainingArguments)

매개변수	의미
output_dir	체크포인트 저장 경로
save_strategy	체크포인트 저장 간격 설정 ▪ no: 저장 안 함 ▪ steps: 스탭마다 ▪ epoch: 에폭마다
save_steps	save_strategy= "steps"일 때 스탭 간격 설정
save_total_limit	체크포인트 최대 저장 개수
evaluation_strategy	체크포인트 평가 간격 설정 ▪ no: 저장 안 함 ▪ steps: 스탭마다 ▪ epoch: 에폭마다

매개변수	의미
learning_rate	초기 학습률
per_device_train_batch_size	학습 배치 크기
per_device_eval_batch_size	평가 배치 크기
num_train_epochs	학습 반복 수
weight_decay	가중치 감쇠
load_best_model_at_end	모델 불러오기 시 최상의 모델 선택 여부
metric_for_best_model	최상의 모델 선정 기준이 되는 평가 방식 설정 ■ accuracy: 정확도 ■ precision: 정밀도 ■ f1: F1 점수 ■ mae: 평균 절대 오차 ■ mse: 평균 제곱 오차 ■ rmse: 평균 제곱근 편차
logging_dir	로그 저장 폴더
logging_steps	로그 출력 간격
seed	학습 시작 시 설정되는 무작위 시드
fp16[5]	Mixed precision 사용 여부

하이퍼파라미터 설정이 완료됐다면 모델의 성능을 평가하기 위한 성능 평가 지표 방법을 설정한다. 성능 평가 방법은 **매크로 평균 F1 점수(Macro Average F1-Score)**를 사용한다.

현재 예제는 다중 클래스이므로 모든 클래스에 대한 F1 점수의 가중 평균으로 전체 모델의 성능을 측정한다. 다음 예제 10.7은 매크로 평균 F1 점수 평가 구현 방법을 보여준다.

예제 10.7 매크로 평균 F1 점수

```python
import evaluate
import numpy as np


def compute_metrics(eval_pred):
    metric = evaluate.load("f1")
```

---

5 모델의 일부 매개변수를 32비트로 유지하면서 일부 매개변수를 16비트로 변환해 학습을 진행하는 기술이다. 메모리 사용량이 줄어 더 큰 배치 크기를 사용해 학습할 수 있다.

```
    predictions, labels = eval_pred
    predictions = np.argmax(predictions, axis=1)
    macro_f1 = metric.compute(
        predictions=predictions, references=labels, average="macro"
    )
    return macro_f1
```

성능 평가 지표도 허깅 페이스의 평가 라이브러리로 메트릭을 쉽게 불러올 수 있다. **메트릭 불러오기 함수(load)**는 정확도(accuracy), 정밀도(precision), F1 점수(f1) 등 다양한 평가 지표를 제공한다. 이 함수를 통해 F1 점수 방식을 불러온다.[6]

compute_metrics 함수에 전달되는 eval_pred 인수는 모델이 예측한 결괏값을 전달받는다. 모든 클래스에 대한 예측값이 포함돼 있으므로, 가장 확률이 높은 값을 선택해 predictions 변수에 저장한다.

예측 데이터를 정제했다면 예측값(predictions)과 실젯값(labels)을 메트릭 연산(metric.compute) 메서드에 전달한다. 현재 예제는 매크로 평균 F1 점수 방식을 사용하므로 평균(average) 매개변수에 macro를 입력한다.

성능 평가 지표까지 구현이 완료됐다면 이제 모델을 학습한다. 다음 예제 10.8은 트랜스포머스 라이브러리로 모델을 학습하는 전체 코드를 보여준다.

예제 10.8 ViT 모델 학습

```
import torch
import evaluate
import numpy as np
from itertools import chain
from collections import defaultdict
from torch.utils.data import Subset
from torchvision import datasets
from torchvision import transforms
from transformers import AutoImageProcessor
from transformers import ViTForImageClassification
from transformers import TrainingArguments, Trainer
```

---

6 메트릭 불러오기 함수에서 지원되는 평가 방식은 evaluate.list_evaluation_modules() 함수로 확인할 수 있다.

```python
def subset_sampler(dataset, classes, max_len):
    target_idx = defaultdict(list)
    for idx, label in enumerate(dataset.train_labels):
        target_idx[int(label)].append(idx)

    indices = list(
        chain.from_iterable(
            [target_idx[idx][:max_len] for idx in range(len(classes))]
        )
    )
    return Subset(dataset, indices)


def model_init(classes, class_to_idx):
    model = ViTForImageClassification.from_pretrained(
        pretrained_model_name_or_path="google/vit-base-patch16-224-in21k",
        num_labels=len(classes),
        id2label={idx: label for label, idx in class_to_idx.items()},
        label2id=class_to_idx,
    )
    return model


def collator(data, transform):
    images, labels = zip(*data)
    pixel_values = torch.stack([transform(image) for image in images])
    labels = torch.tensor([label for label in labels])
    return {"pixel_values": pixel_values, "labels": labels}


def compute_metrics(eval_pred):
    metric = evaluate.load("f1")
    predictions, labels = eval_pred
    predictions = np.argmax(predictions, axis=1)
    macro_f1 = metric.compute(
        predictions=predictions, references=labels, average="macro"
    )
    return macro_f1


train_dataset = datasets.FashionMNIST(root="../datasets", download=True, train=True)
test_dataset = datasets.FashionMNIST(root="../datasets", download=True, train=False)
```

```python
classes = train_dataset.classes
class_to_idx = train_dataset.class_to_idx

subset_train_dataset = subset_sampler(
    dataset=train_dataset, classes=train_dataset.classes, max_len=1000
)
subset_test_dataset = subset_sampler(
    dataset=test_dataset, classes=test_dataset.classes, max_len=100
)


image_processor = AutoImageProcessor.from_pretrained(
    pretrained_model_name_or_path="google/vit-base-patch16-224-in21k"
)


transform = transforms.Compose(
    [
        transforms.ToTensor(),
        transforms.Resize(
            size=(
                image_processor.size["height"],
                image_processor.size["width"]
            )
        ),
        transforms.Lambda(
            lambda x: torch.cat([x, x, x], 0)
        ),
        transforms.Normalize(
            mean=image_processor.image_mean,
            std=image_processor.image_std
        )
    ]
)


args = TrainingArguments(
    output_dir="../models/ViT-FashionMNIST",
    save_strategy="epoch",
    evaluation_strategy="epoch",
```

```
        learning_rate=1e-5,
        per_device_train_batch_size=16,
        per_device_eval_batch_size=16,
        num_train_epochs=3,
        weight_decay=0.001,
        load_best_model_at_end=True,
        metric_for_best_model="f1",
        logging_dir="logs",
        logging_steps=125,
        remove_unused_columns=False,
        seed=7
)

trainer = Trainer(
        model_init=lambda x: model_init(classes, class_to_idx),
        args=args,
        train_dataset=subset_train_dataset,
        eval_dataset=subset_test_dataset,
        data_collator=lambda x: collator(x, transform),
        compute_metrics=compute_metrics,
        tokenizer=image_processor,
)
trainer.train()
```

이번 절에서는 트랜스포머스 라이브러리의 **훈련자 클래스(Trainer)**를 통해 ViT 모델의 학습을 수행한다. 훈련자 클래스는 모델을 함수(model_init)의 형태로 생성해 전달한다. 또한 훈련자 클래스는 데이터로더가 내부적으로 수행되므로 데이터세트와 집합 함수 등을 함께 전달한다.

토크나이저(tokenizer)는 image_processor를 전달한다. 토크나이저는 토큰을 임베딩해 모델 입력으로 사용하도록 토큰 분리 작업을 수행한다.

학습에 필요한 설정을 모두 완료했다면 trainer 인스턴스의 train 메서드를 실행시켜 학습을 진행한다.

학습이 완료되면 ViT-FashionMNIST 폴더에 체크포인트마다 학습 결과, 성능 지표, 하이퍼파라미터 등이 저장된다. 다음 표 10.3은 ViT 모델의 학습 결과를 정리한 것이다.

표 10.3 ViT 학습 결과

Epoch	Training Loss	Validation Loss	F1-Score
1	0.7062	0.6377	0.8905
2	0.4954	0.4781	0.9166
3	0.4078	0.4357	0.9231

최종 학습 결과는 손실값이 0.4078이며, F1 점수가 0.9231로 학습이 우수하게 진행된 것을 확인할 수 있다. ViT-FashionMNIST 폴더에 저장된 체크포인트를 불러오고자 한다면 model_init 함수의 model 변수에서 pretrained_model_name_or_path 매개변수를 "../models/ViT-FashionMNIST/checkpoint-1875"와 같은 형태로 설정한다.

이제 테스트 데이터세트를 통해 성능 지표를 확인해 보고 **혼동 행렬(Confusion Matrix)**을 활용해 예측 결과를 확인해 본다. 다음 예제 10.9는 혼동 행렬을 활용해 모델의 성능 평가 방법을 보여준다.

예제 10.9 ViT 모델 성능 평가

```python
import matplotlib.pyplot as plt
from sklearn.metrics import confusion_matrix, ConfusionMatrixDisplay

outputs = trainer.predict(subset_test_dataset)
print(outputs)

y_true = outputs.label_ids
y_pred = outputs.predictions.argmax(1)

labels = list(classes)
matrix = confusion_matrix(y_true, y_pred)
display = ConfusionMatrixDisplay(confusion_matrix=matrix, display_labels=labels)
_, ax = plt.subplots(figsize=(10, 10))
display.plot(xticks_rotation=45, ax=ax)
plt.show()
```

출력 결과

```
# 생략
{
    'test_loss': 0.43576720356941223,
```

```
    'test_f1': 0.9231955290222554,
    'test_runtime': 8.4356,
    'test_samples_per_second': 29.636,
    'test_steps_per_second': 4.283
}
# 생략
```

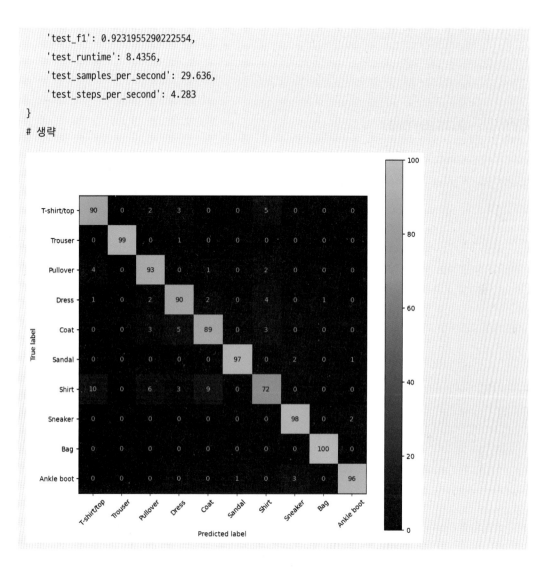

테스트 데이터세트로 ViT 모델을 테스트하면 약 92%의 분류 정확도를 갖는다. 정확도 측면에서 모델은 준수한 성능을 보인다. 하지만 혼동 행렬로 클래스별 성능 지표를 확인해 보면 '셔츠'를 '티셔츠'나 '코트'로 오분류한 경우가 상대적으로 많은 것으로 확인할 수 있다.

혼동 행렬을 통해 오분류된 클래스에 대한 문제점을 파악하고 모델을 개선해 정확도를 향상시킬 수 있다. 주요한 모델 개선 방법으로는 하이퍼파라미터 조정, 모델 구조 변경, 전처리 과정 개선, 데이터 증강 등이 있다.

이러한 방법을 활용해 모델의 성능을 개선하고, 오분류가 발생하는 클래스에 대한 문제점을 해결해 더 높은 정확도를 달성할 수 있다.

Swin Transformer

스윈 트랜스포머(Swin Transformer)[7]란 2021년에 발표한 대규모 비전 인식 모델이다. 기존 트랜스 포머를 기반으로 하는 모델의 공통적인 문제점은 고정된 패치 크기로 인해 세밀한 예측을 필요로 하는 의미론적 분할(Semantic Segmentation)과 같은 작업에 적합하지 않다는 점이었다.

또한 트랜스포머의 셀프 어텐션은 입력 이미지 크기에 대한 2차(Quadratic) 계산 복잡도를 가지므로 고해상도 이미지를 처리하기가 어려웠다. 이러한 문제를 극복하기 위해 계층적(hierarchy) 특징 맵을 구성해 1차(Linear) 계산 복잡도를 갖는 스윈 트랜스포머가 등장했다.

스윈 트랜스포머는 이와 같은 구조로 이미지 분류, 객체 감지, 영상 분할과 같은 인식 작업에서 강력한 성능을 내며, 트랜스포머 구조보다 이미지 특성을 더 잘 표현할 수 있다.

스윈 트랜스포머는 **시프트 윈도(Shifted Window)**라는 기술을 이용해 입력 이미지를 일정한 크기의 패치로 분할하고 이 패치들을 쌓아 윈도를 구성한다. 구성된 윈도 영역만 셀프 어텐션을 계산한다.

시프트 윈도 방식은 기존 트랜스포머 모델과는 다르게 패치를 겹쳐 더 큰 효율성을 제공한다. 또한 계층 마다 어텐션이 수행되는 패치의 크기와 개수를 계층적으로 적용해 처리하므로 높은 해상도와 다양한 크 기를 가진 객체를 효율적으로 처리할 수 있다.

이러한 특징을 바탕으로 객체 탐지나 객체 분할 등과 같은 작업에서 백본 모델로 사용된다.

ViT와 스윈 트랜스포머 차이

ViT 모델은 획일적인 패치 크기와 위치에 대한 제약 때문에 다양한 이미지 크기와 종횡비를 가진 데이터 세트에 대해서는 적용이 어렵다. 또한 패치 단위로 입력을 받기 때문에 이미지의 공간 정보가 완전히 보 존되지 않을 수 있다.

---

7 https://arxiv.org/abs/2103.14030

이미지의 패치 수가 증가하면 학습 데이터의 크기도 커지기 때문에 모델 학습에 필요한 계산량이 증가한다. 이로 인해 대규모 데이터세트에서는 학습에 필요한 컴퓨팅 자원을 많이 사용하게 되는 단점이 있다.

이러한 한계점을 보완하기 위해 스윈 트랜스포머는 **로컬 윈도(Local Window)**를 활용해 물체의 크기나 해상도를 계층적으로 학습한다. 로컬 윈도는 스윈 트랜스포머에서 입력 이미지를 처리하기 위해 사용되는 고정 크기의 작은 윈도다.

스윈 트랜스포머는 이러한 로컬 윈도를 이동시키는 시프트 윈도 기술을 도입해 입력 이미지를 일정한 크기의 패치로 분할하고, 특징 맵을 이동시켜 다음 계층에 사용함으로써 패치의 위치를 더 유연하게 다룬다. 이를 통해 스윈 트랜스포머는 ViT보다 더 높은 정확도와 더 적은 매개변수 수를 가지면서도 더 넓은 범위의 이미지 크기와 종횡비를 다룰 수 있다.

다음 그림 10.6은 ViT와 스윈 트랜스포머의 네트워크 구조를 보여준다.

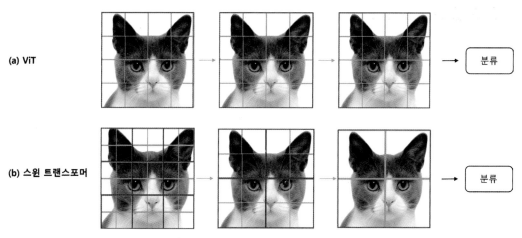

그림 10.6 ViT와 스윈 트랜스포머의 네트워크 구조

그림 10.6의 회색 격자는 패치를 의미하며 빨간색 격자는 로컬 윈도를 나타낸다. ViT의 네트워크는 계층마다 전체 이미지 안에 어텐션이 수행되는 패치 크기와 개수가 동일하지만, 스윈 트랜스포머는 로컬 윈도를 통해 계층마다 어텐션이 되는 패치의 크기와 개수를 계층적으로 다양하게 적용한다.

입력 패치의 로컬 윈도를 통해 계층적으로 접근하고 시프트 윈도로 로컬 윈도를 이동해 가면서 인접 패치 간 정보를 계산한다.

이러한 계층적 접근 방식은 로컬 윈도가 각 패치의 세부 정보에 집중하게 되고, 시프트 윈도를 통해 전역 특징을 확인할 수 있으므로 고해상도 이미지를 효율적으로 처리할 수 있다.

다음 표 10.4는 ViT와 스윈 트랜스포머의 차이점을 정리한 것이다.

표 10.4 ViT와 스윈 트랜스포머 비교

	ViT	스윈 트랜스포머
분류 헤드	[CLS] 토큰 사용	각 토큰의 평균값 사용
로컬 윈도 사용	X	O
상대적 위치 편향 사용	X	O
계층별 패치 크기	동일함	다양함

스윈 트랜스포머 모델 구조

스윈 트랜스포머는 이미지를 패치 파티션으로 구분한 후, 선형 임베딩(Linear Embedding), 스윈 트랜스포머 블록(Swin Transformer Block), 패치 병합(Patch Merging) 연산이 반복적으로 수행된다.

먼저 입력 이미지를 일정한 크기의 패치로 분할하고, 각 패치에 대해 선형 임베딩을 수행한다. 이를 통해 각 패치는 고정된 차원의 벡터로 변환된다.

다음으로 분할된 패치들을 기반으로 스윈 트랜스포머 블록을 구성한다. 이 블록은 어텐션 계층, 계층 정규화, 다층 퍼셉트론 등을 포함하며 패치 간 상호작용을 수행한다.

마지막으로 패치를 병합해 전체 이미지에 대한 분류를 수행한다. 분할된 패치들을 순차적으로 합치면서 이미지의 전체적인 정보를 추출하는 방식을 사용한다.

다음 그림 10.7은 스윈 트랜스포머 모델의 구조를 보여준다.

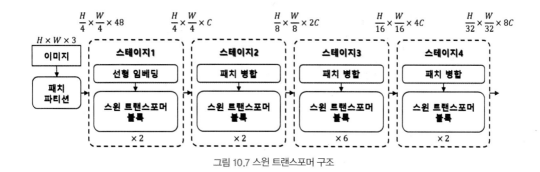

그림 10.7 스윈 트랜스포머 구조

스윈 트랜스포머 모델은 일반적으로 네 개의 스테이지로 구성돼 있으며, 각 스테이지는 서로 다른 해상도와 패치 크기를 갖는다. 앞서 설명한 선형 임베딩, 스윈 트랜스포머 블록, 패치 병합 등이 반복해 적용된다.

스테이지 1에서는 패치들이 선형 임베딩된 후 스윈 트랜스포머 블록에 전달되며, 스테이지 2, 3, 4에서는 패치 병합 후 각 스윈 트랜스포머 블록에 전달된다. 패치 병합은 모델의 매개변수를 줄이기 위해 이미지 텐서 [C, H, W]를 [2C, H/2, W/2]로 재정렬해 저차원 임베딩을 수행한다.

그리고 스테이지 1, 2, 3, 4에서 공통적으로 사용되는 스윈 트랜스포머 블록은 윈도 격자 안에 있는 패치 내부의 관계, 윈도 격자 간의 관계를 학습하는 두 가지 어텐션 모듈로 이뤄져 있다.

패치 파티션 / 패티 병합

패치 파티션(Patch Partition)이란 입력 이미지를 작은 사각형 패치로 분할해 처리하는 방식을 의미한다. 분할된 패치는 트랜스포머 계층의 입력으로 사용되며, 입력 이미지의 공간 정보를 보존하고 트랜스포머 계층에 대한 계산 효율성을 높인다. 다음 그림 10.8은 패치 파티션의 구조를 보여준다.

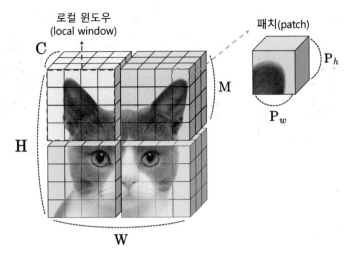

그림 10.8 패치 파티션 구조

일반적인 이미지 텐서는 [C, H, W]의 구조를 갖는다. 이 구조에서 패치 파티션을 통해 로컬 윈도를 추가한다. 그림 10.8의 M은 로컬 윈도의 크기를 의미한다. 이미지 텐서의 차원이 [3, 32, 32]이라면 패치의 가로(P_h)와 세로(P_w)는 4가 된다.

패치 병합(Patch Merging)은 인접한 패치들의 정보를 저차원으로 축소하는 과정을 의미한다. 모델 매개변수의 수를 줄이기 위해 이미지 패치 텐서 [C, H, W]를 [2C, H/2, W/2]로 재정렬한 후, 2C의 차원을 저차원으로 임베딩한다.

예를 들어 채널(C) 3개, 이미지 패치(HxW) 64개로 구성된 텐서 [3, 8, 8]를 가정해 보자. 정의된 [2C, H/2, W/2]에 따라 [6, 4, 4]로 재정렬한다. 증가된 6차원 채널을 원래 3차원으로 임베딩해 산출물 [3, 4, 4] 텐서를 생성한다.

스윈 트랜스포머 블록

스윈 트랜스포머 블록은 패치 파티션 이후 네 개의 스테이지 안에서 반복 적용되며, 선형 임베딩 또는 패치 병합 이후에 수행된다. 스윈 트랜스포머 블록은 계층 정규화, W-MSA(Window Multi-head Self-Attention), MLP, SW-MSA(Shifted Window Multi-head Self-Attention) 등으로 구성된다. 다음 그림 10.9는 스윈 트랜스포머 블록 구조를 보여준다.

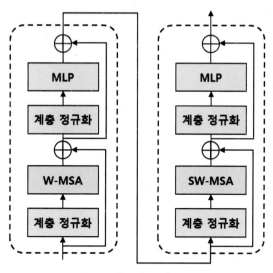

그림 10.9 스윈 트랜스포머 블록 구조

스윈 트랜스포머 블록 안에서는 트랜스포머 모델에서 사용되던 MSA(Multi-head Self-Attention) 방식이 아닌 W-MSA와 SW-MSA로 구성되며 순차적으로 수행된다.

W-MSA란 로컬 윈도를 사용하는 멀티 헤드 셀프 어텐션으로, 입력 특징 맵을 중첩되지 않게 나눈 다음 각 윈도에서 독립적으로 셀프 어텐션을 수행한다.

W-MSA는 이미지에서 일정한 크기의 윈도 영역을 설정하고, 해당 영역 내 픽셀 간의 어텐션을 계산한다. 이를 통해 이미지 내의 전체적인 어텐션을 수행하고, 특정 위치에 대한 정보를 추출한다. 또한 각 윈도 내 지역적인 특징을 분석할 수 있으며, 전체 입력에 대한 셀프 어텐션 비용을 2차 계산 복잡도에서 1차 계산 복잡도로 줄인다.

W-MSA 방식은 연산량을 대폭 감소시켰지만, 윈도 내부의 이미지 패치 영역에만 셀프 어텐션을 수행한다는 단점이 있다. 이를 보완하기 위해 SW-MSA는 윈도 사이의 연결성 구축해 윈도 간의 관계성 정보를 추출한다. SW-MSA는 윈도를 가로 또는 세로 방향으로 이동한 후, 인접한 윈도 간의 셀프 어텐션을 계산하는 방식이다.

다음 그림 10.10은 W-MSA와 SW-MSA 어텐션 영역을 비교한 것이다.

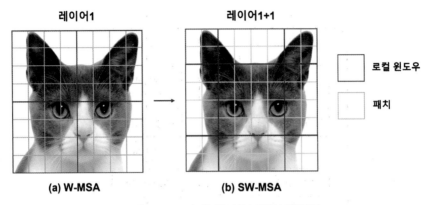

그림 10.10 W–MSA와 SW–MSA 어텐션 영역 비교

W–MSA 방식은 로컬 윈도(빨간색 영역) 안에서 패치 간의 셀프 어텐션 연산을 수행하는 방식이다. 이때 로컬 윈도가 이동하면서 각각의 윈도에서 연산을 수행해야 하므로 계산량이 많아지는 것처럼 보일 수 있다.

그러나 W–MSA 방식은 **효율적인 배치 계산(Effieient Batch Computation)**을 통해 연산량을 대폭 감소시켰다.

이렇게 함으로써, 로컬 윈도에서 연산을 수행하는 과정에서도 배치 축을 사용할 수 있어서 연산 속도가 빨라지게 된다. 이를 통해 자연어 처리 작업에서 높은 성능을 보일 수 있게 됐다.

SW–MSA 방식은 로컬 윈도 간의 셀프 어텐션을 수행하기 위해 W–MSA에서 사용된 로컬 윈도 개수가 많아 더 많은 셀프 어텐션 연산을 요구한다. 이 문제를 해결하기 위해 **순환 시프트(Cyclic Shift)**와 **어텐션 마스크(Attention Mask)**를 사용했다.

다음 그림 10.11은 순환 시프트를 활용한 SW–MSA 어텐션 계산 과정을 보여준다.

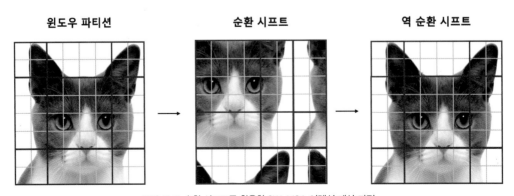

그림 10.11 순환 시프트를 활용한 SW–MSA 어텐션 계산 과정

순환 시프트는 로컬 윈도가 이동할 때 이동한 위치의 정보를 이전 위치에서 가져오는 것을 말하며, 로컬 윈도 사이즈 M보다 작은 M/2 만큼 로컬 윈도들을 이동시킨다.

이때, 이동된 위치에서 연산을 수행하지 않도록 어텐션 마스크를 사용해 방지한다. 어텐션 마스크는 로컬 윈도가 이동한 위치에서 연산을 수행하지 않게 하는 역할을 한다.

마지막으로 순환 시프트 단계에서 셀프 어텐션을 수행한 다음 **역순환 시프트**(Reverse Cyclic Shift)를 사용해 원래 로컬 윈도 구조로 복원한다. 이러한 방식을 통해 SW-MSA 방식에서 로컬 윈도 간의 셀프 어텐션 연산을 효율적으로 수행한다.

다음 그림 10.12는 어텐션 마스크를 활용한 각 윈도 파티션의 어텐션을 구하는 방법을 보여준다.

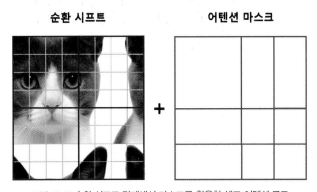

순환 시프트   **어텐션 마스크**

그림 10.12 순환 시프트 단계에서 마스크를 활용한 셀프 어텐션 구조

SW-MSA 방식에서는 순환 시프트와 함께 어텐션 마스크를 사용하여 로컬 윈도 간의 셀프 어텐션 연산을 효율적으로 수행한다. 이때, 어텐션 마스크를 사용하면 원래 총 9개의 윈도 파티션에 대해 9번의 셀프 어텐션 값을 구해야 했지만, 4개의 윈도 파티션에 대한 4개의 셀프 어텐션 값만으로 모든 로컬 윈도 간의 셀프 어텐션 값을 계산할 수 있다. 이는 어텐션 마스크가 순환 시프트를 통해 이동된 윈도에 대한 정보를 보존하면서도, 불필요한 연산을 줄이고 효율적인 계산을 가능하게 한다는 장점을 가진다.

기존 ViT와 다른 점은 스윈 트랜스포머에서 사용한 셀프 어텐션은 **상대적 위치 편향**(Relative Position Bias)을 고려한다는 것이다. 상대적 위치 편향은 로컬 윈도 안에 있는 패치 간의 상대적인 거리를 임베딩하는 목적을 가진다. 그림 10.13은 상대적 위치 편향의 계산 과정 예시를 보여준다.

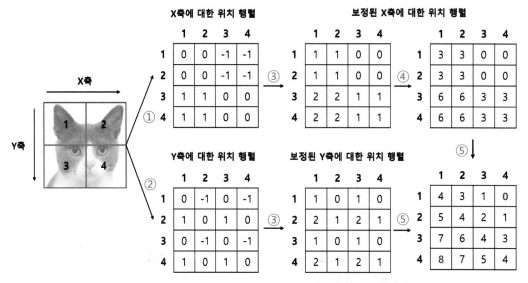

그림 10.13 상대적 위치 편향 계산 과정

이미지 패치들이 1부터 4까지 주어진다면 패치 간의 상대적인 거리는 X축과 Y축 두 가지 방식으로 표기할 수 있다. X축 방식은 두 패치 간의 가로 방향 거리를 의미하며, Y축 방식은 세로 방향 거리를 의미한다.

그림 10.13의 X축에 대한 위치 행렬은 같은 X축에 놓여 있으면 상대적 거리가 0이 되며, 아래로 떨어져 있다면 1, 위로 떨어져 있으면 −1이 된다. 마찬가지로 Y축에 대한 위치 행렬은 같은 Y축에 놓여 있으면 상대적 거리가 0이 되며, 오른쪽으로 떨어져 있으면 −1, 왼쪽으로 떨어져 있으면 1이 된다.

상대적 위치 편향 계산을 코드적으로 해석하면 예제 10.10과 같다.

예제 10.10 상대적 위치 편향 계산

```python
import torch


window_size = 2
coords_h = torch.arange(window_size)
coords_w = torch.arange(window_size)
coords = torch.stack(torch.meshgrid([coords_h, coords_w], indexing="ij"))
coords_flatten = torch.flatten(coords, 1)
relative_coords = coords_flatten[:, :, None] - coords_flatten[:, None, :]
```

```
print(relative_coords) # ①, ②번 연산 과정
print(relative_coords.shape)
```

출력 결과

```
tensor([[[ 0,  0, -1, -1],
         [ 0,  0, -1, -1],
         [ 1,  1,  0,  0],
         [ 1,  1,  0,  0]],

        [[ 0, -1,  0, -1],
         [ 1,  0,  1,  0],
         [ 0, -1,  0, -1],
         [ 1,  0,  1,  0]]])
torch.Size([2, 4, 4])
```

window_size는 여러 개의 이미지 패치를 포함하는 격자의 크기를 의미하며 윈도 내외부의 패치를 구분해 주는 역할을 한다. torch.meshgrid 함수는 coords_h 배열 값(i)과 coords_w 배열 값(j)으로 사각형 격자(ij)를 만드는 데 사용되며, 사각형의 X 좌표, Y 좌표에 해당하는 배열을 반환한다.

그다음 torch.stack을 사용하여 (X, Y) 쌍 배열을 만든 후 torch.flatten으로 각 X, Y축에 대한 위치 인덱스(coords_flatten)를 생성한다. 마지막으로 각 위치 색인의 차이를 계산하면 X, Y에 대한 위치 행렬 ①, ②의 결과를 얻을 수 있다.

이어서 다음 예제 10.11은 위치 행렬 ①, ②의 결과를 이용해 상대적 위치 편향 값을 산출하는 과정이다.

예제 10.11 X, Y축에 대한 위치 행렬

```
x_coords = relative_coords[0, :, :]
y_coords = relative_coords[1, :, :]

x_coords += window_size - 1  # X축에 대한 ③번 연산 과정
y_coords += window_size - 1  # Y축에 대한 ③번 연산 과정
x_coords *= 2 * window_size - 1  # ④번 연산 과정
print(f"X축에 대한 행렬:\n{x_coords}\n")
print(f"Y축에 대한 행렬:\n{y_coords}\n")
```

```
relative_position_index = x_coords + y_coords  # ⑤번 연산 과정
print(f"X, Y축에 대한 위치 행렬:\n{relative_position_index}")
```

relative_coords를 각 X, Y 좌표에 대한 x_coords, y_coords로 분리한 후, 각 x_coords, y_coords 에 대해서는 window_size - 1만큼 더해준다(③번 연산 과정). 그다음 x_coords에 대해서 2 * window_size - 1만큼 곱해준다(④번 연산 과정). 마지막으로 x_coords와 y_coords를 더해주면 X, Y축에 대한 상대적 위치 좌표 행렬을 생성할 수 있다(⑤번 연산 과정).

다음 예제 10.12는 X, Y축에 대한 상대적 위치 좌표를 벡터로 변환하는 과정을 보여준다.

예제 10.12 X, Y축에 대한 상대적 위치 좌표 변환

```
num_heads = 1
relative_position_bias_table = torch.Tensor(
    torch.zeros((2 * window_size - 1) * (2 * window_size - 1), num_heads)
)

relative_position_bias = relative_position_bias_table[relative_position_index.view(-1)]
relative_position_bias = relative_position_bias.view(
    window_size * window_size, window_size * window_size, -1
)
print(relative_position_bias.shape)
```

출력 결과

```
torch.Size([1, 4, 4])
```

num_heads는 MSA를 계산할 때 사용된 헤드 수로, 예제에서 1개로 설정했다. relative_position_bias_table은 헤드별로 0~8번까지 9개의 상대적 위치 편향을 가지는 테이블을 의미한다. relative_position_index를 이용해 해당 위치의 편향 값을 불러온다. 이 값들은 view 함수를 이용해 헤드별 i번 째 패치에서 j번째 패치의 어텐션 값에 더해지는 텐서 [4, 4, 1]로 재구성된다.

이렇게 생성된 상대적 위치 임베딩(B)을 기존 트랜스포머에 사용되는 셀프 어텐션 수식에 적용하면 수식 10.2와 같다.

수식 10.2 상대적 위치 편향을 고려한 셀프 어텐션

$$Attention(Q, K, V) = SoftMax(QK^T / \sqrt{d} + B)V$$

Q, K, V는 쿼리, 키, 값 벡터를 의미하며 d는 벡터들의 임베딩 차원을 나타낸다.

모델 실습

이번 절에서는 앞선 ViT 모델의 실습 코드를 활용해 스윈 트랜스포머 모델을 미세 조정해 본다. 스윈 트랜스포머는 허깅 페이스 라이브러리에서 제공하는 사전 학습된 **microsoft/swin-tiny-patch4-window7-224** 모델을 사용한다.

microsoft/swin-tiny-patch4-window7-224 모델은 ImageNet-1k 데이터세트를 사용해 224×224의 이미지 크기, 4×4의 이미지 패치, 7×7의 로컬 윈도로 학습됐다.[8]

학습에 사용되는 데이터세트는 앞선 ViT 예제의 코드를 활용해 진행된다. 다음 예제 10.13은 사전 학습된 스윈 트랜스포머 모델을 불러오고 모델 구조를 출력한다. 데이터세트 코드는 예제 10.1, 10.2, 10.3을 참고한다.

예제 10.13 사전 학습된 스윈 트랜스포머 모델

```
from transformers import SwinForImageClassification

model = SwinForImageClassification.from_pretrained(
    pretrained_model_name_or_path="microsoft/swin-tiny-patch4-window7-224",
    num_labels=len(train_dataset.classes),
    id2label={idx: label for label, idx in train_dataset.class_to_idx.items()},
    label2id=train_dataset.class_to_idx,
    ignore_mismatched_sizes=True
)


for main_name, main_module in model.named_children():
    print(main_name)
    for sub_name, sub_module in main_module.named_children():
        print("└", sub_name)
        for ssub_name, ssub_module in sub_module.named_children():
            print("|  └", ssub_name)
            for sssub_name, sssub_module in ssub_module.named_children():
                if sssub_name == "projection":
```

---

8 ImageNet-1k 데이터세트는 약 1,300만 개의 이미지와 1,000개의 클래스로 구성돼 있다.

```
                    print("|  |  └", sssub_name, sssub_module)
            else:
                    print("|  |  └", sssub_name)
```

출력 결과

```
swin
 └ embeddings
 |   └ patch_embeddings
 |   |   └ projection Conv2d(3, 96, kernel_size=(4, 4), stride=(4, 4))
 |   └ norm
 |   └ dropout
 └ encoder
 |   └ layers
 |   |   └ 0
 |   |   └ 1
 |   |   └ 2
 |   |   └ 3
 └ layernorm
 └ pooler
classifier
```

스윈 트랜스포머는 크게 swin과 classifier로 구분된다. swin에서는 그림 10.7과 같이 패치 파티션, 선형 임베딩과 함께 네 개의 스테이지(0, 1, 2, 3)가 수행된다. 스테이지 이후 계층 정규화(layernorm)와 풀링(pooler)을 통과한다. classifier에서 클래스를 구분한다.

패치 파티션과 선형 임베딩은 model.swin.embeddings.patch_embeddings에서 수행된다. patch_embeddings에서 수행되는 합성곱 계층은 4×4 커널 크기, 4 간격으로 적용되는 것을 확인할 수 있다. 이 계층에 224×224 이미지를 적용하면 $\frac{(224-4)}{4}+1=56$이 되어 56×56 텐서가 생성된다. 이 텐서를 일렬로 나열하면 3,136개의 패치가 생성된다. 다음 예제 10.14는 patch_embeddings 모듈만 수행한 것이다.

예제 10.14 패치 임베딩 모듈

```
batch = next(iter(train_dataloader))
print("이미지 차원 :", batch["pixel_values"].shape)


patch_emb_output, shape = model.swin.embeddings.patch_embeddings(batch["pixel_values"])
```

```
print("모듈:", model.swin.embeddings.patch_embeddings)
print("패치 임베딩 차원 :", patch_emb_output.shape)
```

출력 결과

```
이미지 차원 : torch.Size([32, 3, 224, 224])
모듈: SwinPatchEmbeddings(
  (projection): Conv2d(3, 96, kernel_size=(4, 4), stride=(4, 4))
)
패치 임베딩 차원 : torch.Size([32, 3136, 96])
```

스윈 트랜스포머 모델의 패치 임베딩을 수행하면 3,136개의 패치가 생성되며 96개의 채널이 생성된다. 앞선 ViT 모델 196개의 패치와 768개의 채널이 생성된 후, [CLS] 토큰이 패치 앞에 붙어 197개의 패치가 생성됐다.

하지만 스윈 트랜스포머는 [CLS] 토큰을 사용하지 않고, 토큰들의 평균값을 사용해 분류를 진행한다. 스윈 트랜스포머 모델은 객체 검출과 같은 작업에서 입력 이미지에 여러 물체가 포함되면 [CLS] 토큰 하나로는 모든 물체를 효과적으로 검출하기가 어렵다. 그러므로 평균값을 채택해 모델의 성능을 향상시키는 방법으로 진행된다.

패치 임베딩 구조를 확인했다면 스윈 트랜스포머의 스테이지 구조를 확인해 본다. 다음 예제 10.15는 첫 번째 스테이지의 스윈 트랜스포머를 출력한다.

예제 10.15 스윈 트랜스포머 블록

```
for main_name, main_module in model.swin.encoder.layers[0].named_children():
    print(main_name)
    for sub_name, sub_module in main_module.named_children():
        print("└", sub_name)
        for ssub_name, ssub_module in sub_module.named_children():
            print("| └", ssub_name)
```

출력 결과

```
blocks
└ 0
| └ layernorm_before
| └ attention
| └ drop_path
```

```
|  └ layernorm_after
|  └ intermediate
|  └ output
└ 1
|  └ layernorm_before
|  └ attention
|  └ drop_path
|  └ layernorm_after
|  └ intermediate
|  └ output
downsample
└ reduction
└ norm
```

스윈 트랜스포머의 스테이지는 blocks과 downsample로 이뤄져 있다. blocks는 스윈 트랜스포머 블록을 의미하며, downsample은 패치 병합을 의미한다.

스윈 트랜스포머 블록은 다시 SwinLayer-0과 SwinLayer-1로 이뤄져 있다. SwinLayer-0은 W-MSA를 의미하며, SwinLayer-1은 SW-MSA를 의미한다.

먼저 SwinLayer 구조를 살펴본다. 다음 예제 10.16은 SwinLayer 구조를 출력한다.

예제 10.16 SwinLayer 구조

```python
print(model.swin.encoder.layers[0].blocks[0])
```

출력 결과

```
SwinLayer(
  (layernorm_before): LayerNorm((96,), eps=1e-05, elementwise_affine=True)
  (attention): SwinAttention(
    (self): SwinSelfAttention(
      (query): Linear(in_features=96, out_features=96, bias=True)
      (key): Linear(in_features=96, out_features=96, bias=True)
      (value): Linear(in_features=96, out_features=96, bias=True)
      (dropout): Dropout(p=0.0, inplace=False)
    )
    (output): SwinSelfOutput(
      (dense): Linear(in_features=96, out_features=96, bias=True)
```

```
      (dropout): Dropout(p=0.0, inplace=False)
    )
  )
  (drop_path): SwinDropPath(p=0.1)
  (layernorm_after): LayerNorm((96,), eps=1e-05, elementwise_affine=True)
  (intermediate): SwinIntermediate(
    (dense): Linear(in_features=96, out_features=384, bias=True)
    (intermediate_act_fn): GELUActivation()
  )
  (output): SwinOutput(
    (dense): Linear(in_features=384, out_features=96, bias=True)
    (dropout): Dropout(p=0.0, inplace=False)
  )
)
```

스윈 트랜스포머의 SwinLayer는 기본적인 빌딩 블록이 되는 계층으로, 스윈 트랜스포머 블록을 의미한다.

스윈 트랜스포머 블록은 그림 10.9와 같이 계층 정규화 → W−MSA(또는 SW−MSA) → 계층 정규화 → MLP의 순서로 수행된다.

layernorm_before은 첫 번째 계층 정규화, attention은 W−MSA(SW−MSA), layernorm_after는 두 번째 계층 정규화, intermediate와 output은 MLP를 의미한다.

MLP 계층을 살펴보면 두 개의 연속된 선형 변환 계층과 **GELU(Gaussian Error Linear Unit)** 활성화 함수로 구성된다.

GELU는 ReLU와 유사한 형태를 가지며, 가우시안 분포에 대한 누적 분포 함수다. GELU는 입력값이 0 주변에서 부드럽게 변화하는 특징을 갖고 있다.

스윈 트랜스포머는 두 개의 연속된 선형 변환과 GELU 함수를 통해 입력 특징맵을 더 깊은 차원으로 매핑하고 ReLU를 사용했을 때보다 더 안정적으로 학습이 이뤄진다.

스윈 트랜스포머 블록 구조를 확인했다면, W−MSA 모듈과 SW−MSA 모듈을 실행해 본다. 다음 예제 10.17은 W−MSA 모듈과 SW−MSA 모듈 수행 방법을 보여준다.

예제 10.17 W-MSA, SW-MSA 모듈

```python
print("패치 임베딩 차원 :", patch_emb_output.shape)

W_MSA = model.swin.encoder.layers[0].blocks[0]
SW_MSA = model.swin.encoder.layers[0].blocks[1]

W_MSA_output = W_MSA(patch_emb_output, W_MSA.input_resolution)[0]
SW_MSA_output = SW_MSA(W_MSA_output, SW_MSA.input_resolution)[0]

print("W-MSA 결과 차원 :", W_MSA_output.shape)
print("SW-MSA 결과 차원 :", SW_MSA_output.shape)
```

출력 결과

```
패치 임베딩 차원 : torch.Size([32, 3136, 96])
W-MSA 결과 차원 : torch.Size([32, 3136, 96])
SW-MSA 결과 차원 : torch.Size([32, 3136, 96])
```

출력 결과를 보면 입력 텐서로 사용한 패치 임베딩 차원, W-MSA 모듈, SW-MSA 모듈의 출력 차원이 동일한 하이퍼파라미터로 구성됐다.

스윈 트랜스포머 블록을 확인했다면 패치 병합을 확인해 본다. 다음 예제 10.18은 패치 병합 연산 결과를 보여준다.

예제 10.18 패치 병합

```python
patch_merge = model.swin.encoder.layers[0].downsample
print("patch_merge 모듈 :", patch_merge)

output = patch_merge(SW_MSA_output, patch_merge.input_resolution)
print("patch_merge 결과 차원 :", output.shape)
```

출력 결과

```
patch_merge 모듈 : SwinPatchMerging(
  (reduction): Linear(in_features=384, out_features=192, bias=False)
  (norm): LayerNorm((384,), eps=1e-05, elementwise_affine=True)
)
patch_merge 결과 차원 : torch.Size([32, 784, 192])
```

패치 병합은 입력 패치를 절반 크기로 분할하는 reduction과 계층 정규화를 수행한다. 패치 병합 과정을 통해 3,136(56×56)개의 패치가 784(28×28)개로 분할한다.

분할된 패치는 네 개로 나뉘어 (N, 28, 28, 96)의 텐서가 생성된다. 이 네 개의 텐서를 채널에 병합하면 96×4=384가 된다. 이렇게 하면 채널이 줄어들지 않으므로 선형 변환 계층을 통해 채널의 수를 절반 (384→192)으로 조정한다.

그러므로 patch_merge 결과 차원은 [N, 784, 192]가 된다. 이와 같은 방식으로 총 네 개의 스테이지를 진행한다. 스테이지가 지날수록 패치 크기와 수는 많아지며 토큰의 차원은 두 배씩 증가한다. 마지막 스테이지를 통과하면 [N, 49(7×7), 768]이 된다. 이 특징맵이 풀링 계층을 통과해 클래스를 예측하게 된다.

지금까지 스윈 트랜스포머 모델의 구조를 알아봤다. 이제 FashionMNIST 데이터세트를 활용해 스윈 트랜스포머 모델을 미세 조정해 본다. 다음 예제 10.19는 예제 10.8 ViT 모델 학습 코드를 일부 변경한 것이다. 예제 10.19에는 변경 점만 작성했다.

예제 10.19 스윈 트랜스포머 모델 학습

```
from transformers import SwinForImageClassification

...

def model_init(classes, class_to_idx):
    model = SwinForImageClassification.from_pretrained(
        pretrained_model_name_or_path="microsoft/swin-tiny-patch4-window7-224",
        num_labels=len(classes),
        id2label={idx: label for label, idx in class_to_idx.items()},
        label2id=class_to_idx,
        ignore_mismatched_sizes=True
    )
    return model

...

image_processor = AutoImageProcessor.from_pretrained(
    pretrained_model_name_or_path="microsoft/swin-tiny-patch4-window7-224"
)
```

```
...

args = TrainingArguments(
output_dir="../models/Swin-FashionMNIST",
    save_strategy="epoch",
    evaluation_strategy="epoch",
    learning_rate=1e-5,
    per_device_train_batch_size=16,
    per_device_eval_batch_size=16,
    num_train_epochs=3,
    weight_decay=0.001,
    load_best_model_at_end=True,
    metric_for_best_model="f1",
    logging_dir="logs",
    logging_steps=125,
    remove_unused_columns=False,
    seed=7
)

...
```

ViT 모델 미세 조정 방식과 동일하게 훈련자 클래스(Trainer)를 통해 스윈 트랜스포머 모델의 학습을 수행한다. 사전 학습된 모델과 출력 디렉터리만 변경된다.

학습이 완료되면 Swin-FashionMNIST 디렉터리에 체크포인트마다 학습 결과, 성능 지표, 하이퍼파라미터 등이 저장된다. 다음 표 10.3은 스윈 트랜스포머 모델의 학습 결과를 정리한 것이다.

표 10.3 스윈 트랜스포머 학습 결과

Epoch	Training Loss	Validation Loss	F1
1	0.3720	0.3046	0.8985
2	0.2579	0.2688	0.9138
3	0.2607	0.2416	0.9159

테스트 데이터세트로 추론했을 때 스윈 트랜스포머 모델은 약 91.6%의 분류 정확도를 갖는다. 앞선 ViT 모델의 학습 결과와 비교했을 때 F1 성능 지표는 거의 동일하지만, 검증 손실값이 0.4357에서 0.2416

으로 대폭 낮아졌다. 다음 출력 결과는 예제 10.9 ViT 모델 성능 평가를 활용해 혼동 행렬로 모델의 성능을 평가한 것이다.

출력 결과

```
# 생략
{
    'test_loss': 0.24168206751346588,
    'test_f1': 0.9159858553952347,
    'test_runtime': 4.3068,
    'test_samples_per_second': 58.048,
    'test_steps_per_second': 3.657
}
# 생략
```

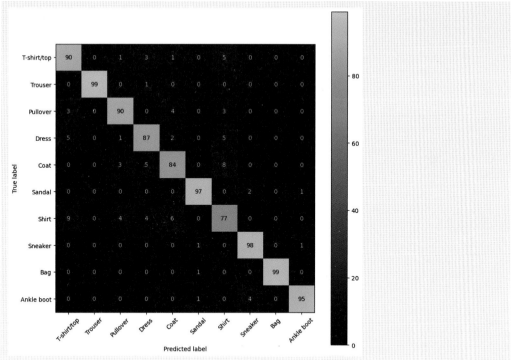

스윈 트랜스포머 모델과 ViT 모델의 평가 결과를 비교해 보면 스윈 트랜스포머 모델이 '셔츠' 이미지를 더 높은 확률로 예측하며, '티셔츠', '코트'로 오분류하는 문제가 완화된 것을 확인할 수 있다. 또한 스윈 트랜스포머 모델의 수렴 속도가 더 빠른 것을 확인할 수 있다.

CvT

CvT(Convolutional Vision Transformer)[9]는 합성곱 신경망 구조에서 활용하는 계층형 구조 (Hierarchical Architecture)를 ViT에 적용한 모델이다.

ViT의 셀프 어텐션은 이미지 정보를 바탕으로 각 패치 간의 관계를 학습하지만, 모든 패치에 대해 동일한 크기와 간격을 사용하므로 이미지의 물체 크기나 해상도를 계층적으로 학습하기가 어렵다.

이 문제를 해결하기 위해 스윈 트랜스포머는 트랜스포머 블록마다 다른 로컬 윈도 크기를 사용해 이미지의 계층적 특징을 학습했다면, CvT는 합성곱 신경망에서 사용하는 계층적 구조를 ViT에 적용해 이미지의 지역 특징(Local Feature)과 전역 특징(Global Feature)을 모두 활용해 비교적 적은 수의 매개변수로 높은 성능을 보인다.

이러한 CvT의 구조는 합성곱 계층의 지역 특징을 추출하고 ViT의 셀프 어텐션 계층으로 전역 특징을 결합해 이미지를 처리한다. 그러므로 CvT 모델은 스윈 트랜스포머보다 더 적은 수의 매개변수로도 비슷한 수준의 성능을 보인다. 다음 그림 10.14는 CvT 모델의 계층적 특징을 보여준다.

---

9 https://arxiv.org/abs/2103.15808

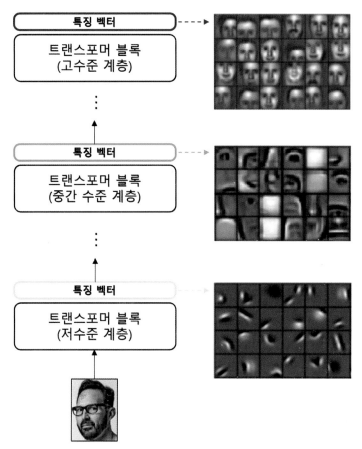

그림 10.14 CvT 모델의 계층적 특징 구조 예시

얼굴 이미지가 CvT 모델의 입력으로 사용된다면 저수준(Low-level) 계층에서 선 또는 점에 대한 특징을 표현하고, 중간 수준(Mid-level)에서는 눈이나 귀와 같은 특징을 표현하며, 고수준(High-level) 계층에서는 얼굴 구조에 대한 특징을 표현한다. 그러므로 CvT의 계층형 구조는 물체의 크기나 해상도를 더 잘 표현한다고 할 수 있다.

ViT는 이미지를 패치 단위로 분할하고, 이를 트랜스포머 모델의 입력으로 사용하는 방식을 사용한다. 이때 패치를 겹치지 않게 처리해 모델이 이미지의 전체 정보를 학습했다.

반면에 CvT는 이미지를 처리하기 전에 합성곱 연산을 통해 특징 맵을 추출한다. 이를 통해 유의미한 패턴을 추출하고 일정한 크기의 패치로 나눠 트랜스포머 모델의 입력으로 사용한다. 입력되는 패치들은 겹쳐 학습한다.

그러므로 ViT는 패치 임베딩과 선형 임베딩을 사용하지만, CvT 모델은 합성곱 연산을 통해 이미지를 학습한다. 이러한 방법을 통해 CvT 모델은 토큰에 대한 위치 임베딩을 적용하지 않아도 모델의 성능 저하 없이 다양한 해상도를 가진 이미지를 처리할 수 있게 됐다.

다음 표 10.4는 ViT 모델과 CvT 모델의 차이를 정리한 것이다.

표 10.4 ViT와 CvT 모델 비교

모델	위치 임베딩	패치 임베딩	어텐션 임베딩	계층형 구조
ViT	O	겹치지 않는 선형 임베딩	선형 임베딩	X
CvT	X	겹치는 합성곱 임베딩 (overlapping)	합성곱 임베딩	O

합성곱 토큰 임베딩

합성곱 토큰 임베딩(Convolutional Token Embedding)[10]이란 2D로 재구성된 토큰 맵에서 중첩 합성곱 연산을 수행하는 임베딩을 의미한다. ViT에 계층적인 합성곱 신경망의 성질을 추가하기 위해 사용한다.

기존 트랜스포머 모델은 이미지의 특징을 추출하기 위해 9개의 이미지 패치를 사용하고, 선형 임베딩을 통해 쿼리, 키, 값 임베딩으로 변환했다. 임베딩을 사용해 셀프 어텐션을 계산하고 출력을 생성하므로 이미지의 근본적인 2D 모양의 구조를 잃게 된다.

반면에 CvT 모델은 이미지의 2D 구조를 보존하면서도 셀프 어텐션을 계산하는 방식을 사용한다. 이미지 패치를 2D 합성곱 임베딩(2D Convolution Embedding)을 사용해 쿼리, 키, 값 임베딩으로 변환한다. 이렇게 변환된 임베딩을 사용해 셀프 어텐션을 계산하고 출력을 생성한다.

그림 10.15는 2D 합성곱 기반의 어텐션 임베딩을 보여준다.

---

10 CvT의 토큰 임베딩은 ViT의 패치 임베딩과 문맥적으로 동일하며 의역된 표현이다.

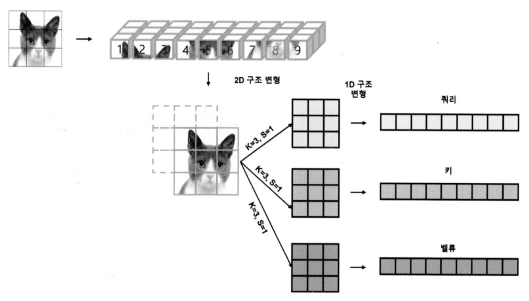

그림 10.15 2D 합성곱 기반의 어텐션 임베딩

그림 10.15와 같이 이미지에 3×3 커널 크기(K), 1 간격(S)의 커널을 적용하면 패치 크기는 3×3으로 생성된다. 각각의 패치를 쿼리, 키, 값에 대해 합성곱 연산을 적용하고 1차원 구조로 재배열해 기존 셀프 어텐션 방법으로 학습하는 방식으로 진행된다.

이를 통해 CvT 모델은 지역 특징을 학습할 수 있고, 시퀀스 길이를 줄이는 동시에 토큰 특징의 차원을 증가시킨다. 합성곱 모델에서 수행되는 방식처럼 다운 샘플링과 특징 맵의 수를 늘리게 된다.

어텐션에 대한 합성곱 임베딩

어텐션에 대한 합성곱 임베딩(Convolutional Projection for Attention)이란 2D로 재구성된 토큰 맵에서 분리 가능한 합성곱 연산을 적용해 성능 저하 및 계산 복잡도를 낮추는 연산을 의미한다.

일반적으로 쿼리, 키, 값 임베딩은 차원을 동일하게 설정하지만, CvT 모델은 매개변수의 수를 줄이기 위해 쿼리, 키, 값의 차원을 축소시켰다. 그림 10.16은 **2D 합성곱 기반의 축소된 어텐션 임베딩(Squeezed Convolutional Projection)**을 보여준다.

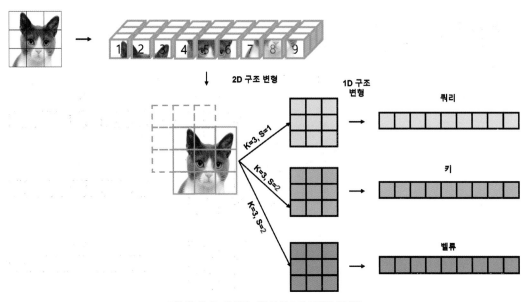

그림 10.16 2D 합성곱 기반의 축소된 어텐션 임베딩

그림 10.16의 쿼리는 3×3 커널 크기(K), 1 간격(S)의 커널을 적용해 9개의 이미지 패치를 생성하며, 키와 값은 3×3 커널 크기(K), 2 간격(S)으로 커널을 적용해 4개의 이미지 패치를 생성한다.

길이가 다른 쿼리(9), 키(4), 값(4)을 사용하더라도 기존 셀프 어텐션의 결괏값 사이즈가 9×1로 동일하게 출력될 수 있다. 이 형태를 자세히 살펴보면 그림 10.17과 같다.

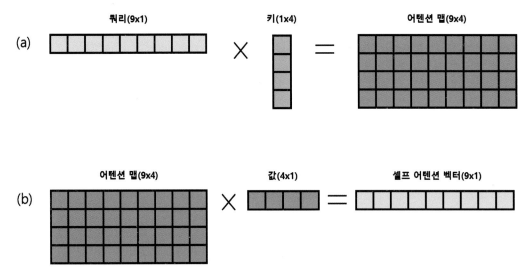

그림 10.17 축소된 셀프 어텐션 임베딩(열 × 행) 예시

그림 10.17의 (a)에서는 9개의 쿼리 패치 임베딩과 4개의 키 패치 임베딩에 대한 중요도를 의미하는 **어텐션 맵(Attention Map)**을 생성한다. 어텐션 맵이 생성되면 그림 10.17의 (b)와 같이 값 패치 임베딩으로 쿼리 어텐션 맵에 대한 가중치를 반영한다.

셀프 어텐션 벡터를 확인해 보면 입력 벡터와 출력 벡터의 패치 길이가 동일한 것을 확인할 수 있다. 그러므로 계산해야 하는 이미지 패치 개수가 줄어들어 연산량이 감소한다.

CvT 모델은 트랜스포머 계층이 깊어질수록 패치 간의 관계를 학습하는 길이를 축소시키는 대신에 벡터의 차원을 증가시켜 모델의 매개변수 수를 대폭 감소시킨다.

예를 들어 첫 번째 트랜스포머 블록의 이미지 패치 크기가 64×64, 임베딩 차원이 128이고 마지막 트랜스포머 블록의 이미지 패치 크기를 4배 감소시켜 8×8로 설정했다면, 기존 임베딩 차원도 4배 증가시켜 512차원으로 증가시킨다.

다시 말해 이미지 패치 크기가 줄어든 만큼 임베딩 차원을 늘리는 방법을 택해 네트워크의 안정성을 향상시키고 모델 설계를 단순화한다.

모델 실습

이번 절에서도 앞선 ViT 모델의 실습 코드를 활용해 CvT 모델을 미세 조정해 본다. CvT는 허깅 페이스 라이브러리에서 제공하는 사전 학습된 **microsoft/cvt-21** 모델을 사용한다.

microsoft/cvt-21 모델은 ImageNet-1k 데이터세트를 사용해 224×224 이미지 크기로 학습됐다.

학습에 사용되는 데이터세트는 앞선 ViT 예제의 코드를 활용한다. 다음 예제 10.20은 CvT 모델 적용 시 주요한 변경 점을 보여준다. 데이터세트 코드는 예제 10.1, 10.2, 10.3을 참고한다.

예제 10.20 CvT 모델 이미지 데이터 전처리

```
from transformers import AutoImageProcessor

...

image_processor = AutoImageProcessor.from_pretrained(
    pretrained_model_name_or_path="microsoft/cvt-21"
)
```

```
transform = transforms.Compose(
    [
        transforms.ToTensor(),
        transforms.Resize(
            size=(
                image_processor.size["shortest_edge"],
                image_processor.size["shortest_edge"]
            )
        ),
        transforms.Lambda(lambda x: torch.cat([x, x, x], 0)),
        transforms.Normalize(
            mean=image_processor.image_mean,
            std=image_processor.image_std
        )
    ]
)

...
```

기존 ViT나 스윈 트랜스포머 모델의 이미지 크기를 전처리하는 과정에서는 높이(height)와 너비(width)를 이미지 프로세서에서 불러와 적용했다.

하지만 CvT 모델은 이미지 크기를 조절할 때 shortest_edge 키를 사용해 전처리를 진행한다. shortest_edge란 이미지의 너비나 높이 중 더 작은 값을 의미한다. microsoft/cvt-21 모델은 모든 입력 이미지의 크기를 가장 짧은 이미지 길이로 정규화해 사용하므로 높이나 너비에 대한 키 대신 shortest_edge를 사용한다.

CvT 모델에 맞는 전처리 과정을 적용했다면 모델의 구조를 출력해 본다. 다음 예제 10.21은 사전 학습된 CvT 모델을 불러오고 모델 구조를 출력한다.

예제 10.21 사전 학습된 CvT 모델

```
from transformers import CvtForImageClassification

model = CvtForImageClassification.from_pretrained(
    pretrained_model_name_or_path="microsoft/cvt-21",
    num_labels=len(train_dataset.classes),
```

```
    id2label={idx: label for label, idx in train_dataset.class_to_idx.items()},
    label2id=train_dataset.class_to_idx,
    ignore_mismatched_sizes=True
)


for main_name, main_module in model.named_children():
    print(main_name)
    for sub_name, sub_module in main_module.named_children():
        print("└", sub_name)
        for ssub_name, ssub_module in sub_module.named_children():
            print("   └", ssub_name)
            for sssub_name, sssub_module in ssub_module.named_children():
                print("      └", sssub_name)
```

출력 결과

```
cvt
└ encoder
   └ stages
      └ 0
      └ 1
      └ 2
layernorm
classifier
```

CvT 모델은 크게 세 개의 스테이지로 구성된 cvt와 계층 정규화, 분류기로 구성돼 있다. 앞선 스윈 트랜스포머와의 차이점은 분류기(classifier) 이전에 풀링(pooler) 계층이 존재하지 않는다는 것이다. CvT 모델은 이미 합성곱 계층을 활용해 지역 특징 정보와 전역 정보를 파악하므로 풀링을 적용하지 않는다.

두 번째로는 스테이지별 이미지 크기와 임베딩 차원에 있다. 이미지 사이즈는 스테이지별로 4배, 8배, 16배 감소되며, 반비례하게 임베딩 차원이 커진다. 다음 예제 10.22는 첫 번째 스테이지 구조를 출력한다.

예제 10.22 CvT 모델의 스테이지 구조

```
stages = model.cvt.encoder.stages
print(stages[0])
```

출력 결과

```
CvtStage(
  (embedding): CvtEmbeddings(
    (convolution_embeddings): CvtConvEmbeddings(
      (projection): Conv2d(3, 64, kernel_size=(7, 7), stride=(4, 4), padding=(2, 2))
      (normalization): LayerNorm((64,), eps=1e-05, elementwise_affine=True)
    )
    (dropout): Dropout(p=0.0, inplace=False)
  )
  (layers): Sequential(
    (0): CvtLayer(
      (attention): CvtAttention(
        (attention): CvtSelfAttention(
          (convolution_projection_query): CvtSelfAttentionProjection(
            (convolution_projection): CvtSelfAttentionConvProjection(
              (convolution): Conv2d(64, 64, kernel_size=(3, 3), stride=(1, 1), padding=(1, 1),
groups=64, bias=False)
              (normalization): BatchNorm2d(64, eps=1e-05, momentum=0.1, affine=True,
track_running_stats=True)
            )
            (linear_projection): CvtSelfAttentionLinearProjection()
          )
          (convolution_projection_key): CvtSelfAttentionProjection(
            (convolution_projection): CvtSelfAttentionConvProjection(
              (convolution): Conv2d(64, 64, kernel_size=(3, 3), stride=(2, 2), padding=(1, 1),
groups=64, bias=False)
              (normalization): BatchNorm2d(64, eps=1e-05, momentum=0.1, affine=True,
track_running_stats=True)
            )
            (linear_projection): CvtSelfAttentionLinearProjection()
          )
          (convolution_projection_value): CvtSelfAttentionProjection(
            (convolution_projection): CvtSelfAttentionConvProjection(
              (convolution): Conv2d(64, 64, kernel_size=(3, 3), stride=(2, 2), padding=(1, 1),
groups=64, bias=False)
              (normalization): BatchNorm2d(64, eps=1e-05, momentum=0.1, affine=True,
track_running_stats=True)
            )
```

```
            (linear_projection): CvtSelfAttentionLinearProjection()
        )
        ...
      )
      ...
    )
    ...
  )
 )
)
```

각 스테이지는 크게 **CvtEmbeddings**와 **CvtLayer**로 구성된다. **CvtEmbeddings**는 입력 이미지에 대한 2D 합성곱 연산과 계층 정규화로 이뤄져 있으며 이미지를 패치 단위로 잘라 임베딩하는 역할을 한다.

입력 이미지는 첫 번째 스테이지의 **CvtEmbeddings**에 적용되는데, 7×7 커널 크기, 4 간격, 2 패딩 크기로 합성곱 연산을 적용한다.

224×224 크기의 이미지에 합성곱 연산을 적용한다면 $\frac{224 - 7 + 2 \times 2}{4} + 1 = 56.25$의 크기가 반환된다. 소수점이 발생하므로 버림 처리하면 56×56 크기의 텐서가 생성된다. 출력 채널의 크기가 64이므로 [N, 64, 56, 56]의 텐서가 반환된다.

또한, 그림 10.16과 같이 매개변수가 축소된 어텐션 임베딩을 계산하기 위해 키와 값 임베딩의 간격을 1보다 큰 2로 설정해 차원을 축소하는 것을 확인할 수 있다.

이러한 **CvtLayer**에서 3,136(56×56)개의 이미지 패치에 대한 셀프 어텐션이 수행된다. 다음 예제 10.23은 셀프 어텐션 모듈에 이미지를 전달했을 때 셀프 어텐션의 결괏값을 보여준다.

예제 10.23 셀프 어텐션 적용

```
batch = next(iter(train_dataloader))
print("이미지 차원 :", batch["pixel_values"].shape)


patch_emb_output = stages[0].embedding(batch["pixel_values"])
print("패치 임베딩 차원 :", patch_emb_output.shape)


batch_size, num_channels, height, width = patch_emb_output.shape
hidden_state = patch_emb_output.view(batch_size, num_channels, height * width).permute(0, 2, 1)
```

```
print("셀프 어텐션 입력 차원 :", hidden_state.shape)

attention_output = stages[0].layers[0].attention.attention(hidden_state, height, width)
print("셀프 어텐션 출력 차원 :", attention_output.shape)
```

출력 결과

```
이미지 차원 : torch.Size([32, 3, 224, 224])
패치 임베딩 차원 : torch.Size([32, 64, 56, 56])
셀프 어텐션 입력 차원 : torch.Size([32, 3136, 64])
셀프 어텐션 출력 차원 : torch.Size([32, 3136, 64])
```

합성곱 계층을 통해 계산된 패치 임베딩은 가로와 세로 크기로 재정렬해 CvtLayer에 입력된다. CvtLayer의 attention.attention 계층을 통해 셀프 어텐션이 수행된다. 출력 결과에서 확인할 수 있듯이 모듈의 입력 차원과 출력 차원의 형태가 동일하다.

지금까지 CvT 모델의 구조를 알아봤다. 이제 FashionMNIST 데이터세트를 활용해 CvT 모델을 미세 조정해 본다. 다음 예제 10.24는 예제 10.8 ViT 모델 학습 코드를 일부 변경한 것이다. 예제 10.24에는 변경 점만 작성했다.

예제 10.24 CvT 모델 학습

```
from transformers import CvtForImageClassification

...

def model_init(classes, class_to_idx):
    model = CvtForImageClassification.from_pretrained(
        pretrained_model_name_or_path="microsoft/cvt-21",
        num_labels=len(classes),
        id2label={idx: label for label, idx in class_to_idx.items()},
        label2id=class_to_idx,
        ignore_mismatched_sizes=True
    )
    return model

...
```

```python
image_processor = AutoImageProcessor.from_pretrained(
    pretrained_model_name_or_path="microsoft/cvt-21"
)


transform = transforms.Compose(
    [
        transforms.ToTensor(),
        transforms.Resize(
            size=(
                image_processor.size["shortest_edge"],
                image_processor.size["shortest_edge"]
            )
        ),
        transforms.Lambda(lambda x: torch.cat([x, x, x], 0)),
        transforms.Normalize(
            mean=image_processor.image_mean,
            std=image_processor.image_std
        )
    ]
)


...


args = TrainingArguments(
    output_dir="../models/CvT-FashionMNIST",
    save_strategy="epoch",
    evaluation_strategy="epoch",
    learning_rate=1e-5,
    per_device_train_batch_size=16,
    per_device_eval_batch_size=16,
    num_train_epochs=3,
    weight_decay=0.001,
    load_best_model_at_end=True,
    metric_for_best_model="f1",
    logging_dir="logs",
    logging_steps=125,
    remove_unused_columns=False,
    seed=7
```

```
)

    ...
```

ViT 모델 미세 조정 방식과 동일하게 훈련자 클래스(Trainer)를 통해 CvT 모델의 학습을 수행한다. 변경된 곳은 사전 학습된 모델, 전처리 과정, 출력 디렉터리다.

학습이 완료됐다면 CvT-FashionMNIST 폴더에 체크포인트마다 학습 결과, 성능 지표, 하이퍼파라미터 등이 저장된다. 다음 표 10.5는 CvT 모델의 학습 결과를 정리한 것이다.

표 10.5 CvT 학습 결과

Epoch	Training Loss	Validation Loss	F1
1	0.7737	0.3269	0.8914
2	0.7008	0.2596	0.9172
3	0.6438	0.2460	0.9173

테스트 데이터세트로 추론했을 때 CvT 모델은 91.3%의 분류 정확도를 갖는다. 스윈 트랜스포머 모델과 CvT 모델의 F1 점수 결과를 비교했을 때 0.9159에서 0.9173으로 소폭 개선됐다. 다음 출력 결과는 예제 10.9 ViT 모델 성능 평가를 활용해 혼동 행렬로 CvT 모델의 성능을 평가한 것이다.

출력 결과

```
# 생략
{
    'test_loss': 0.24601557850837708,
    'test_f1': 0.917351060925814,
    'test_runtime': 5.583,
    'test_samples_per_second': 44.778,
    'test_steps_per_second': 2.821
}
# 생략
```

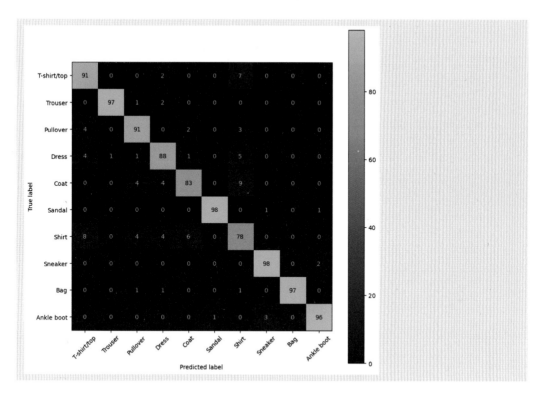

CvT 모델과 ViT 모델을 비교하면 '셔츠' 카테고리에 대한 성능이 개선됐으며, 스윈 트랜스포머와 비슷한 성능을 보이는 것을 확인할 수 있다. 10장 '비전 트랜스포머'에서 소개한 3개의 모델 크기 및 성능을 종합하면 표 10.6과 같다.

표 10.6 비전 트랜스포머 모델 비교

	ViT	스윈 트랜스포머	CvT
모델 크기	327.325 MB	105.227 MB	120.791 MB
F1-점수	0.9231	0.9159	0.9173
초당 처리 수	29.636 eval/s	58.048 eval/s	44.778 eval/s

FashionMNIST 데이터세트에서 비전 트랜스포머 계열 모델은 작은 크기의 학습 데이터세트에서도 높은 정확도와 우수한 성능을 보인다. 가장 일반화 성능이 좋았던 모델은 CvT 모델, 모델 크기 대비 가장 우수한 성능은 스윈 트랜스포머 모델, F1-점수가 가장 높은 모델은 ViT 모델이다.

이를 통해 비전 트랜스포머 모델은 분류 문제 해결에 있어 매우 유용한 모델임을 확인할 수 있다. 각각의 모델은 풀어야 하는 문제와 사용처에 따라 적절히 선택한다.

파이토치 트랜스포머를 활용한
**자연어 처리와
컴퓨터비전 심층학습**
실전 프로젝트와 최신 알고리즘을 통한 딥러닝 모델 개발

## 4부

서비스
모델링

11

모델 배포

모델 배포는 머신러닝 프로젝트의 마지막 단계로, 학습된 모델을 실제 환경에서 사용할 수 있도록 하는 과정이다. 머신러닝 모델은 학습 데이터를 기반으로 구축되고 이후에는 새로운 데이터에 대한 예측이나 분류 작업을 수행한다. 그러므로 학습된 모델을 실제 운영 환경에 적용하기 위해서는 모델 배포와 같은 추가적인 작업이 필요하다.

모델을 배포하려면 해당 모델을 운영 환경에 적합한 형태로 변환해야 한다. 이를 위해 모델을 컴파일하거나 최적화하여 실행 속도를 향상시키고, 메모리 사용량을 최소화하는 등의 작업이 필요하다. 또한 모델의 크기를 줄이기 위해 가중치를 압축하거나 양자화하는 등의 기법을 적용한다.

모델이 변환되면 이 모델을 다양한 방식으로 운영 환경에 배포할 수 있다. 이는 웹 애플리케이션, 모바일 앱, 클라우드 서비스 등에서 모델을 호스팅하는 방식으로 이뤄진다. 예를 들어, API 엔드포인트를 정의해 요청을 받고 처리하는 방식으로 모델을 호스팅하거나 AWS Sagemaker, Azure Machine Learning, Google Cloud AI Platform과 같은 서비스를 활용할 수 있다.

모델 배포 이후에는 운영 환경에서 모델의 성능과 안정성을 모니터링하고 관리해야 한다. 새로운 데이터에 대한 모델의 예측 결과를 평가하고, 필요에 따라 모델을 변경하거나 재학습할 수도 있다. 이를 위해 모니터링을 위한 시스템을 구축하거나 키바나(Kibana), 데이터 로봇(DataRobot) 등과 시각화 분석 도구를 활용할 수 있다.

실제 운영 환경을 모니터링하는 방법 이외에도 프로젝트 팀 내부에서 모델의 예측 결과를 확인하고 개선 방식을 탐색할 수 있다. 이를 위해 데모 애플리케이션을 구축하여 모델의 성능을 실시간으로 확인하고 문제 해결을 위한 개선 방식을 탐색할 수 있다. 예를 들어 모델의 예측 결과가 부정확한 경우 원인을 분석하고 데이터 전처리 방법이나 모델 구조를 변경해 성능을 향상시킬 수 있다. 정량적 및 정성적 평가를 위한 도구로 스트림릿(Streamlit)이나 그라디오(Gradio) 등이 있다.

모델 배포는 머신러닝 프로젝트의 마지막 단계이지만 프로젝트의 완료를 의미하는 것은 아니다. 모델 배포 이후에도 지속적으로 모델의 성능을 평가하고 개선하기 위해 노력해야 한다. 또한, 데이터의 변화나 운영 환경의 변화에 따라 모델을 지속적으로 갱신하고 새로운 배포를 진행해야 한다. 이러한 방법을 사용하여 모델을 최적화하고 관리한다면 모델의 정확성, 신뢰성 및 사용자 만족도를 향상시킬 수 있다.

모델 경량화

모델 경량화(Model Compression)란 모델 크기와 연산량을 줄여서 작은 메모리 공간과 적은 연산량으로도 효율적으로 작동할 수 있게 만드는 프로세스를 의미한다. 모바일이나 임베디드 환경에서는 제한된 메모리 및 연산 능력을 가지고 있으므로 모델 경량화가 매우 중요하다.

대용량 클라우드 서버를 이용하더라도 모델 경량화는 여전히 중요하다. 클라우드 서버는 메모리와 연산 능력에 대해 상대적으로 제한이 적지만, 모델을 실행하기 위해서는 모델을 클라우드로 전송해야 하며, 모델의 크기가 크다면 전송 시간이 길어지고 전송 비용도 상당히 증가할 수 있다. 또한, 대량의 계산을 처리하기 위해 고성능의 하드웨어 리소스를 사용하므로 실행 비용이 상당히 높아질 수 있다.

모델 경량화를 통해 모델의 크기를 줄이고 연산량을 최적화함으로써 모바일이나 임베디드 환경을 비롯해 클라우드 환경에서도 효율적으로 모델을 실행할 수 있다. 다음은 모델 경량화의 주요 이점을 정리한 것이다.

모델 크기 감소

모델 경량화는 모델의 크기를 줄이는 데 중점을 둔다. 작은 모델은 메모리 요구사항이 적어 메모리 용량 제약이 있는 모바일 장치나 임베디드 시스템에서도 용이하게 실행될 수 있다. 또한, 모델을 클라우드로 전송하는 데 걸리는 시간과 비용을 감소시킬 수 있다.

연산량 최적화

모델 경량화는 모델 내부의 연산량을 최적화하여 더 적은 연산 리소스를 사용하도록 만든다. 이는 모바일 장치나 임베디드 시스템의 배터리 수명을 연장하고 발열을 감소시킬 수 있으며, 클라우드 환경에서 실행 비용을 절감하는 데 도움을 준다.

예측 속도 향상

경량화된 모델은 예측 속도가 빠르다. 모바일 애플리케이션에서는 실시간 응답이 필요한 경우가 많은데, 작은 모델은 더 빠른 예측을 가능하게 하여 사용자 경험을 향상할 수 있다. 클라우드 환경에서도 작은 모델은 동시다발적인 요청에 대한 처리 속도를 높일 수 있다.

대규모 딥러닝 모델은 수많은 가중치 및 매개변수로 구성돼 있으므로 고성능의 하드웨어와 대량의 데이터가 필요하다. 그러므로 대규모 딥러닝 모델은 제한된 자원을 가진 디바이스나 시스템에서 실행하기 어렵고 예측 시 많은 계산이 필요하므로 실시간 처리에는 부적합할 수 있다. 이러한 문제를 해결하기 위해 모델 경량화에 대한 관심이 높아지고 있다. 모델 경량화 방법으로는 대표적으로 가지치기, 양자화, 지식 증류, 저차원 분해, 모델 구조 효율화 등이 있다.

가지치기

가지치기(Pruning)는 모델의 매개변수 중 중요도가 낮은 매개변수를 제거하여 전체 매개변수 수를 줄이는 방법이다. 모델의 매개변수 수와 연산량은 일반적으로 비례하는 경향이 있다. 매개변수 수를 늘리면 모델의 표현력이 향상되지만, 연산량도 증가하여 모델을 학습하거나 추론하는 데 더 많은 리소스가 필요할 수 있다.

그러므로 가지치기를 통해 모델의 매개변수 수를 줄이면 모델의 연산량을 감소시킬 수 있다. 또한, 중요도가 낮은 매개변수를 제거하므로 모델의 표현력을 유지하면서도 더 효율적인 모델을 구축할 수 있게 된다. 가지치기 방법은 크게 **비정형 가지치기**(Unstructured Pruning)와 **정형 가지치기**(Structured Pruning)로 구분할 수 있다.

비정형 가지치기

비정형 가지치기는 모델의 매개변수 중 일부를 0으로 만드는 가지치기 방법이다. 이 방법은 가지치기할 매개변수의 값을 모두 0으로 만들면 되기 때문에 상대적으로 간단하게 구현할 수 있다. 또한 매개변수의 중요도에 상관없이 제거하는 방식이기 때문에 모델과 환경에 따라 다양한 방법으로 적용할 수 있다. 다음 그림 11.1은 비정형 가지치기 방법론을 보여준다.

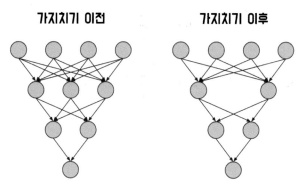

가지치기 이전   **가지치기 이후**

그림 11.1 비정형 가지치기

비정형 가지치기는 크게 **크기 기반 가지치기(Magnitude-based Pruning)** 방법과 **기울기 기반 가지치기(Gradient-based Pruning)** 방법이 있다.

크기 기반 가지치기 방법은 모델의 매개변수의 크기를 기준으로 중요하지 않은 매개변수를 찾아 0으로 치환하는 방법이다. 기준값은 임곗값을 설정하여 크기가 그 값보다 작은 매개변수를 제거하거나 L1 또는 L2 정규화를 통해 나온 값을 활용해 매개변수를 제거한다.

기울기 기반 가지치기 방법은 모델의 역전파 시 기울기의 크기를 측정하여 중요하지 않은 매개변수를 찾아서 0으로 치환한다. 기울기가 작아 손실값에 영향을 적게 미치는 매개변수를 제거하여 모델을 가지치기 한다. 이 외에도 탐욕적 탐색 방법을 이용한 반복적 가지치기 방법과 같은 다른 방법도 존재한다.

비정형 가지치기는 모델의 크기를 줄이고 효율성을 향상시킬 수 있으나, 매개변수의 중요도에만 관심을 두고 제거하기 때문에 모델 구조의 최적화에는 제한적이다. 즉, 기본적인 모델 구조를 그대로 사용하기 때문에 순전파 계산 시 실질적인 연산량이 줄어들지는 않는다.

정형 가지치기

정형 가지치기는 비정형 가지치기와 다르게 중요하지 않은 가중치 블록 자체를 제거하기 때문에 가중치 수뿐만 아니라 연산량도 줄일 수 있다. 합성곱 신경망 모델에서 많이 사용되는 기법은 필터 단위 또는 채널 단위로 가지치기를 수행하는 것이다. 다음 그림 11.2는 합성곱 신경망에서의 정형 가지치기 방법을 시각화한 것이다.

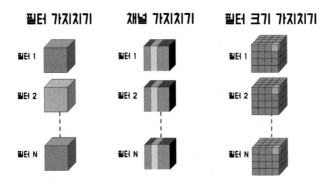

그림 11.2 합성곱 신경망에서의 정형 가지치기

필터 가지치기는 모델 내 필터들 중에서 가중치 값이 작거나 중요하지 않은 필터를 제거하는 것을 의미한다. 이를 통해 필터 수를 줄이면서 모델의 매개변수 수와 연산량을 감소시킬 수 있다. 중요하지 않은 필터를 제거함으로써 모델은 더 간결하고 효율적인 형태를 갖게 되어, 메모리 사용량과 실행 시간을 줄일 수 있다.

채널 가지치기는 모델 내 채널 중에서 가중치 값이 작거나 중요하지 않은 채널을 제거하는 것을 의미한다. 채널은 필터의 깊이를 나타내며, 입력 데이터에서 특정한 종류의 특징을 추출하는 역할을 한다. 중요하지 않은 채널을 제거함으로써 모델은 불필요한 계산을 줄이고, 더 간결하고 효율적인 형태를 갖게 된다.

필터 크기 가지치기는 모델 내 필터들의 크기를 조절하여 모델의 크기와 연산량을 줄이는 방법이다. 필터 가지치기나 채널 가지치기보다 조금 더 작은 단위로 모델의 매개변수를 제거해 정확도를 최대한 유지시킬 수 있다.

이 외에도 필터 혹은 채널의 합을 중요도로 하여 중요도가 낮은 블록을 제거하거나, 채널 간 유사도가 높은 채널들을 병합하는 방법, 역전파 시 손실값에 영향을 적게 미치는 채널을 제거하는 방법, 배치 정규화 값을 이용하여 중요도를 계산하는 방법 등이 있다.

7.3 'BERT' 절에서 학습한 BERT 모델을 활용해 가지치기를 수행해 본다. 다음 예제 11.1은 비정형 가지치기 수행 방법을 보여준다.

예제 11.1 BERT 모델 가지치기

```python
import torch
from torch.nn.utils import prune
from transformers import BertTokenizer, BertForSequenceClassification

tokenizer = BertTokenizer.from_pretrained(
    pretrained_model_name_or_path="bert-base-multilingual-cased",
    do_lower_case=False,
)
model = BertForSequenceClassification.from_pretrained(
    pretrained_model_name_or_path="bert-base-multilingual-cased",
    num_labels=2
)
model.load_state_dict(torch.load("../models/BertForSequenceClassification.pt"))

print("가지치기 적용 전:")
print(model.bert.encoder.layer[0].attention.self.key.weight)

parameters = [
    (model.bert.embeddings.word_embeddings, "weight"),
    (model.bert.encoder.layer[0].attention.self.key, "weight"),
    (model.bert.encoder.layer[1].attention.self.key, "weight"),
    (model.bert.encoder.layer[2].attention.self.key, "weight"),
]
prune.global_unstructured(
    parameters=parameters,
    pruning_method=prune.L1Unstructured,
    amount=0.2
)

print("가지치기 적용 후:")
print(model.bert.encoder.layer[0].attention.self.key.weight)
```

출력 결과

```
가지치기 적용 전:
Parameter containing:
tensor([[-0.0248, -0.0587, -0.0390,  ...,  0.0076, -0.0269, -0.0033],
        [ 0.0417,  0.0567,  0.0039,  ..., -0.0045,  0.0201,  0.0173],
```

```
          [ 0.0156, -0.0450, -0.0096,  ..., -0.0111, -0.0887, -0.0514],
          ...,
          [-0.0308, -0.0212,  0.0345,  ..., -0.0013,  0.0105,  0.0084],
          [-0.0754, -0.0742, -0.0061,  ..., -0.0134, -0.0327, -0.0988],
          [ 0.0161, -0.0419, -0.0056,  ...,  0.0438, -0.0181,  0.0413]],
        requires_grad=True)
가지치기 적용 후:
tensor([[-0.0248, -0.0587, -0.0390,  ...,  0.0000, -0.0269, -0.0000],
        [ 0.0417,  0.0567,  0.0000,  ..., -0.0000,  0.0201,  0.0173],
        [ 0.0156, -0.0450, -0.0000,  ..., -0.0000, -0.0887, -0.0514],
        ...,
        [-0.0308, -0.0212,  0.0345,  ..., -0.0000,  0.0000,  0.0000],
        [-0.0754, -0.0742, -0.0000,  ..., -0.0134, -0.0327, -0.0988],
        [ 0.0161, -0.0419, -0.0000,  ...,  0.0438, -0.0181,  0.0413]],
        grad_fn=<MulBackward0>)
```

torch.nn.utils 패키지의 prune 모듈은 모델 가지치기에 사용되는 다양한 함수를 제공한다. 가지치기는 모델의 매개변수나 연결을 제거하여 모델의 크기를 줄이고 계산량을 감소시킬 수 있으므로 가지치기를 적용하려는 매개변수를 리스트 형태로 설정한다. 이 예제에서는 BERT 모델의 워드 임베딩 가중치와 0부터 2번째 인코더 레이어의 각 어텐션 키(key) 가중치를 가지치기 대상으로 선택했다.

전역 비구조화(global_unstructured) 함수로 가지치기를 적용한다. 매개변수(parameters)에 지정된 값에 대해 L1 가지치기(L1Unstructured) 방법을 사용하고, 제거량(amount)으로 제거할 가중치의 비율을 설정한다. 제거량을 0.2로 설정하면 가중치의 20%를 제거하는 가지치기를 수행한다.

출력 결과를 보면 0.0076과 같이 값이 작은 가중치는 0.000으로 변경돼 가지치기가 수행된 것을 확인할 수 있다.

양자화

일반적으로 대부분의 인공 신경망 모델의 가중치는 32비트 부동소수점 형식으로 저장한다. 32비트 부동소수점은 넓은 범위의 숫자를 표현할 수 있으며 높은 정밀도로 소수를 표현할 수 있어 모델의 정확도를 향상시킨다. 하지만 이러한 부동소수점 표현은 메모리 내 공간을 많이 차지한다.

양자화(Quantization)는 이러한 가중치를 메모리를 적게 차지하는 형태로 변환하는 기술이다. 양자화는 가중치 값을 더 작은 비트 수로 표현함으로써 메모리 요구 사항을 줄이는 방법이다. 이는 가중치 행렬의 크기를 크게 줄이면서도 모델의 정확도를 일정 수준으로 유지할 수 있는 장점이 있다.

양자화는 모델의 메모리 요구 사항을 줄여주는 것뿐만 아니라, 모델을 실행하는 데 필요한 계산량을 줄여주어 추론 속도를 향상시킬 수 있다. 가령 32비트 부동소수점을 16비트로 표현하면 메모리 사용량이 1/2로 줄어든다. 또한 연산 속도도 빨라지는데, 8비트 정수로 표현하면 추론 속도가 2배에서 4배가량 빨라진다.

하지만 양자화는 가중치의 표현 범위를 제한하고 정밀도를 낮출 수 있기 때문에 모델의 성능에 영향을 줄 수 있다. 따라서 양자화를 적용할 때는 정확도와 성능 간의 균형을 고려해야 한다.

양자화는 숫자를 세밀한 표현에서 덜 세밀한 표현으로 변환하는 과정이다. 양자화를 적용하기 위해 먼저 가중치 값의 범위에 대한 가정을 진행한다. 즉, 가중치는 어느 정도의 범위 안에 존재한다고 가정한다. 그런 다음, 가중치의 최솟값을 덜 세밀한 표현 방법의 최솟값으로, 가중치의 최댓값을 덜 세밀한 표현 방법의 최댓값으로 근사한다. 다음 그림 11.3은 양자화 방법을 도식화했다.

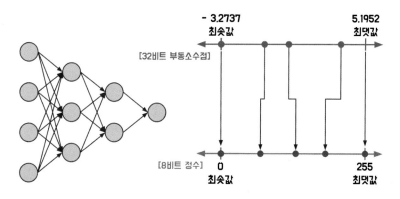

그림 11.3 양자화의 근사

예를 들어 32비트 부동소수점 숫자를 8비트 정수형으로 근사화하는 경우, 신경망 내 가중치의 최솟값과 최댓값을 계산한다. 가중치의 최솟값을 8비트 정수형의 최솟값인 0에 대응시키고, 최댓값을 8비트 정수형의 최댓값인 255에 대응시킨다. 이렇게 함으로써, 가중치의 최솟값과 최댓값 사이의 값들은 0부터 255 사이의 정수에 대응된다. 이러한 변환 과정을 통해 소수점 단위로 세밀하게 표현된 숫자들이 256개의 정수로 표현된다. 이때 양자화에 사용되는 매핑 함수는 수식 11.1과 같이 표현할 수 있다.

수식 11.1 양자화 매핑 함수

$$f(x,s,z) = Clip\left(round\left(\frac{x}{s}\right) + z\right)$$
$$s = \frac{R_{\max} - R_{\min}}{Q_{\max} - Q_{\min}}$$
$$z = Q_{\max} - \frac{R_{\max}}{s}$$

수식 11.1의 *Clip* 함수는 결괏값을 0에서 255 사이의 범위로 고정하는 함수다. 이 함수를 사용하여 수식의 결과를 제한함으로써 양자화된 값이 특정 범위를 벗어나지 않도록 한다.

양자화 매개변수인 s는 스케일을 의미한다. 이 값은 부동소수점의 범위를 양자화할 숫자형의 범위로 나눈 값이다. 스케일 s를 곱하는 것은 부동소수점 값을 양자화된 값의 범위로 축소하는 역할을 한다.

이렇게 양자화 매개변수 s와 영점 값 z를 사용하여 수식의 결과를 양자화하고, *Clip* 함수를 통해 범위를 제한함으로써 원하는 양자화 효과를 얻을 수 있다.

정적/동적 양자화

양자화 매개변수를 계산하는 방법에 따라 **정적 양자화**(Static Quantization)와 **동적 양자화**(Dynamic Quantization)로 나눌 수 있다.

정적 양자화는 양자화 매개변수를 미리 계산하여 고정된 값으로 사용하는 방법이다. 이를 위해 데이터세트의 일부를 입력해 보고, 양자화 매개변수를 계산하는 교정(Calibration) 과정이 필요하다. 정적 양자화는 고정된 매개변수를 사용하기 때문에 추론 시 추가적인 연산이 필요하지 않다.

반면에 동적 양자화는 모델의 가중치는 미리 양자화하지만, 활성화 함수는 데이터가 입력될 때마다 양자화 매개변수를 계산한다. 이로 인해 정적 양자화보다는 더 많은 계산 비용이 들지만, 입력값에 맞춰 매개변수가 연산되기 때문에 정적 양자화보다 더 나은 성능을 보일 수 있다.

이 외에도 양자화를 진행하는 시점에 따라 **학습 후 양자화**(Post Training Quantization)와 **양자화 인식 학습**(Quantization Aware Training)으로 구분할 수 있다.

학습 후 양자화는 딥러닝 모델을 학습한 후에 양자화를 적용하는 방법으로 이미 학습된 모델을 양자화하여 추론 시에 사용한다. 모델의 가중치, 편향 및 활성화 함수 등을 정수 형식으로 변환해 정수 연산에 최적화된 형태로 사용한다.

양자화 인식 학습은 모델의 학습 시점에 양자화로 인한 영향을 미리 계산하는 방법이다. 이 방법은 모델 학습 후 추가적인 학습이 필요하지만, 양자화 후의 성능 저하가 가장 적다. 신경망을 학습하는 도중, 가짜 양자화 모듈을 신경망에 배치하여 신경망이 양자화되었을 때의 효과와 양자화 매개변수를 계산한다. 신경망 학습이 끝나면 가짜 양자화 모듈에 저장된 정보를 이용하여 신경망을 양자화한다.

8.2 'VGG' 절에서 학습한 VGG-16 모델을 활용해 **학습 후 정적 양자화(Post Training Static Quantization)**를 수행해 본다. 다음 예제 11.2는 학습 후 정적 양자화 수행 방법을 보여준다.

예제 11.2 VGG-16 학습 후 정적 양자화

```python
import torch
from torch import nn
from torch.ao import quantization
from torchvision import models
from torchvision import transforms
from torch.utils.data import DataLoader
from torchvision.datasets import ImageFolder


class QuantizedVGG16(nn.Module):
    def __init__(self, model_fp32):
        super(QuantizedVGG16, self).__init__()
        self.quant = quantization.QuantStub()
        self.dequant = quantization.DeQuantStub()
        self.model_fp32 = model_fp32

    def forward(self, x):
        x = self.quant(x)
        x = self.model_fp32(x)
        x = self.dequant(x)
        return x


hyperparams = {
    "batch_size": 4,
    "learning_rate": 0.0001,
    "epochs": 5,
    "transform": transforms.Compose(
        [
            transforms.Resize(256),
```

```
        transforms.CenterCrop(224),
        transforms.ToTensor(),
        transforms.Normalize(
            mean=[0.48235, 0.45882, 0.40784],
            std=[1.0 / 255.0, 1.0 / 255.0, 1.0 / 255.0],
        ),
    ]
),
}


model = models.vgg16(num_classes=2)
model.load_state_dict(torch.load("../models/VGG16.pt"))


device = "cuda" if torch.cuda.is_available() else "cpu"
quantized_model = QuantizedVGG16(model).to(device)


quantization_backend = "fbgemm"
quantized_model.qconfig = quantization.get_default_qconfig(quantization_backend)


model_static_quantized = quantization.prepare(quantized_model)


calibartion_dataset = ImageFolder(
    "../datasets/pet/test",
    transform=hyperparams["transform"]
)
calibartion_dataloader = DataLoader(
    calibartion_dataset,
    batch_size=hyperparams["batch_size"]
)
for i, (images, target) in enumerate(calibartion_dataloader):
    if i >= 10:
        break
    model_static_quantized(images.to(device))


model_static_quantized.to("cpu")
model_static_quantized = quantization.convert(model_static_quantized)


torch.jit.save(torch.jit.script(model_static_quantized), "../models/PTSQ_VGG16.pt")
```

정적 양자화는 네트워크의 가중치와 활성화 값을 미리 정해진 양자화 비트 수로 양자화하는 프로세스다. 그러므로 입력에 대한 양자화 및 출력에 대한 역양자화 작업을 수행해야 한다. 이러한 작업을 수행하기 위해 QuantizedVGG16 클래스를 생성하고 양자화 관련 **스텁(Stub)**[1]을 연결한다.

QuantizedVGG16 클래스는 사전 학습된 VGG-16 모델의 입력부와 출력부에 **양자화 스텁(QuantStub)**과 **비양자화 스텁(QuantStub)**을 연결한다. 양자화 스텁은 모델의 입력에 대한 양자화 연산을 수행하는 역할을 한다. 실제로 모델을 양자화할 때, 모델의 입력 데이터를 양자화하여 정밀도를 낮춘다. 비양자화 스텁은 양자화된 모델의 출력에 대한 비양자화 연산을 수행하는 역할을 한다. 양자화된 모델은 중간 계산과 최종 출력을 양자화된 상태로 처리한다.

사전 학습된 VGG-16 모델을 불러오고 QuantizedVGG16 클래스를 적용한다. 양자화를 수행하기 위해 quantized_model 변수에 양자화 백엔드를 설정한다. 양자화 백엔드는 양자화를 적용하려는 모델의 qconfig 속성에 양자화 백엔드를 할당한다. 양자화 백엔드는 get_default_qconfig 함수로 설정할 수 있다.

양자화 백엔드는 각각의 아키텍처와 장비에서 양자화된 모델의 실행 성능을 최적화하기 위해 다양한 기술과 최적화를 제공한다. 파이토치에서 제공되는 양자화 백엔드는 표 11.1에 정리했다.

표 11.1 양자화 백엔드

양자화 백엔드	설명	주요 특징	실행 환경
x86	x86 아키텍처에서 CPU 실행을 위한 양자화 백엔드	다양한 x86 프로세서에서 사용 가능	x86
fbgemm	고성능 행렬-행렬 곱셈 라이브러리	SIMD 벡터화로 양자화된 모델의 연산 최적화	x86
qnnpack	ARM 아키텍처에서 실행되는 양자화 백엔드	NEON SIMD 명령어를 활용한 연산 최적화	ARM
onednn(DNNL)	인텔 x86 아키텍처에서 실행되는 양자화 백엔드	인텔 프로세서에서 높은 성능을 제공하는 라이브러리	x86

양자화 백엔드를 설정했다면 **양자화 준비(prepare)** 함수로 양자화를 위해 모델을 사전 처리한다. 이 함수는 양자화를 준비하는 데 필요한 변환 및 설정을 수행한다. 이 작업에서 모델의 가중치를 양자화 가능한 형태로 변환한다.

---

1 특정 기능이나 동작을 가상으로 구현하는 작은 코드 조각으로 실제 구현되지 않은 부분이나 외부 시스템과의 상호작용을 대신하는 역할

양자화된 모델로 변경됐다면 양자화 매개변수를 계산하는 교정 과정을 수행한다. 이번 예제에서는 테스트 데이터세트의 일부를 활용해 모델을 교정한다.

교정이 완료된 모델을 양자화 모델로 변환시키기 위해 CPU로 변환한다. 현재 파이토치의 양자화는 CPU만 지원한다. 따라서 모델을 양자화하기 전에 모델을 CPU로 전환해야 한다. CPU로 변경했다면 **양자화 변환(convert)** 함수로 모델 내의 양자화 관련 연산자들을 실제 양자화 연산자로 대체한다. 예를 들어, 양자화된 합성곱 연산을 위해 양자화된 합성곱 연산자로 대체한다. 이 외에도 모델 내의 가중치는 정밀도를 낮춘 양자화된 텐서 형태로 변환한다.

모델이 양자화됐다면 `torch.jit.script` 함수를 통해 스크립트 모듈로 변환한다. 스크립트 모듈은 그래프 형태로 저장되어 모델의 실행 그래프를 최적화하고 추론 시에 불필요한 오버헤드를 줄일 수 있다.

스크립트화된 모델은 `torch.jit.save` 함수를 사용하여 모델을 저장한다. 이 함수는 모델의 가중치, 구조, 양자화 관련 설정 등의 상태를 포함하여 저장할 수 있다. 이렇게 저장된 모델은 플랫폼 간 이식성이 좋아서 모바일 기기, 임베디드 시스템, 클라우드 환경 등 다양한 곳에서 모델을 불러오고 추론을 수행할 수 있다.

이제 양자화된 모델(PTSQ_VGG16.pt)과 기존 모델(VGG16.pt)을 비교해 본다. 다음 예제 11.3은 양자화된 모델과 비양자화된 모델 비교 방법을 보여준다.

예제 11.3 양자화 결과 비교

```
import os
import time
import torch
from PIL import Image
from torchvision import models
from torchvision import transforms


transform = transforms.Compose(
    [
        transforms.Resize(256),
        transforms.CenterCrop(224),
        transforms.ToTensor(),
        transforms.Normalize(
            mean=[0.48235, 0.45882, 0.40784],
```

```
            std=[1.0 / 255.0, 1.0 / 255.0, 1.0 / 255.0],
        ),
    ]
)

image = Image.open("../datasets/images/cat.jpg")
inputs = transform(image).unsqueeze(0)

model = models.vgg16(num_classes=2)
model.load_state_dict(torch.load("../models/VGG16.pt"))

device = "cuda" if torch.cuda.is_available() else "cpu"
model = model.to(device)
model.eval()

model_static_quantized = torch.jit.load("../models/PTSQ_VGG16.pt")

with torch.no_grad():
    start_time = time.time()
    outputs = model(inputs.to(device))
    file_size = os.path.getsize("../models/VGG16.pt") / 1e6
    print("양자화 적용 전:")
    print(f"출력 결과: {outputs}")
    print(f"추론 시간: {time.time() - start_time:.4f}s")
    print(f"파일 크기: {file_size:.2f} MB")
    print("\n")

start_time = time.time()
outputs = model_static_quantized(inputs)
file_size = os.path.getsize("../models/PTSQ_VGG16.pt") / 1e6
end_time = time.time() - start_time
print("양자화 적용 후:")
print(f"출력 결과: {outputs}")
print(f"추론 시간: {time.time() - start_time:.4f}s")
print(f"파일 크기: {file_size:.2f} MB")
```

출력 결과

```
양자화 적용 전:
출력 결과: tensor([[ 14.3161, -20.0158]], device='cuda:0')
추론 시간: 0.1680s
파일 크기: 537.08 MB


양자화 적용 후:
출력 결과: tensor([[ 14.5604, -19.9686]])
추론 시간: 0.0980s
파일 크기: 134.54 MB
```

양자화 모델은 torch.jit.load 함수를 통해 불러올 수 있다. 이 함수를 통해 불러온 양자화 모델에 샘플 데이터를 입력하면 거의 동일한 출력 결과가 나오는 것을 확인할 수 있다. 또한 추론 시간이 감소했을 뿐만 아니라 파일 크기도 대폭 감소한 것을 확인할 수 있다.

이번에는 **학습 후 동적 양자화(Post Training Dynamic Quantization)**를 수행해 본다. 다음 예제 11.4는 학습 후 동적 양자화 수행 방법을 보여준다.

예제 11.4 VGG-16 학습 후 동적 양자화

```python
import os
import torch
from torch import nn
from torch.ao import quantization
from torchvision import models


model = models.vgg16(num_classes=2)
model.load_state_dict(torch.load("../models/VGG16.pt"))
device = "cuda" if torch.cuda.is_available() else "cpu"
model = model.to(device)
model.eval()

model_dynamic_quantized = quantization.quantize_dynamic(
    model=model,
    qconfig_spec={nn.Linear},
    dtype=torch.qint8
)
model_dynamic_quantized.eval()
```

```
torch.save(model_dynamic_quantized.state_dict(), "../models/PTDQ_VGG16.pt")


file_size = os.path.getsize("VGG16.pt") / 1e6
print("양자화 적용 전:")
print(f"파일 크기: {file_size:.2f} MB")
print(model.classifier)
print("\n")


file_size = os.path.getsize("PTDQ_VGG16.pt") / 1e6
print("양자화 적용 후:")
print(f"파일 크기: {file_size:.2f} MB")
print(model_dynamic_quantized.classifier)
```

출력 결과

```
양자화 적용 전:
파일 크기: 537.08 MB
Sequential(
  (0): Linear(in_features=25088, out_features=4096, bias=True)
  (1): ReLU(inplace=True)
  (2): Dropout(p=0.5, inplace=False)
  (3): Linear(in_features=4096, out_features=4096, bias=True)
  (4): ReLU(inplace=True)
  (5): Dropout(p=0.5, inplace=False)
  (6): Linear(in_features=4096, out_features=2, bias=True)
)

양자화 적용 후:
파일 크기: 178.45 MB
Sequential(
  (0): DynamicQuantizedLinear(in_features=25088, out_features=4096, dtype=torch.qint8, qscheme=torch
.per_tensor_affine)
  (1): ReLU(inplace=True)
  (2): Dropout(p=0.5, inplace=False)
  (3): DynamicQuantizedLinear(in_features=4096, out_features=4096, dtype=torch.qint8, qscheme=torch.
per_tensor_affine)
  (4): ReLU(inplace=True)
  (5): Dropout(p=0.5, inplace=False)
  (6): DynamicQuantizedLinear(in_features=4096, out_features=2, dtype=torch.qint8, qscheme=torch.per
_tensor_affine)
)
```

동적 양자화는 모델을 실행하는 동안에만 필요한 부분을 양자화하는 기법이다. **동적 양자화**(`quantize_dynamic`) 함수를 통해 양자화하려는 모델(`model`), 양자화하려는 계층(`qconfig_spec`), 양자화 데이터 형식(`dtype`)을 입력받아 동적 양자화를 수행한다.

동적 양자화는 정적 양자화와 다르게 합성곱 계층에 대한 양자화를 지원하지 않는다. 그러므로 양자화가 가능한 완전 연결 계층을 입력한다. 양자화가 가능한 계층은 표 11.2에 정리했다.

표 11.2 연산자별 양자화 적용 범위

클래스	정적 양자화	동적 양자화
nn.Linear	O	O
nn.Conv1d/2d/3d	O	X
nn.LSTM	O	O
nn.GRU	X	O
nn.RNNCell	X	O
nn.GRUCell	X	O
nn.LSTMCell	X	O
nn.EmbeddingBag	O	O
nn.Embedding	O	X
nn.MultiheadAttention	O	X
Activations	O	X

동적 양자화는 실행하는 동안에만 양자화를 적용하므로 교정 과정이 필요하지 않다. 출력 결과를 보면 양자화를 진행한 후 완전 연결 계층이 동적 양자화된 완전 연결 계층(`DynamicQuantizedLinear`)으로 변환된 것을 확인할 수 있다.

또한, 파일 크기도 감소한 것을 확인할 수 있다. 동적 양자화는 사용자가 양자화를 적용할 모델의 특정 부분을 선택할 수 있는 유연성을 제공하며, 간단한 코드로 양자화를 적용할 수 있다.

이번에는 양자화 인식 학습을 수행해 본다. 양자화 인식 학습은 학습 과정이 필요하므로 8.2 'VGG' 절의 예제 8.9의 학습 과정과 거의 동일하다. 다음 예제 11.5는 양자화 인식 학습 수행을 위한 주요한 변경점만 보여준다.

예제 11.5 VGG-16 양자화 인식 학습

```python
import torch

...

quantization_backend = "fbgemm"
device = "cuda" if torch.cuda.is_available() else "cpu"
quantized_model = QuantizedVGG16(model).to(device)
quantized_model.qconfig = quantization.get_default_qat_qconfig(quantization_backend)
quantization.prepare_qat(quantized_model)

criterion = nn.CrossEntropyLoss().to(device)
optimizer = optim.SGD(quantized_model.parameters(), lr=hyperparams["learning_rate"])

for epoch in range(hyperparams["epochs"]):
    cost = 0.0

    for images, classes in train_dataloader:
        images = images.to(device)
        classes = classes.to(device)

        output = quantized_model(images)
        ...

with torch.no_grad():
    quantized_model.eval()

    accuracy = 0.0
    for images, classes in test_dataloader:
        images = images.to(device)
        classes = classes.to(device)

        outputs = quantized_model(images)
        ...

quantized_model = quantized_model.to("cpu")
quantization.convert(quantized_model)
torch.jit.save(torch.jit.script(quantized_model), "QAT_VGG16.pt")
```

출력 결과

```
Epoch :      1, Cost : 0.821
Epoch :      2, Cost : 0.223
Epoch :      3, Cost : 0.142
Epoch :      4, Cost : 0.111
Epoch :      5, Cost : 0.092
acc@1 : 96.19%
```

양자화 인식 학습은 일반적인 모델 학습 과정과 정적 양자화를 병합하여 수행한다. 단, 양자화 준비 (prepare) 함수가 아닌 **양자화 학습 준비(prepare_qat)** 함수를 사용해 양자화를 적용한다. 양자화 학습 준비 함수는 양자화된 모델을 얻기 위해 훈련 중에 가중치와 활성화 값을 양자화한다. 그러므로 이 함수 가 적용된 이후에 양자화를 위한 추가 훈련 과정이 필요하다.

즉, 두 함수는 양자화를 위한 서로 다른 접근 방식을 갖는다. 양자화 준비 함수는 기존의 FP32 모델을 양자화하기 위한 준비 작업을 수행하며, 양자화 학습 준비 함수 양자화를 위한 학습 준비 작업을 수행한다.

지식 증류

지식 증류(Knowledge Distillation)는 복잡한 신경망인 **교사 신경망(Teacher Network)**의 지식 을 학습하는 단순한 신경망인 **학생 신경망(Student Network)**에 전달하여 성능을 개선하는 방법이다. 이때 교사 신경망은 일반적으로 크고 복잡한 모델이며, 이미 잘 학습되어 있는 모델이다.

지식 증류는 교사 신경망의 출력을 학생 신경망의 학습에 활용하는 것으로, 교사 신경망의 소프트맥 스 출력 확률 분포를 학생 신경망이 예측하도록 유도한다. 이때 소프트맥스 출력을 **소프트 타깃(Soft target)**이라 부른다. 학생 신경망은 교사 신경망의 소프트 타깃과 실제 타깃(실제 정답) 사이의 차이를 최소화하도록 학습된다.

교사 신경망은 더 정확한 예측을 할 수 있지만, 더 많은 계산 리소스가 필요하다. 반면 학생 신경망은 교 사 신경망보다 간단하고 작지만, 정확도가 낮을 수 있다. 지식 증류는 이러한 상충 관계를 해결하기 위해 교사 신경망의 성능을 학생 신경망에게 전달하여 학습을 돕는다.

교사 신경망이 학생 신경망을 학습하는 방법은 크게 세 가지로 구분할 수 있다. 첫 번째는 신경망의 출력 값을 이용하여 학습하는 **응답 기반 지식 증류(Response-based Knowledge Distillation)**, 두 번째는 신경망 중간 계층의 활성화, 특징 등을 이용하여 학습하는 **특징 기반 지식 증류**(Feature-based Knowledge Distillation), 세 번째는 서로 다른 신경망 층 간의 관계 정보를 이용하여 학습하는 **관계 기반 지식 증류**(Relation-based Distillation)가 있다. 다음 그림 11.4는 세 가지 증류 방법을 도식화한 것이다.

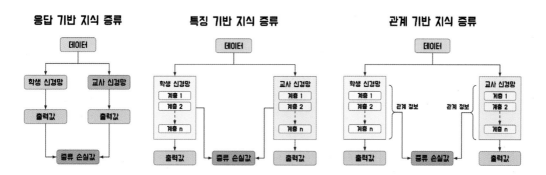

그림 11.4 지식 증류 방법 도식화

응답 기반 지식 증류

응답 기반 증류는 교사 신경망의 출력값을 활용하여 학생 신경망을 학습시키는 방법이다. 이 방법은 교사 신경망의 출력값을 **소프트 레이블**(Soft Label)[2]로 사용하여 학생 신경망이 해당 확률분포를 모방하도록 학습한다. 교사 신경망은 높은 성능을 가지며 정답을 제공하는 역할을 수행하며, 학생 신경망은 교사 신경망의 출력을 기반으로 예측을 수행하고 그 예측과 교사 신경망의 출력과의 차이를 최소화하는 방향으로 갱신된다. 다음 그림 11.5는 응답 기반 지식 증류 과정을 도식화한 것이다.

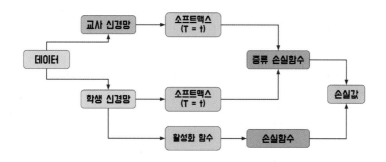

그림 11.5 응답 기반 지식 증류

---

2 클래스로 명확히 분류되는 **하드 레이블**(Hard Label)과 다르게 각 클래스에 대한 확률 분포를 나타내는 벡터로 표현되는 레이블이다.

응답 기반 지식 증류는 교사 신경망의 출력값과 학생 신경망의 출력값을 비교하여 증류 손실값을 계산한다. 분류 모델을 예시로 들면 교사 신경망의 출력값과 학생 신경망의 출력값을 비교하여 얻어지는 증류 손실값과 학생 신경망의 출력값과 학습 데이터를 통해 일반적인 손실값도 계산한다. 소프트 레이블을 이용한 소프트맥스 수식은 다음 수식 11.2와 같이 표현할 수 있다.

수식 11.2 응답 기반 지식 증류의 소프트맥스

$$q_i = \frac{\exp(z_i/T)}{\sum_j \exp(z_j/T)}$$

소프트맥스 함수는 입력값의 크기에 따라 출력값을 조절하는 특성을 가지며, 작은 값은 더 작게, 큰 값은 더 크게 만든다. 이러한 특성으로 인해 작은 값을 가진 클래스에 대한 확률이 상대적으로 작아지고, 큰 값을 가진 클래스에 대한 확률이 상대적으로 커진다. 응답 기반 지식 증류는 교사 신경망의 오답 클래스 확률에서도 힌트를 얻어 학습을 진행해야 하는데, 소프트맥스 함수의 특성으로 인해 이러한 정보를 학습하기 어려울 수 있다.

이러한 문제를 완화하기 위해 소프트맥스 함수에 **온도(Temperature)**라는 매개변수 T를 추가한다. 온도는 소프트맥스 함수의 출력 분포를 변화시키는 역할을 한다. 온도는 일반적으로 양수이며, 0 이상의 값을 사용한다. 온도가 1일 때는 일반적인 소프트맥스 함수와 동일한 결과를 얻을 수 있다.

온도가 높아지면 소프트맥스 함수의 출력 분포는 넓어진다. 이는 학생 신경망이 다양한 클래스를 학습하는 데 도움이 될 수 있다. 반대로 온도가 낮아지면 소프트맥스 함수는 출력 분포를 더 좁게 만든다. 이는 학생 신경망이 특정 클래스를 학습하는 데 도움이 될 수 있다.

온도는 실험적으로 설정하며 온도가 높을수록 학생 신경망의 성능이 향상되지만, 너무 높으면 학생 신경망이 학습되지 않을 수 있다.

특징 기반 지식 증류

인공 신경망은 입력된 데이터를 의미 있는 벡터로 표현하는 데 탁월하다. 특히 중간층에서 추출된 특징은 입력 데이터의 의미를 잘 나타낸다. 이러한 아이디어에서 착안하여 교사 신경망 중간층의 출력값을 이용하여 학생 신경망을 학습한다. 중간층의 출력값을 학생 신경망의 중간층에 전달하여 학생 신경망이 교사 신경망의 특징을 학습하도록 유도한다.

즉, 응답 기반 지식 증류는 두 신경망의 출력값을 비교하여 손실값을 얻었다면 특징 기반 지식 증류는 두 신경망의 중간층 출력값을 이용한다. 특징 기반 지식 증류의 손실함수는 다음 수식 11.3과 같이 표현할 수 있다.

수식 11.3 특징 기반 지식 증류의 손실 함수

$$L_{FeatD}\left(f_t(x), f_s(x)\right) = L_F\left(\phi_t\left(f_t(x)\right), \phi_s\left(f_s(x)\right)\right)$$

f_t는 교사 신경망의 중간층 출력값을, f_s는 학생 신경망의 중간층 출력값을 의미한다. ϕ_t와 ϕ_s는 두 출력값의 모양을 동일하게 만드는 변환 함수를 의미한다. 함수 L_F는 두 값의 유사도를 계산하여 학생 신경망의 중간층 출력값이 교사 신경망의 중간층 출력값과 최대한 유사하게 한다.

특징 기반 지식 증류의 손실 함수를 사용하여 교사 신경망과 학생 신경망의 중간층 출력 간의 특징 차이를 측정하고, 이를 통해 학생 신경망을 학습시킬 수 있다. 특징 기반 지식 증류는 응답 기반 지식 증류보다 복잡한 방식이지만, 더 나은 성능을 얻을 수 있다.

관계 기반 지식 증류

관계 기반 지식 증류는 신경망에서 학습된 다른 층 간의 관계를 이용하여 지식을 증류하는 방법이다. 이 방법은 응답 기반 지식 증류와 특징 기반 지식 증류와는 다른 접근 방식을 가지고 있다. 관계 기반 지식 증류는 서로 다른 층 간의 관계를 이용하여 지식을 전달하며, 인공 신경망의 내부 구조를 활용해 특정한 도메인의 지식을 추출할 수 있다.

예를 들어 이미지 분류 작업에서는 신경망의 각 층이 이미지의 다른 특징을 추출하고, 이러한 특징들 사이의 관계를 학습하여 분류에 필요한 지식을 증류할 수 있다. 관계 기반 지식 증류의 손실 함수는 다음 수식 11.4와 같이 표현할 수 있다.

수식 11.4 관계 기반 지식 증류의 손실 함수

$$L_{RelD}\left(f_t, f_s\right) = L_R\left(\psi(f_t), \psi(f_s)\right)$$

관계 함수 ψ는 신경망의 서로 다른 층간 관계 정보를 계산하는 함수로 그람 행렬(Gram Matrix)[3]를 이용한 방법이 주로 사용된다. 함수 L_R는 교사 신경망의 관계 정보 $\psi(f_t)$와 학생 신경망의 관계 정보 $\psi(f_s)$의 유사도를 계산하는 함수로 두 신경망의 관계 정보가 최대한 유사하게 만든다.

---

3 특징 맵 간 상관 관계 정보를 각 특징 맵의 특징 벡터를 통해 계산한 값

다음 예제 11.6은 응답 기반 지식 증류 방법으로 모델 경량화 방식을 보여준다.

예제 11.6 응답 기반 지식 증류를 활용한 모델 학습

```python
import torch
from torch import nn
from torch import optim
from torch.nn import functional as F


class TeacherModel(nn.Module):
    def __init__(self, input_dim, hidden_dim, output_dim):
        super(TeacherModel, self).__init__()
        self.fc1 = nn.Linear(input_dim, hidden_dim)
        self.fc2 = nn.Linear(hidden_dim, output_dim)

    def forward(self, x):
        x = torch.relu(self.fc1(x))
        x = self.fc2(x)
        return x


class StudentModel(nn.Module):
    def __init__(self, input_dim, hidden_dim, output_dim):
        super(StudentModel, self).__init__()
        self.fc1 = nn.Linear(input_dim, hidden_dim)
        self.fc2 = nn.Linear(hidden_dim, output_dim)

    def forward(self, x):
        x = torch.relu(self.fc1(x))
        x = self.fc2(x)
        return x


def distillation_loss(y, labels, teacher_output, T, alpha):
    student_softmax = F.log_softmax(y / T, dim=1)
    teacher_softmax = F.softmax(teacher_output / T, dim=1)
    temperature_loss = T * T * 2.0 + alpha

    kld_loss = nn.KLDivLoss(reduction="batchmean")(student_softmax, teacher_softmax)
    kld_loss = kld_loss * temperature_loss
    ce_loss = F.cross_entropy(y, labels) * (1.0 - alpha)
```

```
        total_loss = kld_loss + ce_loss
        return total_loss


input_dim = 100
output_dim = 10
teacher = TeacherModel(input_dim, 256, output_dim)
student = StudentModel(input_dim, 128, output_dim)
optimizer = optim.Adam(student.parameters(), lr=0.001)


input_data = torch.randn(1, input_dim)
with torch.no_grad():
    teacher_output = teacher(input_data)


optimizer.zero_grad()
student_output = student(input_data)
loss = distillation_loss(
    y=student_output,
    labels=torch.tensor([0]),
    teacher_output=teacher_output,
    T=0.1,
    alpha=0.5,
)
loss.backward()
optimizer.step()


print("Teacher Model Output:", teacher_output)
print("Student Model Output:", student_output)
```

출력 결과

```
Teacher Model Output: tensor([[ 0.0008, -0.0455, -0.2484, -0.2065,  0.0496,  0.4072,  0.0390,
0.2663, 0.1081, -0.0455]])
Student Model Output: tensor([[-0.0457,  0.3281,  0.3092,  0.1473,  0.1716,  0.1148,  0.0141,
-0.2202, -0.1534,  0.1680]], grad_fn=<AddmmBackward0>)
```

예제 11.6은 교사 신경망인 TeacherModel 클래스와 학생 신경망인 StudentModel 클래스로 구성된
다. 교사 신경망과 학생 신경망은 동일한 구조를 가지지만, 다른 크기의 은닉층을 갖는다. 대규모 모델

(TeacherModel)을 작은 모델(StudentModel)로 전이하는 과정으로 작은 모델이 대규모 모델의 지식을 효율적으로 학습하도록 구성한다.

distillation_loss 함수는 지식을 증류하기하기 위한 손실 함수로 학생 모델의 예측과 라벨, 교사 모델의 예측 결과, 온도 매개변수 T, 그리고 손실의 가중치인 alpha를 입력으로 받는다. 함수 내에서는 손실을 계산하기 위해 로그 소프트맥스와 교차 엔트로피 손실, 그리고 **쿨백-라이블러 발산**(Kullback-Leibler Divergence) 손실을 계산한다.

쿨백-라이블러 발산 손실은 두 확률 분포 간의 차이를 측정하는 지표로 사용된다. 두 확률 분포 P와 Q 사이의 거리를 측정한다. 쿨백-라이블러 발산은 수식 11.5와 같다.

수식 11.5 쿨백 라이블러 발산

$$KL(P \| Q) = \sum P(x) \log\left(\frac{P(x)}{Q(x)}\right)$$

kld_loss는 student_softmax와 teacher_softmax의 두 확률 분포 사이의 쿨백 라이블러 발산을 계산한다. student_softmax는 학생 모델의 출력인 y에 로그 소프트맥스 함수를 적용하여 얻은 확률 분포이며, teacher_softmax는 교사 모델의 출력인 teacher_output에 소프트맥스 함수를 적용하여 얻은 확률 분포다. 이를 통해 학생 모델이 교사 모델의 지식을 효과적으로 습득할 수 있다.

지식 증류를 위해 교사 모델은 학습을 시키지 않고 입력 데이터를 전달하여 예측 결과(teacher_output)만을 사용하므로 torch.no_grad() 블록 내에서 수행한다. 반면에 학생 모델은 distillation_loss 손실 값에 대한 기울기를 계산하여 모델의 매개변수를 갱신한다.

이 예제는 학습되지 않은 모델을 사용하여 예제를 보여주기 위해 단일 입력 데이터에 대한 경량화를 수행한다. 실제로는 더 많은 데이터를 사용하여 모델을 학습하고 데이터를 사용해야 한다.

텐서 분해

텐서 분해(Tensor Decomposition)는 다차원 텐서를 여러 개의 작은 텐서로 분해하는 기법이다. 다차원 배열이나 데이터 구조를 행렬 이상의 차원으로 표현하는 것을 의미한다. 텐서 분해는 여러 개의 텐서로 분해하여 고차원 데이터의 구조를 이해하거나 압축하는 데 사용된다.

2차원 텐서를 분해하는 경우를 **행렬 분해(Matrix Decomposition)**라고 한다. 행렬 분해는 텐서 분해와 마찬가지로 주어진 행렬을 더 작은 크기의 행렬 곱으로 표현한다.

인공 신경망의 가중치 텐서를 분해한다면 가중치 텐서를 더 효율적으로 저장하고 계산 효율성을 향상시킬 수 있다. 가중치 텐서는 일반적으로 큰 차원을 가지며, 특히 딥러닝에서는 매우 큰 규모의 인공신경망이 사용될 수 있다. 이러한 큰 행렬은 계산 및 저장 측면에서 비효율적일 수 있다. 가중치 텐서를 분해하면 더 작은 크기를 갖는 여러 개의 텐서로 나눌 수 있다.

가중치 텐서를 분해하면 텐서의 크기가 줄어들기 때문에 저장 공간을 절약할 수 있다. 작은 크기의 텐서 여러 개로 분해되기 때문에 이를 저장하는 데 필요한 공간이 감소한다. 그러므로 분해된 작은 텐서들은 일반적으로 연산이 더 빠르고 효율적으로 수행될 수 있다. 행렬–행렬 곱셈 등의 연산은 분해된 텐서 간의 작은 규모 연산으로 대체될 수 있어 계산 속도를 향상시킬 수 있다. 또한 가중치 텐서를 분해함으로써 텐서의 특정 특성을 강조할 수도 있다.

인공 신경망에서는 텐서 분해의 한 형태인 **저계수 분해(Low-rank Decomposition)**를 적용한다. 저계수 분해란 다차원 텐서를 저차원 텐서로 근사하는 기법이다. 주어진 텐서를 저차원의 텐서 공간으로 투영하면서 근사 오차를 최소화하는 방식으로 분해한다.

행렬 M을 저계수 분해 한다면 그보다 작은 계수를 가진 행렬 $\hat{M}$으로 근사한다. 저계수 분해도 텐서 분해의 한 종류로 볼 수 있으며, 주로 차원 축소 및 데이터 압축에 사용된다. 다음 그림 11.6은 행렬 M을 k의 계수를 가진 두 행렬 L_k와 R_k^T로 분해하는 방식을 시각화한 것이다.

그림 11.6 행렬의 저계수 분해

이때 두 행렬 L_k와 R_k^T의 계수 k가 행렬 M의 계수와 같다면 두 행렬의 곱으로 행렬 M을 완전히 표현할 수 있다. 계수 k가 행렬 M의 계수보다 작은 경우에 저계수 분해라고 한다. 다시 말해 저계수 분해는 주어진 텐서를 저차원의 텐서의 곱으로 근사하는 것을 목표로 한다.

저계수 분해를 수행하기 위해 행렬 L_k와 행렬 R_k^T를 찾아야 하므로 저계수 행렬로 분해해야 한다. 이때 분해할 가중치 텐서의 차원에 따라 적용하는 기법이 다르다. 주로 2차원 가중치 행렬은 주로 **특잇값 분해**(Singular Value Decomposition, SVD)를 통해 저계수로 분해하고, 3차원 이상의 가중치 텐서는 주로 **CP 분해**(Canonical Polyadic Decomposition, CPD)를 통해 저계수 분해한다.

저계수 분해는 고차원 데이터의 차원 축소에 자주 사용되며, 데이터의 잠재적인 구조와 패턴을 추출하는 데 유용하다. 또한 텐서 저계수 분해를 사용하면 고차원 데이터의 차원을 줄일 수 있으며, 계산 및 저장 공간을 절약하고 모델의 학습과 추론 속도를 향상시킬 수 있다.

특잇값 분해

특잇값 분해는 행렬을 세 개의 행렬의 곱으로 분해하는 방법 중 하나다. 특잇값 분해는 행렬의 선형 변환을 가장 정확하게 표현할 수 있는 방법 중 하나로 널리 사용되며, 인공 신경망에서도 가중치 행렬을 분해하는 데 활용될 수 있다.

특잇값 분해로 분해된 세 개의 행렬은 원래 행렬의 구조와 성질에 대한 중요한 정보를 제공한다. 다음 수식 11.6은 특잇값 분해를 설명한다.

수식 11.6 행렬의 특잇값 분해

$$M = U \sum V^T$$

행렬 M의 크기가 $m \times n$이라고 할 때, 세 행렬 $U, \sum, V^T$는 다음과 같은 특징을 갖는다.

- U: 크기의 직교 행렬
- $\sum$: $m \times n$ 크기로 대각원소가 양수인 대각 행렬[4]
- V^T: V의 전치행렬로 $m \times n$ 크기의 직교 행렬

이때 행렬 U의 열 벡터를 왼쪽 특이 벡터(Left Singular Vector), 행렬 $\sum$의 대각 원소를 특잇값(Singular Value), 행렬 V의 열벡터를 오른쪽 특이 벡터(Right Singular Vector)라고 한다. 행렬 M을 특잇값과 특이 벡터로 다시 표현한다면 수식 11.7과 같이 표현할 수 있다.

---

4 대각 원소는 큰 수부터 작은 수 순서로 배치

수식 11.7 특잇값과 특이 벡터를 이용한 행렬 표현

$$M = \sum_{i=1}^{\min\{m,n\}} s_i \cdot u_i v_i^T$$

즉, 특잇값 분해는 행렬을 특잇값과 랭크가 1인 벡터들의 곱으로 분해하는 방법으로 볼 수 있다. 또한, 특잇값의 크기는 해당 특이 벡터가 표현하는 벡터 공간의 중요도를 의미한다. 특잇값이 작을수록 해당 특이 벡터의 표현력은 상대적으로 덜 중요하다고 볼 수 있다.

예를 들어 얼굴 이미지를 특잇값 분해한다고 가정하면 특잇값이 큰 특이 벡터는 얼굴 이미지에서 주요한 특징이나 변화를 포착할 수 있다. 이러한 특잇값이 큰 특이 벡터는 사람들의 식별에 중요한 역할을 하게 된다. 반대로 특잇값이 작은 특이 벡터는 이미지에서 덜 중요한 변화나 노이즈를 나타낸다.

다음 예제 11.7은 특잇값 분해 방법을 보여준다.

예제 11.7 특잇값 분해

```
import torch


M = torch.rand((4, 3))
U, s, V = torch.svd(M)
composed_M = torch.mm(torch.mm(U, torch.diag(s)), V.t())
print(M)
print(composed_M)
```

출력 결과

```
tensor([[0.6869, 0.0806, 0.8700],
        [0.2740, 0.2390, 0.6946],
        [0.7523, 0.4656, 0.4504],
        [0.3089, 0.0965, 0.9035]])
tensor([[0.6869, 0.0806, 0.8700],
        [0.2740, 0.2390, 0.6946],
        [0.7523, 0.4656, 0.4504],
        [0.3089, 0.0965, 0.9035]])
```

파이토치는 행렬을 쉽게 분해할 수 있도록 **특잇값 분해(svd)** 함수를 제공한다. 특잇값 분해 함수는 행렬 U, 특잇값으로 이루어진 벡터 s, 행렬 V를 반환한다. 수식 11.6과 이 분해된 행렬을 곱하면 행렬 M을 계산할 수 있다.

저계수 분해는 본래의 행렬보다 적은 계수를 가진 행렬로 분해한다. 특잇값 분해를 활용해 계수가 k인 행렬로 분해하려면, 특잇값이 큰 순서대로 k개의 특이 벡터와 특잇값을 선택한다. 이를 수식 11.6과 수식 11.7을 이용해 다시 표현한다면 수식 11.8과 같이 표현할 수 있다.

수식 11.8 특잇값 분해를 이용한 저계수 분해

$$\hat{M} = \sum_{i=1}^{k} s_i \cdot u_i v_i^T$$
$$= U_k \sum_k V_k^T$$

특잇값은 크기가 큰 수부터 작은 수 순서대로 배치되어 있으므로 행렬을 저계수로 분해하면서 정보 손실을 최소화할 수 있다. 다음 예제 11.8은 특잇값 분해를 이용한 저계수 분해 방식을 보여준다.

예제 11.8 특잇값 분해를 이용한 저계수 분해

```
import torch

M = torch.rand((4, 3))
k = 2
Uk, sk, Vk = torch.svd_lowrank(M, q=k)
approximated_M = torch.mm(torch.mm(Uk, torch.diag(sk)), Vk.t())
print(M)
print(approximated_M)
```

출력 결과

```
tensor([[0.4173, 0.0638, 0.4512],
        [0.7504, 0.1380, 0.4337],
        [0.4346, 0.0659, 0.1585],
        [0.4600, 0.4304, 0.0622]])
tensor([[0.4704, 0.0065, 0.3877],
        [0.7273, 0.1630, 0.4614],
        [0.3861, 0.1182, 0.2164],
        [0.4819, 0.4068, 0.0361]])
```

파이토치에서 **특잇값 저계수 분해(svd_lowrank)** 함수는 특잇값 분해를 기반으로 한 저계수 분해를 수행하는 기능을 제공한다. 이 함수의 매개변수 q는 저계수 분해의 상대적인 중요도를 결정하는 매개변수다.

q 값을 증가시킬수록 특잇값 중 상위의 중요한 특잇값에 더 집중하여 분해가 이루어진다. 즉, q는 분해할 계수를 의미하므로 0보다 큰 정수이면서 입력 행렬의 계수 이하의 값을 입력해야 한다.

특잇값 저계수 분해 함수로 특잇값이 낮은 정보는 제거했기 때문에 분해된 행렬을 곱하면 원본 행렬과 동일한 행렬이 아닌 유사한 행렬을 얻게 된다. 이로 인해 저계수 분해를 **저계수 근사(Low-rank Approximation)**라고도 한다.

CP 분해

CP 분해는 다차원 배열인 텐서를 여러 개의 저차원 배열로 분해하는 방법이다. CP 분해는 주어진 텐서를 세 개 이상의 작은 텐서들의 합으로 분해한다. 이 작은 텐서들은 각각의 모드에 대응되는 차원을 가지고 있으며, 이를 모드-순위라고 한다. 분해된 작은 텐서들은 각각의 모드에서 텐서의 특징을 표현한다.

CP 분해는 N 차원 텐서를 R개의 순위-1 텐서의 합으로 분해하며, 순위-1 텐서는 각 모드의 요인 벡터들의 외적으로 구성된다. CP 분해는 텐서의 각 모드에서 요인 벡터들을 찾아내고 이들을 조합하여 원래의 텐서를 근사하는 것을 목표로 한다.

CP 분해는 CANDECOMP/PARAFAC 분해로도 알려져 있으며, 텐서의 특성을 효과적으로 추출하고 텐서의 차원을 줄이는 데 사용된다. 또한, 고차원 데이터를 저차원의 구성 요소로 분해하여 데이터를 압축하거나 특성을 추출하는 데 사용된다. 다음 수식 11.9는 여러 개의 저차원 텐서로 분해하는 방법을 보여준다.

수식 11.9 텐서 분해

$$T = \sum_{r=1}^{R} \lambda_r a_r^{(1)} \otimes a_r^{(2)} \otimes a_r^{(3)} \otimes \cdots \otimes a_r^{(N)}$$

영벡터가 아닌 임의의 세 벡터 a, b, c가 있다고 가정할 때 $a \otimes b \equiv a \cdot b^T$는 계수가 1인 행렬, $a \otimes b \otimes c$는 계수가 1인 3차원 텐서가 된다. 즉, n개의 벡터 $a^{(1)}, a^{(2)}, \cdots, a^{(n)}$의 외적은 계수가 3인 텐서가 된다. 수식 11.9는 텐서의 저계수 분해도 행렬의 저계수 분해처럼 계수가 1인 3차원 텐서의 선형 결합으로 표현될 수 있음을 보여준다.

수식 11.9를 만족하는 가장 작은 R이 텐서 T의 계수다. CP 분해는 R보다 작은 K개 3차원 텐서의 선형 결합으로 텐서 T를 근사한다. 그러므로 CP 분해는 수식 11.10과 같이 표현할 수 있다.

수식 11.10 CP 분해

$$T \approx \sum_{k=1}^{K} \lambda_k a_k^{(1)} \otimes a_k^{(2)} \otimes a_k^{(3)} \otimes \cdots \otimes a_k^{(N)} =: \hat{T}$$

CP 분해는 원본 텐서 T를 계수가 K인 3차원 텐서 $\hat{T}$로 근사하면서 정보 손실을 최소화해야 한다. 따라서 CP 분해의 목적 함수는 수식 11.11과 같이 표현할 수 있다.

수식 11.11 CP 분해 목적 함수

$$\min_{\hat{T}} \| T - \hat{T} \| \ with \ \hat{T} \approx \sum_{k=1}^{R} \lambda_k a_k^{(1)} \otimes a_k^{(2)} \otimes a_k^{(3)} \otimes \cdots \otimes a_k^{(N)}$$

파이토치 신경망의 CP 분해는 TensorLy 라이브러리를 통해 쉽게 구현할 수 있다. TensorLy 라이브러리는 텐서 조작과 분해를 위한 파이썬 기반의 오픈 소스 라이브러리로 저계수 분해, 회귀 등과 같은 텐서 기반 연산을 위한 다양한 기능을 제공한다. TensorLy 라이브러리는 다음과 같이 설치할 수 있다.

TensorLy 라이브러리

```
pip install tensorly
```

TensorLy 라이브러리를 활용해 CP 분해를 실습해 본다. 이번에는 8.2 'VGG' 절에서 학습한 VGG-16 모델을 CP 분해로 경량화한다. 다음 예제 11.9는 TensorLy의 `parafac` 함수를 이용한 합성곱 계층의 경량화 방법을 보여준다.

예제 11.9 VGG-16 합성곱 계층 경량화

```python
import torch
import tensorly as tl
from torch import nn
from torchvision import models
from tensorly import decomposition

tl.set_backend("pytorch")

def cp_decomposition(layer, rank):
    weights, factors = decomposition.parafac(
        tensor=layer.weight.data,
        rank=rank,
```

```
    init="random",
    normalize_factors=False
)
last, first, vertical, horizontal = factors

pointwise_s_to_r_layer = nn.Conv2d(
    first.shape[0],
    first.shape[1],
    kernel_size=1,
    stride=1,
    padding=0,
    dilation=layer.dilation,
    bias=False,
)
depthwise_vertical_layer = nn.Conv2d(
    vertical.shape[1],
    vertical.shape[1],
    kernel_size=(vertical.shape[0], 1),
    stride=1,
    padding=(layer.padding[0], 0),
    dilation=layer.dilation,
    groups=vertical.shape[1],
    bias=False,
)
depthwise_horizontal_layer = nn.Conv2d(
    horizontal.shape[1],
    horizontal.shape[1],
    kernel_size=(1, horizontal.shape[0]),
    stride=layer.stride,
    padding=(0, layer.padding[0]),
    dilation=layer.dilation,
    groups=horizontal.shape[1],
    bias=False,
)
pointwise_r_to_t_layer = nn.Conv2d(
    last.shape[1],
    last.shape[0],
    kernel_size=1,
```

```
            stride=1,
            padding=0,
            dilation=layer.dilation,
            bias=True,
        )
        pointwise_r_to_t_layer.bias.data = layer.bias.data

        depthwise_horizontal_layer.weight.data = (
            torch.transpose(horizontal, 1, 0).unsqueeze(1).unsqueeze(1)
        )
        depthwise_vertical_layer.weight.data = (
            torch.transpose(vertical, 1, 0).unsqueeze(1).unsqueeze(-1)
        )
        pointwise_s_to_r_layer.weight.data = (
            torch.transpose(first, 1, 0).unsqueeze(-1).unsqueeze(-1)
        )
        pointwise_r_to_t_layer.weight.data = last.unsqueeze(-1).unsqueeze(-1)

        new_layers = [
            pointwise_s_to_r_layer,
            depthwise_vertical_layer,
            depthwise_horizontal_layer,
            pointwise_r_to_t_layer,
        ]
        return nn.Sequential(*new_layers)


model = models.vgg16(num_classes=2)
model.load_state_dict(torch.load("../models/VGG16.pt"))
model.eval()


layer = model.features[0]
layer_cp_decomposed = cp_decomposition(layer, rank=16)


print("CP 분해 전 가중치 수:", sum(param.numel() for param in layer.parameters()))
print("CP 분해 후 가중치 수:", sum(param.numel() for param in layer_cp_decomposed.parameters()))
```

출력 결과

```
CP 분해 전 가중치 수 : 1792
CP 분해 후 가중치 수 : 1232
```

TensorLy 라이브러리의 parafac 함수는 **교대 최소 제곱법(Alternating Least Squares, ALS)**을 이용해 CP 분해를 구현한다. parafac 함수는 텐서(tensor)를 입력받아 분해하며, 랭크(rank)로 분해된 텐서의 저차원 배열(요소) 개수를 지정하는 텐서의 계수를 설정한다. 이 값이 클수록 분해된 요소들이 원본 텐서를 더 정확하게 근사화할 수 있지만, 계산 비용이 증가한다.

초기화(init)는 분해된 요소들을 초기화하는 방법을 지정하는 매개변수로 기본값은 svd로 할당돼 있다. 이 방법은 매우 많은 연산량과 메모리 공간을 요구하므로 무작위 값으로 초기화하는 random을 사용한다. 정규화 여부(normalize_factors)는 분해된 요소들을 정규화할지를 나타내는 매개변수다.

parafac 함수는 분해된 텐서의 가중치를 의미하는 weight와 CP 분해로 분해된 텐서를 의미하는 factors를 반환한다. 현재 예제는 정규화 여부가 False로 설정돼 있어 요소들은 정규화되지 않으므로 분해된 텐서의 가중치는 모두 1로 반환된다.

앞선 수식 11.10을 통해 CP 분해는 텐서의 차원 수만큼의 텐서 외적으로 분해된다는 것을 알 수 있었다. 합성곱 신경망의 가중치는 (출력 채널 수, 입력 채널 수, 세로 길이, 가로 길이)로 구성된다. 따라서 factors는 각각 (출력 채널 수, 계수), (입력 채널 수, 계수), (세로 길이, 계수), (가로 길이, 계수)의 크기로 분해된 가중치를 반환한다.

이렇게 분해된 합성곱 계층의 가중치를 활용해 새로운 합성곱 계층을 정의한다. 새롭게 정의된 합성곱 계층은 CP 분해를 통해 정보 손실은 최소화하면서 원본 합성곱 계층보다 적은 가중치 수를 가지도록 설계된다.

이번에는 VGG-16 모델의 모든 합성곱 계층을 분해해 본다. 다음 예제 11.10은 CP 분해를 활용한 VGG-16 모델의 경량화 방법을 보여준다.

예제 11.10 VGG-16 모델 경량화

```python
import copy


decomposed_model = copy.deepcopy(model)
for idx, module in enumerate(decomposed_model.features):
    if isinstance(module, nn.Conv2d):
        rank = max(module.weight.data.numpy().shape) // 3
        decomposed_model.features[idx] = cp_decomposition(module, rank)
```

```
print("CP 분해 전 가중치 수 :", sum(param.numel() for param in model.parameters()))
print("CP 분해 후 가중치 수 :", sum(param.numel() for param in decomposed_model.parameters()))
```

출력 결과

```
CP 분해 전 가중치 수 : 134268738
CP 분해 후 가중치 수 : 120710231
```

CP 분해 수행 시 계수를 선택하는 크기에 따라 정보의 손실이나 모델 경량화의 효과에 영향을 미친다. 너무 작은 계수를 선택하면 정보의 손실이 많아지는 경향이 있으며, 너무 큰 계수를 선택하면 모델 경량화의 효과를 보기 어렵다. 따라서 적절한 계수 선택은 CP 분해를 수행하는 과정에서 중요한 요소다.

예제는 합성곱 계층의 최대 차원을 3으로 나눈 몫을 계수로 선택하여 분해를 수행한다. 출력 결과를 보면 모든 합성곱 계층에 대해 CP 분해로 가중치 수를 줄여 경량화된 모델이 된 것을 확인할 수 있다. 경량화된 모델은 성능 저하를 최소화하기 위해 추가로 모델 학습을 진행하거나 계수 설정 방식을 고도화해 정보 손실 최소화와 모델 경량화 사이에서 균형을 맞춰야 한다.

ONNX

ONNX(Open Neural Network Exchange)는 딥러닝 모델의 구조와 가중치를 표현하기 위한 중립적인 형식을 제공하여 프레임워크 간에 호환성을 가지는 오픈소스 플랫폼이다. 이 형식은 다양한 딥러닝 프레임워크 간에 모델을 변환하고 공유할 수 있는 기능을 제공하는 중간 언어라고 할 수 있다.

ONNX는 모델의 구조를 표현하기 위해 그래프 형태로 사용한다. 이 그래프는 노드(node)와 에지(edge)로 구성되어 있으며, 노드는 연산(operation)을 나타내고 에지는 데이터(tensor) 흐름을 의미한다. 각 노드는 입력 데이터를 받아들여 연산을 수행하고, 그 결과를 출력 데이터로 내보낸다. 이러한 그래프 기반의 표현 방식은 다양한 딥러닝 프레임워크 간에 모델을 변환하고 실행하는 데 있어서 효율적이고 편리한 방법을 제공한다.

ONNX는 다양한 딥러닝 프레임워크와의 상호 운용성을 제공하기 위해 설계됐다. ONNX를 지원하는 프레임워크는 ONNX 형식으로 저장된 모델을 불러와 실행할 수 있으며, ONNX를 통해 학습된 모델을 다른 프레임워크로 이식할 수도 있다. 이를 통해 사용자는 자신이 선호하는 딥러닝 프레임워크를 선택하여 모델을 개발하고 공유할 수 있다.

ONNX 런타임(ONNX Runtime)은 ONNX를 실행하기 위한 오픈소스 엔진이다. ONNX 모델을 불러와 실행하는 역할을 담당하며, ONNX 형식으로 저장된 모델을 효율적으로 실행하기 위해 최적화된 엔진을 제공한다.

또한 ONNX 런타임은 다양한 딥러닝 프레임워크와의 통합을 제공한다. 이를 통해 ONNX 형식으로 변환된 모델을 다른 프레임워크에서 실행할 수 있으며, 모델 개발 및 배포의 유연성을 높일 수 있다. ONNX 런타임은 파이토치, 텐서플로 등의 주요 딥러닝 프레임워크와의 연동을 지원하며, 이를 통해 사용자는 자신이 선호하는 프레임워크에서 ONNX 모델을 실행할 수 있다.

이를 통해 고성능의 추론 기능을 제공하면서도 가벼운 런타임 환경을 구성할 수 있다. 모바일 기기와 같이 리소스가 제한된 환경에서도 효율적으로 ONNX 모델을 실행할 수 있다.

ONNX와 ONNX 런타임은 다음과 같이 설치할 수 있다.

ONNX 및 ONNX 런타임 설치

```
pip install onnx onnxruntime
```

다음 예제 11.11은 8.2 'VGG' 절에서 학습한 VGG-16 모델을 ONNX 형식으로 변환하는 과정을 보여준다.

예제 11.11 ONNX 형식 변환

```
import torch
from torch import onnx
from torchvision import models


model = models.vgg16(num_classes=2)
model.load_state_dict(torch.load("../models/VGG16.pt"))
model.eval()

dummy_input = torch.randn(1, 3, 224, 224)
onnx.export(model=model, args=dummy_input, f="../models/VGG16.onnx")
```

ONNX 내보내기(onnx.export) 함수는 파이토치 모델을 ONNX 형식으로 내보내는 역할을 한다. 모델(model)은 ONNX 형식으로 내보내려는 모델 객체를 의미하며, 매개변수(args)는 모델에 전달한 입력 데이터를 의미한다. 마지막으로 파일 경로(f)는 ONNX 파일을 저장할 파일 경로를 가리킨다.

입력 데이터로 사용할 가짜 입력(dummy_input)으로 ONNX 형식을 변환한 후 'VGG16.onnx'라는 파일로 저장한다. 이렇게 저장된 ONNX 모델은 다른 딥러닝 프레임워크에서 모델을 불러오거나 추론을 수행할 수 있다.

이제 VGG16.onnx 파일을 활용해 ONNX 런타임에서 모델을 추론해 본다. 다음 예제 11.12는 파이토치와 ONNX 런타임을 사용하여 VGG-16 모델을 실행하는 것을 보여준다.

예제 11.12 ONNX 런타임 실행

```python
import time
import torch
import onnxruntime as ort
from PIL import Image
from torchvision import models
from torchvision import transforms


def to_numpy(tensor):
    return tensor.detach().cpu().numpy()


image = Image.open("../datasets/images/cat.jpg")
transform = transforms.Compose(
    [
        transforms.Resize(256),
        transforms.CenterCrop(224),
        transforms.ToTensor(),
        transforms.Normalize(
            mean=[0.48235, 0.45882, 0.40784],
            std=[1.0 / 255.0, 1.0 / 255.0, 1.0 / 255.0],
        ),
    ]
)
input = transform(image).unsqueeze(0)

model = models.vgg16(num_classes=2)
model.load_state_dict(torch.load("../models/VGG16.pt"))
model.eval()

with torch.no_grad():
    start_time = time.time()
```

```
        output = model(input)
        end_time = time.time()
        print("파이토치:")
        print(output)
        print(end_time - start_time)

ort_session = ort.InferenceSession("../models/VGG16.onnx")

start_time = time.time()
ort_inputs = {ort_session.get_inputs()[0].name: to_numpy(input)}
ort_outs = ort_session.run(output_names=None, input_feed=ort_inputs)
end_time = time.time()
print("ONNX:")
print(ort_outs)
print(end_time - start_time)
```

출력 결과

```
파이토치:
tensor([[ 14.3161, -20.0158]])
0.21500182151794434
ONNX:
[array([[ 14.316089, -20.015848]], dtype=float32)]
0.11999845504760742
```

추론 세션(`ort.InferenceSession`) 클래스는 ONNX 모델을 로드하고 실행하기 위한 클래스다. 즉, VGG16.onnx 파일에서 VGG-16 모델을 불러와 `ort_session`에 할당한다.

`ort_session.get_inputs` 메서드는 ONNX 모델에서 정의된 입력(입력 노드)에 대한 정보를 가져온다. 이 메서드를 호출하면 모델의 입력에 대한 정보를 포함하는 정보를 확인할 수 있다. 이 메서드를 통해 ONNX 모델 추론에 필요한 입력을 생성한다.

`ort_input` 딕셔너리의 키는 ONNX 모델의 첫 번째 입력에 대한 이름으로 설정하고, 값은 넘파이 배열 형태로 변환한다.

`ort_session.run` 메서드는 ONNX 모델로 추론을 수행한다. 출력 이름(`output_names`) 매개변수를 None으로 할당하면 모든 출력을 반환하며, 입력 피드(`input_feed`)는 ONNX 모델에 입력 데이터를 전달한다.

출력 결과를 보면 파이토치 모델의 결괏값(output)과 ONNX 형식으로 변환된 모델의 결괏값(ort_outs)이 서로 같은 것을 확인할 수 있으며, 추론 시간이 대폭 감소한 것을 확인할 수 있다.

모델 서빙

모델 서빙(Model Serving)은 훈련된 머신러닝 모델을 실제 운영 환경에서 사용할 수 있도록 프로세스 또는 시스템을 구축하는 것을 의미한다. 이는 **클라이언트**(Client)[5]의 요청에 따라 **서버**(Server)[6]에서 모델을 호출하고, 예측 결과를 반환하는 **인터페이스**(Interface)[7]를 구축하는 과정을 포함한다. 즉, 모델을 서빙하여 실시간으로 추론 결과를 제공하는 서비스를 제공할 수 있다.

예를 들어, 자연어 처리 모델을 서빙하여 사용자의 게시글을 번역하거나 이미지 분류 모델을 서빙하여 사용자가 업로드한 이미지를 분류하는 작업을 수행할 수 있다. 실시간 추론을 위한 모델 서빙 과정은 일반적으로 다음과 같은 프로세스를 수행한다.

모델 로드

학습된 모델과 가중치를 메모리에 불러온다. 클라이언트의 연속적인 요청을 빠르게 처리하기 위해서는 모델이 항상 메모리에 적재되어 있어야 한다. 모델의 서빙 과정에서 가장 먼저 수행되는 프로세스다.

서버 구축

클라이언트로부터 요청을 수신하기 위한 인터페이스를 설정한다. 인터페이스를 명확하게 정의함으로써 클라이언트가 올바른 요청을 보내고 서버가 올바른 응답을 반환할 수 있게 한다. 이는 모델 서빙의 효율성과 안정성을 보장하는 데 중요한 역할을 한다.

요청 처리 및 결과 반환

클라이언트의 요청에 맞게 모델 추론을 수행하고 처리 결과를 클라이언트에 응답한다. 서버의 응답은 사전에 정의된 형식에 맞춰 반환돼야 한다. 응답 형식은 요청 처리에 대한 실패 유무, 처리 과정에서 발생한 에러, 처리 결과 등을 클라이언트가 쉽게 알 수 있게 정의된다.

---

5 서버에 서비스를 요청하는 주체다. 서비스를 요청하는 PC, 스마트폰, 웹브라우저 등이 클라이언트에 포함된다.
6 클라이언트에게 요청을 받고 요청에 따라 서비스를 제공하는 컴퓨터 시스템이다.
7 사용자와 서비스 사이의 상호작용을 가능하게 하는 방법을 의미한다. UI/UX, API, 데이터 형식 등을 비롯해 서비스에 접근하고 상호작용할 수 있는 모든 요소를 포함한다.

모델 업데이트

데이터 변경 및 확장에 따라 추가적인 학습을 수행하여 모델의 성능이 향상되었을 때 새로운 가중치를 모델에 업데이트한다. 배포 중인 서비스의 종료 없이 모델을 업데이트함으로써 사용자에게 개선된 기능을 제공할 수 있어 서비스의 품질을 향상시킬 수 있다.

모델 서빙은 머신러닝 모델을 실시간으로 호출하여 사용자의 요청을 처리하고, 모델이 예측을 생성한 뒤 그 결과를 반환하는 과정을 수행한다. 이러한 과정을 수행하기 위해 모델 서빙은 웹 서비스 형태로 구현되어, HTTP 요청을 통해 호출하고 응답을 받는 방식으로 작동한다.

파이썬 웹 프레임워크를 사용하면 머신러닝 모델을 웹 서비스로 구현할 수 있다. 웹 프레임워크는 웹 애플리케이션을 개발하기 위한 도구이며, 파이썬에서는 플라스크와 같은 다양한 웹 프레임워크가 있다. 이러한 웹 프레임워크를 사용하여 머신러닝 모델을 웹 서비스로 구현하면, 사용자는 웹을 통해 모델을 접근하고 입력한 데이터에 대한 예측 결과를 얻을 수 있다.

모델 서빙 웹 프레임워크

모델 서빙 웹 프레임워크는 머신러닝 모델을 웹 서비스로 제공하고 관리하기 위한 도구를 의미한다. 이 프레임워크는 실시간으로 요청에 따라 모델을 호출하고 결과를 반환하는 서버를 구성할 수 있으며, 모델의 배포, 스케일링, 모니터링, 버전 관리, 요청 처리 등과 같은 기능도 처리할 수 있다.

또한, 머신러닝 모델을 서버에 배포하고 클라이언트 애플리케이션이 모델을 사용할 수 있는 **API 엔드포인트(Endpoint)**[8]를 제공한다. 웹 프레임워크는 HTTP 요청을 처리하고 모델에 전달하여 예측을 수행하며, 결과를 다시 클라이언트에게 반환한다. 이러한 웹 프레임워크는 모델의 생명주기를 관리하고 여러 버전의 모델을 동시에 운영하며, 고가용성 및 확장성을 제공한다. 파이썬에서는 플라스크(Flask), 장고(Django REST Framework, DRF), 패스트 API(FastAPI)와 같은 웹 프레임워크를 사용한다.

플라스크는 파이썬으로 작성된 마이크로 웹 프레임워크로 파이토치 모델을 빠르고 간단하게 서빙할 수 있다. 또한 직관적인 문법과 필요한 기능만 포함하고 있어 간결하게 가벼운 프로젝트나 간단한 웹 애플리케이션을 구축하는 데 유용하다. 플라스크를 사용하면 직관적인 문법과 작은 코드베이스로 빠르게 웹 서비스를 구축할 수 있다.

---

8 서버의 특정 리소스에 접근하기 위한 URL 경로

장고는 파이썬 기반의 웹 프레임워크로 데이터베이스 관리, 관리자 페이지, 사용자 인증, 세션 관리, 템플릿 엔진 등 다양한 기능과 컴포넌트를 포함하고 있어 대규모 웹 애플리케이션을 구축하기에 적합하다. 또한 보안에 대한 다양한 기능을 제공하여 웹 페이지에 악성 스크립트를 삽입하는 크로스 사이트 스크립팅(Cross-Site Scripting, XSS)이나 인증된 사용자의 권한을 이용하여 악의적인 요청을 송신하는 사이트 간 요청 위조(Cross Site Request Forgery, CSRF) 등을 방지할 수 있다.

패스트 API는 최신 웹 개발 동향과 표준을 따르는 현대적인 웹 프레임워크로 ASGI(Asynchronous Server Gateway Interface)[9]를 기반으로 구축됐다. 이를 통해 FastAPI는 비동기 및 이벤트 기반 아키텍처를 사용하여 빠른 속도로 동작한다. 파이토치 모델과 함께 사용하면 API 응답 속도를 향상시킬 수 있다.

플라스크, 장고, 패스트 API는 모두 RESTful API를 개발할 수 있는 웹 프레임워크로 표준화된 방법을 제공한다. RESTful API를 사용하면 개발자들이 서로 다른 웹 프레임워크나 플랫폼에서도 일관된 방식으로 통신할 수 있다.

RESTful API는 서버와 클라이언트 간의 역할을 명확하게 분리한다. 이를 통해 서버와 클라이언트를 독립적으로 개발하고 유지할 수 있다. 서버는 학습된 모델을 실시간으로 실행하고 결과를 반환하는 작업을 수행하고, 클라이언트는 서버에 제공한 데이터에 대한 예측값을 표시한다.

RESTful API를 사용하면 다양한 클라이언트(웹, 모바일, 디바이스 등)에서 모델 추론 기능을 쉽게 접근하고 사용할 수 있다. RESTful API는 엔드포인트를 기반으로 설계되기 때문에 새로운 엔드포인트를 추가하거나 기존 엔드포인트를 수정하는 것이 비교적 간단하다. 이는 애플리케이션의 요구 사항이 변경되거나 새로운 기능을 추가해야 할 때 유용하다.

플라스크

장고와 비교하면 플라스크는 더 가볍고 유연한 특징을 가지고 있다. 장고는 많은 기능과 내장된 컴포넌트를 제공하여 대규모 프로젝트에 적합한 반면, 플라스크는 작은 규모의 프로젝트나 빠른 프로토타입 개발에 더 적합하다. 이번 실습에서는 플라스크를 사용하여 모델을 서빙해 본다.

플라스크 웹 프레임워크는 다음과 같이 설치할 수 있다.

---

9 파이썬 웹 애플리케이션과 웹 서버 사이의 표준 인터페이스

플라스크 설치

```
pip install flask
```

플라스크를 설치했다면 7.3 'BERT' 절에서 학습한 BERT 모델을 활용해 간단한 API를 구현해 본다. 다음 예제 11.13은 BERT 모델 클래스 선언 방법을 보여준다.

예제 11.13 BERT 모델 클래스 선언

```python
# app_flask.py
import torch
from torch.nn import functional as F
from transformers import BertTokenizer, BertForSequenceClassification


class BertModel:
    device = "cuda" if torch.cuda.is_available() else "cpu"

    @classmethod
    def load_model(cls, weight_path):
        cls.tokenizer = BertTokenizer.from_pretrained(
            pretrained_model_name_or_path="bert-base-multilingual-cased",
            do_lower_case=False,
        )
        cls.model = BertForSequenceClassification.from_pretrained(
            pretrained_model_name_or_path="bert-base-multilingual-cased",
            num_labels=2
        ).to(cls.device)
        cls.model.load_state_dict(torch.load(weight_path, map_location=cls.device))
        cls.model.eval()

    @classmethod
    def preprocessing(cls, data):
        input_data = cls.tokenizer(
            text=data,
            padding="longest",
            truncation=True,
            return_tensors="pt"
        ).to(cls.device)
        return input_data
```

```python
@classmethod
@torch.no_grad()
def predict(cls, input):
    input_data = cls.preprocessing(input)
    outputs = cls.model(**input_data).logits
    probs = F.softmax(outputs, dim=-1)

    index = int(probs[0].argmax(axis=-1))
    label = "긍정" if index == 1 else "부정"
    score = float(probs[0][index])

    return {
        "label": label,
        "score": score
    }
```

BERT 모델을 구현하고 예측하는 클래스인 BertModel을 정의한다. load_model 메서드는 weight_path에서 사전 학습된 bert-base-multilingual-cased 모델을 로드한다.

preprocessing 메서드는 입력 데이터를 전처리한다. 주어진 텍스트 데이터를 BERT 토크나이저를 사용하여 토큰화하고, 패딩과 잘라내기를 수행한 후 파이토치 텐서로 변환한다.

predict 메서드는 입력 데이터에 대한 예측을 수행한다. preprocessing 메서드에서 전처리된 데이터를 BERT 모델에 입력으로 제공하여 로짓 값을 얻는다. 로짓 값을 소프트맥스 함수를 사용하여 확률로 변환한 후, 가장 높은 확률을 가진 클래스를 선택한다. 예측된 레이블과 해당 클래스의 점수를 반환한다.

메서드 선언 시 @classmethod라는 데코레이터(Decorator)를 사용하여 클래스 메서드로 정의한다. 클래스 메서드로 정의하면 모든 인스턴스에서 모델의 상태가 공유된다.

BERT 모델 클래스를 정의했다면 플라스크를 활용해 엔드포인트 함수를 정의한다. 엔드포인트 함수는 클라이언트의 요청을 처리하는 작업을 수행한다. 다음 예제 11.14는 클라이언트의 추론 요청을 처리하는 엔드포인트 함수 선언 방식을 보여준다.

예제 11.14 플라스크 모델 서빙

```python
# app_flask.py
import json
from flask import Flask, request, Response


app = Flask(__name__)


@app.route("/predict", methods=["POST"])
def inference():
    data = request.get_json()
    text = data["text"]

    try:
        return Response(
            response=json.dumps(BertModel.predict(text), ensure_ascii=False),
            status=200,
            mimetype="application/json",
        )

    except Exception as e:
        return Response(
            response=json.dumps({"error": str(e)}, ensure_ascii=False),
            status=500,
            mimetype="application/json",
        )

if __name__ == "__main__":
    BertModel.load_model(weight_path="../models/BertForSequenceClassification.pt")
    app.run(host="0.0.0.0", port=8000)
```

BERT 모델을 웹 서비스로 배포하기 위해 **Flask** 클래스를 사용하여 애플리케이션을 생성한다. `__name__` 매개변수는 파이썬 스크립트가 실행되는 위치를 가리킨다. 이를 통해 플라스크는 정적 파일의 경로를 올바르게 지정하고 애플리케이션의 위치를 식별한다.

플라스크 객체를 생성했다면 라우팅을 설정한다. 플라스크에서는 `@app.route` 데코레이터를 사용해 라우터를 설정할 수 있다. 플라스크 애플리케이션 객체인 **app**에 대한 경로를 지정하여 해당 경로로 들어오는 HTTP 요청을 처리할 함수를 연결한다. 즉, @app.route 데코레이터는 특정 URL 경로에 대해 실행될 함수를 등록하는 역할을 한다.

라우터 설정 시 HTTP 메서드도 지정해야 한다. HTTP 메서드란 클라이언트와 서버 간에 통신할 때 사용되는 요청의 종류를 나타내는 방법이다. HTTP 메서드는 크게 CRUD[10] 작업을 하는 GET, POST, PUT, DELETE를 비롯해 PATCH, HEAD, OPTIONS 등이 있다. 주로 사용되는 HTTP 메서드는 표 11.3에 정리했다.

표 11.3 HTTP 메서드

HTTP 메서드	처리 작업	주요 용도
GET	읽기	서버로부터 정보를 요청하기 위해 사용되는 메서드
POST	생성	서버에 데이터를 제출하기 위해 사용되는 메서드
PUT	갱신	서버에 리소스를 업데이트하기 위해 사용되는 메서드
DELETE	삭제	서버에서 리소스를 삭제하기 위해 사용되는 메서드

머신러닝 모델을 API로 구현할 때는 주로 POST 메서드를 사용하는 것이 일반적이다. 이는 입력 데이터를 서버로 전송하고, 모델에 의해 처리된 결과를 응답으로 받기 위함이다. 그러므로 inference 함수에 @app.route("/predict", methods=["POST"])로 라우터를 설정하면 /predict 경로로 POST 요청 시 inference 함수가 실행된다.

inference 함수에서는 JSON 데이터에서 text 필드를 추출하여 text 변수에 저장한다. 이 값을 BERT 모델의 입력값으로 사용한다.

요청이 성공했을 때와 실패했을 때를 나눠 결괏값을 반환한다. flask.Response는 플라스크 웹 프레임워크에서 HTTP 응답을 나타내기 위해 사용되는 클래스다. 플라스크는 HTTP 요청에 대한 응답을 생성할 때 flask.Response 객체를 반환하는 것을 권장한다. 이 클래스는 서버의 **응답 내용(response)**, **HTTP 상태 코드(status)**, **파일의 콘텐츠 유형(mimetype)** 등을 반환한다.

응답 내용은 클라이언트에 전달되는 데이터 또는 메시지를 의미한다. 응답 내용은 주로 HTML, JSON, XML, 텍스트 등의 형식으로 제공될 수 있다.

---

10   Create(생성), Read(읽기), Update(갱신), Delete(삭제)의 네 가지 기본적인 데이터 조작 작업

HTTP 상태 코드는 클라이언트에게 서버의 응답 상태를 알려주는 숫자 코드를 의미한다. 일반적으로 1xx는 정보 응답, 2xx는 성공, 3xx는 리다이렉션(Redirection)[11], 4xx는 클라이언트 오류, 5xx는 서버 오류를 나타낸다.

파일의 콘텐츠 유형은 HTTP 헤더에 Content-Type으로 지정되며, 클라이언트와 서버 간에 어떤 유형의 데이터를 주고받을지를 알려준다. **MIME(Multipurpose Internet Mail Extensions)** 유형의 형식을 따르며, **주요 유형/서브 유형** 형식으로 표기된다. 예를 들어, 텍스트 파일의 MIME 유형은 text/plain, 이미지 파일의 MIME 유형은 image/jpeg, JSON 데이터의 MIME 유형은 application/json 등이 될 수 있다.

라우터 설정을 완료했다면 서버를 실행한다. BERT 모델 클래스를 초기화하고 app.run을 통해 플라스크 애플리케이션을 **바인딩(Binding)**한다. 바인딩이란 플라스크 애플리케이션과 특정 IP 주소와 포트 번호를 결합(bind)하는 작업을 말한다.

애플리케이션이 특정 IP 주소와 포트 번호에 바인딩되면 해당 주소와 포트에서 클라이언트의 요청을 수신할 수 있다. 예를 들어, app.run(host="0.0.0.0", port=8000)과 같이 호출하면 애플리케이션이 0.0.0.0 IP 주소와 8000번 포트에 바인딩되어 해당 주소와 포트에서 클라이언트의 요청을 처리한다.

host="0.0.0.0"은 모든 네트워크 인터페이스에 대해 수신 대기함을 의미한다. 이 설정을 사용하면 외부 네트워크에서 애플리케이션에 접근할 수 있다. port=8000은 서버가 수신 대기할 포트 번호를 지정한다. 클라이언트는 이 포트 번호를 사용하여 서버에 접근할 수 있다.

플라스크 모델 서빙 코드까지 작성했다면 애플리케이션을 실행한다. 다음 예제 11.15는 플라스크 애플리케이션 실행 방법을 보여준다.

예제 11.15 플라스크 실행

```
python app_flask.py
```
출력 결과

```
...
* Serving Flask app "app_flask" (lazy loading)
* Environment: production
...
```

---

11 클라이언트의 요청을 다른 URL로 전송하는 프로세스

```
* Running on all addresses.
* Running on http://XXX.XXX.XX.XXX:8000/ (Press CTRL+C to quit)
...
```

애플리케이션을 실행했다면 http://127.0.0.1:8000/ 주소로 로컬 환경에서 플라스크 애플리케이션에
접근할 수 있다. 앞선 예제에서 /predict로 라우팅했으므로 http://127.0.0.1:8000/predict의 주소로
BERT 모델을 API 형태로 사용할 수 있다. 새로운 파이썬 코드 파일을 생성해 모델 추론 요청을 수행해
본다. 다음 예세 11.16은 모델 추론 요청 방법을 보여준다.

예제 11.16 모델 추론 요청

```python
import json
import requests


url = "http://127.0.0.1:8000/predict"
headers = {"content-type": "application/json"}

response = requests.post(
    url=url,
    headers=headers,
    data=json.dumps({"text": "정말 재미있어요!"})
)

print(response.status_code)
print(response.json())
```

출력 결과

```
200
{'label': '긍정', 'score': 0.9948110580444336}
```

predict 경로에서 요구하는 사항에 맞는 구조로 요청한다면, 클라이언트는 BERT 모델에 텍스트 데이
터를 전송하여 추론 결과를 응답으로 받을 수 있다. 출력 결과를 보면 "정말 재미있어요!"라는 데이터를
전달했을 때, 모델은 99%의 확률로 긍정적인 결과를 예측한 것을 확인할 수 있다. 이를 통해 자연어 처
리 모델인 BERT가 입력 문장의 감성을 정확히 예측하고, 신뢰도 있는 결과를 반환하는 것을 확인할 수
있다.

패스트 API

패스트 API는 비동기 처리를 지원하므로 더 빠른 성능을 제공할 수 있다. 플라스크는 자체적으로 비동기 처리를 지원하지 않아 **구니콘(Gunicorn)**[12]이나 **메시지 브로커(Message Broker)**[13]를 사용해야 한다. 패스트 API는 비동기 처리와 데이터 유효성 검사 등의 고급 기능을 지원하므로 대규모 애플리케이션 또는 고성능이 요구되는 경우 FastAPI가 더 적합할 수 있다. 이번 실습에서는 패스트 API를 사용해 이미지 분류 모델을 서빙해 본다.

패스트 API 웹 프레임워크는 다음과 같이 설치할 수 있다.

패스트 API 설치

```
pip install fastapi
```

패스트 API를 설치했다면 8.2 'VGG' 절에서 학습한 VGG-16 모델을 활용해 간단한 API를 구현해 본다. 패스트 API는 비동기 및 이벤트 기반 아키텍처를 사용하므로 동시성 오류에 주의해야 한다. 동시성 오류는 여러 프로세스가 동시에 하나의 자원에 접근할 때 발생하는 문제를 의미한다. 따라서 클래스 변수 및 메서드를 사용하는 것은 권장되지 않는다.

다음 예제 11.17은 VGG-16 모델 클래스 선언 방법을 보여준다.

예제 11.17 VGG-16 모델 클래스 선언

```python
# app_fastapi.py
import io
import torch
import base64
from PIL import Image
from torch.nn import functional as F
from torchvision import models, transforms


class VGG16Model:
    def __init__(self, weight_path):
        self.device = 'cuda' if torch.cuda.is_available() else 'cpu'
        self.transform = transforms.Compose(
            [
```

---

12 파이썬 웹 서버 게이트웨이 인터페이스 HTTP 서버
13 소프트웨어 시스템 간에 비동기적으로 메시지를 주고받는 미들웨어 컴포넌트

```
            transforms.Resize(256),
            transforms.CenterCrop(224),
            transforms.ToTensor(),
            transforms.Normalize(
                mean=[0.48235, 0.45882, 0.40784],
                std=[1.0 / 255.0, 1.0 / 255.0, 1.0 / 255.0]
            )
        ]
    )
    self.model = models.vgg16(num_classes=2).to(self.device)
    self.model.load_state_dict(torch.load(weight_path, map_location=self.device))
    self.model.eval()

def preprocessing(self, data):
    decode = base64.b64decode(data)
    bytes = io.BytesIO(decode)
    image = Image.open(bytes)
    input_data = self.transform(image).to(self.device)
    return input_data

@torch.no_grad()
def predict(self, input):
    input_data = self.preprocessing(input)
    outputs = self.model(input_data.unsqueeze(0))
    probs = F.softmax(outputs, dim=-1)

    index = int(probs[0].argmax(axis=-1))
    label = "개" if index == 1 else "고양이"
    score = float(probs[0][index])

    return {
        "label": label,
        "score": score
    }
```

VGG-16 모델을 구현하고 예측하는 클래스인 VGG16Model을 정의한다. 초기화 메서드는 VGG-16 모델에서 학습한 방식과 동일한 형태로 변환하고 weight_path로 사전 학습된 VGG-16 모델을 불러온다.

preprocessing 메서드에서는 Base64로 인코딩된 이미지 데이터를 디코딩해 PIL.Image 형식의 이미지로 변환한 다음 전처리를 수행한다. Base64란 64개의 문자로 이루어진 알파벳과 숫자, 그리고 일부 특수 문자들로 이루어진 문자 집합을 의미한다. 이미지를 이진 데이터로 직접 전송하기 어려운 경우 이미지를 Base64로 인코딩하여 텍스트로 변환한 후 전송하면, 이미지 데이터를 쉽게 포함시킬 수 있다.

predict 메서드는 입력 데이터에 대한 예측을 수행한다. 앞선 예제 11.13 BERT 모델 클래스 선언과 동일한 방식으로 처리한다.

VGG-16 모델 클래스를 정의했다면 패스트 API를 활용해 엔드포인트 함수를 정의한다. 다음 예제 11.18은 클라이언트의 추론 요청을 처리하는 엔드포인트 함수 선언 방식을 보여준다.

예제 11.18 패스트 API 모델 서빙

```python
# app_fastapi.py
import uvicorn
from pydantic import BaseModel
from fastapi import FastAPI, Depends, HTTPException


app = FastAPI()
vgg = VGG16Model(weight_path="../models/VGG16.pt")


class Item(BaseModel):
    base64: str


def get_model():
    return vgg


@app.post("/predict")
async def inference(item: Item, model: VGG16Model = Depends(get_model)):
    try:
        return model.predict(item.base64)

    except Exception as e:
        raise HTTPException(status_code=500, detail=str(e))


if __name__ == "__main__":
    uvicorn.run(app="app_fastapi:app", host="0.0.0.0", port=8000, workers=2)
```

패스트 API 애플리케이션을 실행시키기 위해 uvicorn, pydantic를 포함시킨다.

uvicorn은 파이썬으로 작성된 빠르고 간단한 ASGI 웹 서버이며, uvicorn을 사용하면 ASGI 애플리케이션을 실행하고 웹 요청에 대한 응답을 처리할 수 있다. uvicorn을 사용하면 ASGI 애플리케이션을 실행하고 웹 요청에 대한 응답을 처리할 수 있다. 패스트 API와 함께 자주 사용되는 웹 서버다.

pydantic은 파이썬에서 데이터 유효성 검사, 구조화 및 직렬화를 위한 라이브러리다. pydantic을 사용하면 데이터 모델을 정의하고, 입력 데이터의 유효성을 검사하고, 데이터를 직렬화하여 다른 형식으로 변환할 수 있다. 예를 들어, JSON 요청을 파이썬 객체로 변환하거나 파이썬 객체를 JSON으로 직렬화하는 작업을 쉽게 처리할 수 있다.

주요한 프레임워크 및 라이브러리를 임포트했다면 FastAPI 인스턴스와 VGG16Model 인스턴스를 생성한다. VGG16.pt 파일은 8.2 'VGG' 절에서 사전 학습된 가중치를 의미한다.

Item이라는 BaseModel을 정의한다. 이 클래스는 POST 요청의 본문에 있는 Base64 형식의 문자열로 된 이미지를 의미한다. 이후 get_model 함수를 정의한다. 이 함수는 종속성으로 사용되며, 이 함수에 의존하는 항목에 대해 vgg 변수를 반환한다.

@app.post("/predict") 데코레이터로 /predict 경로에 대한 POST 요청 핸들러를 정의한다. 요청 데이터를 Item 클래스로 전달받고, VGG16Model 모델을 종속성으로 주입 받는다.

패스트 API는 **종속성 주입(Dependency Injection)**[14]을 통해 각 요청에 대한 새로운 인스턴스를 생성하고, 상태를 공유하지 않는 방식으로 구현해야 한다. 단, 파이토치는 모델 초기화 과정이 필요하므로 model: VGG16Model = Depends(get_model)과 같이 종속성 함수 get_model을 Depends로 감싸서 model 인수에 주입한다. 이를 통해 동시성 문제를 피할 수 있다.

inference 함수에서는 model.predict(item.base64)를 호출하여 이미지 분류 작업을 수행한다. 예외가 발생하면 HTTPException을 발생시킨다. HTTPException은 패스트 API에서 제공하는 예외 클래스다. 이 클래스는 HTTP 상태 코드와 관련된 예외를 발생시키는 데 사용된다.

__name__ == "main"으로 현재 스크립트가 직접 실행되는지 확인하고, uvicorn.run을 사용하여 패스트 API 애플리케이션을 실행한다. app 매개변수는 '**파이썬 스크립트의 파일 이름:패스트 API 애플리케이션 변수 이름**'을 입력한다. 웹 서버는 0.0.0.0 주소와 8000 포트를 할당한다.

---

14 객체 또는 모듈이 필요로 하는 외부 종속성을 직접 생성 또는 관리하는 대신에 외부에서 주입해주는 방식

마지막으로 workers는 2로 할당한다. workers 매개변수를 통해 병렬로 요청을 처리할 수 있으며 애플리케이션의 처리량과 성능을 향상시킬 수 있다. workers 값이 2로 설정된 경우, 애플리케이션은 2개의 워커 프로세스를 생성하여 요청을 동시에 처리할 수 있다. 딥러닝 모델 특성상 메모리 사용량이 많기 때문에 너무 많은 프로세스로 설정하는 것은 좋지 않다.

패스트 API 모델 서빙 코드까지 작성했다면 애플리케이션을 실행한다. 다음 예제 11.19는 패스트 API 애플리케이션의 실행 방법을 보여준다.

예제 11.19 패스트 API 실행

```
python app_fastapi.py
```

출력 결과

```
INFO:     Uvicorn running on http://0.0.0.0:8000 (Press CTRL+C to quit)
INFO:     Started parent process [39400]
INFO:     Started server process [29920]
INFO:     Waiting for application startup.
INFO:     Application startup complete.
INFO:     Started server process [9236]
INFO:     Waiting for application startup.
INFO:     Application startup complete.
```

출력 결과를 보면 Started reloader process [29920], [9236]을 볼 수 있다. 괄호 안의 숫자는 프로세스 번호를 의미하며 두 개의 프로세스가 실행된 것을 확인할 수 있다. 이제 새로운 파이썬 스크립트 파일을 생성해 모델 추론 요청을 수행해 본다. 다음 예제 11.20은 모델 추론 요청 방법을 보여준다.

예제 11.20 모델 추론 요청

```
import io
import json
import base64
import requests
from PIL import Image

url = "http://127.0.0.1:8000/predict"
headers = {"content-type": "application/json"}
```

```python
image = Image.open("../datasets/images/dog.jpg")
with io.BytesIO() as buffer:
    image.save(buffer, format="JPEG")
    buffer.seek(0)
    bytes = buffer.read()
string = base64.b64encode(bytes).decode("utf-8")

response = requests.post(
    url=url,
    headers=headers,
    data=json.dumps({"base64": string})
)

print(response.status_code)
print(response.json())
```

출력 결과

```
200
{'label': '개', 'score': 1.0}
```

predict 경로에서 요구하는 사항에 맞는 구조로 요청한다면, 클라이언트는 VGG-16 모델에 Base64 데이터를 전송하여 추론 결과를 응답으로 받을 수 있다. 출력 결과를 보면 dog.jpg 데이터를 Base64로 인코딩하여 전달했을 때 모델은 100% 확률로 개로 예측한 것을 확인할 수 있다.

포스트맨

포스트맨(Postman)은 API 테스트를 위한 개발 도구로 API를 개발, 테스트, 문서화하고 공유할 수 있는 기능을 제공한다. 포스트맨을 사용하면 HTTP 요청을 보내고, 응답을 받고, 테스트를 수행하여 API의 작동을 확인할 수 있다.

포스트맨은 간단한 API 호출부터 복잡한 워크플로까지 다양한 기능을 제공하여 개발자가 API 개발 과정을 보다 쉽게 관리할 수 있게 돕는다. 포스트맨은 개인 개발자부터 대규모 팀까지 다양한 규모의 프로젝트에서 사용될 수 있으며, API 개발과 테스트 과정을 효율적으로 관리할 수 있다. 포스트맨은 https://www.postman.com/downloads/에서 다운로드할 수 있으며 웹 브라우저를 통해 포스트맨을 사용할 수 있다.

- 포스트맨: https://www.postman.com/

- 웹 브라우저: https://web.postman.co/workspaces/

- 포스트맨 데스크톱 에이전트: https://www.postman.com/downloads/postman-agent/

이번에는 플라스크 애플리케이션 호출 결과를 포스트맨으로 확인해 본다. 플라스크 애플리케이션을 실행시키고 데스크톱용 포스트맨을 설치하거나 웹 브라우저로 포스트맨에 접근한다.

포스트맨 회원가입을 진행한 후 포스트맨을 열어 워크스페이스를 생성한다. [Create Workspace]를 클릭하여 워크스페이스의 'Name'과 'Summary'를 입력하고 'Visibility'를 'Personal'로 설정한다.

워크스페이스를 생성했다면 왼쪽 사이드바에서 [+] 버튼을 클릭하여 컬렉션을 생성하고 [Add a request] 버튼을 클릭하여 요청 샘플을 생성한다. 요청 샘플이 생성되면 그림 11.7과 같이 표시된다.

그림 11.7 요청 샘플 생성

HTTP 메서드를 POST로 설정하고 패스트 API 추론 URL을 입력한다. 이후 [Headers]에서 'Content-type'을 'application/json'으로 설정한다. 요청의 HTTP 메서드와 헤더를 설정하는 화면은 그림 11.8과 같다.

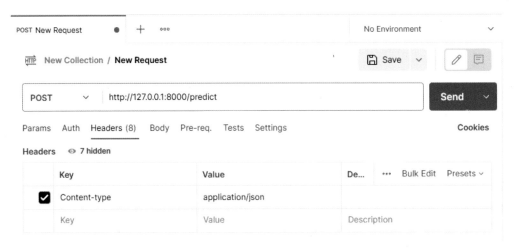

그림 11.8 헤더 설정

다음으로 요청 데이터를 Body에 입력하는 과정을 수행한다. [Body] 탭에서 데이터의 형식을 'raw'
로 선택하고 설정한 JSON 형식의 {key: value}를 입력한다. 아래 예시는 {"text": "정말 재미있어
요!"}를 입력한 후 [Send] 버튼을 클릭하여 서버로 전송한다. 요청 결과는 다음 그림 11.9와 같다.

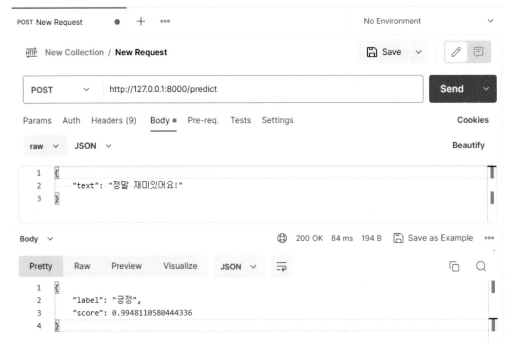

그림 11.9 요청 결과

요청을 서버에 전송한 후 서버로부터 받은 응답은 [Body] 탭에서 확인 가능하다. 정상적으로 요청이 처리됐을 경우 '200 OK'가 출력되며 요청 처리 결과가 JSON 형태로 수신된 것을 확인할 수 있다. 이를 통해 개발자는 모바일 앱, 웹 애플리케이션, 서버 등 어떤 플랫폼에서든 API를 효율적으로 테스트하고 관리할 수 있다.

도커 배포

파이토치 모델 배포는 모델을 실제 운영 환경에 효과적으로 서빙하는 것을 의미한다. 모델 개발 단계에서는 주로 모델 학습과 평가에 초점을 두지만, 실제로 모델을 사용하려면 배포 단계에서 여러 가지 사항을 고려해야 한다. 다음은 파이토치 모델 배포 고려사항을 정리했다.

성능과 안정성

모델 배포 단계에서는 모델의 성능과 안정성을 최적화해야 한다. 가령 객체 검출 모델을 스트리밍 서비스 환경에 배포한다면 모델의 추론 속도를 최적화하여 비디오 프레임마다 신속하게 결과를 반환해야 한다. 추론 속도 최적화를 위해 모델 구조를 최적화하거나, 메모리 사용량을 효율적으로 재배치하여 효율성을 높일 수 있다.

보안

모델에 대한 액세스 제어, 데이터의 개인 정보 보호, 모델 해킹 및 악용 방지 등을 고려해야 한다. 사용자의 데이터를 전달받아 분석하는 경우 바이러스가 포함된 데이터를 전달받거나 사용자의 개인정보가 유출될 수 있다. 모델 배포 단계에서는 적절한 보안 조치를 적용하여 모델을 안전하게 유지해야 한다.

확장성

모델의 성능과 안정성은 코드 레벨에서 해결이 가능하지만, 서비스 환경에 배포한다면 확장성을 가져야 한다. 앞선 예시의 객체 검출 모델을 적용한 스트리밍 서비스의 사용자 수가 늘어난다면 클러스터의 수를 늘려야 한다. 반대로 사용자의 수가 감소한다면 비용 절감을 위해 클러스터의 수를 낮춰야 할 수 있다. 이처럼 모델 배포 시 클러스터의 수가 유동적으로 조절이 가능해야 한다.

관리

배포된 모델은 주기적으로 업데이트돼야 한다. 새로운 데이터나 요구 사항에 따라 모델을 조정하고, 최신 버전을 배포할 때 기존 서비스에 장애가 발생하거나 서비스 지연이 발생하지 않아야 한다. 또한 배포된 모델의 성능과 안정성을 모니터링하고 필요한 경우에는 품질 관리를 수행해야 한다. 예를 들어, 모델의 정확도가 감소하거나 추론 속도가 급격히 느려졌을 때 적절한 조치를 취하여 모델 및 서비스의 품질을 유지한다.

모델 배포 시 다수의 인스턴스에서 모델을 실행하거나 모델을 업데이트하고 관리하는 프로세스가 발생한다. 가령 인스턴스에 필요한 라이브러리를 설치하거나 환경 변수 및 종속성 관리 등의 반복적인 절차를 수동으로 진행한다면 실수가 발생하거나 일관된 배포 및 실행 환경을 보장하기가 어렵다.

또한 모델을 개발한 환경과 배포할 환경은 동일하지 않으므로 개발 환경에서는 정상 동작하지만 배포 환경에서는 모델이 정상 동작하지 않을 수 있다.

이러한 문제로 인해 모델의 확장성과 관리에 제약이 발생하며 필요한 라이브러리, 운영 체제, 패키지 버전 등이 호환되지 않을 경우 모델 실행에 문제가 생길 수 있다. 이러한 문제를 방지하기 위해 컨테이너 기반의 가상화 플랫폼을 사용한다.

도커란?

도커(Docker)는 컨테이너 기반의 가상화 플랫폼으로 애플리케이션을 구축, 배포, 실행하기 위한 오픈 소스 플랫폼이다. 도커는 애플리케이션과 해당 종속성(라이브러리, 프레임워크, 환경 설정 등)을 격리된 환경으로 패키징하여 실행 가능한 단위인 **컨테이너(Container)**를 생성한다. 도커는 운영 체제와 환경에서 일관되게 동작하므로 개발자는 배포에 관련된 문제를 쉽게 해결할 수 있다. 다음은 도커의 핵심 개념과 기능을 간략히 설명한다.

컨테이너

도커의 핵심 요소로, 격리된 실행 환경을 제공한다. 컨테이너는 애플리케이션과 그에 필요한 종속성을 포함하며, 호스트 시스템과는 독립적으로 실행된다.

이미지

컨테이너 실행에 필요한 파일과 설정을 포함하는 읽기 전용 템플릿이다. 이미지는 컨테이너를 만들기 위한 기반이 되며, **도커 파일(Dockerfile)**에 정의된 내용을 바탕으로 생성된다. 이미지는 여러 개의 컨테이너를 생성할 때마다 독립적으로 사용되며, 컨테이너의 기반이 된다.

도커 파일

도커 이미지를 생성하기 위한 빌드 스크립트를 의미한다. 도커 파일에는 어떤 기반 이미지를 사용할지, 어떤 파일을 포함할지, 어떤 명령을 실행할지 등의 내용이 정의된다.

도커 레지스트리

도커 이미지를 저장하고 공유하기 위한 중앙 저장소를 의미한다. 대표적으로 도커 허브(Docker Hub), AWS ECR(Amazon Elastic Container Registry), ACR(Azure Container Registry) 등이 있다.

컨테이너 오케스트레이션

도커를 사용하여 여러 컨테이너를 자동으로 관리하고 조정하는 기능을 의미한다. 쿠버네티스(Kubernetes)와 같은 오케스트레이션 도구를 사용하여 컨테이너의 배포, 확장, 로드 밸런싱 등을 자동화할 수 있다. 대표적으로 도커 스웜(Docker Swarm), AWS ECS(Amazon Elastic Container Service), AKS(Azure Kubernetes Service) 등이 있다.

도커를 사용하여 파이토치 모델을 배포한다면 실행 가능한 컨테이너로 패키징하여 다양한 환경에서 일관되게 실행하고 관리할 수 있다. 이를 통해 파이토치 모델을 다른 시스템으로 쉽게 이동하고 배포할 수 있으며, 환경 설정 및 종속성 문제를 쉽게 해결할 수 있다. 파이토치 모델을 도커로 배포한다면 다음과 같은 장점이 있다.

환경 격리

도커는 컨테이너화된 환경을 제공하여 모델 실행을 격리시킨다. 이는 파이토치 모델의 종속성 및 환경 설정에 대한 문제를 최소화하고 모델의 실행 환경을 일관되게 유지할 수 있다. 예를 들어 모델이 필요로 하는 특정 버전의 파이토치, CUDA 라이브러리, 기타 프레임워크 등이 필요한 경우 도커 컨테이너 내에 이러한 종속성을 설정해 항상 일관된 환경을 유지할 수 있다.

환경 관리

도커 컨테이너를 사용하면 모델 배포와 관련된 관리 작업을 단순화할 수 있다. 도커 이미지에는 코드, 환경 변수, 라이브러리 및 프레임워크 등에 대한 설정을 포함하고 있으므로 깃허브나 도커 허브와 같은 저장소에 업로드하여 버전 관리 및 파이프라인을 통합할 수 있다.

확장성

도커는 컨테이너화된 애플리케이션의 확장을 용이하게 한다. 모델이 더 많은 데이터를 처리해야 하는 경우 도커 컨테이너를 여러 개 실행하거나 컨테이너 오케스트레이션을 활용해 컨테이너화된 모델을 클러스터에 배포하여 작업을 분산시킬 수 있다.

이식성

도커 컨테이너는 독립적인 실행 단위이므로 모델을 개발한 환경과 상관없이 어디서든 실행할 수 있다. 예를 들어 서버, 클라우드 환경, 디바이스 등에 배포하거나 도커 환경을 공유할 수 있다.

유지보수

도커는 버전을 격리해 관리할 수 있으므로 모델이 업데이트되거나 변경될 때 기존 환경에 영향을 주지 않으면서 새로운 버전의 모델을 배포할 수 있다.

빌드 및 배포

11.2 '모델 서빙' 절의 플라스크 모델 서빙 코드를 도커로 배포해 본다. 도커를 사용하면 애플리케이션과 모든 종속성을 컨테이너 이미지로 패키징하여 동일한 환경에서 실행할 수 있다. 예제 11.21은 도커 이미지를 빌드하기 위한 파일을 생성한다.

예제 11.21 도커 파일 작성

```
FROM pytorch/pytorch:2.0.1-cuda11.7-cudnn8-runtime

COPY container /app

WORKDIR /app

RUN pip install --no-cache-dir -r requirements.txt

RUN chmod +x /app/app_flask.py

EXPOSE 8000

CMD ["python", "app_flask.py"]
```

도커 파일의 **FROM**은 베이스 이미지를 설정한다. **pytorch/pytorch:2.0.1-cuda11.7-cudnn8-runtime** 이미지는 CUDA 11.7 및 CuDNN 8과 함께 파이토치 2.0.1을 포함한다. 이를 활용하여 파이토치 2.0 기반의 애플리케이션을 실행할 수 있다.

COPY container /app은 호스트(빌드 컨텍스트)의 container 디렉터리를 컨테이너 내의 app 디렉터리로 복사한다. 현재 디렉터리 구조는 다음과 같다.

디렉터리 구조

```
Dockerfile
container
 ├── BertForSequenceClassification.pt
 ├── app_flask.py
 └── requirements.txt
```

Dockerfile은 예제 11.21 스크립트가 저장된 파일이며, container 디렉터리 내에 모델 상태 파일 (BertForSequenceClassification.pt), 플라스크 애플리케이션 파일(app_flask.py), 파이썬 패키지 목록 파일(requirements.txt)로 구성된다. requirements.txt 파일의 목록은 다음과 같다.

requirements.txt

```
transformers==4.33.2
flask==2.3.3
```

WORKDIR /app은 작업 디렉터리를 **/app**으로 설정하며, 이후의 **RUN** 작업은 **/app** 디렉터리 내에서 진행된다.

RUN pip install --no-cache-dir -r requirements.txt는 requirements.txt 파일에 명시된 종속성을 컨테이너 내에 설치한다. **pip install** 명령어를 사용하여 종속성을 설치하며, **--no-cache-dir** 옵션은 캐시를 사용하지 않도록 설정한다.

RUN chmod +x /app/app_flask.py는 /app/app_flask.py 파일에 실행 권한을 부여하는 명령으로 실행 가능한 상태(+x)로 만든다.

EXPOSE 8000은 컨테이너 내부에서 8000번 포트를 개방한다는 의미다. 컨테이너 내부의 애플리케이션이 8000번 포트를 사용하고 있으며, 호스트 시스템이 해당 포트로 컨테이너에 접근할 수 있다.

CMD ["python", "app_flask.py"]는 도커 이미지를 사용하여 컨테이너를 실행할 때 실행될 기본 명령어를 정의하는 역할을 한다. CMD 명령어는 python app_flask.py를 실행하도록 설정된다.

위와 같이 도커 파일을 작성하면 애플리케이션과 그 종속성이 동일한 환경에서 실행되도록 도커 이미지가 구성된다. 예제 11.22는 작성된 도커 파일을 기반으로 도커 이미지를 빌드하는 과정을 보여준다.

예제 11.22 도커 이미지 빌드하기

```
docker build -t myapp:latest .
docker images
```

출력 결과

```
REPOSITORY    TAG       IMAGE ID       CREATED         SIZE
myapp         latest    062576d50b57   20 minutes ago  6.57GB
```

docker build는 도커 이미지를 빌드하는 명령어다. **-t myapp:latest**에서 -t 옵션은 빌드한 이미지에 태그를 지정하는 옵션이며, **myapp**이라는 이미지 이름을 사용하고, **latest**라는 태그를 지정한다. '.'은 도커 이미지를 빌드할 때 사용할 컨텍스트 경로를 나타내며, 현재 디렉터리를 컨텍스트 경로로 지정한다.

따라서 예제 11.22는 현재 디렉터리에서 도커 파일을 찾고, 해당 도커 파일을 기반으로 **myapp:latest** 이름과 태그를 가진 도커 이미지를 빌드한다. 빌드가 완료되면 **myapp:latest** 이미지가 생성된다.

생성된 이미지 기반의 도커 컨테이너를 실행하고, 실행 중인 컨테이너를 커밋하여 새로운 이미지를 생성해 보자. 예제 11.23은 컨테이너를 실행하는 과정을 보여준다.

예제 11.23 도커 컨테이너 실행

```
docker run -it -d -p 8000:8000 --name mycontainer myapp:latest
docker ps
```

출력 결과

```
CONTAINER ID   IMAGE          COMMAND                ...        NAMES
60fb552f1889   myapp:latest   "python app_flask.py"  ...        mycontainer
```

-it 컨테이너와 상호작용하기 위해 사용하는 옵션으로 컨테이너와 터미널 세션을 연결한다. **-d**는 컨테이너가 사용자의 터미널 세션과 바로 접속되지 않게 한다. **-p**는 호스트와 컨테이너의 포트를 연결할 수 있으며 호스트의 8000 포트를 컨테이너의 8000 포트와 연결한다.

--name mycontainer 컨테이너에 **mycontainer**라는 이름을 부여하며, **myapp:latest**는 빌드할 이미지를 가리킨다. 플라스크 애플리케이션이 초기화되기를 기다린 후 포스트맨으로 호출 결과를 확인해 본다. 다음 그림 11.10은 포스트맨 요청 결과를 보여준다.

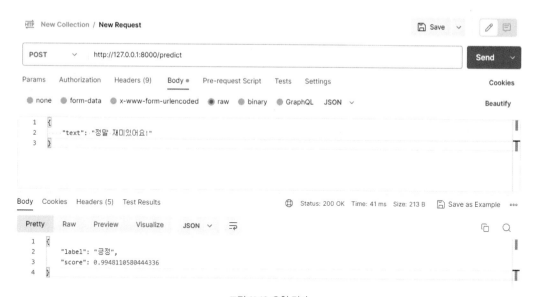

그림 11.10 요청 결과

앞선 11.2 '모델 서빙' 절의 포스트맨 테스트 결과와 동일한 것을 확인할 수 있다. 이제 도커 컨테이너에 직접 접속하여 애플리케이션의 구조를 확인해 본다. 다음 예제 11.24는 도커 컨테이너의 접속 방법을 보여준다.

예제 11.24 도커 컨테이너 접속

```
docker exec -it mycontainer /bin/bash
```

출력 결과

```
root@1a1925517cf9:/app#
```

docker exec 명령어로 특정 컨테이너에 접속할 수 있다. **-it**은 컨테이너와 상호작용하기 위해 사용하는 옵션으로 컨테이너와 터미널 세션을 연결한다. **mycontainer**는 접속하려는 컨테이너의 이름 또는 ID 로 설정할 수 있다. 마지막으로 **/bin/bash**는 컨테이너 내에서 실행할 셸을 지정하며 컨테이너 접속 시 Bash 셸을 실행한다.

컨테이너 내부 셸에 **ls** 명령어를 입력하면 호스트 container 폴더가 app 폴더로 옮겨진 것을 확인할 수 있다. 호스트 터미널 세션으로 다시 돌아가려면 exit 명령어를 입력한다. 예제 11.25는 도커 컨테이너를 중지하고 재시작하는 방법을 보여준다.

예제 11.25 도커 컨테이너 중지하기

```
docker stop mycontainer
docker ps
```

출력 결과

```
CONTAINER ID    IMAGE    COMMAND    CREATED    STATUS    PORTS    NAMES
```

stop 명령어로 컨테이너를 중지시키면 활성화된 컨테이너 목록이 없는 것을 확인할 수 있다. 예제 11.26은 도커 컨테이너를 재시작하는 방법을 보여준다.

예제 11.26 도커 컨테이너 재시작하기

```
docker start mycontainer
docker ps
```

출력 결과

```
CONTAINER ID    IMAGE          COMMAND                 ...    NAMES
60fb552f1889    myapp:latest   "python app_flask.py"   ...    mycontainer
```

start 명령어로 컨테이너를 실행시키면 컨테이너 목록에 해당 컨테이너가 활성화된 것을 확인할 수 있다. 예제 11.27은 도커 컨테이너를 실행하고, 실행 중인 컨테이너를 커밋하여 새로운 이미지를 생성하는 방법을 보여준다.

예제 11.27 도커 컨테이너를 이미지로 커밋하기

```
docker commit mycontainer myapp:newimage
docker images
```

출력 결과

```
EPOSITORY    TAG         IMAGE ID        CREATED          SIZE
myapp        newimage    19499253bbfb    7 seconds ago    6.57GB
myapp        latest      6a2d3ff87c15    54 minutes ago   6.57GB
```

`docker commit` 명령어로 특정 컨테이너를 이미지로 변환시킬 수 있다. **mycontainer**는 커밋할 컨테이너의 이름이나 ID이며, **myapp:newimage**는 새로운 이미지의 이름과 태그를 지정한다. 여기서는 myapp이라는 이미지에 newimage라는 태그를 지정했다. 출력 결과에서 기존 **latest** 태그를 가진 이미지 이외에

newimage 태그 이미지가 새로 생성된 것을 확인할 수 있다. 예제 11.28은 도커 이미지를 도커 허브에 푸시하기 위해 필요한 로그인 방법을 보여준다.

예제 11.28 도커 허브 로그인

```
$ docker login
username
pwd
```

먼저, https://hub.docker.com/에서 도커 허브 계정을 생성한다. 생성된 계정 아이디와 비밀번호를 docker login 이후에 등장하는 username과 pwd에 입력한다. 예제 11.29는 도커 허브 개인 계정에 할당될 수 있도록 이미지 이름 앞에 $username을 붙여주는 과정을 보여준다.

예제 11.29 도커 이미지 푸시를 위한 태그 생성

```
export DOCKER_ID_USER="$username"
docker tag myapp:newimage $DOCKER_ID_USER/myapp:newimage
docker images
```

출력 결과

```
REPOSITORY        TAG        IMAGE ID        CREATED          SIZE
$username/myapp   newimage   19499253bbfb    11 minutes ago   6.57GB
myapp             newimage   19499253bbfb    11 minutes ago   6.57GB
```

tag 명령어로 이미지 이름 변경할 수 있다. 예를 들어 $username이 'abc'라고 한다면 abc/myapp:newimage 라는 이름으로 변경된다. IMAGE ID는 변경이 없기 때문에 이름만 다르고 같은 이미지를 가리키고 있다는 것을 확인할 수 있다. 예제 11.30은 생성된 도커 이미지를 배포하는 방법을 보여준다.

예제 11.30 도커 이미지 배포하기

```
docker push $username/myapp:newimage
```

push 명령어로 특정 이미지를 허브에 배포할 수 있으며 https://hub.docker.com/에서 업로드 결과를 확인할 수 있다. 예제 11.31은 배포된 도커 이미지를 다운로드하는 방법을 보여준다.

예제 11.31 배포된 도커 이미지 다운로드

```
docker pull $username/myapp:newimage
```

pull 명령어로 특정 이미지를 호스트에 다운로드할 수 있다. 마지막으로 예제 11.32는 생성된 도커 컨테이너와 이미지를 삭제하는 방법을 보여준다.

예제 11.32 도커 컨테이너 삭제하기

```
docker rm -f mycontainer
```

rm 명령어로 특정 컨테이너를 삭제할 수 있다. -f 옵션은 컨테이너가 실행되고 있더라도 강제적으로 제거한다. 예제 11.33은 생성된 도커 이미지를 삭제하는 방법을 보여준다.

예제 11.33 도커 이미지 삭제하기

```
docker rmi -f myapp:latest
```

rmi 명령어로 특정 이미지를 삭제할 수 있다. -f 옵션은 이미지를 사용하는 컨테이너가 있더라도 강제적으로 제거한다. 다음 표 11.4는 도커에서 주로 사용되는 명령어를 정리한 것이다.

표 11.4 도커 기본 명령어

목적	명령어	설명
시스템 관리	docker version	도커 엔진 버전을 출력한다.
	docker system info	도커 시스템 정보를 출력한다.
	docker system df	도커 시스템의 디스크 사용량을 보여준다.
	docker system prune	사용하지 않는 이미지, 컨테이너, 네트워크 등 시스템 자원을 정리한다.
	docker login	도커 레지스트리에 로그인한다.
	docker logout	도커 레지스트리에서 로그아웃한다.

목적	명령어	설명
이미지 관리	docker pull	도커 이미지를 다운로드한다.
	docker image ls	다운로드된 도커 이미지 목록을 출력한다.
	docker image inspect	도커 이미지의 상세 정보를 출력한다.
	docker image tag	도커 이미지에 태그를 추가하거나 변경한다.
	docker push	로컬에서 작성한 도커 이미지를 Docker 레지스트리에 업로드한다.
	docker search	도커 레지스트리에서 이미지를 검색한다.
	docker image rm	도커 이미지를 삭제한다.
	docker image prune	사용하지 않는 도커 이미지를 정리한다.
컨테이너 실행	docker container create	도커 컨테이너를 생성한다.
	docker container run	도커 컨테이너를 생성하고 실행한다.
	docker container attach	실행 중인 도커 컨테이너에 접속한다.
	docker container exec	실행 중인 도커 컨테이너에서 명령어를 실행한다.
컨테이너 정보	docker container ps	실행 중인 도커 컨테이너 목록을 출력한다.
	docker container stats	실행 중인 도커 컨테이너의 CPU, 메모리 사용량 등을 모니터링한다.
	docker container inspect	도커 컨테이너의 상세 정보를 출력한다.
컨테이너 관리	docker container stop	실행 중인 도커 컨테이너를 정지시킨다.
	docker container start	정지된 도커 컨테이너를 시작한다.
	docker container kill	실행 중인 도커 컨테이너를 강제로 종료한다.
	docker container restart	실행 중인 도커 컨테이너를 재시작한다.
	docker container prune	사용하지 않는 도커 컨테이너를 정리한다.
	docker container pause	실행 중인 도커 컨테이너를 일시 정지한다.
	docker container unpause	정지된 도커 컨테이너를 다시 실행한다.
	docker container rename	도커 컨테이너의 이름을 변경한다.
	docker container cp	도커 컨테이너와 로컬 파일 시스템 간에 파일을 복사한다.

데모 애플리케이션

데모 애플리케이션(Demo Application)이란 기술이나 제품의 동작 및 기능을 보여주는 작은 규모의 응용 프로그램을 의미한다. 딥러닝 모델의 데모 애플리케이션은 실제 문제나 상황에 대한 예시를 제공하고 모델의 동작과 성능을 시각적으로 보여준다.

딥러닝 모델은 여러 개의 인공 신경망 계층으로 구성되어 있으며, 수많은 연산과 매개변수를 포함하고 있다. 모델의 동작 원리를 이해하기 위해서는 신경망 구조와 각 계층의 동작 방식을 이해해야 한다. 이는 수학적인 개념과 통계적인 원리를 포함하므로 일반인에게 설명하기 어렵다.

또한 딥러닝 모델은 내부 동작을 완전히 이해하기가 어렵고, 많은 양의 데이터를 학습해 복잡한 패턴을 찾아내는데 이러한 패턴을 사람이 직관적으로 이해하기가 어렵기 때문이다. 예를 들어, 이미지 인식 모델이 어떻게 개별 픽셀과 특징을 결합하여 객체를 인식하는지 이해하기는 어렵다.

하지만 데모 애플리케이션을 구축한다면 사용자들이 딥러닝 모델을 직접 체험하여 모델의 동작 및 기능을 이해할 수 있다. 사용자는 입력 데이터를 제공하고 모델의 출력 결과를 확인하며 모델의 성능을 실시간으로 평가할 수 있다. 또한 데모 애플리케이션은 모델의 작동 방식을 시각적으로 설명하고 모델이 어떻게 문제를 해결하는지 이해하게 돕는다. 즉, 예측 결과를 사용자가 실제로 경험함으로써 모델에 대한 이해도를 향상시킬 수 있다.

데모 애플리케이션은 주로 웹 기반 인터페이스의 형태로 제공된다. 예를 들어, 자연어 처리 모델의 데모 애플리케이션은 사용자가 입력 문장을 제공하면 모델이 문장을 이해하고 응답을 생성하는 등의 기능을 제공할 수 있다. 이미지 분류 모델의 데모 애플리케이션은 사용자가 업로드한 이미지에 대해 모델이 무엇인지 인식하고 분류 결과를 보여줄 수 있다.

데모 애플리케이션은 모델의 성능 평가 및 피드백 수집에도 중요한 역할을 한다. 사용자는 모델을 직접 사용하면서 발생하는 문제점이나 개선 사항을 제공할 수 있으며, 이는 모델의 품질 향상과 개선에 도움을 준다. 또한 사용자에게 모델의 잠재적인 가치를 시각적으로 전달하고 활용 가능성을 보여줄 수 있다.

이번 절에서는 **스트림릿(Streamlit)**[15]을 사용해 데모 애플리케이션을 구현해 본다. 스트림릿이란 데이터 과학 및 머신러닝 웹 애플리케이션을 구축하기 위한 파이썬 라이브러리다. 스트림릿은 개발자가 간단

---

15 https://streamlit.io/

하게 데이터를 시각화하고 모델을 시험하며 상호작용할 수 있는 인터페이스를 만들 수 있도록 다양한 편의 기능을 제공한다.

스트림릿

스트림릿은 넘파이 배열, 판다스 데이터 프레임, 이미지 라이브러리 등 다른 파이썬 패키지들과 호환되며 인터랙티브한 웹 애플리케이션을 만들 수 있도록 차트, 그리드, 맵 등 다양한 시각화 도구를 제공하는 강력한 라이브러리다.

스트림릿 라이브러리는 다음과 같이 설치할 수 있다.

스트림릿 라이브러리 설치

```
pip install streamlit
```

스트림릿은 데이터 과학자나 머신러닝 엔지니어가 웹 애플리케이션을 만들기 위해 별도의 프런트엔드 프레임워크를 학습하거나 구축할 필요가 없다. 스트림릿은 파이썬 스크립트를 사용하여 웹 애플리케이션을 구성하고, 실시간으로 코드 변경을 감지하여 자동으로 페이지를 갱신한다. 이를 통해 개발자는 코드를 수정하고 바로 결과를 볼 수 있으며, 반복 개발 및 실험 과정을 더욱 효율적으로 수행할 수 있다.

스트림릿은 데이터 과학 커뮤니티에서 인기를 얻고 있다. 라이브러리도 간단하고 빠르게 웹 기반 애플리케이션을 구축하고자 하는 개발자들에게 많이 사용된다. 스트림릿을 구성하는 주요한 구성요소는 다음과 같다.

스크립트

스트림릿 애플리케이션은 파이썬 스크립트로 작성되며, 실시간으로 애플리케이션을 업데이트하는 기능을 제공해 코드를 수정하면 자동으로 애플리케이션도 업데이트되어 최신 결과를 바로 확인할 수 있다. 또한 대화형 웹 애플리케이션[16]으로 사용자의 입력을 받아 처리해 응답을 생성하여 사용자와 실시간으로 상호작용한다.

컴포넌트

스트림릿은 다양한 컴포넌트 함수를 제공한다. 컴포넌트 함수는 애플리케이션에 요소를 추가하고 상호작용을 구현하는 데 사용된다. 예를 들어 텍스트, 이미지, 그래프 등 다양한 데이터를 출력할 수 있으며, 버튼이나 슬라이더 등을 추가해 사용자와 상호작용할 수 있다.

---

16 사용자와 상호작용하며 대화 형식으로 정보를 제공하는 웹 기반의 애플리케이션

캐싱

스트림릿은 사용자와 상호작용이 있을 때마다 전체 프로세스를 다시 수행한다. 딥러닝 모델 초기화와 같이 계산이 복잡한 작업을 최적화하기 위해 캐시 기능을 제공한다. 이를 통해 중복 계산을 방지하고 애플리케이션의 응답 속도를 향상시킬 수 있다.

배포

스트림릿 애플리케이션은 간단한 명령을 사용하여 웹에 배포할 수 있다. 실행 명령어를 통해 로컬 서버에 애플리케이션이 실행되며, 이를 통해 빠르게 애플리케이션을 공유하고 협업할 수 있다.

애플리케이션 배포

이번 예제에서는 간단한 스트림릿 애플리케이션을 배포해 보고 기본 기능에 대해 이해해 본다. 스트림릿은 실시간으로 애플리케이션을 업데이트하기 때문에 상호작용이 발생할 때마다 전체 코드를 순서대로 재실행한다. 그러므로 코드의 순서에 따라 웹 애플리케이션의 성능이 크게 달라진다.

코드의 처리 순서를 고려해 데이터를 불러오고 해당 데이터를 가장 효율적으로 시각화할 수 있는 컴포넌트를 선정해 애플리케이션을 구성해야 한다. 다음 예제 11.34는 간단한 애플리케이션 코드를 보여준다.

예제 11.34 애플리케이션 구성

```python
# demo.py
import pandas as pd
import streamlit as st

st.set_page_config(
    page_title="데모 애플리케이션",
    page_icon=":shark:",
    layout="wide"
)

df = pd.read_csv("../datasets/non_linear.csv")

st.header(body="Demo Application")
st.subheader(body="non_linear.csv")

x = st.sidebar.selectbox(label="X 축", options=df.columns, index=0)
```

```
y = st.sidebar.selectbox(label="Y 축", options=df.columns, index=1)

col1, col2 = st.columns(2)
with col1:
    st.dataframe(data=df, height=500, use_container_width=True)
with col2:
    st.line_chart(data=df, x=x, y=y, height=500)
```

스트림릿은 페이지 설정 함수(st.set_page_config)를 통해 페이지 제목(page_title), 파비콘(page_icon), 레이아웃(layout) 등을 설정할 수 있다. 스트림릿은 **마크다운(Markdown)** 문법과 호환되므로 :shark:와 같이 이모지 데이터 등도 사용할 수 있다.

이후 CSV 파일을 불러와 데이터프레임으로 저장한다. 스트림릿은 코드를 순차적으로 불러오므로 데이터와 관련된 코드는 가능한 가장 상단에 위치시킨다.

데모 애플리케이션에서 사용하려는 데이터를 불러왔다면 Demo Application이라는 제목과 non_linear.csv라는 소제목을 출력한다.

st.sidebar를 사용하여 측면에 사이드바를 생성한다. st.sidebar.*로 작성한다면 본문이 아닌 사이드바에 생성된다. 가령 st.sidebar.header로 제목을 작성한다면 사이드바에 제목이 부착된다.

사이드바에 셀렉트 박스(st.selectbox)를 생성해 사용자와 상호작용할 수 있는 위젯을 추가한다. 이 위젯은 셀렉트 박스의 이름(label), 셀렉트 박스 목록(options), 기본값(index)을 설정한다. 셀렉트 박스에서 선택된 값은 각각 x, y에 할당된다.

st.columns(2)로 2개의 열로 구성된 레이아웃을 생성한다. col1과 col2 변수에 열 객체가 할당된다. with 구문으로 각 열에 스트림릿 위젯을 포함시킬 수 있다.

첫 번째 열에는 데이터프레임을 설정하고 use_container_width=True를 사용하면 컨테이너의 너비에 맞게 조정한다.

두 번째 열에는 선형 차트를 표시하고 사용자가 선택한 축에 대한 선형 차트를 출력한다. 높이(height)를 설정해 차트의 크기를 조정할 수 있다.

데모 애플리케이션 구성이 완료됐다면 로컬 서버에 애플리케이션을 배포해 본다. 다음 예제 11.35는 스트림릿 애플리케이션 배포 방법을 보여준다.

예제 11.35 애플리케이션 배포

```
streamlit run demo.py [-- script args]
```

애플리케이션 배포 방법은 터미널(프롬프트) 창에서 `streamlit run demo.py`와 같은 커맨드라인 인터페이스(Command-line Interface, CLI)로 간단하게 배포할 수 있다. 기본 포트는 8501로 설정되며 http://localhost:8501를 접속하면 데모 애플리케이션 UI/UX를 확인할 수 있다.

가령 `streamlit run demo.py --server.port=8080`을 입력한다면 8080 포트에 데모 애플리케이션을 배포할 수 있다.

스트림릿은 로컬 URL과 네트워크 URL을 제공한다. 해당 URL은 애플리케이션 리소스에 접근하기 위해 사용되는 주소다.

로컬 URL은 로컬 컴퓨터 또는 로컬 네트워크에서 실행 중인 서버나 애플리케이션에 접근하기 위한 주소로 개발 환경에서 애플리케이션을 테스트하거나 로컬에서만 사용하는 서비스에 접근할 때 사용된다.

네트워크 URL은 인터넷이나 공용 네트워크에서 실행 중인 서버나 애플리케이션에 접근하기 위한 주소다. 일반적으로 도메인 이름을 사용하여 네트워크 URL에 접속한다. 네트워크 URL은 인터넷을 통해 어디서든 접근 가능한 주소이며, 인터넷을 통해 다른 사용자가 해당 서버나 애플리케이션에 접속할 수 있다.

로컬 URL에 접속하면 그림 11.11과 같은 페이지가 출력된다.

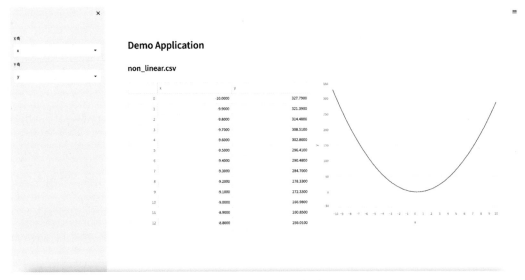

그림 11.11 데모 애플리케이션

스크립트를 실행하는 즉시 로컬 스트림릿 서버가 가동되고 demo.py 파일을 수정해 저장하면 실시간으로 데모 애플리케이션이 갱신된다. 이를 통해 일부 코드를 갱신하면서 실시간으로 사용해 본 다음, 결과를 만족할 때까지 수정 작업을 반복할 수 있다.

스트림릿 라이브러리의 위젯, 컴포넌트 및 API는 API 레퍼런스 페이지와 치트시트 페이지에서 자세히 확인할 수 있다.

- API 레퍼런스: https://docs.streamlit.io/library/api-reference

- 치트시트: https://docs.streamlit.io/library/cheatsheet

파이토치 모델 연동

앞선 예제 11.34 데모 애플리케이션의 셀렉트 박스와 상호작용을 하면 예제 11.34의 전체 코드가 다시 실행된다. 이는 사용자가 축을 변경할 때마다 non_linear.csv를 매번 다시 불러온다. 만약 상호작용할 때마다 딥러닝 모델이나 대규모 데이터세트를 매번 불러온다면 데모 애플리케이션을 사용하기가 어렵다.

딥러닝 모델이나 데이터세트처럼 초기화 이후 데이터를 유지하고 싶은 경우 캐싱 기능을 활용해 데이터를 유지할 수 있다. 다음 예제 11.36은 데이터 캐싱 방법을 보여준다.

예제 11.36 데이터 캐싱

```python
# demo_cache.py
import pandas as pd
import streamlit as st

st.set_page_config(
    page_title="데모 애플리케이션",
    page_icon=":shark:",
    layout="wide")

@st.cache_data
def load_data(path):
    return pd.read_csv(path)
```

```
df = load_data("../datasets/non_linear.csv")

st.header(body="Demo Application")
st.subheader(body="non_linear.csv")

x = st.sidebar.selectbox(label="X 축", options=df.columns, index=0)
y = st.sidebar.selectbox(label="Y 축", options=df.columns, index=1)

col1, col2 = st.columns(2)
with col1:
    st.dataframe(data=df, height=500, use_container_width=True)
with col2:
    st.line_chart(data=df, x=x, y=y, height=500)
```

스트림릿에서는 데이터를 캐싱하기 위해선 데코레이터를 활용해 데이터를 유지할 수 있다. 동일한 계산을 반복해서 다시 실행하지 않으려면 함수를 선언하고 데코레이터를 적용한다.

st.cache_data는 데이터프레임, 넘파이 배열, 결괏값 등의 데이터를 캐싱하고, 동일한 입력값에 대한 결과를 저장한다. 만약 데이터가 변경되면 해당 데이터에 대한 캐시가 무효화되고 다시 계산한다.

캐싱 방법에 대해 이해했다면 파이토치 딥러닝 모델을 스트림릿과 연동해 데모 애플리케이션을 구현해 본다. 다음 예제 11.37은 예제 7.10의 문장 생성 코드를 스트림릿에 적용한 것이다.

예제 11.37 문장 생성

```
# demo_text.py
import streamlit as st
from transformers import pipeline

@st.cache_resource
def load_model():
    return pipeline(task="text-generation", model="gpt2")

model = load_model()

text = st.text_input("텍스트 입력", value="Machine learning is")
if text:
    result = model(
```

```
        text_inputs=text,
        max_length=30,
        num_return_sequences=3,
        pad_token_id=model.tokenizer.eos_token_id,
    )
    st.write(result)
```

출력 결과

```
텍스트 입력

Machine learning is

▼ [
   ▼ 0 : {
      "generated_text" :
      "Machine learning is an extremely difficult area to develop. It has been
      observed that people don't consider their knowledge of natural selection a
      valid scientific method. Many"
   }
   ▼ 1 : {
      "generated_text" :
      "Machine learning is the process of identifying the right level of learning
      opportunities to meet future demand, from an individual's skills and
      aptitude to work to work"
   }
   ▼ 2 : {
      "generated_text" :
      "Machine learning is ≈ 1% for human intelligence, based on all human
      intelligence tests, even when using a computer, and ≈ 75% ("
   }
]
```

예제 11.37은 st.cache_data가 아닌 st.cache_resource를 적용한다. st.cache_resource는 파일 또는 리소스에 대한 캐싱을 처리하는 데 사용된다. st.cache_resource를 적용한다면 딥러닝 모델 또는 데이터베이스 연결과 같은 전역 리소스를 캐싱할 수 있어, 모든 사용자가 리소스를 공유할 수 있다.

st.cache_data는 개별 사용자마다 리소스를 캐싱한다면, st.cache_resource는 모든 사용자를 대상으로 리소스를 캐싱한다. 가령 st.cache_data로 캐싱을 적용한다면 새로운 탭을 열었을 때 캐싱 함수가 실행된다. 하지만 st.cache_resource로 캐싱한다면 전역 리소스로 캐싱되어 있어 애플리케이션의 성능을 향상시키고 중복 계산을 피할 수 있다.

이번에는 이미지 모델을 스트림릿과 연동해 데모 애플리케이션을 구현해 본다. 다음 예제 11.38은 예제 9.30의 YOLOv8 코드를 스트림릿에 적용한 것이다.

예제 11.38 이미지 모델

```python
# demo_image.py
import cv2
import torch
import numpy as np
import streamlit as st
from PIL import Image
from ultralytics import YOLO
from ultralytics.yolo.utils.plotting import Annotator


@st.cache_resource
def load_model():
    return YOLO("yolov8m-pose.pt")


def predict(frame, iou=0.7, conf=0.25):
    results = model(
        source=frame,
        device="0" if torch.cuda.is_available() else "cpu",
        iou=0.7,
        conf=0.25,
        verbose=False,
    )
    result = results[0]
    return result


def draw_boxes(result, frame):
    for boxes in result.boxes:
        x1, y1, x2, y2, score, classes = boxes.data.squeeze().cpu().numpy()
        cv2.rectangle(frame, (int(x1), int(y1)), (int(x2), int(y2)), (0, 0, 255), 1)
    return frame


def draw_keypoints(result, frame):
    annotator = Annotator(frame, line_width=1)
```

```
    for kps in result.keypoints:
        annotator.kpts(kps)

        for idx, kp in enumerate(kps):
            x, y, score = kp.data.squeeze().cpu().numpy()

            if score > 0.5:
                cv2.circle(frame, (int(x), int(y)), 3, (0, 0, 255), cv2.FILLED)
                cv2.putText(frame, str(idx), (int(x), int(y)), cv2.FONT_HERSHEY_COMPLEX, 1, (0, 0,
255), 1)


    return frame

model = load_model()
uploaded_file = st.file_uploader("파일 선택", type=["PNG", "JPG", "JPEG"])
if uploaded_file is not None:
    if "image" in uploaded_file.type:
        with st.spinner(text="포즈 정보 추출 중.."):
            pil_image = Image.open(uploaded_file).convert("RGB")
            np_image = np.asarray(pil_image)
            cv_image = cv2.cvtColor(np_image, cv2.COLOR_RGB2BGR)

            result = predict(cv_image)
            image = draw_boxes(result, cv_image)
            image = draw_keypoints(result, image)
            st.image(image, channels="BGR")
```

출력 결과

이미지 모델을 추론하기 위해서는 이미지를 입력받아야 한다. 스트림릿은 다양한 파일 형식을 처리할 수 있도록 파일 업로더(st.file_uploader) 위젯을 제공한다. 파일 업로더 위젯은 파일이 입력되면 UploadedFile 객체를 반환한다. 이 객체는 파일명(name), 파일 형식(type), 파일 크기(size) 등을 확인할 수 있다.

입력된 파일이 이미지 파일인 경우 포즈 예측을 수행한다. 추론에는 어느 정도 시간이 소요되므로 해당 시간 동안 일시적으로 메시지를 표시하는 스피너(st.spinner) 위젯을 사용해 대기 시간 동안 '포즈 정보 추출 중…'이라는 메시지를 출력한다.

이미지 변수에 키포인트까지 그렸다면 이미지(st.image) 위젯으로 이미지를 표시한다. 현재 이미지 형식은 OpenCV 형식이므로 이미지 위젯의 채널(channels)에 BGR을 입력한다.

출력 결과에서 확인할 수 있듯이 데이터 과학자는 데모 애플리케이션을 통해 모델의 실제 문제 해결 능력을 빠르게 검증할 수 있으며, 사용자들은 모델을 테스트하고 결과를 시각적으로 확인함으로써 피드백을 제공하거나 개선 요청을 할 수 있게 된다.

부록

A

파이토치
라이트닝

파이토치 라이트닝(PyTorch Lightning)[1]은 파이토치를 위한 고수준 머신러닝 라이브러리다. 이 라이브러리는 파이토치 코드를 모듈화하고 추상화해 더 간단하고 모듈화된 코드 작성을 가능하게 한다.

또한, 훈련, 검증, 테스트 및 배포를 위한 일련의 작업을 자동화하여 더욱 빠르고 효율적인 모델 개발을 지원한다. GPU나 TPU와 같은 다양한 하드웨어에서 작동할 수 있으며, 분산 학습과 같은 복잡한 조건에서 모델을 구성하는 경우 코드를 더 간결하고 이해하기 쉽게 작성할 수 있다.

파이토치 라이트닝은 자동화된 로깅 및 체크포인팅을 제공해 간단한 설정만으로 로그 및 체크포인트를 자동으로 저장하고 분석할 수 있다. 따라서 자동화된 학습률 스케줄링을 지원해 더 쉽게 학습률 스케줄링을 구현하고 관리할 수 있다.

또한 파이토치 라이트닝은 GPU 자원을 효율적으로 활용하기 위한 여러 기능을 제공한다. 배치 크기와 학습률을 자동으로 조절하거나 여러 개의 GPU를 병렬 처리할 수 있다.

파이토치 라이트닝 라이브러리는 다음과 같이 설치할 수 있다.

파이토치 라이트닝 라이브러리 설치

```
pip install lightning
```

---

1 https://lightning.ai/

모델 학습

이번 부록에서는 파이토치 라이트닝을 활용해 오토인코더(AutoEncoder)를 학습해 본다. 다음 예제 A.1은 오토인코더 클래스 선언 방법을 보여준다.

예제 A.1 오토인코더

```python
import torch
import lightning
from torch import nn
from torch.nn import functional as F


class AutoEncoder(lightning.LightningModule):
    def __init__(self):
        super().__init__()
        self.encoder = nn.Sequential(
            nn.Linear(28 * 28, 128),
            nn.ReLU(),
            nn.Linear(128, 3)
        )
        self.decoder = nn.Sequential(
            nn.Linear(3, 128),
            nn.ReLU(),
            nn.Linear(128, 28 * 28)
        )

    def forward(self, x):
        embedding = self.encoder(x)
        return embedding

    def training_step(self, batch):
        x, _ = batch
        x = x.view(x.size(0), -1)
        z = self.encoder(x)
        x_hat = self.decoder(z)
        loss = F.mse_loss(x_hat, x)
        self.log("train_loss", loss)
        return loss
```

```
    def configure_optimizers(self):
        optimizer = torch.optim.Adam(self.parameters(), lr=1e-3)
        return optimizer
```

라이트닝 모듈(LightningModule) 클래스는 파이토치 라이브러리에서 제공하는 추상 클래스로, 학습 루프 및 로깅 등의 학습 관련 기능을 제공한다. 이 클래스를 상속받아서 모델을 정의하면 트레이너(Trainer) 클래스로 모델을 학습할 수 있다.

오토인코더 모델 구조는 인코더(encoder)와 디코더(decoder)로 구성된다. 인코더와 디코더는 선형 변환 함수와 ReLU 함수를 묶어 순차적으로 실행시킨다.

순방향(forward) 메서드에서는 인코더만 실행하며, 학습 간격(training_step) 메서드는 인코더와 디코더를 모두 실행한다. 손실 함수는 픽셀 간 차이를 나타내는 평균 제곱(MSE)을 사용한다.

라이트닝 모듈의 로그(log) 메서드는 로깅 라이브러리와 연동해 모델 학습 중 발생한 결괏값을 기록한다. 예를 들어 self.log("train_loss", loss)는 현재 에폭에서 발생한 loss 값을 "train_loss" 키 값으로 로깅한다.

최적화 함수 구성(configure_optimizers) 메서드는 최적화 함수를 정의하고 반환한다.

다음 예제 A.2는 MNIST 데이터세트를 불러오는 방법을 보여준다.

예제 A.2 MNIST 데이터세트

```
import torchvision
from torch.utils.data import random_split


dataset = torchvision.datasets.MNIST(
    "../datasets", download=True, transform=torchvision.transforms.ToTensor()
)
train, valid = random_split(dataset, [55000, 5000])
print(dataset)
```

출력 결과

```
Dataset MNIST
    Number of datapoints: 60000
    Root location: datasets
```

```
     Split: Train
     StandardTransform
Transform: ToTensor()
```

예제에서는 MNIST 데이터세트를 사용한다. 무작위 분할 함수로 데이터를 분리해 학습 데이터세트로 모델을 학습한다. 다음 예제 A.3은 파이토치 라이트닝으로 모델을 학습하는 방법을 보여준다.

예제 A.3 파이토치 라이트닝 모델 학습

```python
from torch.utils.data import DataLoader

autoencoder = AutoEncoder()
trainer = lightning.Trainer(accelerator="gpu", devices=1, max_epochs=1)
trainer.fit(autoencoder, DataLoader(train), DataLoader(valid))
```

출력 결과

```
GPU available: True (cuda), used: True
TPU available: False, using: 0 TPU cores

...

LOCAL_RANK: 0 - CUDA_VISIBLE_DEVICES: [0,1]

  ¦ Name    ¦ Type       ¦ Params
---------------------------------------
0 ¦ encoder ¦ Sequential ¦ 100 K
1 ¦ decoder ¦ Sequential ¦ 101 K
---------------------------------------
202 K     Trainable params
0         Non-trainable params
202 K     Total params
0.810     Total estimated model params size (MB)
Epoch 0: ------------27500/27500 [08:17<00:00, 55.28it/s, loss=0.0464, v_num=1]
...
```

트레이너(Trainer) 클래스는 모델을 학습시키기 위한 기능을 제공한다. 이 클래스는 학습, 검증, 테스트에 대한 반복을 처리하고, 체크포인트 저장, 로깅, 학습률 스케줄링 등 다양한 기능을 설정할 수 있다.

트레이너를 객체화한 후 **fit** 메서드로 모델을 학습한다. 로그를 통해 사용 여부, 모델 구조, 매개변수 수, 손실값 등을 확인할 수 있다.

v_num은 체크포인트와 텐서보드 로그 파일의 버전 번호를 의미한다. 예를 들어 v_num을 1로 지정하면 체크포인트와 텐서보드 로그 파일은 "version_1" 디렉터리에 저장된다.

이후 학습 과정에서 v_num을 2로 지정하면 체크포인트와 텐서보드 로그 파일은 "version_2" 디렉터리에 저장된다.

트레이너 클래스

파이토치 라이트닝의 트레이너 클래스의 자세한 사용법을 알아보자. 다음은 트레이너 클래스의 주요 매개변수를 설명한다.

트레이너 클래스

```python
trainer = lightning.Trainer(
    accelerator="auto",
    devices="auto",
    num_nodes=1,
    precision="32-true",
    max_epochs=None,
    min_epochs=None,
    max_time=None,
    limit_train_batches=1.0,
    limit_val_batches=1.0,
    limit_test_batches=1.0,
    limit_predict_batches=1.0,
    callbacks=None,
)
```

가속(accelerator)은 모델 학습에 사용되는 가속기 인스턴스를 설정하고 **장치 개수(devices)**를 통해 몇 개의 가속기를 사용할지 설정할 수 있다. 가속기 유형은 cpu, gpu, tpu, ipu, mps 등이 지원된다. **노드 수(num_nodes)**는 분산 학습을 위한 GPU의 노드 수를 의미한다.

가령 accelerator="gpu", devices=2, num_nodes=2로 설정한다면 2개의 GPU 인스턴스로 학습하며, 2개의 분산 학습이 적용돼 총 4개의 GPU가 사용된다.

정밀도(precision)는 학습에 사용되는 텐서의 부동 소수점 정밀도 형식을 설정한다. 16, 32, 64 등을 적용할 수 있다. 16을 적용한다면 16비트 부동 소수점으로 변환시켜 메모리의 사용량을 줄이고 학습 속도를 향상시킨다.

하지만 16비트 부동 소수점 정밀도는 32비트 부동 소수점과 비교했을 때 정보의 손실이 발생하므로 모델 성능에 영향을 미칠 수 있다. 정밀도는 모델의 성능과 메모리 사용량을 고려해 적절하게 선택한다.

최대 에폭(max_epochs), 최소 에폭(min_epochs), 최대 시간(max_time)은 최대/최소 에폭 횟수 또는 최대 학습 시간을 의미한다. 최소 에폭은 그 에폭까지 학습을 강제하며, 최대 에폭과 최대 시간은 해당 에폭이나 시간에 도달했을 때 학습을 종료한다.

배치 제한(limit_train_batches, limit_val_batches, limit_test_batches, limit_predict_batches)은 각각 학습, 검증, 테스트, 예측에 있어서 사용되는 배치 비율과 수를 의미한다. 1보다 작은 값을 사용하는 경우 비율로 적용되며, 1보다 큰 값을 사용하는 경우 개수로 적용된다.

콜백(callbacks)은 모델 학습 중 호출될 콜백 함수를 설정한다. 예를 들어 조기 종료나 모델 체크포인트 저장 등의 작업을 수행할 수 있다.

다음 예제 A.4는 콜백을 정의하고 트레이너 클래스에 적용하는 방법을 보여준다.

예제 A.4 콜백 정의

```
import lightning
from lightning.pytorch import callbacks


early_stopping = callbacks.EarlyStopping(monitor="val_loss")
model_checkpoint = callbacks.ModelCheckpoint(monitor="val_loss")


trainer = lightning.Trainer(callbacks=[early_stopping, model_checkpoint])
```

트레이너 클래스의 콜백 매개변수는 여러 개의 콜백 함수를 설정할 수 있다. 조기 종료(EarlyStopping) 클래스는 검증 손실(val_loss)을 모니터링해 손실값이 더 이상 감소하지 않으면 학습을 조기 종료한다.

모델 체크포인트(ModelCheckpoint) 클래스는 검증 손실(val_loss)이 감소할 때마다 모델의 체크포인트를 저장한다.

이러한 방식으로 트레이너 클래스의 콜백을 설정하면 트레이너 객체가 검증 손실을 모니터링하면서 체크포인트를 저장하고 더 이상 검증 손실이 감소하지 않는다면 학습을 조기 종료한다.

학습 도중 시스템 장애와 같이 예기치 않은 상황이 발생하더라도 완료 시점의 모델부터 다시 학습을 이어갈 수 있다.

B

허깅 페이스

허깅 페이스(Hugging Face)[1]는 딥러닝 모델을 구축하고 하고 SOTA 모델을 학습 및 배포할 수 있는 미국의 유니콘 기업으로, 딥러닝 플랫폼 서비스를 제공한다. 허깅 페이스에서 제공하는 대표적인 라이브러리로는 트랜스포머스(transformers), 토크나이저스(tokenizers), 데이터세트(datasets), 평가(evaluate) 등이 있다.

트랜스포머스 라이브러리는 다양한 트랜스포머 기반의 사전 학습된 모델과 모델 학습 및 평가에 필요한 API를 제공하며, 토크나이저스 라이브러리는 다양한 언어의 텍스트에 대한 토큰화 기법을 제공한다. 데이터세트 라이브러리는 데이터세트를 쉽게 불러오고 전처리할 수 있게 지원하며, 평가 라이브러리는 모델 평가에 필요한 다양한 평가 함수를 제공한다. 이번 부록에서는 트랜스포머스 라이브러리에 대해 알아본다.

트랜스포머스는 GPT, BERT, XLNet 등 다양한 트랜스포머 기반 신경망을 몇 개의 매개변수만으로 손쉽게 구축할 수 있게 지원한다. 또한 트랜스포머스는 각 신경망에 맞는 토크나이저 API와 모델 학습 및 평가를 쉽게 수행할 수 있는 트레이너 API도 제공한다.

따라서 사용자는 모델링 작업에 필요한 모든 기능을 하나의 통합된 프레임워크에서 제공받을 수 있어, 효율적이고 간편한 개발이 가능하다.

---

1 https://huggingface.co/

트랜스포머스의 가장 강력한 장점은 **모델 허브(Model Hub)**를 통해 학습된 모델을 효율적으로 관리하고 공유할 수 있다는 점이다. 모델 허브를 통해 다양한 트랜스포머 기반의 신경망을 쉽게 구축할 수 있게 지원하며, 학습된 신경망을 손쉽게 불러와서 활용하거나 다른 사용자와 공유할 수 있게 돕는다.

트랜스포머스는 자연어, 오디오, 이미지 처리에 사용되는 약 200개의 모델 구조를 지원한다. 지원되는 모델 목록은 허깅 페이스[2]에서 확인할 수 있다.

허깅 페이스에서 제공하는 라이브러리는 다음과 같이 설치할 수 있다.

허깅 페이스 라이브러리 설치

```
pip install transformers tokenizers datasets evaluate
```

PreTrainedConfig 클래스

트랜스포머스에서 제공하는 모델들은 해당 모델에 사용되는 하이퍼파라미터 정보를 포함하는 Config 클래스를 이용해 모델 구조를 설정한다.

예를 들어 BERT 모델을 구성하기 위한 하이퍼파라미터 정보를 담고 있는 BertConfig 클래스와 GPT2 모델을 구성하기 위한 정보를 담고 있는 GPT2Config 클래스 등이 있다.

이러한 Config 클래스는 모두 PreTrainedConfig 클래스를 상속받는다. 다음 예제 B.1은 PreTrainedConfig 클래스의 구성을 보여준다.

예제 B.1 PreTrainedConfig 클래스 구성

```
from transformers import BertConfig


config = BertConfig.from_pretrained("bert-base-uncased")
print(config)
print(BertConfig.__bases__)
```

출력 결과

```
BertConfig {
  "architectures": [
```

---

2 https://huggingface.co/docs/transformers/index#supported-models

```
    "BertForMaskedLM"
  ],
  "attention_probs_dropout_prob": 0.1,
  "classifier_dropout": null,
  "gradient_checkpointing": false,
  ...
  "type_vocab_size": 2,
  "use_cache": true,
  "vocab_size": 30522
}

(<class 'transformers.configuration_utils.PretrainedConfig'>,)
```

BertConfig 클래스를 사용하여 BERT 모델을 구성하고, 해당 클래스의 속성값과 상속받은 부모 클래스를 확인해 본다.

BERT 모델은 마스크 언어 모델을 통해 사전 학습되므로, 모델 구조를 의미하는 architectures 속성은 BertForMaskedLM으로 설정된다. 또한, vocab_size와 num_attention_heads 등과 같은 다른 하이퍼파라미터도 저장되어 있다.

BertConfig 클래스는 PreTrainedConfig 클래스를 상속받아 구성된다. 따라서 save_pretrained 메서드를 사용하여 구성된 정보를 로컬 저장소나 모델 허브에 저장하고, from_pretrained를 이용하여 저장된 클래스를 불러올 수 있다.

PreTrainedModel 클래스

PreTrainedModel 클래스는 Config 클래스를 사용하여 모델을 구성하는 클래스다. 입력된 하이퍼파라미터에 따라 임베딩 층의 크기, 다중 헤드 어텐션의 헤드 개수, 트랜스포머 인코더 층 등을 조정한다.

트랜스포머스에서 제공하는 다양한 모델 클래스는 PreTrainedModel 클래스를 상속받아 구현된다. 다음 예제 B.2는 PreTrainedModel 클래스의 구성을 보여준다.

예제 B.2 PreTrainedModel 클래스 구성

```
from transformers import BertConfig, BertModel
```

```python
def print_architecture(model):
    for main_name, main_module in model.named_children():
        print(main_name)
        for sub_name, sub_module in main_module.named_children():
            print("└", sub_name)
            for ssub_name, ssub_module in sub_module.named_children():
                print("|  └", ssub_name)
                for sssub_name, sssub_module in ssub_module.named_children():
                    print("|    └", sssub_name)

config = BertConfig.from_pretrained("bert-base-uncased")
config.update({"num_hidden_layers":2})
model = BertModel(config)
print_architecture(model)
```

출력 결과

```
embeddings
└ word_embeddings
└ position_embeddings
└ token_type_embeddings
└ LayerNorm
└ dropout
encoder
└ layer
|  └ 0
|    └ attention
|    └ intermediate
|    └ output
|  └ 1
|    └ attention
|    └ intermediate
|    └ output
pooler
└ dense
└ activation
```

PreTrained 모델은 Config 클래스를 인자로 받아 모델을 구성한다. 예를 들어, 불러온 Config의 num_hidden_layers 속성을 2로 변경하면, 2개의 인코더 층을 가진 모델이 구성된다.

일반적으로 대규모 데이터로 사전 학습된 모델을 가져와서 특정 작업에 맞게 미세 조정하는 것이 일반적인 학습 방법이다. 이때 신경망의 입출력 형식을 변경하거나 구조를 조정하여 다운스트림 작업에 맞게 모델을 조정한다.

트랜스포머스에서는 이러한 미세 조정 작업을 위해 다양한 하위 모델 클래스를 제공한다. 각 하위 모델 클래스는 상위 모델의 이름과 하위 모델의 목적을 결합한 이름으로 구성된다.

예를 들어, 문장 분류를 위한 BERT 모델은 `BertForSequenceClassification`, 질의응답을 위한 BERT 모델은 `BertForQuestionAnswering`과 같이 불러올 수 있다. 다음 표 B.1은 트랜스포머스에서 제공하는 자연어 처리 기반 하위 모델 클래스를 보여준다.

표 B.1 자연어 처리 기반 하위 모델 클래스

클래스	목적	다운스트림 작업 예시
ForSequenceClassification	입력 텍스트의 분류	영화 평점 분류, 뉴스 카테고리 예측 등
ForTokenClassification	각 입력 토큰의 분류	문장 세그멘테이션, 개체명 인식, 형태소 분석 등
ForQuestionAnswering	주어진 문맥과 질문에 대한 답변 생성	SQuAD 데이터세트 등
ForLMHeadModel	주어진 입력 텍스트와 이어지는 문장 생성	문장 요약, eli5, 프롬프트를 이용한 다운스트림 작업 등

트랜스포머스는 예시로 설명한 BERT 모델 이외에도 많은 하위 모델 클래스를 제공한다. 각 모델의 전체 하위 모델 클래스는 https://huggingface.co/docs/transformers/main/en/model_doc/bert 에서 확인할 수 있다.

PreTrainedTokenizer 클래스

트랜스포머스의 토크나이저에는 파이썬 기반의 `PreTrainedTokenizer`와 러스트(Rust) 기반의 `PreTrainedTokenizerFast`[3] 토크나이저가 있다.

트랜스포머스의 토크나이저는 다중 공백 등을 처리하기 위한 사전 토큰화와 구두점 제거 등을 수행하는 문장 정규화 같은 여러 기능을 제공한다. 다음 예제 B.3은 사전 토큰화와 정규화 방식을 보여준다.

---

3 PreTrainedTokenizerFast 토크나이저는 토크나이저스 라이브러리에서 지원된다.

예제 B.3 PreTrainedTokenizer의 사전 토큰화와 정규화

```python
from transformers import BertTokenizerFast

tokenizer = BertTokenizerFast.from_pretrained("bert-base-uncased")

sentence = "THIS SENTENCÉ is written in UPPERCASE"
normalize = tokenizer.backend_tokenizer.normalizer.normalize_str(sentence)
print("정규화 :", normalize)

sentence = "이 문장은 삼중   공백을 포함하고 있습니다."
pre_tokenize = tokenizer.backend_tokenizer.pre_tokenizer.pre_tokenize_str(sentence)
print("사전 토큰화 :", pre_tokenize)
```

출력 결과

```
정규화 : this sentence is written in uppercase
사전 토큰화 : [('이', (0, 1)), ('문장은', (2, 5)), ('삼중', (6, 8)), ('공백을', (11, 14)),
('포함하고', (15, 19)), ('있습니다', (20, 24)), ('.', (24, 25))]
```

토크나이저의 정규화 과정은 입력 문장의 대문자를 소문자로 변환하고, 액센트 기호를 제거하는 등의 과정을 수행한다.

이 과정에서 사용된 단어 중 'SENTENCÉ'는 대문자와 액센트 기호가 포함된 'É'를 포함하고 있다. 따라서 'SENTENCÉ'는 대문자와 액센트가 제거되어 'e'로 변환된다. 또한, 토크나이저의 사전 토큰화 과정은 입력 문장에 포함된 세 개의 공백 문자를 하나의 공백으로 변환한다.

하지만 정규화와 사전 토큰화는 각 모델의 목적과 특징에 따르므로 정규화나 사전 토큰화를 적용한 결과가 다르게 나타날 수 있다.

PreTrainedFeatureExtractor 클래스

이미지 데이터나 오디오 데이터 역시 트랜스포머를 이용해 처리하는 신경망이 많이 연구되어 왔다. 이러한 모델을 위해 트랜스포머스에서는 이미지나 오디오 데이터를 처리할 수 있는 PreTrainedFeatureExtractor 클래스를 제공한다.

오디오 데이터의 경우에는 소리나 파형을 시각화하는 스펙트로그램(Spectrogram)을 활용하거나 푸리에 변환(Fourier Transform, FT)[4] 등을 통해 특징 벡터를 추출해 분석한다.

다음 예제 B.4는 FeatureExtractor 클래스를 이용해 오디오 데이터에서 입력 특징을 추출하는 방식을 보여준다.

예제 B.4 PreTrainedFeatureExtractor 입력 특징 추출

```
from datasets import load_dataset
from transformers import Wav2Vec2FeatureExtractor


mindsKR = load_dataset("PolyAI/minds14", "ko-KR", split="train")
feature_extractor = Wav2Vec2FeatureExtractor.from_pretrained("facebook/wav2vec2-base-960h")
transformed = feature_extractor(mindsKR["audio"][0]["array"])
print(transformed)
```

출력 결과

```
{'input_values': [array([2.3358937e-03, 2.8042472e-05, 2.8042472e-05, ..., 6.9515961e-03,
4.6437453e-03, 4.6437453e-03], dtype=float32)]}
```

예제 B.4는 wav2vec2 기반의 PretrainedFeatureExtractor를 이용해 음성 데이터를 특징 벡터로 변환하는 예시를 보여준다.

PolyAI/minds14 데이트세트에서 한국어로 학습 데이터를 불러오고, 해당 데이터세트의 첫 번째 오디오 파일의 특징 벡터를 추출하기 위해 wav2vec2 기반의 PretrainedFeatureExtractor를 불러온다.

feature_extractor를 이용해 mindsKR 데이터셋의 첫 번째 오디오 파일에서 추출한 오디오 신호를 특징 벡터로 변환해 transformed 변수에 저장한다.

PreTrainedImageProcessor 클래스

트랜스포머는 자연어 처리 분야에서만 주로 사용됐지만, 최근에는 컴퓨터비전 분야에서도 활용될 수 있음이 밝혀졌다. 이에 따라 트랜스포머를 이용한 이미지 처리 기법들이 연구되고 있다.

---

[4] 시간이나 공간 도메인에서 주기 함수로 표현된 신호를 주파수 도메인으로 변환해 주파수 성분을 분석하는 방법

트랜스포머스는 이미지 세그멘테이션을 위한 마스크 처리, 이미지 크기 변환, 이미지 자르기 등의 작업을 위해 ImageProcessor 클래스를 제공한다. 이를 활용해 모델의 특징에 따라 이미지를 변환할 수 있다.

다음 예제 B.5는 ImageProcessor 클래스로 이미지를 변환하는 방식을 보여준다.

예제 B.5 ImageProcessor 클래스 이미지 데이터 변환

```python
from torchvision import datasets
from transformers import CLIPImageProcessor

dataset = datasets.FashionMNIST(root="datasets", download=True, train=False)
image_processor = CLIPImageProcessor("openai/clip-vit-base-patch32")

image, label = dataset[0]
output = image_processor(image)
print(output)
```

출력 결과

```
{'pixel_values': [array([[[-1.7922626, -1.7922626, -1.7922626, ..., -1.7922626,
         -1.7922626, -1.7922626],
        [-1.7922626, -1.7922626, -1.7922626, ..., -1.7922626,
        ...,
        [-1.7922626, -1.7922626, -1.7922626, ..., -1.7922626,
         -1.7922626, -1.7922626],
        [-1.7922626, -1.7922626, -1.7922626, ..., -1.7922626,
         -1.7922626, -1.7922626]],

        ...,

        [-1.4802198, -1.4802198, -1.4802198, ..., -1.4802198,
         -1.4802198, -1.4802198],
        [-1.4802198, -1.4802198, -1.4802198, ..., -1.4802198,
         -1.4802198, -1.4802198],
        [-1.4802198, -1.4802198, -1.4802198, ..., -1.4802198,
         -1.4802198, -1.4802198]]], dtype=float32)]}
```

예제 B.5는 CLIP(Cross-Modal Pretraining) 모델에서 이미지를 처리하기 위해 제공되는 CLIPImageProcessor 클래스를 사용하는 예시를 보여준다.

CLIPImageProcessor 클래스는 이미지를 전처리하는 데 사용되는 클래스로, 이미지를 일관된 크기로 조정하고, 적절한 픽셀값 범위로 변환하며, 일정한 크기로 자르는 등의 전처리 작업을 수행한다.

Auto 클래스

최근에는 트랜스포머를 이용한 신경망들이 계속해서 연구되어 허깅 페이스 라이브러리에서도 다양한 모델이 공개되고 있다. 따라서 트랜스포머스 라이브러리에서는 Auto 클래스로 사용자가 모델의 이름만 알고 있어도 사전 학습된 모델을 쉽게 불러와 사용할 수 있는 기능을 제공한다.

또한 다양한 다운스트림 작업을 위한 Auto 클래스도 제공한다. 다음 표 B.2는 자연어 처리 분야에서 사용되는 다운스트림 작업을 위한 클래스를 설명한 것이다.

표 B.2 자연어 처리 다운스트림 작업을 위한 Auto 클래스

클래스	목적	다운스트림 작업 예시
AutoModelForSequenceClassification	입력 텍스트의 분류	영화 평점 분류, 뉴스 카테고리 예측 등
AutoModelForTokenClassification	각 입력 토큰의 분류	문장 세그멘테이션, 개체명 인식, 형태소 분석 등
AutoModelForQuestionAnswering	주어진 문맥과 질문에 대한 답변 생성	SQuAD 데이터세트, 질의응답 등
AutoModelForCasualLM	주어진 입력 텍스트에 이어질 문장 생성	문장 요약, eli5, 프롬프트를 이용한 다운스트림 작업 등
AutoModelForMaskedLM	주어진 입력 텍스트의 마스크 토큰 복구	마스크 언어 모델 학습 빈칸 채우기 등
AutoModelForSeq2SeqLM	입력 시퀀스를 통해 출력 시퀀스 생성	기계번역, 문장 요약 등
AutoModelForMultipleChoice	입력 문장에 대한 다지선다형 텍스트 선택	swag 데이터세트, 다지선다형 질의응답 등

다음 예제 B.6는 Auto 클래스를 활용해 BERT 모델과 GPT-2 모델을 구축하는 방식을 보여준다.

예제 B.6 Auto 클래스를 이용한 BERT와 GPT-2 구축

```
import torch
from transformers import AutoModel, AutoTokenizer


bert = AutoModel.from_pretrained("bert-base-uncased")
bert_tokenizer = AutoTokenizer.from_pretrained("bert-base-uncased")
```

```
gpt2 = AutoModel.from_pretrained("gpt2")
gpt2_tokenizer = AutoTokenizer.from_pretrained("gpt2")

sentence = "AutoClass is so convenient method"

with torch.no_grad():
    bert_output = bert(**bert_tokenizer(sentence, return_tensors="pt"))
    gpt2_output = gpt2(**gpt2_tokenizer(sentence, return_tensors="pt"))
```

트레이너 클래스

트랜스포머스는 모델의 학습과 평가를 쉽게 수행할 수 있게 트레이너(Trainer) API를 제공한다. 이 API는 사용자가 학습률, 에폭 수, 최적화 함수, 평가 지표 등을 입력하면 모델을 간편하게 학습시킬 수 있는 기능을 제공한다. 다음은 트레이너 클래스의 주요한 매개변수를 설명한다.

트레이너 클래스

```
trainer = Trainer(
    model=None,
    args=None,
    data_collator=None,
    train_dataset=None,
    eval_dataset=None,
    compute_metrics=None,
    optimizers=None
)
```

모델(model)은 학습 혹은 평가에 사용할 모델을 의미한다. 트레이너는 PreTrainedModel을 상속받은 모델에 최적화되어 있으나, torch.nn.Module 기반의 모델도 학습이 가능하다.

인자값(args)은 학습에 필요한 여러 인자값을 입력받는다. 이 인자값은 TrainingArguments 클래스로, 학습 결과가 저장될 위치, 학습 중 모델 평가 빈도, 학습률, 학습 배치 크기 등을 포함한다.

데이터 병합 함수(data_collator)는 각 데이터세트에서 추출된 배치를 모델에 입력하기 전에 데이터 패딩, 무작위 마스킹 등의 작업을 수행하기 위한 함수다.

학습 데이터세트(train_dataset)와 **평가 데이터세트(eval_dataset)**는 모델의 학습과 평가에 사용될 데이터세트를 의미한다.

트레이너는 모델 평가를 위해 손실값을 계산한다. 이 외에 정확도, F1 점수 등을 이용해 모델을 평가하기 위해 **평가 함수(compute_metrics)**를 입력받는다.

최적화 함수(optimizers)는 모델을 학습하는 데 사용되는 최적화 함수를 의미한다. 아무것도 입력하지 않으면 AdamW 최적화 함수를 사용한다.

이외에 트레이너 클래스에서 사용되는 매개변수와 TrainingArguments의 매개변수는 https://huggingface.co/docs/transformers/main_classes/trainer에서 확인할 수 있다.

트랜스포머스에서 제공하는 여러 Auto 클래스와 트레이너 클래스를 통해 쉽고 빠르게 모델을 불러오고 학습할 수 있다.

다음 예제 B.7은 AutoModelForSequenceClassification, AutoTokenizer, Trainer 클래스로 미국의 영화 리뷰 감정 분석 데이터세트인 IMDB 분류 모델을 학습하는 방식을 보여준다.

예제 B.7 Auto 클래스와 Trainer를 활용한 IMDB 분류 모델 학습

```python
from datasets import load_dataset
from transformers import AutoModelForSequenceClassification, AutoTokenizer
from transformers import Trainer, TrainingArguments, DataCollatorWithPadding

def preprocess_function(examples):
    return tokenizer(examples["text"], truncation=True)

imdb = load_dataset("imdb")

tokenizer = AutoTokenizer.from_pretrained("bert-base-uncased")
tokenized_imdb = imdb.map(preprocess_function, batched=True)

data_collator = DataCollatorWithPadding(tokenizer=tokenizer)

id2label = {0: "부정", 1: "긍정"}
label2id = {"부정": 0, "긍정": 1}
model = AutoModelForSequenceClassification.from_pretrained(
    "bert-base-uncased", num_labels=2, id2label=id2label, label2id=label2id
```

```
)

training_args = TrainingArguments(
    output_dir="imdb_classifier",
    learning_rate=2e-5,
    per_device_train_batch_size=16,
    per_device_eval_batch_size=32,
    num_train_epochs=3,
    weight_decay=0.01,
    evaluation_strategy="epoch",
    save_strategy="epoch",
    load_best_model_at_end=True,
)

trainer = Trainer(
    model=model,
    args=training_args,
    train_dataset=tokenized_imdb["train"],
    eval_dataset=tokenized_imdb["test"],
    tokenizer=tokenizer,
    data_collator=data_collator
)

trainer.train()
```

데이터세트 라이브러리의 `load_dataset` 함수를 통해 IMDB 데이터세트를 불러온다. 이후 `AutoTokenizer`로 토크나이저를 불러오고, `map` 메서드를 통해 데이터세트의 리뷰 문장을 토큰화한다.

`data_collator`는 입력 배치의 문장을 가장 긴 문장을 기준으로 패딩하는 `DataCollatorWithPadding` 클래스를 사용한다.

`AutoModelForSequenceClassification` 클래스로 사전 학습된 모델을 불러온다. 분류할 클래스는 긍정과 부정 두 개이므로 `num_labels` 인자를 2로 입력한다.

학습에 사용되는 인자들을 입력하는 `TrainingArguments`를 통해 학습의 결과가 저장될 경로와 학습률, 학습과 평가 배치 크기, 학습 에폭 수 등을 입력한다.

valuation_strategy와 save_strategy는 모델 평가와 저장 빈도를 결정하는 기준을 의미한다. "epoch"을 입력하면 매 에폭 학습이 종료될 때 모델을 평가하고 저장한다.

load_best_model_at_end가 True이면 모델 학습이 완료됐을 때 가장 평가 점수가 좋은 모델 가중치를 불러온다.

트레이너 클래스에 학습할 모델, 학습에 사용될 인자, 학습과 평가 데이터세트 등을 입력하고, train 메서드를 통해 모델을 학습할 수 있다.

C

파이토치 이미지
모델

TIMM(Pytorch Image Models)[1]는 fastai[2] 라이브러리에서 제공하는 파이토치 기반 이미지 모델을 제공한다. 제레미 하워드(Jeremy Howard)와 레이첼 토마스(Rachel Thomas)가 개발했으며, 파이썬으로 작성됐다.

fastai 라이브러리는 파이토치 기반의 딥러닝 라이브러리로, 고수준의 추상화된 API를 제공하여 딥러닝 모델의 개발과 학습을 쉽게 할 수 있게 돕는다. 이 라이브러리는 이미지 분류, 객체 검출, 자연어 처리, 테이블 데이터 분석 등 다양한 응용 분야에서 널리 활용되고 있다.

TIMM은 컴퓨터비전 분야의 다양한 작업에서 사용할 수 있는 최신 모델을 제공하는 라이브러리다. TIMM은 파이토치 허브에서 제공되며, fastai를 비롯한 다른 프레임워크와 함께 사용할 수 있다.

TIMM의 모델은 이미지 분류, 검색, 분할 및 객체 감지와 같은 다양한 컴퓨터비전 작업에 사용할 수 있으며 사전 학습된 모델을 제공한다.

또한 TIMM은 파이토치 허브에서 가장 큰 비전 모델 저장소 중 하나이기도 하다. 현재 500개 이상의 모델 아키텍처와 30,000개 이상의 사전 학습된 가중치를 제공하며, 모든 모델은 일관된 인터페이스를 사용한다.

---

1 https://timm.fast.ai/
2 비전문가들도 딥러닝 모델을 쉽게 사용할 수 있도록 제공하는 오픈 소스 라이브러리

TIMM 라이브러리는 다음과 같이 설치할 수 있다.

TIMM 라이브러리 설치

```
pip install timm fastai
```

모델 생성

TIMM 라이브러리에서 모델을 불러오는 방법은 create_model 함수를 이용하는 것이다. 이 함수로 모델을 생성하며 pretrained 매개변수로 사전 학습된 모델을 생성할 수 있다. 다음 예제 C.1은 사전 학습된 ResNet-34 모델 생성 방법을 보여준다.

예제 C.1 모델 생성

```
import timm
import torch

model = timm.create_model(model_name="resnet34", pretrained=True, num_classes=10)
image = torch.randn(1, 3, 224, 224)
logit = model(image)
print(logit.shape)
```

출력 결과

```
torch.Size([1, 10])
```

create_model 함수는 입력으로 모델 아키텍처의 이름을 받으면 해당 아키텍처를 가진 사전 학습된 모델 객체를 생성한다. 예를 들어, "resnet34"라는 인자를 사용하여 ResNet-34 모델을 생성할 수 있다.

pretrained 매개변수를 True로 할당해, 해당 모델의 사전 학습된 가중치를 다운로드했다. 다운로드한 가중치는 ~/.cache/huggingface/hub 디렉터리에 저장된다. 이전에 다운로드된 가중치는 이후에 다시 다운로드하지 않게 캐싱된다.

또한, num_classes 매개변수로 모델이 분류할 클래스 수를 지정할 수 있다. 예제는 10으로 설정해 입력 이미지를 10개의 클래스로 분류하게 설정했다.

create_model 함수는 생성된 모델 객체를 반환하므로 해당 함수를 통해 이미지 분류 작업 수행 시 사전 학습된 모델을 쉽게 활용할 수 있다.

모델을 생성한 후, 임의의 입력 이미지를 모델에 전달하면 출력 형태를 확인할 수 있다. 예제에서는 torch.randn 함수로 224×224 크기의 3채널 이미지를 생성한 후, 이를 모델에 전달해 출력 형태를 확인했다.

사전 학습된 모델

TIMM 라이브러리는 허깅 페이스의 트랜스포머스 라이브러리처럼 모델의 이름을 알고 있다면 손쉽게 사전 학습된 모델을 불러올 수 있다. 다음 예제 C.2는 TIMM 라이브러리에서 사용 가능한 모델 확인 방법을 보여준다.

예제 C.2 사용 가능한 사전 학습된 모델 확인

```
import timm

avail_models = timm.list_models()
avail_pretrained_models = timm.list_models(pretrained=True)
print("사용 가능한 모델 수 :", len(avail_models))
print("사용 가능한 사전 학습 모델 수 :", len(avail_pretrained_models))
print("사용 가능한 모델 이름 :", avail_pretrained_models[:5])
```

출력 결과

```
사용 가능한 모델 수 : 991
사용 가능한 사전 학습 모델 수 : 1242
사용 가능한 모델 이름 : ['bat_resnext26ts.ch_in1k', 'beit_base_patch16_224.in22k_ft_in22k', 'beit_ba
se_patch16_224.in22k_ft_in22k_in1k', 'beit_base_patch16_384.in22k_ft_in22k_in1k', 'beit_large_patch1
6_224.in22k_ft_in22k']
```

timm.list_models 함수를 호출하면 모든 TIMM 모델을 리스트로 반환한다. 또한 pretrained=True로 사전 학습된 가중치를 가진 모델 리스트를 확인할 수 있다.

현재 TIMM 라이브러리 0.9.7 버전에는 991개의 사용 가능한 모델과 이 모델에 적용할 수 있는 1242개의 사전 학습된 가중치가 제공된다. 또한 *fastai* 라이브러리는 사용 가능한 모델의 수가 지속적으로 증가한다.

미세 조정

fastai 라이브러리를 사용하면 미세 조정 작업을 간단하게 수행할 수 있다. 다음 예제 C.3은 fastai 라이브러리로 ViT 모델을 미세 조정한다.

예제 C.3 미세 조정

```python
from fastai.vision.all import (
    URLs,
    untar_data,
    ImageDataLoaders,
    Resize,
    get_image_files,
    error_rate,
    vision_learner,
)


def is_upper(x):
    return x[0].isupper()


path = untar_data(URLs.PETS) / "images"
print("Path:", path)


dls = ImageDataLoaders.from_name_func(
    path,
    get_image_files(path),
    bs=32,
    valid_pct=0.2,
    label_func=is_upper,
    item_tfms=Resize(224),
)


learn = vision_learner(dls, "vit_tiny_patch16_224", metrics=error_rate)
learn.fine_tune(1)
```

출력 결과

```
Path: /root/.fastai/data/oxford-iiit-pet/images
```

epoch	train_loss	valid_loss	error_rate	time
0	0.187499	0.012925	0.004736	01:27

epoch	train_loss	valid_loss	error_rate	time
0	0.031695	0.005377	0.002030	01:21

untar_data 함수는 주어진 URL에서 데이터를 다운로드하고 해당 데이터를 저장할 경로에 압축을 해제하는 함수다. 예제에서는 fastai에서 제공하는 PETS 데이터셋을 다운로드하고 압축을 해제한 후 해당 경로에 저장한다.

ImageDataLoaders 클래스를 사용하여 데이터를 불러오는데, from_name_func 메서드를 사용하여 학습 데이터와 검증 데이터를 가져온다. get_image_files 함수는 해당 경로에서 이미지 파일의 리스트를 가져오며, bs와 valid_pct 매개변수는 배치 크기 설정과 데이터를 학습과 검증으로 나누는 비율을 설정한다.

label_func 인자는 이미지 파일에서 레이블을 추출하는 함수를 정의한다. 이 예제에서는 is_upper 함수를 사용해 파일 이름에서 첫 번째 문자가 대문자인 경우 해당 이미지에 개가 있음을 나타내고, 그렇지 않은 경우 고양이가 있다고 간주한다.

item_tfms 인자는 데이터 증강과 이미지 전처리를 위해 적용할 함수를 정의한다. Resize(224)는 입력된 이미지를 224×224 크기로 조정한다.

vision_learner 함수로 vit_tiny_patch16_224 모델을 생성하고, learn.fine_tune(1)은 미세 조정을 1에폭만큼 수행한다. metrics 인자의 error_rate 함수는 오류율을 계산하는데, 이는 (1−정확도)로 정의된다.

D

파이토치 컴파일러

파이토치 컴파일러(torch.compile)는 2023년 3월에 처음 등장한 기능으로 수년에 걸쳐 컴파일러 프로젝트를 구축해 컴파일러 레벨에서 작동하는 방식을 근본적으로 변경하고 향상시켰다. 파이토치 컴파일러를 사용하면 코드 변경 없이 모델 학습 속도를 1.5배에서 2배 사이로 향상시킨다.

파이토치 컴파일러는 163개의 오픈소스 모델을 대상으로 컴파일했을 때 93%의 성공률을 보였으며, NVIDIA A100 GPU에서 학습 시 43% 더 빠른 속도로 모델이 동작한다.

파이토치 컴파일러는 파이토치 2.0의 기능에서 가장 중요한 역할을 하며, TorchDynamo, AOTAutograd, PrimTorch, TorchInductor를 기반으로 한다.

TorchDynamo는 PEP-0523에 도입된 프레임 평가(Frame Evaluation) API를 사용해 그래프를 안정적이고 빠르게 획득한다. 기존 컴파일러나 최적화 도구인 Torch.jit.trace, TorchScript, FX tracing, Lazy Tensor 등이 개발됐지만, 유연성, 속도, 사용자 경험 측면에서 효과적이지 못했다.

하지만 TorchDynamo는 7,000개 이상의 파이토치 깃허브 프로젝트를 대상으로 한 테스트에서 99%의 프로젝트에서 그래프를 안전하게 획득했으며, 원래 코드를 변경하지 않고 실행할 수 있어 유연성과 속도를 제공한다.

AOTAutograd는 자동 미분(Autograd) 기능을 미리 컴파일된 그래프에서 다시 사용해 학습을 가속화한다. 학습을 가속화하기 위해 동적 디스패치(Dynamic dispatch)[1] 체제를 사용해 자동 미분 엔진을 추적하고 역전파를 미리 캡처한다.

PrimTorch는 복잡한 파이토치 작업을 더 간단하고 기본적인 작업으로 분해하는 프로젝트다. 복잡한 파이토치 구조를 Prim ops라는 약 250개의 저수준 연산자 세트와 ATen ops라는 750개의 대표적인 연산자 세트로 간단하게 제공하고 안정적인 오퍼레이터 세트를 정의한다.

TorchInductor는 순전파 및 역전파를 가속화하는 파이토치 2.0 용 새로운 컴파일러 백엔드다. TorchInductor는 파이토치 모델을 자동으로 Triton[2] 코드 및 CPU에서의 C++/OpenMP로 매핑하기 위해, 파이썬 기반의 Define-by-Run IR[3]을 사용한다. TorchInductor는 파이썬으로 구현돼 쉽게 수정하고 확장할 수 있다.

파이토치 컴파일러는 CPU와 NVIDIA Volta 및 Ampere GPU를 지원하며, 다른 GPU, CPU 또는 구형 NVIDIA GPU는 아직 지원하지 않는다. 또한 윈도우 플랫폼이나 파이썬 최신 버전에서는 지원되지 않는다. 다음은 파이토치 2.0에 추가된 파이토치 컴파일러를 보여준다.

파이토치 컴파일러 함수

```
compiled_model = torch.compile(
    model,
    mode="default",
    dynamic=False,
    fullgraph=False,
    backend="inductor"
)
```

파이토치 컴파일러(complie) 함수는 **모델(model)**을 최적화해 **컴파일된 모델(compiled_model)**을 반환한다. 모델 매개변수는 모듈(nn.Moudle)이나 함수를 입력할 수 있다.

모드(mode)는 컴파일 최적화 수준을 결정한다. default 모드는 컴파일된 모델을 얻기 위해 시간과 메모리를 적절하게 조절한다. reduce-overhead 모드로 사용한다면 프레임워크 오버헤드를 줄이는 데 중점을 두며, max-autotune 모드는 가장 빠른 코드를 생성하기 위해 오랜 시간 동안 컴파일한다.

---

1 실행 시간에 호출되는 함수의 구현을 선택하는 기술
2 OpenAI의 고성능 분산 딥러닝 컴파일러 및 추론 엔진
3 인터널 표현의 한 형태로, 파이썬 코드로 작성된 동적인 연산 그래프를 의미한다.

동적(dynamic)은 동적 형태의 코드 지원 여부를 설정한다. 동적 형태의 프로그램은 일부 컴파일러를 최적화할 수 없으므로 정적 형태의 프로그램으로 컴파일할 것인지, 동적 형태의 프로그램으로 컴파일할 것인지 설정한다.

풀그래프(fullgraph)는 전체 프로그램을 하나의 그래프로 컴파일하는 옵션으로 기본값으로 사용하는 것을 권장한다. 성능에 매우 민감한 경우 단일 그래프로 컴파일한다.

백엔드(backend)는 어떤 컴파일러 백엔드를 사용할지 설정한다. inductor는 TorchInductor를 사용하며, 파이토치의 JIT 컴파일러 백엔드를 지원한다. 백엔드는 torch._dynamo.list_backends() 함수를 통해 현재 시스템에 적용할 수 있는 백엔드 목록을 확인할 수 있다.

대표적으로 NVIDIA의 CUDA Graphs API를 사용하는 cudagraphs 백엔드나 ONNX(Open Neural Network Exchange) 모델의 고성능 추론을 제공하는 오픈소스 엔진인 ONNX Runtime(ONNXRT)를 사용하는 onnxrt 백엔드 등을 적용할 수 있다.

다음 예제 D.1는 파이토치 컴파일러 적용 방법을 보여준다.

예제 D.1 파이토치 컴파일러

```
import torch
from torchvision import models

model = models.resnet18().cuda()
optimizer = torch.optim.SGD(model.parameters(), lr=0.01)
compiled_model = torch.compile(model)

x = torch.randn(16, 3, 224, 224).cuda()
optimizer.zero_grad()
out = compiled_model(x)
out.sum().backward()
optimizer.step()
```

파이토치 컴파일러는 torch.compile(model)을 추가해 큰 변경 없이 간단하게 적용할 수 있다. 컴파일을 처음 실행하면 모델이 컴파일되므로 비교적 오랜 시간이 소요된다. 하지만 컴파일된 이후에는 빠르게 처리된다.

컴파일 함수는 데코레이터를 통해 컴파일할 수도 있으며, JIT 스크립트(torch.jit.script) 함수를 대신해 모듈에 직접 적용할 수 있다. 이 코드를 통해 기존에 실행 중인 대부분의 모델에서 30%에서 2배까지 학습 시간을 단축할 수 있다.

파이토치로 대규모 모델 학습 시 간혹 'RuntimeError: CUDA out of memory'가 발생할 수 있다. 이는 CUDA 프로그래밍에서 자주 발생하는 오류 메시지 중 하나다. 이 오류는 GPU 메모리에 충분한 공간이 없을 때 발생한다.

이 에러를 해결하기 위해서는 GPU 메모리 사용량을 줄이거나 더 많은 GPU 메모리를 할당하는 방법 등이 있다. 메모리 부족 시 확인해야 하는 체크리스트는 다음과 같다.

1. 배치 크기 줄이기: 모델이나 데이터를 처리할 때 한 번에 처리하는 데이터의 양을 감소시킨다.

2. 모델 크기 줄이기: 모델의 크기를 줄이거나 매개변수 수를 감소시킨다.

3. GPU 용량 확보: 물리적으로 GPU 메모리 용량을 늘리거나 GPU 메모리를 점유하고 있는 프로그램 및 프로세스를 종료시킨다.

4. with torch.no_grad() 구문 사용하기: 모델 검증이나 평가 시 torch.no_grad()가 없다면 메모리 누수가 발생한다.

5. 기울기 계산 제외: requires_grad = True인 텐서를 별도의 공간에 저장하지 않는다. 이는 텐서의 연산 기록을 누적해 저장하므로 메모리 사용량이 증가한다. 결괏값을 저장해야 하는 경우 detach 메서드를 적용한다.

6. 활성화 함수 inplace 적용: inplace 변수를 True로 설정하면 입력 텐서를 직접 수정해 메모리 사용량을 줄일 수 있다. 이 변수를 사용할 때는 주의해야 한다.

7. 데이터 타입 변경: 64비트 데이터 타입 대신 32비트 데이터 타입을 사용한다.

8. 최적화 함수 변경하기: Adam 최적화 함수의 경우 SGD 최적화 함수보다 더 많은 메모리를 사용한다. 그러므로 최적화 함수를 변경해 GPU 메모리 사용량을 감소시킨다. 단, 최적화 함수 변경은 모델 성능에 영향을 미칠 수 있다.

9. CUDA 캐시 삭제: `torch.cuda.empty_cache()` 함수를 통해 캐시 메모리를 해제한다.

10. 가비지 컬렉션 수행: `import gc; gc.collect()` 함수로 동적으로 할당했던 메모리 영역 중에서 필요 없게 된 영역을 해제한다.

11. 주피터 노트북 커널 재시작: 주피터 노트북을 사용하는 경우, 커널을 재시작해 메모리를 초기화한다.

12. 변수 삭제: `del` 키워드를 통해 불필요한 텐서를 삭제한다.

13. 메모리 할당 상태 확인: `torch.cuda.memory_summary()`으로 할당 상태를 확인한다.

14. `torch.utils.checkpoint` 적용: 체크포인트(checkpointing) 기법을 사용해 중간 계산 결과를 저장하고 나중에 다시 계산하는 방식으로 메모리 사용량을 줄인다.

15. `torch.backends.cudnn.benchmark` 설정 변경: benchmark 설정은 CuDNN을 사용하는 경우 텐서 연산 실행 시 최적화된 구성을 사용하여 최대의 성능을 끌어낸다. 해당 설정을 True로 사용하면 cuDNN의 최적화된 알고리즘을 사용한다. 단, 추가적인 초기화 비용이 발생하므로 학습 속도가 늦어질 수 있다.

16. `torch.backends.cudnn.deterministic` 설정 변경: deterministic 설정은 CuDNN을 사용하는 경우 연산 시 사용되는 알고리즘을 동적으로 선택한다. 해당 설정을 True로 설정하면 CuDNN의 성능을 최대화할 수 있는 알고리즘 선택이 제한된다. 단, 학습 속도와 성능이 감소할 수 있다.

예제 E.1 체크포인트 기법

```python
import torch
from torch.utils import checkpoint as cp

def function(x, y):
    z = x + y
    w = z * y
    return w

x = torch.randn(1000, 1000, requires_grad=True)
y = torch.randn(1000, 1000, requires_grad=True)
result = cp.checkpoint(function, x, y)
```

torch.utils.checkpoint는 메모리 사용량을 최적화하기 위해 파이토치에서 제공하는 기능이다. 체크 포인트를 사용하면 모델의 중간 결과물을 메모리에 저장하지 않고 계산할 수 있다.

이를 통해 모델의 메모리 사용량을 줄이면서, 더 큰 모델이나 배치 크기를 처리할 수 있게 된다. 예제에 서는 function 함수의 결과물을 메모리에 저장하지 않고 계산하기 위해 cp.checkpoint를 적용한다.

S - T

ㅁ - ㅅ

ㅊ ─ ㅎ